태평광기 14

이 책은 2001년도 한국학술진흥재단의 지원에 의하여 연구되었음.
(KRF-2001-045-A11005)

태평광기 14

(宋) 李昉 등 모음
김장환·이민숙 外 옮김

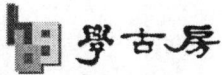

【일러두기】

1. 본서는 총 21책으로 구성되어 있는데, 제 1책부터 제 20책까지는 각 책마다 원서의 25권 분량을 수록했으며, 마지막 제 21책에는 「총목」·「편목색인」·「인명색인」·「인용서목색인」과 기타 참고자료를 수록했다.
2. 본서는 汪紹楹 點校本(北京中華書局, 1961) 10책을 저본으로 했다. 이 판본은 台灣 文史哲出版社(1981)에서 5책으로 覆印한 바 있다.
3. 淸代 黃晟의 「重刻太平廣記序」는 본래 저본에는 없지만 보충하여 수록했다.
4. 본서의 번역은 가능한 한 직역을 위주로 하되 직역으로 문맥이 통하지 않을 경우에는 본래 뜻을 벗어나지 않는 범위 내에서 의역을 했다. 그리고 원문에는 없지만 내용 전개상 부연 설명이 필요하다고 판단되는 부분은 [ ] 안에 넣어 보충했다.
5. 본서의 역주는 의미의 전달이 어렵다고 판단되는 경우에 한해 간략하게 달았다.
6. 본서에서 언급되는 인명과 지명·서명 등 고유명사는 모두 우리말 발음으로 표기하고, 각 고사마다 처음에만 ( ) 안에 원문을 넣었다.
7. 본서의 각 고사 처음에 표기되어 있는 숫자는 차례대로 각 권의 순서, 각 권에서의 고사 순서, 전체 고사의 순서를 나타낸다. 예) 5·2(0023) : 제 5권의 2번째 고사로서 『태평광기』 전체로는 제 23조에 해당하는 고사.

차례

권제 326 귀(鬼)11
  원병(袁炳)·13
  비경백(費慶伯)·15
  유랑지(劉朗之)·17
  장손소조(長孫紹祖)·18
  유도(劉導)·20
  유씨(劉氏)·24
  최라집(崔羅什)·25
  심경(沈警)·29

권제 327 귀12
  최자무(崔子武)·41
  마도유(馬道猷)·42
  고총(顧總)·43
  형란(邢鸞)·50
  소마후(蕭摩侯)·51
  도인법력(道人法力)·52
  소사우(蕭思遇)·53
  임주(任冑)·56
  동수지(董壽之)·56

  번효겸(樊孝謙)·57
  이문부(李文府)·58
  사만세(史萬歲)·60
  방현령(房玄齡)·61
  위징(魏徵)·63
  당검(唐儉)·65

권제 328 귀13
  모용수(慕容垂)·73
  이적녀(李勣女)·73
  해복인(解褵人)·75
  조점인(漕店人)·77
  장종(張琮)·78
  유문노(劉門奴)·80
  염경(閻庚)·82
  명숭엄(明崇儼)·86
  왕회지(王懷智)·89
  사문영선사(沙門英禪師)·90
  진도(陳導)·93
  왕지(王志)·96

파협인(巴峽人)·98
육여경(陸餘慶)·99

권제 329 귀14
하문영(夏文榮)·103
장희망(張希望)·105
정종간(鄭從簡)·106
방영숙(房穎叔)·107
유풍(劉諷)·108
상주자사(相州刺史)·114
왕담(王澹)·116
적인걸(狄仁傑)·117
이고(李暠)·119
장수규(張守珪)·120
양창(楊瑒)·123

권제 330 귀15
장과녀(張果女)·131
화비(華妃)·134
곽지운(郭知運)·136
왕광본(王光本)·137
유주아장(幽州牙將)·138
위씨녀(韋氏女)·140
최상(崔尙)·141
하미인(河湄人)·142
중관(中官)·143

왕감(王鑑)·145
이령문(李令問)·147
승도광(僧韜光)·149
승의광(僧儀光)·153
이원지(尼員智)·155
양원영(楊元英)·156

권제 331 귀16
설긍(薛矜)·161
주칠낭(朱七娘)·163
이광원(李光遠)·165
이패(李霸)·166
낙양귀병(洛陽鬼兵)·171
도덕리서생(道德里書生)·172
안의방서생(安宜坊書生)·174
배성(裵盛)·176
양부(楊溥)·177
설직(薛直)·179
유홍(劉洪)·182

권제 332 귀17
당훤(唐晅)·191
소정인(蕭正人)·204
위일(韋鎰)·205
조하일(趙夏日)·206
여자안(茹子顔)·207

유자공(劉子貢)·209
유평(劉平)·212
소영사(蕭穎士)·213

권제 333 귀18
여양객(黎陽客)·219
이형수(李逈秀)·223
낭야인(琅邪人)·226
최함(崔咸)·227
계유(季攸)·228
무덕현전수(武德縣田叟)·231
배휘(裴徽)·233
이도(李陶)·236
장주육씨녀(長洲陸氏女)·239
조면(刁緬)·241
왕무유(王無有)·242
왕승(王昇)·244
고생(高生)·245

권제 334 귀19
양준(楊準)·249
왕을(王乙)·251
위률(韋栗)·253
하간유별가(河間劉別駕)·255
왕현지(王玄之)·256
정덕무(鄭德懋)·261

주오(朱敖)·267
배규(裴虯)·270
조좌(趙佐)·271
기주좌사(岐州佐史)·273

권제 335 귀20
준의왕씨(浚儀王氏)·277
장구겸경(章仇兼瓊)·279
이림보(李林甫)·282
진희렬(陳希烈)·285
양국충(楊國忠)·286
이숙제(李叔齊)·289
신번현령(新繁縣令)·292
요소품(姚蕭品)·294
양수위(梁守威)·295

권제 336 귀21
상이(常夷)·303
장수일(張守一)·310
정망(鄭望)·313
우문적(宇文覿)·315
이영(李瑩)·323
배성(裴賊)·325
이씨(李氏)·326

권제 337 귀22
　　위황(韋璜)·331
　　설만석(薛萬石)·335
　　범숙(范俶)·338
　　이한(李澣)·339
　　장경(張勍)·341
　　우상(牛爽)·345
　　이함(李咸)·348
　　이주(李畫)·352
　　원재(元載)·353
　　소심(蕭審)·355

권제 338 귀23
　　노중해(盧仲海)·361
　　왕수(王垂)·365
　　무구사(武丘寺)·368
　　이좌공(李佐公)·370
　　두유(竇裕)·372
　　상순(商順)·374
　　이재(李載)·377
　　고려(高勵)·379
　　소우(蕭遇)·380
　　주자권(朱自勸)·385

권제 339 귀24
　　나원칙(羅元則)·391

이원평(李元平)·394
유삼(劉參)·397
염경립(閻敬立)·399
최서생(崔書生)·404
이칙(李則)·409
육빙(陸憑)·410
심양이생(潯陽李生)·412

권제 340 귀25
　　한엄(韓弇)·419
　　노옥(盧頊)·420
　　이장무(李章武)·433

권제 341 귀26
　　이준(李俊)·449
　　이적(李赤)·456
　　위포(韋浦)·457
　　정순(鄭馴)·463
　　위붕(魏朋)·467
　　도정방택(道政坊宅)·468
　　정경라(鄭瓊羅)·471

권제 342 귀27
　　독고목(獨孤穆)·477
　　화주참군(華州參軍)·494
　　조숙아(趙叔牙)·501

주제천(周濟川) · 503

권제 343 귀28
　육교(陸喬) · 509
　여강풍온(廬江馮媼) · 514
　두옥(竇玉) · 518
　이화자(李和子) · 526
　이희백(李僖伯) · 529

권제 344 귀29
　왕예로(王裔老) · 535
　장홍양(張弘讓) · 537
　구용(寇鄘) · 540
　호연기(呼延冀) · 544
　안봉(安鳳) · 548
　성숙변(成叔弁) · 551
　양양선인(襄陽選人) · 554
　조가(祖價) · 556

권제 345 귀30
　곽승하(郭承嘏) · 561
　장유(張庾) · 562
　유방현(劉方玄) · 566
　광택방민(光宅坊民) · 570
　회서군장(淮西軍將) · 571
　곽저(郭翥) · 572

배통원(裴通遠) · 574
정소(鄭紹) · 575
맹씨(孟氏) · 580

권제 346 귀31
　이속방민(利俗坊民) · 587
　태원부장(太原部將) · 589
　성공규(成公逵) · 590
　송서사자(送書使者) · 591
　장하(臧夏) · 592
　답가귀(踏歌鬼) · 593
　노연(盧燕) · 594
　이상(李湘) · 595
　마진(馬震) · 600
　유유청(劉惟淸) · 602
　동관(董觀) · 605
　전방의(錢方義) · 612

권제 347 귀32
　오임생(吳任生) · 621
　오도(鄔濤) · 623
　증계형(曾季衡) · 626
　조합(趙合) · 631
　위안지(韋安之) · 638
　이좌문(李佐文) · 640
　호은(胡澹) · 645

권제 348 귀33
신신옹(辛神邕)·649
당연사(唐燕士)·651
곽심(郭鄩)·652
이전질(李全質)·655
심공례(沈恭禮)·660
우생(牛生)·666
위제휴(韋齊休)·671

권제 349 귀34
방척(房陟)·679
왕초(王超)·680
단하(段何)·681
위·포생기(韋·鮑生妓)·684
양경(梁璟)·695
최어사(崔御史)·701
조당(曹唐)·705

권제 350 귀35
허생(許生)·709
안준(顔濬)·717
학유량(郝惟諒)·725
부량장령(浮梁張令)·728
구양민(歐陽敏)·737
봉천현민(奉天縣民)·739

태평광기 권제 326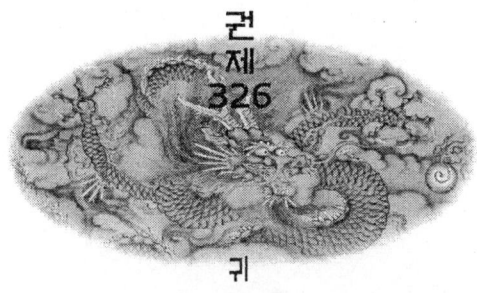

귀 11

1. 원　병(袁　炳)
2. 비경백(費慶伯)
3. 유랑지(劉朗之)
4. 장손소조(長孫紹祖)
5. 유　도(劉　導)
6. 유　씨(劉　氏)
7. 최라집(崔羅什)
8. 심　경(沈　警)

326 · 1(4226)
원 병(袁 炳)

　[南朝] 송(宋)나라 원병은 자가 숙환(叔煥)이고 진군(陳郡) 사람으로, 태시연간(泰始年間: 원문은 '秦始'로 되어 있으나, '泰始'의 誤記로 보임. 465~472) 말에 임상현령(臨湘縣令)으로 있었다. 원병이 죽은 지 몇 년 뒤에 그 친구 사마손(司馬遜)은 날이 밝을 무렵 꿈을 꾼 것 같더니, 원병이 나타나 이별한 이후의 일을 말하면서 안부를 물었다. 잠시 뒤에 원병이 사마손에게 말했다.

　"우리들은 평생 뜻을 세우고 이야기하면서 늘 살아서는 열심히 일하고 죽어서는 쉬자고 말했는데, 지금에야 비로소 반드시 그렇지 않다는 것을 알게 되었네. 인간세상에서 사람으로 살 때는 늘 분주히 다니면서 어떻하면 돈과 비단을 모아 자손들에게 남겨줄 것인가를 걱정했었는데, 저승 세계에서도 이와 같기는 마찬가지라네."

　사마손이 물었다.

　"죄를 짓고 복을 쌓으면 반드시 그에 상응하는 보답을 받는다고 하는데 정말 그러한가?"

　그러자 원병이 말했다.

　"만약 이전의 나의 생각 같았으면 불경에서 말하는 것과 완전히 같을 수는 없고 그저 성인이 사람을 경계시키거나 격려하는 이야기로만 여겼을 것이네. 그러나 지금 보니 선과 악이라는 큰 범주는 불경에서 말하는 것과 크게 다르지 않았네. 그렇지만 살생만큼은 가장 엄하게 금하는 바이니, 절대로 살생을 해서는 안 되네."

사마손이 말했다.

"자네가 이렇게 나에게 알려주니 내 진실로 그 고마움을 말로 다 할 수 없네. 내 당장 이 이야기를 상서(尙書)에게 알려주어야겠네."

원병이 말했다.

"아주 좋은 일이네. 자네가 삼가 상서에게 가서 일러주게."

당시 사공(司空) 왕승건(王僧虔)은 이부상서(吏部尙書)로 있었는데, 원병과 사마손은 오랫동안 그의 빈객으로 있었기 때문에 사마손이 그렇게 말한 것이었다. 두 사람이 이렇게 수백 마디의 말을 주고받았을 때쯤 원병이 작별인사를 하고 떠나가려 했다. 그러자 사마손이 말했다.

"오랫동안 헤어져 있으면서 늘 자네를 잠깐이라도 만났으면 했네. 서로 만나기가 이렇게 어려운데, 자네는 어째서 잠시 더 머무르지 않는가?"

원병이 말했다.

"그저 잠시 다니러 온 것이라 오래 머물 수 없네. 또한 이와 같은 말은 아주 자세하게 말하지 못하게 되어 있네."

원병은 인사를 하고는 떠나갔다. 처음 원병이 왔을 때는 어두운 밤이었는데 그 얼굴을 볼 수 있는[원문에는 '天明得覩見'이라 되어 있으나 『冥祥記』에 의거하여 '而明得覩見'으로 고쳐 번역함] 까닭을 사마손은 알지 못했다. 원병이 갈 때 사마손은 침상에서 내려와 그를 전송했는데, 원병이 신을 신을 때야 비로소 아직도 바깥이 어둡다는 것을 알았다. 또 사마손이 보았더니 원병의 발 주위에서 1척 남짓 되는 빛이 나 그의 두 발을 비추고 있었으나, 그 나머지 땅은 여전히 컴컴했다. (『명상기』)

宋袁炳, 字叔煥, 陳郡人, 秦始末, 爲臨湘令. 亡後積年, 友人司馬遜, 于將曉間如夢, 見炳來, 陳叙瀾別, 訊問安否. 旣而謂遜曰:"吾等平生立意着論, 常言生爲馳役, 死爲休息, 今日始知, 定不然矣. 恒患在世爲('爲'原作'有', 據明鈔本改)人, 務馳求金幣, 共相贈遺, 幽途此事, 亦復如之."遜問:"罪福應報, 定實何如?"炳曰:"如我舊見, 與經敎所說, 不盡符同, 將是聖人抑引之談耳. 如今所見, 善惡大科, 略不異也. 然殺生故最爲重禁, 愼不可犯也."遜曰:"卿此徵相示, 良不可言. 當以語白尙書也."炳曰:"甚善. 亦請卿敬詣尙書."時司空王僧虔爲吏部, 炳·遜世爲其遊賓, 故及之. 往返可數百語, 辭去. 遜曰:"瀾別之久, 恒思少集. 相値甚難, 何不且住?"炳曰:"止暫來耳, 不可得久留. 且('且'字原空闕, 據『法苑珠林』卷二一補)此輩語, 不容得委悉."揖別而去. 初炳來闇夜, 遜亦了不覺所以天明得覩見. 炳旣去, 遜下牀送之, 始躡履而還暗. 見炳脚間有光, 可尺許, 亦得照其兩足, 餘地猶皆闇云. (出『冥祥記』)

326·2(4227)
비경백(費慶伯)

[南朝] 송(宋)나라 비경백은 효건연간(孝建年間: 454~456)에 주치중(州治中: 刺史의 屬官으로, 財穀의 문서를 담당하는 관리)으로 있었

다. 비경백은 휴가를 얻어 집으로 돌아가고 있었는데, 길에 갑자기 붉은 두건을 쓴 세 명의 추관(騶官: 관리들이 출타할 때 말을 타고 그 앞에서 길을 인도하던 병사)이 함께 와서는 그에게 이렇게 말했다.

"관부에서 부르십니다."

비경백이 말했다.

"방금 휴가를 청해 집으로 돌아가는 길인데, 어찌하여 다시 부른다 말이오? 또한 그대들은 늘 검은 두건을 쓰고 다녔는데, 오늘은 어찌하여 모두들 붉은 두건을 쓰고 있는 것이오?"

추관이 대답했다.

"우리는 이승의 관리가 아니오."

비경백은 그제야 그들이 살아있는 사람이 아니라는 사실을 알고 머리를 조아리며 살려달라고 했다. 그러자 세 명의 추관은 함께 이야기를 해 보더니 돌아가서 다른 사람으로 바꾸겠다고 하면서 이렇게 말했다.

"그럼 물러났다가 나흘 뒤에 분명 그대를 찾아갈 것이니, 그대는 술과 음식을 조금 준비해서 우리를 대접하되 절대 다른 사람에게 발설해서는 안 되오."

약속한 날이 되자 정말 추관이 와서 말했다.

"이미 그대를 위해 힘을 써 두었소."

비경백은 기뻐하면서 감사의 절을 올리고 직접 술과 음식을 차려 주었는데, 귀신이 음식을 먹고 씹는 것을 보니 살아있는 사람과 다르지 않았다. 추관은 떠날 때가 되자 이렇게 말했다.

"우리가 그대를 불쌍히 여겨 이렇게 한 것이니 꼭 비밀을 지켜주기 바라오."

비경백의 처는 타고난 품성이 의심이 많고 투기심이 강한지라 비경백에게 이렇게 말했다.

"이것은 요망한 귀신에게 속임을 당한 것이 틀림없어요."

비경백은 하는 수 없이 모든 사정을 갖추어 부인에게 말해주었다. 그 순간 갑자기 좀 전에 왔던 세 명의 추관이 나타나 매를 맞고 피를 줄줄 흘리면서 화가 난 채 비경백의 앞에 서서 말했다.

"그대는 어찌하여 그런 실수를 했소?"

세 명의 추관은 말을 다하고는 사라졌다. 비경백은 결국 갑자기 병을 얻어 날이 밝기도 전에 죽었다. (『술이기』)

宋費慶伯者, 孝建中, 仕爲州治中. 假歸至家, 忽見三騶, 皆赤幘, 同來云: "官喚." 慶伯云: "纔謁歸, 那得見召? 且汝常黑幘, 今何得皆赤幘也?" 騶答云: "非此間官也." 慶伯方知非生人, 遂叩頭祈之. 三騶同詞, 因許回換, 言: "却後四日, 當更詣君, 可辦少酒食見待, 愼勿泄也." 如期果至, 云: "已得爲力矣." 慶伯欣喜拜謝, 躬設酒食, 見鬼飮噉不異生人. 臨去曰: "哀君故爾, 乞祕隱也." 慶伯妻性猜妬, 謂伯云: "此必妖魅所罔也." 慶伯不得已, 因具告其狀. 俄見向三騶, 楚撻流血, 怒而立于前曰: "君何相誤也?" 言訖, 失所在. 慶伯遂得暴疾, 未旦而卒. (出『述異記』)

326 · 3(4228)
유랑지(劉朗之)

양(梁)나라 안성왕(安成王: 蕭秀의 封號)이 자사(刺史)로 있을 때 나사(羅舍: 羅含의 誤記로 보임)의 옛 저택을 녹사(錄事) 유랑지에게 빌려 주었다. 유랑지는 일찍이 의관을 아주 훌륭하게 차려 입은 한 사내를 보았는데, 그는 옷을 여미고 단정하게 서 있었다. 유랑지가 깜짝 놀라 누구냐고 묻자 그 사람은 갑자기 사라졌다. 그로부터 얼마 지나지 않아 유랑지는 죄를 지어 관직에서 쫓겨났다. 당시 사람들은 군장(君章: 羅含의 字)의 귀신이 나타났다고 생각했다. (『술이기』)

梁安成王在鎭, 以羅舍故宅, 借錄事劉朗之. 嘗見丈夫衣冠甚偉, 斂衿而立. 朗之驚問, 忽然失之. 未久, 而朗之以罪見黜. 時人謂君章有神. (出『述異記』)

326 · 4(4229)
장손소조(長孫紹祖)

장손소조가 한번은 진주(陳州)와 채주(蔡州) 사이를 걷고 있었다. 날이 저물자 길가에 있는 한 인가를 찾아가 하룻밤 묵어가기를 청했는데, 방안에서 공후(箜篌) 타는 소리가 들렸다. 장손소조가 몰래 창문 안을 훔쳐보았더니 자태가 우아하고 예쁜 한 젊은 여자가 밝은 촛불 아래에 혼자 있었다. 장손소조가 은근히 유혹하는데도 여자는 계속해서 현을 뜯으면서 웃으며 이렇게 노래했다.

  지난 날 그대 생각에 몹시 괴로웠는데,
  오늘밤에는 아주 드문 좋은 만남 가지게 되었네.
  손님 이불 가지고 가서,

손님의 옷깃 한번 만져보고 싶네.

　장손소조가 몹시 기뻐하며 곧장 앞으로 가 여자를 보듬자 여자도 흔쾌히 이렇게 말했다.
　"어디서 오신 공자이기에 함부로 저를 건드리십니까?"
　그리고는 곧장 장손소조와 즐기고는 또 그에게 이렇게 말했다.
　"어젯밤에 좋은 꿈을 꾸었더니 오늘 정말 그 효험이 있군요."
　병풍과 이불과 베개는 모두 화려하고 가지런했다. 여자는 좌우에 있는 하녀들에게 음식을 차려 오라고 명을 내렸다. 하녀들이 진수성찬을 내왔는데 하나같이 맛이 없었다. 또 막걸리를 들이키고 있는데 여자가 말했다.
　"갑자기 훌륭하신 손님을 만나다보니 맛있는 음식을 만들 겨를이 없었습니다."
　장손소조가 몇 잔 들이키자 여자가 다시 이렇게 노래했다.

　　은하수 나타났다 다시 기울고,
　　바람 서리는 몹시 처량하고도 애절하네.
　　소박한 상차림에 그대는 손도 대지 않고 있으니,
　　누가 알겠는가! 그대 생각에 이내 마음 끊어질 지경임을.

　그리고는 앞으로 다가와 장손소조를 껴안더니 하녀를 불러 촛불을 치우게 한 뒤에 함께 잠자리에 들었다. 또한 여자는 자신의 어린 하녀를 장손소조의 하인에게 짝지어주었다. 날이 밝을 무렵 여자는 눈물을 뿌리며 장손소조와 이별하면서 금실로 짠 작은 합(盒) 하나를 주었다.
　"앞으로 더 이상 만날 기약이 없으니, 때때로 [이것을 보면서] 저를 생각해주십시오."

장손소조가 말을 타고 문을 나와 백여 걸음 걸은 뒤에 뒤돌아보았더니 작은 무덤 하나가 있었다. 이를 본 장손소조는 몹시 슬퍼하며 떠나갔다. 그 여자가 준 합을 보았더니, 그 안에 먼지가 가득 쌓인 것이 살아 있는 사람이 사용하는 물건이 아니었다. (『지괴록』)

長孫紹祖, 常行陳·蔡間. 日暮, 路側有一人家, 呼宿, 房內聞彈箜篌聲. 竊于窓中窺之, 見一少女, 容態閒婉, 明燭獨處. 紹祖微調之, 女撫絃不輟, 笑而歌曰: "宿昔相思苦, 今宵良會稀. 欲持留客被, 一願撫君衣." 紹祖悅懌, 直前撫慰, 女亦欣然曰: "何處公子, 橫來相干?" 因與會合, 又謂紹祖曰: "昨夜好夢, 今果有徵." 屛風衾枕, 率皆華整. 左右有婢, 仍命饌. 頗有珍羞, 而悉無味. 又飮白醪酒, 女曰: "猝値上客, 不暇更營佳味." 纔飮數杯, 女復歌, 歌曰: "星漢縱復斜, 風霜棲已切. 薄陳君不御, 誰知思欲絶." 因前擁紹祖, 呼婢徹燭共寢. 仍以小婢配其蒼頭. 將曙, 女揮淚與別, 贈以金縷小合子: "無復後期, 時可相念." 紹祖乘馬出門百餘步, 顧視, 乃一小墳也. 愴然而去. 其所贈合子, 塵埃積中, 非生人所用物也. (出『志怪錄』)

326·5(4230)
유 도(劉 導)

유도는 자(字)가 인성(仁成)이고 패국(沛國) 사람으로, 양(梁)나라 진간선생(眞簡先生) 유환(劉瓛)의 팔촌 조카였다. 그의 부친 유건(劉謇)

은 양나라의 좌위솔(左衛率: 左衛將軍으로, 대궐의 宿衛를 맡아보았음)이었다. 유도는 뜻을 돈독히 하고 배우길 좋아하여 오로지 경적만을 부지런히 읽었으며, 진(晉)나라 관강(關康: 南朝 宋나라 關康之의 誤記로 보임)이 일찍이 경구(京口)에 은거한 것을 흠모했다.

유도가 한번은 친구 이사형(李士炯)과 함께 잔치를 열었는데, 때마침 진강(秦江)의 날씨가 막 개이기 시작했다. 그 광경을 보던 두 사람은 금릉(金陵)의 경치에 감탄하면서 흥망성쇠를 슬퍼했다. 그런데 갑자기 소나무 사이로 여러 여자들의 웃음소리가 들리더니, 이내 푸른 옷 입은 계집종이 나타나 유도 앞으로 와서서 이렇게 말했다.

"관와궁(館娃宮: 고대 吳나라의 宮 이름. 춘추 吳王 夫差가 西施를 위해 지어주었던 宮)으로 돌아가는 길에 이곳을 지나다가 그대의 고아한 뜻을 듣고서 잠시 이곳에 머물려하니 저를 어여삐 봐 주시기를 바랍니다."

계집종의 말이 끝나자 마자 두 명의 여자가 이미 그 자리에 와 있었다. 그녀들은 용모가 아주 남다른 것이 마치 신선 같았고, 붉은 비단 옷과 자주색 비단 옷을 입고 있었으며 그 향기가 사람의 코를 찔렀는데, 나이는 스무 살 정도 되어 보였다. 유도는 이사형과 함께 자신들도 모르게 일어나서 절을 하고 이렇게 말했다.

"이 속된 인간 세상에 신선께서 어찌 내려오셨습니까?"

두 여자는 서로 쳐다보면서 웃더니 이렇게 말했다.

"그런 가벼운 말은 그만두고 조용히 마음 속 이야기나 했으면 합니다."

유도는 인사를 하고 자리에 가서 앉으면서 이렇게 말했다.

"그대들에게 인간 세상의 더러운 술을 올릴 수는 없지요."

두 여자가 웃으면서 말했다.

"기왕 얼굴을 맞대고 이야기를 나누러 왔으니 어찌 같은 술을 마시지 않을 수 있겠습니까?"

붉은 비단 옷을 입은 사람은 다름 아닌 서시(西施)였는데, 그녀는 유도에게 이렇게 말했다.

"방금 광릉(廣陵)에서부터 강을 건너오느라 힘들어 견딜 수 없을 지경이어서 술을 마시고 싶은 생각이 간절합니다."

자주색 비단 옷을 입은 사람은 바로 이광(夷光)이었는데, 그녀는 유도에게 이렇게 말했다.

"우리 세 자매[同官: 원문은 同官이라 되어 있으나, 문맥상 同宮의 誤記로 보임]는 오랫동안 깊은 곳에서 살았는데, 이번에 저와 함께 이렇게 온 것은 모두 당신 때문입니다."

유도가 이광에게 말했다.

"그렇다면 부인의 언니가 틀림없는 저의 짝입니다."

그리고는 이사형을 가리키며 말했다.

"여기 이 사람은 부인의 짝입니다."

이광은 크게 웃으면서 이사형을 뚫어지게 쳐다보았다. 서시가 말했다.

"이랑(李郞: 李士炯)의 풍모로 보아 자네의 짝으로 족하겠네."

이광이 말했다.

"저 정도의 용모로 다른 사람의 마음을 움직이게 할 수 있겠습니까?"

네 사람은 함께 앉아서 한바탕 떠들썩하게 웃고는 함께 일어나 나간 다음 잠을 잤다. 동 틀 무렵에 이광과 서시가 떠날 것을 청했는데 아직 날이 밝지는 않은 상태였다. 서시가 유도에게 말했다.

"소첩이 비단을 빠는 여자이자 오왕(吳王)의 첩이라는 사실은 당신도 이미 아는 바입니다. 저는 월(越)나라에 의해 오나라로 보내져 다른 사람의 손에 떨어졌다가 오왕이 죽은 뒤에 다시 고국으로 돌아와 살았습니다. 지금 오왕은 이미 늙어 저희들을 감당할 수 없습니다. 이광은 월왕(越王)의 딸이었는데, 월나라에서 옛날에 오왕에게 바쳤습니다. 그리하여 소첩과 이광은 서로를 아끼며 앉을 때도 같은 자리에 앉고 외출할 때도 같은 수레를 탔습니다. 오늘 이렇게 나오게 된 것도 모두 인연에 의해서 일어난 일이다."

서시가 말을 마치고 망연자실해하자 유도와 이사형도 몹시 유감스럽게 생각했다.

새벽을 알리는 경구의 종소리가 들리자 네 사람은 각자 손을 잡고 말했다.

"이후로는 다시 만날 수 없습니다."

서시는 보배로 만든 비녀 하나를 유도에게 남겼고, 이광은 치마에 달린 구슬 한 쌍을 떼 내어 이사형에게 주었다. 두 사람은 말을 다하고는 보거(寶車)를 타고 마치 비바람처럼 빨리 갔는데, 그 음성은 여전히 귓가에 맴돌았으나 모습은 순식간에 사라지고 더 이상 보이지 않았다. 그 때는 바로 양나라 무제(武帝) 천감(天監) 11년(511) 7월이었다. (『궁괴록』)

劉導, 字仁成, 沛國人, 梁眞簡先生瓛三從侄. 父謇, 梁左衛率. 導好學篤志,專勤經籍, 慕晉關康曾隱京口.

　與同志李士炯同宴, 于時秦江初霽. 共歎金陵, 皆傷興廢. 俄聞松間數女子笑聲, 乃見一靑衣女童, 立導之前曰: "館娃宮歸路經此, 聞君志道高閒, 欲冀少留, 願垂顧眄." 語訖, 二女已至. 容質甚異, 皆如仙者, 衣紅紫絹縠, 馨香襲人, 俱年二十餘. 導與士炯, 不覺起拜, 謂曰: "人間下俗, 何降神仙?" 二女相視而笑曰: "住爾輕言, 願從容以陳幽抱." 導揖就席謂曰: "塵濁酒不可以進." 二女笑曰: "旣來敍會, 敢不同觴?" 衣紅絹者, 西施也, 謂導曰: "適自廣陵渡江而至, 殆不可堪, 深願思飲焉." 衣紫絹者, 夷光也, 謂導曰: "同官三妹, 久曠深幽, 與妾此行, 蓋謂君子." 導語夷光曰: "夫人之姊, 固爲導匹." 乃指士炯曰: "此夫人之偶也." 夷光大笑而熟視之. 西施曰: "李郞風儀, 亦足相匹." 夷光曰: "阿婦夫容貌, 豈得動人?" 合座喧笑, 俱起就寢. 臨曉請去, 尙未天明. 西施謂導曰: "妾本浣沙之女, 吳王之姬, 君固知之矣. 爲越所遷, 妾落他人之手, 吳王歿後, 復居故國. 今吳王已耄, 不任妾等. 夷光是越王之女, 越昔貢吳王者. 妾與夷光相愛, 坐則同席, 出則同車. 今者之行, 亦因緣會." 言訖惘然, 導與士炯深感恨.

　聞京口曉鍾, 各執手曰: "後會無期." 西施以寶鈿一隻, 留與導, 夷光拆裙珠一雙, 亦贈士炯. 言訖, 共乘寶車, 去如風雨, 音猶在耳, 頃刻無見. 時梁武帝天監十一年七月也. (出『窮怪錄』)

326 · 6(4231)
유 씨(劉 氏)

양(梁)나라 무제(武帝) 말년에 유씨 성을 가진 어떤 사람이 있었는데 이름은 알 수 없다. 그의 집 용마루에 한 물체가 나타났는데, 얼굴은 사자처럼 생겼고 양쪽 뺨에 1척 남짓한 흰색 털이 나 있었으며 손발은 사람과 같았다. 괴물은 천천히 한쪽 발을 들어올리더니 곧장 사라졌다. 그로부터 얼마 지나지 않아 유씨는 죽었다. (『광고금오행기』)

梁武帝末年, 有人姓劉, 而不知名. 于堂屋脊, 見一物, 面如獅子, 兩煩垂白毛, 長尺許, 手足如人. 徐徐擧一足, 須臾不見. 少時劉死. (出『廣古今五行記』)

326 · 7(4232)
최라집(崔羅什)

장백산(長白山) 서쪽에 한 부인의 무덤이 있었다. 위(魏: 北齊의 誤記로 보임)나라 효소제(孝昭帝) 때 나라에서 널리 인재를 찾아 선발했다. 청하(淸河) 사람 최라집은 약관(弱冠)의 나이에도 명망을 지니고 있었기 때문에 초징(招徵)되어 주(州)로 가는 길에 이 부인의 무덤을 지나가게 되었다. 그런데 갑자기 붉은 대문과 흰 담, 누각이 연이어 나타나더니 별안간 그 안에서 한 하녀가 나와 최라집에게 말했다.

"아가씨께서 최랑(崔郞: 崔羅什)을 만나고자 하십니다."

최라집이 어리둥절해하며 말에서 내리자 중문(重門) 안에서 다른 하녀가 나타나 인사를 하고 그를 인도해 앞으로 데리고 갔다. 최라집이 말했다.

"여행 중에 갑자기 이렇게 커다란 명을 받들게 되었지만, 저는 평소

아가씨와 인사도 나눈 적 없으니 더 이상 깊이 집안으로 들어갈 수 없습니다."

그러자 하녀가 말했다.

"아가씨는 평릉(平陵) 유부군(劉府君: 府君은 縣令에 대한 존칭)의 부인이시자 시중(侍中) 오질(吳質)의 따님이신데, 부군께서 앞서 가셨기 때문에 그대를 잠시 뵙고자 하는 것입니다."

최라집은 마침내 앞으로 갔다. 최라집이 평상에 가서 앉자 집의 동쪽에 앉아 있던 여자가 최라집에게 안부를 물었다. 방안에는 두 명의 하녀가 촛불을 들고 있었다. 여자는 하녀 한 명을 부르더니 옥으로 만든 협슬(夾膝: 여름에 침상에 까는 손과 발을 시원하게 해 주는 기구)을 최라집의 앞에 두게 했다. 최라집은 평소 재주가 뛰어났고 자못 시를 잘 읊었다. 최라집은 그녀가 비록 사람이 아닐지도 모른다는 의심이 들었지만 속으로는 그녀가 몹시 마음에 들었다. 여자가 말했다.

"방금 최랑께서 수레를 멈추고 나무 그늘에서 쉬시는데, 정원의 나무들이 마치 모두 시를 읊는 것 같아 이렇게 들어오시게 해서 옥안(玉顏)을 뵙고자 했습니다."

최라집은 마침내 이렇게 물었다.

"위제(魏帝: 文帝 曹丕)께서 그대의 부친께 서신을 보낼 때 그대의 부친을 일러 원성령(元城令)이라 하시던데, 맞습니까?"

여자가 말했다.

"부친께서 원성현령으로 계시던 그 해에 바로 저를 나으셨습니다."

최라집은 계속해서 여자와 함께 한(漢)나라와 위나라 당시의 일에 대해서 논했는데 하나같이 위사(魏史)에 부합했다. 그러나 말이 너무 많아서 일일이 다 기록할 수 없었다. 최라집이 말했다.

"그대의 남편인 유씨(劉氏)의 이름을 알려주십시오."

여자가 말했다.

"제 남편은 유공재(劉孔才: 劉邵)의 차남으로, 이름은 요(瑤)이고 자는 중장(仲璋)입니다. 근자에 죄를 지어 잡혀가서는 돌아오지 않고 있습니다."

최라집이 평상에서 내려와 작별인사를 하며 밖으로 나가려 하자 여자가 말했다.

"지금으로부터 10년 뒤에 틀림없이 다시 얼굴을 뵙게 될 것입니다."

최라집은 대모(玳瑁)로 만든 비녀를 여자에게 남겨주었고, 여자는 손가락에 끼고 있던 옥가락지를 최라집에게 주었다. 최라집이 말을 타고 수십 보 간 뒤에 다시 뒤돌아보았더니 커다란 무덤 하나만 보였다. 최라집은 역하읍(歷下邑)에 도착하자 [여자를 만난 것은] 불길한 일이라 생각하면서 직접 재를 올리고 옥가락지를 절에 보시했다.

[北齊] 천통연간(天統年間: 565~570) 말에 최라집은 조정의 일을 맡아 환가(桓家)의 무덤에다 제방을 쌓았다. 최라집은 막사에서 제남(濟南)의 해숙포(奚叔布)에게 그 이야기를 해주면서 눈물을 흘리며 말했다.

"올해가 꼭 10년이 되는 해이니 이 일을 어찌하면 좋겠습니까?"

최라집이 정원에서 살구를 먹고 있을 때 갑자기 한 사람이 나타나더니 이렇게 말했다.

"아가씨의 소식을 알리러 왔습니다."

잠시 뒤에 그 사람이 떠나가자 최라집은 살구 한 개를 다 먹기도 전에 죽었다. 최라집은 12살 때부터 군(郡)의 공조(功曹)가 되어 마을의 사람들의 존경을 받았기 때문에 그가 죽자 가슴아파하고 탄식하지 않는 이가 없었다. (『유양잡조』)

長白山西有夫人墓. 魏孝昭之世, 搜揚天下. 淸河崔羅什, 弱冠有令望, 被徵詣州, 道經于此. 忽見朱門粉壁, 樓閣相接, 俄有一靑衣出, 語什曰:"女郞須見崔郞." 什恍然下馬, 兩重門內, 有一靑衣, 通問引前. 什曰:"行李之中, 忽重蒙厚命, 素旣不叙, 無宜深入." 靑衣曰:"女郞平陵劉府君之妻, 侍中吳質之女, 府君先行, 故欲相見." 什遂前. 什就牀坐, 其女在戶東坐, 與什叙溫凉. 室內二婢秉燭. 女呼一婢, 令以玉夾膝置什前. 什素有才藻, 頗善諷詠. 雖疑其非人, 亦惬心好也. 女曰:"比見崔郞息駕, 庭樹皆若吟嘯, 故入一斂玉顏." 什遂問曰:"魏帝與尊公書, 稱尊公爲元城令, 然否也?" 女曰:"家君元城之日, 妾生之歲." 什仍與論漢魏時事, 悉與魏史符合. 言多不能備載. 什曰:"貴夫劉氏, 願告其名." 女曰:"狂夫劉孔才之第二子, 名瑤, 字仲璋. 比有罪被攝, 乃去不返." 什下牀辭出, 女曰:"從此十年, 當更奉面." 什遂以玟珺簪留之, 女以指上玉環贈什. 什上馬行數十步, 回顧, 乃見一大冢. 什屈歷下, 以爲不祥, 遂躬設齋, 以環布施.

天統末, 什爲王事所牽, 築河隄于桓家冢. 遂于幕下, 話斯事于濟南奚叔布, 因下泣曰:"今歲乃是十年, 如何?" 什在園中食杏, 忽見一人云:"報女郞信." 俄卽去, 食一杏未盡而卒. 十二爲郡功曹, 爲州里推重, 及死, 無不傷歎. (出『酉陽雜俎』)

326 · 8(4233)
심경(沈 警)

 심경은 자(字)가 현기(玄機)이고 오흥군(吳興郡) 무강현(武康縣) 사람이었다. 심경은 풍모가 빼어나고 시를 잘 읊었으며 양(梁)나라 동궁상시(東宮常侍)로 있으면서 당시에 이미 명망이 높았다. 공경대신들은 매번 잔치를 열 때마다 반드시 사람을 보내어 그를 초청하면서 이렇게 말했다.
 "잔치에 현기가 있어야만 손님들이 몰린다."
 사람들이 심경을 떠받드는 것이 이와 같았다. 후에 [蕭察과 西魏軍의 공격으로] 형초(荊楚) 일대가 함락되자 심경은 주(周: 北周)로 들어가 상주국(上柱國: 뛰어난 戰功을 세운 功臣들에게 수여한 최고의 勳位)이 되었다. 그는 명을 받들고 사신이 되어 진롱(秦隴: 秦嶺과 隴山을 합쳐 부르는 지명으로, 이곳에 도적이 자주 들끓었음)으로 가는 길에 장여랑(張女郎)의 사당을 지나가게 되었다. 다른 여행객들은 대부분 술과 안주를 놓고 기도를 올렸으나, 심경 혼자만은 물을 따라놓고 이렇게 빌었다.
 "저 차가운 샘물 한 사발 떠다놓고 산골짜기의 붉은 꽃 따다 이렇게 놓습니다. 비록 멀리서 가져온 제수용품은 아니지만 이 지방에서 나는 것에 따라 바칩니다. 저의 정성스런 마음이 여기에 담겨 있으니, 신께서는 고맙게 받아주십시오."
 날이 저문 뒤 심경은 전사(傳舍: 옛날 공무를 띠고 출장 나간 사람이 머물던 곳)에서 머물렀다. 심경은 난간에 기대어 달을 바라보며 「봉장

추함교곡(鳳將雛含嬌曲)」을 지었는데, 그 내용은 다음과 같았다.

소리 높여 시 읊게 하고 싶지만 시 읊을 사람 없고,
아리따운 자태 가지고 있지만 또 어디에서 그 자태 뽐낼 것인가.
꽃 위를 배회하는 달빛,
하릴없이 보내는 서글픈 밤.

또 이어서 이렇게 노래불렀다.

살랑살랑 봄바람 불어오니,
방울방울 봄 이슬 가볍게 내려앉네.
안타깝구나 관산(關山)의 달이여,
환하게 빛나도 쓰일 데가 없으니.

심경이 가사를 다 읊고 나자 주렴 밖에서 찬탄하는 소리가 들리더니, 또 이렇게 읊는 소리가 들렸다.

한적한 밤을 어찌 내버려두겠으며,
휘영청 밝은 달이 어찌 빛이 없겠는가?

소리가 맑고 뜻이 은근한 것이 보통 사람과는 자못 달랐다. 그런데 갑자기 한 여자가 주렴을 걷고 안으로 들어와서 예를 갖추더니 이렇게 말했다.

"장여랑 자매께서 저더러 안부를 전하라고 하셨습니다."

심경은 이상한 생각이 들어 얼른 의관을 갖추어 입으려 했다. 그러나 채 자리에서 일어나기도 전에 여자 두 명이 들어와 심경에게 말했다.

"산을 오르고 물을 건너오시느라 몹시 힘이 드셨지요."

심경이 말했다.

"공무로 길을 가던 중에 봄밤에 느낀 바가 많아 이렇게 시나 읊으면서 잠시 여행의 시름을 풀고 있었습니다. 그런데 뜻밖에도 여랑께서 귀한 행차를 하셨습니다. 누가 언니이고 누가 동생인지 알고 싶습니다."

장여랑 자매는 서로를 쳐다보면서 미소를 짓더니, 큰 여랑이 심경에게 이렇게 말했다.

"소첩은 장여랑의 동생으로, 여산부인(廬山夫人)의 장남에게 시집갔습니다."

그리고는 작은 여랑을 가리키며 말했다.

"저 이는 형산부군(衡山府君)의 작은 아들에게 시집갔습니다. 오늘 큰언니의 생일이라 함께 언니를 뵈러 왔는데, 언니가 오늘 아침에 층성(層城)에 가서 아직 돌아오지 않고 있습니다. 또한 산이 조용하고 적막하며, 좋은 밤에 느낀 바가 많아 모시고자 하는 생각이 들었습니다. 힘이 드실까 꺼리지는 마십시오."

장여랑 자매는 마침내 심경의 손을 잡고 문을 나서더니 심경과 함께 치병거(輜軿車: 가리개가 있는 수레)에 올라타 말 여섯 마리를 몰고 하늘을 향해 달려갔다.

잠시 뒤에 한 곳에 도착하자 아주 높고 잘 꾸며진 누각이 보였는데, 빛이 나고 아주 화려했다. 장영랑 자매는 심경에게 물가의 한 누각에 머물러 있게 했는데, 향기가 밖에서 안으로 스며들어왔다. 주렴과 휘장은 대부분 금실과 물총새 깃털로 만든 것이었는데, 사이사이에 구슬이 박혀 있어 그 빛이 온 방안을 가득 비추었다. 잠시 뒤에 두 여랑이 누각 뒤에서 천천히 걸어와서 심경에게 읍하고 바로 자리를 잡고 앉더니 다시 술과 안주를 차렸다. 이때 큰 여랑은 공후를 타고 작은 여랑은 금(琴)을 타면서 몇 곡을 연주했는데, 모두 인간세상에서 들어본 것이 아니었다. 심경은 감탄하면서 한참동안 곡을 감상하다가 금곡의 곡보를 적어달라고 했다. 그러자 작은 여랑이 웃으면서 심경에게 말했다.

"이것은 진(秦)나라 목공(穆公)과 주(周)나라 영왕(靈王)의 태자, 그리고 신선이 만든 곡으로 인간 세상에 전해져서는 안 됩니다."

심경은 대충 몇 곡을 기억해둔 채 감히 더 이상 묻지 않았다. 술이 얼큰하게 취했을 때 큰 여랑이 노래했다.

사람과 신은 한번 만나면 다시 만나기 어렵고,
서로 만난다 하더라도 잠시 즐거울 뿐이네.
은하수는 옮겨가고 밤은 장차 다 가려하는데,
이내 마음 아직 다 표현하지도 못하고 또 주저주저하네.

작은 여랑이 노래했다.

퉁소 소리 울려 퍼지니 바람 불어오고,
맑은 밤이 다 가니 악기소리 잦아드네.
끝없는 그리움은 형산(衡山)의 고갯마루에 있고,
애끊는 이내 마음은 진롱 어귀에 있네.

또 시 한 수를 다음과 같이 읊었다.

진롱의 운거(雲車: 신선이 타는 수레)는 여기에 머물지 않고,
상천(湘川: 湘江)의 반죽(斑竹: 湘妃竹을 말함)에는 눈물이 젖어 있네.
누가 형산의 안개속에 있는 사람을 기억해 주겠는가,
헛되이 기러기발만 보면서 오지 않는 편지 기다리네.

심경이 노래했다.

[後漢 때부터] 의희연간(義熙年間: 405~418)까지 수많은 세월이 흘렀지만,
장석(張碩)은 몇 번이나 두란향(杜蘭香: 後漢 때의 사람으로, 한 어부가 湘江의 동정호에서 낚시를 하다가 여자아이의 울음소리를 듣고 데려다가 길렀는데, 열 살 조금 넘었을 때 한 靑童이 그녀를 데리고 하늘로 올라가면서 자신은 하늘의 선녀로 죄를 지어 인간 세상에 폄적된 것이라고 했음. 후에 杜蘭香은 張碩의 집에 내려와 張碩에게 도를 전해주고 함께 신선이 되어 하늘로 올라갔다고 함)의 사랑을 받았던가?
어째서 오늘날의 사람은 옛 사랑만 같지 못하여,
그대를 잠시 만나고는 더 이상 인연이 없단 말인가?

장여랑 자매는 서로 바라보며 눈물을 줄줄 흘렸고 심경도 그들을 따라 눈물을 흘렸다. 작은 여랑이 심경에게 말했다.

"난향(蘭香: 杜蘭香. 선녀 이름) 이모와 지경(智瓊: 成公智瓊. 선녀 이름) 언니 역시 늘 이와 같은 한을 품고 있습니다."

심경은 장여랑 자매가 노래를 부르고 시를 읊으면서 매우 즐거워하는 것을 보면서도 그녀들의 은밀한 약속을 아직 모르고 있었다. 그래서 심경은 작은 여랑을 돌아보며 말했다.

"윤옥(潤玉), 당신이 사랑스럽소."

한참 뒤에 큰 여랑이 신발을 가지고 오게 해서 작은 여랑과 함께 나가다가 문에 이르러 작은 여랑에게 말했다.

"윤옥 네가 심랑(沈郎: 沈警)을 모시고 함께 자거라."

심경은 너무 좋아서 어찌할 바를 몰라하다가 마침내 작은 여랑의 손을 잡고 문안으로 들어갔는데, 이미 어린 계집종이

앞서 와서 침구를 펴고 있었다. 작은 여랑은 심경의 손을 잡고 말했다.

"일전에 저는 아황(娥皇)과 여영(女英) 두 비(妃)를 따라 상천(湘川: 湘江)을 노닐다가 당신이 순(舜) 임금의 사당 앞에서 상왕(相王)의 비문(碑文)을 읽는 것을 보고 당신을 몹시 그리워했는데, 뜻밖에도 오늘밤에 오랜 소원을 이루게 되었습니다."

심경도 그 일을 기억해내고는 작은 여랑의 손을 잡고 이런 저런 정감어린 말들을 나누었는데, 자신의 감정을 억제할 수 없었다. 그때 예쁘게 생긴 어린 계집종이 앞으로 와서 이렇게 말했다.

"사람과 인간의 길은 달라서 이별은 빨리 오고 만남은 더디 옵니다. 게다가 지금 달 속의 항아(姮娥)는 당신들의 만남을 질투해서 더 이상 남아서 달을 비추려 하지 않고, 직녀(織女)도 무심하게 이미 은하수 저편으로 넘어갔습니다. 귀한 시간이 얼마나 남아있다고 사소한 일에 힘을 허비하십니까?"

그리하여 심경과 작은 여랑은 문을 닫고 잠자리에 들어 지극한 즐거움을 나누었다. 장차 날이 밝으려하자 작은 여랑이 일어나 심경에게 말했다.

"인간과 신은 각자의 일이 달라 낮에 즐거움을 추구해서는 안됩니다. 이미 큰언니가 문 앞에 와 계십니다."

심경은 작은 여랑을 껴안고 자신의 무릎 위에 앉히더니 함께 진심을 이야기했다. 잠시 뒤에 큰 여랑이 다시 그들 앞에 오자 두 사람은 서로를 바라보고 눈물을 흘리면서 스스로를 주체하지 못했다. 또 술상이 차려 나오자 심경은 다시 이렇게 노래했다.

결국 이렇게 되고 보니 떠나는 이의 마음은 편치 않고,
만리길인들 그리움의 정을 막을 수 있겠는가.
다만 이제 진롱의 물줄기에
지금까지 흐느껴 울던 소리 띄워보내리.

심경이 작은 여랑에게 옥가락지를 주자 작은 여랑은 심경에게 금실로 만든 합환결(合歡結: 비단 허리띠에 매듭 두 개를 묶어서 부부가 서로 사랑하고 있음을 드러냈음)을 주면서 이렇게 노래 불렀다.

맺은 마음은 타래처럼 만 가닥으로 얽혀있고,
묶은 가닥은 몇 천 번이나 감겨있네.
맺힌 원한은 그 끝이 없고,
맺은 마음은 끝내 풀 수 없다.

큰 여랑은 심경에게 옥 거울을 주며 노래불렀다.

생각해보니 옛날에 옥 거울 들여다볼 때,
거울 속에 밝은 달이 보였네.
거울과 달이 모두 사람을 비출 수 있으니,
부디 그 빛 사라지게 하지 마소서.

이렇게 많은 시를 주고받았지만, 심경은 그 시를 일일이 기억하지 못하고 그저 대충 몇 수만 기억할 따름이었다. 그들은 함께 문을 나와 다시 치병거를 타고 심경을 장여랑의 사당아래에다 데려다주고는 손을 잡고 목이 메이도록 울다가 헤어졌다.
심경이 여관으로 돌아와서 품속을 만져보았더니 옥 거울과 금실로 만든 합환결이 손에 잡혔다. 한참 뒤에 심경은 주인에게 자신이 겪은

이야기를 해주었는데, 그날 밤에 옥 거울과 금실로 만든 합환결이 사라졌다. 그때 심경과 같은 여관에 있던 동료들은 모두 밤에 심경에게서 기이한 향기가 난다며 이상하게 생각했다. 심경은 후에 사신으로 갔다가 돌아오는 길에 장여랑의 사당에 갔다가 신좌(神座) 뒤에서 푸른색의 편지를 보았는데, 다름 아닌 작은 여랑이 심경에게 보내는 글이었다. 글 속에 이별의 한이 자세하게 적혀져 있었으며, 편지 글 끝에 다음과 같은 시가 적혀 있었다.

급히 편지 보내어 심랑(沈郎: 沈警)께 알리나니,
저는 이미 형양(衡陽)으로 돌아갔나이다.
금석과 같은 굳은 약속만 간직하고 있다면,
바람 불고 달 빛나는 밤에 서로 바라볼 수 있으리라.

그때부터 심경은 더 이상 그녀를 만날 수 없었다. (『이문록』)

沈警, 字玄機, 吳興武康人也. 美風調, 善吟詠, 爲梁東宮常侍, 名著當時. 每公卿宴集, 必致騎邀之, 語曰: "玄機在席, 顚倒賓客." 其推重如此. 後荊楚陷沒, 入周爲上柱國. 奉使秦隴, 途過張女郎廟. 旅行多以酒脯祈禱, 警獨酌水具祝詞曰: "酌彼寒泉水, 紅芳掇嵒谷. 雖致之非遙, 而薦之隨俗. 丹誠在此, 神其感錄." 旣暮, 宿傳舍. 憑軒望月, 作「鳳將雛含嬌曲」, 其詞曰: "命嘯無人嘯, 含嬌何處嬌. 徘徊花上月, 空度可憐宵." 又續爲歌曰: "靡靡春風至, 微微春露輕. 可惜關山月, 還成無用明." 吟畢, 聞簾外歎賞之聲, 復云: "閒宵豈虛擲, 朗月豈無明?" 音旨淸婉, 頗異于常. 忽見一女子褰簾而入, 拜云: "張女郎姊妹見使致意." 警異之, 乃具衣冠. 未離坐而二女已入, 謂警曰: "跋涉山川, 因勞動止."警曰:"行役在途,春宵多感,聊因吟咏,稍遣旅愁.豈意女郎猥降仙駕.願知伯仲."二女郎相顧而微笑,大女郎謂警曰:"妾是女郎妹,適廬山夫人長男."指小女郎云:"適衡山府君小子.並以生日,同覲大姊,屬大姊今朝層城未旋.山中幽寂,良夜多懷,輒欲奉屈.無憚勞也."遂携手出門,共登一輜軿車,駕六馬,馳空而行.

俄至一處,朱樓飛閣,備極煥麗.令警止一水閣,香氣自外入內.簾幌多金縷翠羽,間以珠璣,光照滿室.須臾,二女郎自閣後,冉冉而至,揖警就坐,又具酒殽.於是大女郎彈箜篌,小女郎援琴,爲數弄,皆非人世所聞.警嗟賞良久,願請琴寫之.小女郎笑而謂警曰:"此是秦穆公‧周靈王太子‧神仙所製,不可傳于人間."警粗記數弄,不復敢訪.及酒酣,大女郎歌曰:"人神相合兮後會難,邂逅相遇兮暫爲歡.星漢移兮夜將闌,心未極兮且盤桓."小女郎歌曰:"洞簫響兮風生流,清夜闌兮管弦遒.長相思兮衡山曲,心斷絶兮秦隴頭."又題曰:"隴上雲車不復居,湘川斑竹淚沾餘.誰念衡山煙霧裏,空看鴈足不傳書."警歌曰:"義熙曾歷許多年,張碩凡得幾時憐?何意今人不及昔,暫來相見更無緣?"二女郎相顧流涕,警亦下淚.小女郎謂警曰:"蘭香姨‧智瓊姊,亦常懷此恨矣."警見二郎歌詠極歡,而未知密契所在.警顧小女郎曰:"潤玉,此人可念也."良久,大女郎命履,與小女郎同出,及門,謂小女郎曰:"潤玉可使伴沈郎寢."警欣喜如不自得,遂携手入門,已見小婢前施臥具.小女郎執警手曰:"昔從二妃游湘川,見君于舜帝廟讀相王碑,此時想念頗切,不意今宵得諧宿願."警亦備記此事,執手款叙,不能自已.小婢麗質,前致詞曰:"人神路隔,別促會賒.況姮娥妬人,不肯留照,織女無賴,已復斜河.寸陰幾時,何勞煩瑣?"遂掩戶就寢,備極歡昵.將曉,小女郎起,謂警曰:"人神事異,無宜卜晝.大姊已在門首."警於是抱持置于膝,共叙衷款.須臾,大女郎卽復至前,相對流涕,不能自勝.復置酒, 警又歌曰:"直恁行人心不平, 那宜萬里阻關情. 只今隴上分流水, 更泛從來嗚咽聲." 警乃贈小女郞指環, 小女郞贈警金合歡結, 歌曰:"結心纏萬縷, 結縷幾千廻. 結怨無窮極, 結心終不開." 大女郞贈警瑤鏡子, 歌曰:"憶昔窺瑤鏡, 相望看明月. 彼此俱照人, 莫令光彩滅." 贈答極多, 不能備記, 粗憶數首而已. 遂相與出門, 復駕輀軿車, 送至下廟, 乃執手嗚咽而別.

及至館, 懷中探得瑤鏡金縷結. 良久, 乃言于主人, 夜而失所在. 時同侶咸怪警夜有異香. 警後使回, 至廟中, 于神座後得一碧箋, 乃是小女郞與警書. 備叙離恨, 書末有篇云:"飛書報沈郞, 尋已到衡陽. 若存金石契, 風月兩相望('望'原作'忘', 據陳校本改)." 從此遂絶矣. (出『異聞錄』)

태평광기 권제 327 귀 12

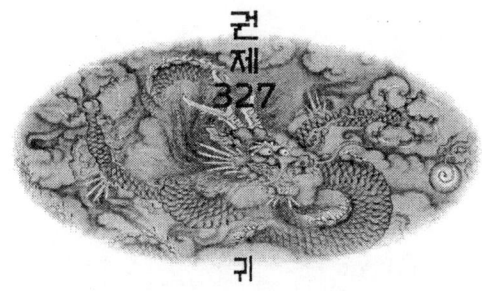

1. 최자무(崔子武)
2. 마도유(馬道猷)
3. 고 총(顧 總)
4. 형 란(邢 鸞)
5. 소마후(蕭摩侯)
6. 도인법력(道人法力)
7. 소사우(蕭思遇)
8. 임 주(任 冑)
9. 동수지(董壽之)
10. 번효겸(樊孝謙)
11. 이문부(李文府)
12. 사만세(史萬歲)
13. 방현령(房玄齡)
14. 위 징(魏 徵)
15. 당 검(唐 儉)

327 · 1(4234)
최자무(崔子武)

제(齊)나라 최자무가 어렸을 적에 외조부인 조군(趙郡) 사람 양주자사(揚州刺史) 이헌(李憲)의 집에서 잠을 잔 일이 있었는데, 꿈에 용모가 매우 아름다운 여자가 나타나더니 자신은 용왕의 딸이라고 하면서 최랑(崔郞: 崔子武)과 좋은 시간을 갖고 싶다고 말했다. 최자무는 기뻐하며 그녀의 옷자락을 끌어당겼고, 그 바람에 그녀의 옷이 약간 찢어졌다. 날이 채 밝기도 전에 그녀가 작별을 고하자 최자무는 허리에 매듭을 묶어주며 그녀와 헤어졌다. 날이 밝은 후 산에 있는 사당에 가서 보았더니 사당 옆에 여자 그림이 하나 있는데, 그 생김새나 차림새가 다름 아닌 어젯밤 꿈에서 본 여자였다. 또 옷의 찢어진 자국이며 [어젯밤 자신이 묶어주었던] 허리띠의 매듭까지 그림 속에 고스란히 남아 있었다. 이때부터 최자무는 꿈에서 그녀를 만나 통정했으며 늘 정신이 나가있는 듯하여 병을 얻었다. 후에 한 의원을 만나 그 여자로 하여금 다시는 꿈에 나타나지 못하도록 주문을 걸자 그녀는 더 이상 최자무의 꿈에 나타나지 않았다. (『삼국전략』)

齊崔子武幼時, 宿于外祖揚州刺史趙郡李憲家, 夜夢一女子, 姿色甚麗, 自謂云龍王女, 願與崔郎私好. 子武悅之, 牽其衣裾, 微有裂綻. 未曉告辭, 結帶而別. 至明, 往山祠中觀之, 傍有畫女, 容狀卽夢中見者. 裂裾結帶猶在. 子武自是通夢, 恍惚成疾. 後逢醫禁之, 乃絶. (出『三國典略』)

327 · 2(4235)
마도유(馬道猷)

남제(南齊)의 마도유는 상서령사(尙書令史)로 있었다. 영명(永明) 원년(483)에 그가 상서성에 앉아있노라니 난데없이 귀신이 나타나 눈앞을 가득 메웠는데, 옆의 사람들은 보지 못했다. 잠시 후 귀신 둘이 그의 귓속으로 들어가 그의 혼령을 밀어내자 그의 혼령이 나막신 위로 떨어졌다. 마도유는 사람들에게 그것을 가리키며 말했다.
"그대들은 이게 안 보이시오?"
그러나 옆 사람들은 아무도 보지 못했다. 사람들이 혼령의 모습이 어떻게 생겼느냐고 묻자 마도유가 대답했다.
"꼭 두꺼비같이 생겼소이다."
마도유는 또 이렇게 말했다.
"나는 분명 살아날 길이 없을 것이오. 귀신이 아직까지도 귓속에 있으니 말이오."
사람들이 보았더니 그의 귀는 온통 부어있었다. 다음 날 마도유는 죽었다. (『술이기』)

南齊('南齊'二字原空闕, 據黃本補)馬道猷爲尙書令史. 永明元年, 坐省中,忽見鬼滿前, 而傍人不見. 須臾兩鬼入其耳中, 推出魂, 魂落屐上. 指以示人: "諸君見否?" 傍人並不見. 問魂形狀云何, 道猷曰: "魂正似蝦蟆." 云: "必無活理. 鬼今猶在耳中." 視其耳皆腫. 明日便死. (出『述異記』)

327 · 3(4236)
고 총(顧 總)

양(梁)나라 천감(天監) 원년(502)에 무창(武昌)의 하급관리 고총은 어리석고 사리에 어두워 자기의 일을 제대로 해내지 못하고 몇 번이나 현령에게 매질을 당했다. 그는 울분을 품고 묘지 사이로 도망가서는 근심에 싸여 이리저리 방황하며 어디로 가는 지도 모르는 채 정처 없이 가고 있었다. 그때 갑자기 누런 옷을 입은 사람 둘이 나타나더니 고총을 돌아보며 말했다.

"유군(劉君)께서는 지난날 우리가 함께 어울렸던 때를 몹시 그리워하고 있구려?"

고총이 말했다.

"소인은 고씨입니다. 게다가 당신들의 청안(淸顔)을 일찍이 본 적도 없는데 어찌하여 옛날에 함께 어울렸던 때를 그리워하느냐고 물으십니까?"

두 사람이 말했다.

"우리들은 왕찬(王粲)과 서간(徐幹)이고 그대는 전생에 유정(劉楨)이었소. 그대는 곤명시중(坤明侍中)으로 있다가 뇌물을 받은 죄로 인해

하급 관리로 폄적되었소. 그대도 이제 알게 되겠지만 그대의 언사(言辭)가 분명한 것을 보니 옛날 기실(記室: 官名. 太尉 屬官으로는 記室令史가 있었고 太守都尉의 屬官으로는 記室史가 있었음. 후대에는 公俯와 王國에 모두 記室參軍을 두었는데, 모두 문서를 관리하는 관직이었음)에 있을 때의 풍모를 다시 보는 것 같소."

그리고는 소매 안에서 두루마리 책 하나를 꺼내 고총에게 보여주면서 이렇게 말했다.

"이것이 바로 그대의 문집이니 잘 살펴보시오."

고총은 문집을 자세히 읽어본 후 큰 깨우침을 얻었고 갑자기 문사(文思)가 확 트이는 것 같은 느낌을 받았다. 그의 문집은 많은 사람들이 가지고 있었으나 [거기에는] 그가 죽은 후에 지은 글 몇 편이 더 적혀 있었다. 또「어가(御駕)를 따라 유려궁(幽麗宮)을 노닐다 생전의 서원문회(西園文會: 西園은 魏나라 武帝 曹操가 만든 동산이고 西園文會는 曹氏 父子가 王粲·劉楨 등 문인들과 그곳에 모여 술을 마시며 시를 지었던 일을 말함)에서 있었던 문학 모임을 떠올리며 지문부정랑(地文府正郎: 『玄怪錄』 원문에는 '修文府正郎'이라 되어있음. 天府나 地曹에서 문서 등을 관장하는 관리라고 전해짐) 채백개(蔡伯喈: 蔡邕)에게 보냄」이라는 시제(詩題)가 달린 시가 한 수 있었는데, 그 내용은 다음과 같았다.

    한(漢)나라 기강이 끊어져 [본문에는 '在漢繩綱緒'이라 되어있으나 『玄怪錄』 원문에는 '在漢絶綱紀'라 되어있어 이에 의거하여 해석함],
    바다와 강에서 급한 소용돌이도 많았네.
    위대한 위(魏)나라 영조(英祖: 武帝 曹操),

물에 빠진 이 구하고 물결 잔잔히 만드셨네.
천기(天紀)가 펼쳐지니,
나라 사람들 편안해졌네.
상공부(相公府)를 크게 여시고,
깊은 골짜기에 핀 난초들을 다 모으셨네.
나는 처음엔 뭇 군자들과 어울리며,
날마다 어진 왕을 모시느라 즐겁기만 했네.
문황(文皇: 魏나라 文帝 曹丕)께서 춘궁(春宮: 東宮)에 계실 때,
그 효성이 지극해 자주 안부를 물어왔네.
태자로 계실 때는 시간이 많아,
동산을 거닐며 유람 하셨네.
아래 신하들 붓을 머리에 꽂고,
보좌들은 수레 방울 소리를 따라다녔네.
달이 떠 궁전을 거닐면 바람이 차갑고,
진귀한 나무에는 맑은 이슬 맺혀있었네.
하늘은 참으로 빛나고도 아름답고,
대나무에서는 서로 부딪히는 소리가 나네.
명을 받들어 우러르며 황제와 화합하려 했건만,
이미 어려운 시험을 당하고 말았네.
본디 약한 몸 결국 지탱하지 못하고,
위태로이 부서져 결국 시들어 죽고 말았네.
어찌 알았으리 십여 년 만에,
능침(陵寢: 왕릉의 제단)의 오동나무 처량하게 될 것을.
지금 곤명국에 와,
다시금 잠선관(簪蟬冠: 貂蟬冠 위에 다시 비녀를 꽂은 것. 매미 장식이 있고 담비의 꼬리를 꽂아 貂蟬冠이라고 했음. 고대 귀한 사람의 신분을 나타냄)을 돌아보네.
이궁(離宮: 行宮)에서 왕을 모시고 노닐다가,
저 뜬 구름가까지 걸어갔었네.
옛날 서원에서 지내던 때를 생각하니,
삶과 죽음의 길 서로 달라 잠시 마음이 시큰해오네.
그대는 이전 한나라의 공경,
미앙궁(未央宮) 어진이 중의 으뜸이 되었다지.
그대도 만약 생전의 일을 기억하고 있다면,
이 글을 보고 나와 같이 슬픈 마음 생기리.

그 밖에 7편이 더 있는데, 전해지는 본에는 이미 실려 있지 않았다.
왕찬이 고총에게 말했다.

"나는 본디 키가 너무 작아서 어쩔 수 없이 악진(樂進)의 딸을 아내로 삼았다오. 그 딸은 아비를 닮아 왜소하기 이를 데 없었소. 그대와 이별한 후에 나는 다시 유형주(劉荊州: 劉表)의 딸을 아내로 맞아들여 아들 하나를 보았소. 유형주는 내 아들에게 옹노(翁奴)라는 자를 지어주었는데, 올해 열여덟이 되었고 키는 7척 3촌이나 된다오. 다만 장인어른께 인사를 시키지 못한 게 한이 되는구려. 그 아이가 열한 살이 되었을 때 나와 같이 거울을 드려다 본 적이 있었는데, 내가 그 아이에게 이렇게 말했소. '너의 머리는 나보다도 크구나.' 그러자 그 아이가 즉시 이렇게 응대합디다. '방풍씨(防風氏: 禹임금이 會稽山으로 諸侯들을 불러 모았는데, 防風氏가 늦게 도착하자 죽여버렸다고 함)는 뼈마디가 수레를 가득 메웠다고 하지만, 이는 백기(白起: 戰國時代 秦나라 昭王 때에 장군으로 用兵에 뛰어나 70여개나 되는 성을 함락시켰다고 함)의 머리처럼 작고 예리한 것만 못합니다.' 내가 또 말했소. '너는 크면 장군이 되어야한다.' 그러자 또 이렇게 내게 응대합디다. '공자는 3척 동자일 때부터 패도(霸道)에 대해 말하는 것을 수치로 여겼다 했습니다. 하물며 아버님의 엄격한 가르침을 받은 제가 어찌 감히 사람을 베고 찌르는 일에 뜻을 둘 수 있겠습니까?' 그래서 나는 그 아이가 아주 출중하다는 것을 알게 되었소. 그대도 혹 아들이나 딸을 두셨는지 모르겠소?"

고총은 한참을 생각한 뒤에 그들을 조금 알고 있는 듯도 하여 이렇게 말했다.

"두 분께서 저의 친구라면 이 하급관리의 액운을 면하게 해 주실 방도가 있으신지요?"

서간이 말했다.

"그대는 그저 아까 그 문집을 들고 현령(縣令)를 찾아가 호소하기만 하면 지금의 액운을 벗어날 수 있을 것이오."

고총이 또 물었다.

"곤명은 어떠한 나라입니까?"

서간이 말했다.

"위나라 무제께서 나라를 세우셨던 업(鄴) 땅이오. 그대는 옛날에 그 나라의 시중으로 있었는데, 벌써 그걸 잊었단 말이오? 그대의 곤명에 있는 식구들은 모두 별 탈 없이 지내고 있소. 그대의 막내딸 교수낭(嬌羞娘)이 「봉억(奉憶)」이라는 시를 한편 지었는데, 예전에 이미 자기 아버지처럼 시를 읊을 줄 알았다오. 그 시는 이러하오.

아버지를 그리워하네,
나를 버려두시고 집에 돌아오지 않으시는.
시중을 마다하시고 말단 관리노릇 하시니,
나도 아버지 쫓아 같이 고생을 하려네 부귀영화 다 버리고.
아버지께서 어서 내 생각 하시어 다시 오시길 바라네,
그러면 나에게 오얏과 단 호박을 사다주시리."

서간이 시를 다 읊자 고총은 자기도 모르게 눈물을 흘리더니 「교수낭에게 부침」이라는 시를 한 수 지었는데, 그 시는 다음과 같았다.

딸아이 얼굴 기억하며,
딸아이 마음 떠올리네.
딸아이를 아무리 바라다보아도 보이지 않으니 하염없는 눈물만 옷깃을

적시네,
  각기 다른 시절과 세상을 살고 있으니 서로 만날 수가 없네.
  이생을 져버리고 나면 그때나 다시 만나자꾸나.

고총이 시를 다 읊자 왕찬과 서간은 아쉬운 듯 이별을 고하면서 고총에게 『유정집(劉楨集)』 다섯 권을 남겨주었다.

고총은 현령을 만나 이 일을 자세히 이야기해주었다. 현령은 유정의 문집 뒤에 있는 시를 보더니 깜짝 놀라하며 이렇게 말했다.

"유공간(劉公幹: 劉楨의 字)으로 하여금 하급 관리를 하게 할 수는 없지."

그리고는 고총을 심부름꾼 일에서 면제해주고 빈객의 예로 대해주었다. 후에 고총은 어디론가 사라져버렸는데, 그의 문집도 따라서 없어졌다. 당시 사람들은 자기의 자제들을 권면할 적에 모두 이렇게 말했다.

"죽은 유정이 산 고총을 보살펴줄 수 있으니 열심히 수행하지 않을 수 있겠느냐!"

(『현괴록』)

梁天監元年, 武昌小吏顧總, 性昏戇, 不任事, 數爲縣令鞭朴. 嘗鬱鬱懷憤, 因逃墟墓之間, 彷徨惆悵, 不知所適. 忽有二黃衣, 顧見總曰:"劉君頗憶疇日周旋耶?"總曰:"僕宗乃顧氏. 先未曾面淸顔, 何有周旋之問?"二人曰:"僕王粲·徐幹也, 足下前生是劉楨. 爲坤明侍中, 以納賂金, 謫爲小吏. 公當自知矣, 然公言辭歷歷, 猶見記室音旨."因出袖中軸書示之曰:"此君集也, 當諦視之." 總試省覽, 乃了然明悟, 便覺文思坌涌. 其集人多有本, 唯卒後數篇記得. 詩一章, 題云「從駕遊幽麗('麗'原作'厲', 據明鈔本·陳校本改)宮, 却憶平生西園文會, 因寄地文府正郎蔡伯喈」. 詩曰: "在漢繩綱緒, 溟瀆多騰湍. 煌煌魏英祖, 拯溺靜波瀾. 天紀已垂定, 邦人亦保完. 大開相公府, 掇拾盡幽蘭. 始從衆君子, 日侍賢王歡. 文皇在春宮, 蒸孝踰問安. 監撫多餘暇, 園囿恣遊觀. 末臣戴簪筆, 翊聖從和鑾. 月出行殿涼, 珍木淸露團. 天文信輝麗, 鏗鏘振琅玕. 被命仰爲和, 顧已試所難. 弱質不自持, 危脆朽萎殘. 豈意十餘年, 陵寢梧楸寒. 今來坤明國, 再顧簪蟬冠. 侍遊于離宮, 足躡浮雲端. 却想西園時, 生死暫悲酸. 君昔漢公卿, 未央冠群賢. 倘若念平生, 覽此同愴然." 其餘七篇, 傳者失本.

王粲謂總曰: "吾本短小, 無何娶樂進女. 女似其父, 短小尤甚. 自別君後, 改娶劉荊州女, 尋生一子. 荊州與字翁奴, 今年十八, 長七尺三寸. 所恨未得參丈人也. 當渠年十一, 與予同覽鏡, 予謂之曰: '汝首魁梧于予.' 渠立應予曰: '防風骨節專車, 不如白起頭小而銳.' 予又謂曰: '汝長大當爲將.' 又應予曰: '仲尼三尺童子, 羞言霸道. 況承大人嚴訓, 敢措意於斫刺乎?' 予知其了了過人矣. 不知足下生來, 有郞娘否?"

良久沈思, 稍如相識, 因曰: "二君旣是總友人, 何計可脫小吏之厄?" 徐幹曰: "君但執前集, 訴于縣宰則脫矣." 總又問: "坤明是何國?" 幹曰: "魏武開國鄴地也. 公昔爲其國侍中, 遽忘耶? 公在坤明家累, 悉無恙. 賢小嬌羞娘, 有一篇「奉憶」, 昨者已誦似丈人矣. 詩曰: '憶爺爺, 拋女不歸家. 不作侍中爲小吏, 就他辛苦棄榮華. 願爺相念早相見, 與兒買李市甘瓜.'" 誦訖, 總不覺涕泗交下, 因爲一章「寄嬌羞娘」云: "憶兒貌, 念兒心. 望兒不見淚沾襟, 時移世異難相見. 棄謝此生當重尋." 旣而王粲・徐幹與總殷勤叙別, 乃遺『劉楨集』五卷.

見縣令, 具陳其事. 令見楨集後詩, 驚曰: "不可使劉公幹爲小吏." 卽解遣, 以賓禮待之. 後不知總所在, 集亦尋失. 時人勗子弟, 皆曰: "死劉楨猶庇得生顧總, 可不修進哉!" (出『玄怪錄』)

327 · 4(4237)
형 란(邢 鸞)

후위(後魏) 때 낙양(洛陽) 영화리(永和里)는 한(漢)나라 태사(太師) 동탁(董卓)의 옛 집터였다. 마을의 남쪽과 북쪽에는 모두 연못이 있었는데, 이것들은 모두 동탁이 만들어 놓은 것으로 못 안의 물은 일년 열두 달 마르는 법이 없었다. 마을에 태부록상서(太傅錄尙書) 장손치(長孫稚), 상서우복야(尙書右僕射) 곽조(郭祚), 이부상서(吏部尙書) 형란, 정위경(廷尉卿) 원홍초(元洪超), 위위경(衛尉卿) 허백도(許伯桃), 양주자사(凉州刺史) 울성흥(尉成興) 등 여섯 명의 저택이 있었는데, 그것들은 모두가 높고 화려하기 그지없었다. 재관(齋館)은 넓고 화려했으며 가래나무와 회나무가 우거져 길을 이루었고 오동나무와 버드나무가 양쪽으로 심어져 있었다. 이곳은 당대에 이름난 부귀한 사람들의 마을이었다. 이곳의 땅을 파기만 하면 황금과 보물들이 나왔는데, 당시에 형란의 집에서는 땅을 파서 단사(丹砂)와 수십만 냥의 돈을 캐냈다. 그 돈에는 이런 글씨가 새겨져 있었다.

"동태사(董太師: 董卓)의 물건."

후에 동탁이 밤에 나타나 형란에게서 자신의 물건들을 찾아가려 했으나, 형란은 내놓지 않았다. 형란은 그로부터 일년 후에 죽었다. (『낙양가람기』)

後魏洛陽永和里, 漢太師董卓之宅也. 里南北皆有池, 卓之所造, 水冬夏不竭. 里中太傅錄尙書長孫稚, 尙書右僕射郭祚, 吏部尙書邢鸞, 廷尉卿元洪超,衛尉卿許伯桃, 涼州刺史尉成興等六宅, 皆高門華屋. 齋館敞麗, 楸槐蔭途, 桐楊夾植. 當世名爲貴里. 掘此地, 輒得金玉寶玩之物, 時邢鸞家, 常掘得丹砂及錢數十萬. 銘云:"董太師之物." 後卓夜中隨鸞索此物, 鸞不與之. 經年而鸞卒.
(出『洛陽伽藍記』)

327 · 5(4238)
소마후(蕭摩侯)

후위(後魏) 호태후(胡太后) 말년에 택주전참군(澤州田參軍) 소마후의 집안 사람이 누런 적삼을 빨아 정원수 위에 널어 말렸는데, 저녁에 거둬들이는 것을 잊고 말았다. 한밤중이 되었을 때 소마후는 일어나 나갔다가 그 옷이 바람에 나부끼는 것을 보았는데, 그 모습이 마치 사람과도 같았다. 그는 도둑일 것이라 생각하고 칼을 가져 가 내리쳤다. 그런데 내리치고 보니 다름 아닌 옷이었다. 그 일이 있은 후로 집 안팎 사람들이 모두 두려움에 떨었다. 며칠이 지난 다음 갑자기 말 탄 사람 스무명이 모두 무장을 하고 나타나 소마후의 집을 향해 돌진해왔다. 그들이 깃발을 휘날리고 몽둥이를 높이 치켜든 채 그의 집을 쳐들어 와서는 전후로 예닐곱 곳을 공격하자 집안 식구들은 두려움에 떨며 어떻게 방어해야 할지조차 몰랐다. 한 사람이 말했다.

"약방(藥方)에 따르면 고양(羖羊)의 뿔을 태우면 요괴가 저절로 없어진다고 합니다."

이에 푸줏간으로 가 고양 뿔을 사온 다음 그것들을 태웠다. 나중에 그의 집에 도착한 귀신들은 코를 막으며 이렇게 말했다.

"이 집에서 대체 무엇을 태우기에 냄새가 이토록 고약하단 말이냐!"

그리고는 바로 돌아가 버렸고 그 후로 다시는 나타나지 않았다. (『오행기』)

後魏胡太后末年, 澤州田參軍蕭摩候家人, 浣一黃衫, 晒之庭樹, 日暮忘收. 夜半, 摩侯家起出, 見此衣爲風所動, 彷彿類人. 謂是竊盜, 持刀往擊. 就視乃是衣. 自此之後, 內外恐懼. 更數日, 忽有二十騎, 盡爲戎服, 直造其家. 揚旗擧杖, 往來掩襲, 前後六七處, 家人惶懼, 不知何方禦之. 有一人云: "按藥方, 燒殺羊角, 妖自絶." 卽于屠肆得之, 遂燒此等. 後來至, 掩鼻曰: "此家不知燒何物, 臭穢如此!" 翻然回, 自此便絶. (出『五行記』)

327·6(4239)
도인법력(道人法力)

광주(廣州) 현명사(顯明寺)에 사는 도인 법력이 날이 밝아올 무렵 변소에 갔다가 문 앞에서 한 귀신과 마주쳤다. 그 귀신은 곤륜(崑崙: 고대 서방의 나라 이름) 사람처럼 생겼고 두 눈은 온통 황금빛이었으며 벌거벗을 채 아무 것도 입고 있지 않았다. 법력은 본디 팔 힘이 좋아서 그 귀신을 잡아 집 기둥에다 붙잡아 맨 다음 몽둥이로 때렸다. 그러나 귀신은 처음부터 끝까지 아무 소리도 내지 않았다. 이에 법력은 쇠사슬로 묶은 다음 귀신이 능히 변할 수 있는 지 없는 지를 관찰했다. 날이 어두워졌을 때 귀신은 어디론가 사라졌다. (『술이기』)

　　廣州顯明寺道人法力, 向晨詣厠, 于戶中遇一鬼. 狀如崑崙, 兩目盡黃, 裸身無衣. 法力素有膂力, 便縛着堂柱, 以杖鞭之. 終無聲. 乃以鐵鎖縛之, 觀其能變去否. 日已昏暗, 失鬼所在. (『述異記』)

327 · 7(4240)
소사오(蕭思遇)

　　소사우는 양(梁)나라 무제(武帝)의 외조카 손자이다. 그의 부친 소각(蕭慤)은 후경(侯景)에 의해 살해되었다. 소사우는 아버지가 해를 입는 것을 보고는 벼슬길에 나가는 것을 좋아하지 않고 도가(道家)를 흠모해 신선을 만나고자 했다. 그래서 이름도 사우(思遇)라고 짓고 자(字)를 망명(望明)이라고 했는데, 이는 신명(神明)과 만나기를 바란다는 뜻이었다. 그는 호구(虎丘) 동쪽에 있는 산에서 살았다. 그는 성품이 소탈하고 조용했으며 책 읽기와 금 타기를 즐겼다. 소나무 사이로 바람이 불어오는 밤이면 그는 타던 금을 내려놓고 길게 휘파람을 불었는데, 그러면 온 산에 있는 집들이 다 깜짝 놀라곤 했다. 그가 한번은 비 오는 날 돌 위에 앉아 흥에 겨워 노래를 부르고 있었는데, 갑자기 사립문 두드리는 소리가 들렸다. 소사우는 이상한 생각이 들어 시종을 시켜 멀찍이서 물어보게 했다. [시종이 물어보았더니 문 두드리던 사람이] 대답했다.
　　"물어보실 필요도 없습니다. 그저 빗속에 완계(浣溪)로부터 온 사람이라고만 말하십시오."

어린 시종이 문을 열고 보니 한 아름다운 여자가 두 명의 몸종을 데리고 있었는데, 그 자태가 모두 신선과도 같았다. 소사우는 산인(山人)의 옷[道士의 복장을 말함]을 걸치고 예를 갖춰 그녀들을 맞이하며 이렇게 말했다.

"방금 부인의 말을 들으니 완계에서 오셨다고 하시던데 이 빗속에 그 먼 길을 무얼 타고 오셨습니까?"

여자가 말했다.

"선생께서 기이한 도를 품고 계시고 깨끗한 마음을 지니고 계시다기에 마차도 타지 아니하고 바람을 타고 왔습니다."

소사우가 말했다.

"완사계(浣沙溪)에서 왔다고 하신다면, 혹 그대는 서시(西施)가 아니시오?"

여자는 두 어린 몸종을 돌아보며 웃으면서 말했다.

"선생께서 어떻게 그걸 아셨습니까?"

소사우가 말했다.

"다른 걱정일랑 마시고 어서 잠자리에 듭시다."

날이 밝아 장차 헤어질 때가 되자 여자는 금팔찌 하나를 이별의 정표로 주었다. 그러자 소사우가 말했다.

"나는 내 마음을 보여줄 그 아무 것도 가진 게 없소이다."

또 말했다.

"그러나 마음속으로 절대 그대를 잊지 않으리다."

여자가 말했다.

"그게 가장 귀한 것이지요."

소사우가 말했다.

"부인은 지금 떠나가면 언제 다시 오시려오?"

그러자 여자는 눈물을 닦으며 이렇게 말했다.

"감히 앞날을 기약할 수 없으니 공연히 애만 탈 뿐입니다."

소사우도 매우 슬퍼했다. 말을 마치자 여자는 바람을 타고 오르더니 잠깐 사이에 어디론가 사라졌는데, 방 안에는 그녀가 남기고 간 향기가 여전히 가득했다. 때는 진(陳)나라 문제(文帝) 천가(天嘉) 원년(560) 2월 2일이었다. (『박물지』『속박물지』])

蕭思遇, 梁武帝從姪孫. 父慤, 爲侯景所殺. 思遇以父遭害, 不樂仕進, 常慕道, 有冀神人. 故名思遇而字望明, 言望遇神明也. 居虎丘東山. 性簡靜, 愛琴書. 每松風之夜, 罷琴長嘯, 一山樓宇皆驚. 常雨中坐石酣歌, 忽聞扣柴門者. 思遇心疑有異, 命侍者遙問. 乃應曰:"不須問. 但言雨中從浣溪來." 及侍童開戶, 見一美女, 二青衣女奴從之, 並神仙之容. 思遇加山人之服, 以禮見之, 曰: "適聞夫人云, 從浣溪來, 雨中道遠, 不知所乘何車耶?" 女曰:"聞先生心懷異道, 以簡潔爲心, 不用車輿, 乘風而至." 思遇曰:"若浣沙來, 得非西施乎?" 女回顧二童而笑, 復問:"先生何以知之?" 思遇曰:"不必慮懷, 應就寢耳." 及天曉將別, 女以金釧子一隻留訣. 思遇稱:"無物叙情". 又曰:"但有此心不忘." 夫人曰:"此最珍奇." 思遇曰:"夫人此去, 何時來?" 女乃掩涕曰:"未敢有期, 空勞情意." 思遇亦愴然. 言訖, 遂乘風而去, 須臾不見, 唯聞香氣猶在寢室. 時陳文帝天嘉元年二月二日也. (出『博物志』, 陳校本作'出『續博物志』')

327·8(4241)
임 주(任 胄)

동위(東魏)의 승상(丞相)이었던 사마(司馬) 임주는 고환(高歡: 北齊 高祖)을 죽일 계획을 꾸몄으나 일이 누설되는 바람에 주살당했다. 그 집에서는 그가 주살당한 사실을 아직 모르고 있었는데, 아내는 난데없이 그의 머리가 밥솥 위에 올라가 있는 것을 보았다. 아내가 사람들을 불러와 보라고 했으나 잠시 후 그의 머리는 어디론가 사라졌다. 얼마 있다가 식구들은 그가 주살당했다는 사실을 알게 되었다. (『삼국전략』)

東魏丞相司馬任胄, 謀殺高歡, 事洩伏誅. 其家未之知, 家內忽見其頭在飯甑上. 相召看之, 少頃, 失所在. 俄知被戮. (出『三國典略』)

327·9(4242)
동수지(董壽之)

북제(北齊)의 동수지는 살해되었으나 집안사람들은 그 사실을 아직 모르고 있었다. 그의 아내가 밤에 앉아있는데, 홀연 동수지가 나타나 그 옆에 앉더니 한숨을 계속 쉬어댔다. 아내가 이 밤중에 어떻게 돌아왔느냐고 물어도 동수지는 아무 대답도 하지 않았다. 잠시 후 동수지가 밖으로 가 닭장을 빙 돌아나가자 닭들이 놀라 울어댔다. 이에 그의 아내는 무언가 이상한 게 있다고 생각하면서 불을 들고 밖으로 나가 보았다. 그랬더니 몇 말이나 되는 피가 거기 있을 뿐 동수지는 온데간데없었다. 동수지의 아내가 이 일을 시어머니에게 알리자 집안 어른아이 할 것 없이 대성통곡을 하며 무슨 변고가 생겼음을 감지했다. 새벽이 되었을 때 과연 동수지가 죽었다는 소식이 왔다. (『수신기』)

北齊董壽之被誅, 其家尙未之知. 其妻夜坐, 忽見壽之居其側, 歎息不已. 妻問夜間何得而歸, 壽都不應答. 有頃出門, 遶雞籠而行, 籠中雞驚叫. 其妻疑有異, 持火出戶視之. 見其血數斗, 而壽失所在. 遂以告姑, 因與大小號哭, 知有變. 及晨, 果得死聞. (出『搜神記』)

327 · 10(4243)
번효겸(樊孝謙)

북제(北齊)의 번효겸은 젊었을 때부터 총명하기로 소문이 자자했다. 그는 스물 두 살 되던 해에 「답수재책(答秀才策: 策은 科擧 文體 중의 하나로, 황제가 정치적 문제에 대해 의견을 묻는 것을 '問~策'이라 하고 이에 대해 답하는 것을 '答~策'이라 함)」으로 [관직에 들어간 이래] 거듭 제수되어 관직이 원외산기시랑(員外散騎侍郎)에 이르렀다. 한번은 자신의 집 앞으로 한 귀인(貴人)의 상여가 지나가는 것을 보고는 방상시(方相氏: 同代의 官名. 疫鬼와 산천의 악귀를 쫓는 일을 맡아보았음)에게 읍하고서 안으로 들어갔다. 1년이 지나 지난번 그 사람의 제사날이 돌아왔을 때 어떤 사람이 번효겸 집 문을 두드렸다. 번효겸이 나가 보니 바로 지난번에 자기가 읍을 했던 그 방상시였다. 방상시는 문 앞에 서서 이렇게 말했다.

"그대는 작년 오늘, 나와 함께 이야기를 하지 않으셨소?"

번효겸은 놀라 자빠졌다가 잠시 후 죽고 말았다. 정관연간(貞觀年間: 627~649) 초에 최신명(崔信明)이 양주자사(洋州刺史)로 있었는데, 현승(縣丞) 상관(向瓘)과 하는 이야기가 서로 다르지 않았다. (『오행기』)

北齊樊孝謙, 少有才名. 年二十二, 「答秀才策」, 累遷至員外散騎侍郎. 嘗于其門首, 觀貴人葬車, 揖方相而別. 是後周年, 至此葬日, 有人扣門. 孝謙出視, 乃見所揖方相. 門首立云: "君去年此日, 共我語否?" 孝謙驚倒, 須臾便卒. 貞觀初, 崔信明爲洋州, 與縣丞向瓘無二說. (出『五行記』)

327·11(4244)
이문부(李文府)

수(隋)나라 문제(文帝) 개황연간(開皇年間: 581~600) 초에 안정(安定) 사람 이문부는 업도(鄴都)의 석교방(石橋坊)에 살고 있었다. 한번은 그가 밤에 술병을 침상 아래 놓아두고 잠을 자다가 한밤중에 깨어났는데, 갑자기 술병이 넘어가 술 흐르는 소리가 들렸다. 그가 여종을 시켜 가 보게 했더니 술병은 넘어가지도 않았고 술 마개 역시 그대로 있었다. 잠시 후 또 무엇인가가 물을 핥는 소리가 들려오자 그는 직접 불을 찾아들고 가 비추어 보았으나 방안은 조용하기만 했고 아무것도 보이지 않았다. 이에 그는 불을 끄고 문을 잠갔다. 아직 잠이 채 들지 않았을 때 그는 또 어떤 물체가 손가락으로 자기의 무릎을 긁고 있는 듯한 느낌이 들었는데, 세 번이나 반복되자 벌떡 일어나 그것을 붙잡았으나 다시 놓치고 말았다. 이에 이문부는 칼을 뽑아들고 사방을 향해 휘둘렀다. 그러자 마치 매미의 긴 울음소리 같은 게 들려오더니 이내 밖으로 뛰쳐나갔다.

후에 이문부는 연주(兗州) 수창현승(須昌縣丞)이 되었는데, 개황 8년(588)에 옛 연주록사(兗州錄事) 공찬(孔瓚)을 보았다. 공찬은 수창 사람으로 얼마 전에 이미 고인이 된 터였다. 그런데 그런 그가 갑자기 대낮에 이문부의 청사 앞에 나타나 재배를 올리는 것이었다. 이문부가 깜짝 놀라 어찌된 일이냐고 묻자 공찬이 대답했다.

"태산부군(太山府君)께서 지금 훌륭한 사람을 뽑으려 하시기에 제가 공의 능력이 뛰어나다며 천거했습니다."

이문부는 걱정스럽기도 하고 당황스럽기도 해서 [살려달라며] 머리를 조아렸다. 그러자 한참 있다가 공찬이 말했다.

"지금은 당신의 편의를 보아드리겠으니 절대 이 일은 다른 사람에게 말하지 마십시오."

개황 10년(590)이 되었을 때 이문부는 그 일을 다른 사람에게 말하고 말았는데, 말을 마치자마자 몸이 불편해지기 시작하더니 얼마 있다가 바로 죽었다. (『오행기』)

隋文帝開皇初, 安定李文府, 住鄴都石橋坊. 曾夜置酒瓶於牀下, 半夜覺, 忽聞瓶倒漏酒聲. 使婢看之, 酒瓶不倒, 蓋塞如舊. 須臾, 復聞有物嗒水聲, 索火照看, 屋内靜無所見. 滅燭下關. 未睡, 似有以手指掐其膝, 至三, 文府起捫之, 又無所得. 乃拔刀四面揮之. 卽聞有聲如飛蟬曳響, 衝而出.

文府後仕兗州須昌縣丞, 至開皇八年, 見州故錄事孔瓚. 卽須昌人, 先亡. 忽白日至文府廳前再拜. 文府驚問何爲, 云:"太山府君選好人, 瓚以公明幹, 輒相薦擧." 文府憂惶叩頭. 瓚良久云:"今更爲方便, 愼勿漏言." 至十年, 自說之, 說訖, 便覺不快, 須臾而死. (出『五行記』)

327 · 12(4245)
사만세(史萬歲)

장안(長安) 대현방(待賢坊)에 수(隋)나라 북령군대장군(北領軍大將軍) 사만세의 집이 있었다. 그 집은 원래 귀신이 나타나는 집이라 그곳에 살던 사람들은 번번이 죽어버렸으나 사만세는 이를 믿지 않고 그곳으로 이사가 살았다. 어느 날 밤에 의관을 정제한 한 사람이 나타나 사만세에게로 다가왔다. 사만세가 그 이유를 물으니 그 귀신이 말했다.

"나는 한(漢)나라의 장군 번쾌(樊噲)요. 무덤이 당신 집 변소 가까이에 있어 늘 그 더러움에 괴로워하고 있으니 다른 곳으로 이장시켜주길 바라오. 그렇게만 해 준다면 내 반드시 당신에게 후히 보답하겠소."

사만세는 우선 그러겠다고 약속한 다음 지금까지 산 사람을 죽인 까닭이 무엇이냐며 책망했다. 그러자 귀신이 말했다.

"자기들이 겁에 질려 죽은 것이지 내가 죽인 것이 아니오."

사만세는 무덤을 파 그의 유골이 묻힌 관을 꺼내고는 이장해주었다. 며칠 후 밤에 번쾌가 다시 나타나 고맙다고 인사하며 이렇게 말했다.

"당신이 장군이 되면 내 반드시 당신을 돕겠소."

후에 사만세는 수나라 장군이 되었는데, 매번 적군을 만날 때면 귀병(鬼兵)이 자기를 돕고 있다는 것을 느낄 수 있었으며 싸울 때마다 대승을 거두었다. (『양경기』)

長安待賢坊, 隋北領軍大將軍史萬歲宅. 其宅初常有鬼怪, 居者輒死, 萬歲不信, 因卽居之. 夜見人衣冠甚偉, 來就萬歲. 萬歲問其由, 鬼曰:"我漢將軍樊噲. 墓近君居厠, 常苦穢惡, 幸移他所. 必當厚報."萬歲許諾, 因責殺生人所由. 鬼曰:"各自怖而死, 非我殺也."及掘得骸柩, 因爲改葬. 後夜又來謝曰:"君當爲將, 吾必助君."後萬歲爲隋將, 每遇賊, 便覺鬼兵助己, 戰必大捷. (出『兩京記』)

327 · 13(4246)
방현령(房玄齡)

방현령과 두여회(杜如晦)는 아직 현달해지지 못했던 시절에 주(周)땅에서 함께 진(秦)땅으로 떠나다가 부수점(敷水店)에서 하룻밤을 묵게 된 일이 있었다. 마침 술과 고기가 있기에 두 사람은 밤 깊도록 서로 마주앉아 그것들을 먹고 마셨다. 그때 갑자기 검은 털이 숭숭 난 손 두

개가 등잔 아래서 나오는데 마치 무언가를 바라고 있는 듯 보여 두 사람은 각자 고기 한 점씩을 손 위에 놓아주었다. 잠시 후 손이 또 나왔는데, 이번에는 마치 무엇인가를 잡으려는 듯 두 손을 모으고 있었다. 두 사람이 한 잔씩 술을 따라주자 손은 드디어 사라졌다. 식사를 마친 후 두 사람은 등잔을 등지고 누워 잠을 청했다. 2경(更: 밤 9시~11시)이 되었을 때 길에서 연달아 왕문앙(王文昻)을 부르는 소리가 들렸는데, 갑자기 한 사람이 등잔불 밑에서 '예'하고 대답을 하는 것이었다. 밖에서 소리치던 사람이 말했다.

"동쪽으로 20리 되는 마을에 신을 모시는 잔치를 벌이고 있는 집이 있는데, 그 집에 술과 음식이 매우 풍성하다 하니 같이 갈 수 있겠나?"

안에 있던 사람이 대답했다.

"저는 벌써 술과 고기를 실컷 먹었습니다. 또 공무가 좀 있어 갈 수가 없습니다. 그대가 일부러 나를 부르러 왔는데 수고롭게 해서 미안합니다."

밖에서 소리치던 사람이 말했다.

"자네는 하루 종일 배고파하더니 어디서 술과 고기가 났나? 게다가 관리도 아니면서 무슨 공무가 있단 말인가? 대체 이것들이 무슨 망언이란 말인가?"

안에 있던 사람이 대답했다.

"저승관리가 두 재상어른을 위해 일을 하라고 절 보냈는데, 술과 고기까지 얻어먹어 더욱 돌아갈 수 없게 되었습니다. 만일 보통 때 이런 명령을 받았다면 내 당장 당신을 따라 나섰겠지요."

밖에서 부르던 사람은 작별하고 떠나갔다. (『속현괴록』)

房玄齡・杜如晦微時, 嘗自周偕之秦, 宿敷水店. 適有酒肉, 夜深對食. 忽見兩黑毛手出於燈下, 若有所請, 乃各以一炙置手中. 有頃復出, 若掬. 又各斟酒與之, 遂不復見. 食訖, 背燈就寢. 至二更, 聞街中有連呼王文昻者, 忽聞一人應於燈下. 呼者乃曰:"正東二十里, 村人有筵神者, 酒食甚豊, 汝能去否?"對曰:"吾已醉飽于酒肉. 有公事, 去不得. 勞君相召."呼者曰:"汝終日飢困, 何有酒肉? 本非吏人, 安得公事? 何妄語也?"對曰:"吾被界吏差直二相, 蒙賜酒肉, 故不得去. 若常時聞命, 卽子行吾走矣."呼者謝而去. (出『續玄怪錄』)

327 · 14(4247)
위 징(魏 徵)

정국공(鄭國公) 위징은 어려서부터 도학(道學)을 좋아하여 귀신을 믿지 않았다. 한번은 도사를 찾아 항산(恒山)에 이른 적이 있었는데, 산기슭에 거의 다다를 무렵 갑자기 거센 눈보라를 만났다. 천지가 온통 어두워 앞으로 나갈 수가 없었을 때 청죽장(靑竹杖)을 짚고 [허리에는]『황정경(黃庭經)』을 찬 도사 한 명이 갑자기 앞에 나타났다. 그 도사는 길가로 오더니 위징에게 말했다.

"어디로 가시오?"

위징이 대답했다.

"도사님을 찾아 이곳에 왔는데 눈보라에 길이 막히고 말았습니다."

도사가 말했다.

"여기서 1~2리 떨어진 곳에 내 집이 있으니 같이 하룻밤을 지내며 이야기를 나눌 수 있겠소?"

위징이 이를 허락하여 둘은 함께 길을 가게 되었다. 도사의 집에 도착하고 보니 밖은 매우 초라했으나 안은 제법 화려하게 꾸며져 있었다. 도사는 위징을 깊숙한 방안으로 안내하고는 화로를 마주하고 앉았다. 또 좋은 술과 안주를 내왔다. 둘은 조용히 도에 관하여 이야기를 나누었는데, 도사의 말이 어찌나 해박하고 사리 깊은지 위징은 도사를 이길 도리가 없었다. 날이 밝을 즈음 도사가 귀신에 대해 이야기하기 시작하자 위징은 귀신이란 정직한 사람을 침범하지 못한다며 잘라 말했다. 도사가 말했다.

"당신이 믿는 것은 선도(仙道)인데, 어째서 귀신을 한꺼번에 업신여기려 하시오? 천지가 생긴 이래로 귀신은 있어왔소. 도가 높은 사람 앞에서 귀신과 요괴들은 엎드려 숨어 지내나 도를 떠받들되 아직 그 도가 높지 못한 사람은 오히려 귀신과 요괴를 불러들이게 되오. 그러니 어찌 그것들을 가벼이 여길 수 있겠소?"

위징은 아무 대답도 하지 못했다.

아침이 되자 도사는 다시 술을 가져오게 해서 위징에게 주었다. 또 편지 한 통을 그의 편에 부치며 항산의 은사(隱士)에게 전달해 달라고 했다. 길을 떠난 위징은 산길을 따라 올라가다가 어젯밤 묵었던 곳을 돌아다보았는데, 그곳은 다름 아닌 커다란 무덤이었다. 도사가 맡긴 편지를 뒤져보니 거기에는 '항산 신좌(神佐)에게 올림'이라고 적혀있었다. 위징이 몹시 꺼림칙해 하며 그 편지를 땅에 던져버리자 그 편지는 쥐로 변해 도망쳤다. 그 후로 위징은 귀신을 조금 믿게 되었다. (『소상록』)

鄭國公魏徵, 少時好道學, 不信鬼神. 嘗訪道至恒山, 將及山下, 忽大風雪. 天地昏暗, 不能進, 忽有道士, 策靑竹杖, 懸『黃庭經』. 亦至路次, 謂徵曰:"何之?"徵曰:"訪道來此, 爲風雪所阻."道士曰:"去此一二里, 予家也, 可一宿會語乎?"徵許之, 遂同行. 至一宅, 外甚荒涼, 內卽雕刻. 延徵于深閣, 對爐火而坐. 進以美酒嘉殽. 從容論道, 詞理博辨, 徵不能屈. 臨曙, 道士言及鬼神之事, 徵切言不能侵正直也. 道士曰:"子之所奉者仙道也, 何全誣鬼神乎? 有天地來有鬼神. 夫道高則鬼神妖怪必伏之, 若奉道自未高, 則鬼神妖怪, 反可致之也. 何輕之哉?"徵不答.

及平旦, 道士復命酒以送徵. 仍附一簡, 達恒山中隱士. 徵旣行, 尋山路, 回顧宿處, 乃一大冢耳. 探其簡, 題云'寄上恒山神佐'. 徵惡之, 投於地, 其簡化一鼠而走. 徵自此稍信鬼神. (出『瀟湘錄』)

327 · 15(4248)
당검(唐 儉)

당검이 젊었을 때 나귀를 타고 오초(吳楚) 땅으로 들어간 적이 있었다. 낙성(洛城)을 지나갈 때에 그는 몹시 목이 말랐는데, 길 옆 한 작은 집에 스무 살쯤 되어 보이는 부인이 밝은 곳을 향해 바느질을 하고 있는 것을 보고는 그 집으로 들어가 물을 좀 달라고 청했다. [그가 가까이 가서 보니] 그 부인은 버선을 짓고 있었다. 그 부인이 당검에게 말했다.

"다른 집에 가서 물을 가져와야 하지만, 당신이 심히 목이 마른듯하니 구해다 드리지요."

[이렇게 말하고는 밖에 나갔다가] 곧 사발을 들고 돌아왔다. 당검은 집안에 부엌조차 없는 것을 보고는 부인이 밖에서 돌아오자 이렇게 물었다.

"부인이 사는 곳에는 어찌하여 불이 없소이까?"

여자가 대답했다.

"가난해서 밥을 지을 수가 없습니다. 그저 가까운 곳을 찾아다니며 얻어먹고 지냅니다."

말을 마치더니 여자는 다시 버선을 짓기 시작했는데, 그 모습이 매우 조급해 보였다. 당검이 또 물었다.

"왜 그리 서두르시오?"

여자가 대답했다.

"저의 남편 설량(薛良)은 가난한 장사꾼인데, 그분을 섬긴 지 이미 10여 년이 되었으나 그간 한번도 시부모님을 모시러 돌아가지 못했습니다. 내일 아침에 남편이 저를 데리러 오시기 때문에 이리 바쁜 것이지요."

당검이 은근히 여자에게 수작을 걸어보았으나 여자는 그를 거부하며 대답조차 하지 않았다. 당검은 부끄러운 마음에 여자에게 사과하고 떡 두 줄을 남겨놓고 떠나갔다.

한 10여 리쯤 갔을 때 당검은 갑자기 깜빡 잊고 중요한 책을 여자의 집에 두고 온 것이 생각나 다시 낙성으로 책을 찾으러 돌아갔다. 출발한 이튿날 아침에야 그곳에 다시 도착했는데, 성을 나가려다가 영구 행렬 때문에 길이 가로막히고 말았다. 누가 죽었느냐고 묻자 한 사람이 대답했다.

"장사꾼 설량의 영구라오."

설량이라는 이름에 놀라 기억을 더듬어보니 바로 어젯밤 만났던 그 부인의 남편이었다. 당검이 어디다 묻느냐고 물으니 그 사람이 대답했다.

"설량은 결혼한 지 5년 만에 아내가 죽어 성 안에다 묻었지요. 그리고 나서 또 5년 있다가 설량도 죽어 설량의 형이 장례를 맡아 치르는데 아내의 무덤에 같이 묻어주려고 하고 있소."

당검이 그 영구행렬을 따라 설량을 묻을 곳에까지 가보니 그곳은 다름 아닌 어젯밤에 물을 얻어먹은 곳이었다. 얼마 있다 무덤을 파고 나서 보니 관 위에 떡 두 줄과 새로 만든 버선 한 켤레가 놓여 있었다. 당검은 슬프고도 기이해하며 동쪽으로 길을 떠났다.

배가 양주(揚州) 선지사(禪智寺) 동남쪽에 이르렀을 때 선비 두 명이 각각 무리들을 거느리고 100여 보 떨어진 곳에 서서 무덤을 파고 있었다. 한 사람은 한참동안 놀라 탄식하고 있는데 다른 무리들은 가끔씩 모여 웃음을 터뜨리고 있었다. 가래를 든 한 사람이 관을 때려 부수며 욕을 했다. 당검이 급히 그쪽으로 가니 탄식하던 사람이 이렇게 말했다.

"나는 위장(韋璋)이라 하는데, 지난 날 태호현령(太湖縣令)을 지냈소. 지금 파내고 있는 것은 나의 죽은 아들로, 묻은 지 10년이 되었소. 방금 관을 다시 바꾸어 주려고 열어보니 관 안에 넣어두었던 아들의 신발은 온데간데없고 웬 부인 신발 한 짝이 여기 있는 것이었소. 저기 있는 자는 배기(裴冀)로 지난 날 강도현위(江都縣尉)를 지냈소. 그가 파내고 있는 것은 그의 애첩의 무덤이오. 그는 평생 동안 그 애첩을 총애했는데, 배기가 부임해온지 2년 만에 죽고 말아 이곳에 묻어준 지 일년이 되었소. 올해 임기가 다 되어 돌아가려 하는데, 차마 그녀를 버려두고 떠나갈 수가 없어 낙양으로 데리고 가려고 관을 열었던 것이오. 그런데 관을 열고 보니 그녀의 신발은 어디론가 사라지고 웬 남자 신발 한 짝이 있는 것이었소. 양쪽에서 다 깜짝 놀라 서로 가져다가 맞추어 보니 서로의 것이 짝이 맞지 뭐요. 내 못난 자식 놈이 저쪽 여자를 건드려 시도 때도 없이 왔다 갔다 하느라 다급한 마당에 흘리고 간 모양이오."

당검은 그 사람의 말을 다 듣고 다시 배 위에 올라 곰곰이 생각을 하다가 이렇게 말했다.

"장사꾼의 아내는 죽은 지 5년이 되었어도 여전히 시부모 생각을 하고 있는데, 총애를 넘치게 받은 애첩은 죽어도 저 모양이니 살아 있을 때인들 무얼 바랄 수 있단 말인가! 그러니 선비나 군자들이 어찌 그와 같은 애첩들 따위에 빠져 자기의 아내를 박대할 수 있단 말인가?"

(『속현괴록』)

唐儉少時, 乘驢將適吳楚. 過洛城, 渴甚, 見路旁一小室, 有婦人年二十餘, 向明縫襪, 投之乞漿. 則縫襪也. 遂問: "別室取漿, 郎渴甚, 爲求之." 逡巡, 持一盂至. 儉視其室內, 無廚竈, 及還而問曰: "夫人之居, 何不置火?" 曰: "貧無以炊. 側近求食耳." 言旣, 復縫襪, 意緖甚忙. 又問: "何故急速也?" 曰: "妾之夫薛良, 貧販者也, 事之十餘年矣, 未嘗一歸侍舅姑. 明早郎來迎, 故忙耳." 儉微挑之, 拒不答. 儉媿謝之, 遺餠兩軸而去.

行十餘里, 忽記所要書有忘之者, 歸洛取之. 明晨復至此, 將出都, 爲塗芻之阻. 問何人, 對曰: "貨師薛良之柩也." 駭其姓名, 乃昨婦人之夫也. 遂問所在,曰:"良婚五年而妻死, 葬故城中. 又五年而良死, 良兄發其柩, 將祔先塋耳." 儉隨觀焉, 至其殯所, 是求水之處. 俄而啓殯, 棺上有餠兩軸, 新襪一雙. 儉悲而異之, 遂東去.

舟次揚州禪智寺東南, 有士子二人, 各領徒, 相去百餘步, 發故殯者. 一人驚歎久之, 其徒往往聚笑. 一人執鍤, 碎其柩而罵之. 儉遽造之, 歎者曰:"璋姓韋, 前太湖令. 此發者, 璋之亡子, 窆十年矣. 適開易其棺, 棺中喪其履, 而有婦人履一隻. 彼乃裴冀, 前江都尉. 其發者愛姬也. 平生寵之, 裴到任二年而卒, 葬于此一年. 今秩滿將歸, 不忍棄去, 將還于洛. 旣開棺, 喪其一履, 而有丈夫履一隻. 兩處互驚, 取合之, 彼此成對. 蓋吾不肖子淫于彼, 往復無常, 遽遺之耳." 儉聞言, 登舟靜思之曰:"貨師之妻死五年, 猶有事舅姑之心, 逾寵之姬, 死尙如此, 生復何望哉! 士君子可溺於此輩而薄其妻也?"(出『續玄怪錄』)

태평광기 권제 328 귀 13

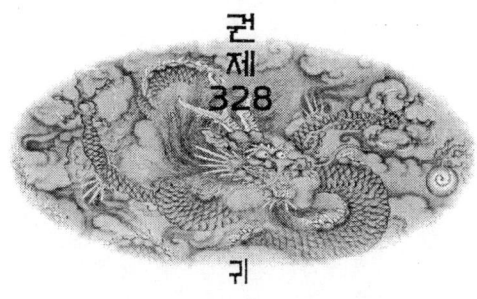

1. 모용수(慕容垂)
2. 이적녀(李勣女)
3. 해복인(解襆人)
4. 조점인(漕店人)
5. 장 종(張　琮)
6. 유문노(劉門奴)
7. 염　경(閻　庚)
8. 명숭엄(明崇儼)
9. 왕회지(王懷智)
10. 사문영선사(沙門英禪師)
11. 진　도(陳　導)
12. 왕　지(王　志)
13. 파협인(巴峽人)
14. 육여경(陸餘慶)

328 · 1(4249)
모용수(慕容垂)

당(唐)나라 태종(太宗)이 요(遼)를 정벌하러 나서서 정주(定州)에 이르렀을 때의 일이다. 당시 길옆에 누런 옷을 입고 높은 무덤 위에 서 있는 한 귀신이 있었는데, 그 귀신은 풍모가 매우 특이했다. 태종이 사람을 보내 귀신에게 물어보게 하자, 귀신이 대답했다.

"옛날에 나는 당신보다 나았지만, 지금은 당신이 나보다 낫소. 영화(榮華)는 각각 대(代)마다 다르거늘 어찌 한사코 영화를 좇으시오?"

귀신은 말을 마치고 사라졌는데, 다른 사람들에게 물었더니 그것은 바로 [北朝 後燕 世祖] 모용수의 무덤이라고 했다. (『영괴집』)

唐太宗征遼, 行至定州. 路側有一鬼, 衣黃衣, 立高冢上, 神彩特異. 太宗遣使問之, 答曰:"我昔勝君昔, 君今勝我今. 榮華各異代, 何用苦追尋?"言訖不見, 問之, 乃慕容垂墓. (出『靈怪集』)

328 · 2(4250)
이적녀(李勣女)

[唐나라] 정관(貞觀) 원년(627)에 이적은 사랑하는 딸이 죽자 북망

(北邙)에 장사지내고 집 하인으로 하여금 무덤 옆에서 시묘(侍墓)살이를 하게 했다. 하루는 딸이 갑자기 집 하인을 찾아와서 말했다.

"나는 본래 죽지 않았는데 대수신(大樹神)에게 겁탈당했다. 지금 그 신이 서악(西嶽)에 참배하러 나간 틈을 타서 달아났다. 나는 네가 여기 있는 것을 알고 왔다. 나는 이미 부모 곁을 떠난 데다 다시 이런 치욕을 당했으니 돌아갈 수 없다. 네가 만약 나를 숨겨준다면 내가 너를 부자가 되도록 해주겠다."

하인은 깜짝 놀랐으나 한참 후에 허락하고 그녀를 위해 마침내 방 하나를 따로 마련해주었다. 그녀는 아침에 나갔다가 저녁에 돌아오기도 했고 밤에 나갔다가 새벽에 돌아오기도 했는데, 걸음이 바람처럼 빨랐다.

한 달 후에 그녀는 갑자기 황금 10근을 가지고 와서 하인에게 주었다. 하인은 황금을 받아 몇 냥(兩)을 내다팔았는데, 그 황금은 바로 민가에서 잃어버린 것이었다. 주인은 하인을 잡아 관가에 고발했다. 낙양현령(洛陽縣令)이 그 이유를 추궁하자 하인은 그 일을 자세히 말했다. 그리고 하인을 따라 집에 갔으나 그 여자는 이미 없어진 뒤였다. 나머지 황금은 모두 황색 돌로 변해 있었다. (『손상록』[『소상록』])

貞觀元年, 李勣愛女卒, 葬北邙, 使家僮廬於墓側. 一日, 女子忽詣家僮曰: "我本不死, 被大樹之神竊我. 今値其神出朝西嶽, 故得便奔出. 知爾在此, 是以來. 我已離父母, 復有此辱恥, 不可歸. 幸爾匿我, 我能以致富報爾." 家僮駭愕, 良久乃許, 遂別置一室. 其女或朝出暮至, 或夜出曉來, 行步如風.

一月後, 忽携黃金十斤以賜. 家僮受之, 出賣數兩, 乃民家所失. 主者執家僮以告. 洛陽令推窮其由, 家僮具述此事. 及追取, 此女已失. 其餘金盡化爲黃石

焉. (出『孫相錄』, 陳校本作'出『瀟湘錄』')

328 · 3(4251)
해복인(解襆人)

 강남(江南)에서 몇 사람이 배를 타고 가다가 보았더니 언덕 위에 두 사람이 있었는데 그들은 배를 따라 몇 리를 걸어가고 있었다. 언덕 위에 있던 사람이 말했다.
 "잠시 배에서 쉽시다."
 뱃사람이 허락하자 언덕 위에 있던 사람이 펄쩍 뛰어 배를 탔는데, 그 빠르기가 바람과 같았다. 잠시 후 두 사람이 말했다.
 "잠시 마을에 들러야 하는데, 우리가 가지고 있는 각자의 작은 보따리를 배에다 맡겨둘 테니 절대로 펼쳐보지 마시오."
 두 사람은 은근히 그 사실을 주의시켰다. 두 사람이 간 후 배에 있던 한 사람이 보자기를 풀어 함께 보았다. 보자기마다 500개의 문서가 있었는데, 종이와 비슷했지만 전서나 예서가 아니어서 도무지 알아볼 수가 없었다. 모두 놀라며 보자기를 다시 원래대로 묶어놓았다. 얼마 후 두 사람이 돌아와서 말했다.
 "보자기를 열어보았으면서 왜 숨기시오?"
 그리고는 보자기를 풀었던 사람을 잡고 말했다.
 "이 사람이 보자기를 풀었소."
 그 사람은 마침내 보자기를 푼 사람을 어린 아이 던지듯 언덕 위로 던져버렸다. 또 그들은 마을에서 잡아온 사람들을 몰고 떠나갔다.

며칠 후 한 사람이 보자기를 푼 사람을 놓아주려고 하자 나머지 한 사람이 거절하며 말했다.

"이 사람은 다른 집에 보내 1~2년 동안 고생시켜야 하오."

두 사람은 그를 부잣집으로 데리고 갔다. 그 집에는 좋은 말이 있었는데, 주인은 항상 뜰 가운데에 구유를 두고서 말이 먹이 먹는 것을 직접 지켜보았다. 그 때는 이미 밤이라 집의 문을 닫은 상태였는데, 그들은 이유 없이 부자를 잡아가려고 했다. 한 사람이 말했다.

"이 사람은 말을 좋아하니 말을 풀어놓으면 즉시 문을 열고 나갈 것이오."

그 말대로 했더니 부자는 과연 밖으로 나갔다. 한 사람이 부자를 업자마자 부자는 곧 죽었다. 그 사람들은 부자를 잡자 보자기를 풀었던 사람을 버리고 떠나갔다. 부자 집안에서는 당황하고 두려워하다가 오직 보자기를 푼 사람만 보일 뿐이어서 즉시 그 사람을 때렸다. 그리고는 그를 포박하여 현으로 압송했다. 그 사람은 보자기를 푼 사건을 진술했지만, 주와 현에서는 그 사실을 믿지 않고 마침내 그에게 사형을 선고했다. 그 사람은 스스로 억울함을 씻으려고 했으나 방법이 없어서 한참동안 갇혀 있다가 풀려났다. (『이문록』)

江南有數人行船, 見岸上兩人, 與船並行數里. 岸上人云: "暫寄歇息." 船人許之. 怪其跳躑上船, 其疾如風. 須臾, 兩人云: "暫至村, 各有小襆, 且寄船上, 愼勿開也." 殷勤戒之. 兩人去後, 船中一人解襆共看. 每襆有五百帖子, 似紙, 非篆隸, 並不可識. 共驚, 還結如故. 俄頃二人回, 云: "開訖, 何因諱?" 乃捉解襆人云:"是此人解." 遂擲解襆上岸, 如擲嬰兒. 又於村中取人, 擁之而去.

經數日, 一人欲放解襆者, 一人不許, 曰:"會遣一二年受辛苦." 乃將至富人家. 其人家有好馬, 恒於庭中置槽, 自看飮飼. 此時已夜, 堂門閉, 欲取富人無由. 一人云:"此人愛馬, 解馬放, 卽應開門出." 如言, 富人果出. 一人擔之, 應手卽死. 取得富人, 遂棄解襆人而去. 此家忙懼, 唯見此人在, 卽共毆. 縛之送縣. 以解襆等事爲辭, 州縣不信, 遂斷死. 此人自雪無由, 久禁乃出. (出『異聞錄』)

328 · 4(4252)
조점인(漕店人)

[唐나라] 정관연간(貞觀年間: 627~649)에 장안성(長安城) 서쪽에 사는 곡물점 주인은 부모의 장례를 치렀는데 관이 매우 화려했다. 1~2년 후 갑자기 죽은 동생이 온 것을 보았는데 그 모습이 매우 초췌했다. 동생이 말했다.

"형님이 부모님의 상(喪)을 후하게 치른 탓에 내가 임고(林皐)의 역마(驛馬)로 파견되었는데, 제가 그 고생을 견디지 못해 형님에게 대신해 달라고 부탁하려고 왔습니다."

형은 크게 놀라고 두려워서 지전(紙錢)을 많이 주고 열심히 일하라고 돌려보냈다. 그 후 몇 달 만에 동생이 또 와서 말했다.

"형님, 도저히 견딜 수 없습니다."

형은 결국 동생 대신 가는 것을 사양하지 못하고 허락하자마자 즉시 죽고 말았다. (『이문록』)

貞觀中, 長安城西漕店人, 葬父母, 凶其甚華. 一二年後, 忽見亡弟來, 容貌憔悴. 言:"爲兄厚葬父母之故, 被差爲林皐驛馬, 祗承困苦不堪, 故來請兄代." 兄大驚懼, 更多與紙錢, 遣努力且作. 其後數月, 又見弟來云:"祗承不濟." 兄遂不免去, 其兄應時而卒. (出『異聞錄』)

328 · 5(4253)
장 종(張 琮)

 [唐나라] 영휘연간(永徽年間: 650~655) 초에 장종은 남양현령(南陽縣令)이 되었다. 한 번은 침실에서 자고 있었는데, 계단 앞 대나무 숲에서 신음하는 소리가 들리기에 가서 보았으나 아무것도 보이지 않았다. 이렇게 며칠 밤을 보낸 후에 장종은 그것을 이상히 여겨 신에게 빌었다.
 "신령님이 오셨거든 저에게 말씀해 주십시오."
 그 날 밤 갑자기 한 사람이 대나무 숲에서 나왔는데 그 모습이 매우 허름했다. 그 사람이 앞으로 나아와 말했다.
 "주찬(朱粲)이 난을 일으켰을 때 저는 병사들 속에 있다가 주찬에게 살해되었습니다. 저의 시체는 바로 명부(明府: 太守·縣令의 존칭)의 문 앞에 있는데, 한 쪽 눈이 대나무 뿌리에 찔려 고통을 참을 수 없습니다. 명부께서 인자하고 현명하시기 때문에 이렇게 와서 고하는 것입니다. 저를 이장(移葬)해주시면 그 깊은 은혜를 잊지 않겠습니다."
 현령이 말했다.
 "그런 일이 있다면 어찌 일찍 와서 말해주지 않았소?"

그리고는 시신을 이장해주겠다고 약속했다.

다음날 현령은 관을 마련해놓고 사람을 시켜 그곳을 파보게 했더니 과연 시체 한 구가 나왔는데, 왼쪽 눈에 대나무 뿌리가 박혀 있었다. 현령은 시체에 옷을 입힌 다음 성 밖으로 이장해주었다. 그 후 현령은 한 마을 노인을 곤장 쳐서 죽게 만들었는데, 그 노인의 집안에서 장차 그 일을 복수하려 했다. 그래서 현령이 밤에 출타하면 바로 죽이려는 음모를 꾸몄다. 얼마 후 성에 불이 나서 10여 채의 집이 잇달아 불탔다. 현령이 불이 난 곳을 순시하려고 나설 무렵 귀신이 앞에 와서 현령의 말을 막으며 말했다.

"명부께서는 이 깊은 밤에 어디로 가려 하십니까? 이상한 음모가 있습니다."

현령이 [음모를 꾸민 자가] 누구냐고 묻자 귀신이 말했다.

"이전에 명부께 죄를 지은 자입니다."

그래서 현령은 다시 관청으로 들어갔다.

다음날 현령은 몰래 그 노인의 집안 사람을 잡아 그 일을 물었는데, 그것이 모두 사실로 드러나자 마침내 그들을 철저하게 법대로 다스렸다. 현령은 밤에 다시 귀신의 무덤에 제사를 올리고 그 앞에 비석을 세워 다음과 같이 새겨놓았다.

몸은 국난(國難)을 위해 죽었고,
죽어서도 충성을 잊지 않았네.
강하고 곧은 넋은,
실로 귀신의 으뜸이 되도다.

(『광이기』)

永徽初, 張琮爲南陽令. 寢閤中, 聞階前竹有呻吟之聲, 就視則無所見. 如此數夜, 怪之, 乃祝曰:"有神靈者, 當相語." 其夜, 忽有一人從竹中出, 形甚弊陋. 前自陳曰:"朱粲之亂, 某在兵中, 爲粲所殺. 尸骸正在明府閤前, 一目爲竹根所損, 不堪楚痛. 以明府仁明, 故輒投告. 幸見移葬, 敢忘厚恩." 令謂曰:"如是何不早相聞?" 乃許之. 明日, 爲具棺櫬, 使掘之, 果得一尸, 竹根貫其左目. 仍加時服, 改葬城外. 其後令笞殺一鄕老, 其家將復仇. 謀須令夜出, 乃要殺之. 俄而城中失火, 延燒十餘家. 令將出按行之, 乃見前鬼遮令馬曰:"明府深夜何所之? 將有異謀." 令問爲誰, 曰:"前時得罪於明府者." 令乃復入.

明日, 掩捕其家, 問之皆驗, 遂窮治之. 夜更祭其墓, 刻石銘於前曰:"身狥國難, 死不忘忠. 烈烈貞魂, 實爲鬼雄."(出『廣異記』)

328 · 6(4254)
유문노(劉門奴)

[唐나라] 고종(高宗)이 대명궁(大明宮)을 건축하고 선정전(宣政殿)이 비로소 완성되었을 때, 밤마다 수십 명의 기병이 선정전의 좌우로 다니는 소리가 들렸다. 선정전의 숙위병(宿衛兵)은 모두 그들을 보았는데 옷과 말이 매우 정결했다. 이렇게 10여 일이 계속되자, 고종은 곧 술사(術士) 유문노로 하여금 그 이유를 물어보게 했더니, 그 기병이 대답했다.

"나는 한나라 초왕(楚王) 유무(劉戊)의 태자요."

유문노는 그에게 다음과 같이 힐문했다.

"『한서(漢書)』에 따르면, 초왕이 칠국(七國)과 모반하자 한나라 군대가 그를 주살하고 그의 종족도 모두 없애버렸다고 되어 있는데, 어찌 후사가 남아 있단 말인가?"

태자가 대답했다.

"초왕이 군사를 일으키면서 나를 장안(長安)에 남겨두었소. 초왕이 주살된 후에는 천자께서 나를 생각하여 죽이지 않고 그냥 살려두어 궁중에서 기르셨소. 나중에 나는 병으로 죽어서 이곳에 묻히게 되었소. 천자께서는 나를 불쌍히 여기시어 옥어(玉魚) 한 쌍을 함께 넣어주셨는데, 지금 정전(正殿)의 동북쪽 모서리에 있소. 사관(史官)이 이 사실을 빠뜨렸기 때문에 정사(正史)에 보이지 않는 것이오."

유문노가 말했다.

"지금 황제께서 여기에 계신데 너는 어찌 감히 이 궁정에서 소란을 피우느냐?"

태자가 대답했다.

"이곳은 나의 옛 저택인데 지금은 이미 천자궁(天子宮) 안에 포함되어 있어서 움직일 때마다 제약을 받아 심히 불쾌하오. 나를 더 높고도 넓은 좋은 곳으로 이장해 주기를 청하니 이는 진실로 내가 바라는 것이오. 그리고 삼가 나의 옥어는 빼앗지 마시오."

유문노가 그 일을 상주(上奏)하자 황제는 태자를 이장해주도록 명했다. 사람들이 그곳을 파보았더니 과연 고분(古墳)이 나왔다. 관은 이미 썩어 있었고 그 옆에는 옥어 한 쌍이 있었는데 매우 정교하게 만들어져 있었다. 이에 황제는 태자의 관을 바꾸고 궁궐 밖에 예장(禮葬)하도록 했으며 아울러 옥어도 딸려 보냈다. 그 후로 궁궐에서는 귀신이 나타나지 않았다. (『광이기』)

高宗營大明宮, 宣政殿始成, 每夜, 聞數十騎行殿左右. 殿中宿衛者皆見焉, 衣馬甚潔. 如此十餘日, 高宗乃使術者劉門奴問其故, 對曰:"我漢楚王戊之太子也." 門奴詰問之:"案『漢書』, 楚王與七國謀反, 漢兵誅之, 夷宗覆族, 安有遺嗣乎?"答曰:"王起兵時, 留吾在長安. 及王誅後, 天子念我, 置而不殺, 養於宮中. 後以病死, 葬於此. 天子憐我, 殮以玉魚一雙, 今在正殿東北角. 史臣遺略, 是以不見於書." 門奴曰:"今皇帝在此, 汝何敢庭中擾擾乎?"對曰:"此是我故宅, 今旣在天子宮中, 動出頗見拘限, 甚不樂. 乞改葬我於高敞美地, 誠所望也. 愼無奪我玉魚."

門奴奏之, 帝令改葬. 發其處, 果得古墳. 棺已朽腐, 傍有玉魚一雙, 製甚精巧. 乃勅易棺櫬, 以禮葬之於苑外, 並以玉魚隨之. 於此遂絶. (出『廣異記』)

328 · 7(4255)
염 경(閻 庚)

장인단(張仁亶)은 어렸을 때 매우 가난하여 항상 동도(東都: 洛陽) 북쪽 시장에서 기거했다. 말 중개인 염순자(閻荀子)의 아들인 염경이라는 사람이 있었는데, 그는 남에게 좋은 일을 많이 했으며 스스로 그러한 일을 기뻐했다. 염경은 장인단의 덕을 흠모하여 늘 부친의 재물을 훔쳐 장인단에게 몇 년 동안 먹을 것과 입을 것을 주었다. 순자는 매번 염경에게 화를 내며 말했다.

"너는 장사꾼이고 저 사람은 재학(才學) 있는 선비인데, 그가 너와 무슨 상관이기에 나의 재산을 축내어 갖다 주느냐?"

장인단은 그 말을 듣고 염경에게 말했다.

"나 때문에 당신에게 누를 끼치게 되었구려. 나는 지금 백록산(白鹿山)으로 가려고 하오. 그간 내게 힘써 도와준 것은 절대 잊지 않겠소."

염경은 오랫동안 장인단을 서로 의지하는 친구로 여겼으므로 마음속으로 차마 헤어질 수 없어 장인단에게 말했다.

"나도 이제 배움에 뜻을 두고 싶으니 당신과 함께 갔으면 하오."

장인단은 염경에게 의지가 있음을 기특하게 여겨 함께 가기를 허락했다. 염경은 곧 몰래 나귀와 말과 양식을 준비하여 함께 떠났다.

떠난 지 6일째 되는 날에 진류(陳留)에 도착하여 객사(客舍)에서 하룻밤을 보냈다. 장인단은 안쪽 방에서 머물렀는데, 그 방 밖에는 평상이 있었다. 한참 후에 한 손님이 와서 평상자리에 앉았다. 장인단은 그 사람의 기질이 비범함을 보고 염경에게 밖으로 가서 술병을 가져오라고 했다. 장인단이 먼저 술을 그 손님에게 권했으나 손님은 받으려 하지 않았다. 장인단이 한사코 그에게 술을 권하면서 함께 술을 마셨다. 술이 흥건하게 취하여 기분이 몹시 좋아지자 그들은 같은 방에서 잠을 잤다. 밤중에 장인단이 손님에게 여정(旅程)을 묻자 손님이 대답했다.

"나는 사람이 아니라 저승 관리요. 명부(冥府)에서 나로 하여금 하북(河北) 지역의 혼인을 주관하여 남녀의 발을 끈으로 묶어주게 했소."

장인단이 그의 옷 보따리를 열어 보았더니 그 속에 가느다란 끈이 있기에 그 말을 믿게 되었다. 장인단이 자신이 누리게 될 지위와 수명을 묻자 귀신이 말했다.

"당신은 80여 세까지 살고 지위는 재상에 이를 것이오."

장인단이 다시 염경에 대해 묻자 귀신이 말했다.

"염경은 수명이 짧고 지위와 봉록도 없을 것이오."

장인단이 물었다.

"어떻게 하면 염경이 관직에 나아갈 수 있겠소?"

귀신이 말했다.

"만약 그를 좋은 여자와 맺어주되 귀한 관상을 지닌 여자와 짝지어주면 관직을 얻을 수 있을 것이오. 지금 하북의 백록산에서 100여 리 떨어진 곳의 한 마을에 왕씨(王氏) 노인의 딸이 있는데, 그녀는 아주 귀한 관상을 지니고 있소. 그녀는 일전에 내가 이미 다른 사람과 묶어놓았는데, 내가 이제 저쪽 끈을 풀어다가 이쪽에 묶어줌으로써 염경이 벼슬할 수 있도록 해주겠소. 속히 가시오. 그 마을에 거의 도착할 때쯤이면 큰비가 내려 옷이 젖을 것이니, 이것이 증거가 될 것이오."

귀신은 작별하고 떠나갔다.

장인단과 염경은 6~7일을 걸어서 그 마을에 도착했는데, 큰비를 맞아 짐 보따리가 다 젖고 말았다. 이에 마을 서쪽으로 가서 왕씨의 집을 찾았다. 그들이 문을 두드리자 왕씨가 한참 후에야 나와서는 그들에게 사과하며 말했다.

"집안에 약간 부득이한 일이 있어서 이렇게 늦었으니 탓하지 마시오."

장인단이 그 이유를 묻자 왕씨가 말했다.

"내게는 딸 하나밖에 없는데 이전부터 서쪽 마을의 장씨(張氏) 집안에 시집가기로 되어 있었소. 오늘은 신랑측에서 예물을 보내는 날이었는데 뜻하지 않게도 예물이 너무 적었소. 이것은 바로 우리 집을 하찮게 여긴다는 뜻이오. 그래서 이미 파혼하기로 결정했소."

장인단과 염경은 서로 쳐다보며 미소를 지었다.

그들이 왕씨의 집에서 며칠을 머물자 주인은 매우 기뻐했다. 장인단이 말했다.

"염후(閻侯: 閻庚)는 나의 사촌동생인데 한창 젊은 나이에 배움에 뜻을 두었지만 아직 혼인을 하지 못했습니다."

왕씨는 자기가 농사꾼이라면서 사양했지만 속으로는 기뻐했다. 장인단이 한사코 청하자 마침내 [주인은 염경이 자신의 딸과 혼인하는 것을] 허락했다. 염경은 말과 나귀 및 다른 재물을 폐백으로 하여 며칠 후에 혼례식을 올렸다. 장인단은 염후를 왕씨의 집에 남겨두고 홀로 백록산으로 갔는데, 주인은 장인단에게 선물을 주고 배웅했다. 몇 년 후 장인단은 벼슬이 시어사(侍御史)・병주장사(幷州長史)・어사대부지정사(御史大夫知政事)에 이르렀고, 염경은 나중에 여러 차례 발탁되어 벼슬이 한 주의 자사(刺史)에까지 이르렀다. (『광이기』)

張仁亶, 幼時貧乏, 恒在東都北市寓居. 有閻庚者, 馬牙荀子之子也, 好善自喜. 慕仁亶之德, 恒竊父資, 以給其衣食, 亦累年矣. 荀子每怒庚云: "汝商販之流, 彼才學之士, 於汝何有, 而破産以奉?" 仁亶聞其辭, 謂庚曰: "坐我累君. 今將適詣白鹿山. 所勞相資, 不敢忘也." 庚久爲仁亶胥附之友, 心不忍別, 謂仁亶曰: "方願志學, 今欲皆行." 仁亶奇有志, 許焉. 庚乃私備驢馬糧食同去.

六日至陳留, 宿逆旅. 仁亶舍其內房, 房外有牀. 久之, 一客後至, 坐于牀所. 仁亶見其視瞻非凡, 謂庚自外持壺酒至. 仁亶以酒先屬客, 客不敢受. 固屬之, 因與合飮. 酒酣歡甚, 乃同房而宿. 中夕, 相問行李, 客答曰: "吾非人, 乃地曹耳. 地府令主河北婚姻, 絆('絆'原作'紲', 據『廣異記』改)男女脚." 仁亶開視其衣裝, 見袋中細繩, 方信焉. 因求問己榮位年壽, 鬼言: "亶年八十餘, 位極人臣." 復問庚, 鬼云: "庚命貧, 無位祿." 仁亶問: "何以致之?" 鬼云: "或絆得佳女, 配之有相, 當能得耳. 今河北去白鹿山百餘里, 有一村中王老女, 相極貴. 頃已絆與人訖, 當相爲, 解彼絆此, 以成閤侯也. 第速行. 欲至其村, 當有大雨濡濕, 以此爲信." 因訣去.

仁亶與庚, 行六七日, 至村, 遇大雨, 衣裝濕汗. 乃至村西, 求王氏舍焉. 款門, 久之方出, 謝客云: "家有小不得意, 所以遲遲, 無訝也." 仁亶問其故, 云: "己唯一女, 先許適西村張家. 今日納財, 非意單寡. 此乃相輕之義. 已決罷婚矣." 仁亶等相顧微哂.

留數日, 主人極歡. 仁亶乃云: "閤侯是己外弟, 盛年志學, 未結婚姻." 主人辭以田舍家, 然有喜色. 仁亶固求, 方許焉. 以馬驢及他賫爲贄, 數日成親畢. 留閤侯止王氏, 仁亶獨往, 主人贈送之. 其後數年, 仁亶遷侍御史・幷州長史・御史大夫知政事, 後庚累遇提挈, 竟至一州. (出『廣異記』)

328・8(4256)
명숭엄(明崇儼)

당(唐)나라 정간대부(正諫大夫) 명숭엄은 젊었을 때 부친이 현령이었다. 현의 문지기 중에 도술을 지니고 있는 사람이 있어서 명숭엄은 그에게 도술을 가르쳐달라고 했다. 문지기는 귀신을 보는 법을 가르쳤으며 아울러 귀신을 부리는 법도 가르쳤다. 그리고 두 권의 책을 주었는데, 명숭엄이 그 책을 펼치자 거기에는 모두 사람 이름이 적혀 있었다.

명숭엄이 야외에 혼자 있으면서 그 책에 적힌 대로 호명했더니 모두 '예' 하고 응답하면서 수백 명의 사람이 나타났다. 그래서 매번 시킬 일이 있어 그 이름을 부르면 즉시 대령하지 않는 자가 없었다.

명숭엄이 한번은 길을 걸어가다가 명망 있는 집에서 부모를 합장(合葬)하려는 것을 보았는데, 상여가 이미 교외로 나가자 명숭엄도 그 행렬을 따라가면서 그 집의 하인을 불러 말했다.

"너의 주인이 양친을 합장하려고 하느냐?"

하인이 대답했다.

"그렇습니다."

명숭엄이 말했다.

"네가 가져온 이 관은 다른 사람의 무덤을 잘못 판 것이 아니냐?"

하인이 말했다.

"그런 일은 없습니다."

명숭엄이 말했다.

"나는 앞서 자주색 수레 뒤에 키가 큰 50여 세의 부인이 있는 것을 보았는데, 그 부인은 명문가의 부녀였다. 그리고 그 뒤에는 적은 머리숱에 헤진 옷을 입은 한창 젊은 한 귀신이 있었는데, 그 귀신은 펄쩍펄쩍 뛰며 매우 기뻐하면서 그 부인을 따라가고 있었다. 부인이 울면서 노하여 '합장이 웬 말이냐?'라고 했다. 너는 내 말을 너의 주인에게 아뢰되 명정간(明正諫: 明崇儼)이 그랬다고 전해라."

양친을 합장하려던 사람이 그 말을 듣고 크게 놀라 울면서 명숭엄에게 말했다.

"나는 어려서 부친을 여의어 어제 이장하려고 노복에게 관을 꺼내오라고 했는데, 일이 이처럼 잘못될 줄은 몰랐습니다."

명숭엄은 곧 그와 함께 무덤을 파헤친 곳으로 가서 좀 더 서쪽을 파게 하고 묘지명을 살펴보았더니 과연 그 주인의 부친 유골이 나왔다. 그래서 그는 다른 사람의 유골을 버리고 그의 부모를 합장했다. 명숭엄이 조정에 있을 때의 일과 민간에서 엽승(厭勝: 呪文이나 符籍 등의 방법으로 귀신을 굴복시킴)한 많은 이야기는 사람의 입으로 전해져오기 때문에 여기에서는 번다하게 서술하지 않는다. (『기문』)

唐正諫大夫明崇儼, 少時, 父爲縣令. 縣之門卒有道術, 儼求教. 教以見鬼方, 兼役使之法. 遺書兩卷, 儼閱之, 書人名也. 儼于野外獨處, 按而呼之, 皆應曰唯, 見數百人. 於是每須役使, 則呼其名, 無不立至者.

儼嘗行, 見名流將合祔二親者, 輀車已出郊, 儼隨而行, 召其家人謂曰:"汝主君合葬二親乎?"曰:"然."曰:"汝取靈柩, 得無誤發他人冢乎?"曰:"無."儼曰:"吾前見紫車後有夫人, 年五十餘, 長大, 名家婦也. 而後有一鬼, 年甚壯, 寡髮弊衣, 距躍大喜, 而隨夫人. 夫人泣而怒曰:'合葬何謂也?'汝試以吾言白汝主君, 云明正諫有言如此."祔親者聞之, 大驚, 泣而謂儼曰:"吾幼失父, 昨遷葬, 決老豎取之, 不知乃誤如此."崇儼乃與至發墓所, 命開近西境, 按銘記, 果得之. 乃棄他人之骨, 而祔其先人. 儼在內言事, 及人間厭勝至多, 備述人口, 故不繁述. (出『紀聞』)

328 · 9(4257)
왕회지(王懷智)

당(唐)나라 방주(坊州) 사람 상주국(上柱國: 뛰어난 戰功을 세운 功臣에게 수여한 최고의 勳位) 왕회지는 현경연간(顯慶年間: 656~661) 초에 죽었다. 그의 모친 손씨(孫氏) 및 동생 왕회선(王懷善) · 왕회표(王懷表)는 모두 생존해 있었다.

현경 4년(659) 6월, 옹주(雍州) 고릉(高陵)에 어떤 사람이 있었는데 그 이름은 잊어버렸다. 그는 죽은 지 7일이 지나 등 위가 이미 썩어 문드러졌으나 소생하여 이렇게 말했다.

"나는 지하에서 왕회지를 보았는데, 그는 태산록사(泰山錄事)를 맡고 있었다."

왕회지는 그 사람에게 붓을 잡게 하고 입으로 편지글을 불러준 다음 그에게 말했다.

"너는 비록 죽어 마땅하나 지금 너를 놓아주어 집으로 돌려보낼 테니 내 대신 이 편지를 가지고 방주로 가라. 그리고 우리 집을 찾아가서 나의 모친께 이렇게 전해라. '저는 지금 태산록사가 되어 다행히 편안하게 잘 지내고 있습니다. 다만 집에서 일찍이 절에 있는 나무를 빌려 문을 만들었는데, 그것은 이미 공덕으로 바친 물건이므로 속히 갚아야 합니다. 왕회선은 곧 죽어 필시 오래 머물지 못할 것입니다. 속히 불경과 불상을 만들어 구원해야 하며, 그렇지 않으면 구해낼 방법이 없을 것 같습니다.'"

그 사람은 이미 소생하여 곧 그 편지를 왕회지의 집으로 보냈다. 왕회지가 말한 집안의 일은 들어맞지 않는 것이 없었다. 사흘 뒤에 왕회선이 갑자기 죽었다. 방주의 모든 도인과 속인들 중에 이 이야기를 들은 사람은 공덕을 더욱 닦지 않은 이가 없었다. 이것은 모두 부주(鄜州) 사람 훈위(勳衛) 후지순(侯智純)이 말한 것이다. (『법원주림』)

唐坊州人上柱國('上柱國'三字原空闕, 據陳校本補)王懷智, 顯慶初卒. 其母孫氏, 及弟懷善·懷表並存.

至四年六月, 雍州高陵, 有一人失其姓名. 死經七日, 背上已爛而蘇, 云:"在地下見懷智, 見任太山錄事." 遣此人執筆, 口授爲書, 謂之曰:"汝雖合死, 今方便放汝歸家, 宜爲我持此書至坊州. 訪我家, 白我母曰:'懷智今爲太山錄事, 幸蒙安太. 但家中曾貸寺家木作門, 此旣功德物, 早償之. 懷善將死, 不合久住. 速作經像救助, 不然, 恐無濟理.'"

此人旣蘇, 卽齎書特送其舍. 所謂家事, 無不暗合. 至三日, 懷善暴死. 合州道俗聞者, 莫不增修功德. 鄜州人勳衛侯智純說之. (出『法苑珠林』)

328 · 10(4258)
사문영선사(沙門英禪師)

당(唐)나라 법해사(法海寺)의 승려 영선사는 매번 귀신 본 일을 자세히 말했는데, 절의 주지스님 혜란(慧蘭)이 그것을 이상하게 생각하여 물었더니 영선사가 말했다.

"예전에 진(秦)의 장양왕(莊襄王)이 사람을 보내 '나는 배가 몹시 고프고 몸도 약하여 대자대비 보살을 섬기게 되었다'라는 말을 전했습니다. 저는 또 그 시종이 200백여 명이나 되는 것을 직접 보았는데, 그들에게 재물 쓰는 것을 아끼지 마십시오. 그래서 제가 이미 '훗날 저녁 식사 때 오시면 우리가 대접해 드리겠습니다'라고 일러주었습니다."

이리하여 혜란은 곧 술과 안주를 준비해놓았다.

때가 되자 과연 진왕(秦王: 莊襄王)이 왔는데, 그의 시종은 매우 많았으며 귀천을 불문하고 함께 벌려 앉아서 매우 급히 먹고는 영선사에게 말했다.

"나는 음식을 먹지 못한 지 벌써 80년이나 되었소."

영선사가 그 이유를 물었더니 진왕이 대답했다.

"내가 살아 있을 때에는 아직 불법(佛法)이 없었는데, 저승에서 공덕을 쌓지 않았다고 문책 당했소. 그래서 나는 그저 생물을 살려주고 불쌍한 사람을 긍휼히 여기며 외로운 사람을 돌보아 주었다고 대답했으나 복이 없어 벌을 아직 다 받지 못했소. 이번에 식사를 했으니 또 40년 후에나 먹을 수 있소."

진왕은 자리에 있는 자들을 가리키며 말했다.

"이 사람은 진진(陳軫: 戰國時代 秦·楚의 遊說家로 처음에 秦나라에서 일했으나 張儀와 다투다가 불리하자 楚나라로 가서 相國까지 지냄)인데, 사기를 많이 쳤소."

진왕은 또 두 사람을 가리키며 말했다.

"이 사람은 백기(白起: 戰國時代 秦나라 郿人으로 用兵에 능하여 70여 城을 빼앗았으며, 趙나라를 격파하고 趙의 降軍 40만 명을 생매장함. 후에 승상 范雎와 틈이 생겨 관직을 삭탈당하고 사약을 받아 자결

함)와 왕전(王翦: 戰國時代의 名將으로 秦始皇이 천하를 통일할 때 趙·燕을 평정함)인데, 사람을 많이 죽여 벌을 아직 다 받지 못했소."

영선사가 말했다.

"왕께서는 어찌하여 사람에게 먹을 것을 찾지 않으시고 스스로 배를 곯며 고생하고 있습니까?"

진왕이 대답했다.

"자비로운 마음을 지닌 사람이 너무 적고, 또한 그 나머지 사람은 만나주지도 않소. 나는 귀인(貴人)이기 때문에 함부로 재앙을 일으킬 수 없어 이렇게 된 것이오."

진왕은 또 술과 안주를 가리키며 말했다.

"이것을 주지승이 준비해온 것이오? 내 부끄럽기 짝이 없소."

진왕은 떠나가려고 할 때 영선사에게 말했다.

"선사(禪師)에게 무척 부끄럽구려. 내가 보물을 둔 곳이 있는데, 선사에게 그 보물을 보내주는 것이 도리인 것 같소. 성 동쪽 통화문(通化門) 밖의 뾰족한 무덤이 나의 것인데, 사람들은 그 사실을 잘 모르고 망령되이 여불위(呂不韋)의 무덤이라고 하고 있소."

영선사가 말했다.

"옛날에 적미적(赤眉賊)이 이미 무덤을 파냈는데, 어찌 더 이상 보물이 남아있겠습니까?"

귀신이 말했다.

"적장(賊將)은 형편없는 물건만 가져갔고, 귀중한 것은 깊이 묻어놓았기 때문에 가져가지 못했으니 아직 있을 것이오."

영선사가 말했다.

"저는 출가한 몸이라 보물을 쓸데가 없으니 가져오실 필요 없습니다."
영선사가 말을 마치자 진왕은 감사의 인사를 하고 떠나갔다. (『양경기』)

唐法海寺沙門英禪師, 具言每見鬼, 寺主沙門慧蘭, 怪而問焉, 英曰:"向秦莊襄王遣人傳語:'飢虛甚, 以師大慈.'又自有所見, 從者二百許人, 勿辭勞費也. 吾已報云:'後日曉食書來(『兩京新記』'後日曉食書來'作'後日晚食當來'), 專相候待.'"慧蘭便備酒脯之類.
至時秦王果來, 侍從甚衆, 貴賤羅列, 坐食甚急, 謂英曰:"弟子不食八十年矣."英問其故, 答曰:"吾生時未有佛法, 地下見責功德. 吾但以放生矜恤惸孤應之, 以福薄, 受罪未了. 受此一餐, 更四十年, 方便得食."因指坐上人云:"是陳軫, 爲多虛詐."又指二人云:"是白起·王翦, 爲殺人多, 受罪亦未了."英曰:"王何不從人索食, 而自受飢窘也."答曰:"慈心少, 且餘人又不相見. 吾貴人, 不可妄作禍祟, 所以然也."因指酒脯曰:"寺主將來耶? 深歘愧."臨去時, 謂英曰:"甚愧禪師. 弟子有物在, 當相送. 城東門通化外尖冢, 是弟子墓, 時人不知, 妄云呂不韋冢耳."英曰:"往赤眉賊發掘, 何得更有物在?"鬼曰:"賊將麤物去, 細者深, 賊取不得, 見在."英曰:"貧道出家, 無用物處, 必莫將來."言訖謝去. (出『兩京記』)

328 · 11(4259)
진 도(陳 導)

당(唐)나라 때 진도는 예장(豫章) 사람으로 장사를 생업으로 삼았다.

용삭연간(龍朔年間: 661~663)에 그는 배를 타고 초(楚) 땅으로 가다가 밤에 배를 포구(浦口)에 정박했는데, 배 한 척이 물을 거슬러오더니 역시 그곳에 정박하는 것이 보였다. 진도가 배를 저어 그곳에 가까이 다가가서 보았더니, 관리처럼 보이는 한 사람이 있었는데 그는 눈썹이 두텁고 코가 컸다. 그는 배에서 문서를 조사하고 있었고 시종이 4~5명 있었다. 진도는 여행길에 만나 같이 정박하게 되자 그에게 물었다.

"당신은 어디로 가십니까? 이 포구에서 같이 묵게 되어 다행입니다."

눈썹이 두터운 사람이 말했다.

"나는 공무로 초 땅에 갑니다. 여기에서 이렇게 만나게 되어 반갑습니다."

진도가 그 사람을 자신의 배로 초청하자 그 사람은 진도를 따라갔다. 진도는 술과 음식을 마련하여 여러 차례 술잔이 돌아가자 진도는 그의 성이 무엇인지 물었다. 눈썹이 두터운 사람이 말했다.

"나는 성이 사도(司徒)이고 이름이 변(弁)이오. 초 땅에 사자로 파견되어 가는 중이오."

진도가 또 물었다.

"맡은 일은 무엇이오?"

사도변이 말했다.

"당신은 묻지 마시오. 당신은 이번 여행에서 초 땅에 마음을 두지 말고 다른 땅으로 가기를 바라오."

진도가 말했다.

"어째서요?"

사도변이 말했다.

"나는 사람이 아니라 저승사자요."

진도가 놀라서 말했다.

"무슨 이유로 초 땅에 가서는 안 된다는 말이오?"

사도변이 말했다.

"나는 초 땅에 재앙을 퍼뜨리러 가는데 당신도 [그곳에 있으면] 재앙을 당할 사람이오. 당신의 은혜에 감사하여 일부러 이렇게 알려주는 것이오. 하지만 당신은 반드시 돈과 재물로 갚아야만 그 재앙을 면할 수 있소."

진도가 간곡하게 살려달라고 청하자 사도변이 말했다.

"다만 내가 초 땅에 갔다가 돌아올 때까지 당신이 돈 1~2만 민(緡)을 준비해 내게 주면 당신 집의 화는 면할 수 있소."

진도는 그렇게 하겠다고 약속한 뒤 그 사람에게 감사의 말을 하고 헤어졌다. 그 해에 과연 형초(荊楚) 지역에 큰 불이 나 가옥 수만 채를 남김없이 모두 태워버렸다. 진도는 사도변과 헤어진 후부터 마음에 근심이 생겨 배를 돌려 돌아갔다. 예장에 이르러보니 사도변도 도착해있었다. 진도는 성품이 인색하여 다른 일을 핑계 대고 주겠다던 돈을 준비하지 않았다. 사자는 화가 나서 시종에게 문서 한 통을 가져와 진도에게 주게 했다. 진도가 문서를 펼쳐 다 읽기도 전에 그의 집에 불이 일어나더니 모든 재물을 다 태워버렸다. 그날 저녁에 다른 집은 손실이 없었으나 오직 진도의 집만 탔다. 사도변도 사라져버렸다. 이는 아마도 진도가 인색하여 이전에 한 약속을 져버려서 그렇게 되었을 것이다. (『집이기』)

唐陳導者, 豫章人也, 以商賈爲業. 龍朔中, 乃泛舟之楚, 夜泊江浦, 見一舟泝流而來, 亦宿于此. 導乃移舟近之, 見一人尨眉大鼻, 如史. 在舟檢勘文書, 從者三五人. 導以同旅相値, 因問之曰:"君子何往? 幸喜同宿此浦."尨眉人曰: "某以公事到楚. 幸此相遇."導乃邀過船中, 尨眉亦隨之. 導備酒饌, 飲經數巡, 導乃問以姓氏. 尨眉人曰:"某姓司徒, 名弁. 被差至楚, 已來充使."導又問曰: "所主何公事也?"弁曰:"公不宜見問. 君子此行, 愼勿以楚爲意, 願適他土耳." 導曰:"何也?"弁曰:"吾非人也, 冥司使者."導驚曰:"何故不得之楚?"弁曰: "吾往楚行災, 君亦其人也. 感君之惠, 故相報耳. 然君須以錢物計會, 方免斯 難."導懇苦求之, 弁曰:"但俟吾從楚回, 君可備緡錢一二萬相貺, 當免君家." 導許諾, 告謝而別. 是歲, 果荊楚大火, 延燒數萬家, 蕩無孑遺. 導自別弁後, 以 憂慮縈懷, 及移舟而返. 旣至豫章, 弁亦至矣. 導以慳鄙爲性, 託以他事, 未辦 所許錢. 使者怒, 乃令從者, 持書一緘與導. 導開讀未終, 而宅內掀然火起, 凡 所財物悉盡. 是夕無損他室, 惟燒導家. 弁亦不見. 蓋以導慳嗇, 負前約而致之 也. (出『集異記』)

328 · 12(4260)
왕 지(王 志)

당(唐)나라 현경(顯慶) 3년(658)에 기주(岐州) 사람 왕지는 익주현령(益州縣令)으로 부임했다가 임기가 만료되어 고향으로 돌아왔다. 그에게는 예쁜 딸이 있었는데 시집도 가기 전에 돌아오는 도중 죽고 말았다. 왕지 일행은 현주(縣州)의 절에서 몇 달 가량 머물렀다. 그 절에는 예전부터 어떤 학생이 방 한 칸을 얻어 살고 있었다. 학생은 밤에 왕지의 딸이 오는 것을 보았는데, 그녀는 화려하게 치장하고 있었다. 그녀가 정을 통하려고 하자 학생은 그녀를 받아들였다. 서로 알고 지낸 지 한 달쯤 되자 왕지의 딸은 학생에게 구리거울·수건·빗 하나씩을 정표로 주었다. 현령 왕지가 출발하려고 할 때 딸은 학생과 몰래 작별했다. 집안 사람들이 그 물건들을 찾았으나 찾아내지 못하자 현령은 사람을 보내 방을 돌며 찾게 했는데, 학생의 방에서 그 물건을 찾아냈다. 현령은 좌우 사람들에게 그 학생을 포박하게 하고는 그가 도둑이라고 생각했다. 학생은 그 일을 다음과 같이 하소연했다.

"단지 그 물건뿐만 아니라 위아래 옷 두 벌도 남겨놓았습니다."

현령이 사람을 시켜 딸의 관을 열어 조사해 보았더니 과연 그 옷이 없었다. 그 일이 사실로 드러나자 현령은 학생을 풀어주었다. 그 학생의 고향을 물어보니, 그는 기주 사람으로 남쪽에서 벼슬한 부친을 따라갔다가 부모가 모두 죽자 여러 주(州)를 돌아다니면서 공부했는데 머지않아 고향으로 돌아갈 참이었다고 했다. 현령은 그에게 의복과 말을 주고 짐을 꾸려 함께 돌아와 그를 사위로 여기고 매우 아껴주었다. (『법원주림』)

唐顯慶三年, 岐州人王志, 任益州縣令, 考滿還鄕. 有女美, 未嫁道亡. 停縣州寺中累月. 寺中先有學生, 停一房. 夜初見此女來, 粧飾華麗. 欲伸繾綣, 學生納之. 相知經月, 此女贈生一銅鏡·巾·櫛各一. 令欲上道, 女與生密共辭別. 家人求此物不得, 令遣巡房求索, 于生房得之. 令遣左右縛此生, 以爲私盜. 學生訴其事:"非唯得此物, 兼留上下二衣." 令遣人開棺檢之, 果無此衣. 旣見此徵, 于是釋之. 問其鄕里, 乃岐州人, 因從父南任, 父母俱亡, 遊諸州學問, 不久當還. 令給衣馬, 裝束同歸, 以爲女夫, 憐愛甚重. (出『法苑珠林』)

328·13(4261)
파협인(巴峽人)

[唐나라 則天武后] 조로연간(調露年間: 679~680)에 어떤 사람이 파협(巴峽)에 가려고 밤에 배를 정박시켰는데, 갑자기 어떤 사람이 시를 읊는 소리가 들렸다.

> 가을 오솔길은 누런 잎으로 가득하고,
> 드러난 풀뿌리는 추위에 꺾이네.
> 원숭이 한 번 울고 그치면,
> 나그네 눈물만 자꾸 흐르네.

그 소리는 매우 격앙되고 슬펐다. 이렇게 밤새도록 수십 번을 읊었다. 그 사람은 처음 들었을 때는 뱃사공이 아직 잠을 자지 않은 것이라 생각했다. 그래서 새벽에 그를 찾아갔으나 배는 없고 다만 빈 산에 돌샘과 깎아지른 계곡만 있었다. 시를 읊은 곳에는 인골 한 구가 있었다. (『기문』)

調露年中, 有人行於巴峽, 夜泊舟, 忽聞有人朗詠詩曰: "秋逕塡黃葉, 寒摧露草根. 猿聲一叫斷, 客淚數重痕." 其音甚厲激昂而悲. 如是通宵, 凡吟數十遍. 初聞, 以爲舟行者未之寢也. 曉訪之, 而更無舟船, 但空山石泉, 谿谷幽絶.

詠詩處有人骨一具. (出『紀聞』)

328 · 14(4262)
육여경(陸餘慶)

　육여경은 오군(吳郡) 사람으로 진사(進士)에 급제했다. 그는 여러 차례 승진하여 장성현위(長城縣尉)에 제수된 다음 원외감찰(員外監察)에 임명되었다. 육여경은 구시년(久視年: 700)에 봉각사인(鳳閣舍人: 中書舍人)으로 승진되었고, 그 후에도 섬주자사(陝州刺史)·낙주장사(洛州長史)·대리경소부감(大理卿少府監)을 역임했다. 그는 당나라 예종(睿宗)의 온거(轀車: 천자의 상여) 제작을 주관했다가 정교하게 만들지 못해 기주자사(沂州刺史)로 쫓겨났다.
　육여경이 젊었을 때 한번은 겨울밤에 서주(徐州)와 박주(亳州) 사이로 갔는데, 하인들이 보따리를 들고 앞장서서 걸어가고 육여경은 천천히 말고삐를 잡고 갔다. 날이 몹시 추웠으므로 귀신들이 불을 둘러싸고 있었는데, 육여경은 그들이 사람인 줄 알고 재빨리 말을 달려 급히 내려 불에 다가갔다. 놀랍게도 불꽃은 치솟는데도 따뜻하지 않자 육여경이 귀신들에게 말했다.
　"불이 어찌 이리 차오? 내 신발 좀 벗겨주시오."
　귀신들은 그저 고개를 숙인 채 웃기만 하고 대꾸하지 않았다. 육여경이 돌아보니 귀신들은 모두 면의(面衣: 죽은 사람의 얼굴에 덮는 천)를 쓰고 있었다. 육여경은 기겁하고 말을 달려 그들을 피했는데 결국 아무런 화도 당하지 않았다. 그 주변에 사는 사람이 육여경에게 말했다.

"이곳에는 귀신이 있어 재앙을 일으키는데, 그것을 당한 자는 대부분 죽었소. 당신이 전혀 놀라거나 두려워하지 않은 것은 필시 신이 도와준 것이니 나중에 틀림없이 부귀해질 것이오."

(『어사대기』)

陸餘慶, 吳郡人, 進士擢第. 累授長城尉, 拜員外監察. 久視中, 遷鳳閣舍人, 歷陝州刺史·洛州長史·大理卿少府監. 主睿宗輼車不精, 出授沂州刺史.

餘慶少時, 嘗冬日于徐·亳間夜行, 左右以囊橐前行, 餘慶緩轡躡之. 寒甚, 會群鬼環火而坐, 慶以爲人, 馳而遽下就火. 訝火燄熾而不煖, 慶謂之曰:"火何冷? 爲我脫靴." 群鬼但俯而笑, 不應. 慶顧視之, 群鬼悉有面衣. 慶驚, 策馬避之, 竟無患. 其傍居人謂慶曰:"此處有鬼爲祟, 遭之者多斃. 郎君竟無所驚懼, 必福助也, 當富貴矣!"(出『御史臺記』)

태평광기 권제329

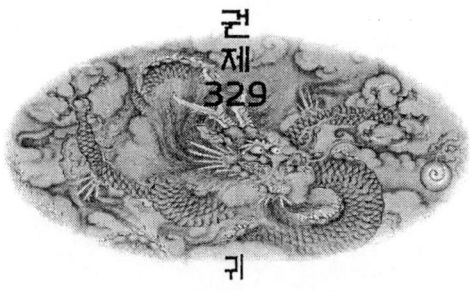

귀 14

1. 하문영(夏文榮)
2. 장희망(張希望)
3. 정종간(鄭從簡)
4. 방영숙(房穎叔)
5. 유풍(劉諷)
6. 상주자사(相州刺史)
7. 왕담(王湛)
8. 적인걸(狄仁傑)
9. 이고(李暠)
10. 장수규(張守珪)
11. 양창(楊瑒)

329 · 1(4263)
하문영(夏文榮)

[則天武后의] 주(周)나라 장안연간(長安年間: 701~704) 초에 당시 사람들은 전(前) 수주(遂州) 장강현승(長江縣丞) 하문영이 저승 일을 [이승에서] 맡고 있다고 생각했다. 장작(張鷟:『朝野僉載』의 撰者)은 당시 어사(御史)로 있다가 조정을 나가 처주(處州) 사창참군(司倉參軍)이 되었는데, 임무를 교대하고 돌아오는 길에 하문영을 찾아가 [자신의 앞날에 대해] 물었다. 하문영은 막대로 땅에 '유(柳)'자를 쓰고는 말했다.

"당신은 틀림없이 이 주(州)에서 일하게 될 것이오."

나중에 장작은 과연 유주(柳州) 사호참군(司戶參軍)에 제수되었으며, 그 후에는 덕주(德州) 평창현령(平昌縣令)으로 전임되었는데, 하문영이 예언한 날짜와 조금도 차이가 없었다.

또 소주(蘇州) 가흥현령(嘉興縣令) 양정옥(楊廷玉)은 칙천무후(則天武后)의 오촌외조카로서 탐욕스럽기 그지없었는데, [어떤 사람이 그에 대해서] 이런 회파사(廻波詞: 詞牌名. 六言絶句體로 첫 구절에 반드시 '廻波爾時' 4자를 넣어서 지음)를 지어놓았다.

> 이번에는 양정옥,
> 남 등쳐서 돈 갈취하고도 여전히 부족하다네.
> 하지만 이모가 지금 천자로 있으니,

주위 사람들은 감히 건드릴 수 없다네.

그래서 칙천무후는 섭어사(攝御史) 강은(康誾)을 파견하여 양정옥을 심문하게 했는데, 강은은 그를 사형에 처해야 한다고 상주했다. 당시 도성에 있던 양정옥의 모친이 하문영을 찾아가 [아들을 살릴 방도를] 물었더니, 하문영은 천 장의 백지와 천 장의 황지(黃紙)를 구해서 양정옥을 위해 기도하라고 하면서 10일 뒤에 다시 오라고 했다. 양정옥의 모친이 그 말대로 했더니, 하문영이 말했다.

"이제 죽음을 면하게 되었으니 10일 안에 처분이 내려질 것이오."

과연 6일 뒤에 다음과 같은 칙명이 내려졌다.

"양정옥은 노모의 여생을 봉양하도록 하라."

또 천관령사(天官令史: 吏部令史) 유무기(柳無忌)가 하문영을 찾아가 [자신의 앞날에 대해] 물었더니, 하문영은 '위(衛)'·'한(漢)'·'침(郴)' 석 자를 쓰고는 말했다.

"위주(衛州)는 길게 갈 것 같지 않고, 한주(漢州)와 침주(郴州)는 엇갈리어 일정하지 않을 것 같소."

나중에 유무기는 과연 위주 녹사참군(錄事參軍)에 임명되었으며, 임명이 중첩되어 다시 한주 녹사참군에 임명되었다. 그런데 당시 난대(鸞臺: 秘書省)와 봉각(鳳閣: 中書令)의 영사(令史)들이 소장을 올려 천관(天官: 吏部)의 관리임명이 공평치 못하다고 호소하자, 칙천무후가 천관시랑(天官侍郞) 최현위(崔玄暐)를 질책했더니 최현위가 아뢰었다.

"신의 관리 임명은 지극히 공평하옵니다."

그러자 칙천무후가 말했다.

"만약 그렇다면 이부(吏部)의 영사를 난대・봉각의 영사와 바꾸도록 하시오."

그리하여 마침내 유무기는 침주 평양현(平陽縣) 주부(主簿)가 되었고, 난대령사가 한주 녹사참군이 되었다. (『조야첨재』)

周長安年初, 前遂州長江縣丞夏文榮, 時人以爲判冥事. 張鷟時爲('爲'字原闕, 據陳校本補)御史, 出爲處州司倉, 替歸, 往問焉. 榮以杖畫地作'柳'字, 曰: "君當爲此州." 至後果除柳州司戶, 後改德州平昌令, 榮尅時日, 晷漏無差.

又蘇州嘉興令楊廷玉, 則天之表姪也, 貪猥無厭, 著詞曰: "廻波爾時廷玉, 打獠取錢未足. 阿姑婆見作天子, 傍人不得抵觸." 差攝御史康嘗推, 奏斷死. 時母在都, 見夏文榮, 榮索一千張白紙, 一千張黃紙, 爲廷玉禱, 後十日來. 母如其言, 榮曰: "且免死矣, 後十日內有進止." 果六日有敕: "楊廷玉奉養老母殘年."

又天官令史柳無忌造榮, 榮書'衛'・'漢'・'郴'字曰: "衛多不成, 漢・郴二州, 交加不定." 後果唱衛州錄事, 闕重, 卽唱漢州錄事. 時鸞臺・鳳閣令史進狀, 訴天官注擬不平, 則天責侍郎崔玄暐, 暐奏: "臣注官極平." 則天曰: "若爾, 吏部令史官共鸞臺・鳳閣交換." 遂以無忌爲郴州平陽主簿, 鸞臺令史爲漢州錄事焉. (出『朝野僉載』)

329・2(4264)
장희망(張希望)

[則天武后의] 주(周)나라 사례경(司禮卿) 장희망은 오래된 집으로 이

사하여 개축했는데, 풍의(馮毅)라는 견귀인(見鬼人: 궁중에서 逐鬼・祈禱・占卜의 일을 전담하는 관리)이 그를 보고 말했다.

"새로 지은 마구간 밑에 시체 한 구가 놓여 있는데 굉장히 노해 있으니, 공은 피하는 것이 좋겠습니다."

장희망이 웃으며 말했다.

"나는 어려서부터 장성할 때까지 그따위 일을 믿어본 적이 없으니 공은 그런 말씀 마시오."

한 달 남짓 뒤에 풍의가 [장희망의 집에] 들어가서 보았더니, 귀신이 활과 화살을 들고 장희망의 뒤를 따라가고 있었다. 귀신이 계단에 이르러 활을 당겨 장희망의 어깨를 쏘아 맞히자, 장희망은 등에 통증이 느껴져 손으로 그곳을 어루만졌다. 그날 장희망은 죽었다. (『지괴』)

周司禮卿張希望, 移舊居改造, 見鬼人馮毅見之曰: "當新廐下, 有一伏尸, 極怒, 公可避之." 望笑曰: "吾少長已來, 未曾信如事, 公勿言." 後月餘, 毅入, 見鬼持弓矢, 隨希望後. 適及階, 鬼引弓射中肩髆, 希望覺背痛, 以手撫之. 其日卒. (出『志怪』)

329・3(4265)
정종간(鄭從簡)

[則天武后의] 주(周)나라 좌사원외랑(左司員外郎) 정종간은 자신이 머무는 청사(廳事)가 늘 편안하지 않자, 무당에게 살펴보게 했더니 무

당이 말했다.

"여기에 시체가 있는데, 그는 성이 종씨(宗氏)이며 부인 구씨(寇氏)와 함께 청사 기틀 밑에 묻혀 있습니다."

그래서 정종간이 무당을 시켜 그 귀신에게 물어보게 했더니, 귀신이 말했다.

"당신이 우리 집 문 위에 앉아 있기 때문에 우리가 출입할 때 늘 당신과 마주치곤 합니다. 당신 스스로 좋지 않게 여기는 것이지 우리가 일부러 그렇게 한 것은 아닙니다."

그래서 땅을 3척 정도 팠더니 과연 오래 된 해골이 나왔는데, 그 명문(銘文)이 무당이 한 말과 일치했다. 시체를 옮겨서 이장해준 뒤로는 마침내 귀신이 나타나지 않았다. (『조야첨재』)

周左司員外郎鄭從簡, 所居廳事常不寧, 令巫者視之, 曰:"有伏尸, 姓宗, 妻姓寇, 在廳基之下." 使問之, 曰:"君坐我門上, 我出入常値君. 君自不嘉, 非我之爲也." 掘地三尺, 果得舊骸, 有銘如其言. 移出改葬, 於是遂絶. (出『朝野僉載』)

329 · 4(4266)
방영숙(房穎叔)

[則天武后의] 주(周)나라 지관랑중(地官郎中: 戶部郎中) 방영숙은 천관시랑(天官侍郎: 吏部侍郎)에 제수되어 다음날 부임하려고 했다. 그런

데 그날 저녁에 왕로(王老)라는 요리사가 한밤중에 일어났더니, 갑자기 밖에서 어떤 사람이 자기를 부르는 소리가 들렸다.

"왕로는 일어날 필요 없다. 방시랑은 부임하지 못한다. 대신 사흘 뒤에 이시랑(李侍郞)이 부임할 것이다."

그래서 왕로는 도로 누워서 새벽까지 잤다. 방영숙은 과연 병이 나서 이틀 뒤에 죽었다. 담당관리가 상황을 아뢰자, [조정에서는] 곧장 이형수(李逈秀)를 시랑에 제수했다. 이형수는 그날로 감사의 예를 올리고 즉시 부임했다. 왕로는 그 일을 다른 사람들에게 물어보았으나 모두들 모른다고 했다. 그래서 왕로는 이 모든 것이 신명(神明)이 알려준 것임을 비로소 깨달았다. (『조야첨재』)

周地官郎中房穎叔, 除天官侍郎, 明日欲上. 其夜, 有廚子王老, 夜半起, 忽聞外有人喚云:"王老不須起. 房侍郎不上. 後三日, 李侍郎上."王老却臥至曉. 房果病, 兩日而卒. 所司奏狀('狀'原作'仗', 據陳校本改)下, 卽除李逈秀爲侍郎. 其日謝, 卽上. 王老以其言問諸人, 皆云不知. 方悟是神明所告也. (出『朝野僉載』)

329 · 5(4267)
유 풍(劉 諷)

[則天武后] 문명년(文明年: 684)에 경릉연(竟陵掾) 유풍은 밤에 이릉군(夷陵郡)의 빈집에 투숙했다. 달빛이 밝아 잠을 못 이루고 있을 때,

한 여자가 서쪽 복도에서 홀연히 왔는데, 자태가 온화하고 아름다웠다. 그녀는 느긋하게 노래를 부르며 한가로이 걸어서 천천히 중앙 복도로 가더니, 고개를 돌려 하녀에게 명했다.

"자수(紫綏)야, 서당(西堂)에서 꽃무늬 자리를 가져오너라. 아울러 유가(劉家)의 6째 이모와 14째 외숙모와 남쪽 이웃인 교교(翹翹) 낭자를 모셔오고, 일노(溢奴)도 데리고 오너라. 그리고 그들에게 '이곳은 바람과 달빛이 좋아 놀며 즐기기에 충분합니다. 금(琴)을 연주하며 시를 읊조리는 것은 정말 멋진 일입니다. 비록 경릉의 판사(判司: 劉諷을 말함)가 있긴 하지만 그 사람은 밝은 달빛 아래서 이미 잠들었으니 그를 피할 필요가 없습니다'라는 말을 전하여라."

얼마 되지 않아서 세 여자와 한 아이가 도착했는데, 모두 경국지색(傾國之色)이었다. 자수가 정원에 꽃무늬 자리를 펴자, 그들은 서로 인사하며 차례대로 앉았다. 자리에는 무소 뿔 술단지, 상아 국자, 녹색 꽃무늬 술잔, 흰 유리잔이 차려졌고, 맛좋은 술 향기가 공중에 퍼져 멀리서도 맡을 수 있었다. 여자들은 담소하며 시를 읊었는데 그 소리가 맑고도 부드러웠다. 한 여자는 녹사(錄事: 연회석상에서 손님이 酒令을 어겼을 때 벌주 등의 사항을 집행하는 사람)를 맡고 다른 한 여자는 명부(明府: 지방장관에 대한 존칭. 여기서는 술자리의 주관자를 말함)를 맡아, 술잔을 들어 땅에 술을 뿌리면서 말했다.

"저는 오직 3째 이모할머니가 기산(祁山)처럼 장수하시고, 6째 이모가 3째 이모할머니와 같이 장수하시고, 유(劉) 이모부가 태산부(太山府)의 규성판관(糾成判官: 감찰·체포·형벌 등을 관장하는 관리)이 되시고, 교교 낭자가 주여국(朱餘國)의 태자에게 시집가고, 일노가 그 주여국의 재상이 되기만 바라지요. 그리고 저희 서너 명의 여자친구들은 모두 저승의 문서를 관장하는 사인(舍人)에게 시집갈 수 있었으면 하고, 그렇지 않으면 평등왕(平等王: 저승의 10대 왕 중의 하나로, 법 집행이 공정하여 이런 이름을 얻음)의 6째나 7째 아들에게 시집갈 수 있었으면 해요. 그렇게만 된다면 평생의 소망이 이루어진 것이지요."

그러자 한꺼번에 모두 웃으며 말했다.

"채씨(蔡氏) 낭자를 칭찬해야만 하겠는걸!"

그때 녹사를 맡고 있던 교교가 혼자 산가지 하나를 내려놓으면서 채씨 낭자에게 벌주를 내리며 말했다.

"유 이모부는 재주가 뛰어나고 용모가 온화하신데, 어찌하여 그에게 오도주사(五道主使: 五道[天道・人道・禽獸道・餓鬼道・地獄道]를 주관하는 신)가 되라고 하지 않고 쓸데없이 규성판관이 되라고 하셨어요? 아마도 6째 이모가 기뻐하지 않으실 테니 벌주 한 잔을 드시지요."

채씨 낭자는 곧장 술잔을 들며 말했다.

"벌주는 달게 받을 게요. 다만 유 이모부께서 너무 연로하여 눈이 침침한 탓에 오도의 노란색 문서를 잘 보지 못하여 대신백(大神伯)의 공무를 그르칠까 걱정이지, 벌주 마시는 것이 어찌 두렵겠어요?"

그러자 여자들은 모두 뒤로 넘어갈 정도로 크게 웃었다. 또 한 여자가 일어나더니 구령(口令)을 전달하면서 비취비녀 하나를 뽑아들며 급하게 말했다.

"이 비취비녀를 전달하면서 구령을 붙이되 통과하지 못하면 벌주를 받는 거예요. 구령은 '란로두뇌호(鸞老頭腦好: 난씨 노인은 머리가 좋다), 호두뇌란로(好頭腦鸞老: 머리 좋은 난씨 노인)'이어요."

구령이 몇 차례 돌고 난 뒤, 자수(紫綏: 원문은 '翠綏'라 되어 있지만 '紫綏'의 誤記임. 아래도 마찬가지임)에게 앉게 하고는 구령을 말하게 했다. 그런데 자수는 평소에 말을 더듬었기 때문에 구령을 붙일 차례가 되자 단지 "란로란로"만을 되풀이했다. [이것을 보고] 여자들이 모두 크게 웃으며 말했다.

"옛날에 하약필(賀若弼: 隋代의 장군으로 陳을 멸망시키는 데 공을 세워 宋國公에 봉해졌으며, 나중에 조정을 비판한 죄로 隋 煬帝에게 죽임을 당함)이 시랑(侍郎) 장손란(長孫鸞)을 놀렸는데, 장손란이 나이도 많고 말도 더듬는 데다 머리카락도 없었기 때문에 이런 구령을 지어낸 것입니다."

삼경(三更) 후에 그들은 모두 금을 타고 축(筑)을 치면서 서로 번갈아 노래를 불렀는데, 그 노래는 다음과 같다.

> 밝은 달에 가을 바람 부는,
> 이 좋은 밤에 함께 모였네.
> 은하수는 쉬 변하는데,
> 즐거움은 끝이 없네.
> 푸른 술단지에 비취 국자로,
> 그댈 위해 술 따르네.
> 오늘밤에 마시지 않는다면,
> 언제 즐거움을 나누리?

또 이런 노래를 불렀다.

> 버드나무여, 버드나무여,
> 급한 바람 따라 흔들거리네.

서쪽 누각의 미인 봄꿈이 길기도 한데,
수놓은 주렴 비껴 걷으니 천 가닥 버들가지 들어오네.

또 이런 노래를 불렀다.

옥 타구(唾口)와 황금 동이는,
군왕을 모시길 바라고,
한단궁(邯鄲宮) 안에서는,
종(鐘)·경쇠·금슬·생황(笙簧) 소리 울리네.
위(衛)나라 미인과 진(秦)나라 미인은,
좌우에 줄지어 서서,
흰 비단옷 요란하게 차려 입고,
비취 눈썹에 붉은 단장을 하네.
군왕이 기뻐하며 둘러보니,
군왕 위해 노래하고 춤을 추네.
원컨대 군왕께선 기쁨 누리시고,
언제나 재난과 고통 없으소서.

노래가 끝나니 이미 사경(四更)이었다. 이때 누런 적삼을 입은 한 사람이 나타났는데, 그의 머리에는 뿔이 나 있었고 모습이 매우 위용 있었다. 그는 걸어 들어와서 절하며 말했다.

"파제왕(婆提王: 佛敎 傳說中의 婆提釋王)께서 낭자들에게 속히 오라는 분부를 내리셨습니다."

여자들은 모두 일어나 명령을 받고 즉시 그 사람에 말을 전하게 했다.

"왕께서 부르신 줄도 모르고 함께 달구경하러 이곳에 왔습니다. 어찌 감히 급히 달려가지 않겠습니까!"

그리고는 하녀에게 명하여 술자리를 정리하도록 했다. 이때 유풍이 크게 재채기를 하고 나서 보았더니 정원에는 아무 것도 없었다. 다음날 아침에 유풍은 그곳에서 비취비녀 몇 개를 주워 사람들에게 보여주었는데, 모두들 그것이 어떤 물건인지 알지 못했다.(『현괴록』)

文明年, 竟陵掾劉諷, 夜投夷陵空館. 月明不寢, 忽有一女郎西軒至, 儀質溫麗. 緩歌閒步, 徐徐至中軒, 回命靑衣曰: "紫綏, 取西堂花茵來. 兼屈劉家六姨姨·十四舅母·南鄰翹翹小娘子, 幷將溢奴來. 傳語道: '此間好風月, 足得遊樂. 彈琴詠詩, 大是好事. 雖有竟陵判司, 此人已睡明月下, 不足廻避也.'"

未幾而三女郎至, 一孩兒, 色皆絶國. 紫綏鋪花茵于庭中, 揖讓班坐. 坐中設犀角酒樽·象牙杓·綠罽花觶·白琉璃盞, 醪醴馨香, 遠聞空際. 女郎談謔歌詠, 音詞淸婉. 一女郎爲錄, 一女郎爲明府, 擧觴酹酒曰: "惟願三姨婆壽等祁山, 六姨姨與三姨婆, 劉姨夫得太山府糺成判官, 翹翹小娘子嫁得朱餘國太子, 溢奴便作朱餘國宰相. 某三四女伴, 揔嫁得地府司文舍人, 不然, 嫁得平等王郎君六郎子七郎子. 則平生望足矣." 一時皆笑曰: "須與蔡家娘子賞口!" 翹翹時爲錄事, 獨下一籌, 罰蔡家娘子曰: "劉姨夫才貌溫茂, 何故不與他五道主使, 空稱糺成判官? 怕六姨姨不歡, 請喫一盞." 蔡家娘子卽持盃曰: "誠知被罰. 直緣姨夫大年老昏暗, 恐看五道黃紙文書不得, 誤大神伯公事, 飮亦何傷?" 於是衆女郎皆笑倒. 又一女郎起, 傳口令, 仍抽一翠簪, 急說: "傳翠簪過令, 不通卽罰. 令曰: '鸞老頭腦好, 好頭腦鸞老.'" 傳說數巡, 因令翠綏下坐, 使說令. 翠綏素吃訥, 令至, 但稱"鸞老鸞老". 女郎皆大笑曰: "昔賀若弼弄長孫鸞侍郞, 以其年老口喫, 又無髮, 故造此令."

三更後, 皆彈琴擊筑, 更唱迭和, 歌曰: "明月秋風, 良宵會同. 星河易翻, 歡娛不終. 綠樽翠杓, 爲君斟酌. 今夕不飮, 何時歡樂?" 又歌曰: "楊柳楊柳, 裊裊隨風急. 西樓美人春夢長, 繡簾斜捲千條入."又歌曰:"玉口金缸, 願陪君王. 邯鄲宮中, 金石絲簧. 衛女秦娥, 左右成行. 紈縞繽紛, 翠眉紅粧. 王歡顧眄, 爲王歌舞. 願得君歡, 常無災苦."

歌竟, 已是四更. 卽有一黃衫人, 頭有角, 儀貌甚偉. 走入拜曰:"婆提王命娘子速來."女郞等皆起而受命, 卽傳語曰:"不知王見召, 適相與望月至此. 敢不奔赴!"因命靑衣收拾盤筵. 諷因大聲嚏咳, 視庭中無復一物. 明旦, 拾得翠釵數隻, 將以示人, 不知是何物也. (出『玄怪錄』)

329 · 6(4268)
상주자사(相州刺史)

당(唐)나라의 왕도견(王道堅)이 상주자사로 있을 때, 주의 관리가 [주민들의] 호패(戶牌)를 만들었는데 다 만들고 난 뒤에 사라져버렸다. 나중에 주부(州府)의 건물 대들보 사이 여기저기에서 호패를 찾아냈는데, 호패는 모두 중간이 부러져서 도막나 있었기에 결국 사용하지 못하고 버렸다.

또 이사군(李使君: 使君은 刺史에 대한 존칭)이 상주에 있을 때, 다음날 아침에 토지신에게 제사를 지내려고 밤에 목욕재계한 뒤 청사(廳事)에서 잠을 잤는데, [돌아가신] 부모님이 자신을 데리러 오는 꿈을 꾸었다. 이사군은 꿈을 깨고 나서 꺼림칙해하면서 그 일을 부인에게 자세히 일러주었다. 이 일로 인해 이사군은 병이 들어 며칠 뒤에 죽었다.

주희옥(朱希玉)은 상주자사로 있을 때, 저택의 서원(西院: 아래 문장에 따르면 '中院'이라 해야 문맥이 통함)을 늘 닫아놓았다. 하루는 주희옥이 퇴청(退廳)해 있을 때, 난데없이 자주색 옷을 입고 머리를 높이 빗어 올린 한 사람이 말을 타고 곧장 들어왔는데, 역시 말 탄 시종 2명이 그를 인도하여 옆문에 이르러 말에서 내렸다. 당직 관리는 주희옥의 친인척 집에서 전갈을 보내온 것이라고 생각하여 그를 따라가서 살펴보았다. 그 사람은 의복을 바로 하고 천천히 걸어서 곧장 중원(中院)으로 들어갔는데, 중원의 문이 그를 위해 저절로 열리더니 그가 들어가자 다시 저절로 닫혔다. 당직 관리가 시종과 말을 찾았으나 모두 보이지 않았다. 당직 관리가 달려가서 주희옥에게 [이러한 사실을] 아뢰자, 주희옥은 중원을 열라고 명했다. 보았더니 중원의 사방이 아주 깨끗하게 청소된 가운데 휘장이 둘러쳐 있고 배치된 물건이 찬란했으며, 화려한 연회석과 널찍한 자리 앞에 온갖 산해진미가 모두 차려져 있었고 수십 명 분의 식기와 그릇들은 모두 금은으로 만든 것이었다. 주희옥은 그 광경을 보고 깜짝 놀랐지만, 이내 술을 따라 땅에 뿌리면서 복을 빌었다. 그리고는 중원을 나와 그 문을 닫아놓았다. 다음날 다시 중원을 열어보았더니 [어제의 광경은 사라지고] 예전처럼 집들은 폐쇄되어 있고 황량하게 잡초만 무성했다. 그로부터 2년 뒤에 주희옥은 죽었다. (『기문』)

唐王道堅爲相州刺史, 州人造板籍, 畢則失之. 後于州室梁間散得之, 籍皆中截爲短卷, 遂不用矣, 棄之.

又有李使君在州, 明早將祀社, 夜潔齋, 臥于廳事, 夢其父母盡來迎己. 覺而惡之, 具告其妻. 因疾, 數日卒.

朱希玉爲刺史, 宅西院恒閉之. 希玉退衙, 忽一人紫服, 戴高髻, 乘馬直入, 二蒼頭亦乘導之, 至閣乃下. 直吏以爲親姻家通信也, 從而視之. 其人正服徐行, 直入中院, 院門爲之開, 入已復閉. 乃索蒼頭及馬, 皆無之. 走白希玉, 希玉命開中院. 但見四週除掃甚潔, 帳幄圍匝, 施設粲然, 華筵廣座, 殽饌窮極水陸, 數十人食具器物, 盡金銀也. 希玉見之大驚, 乃酌酒酹之以祈福. 遂出, 閉其門. 明日更開, 則如舊矣, 室宇封閉, 草蔓荒凉. 二年而希玉卒. (出『紀聞』)

329 · 7(4269)
왕 담(王 湛)

왕담은 저승 일을 [이승에서] 맡고 있었다. 예전에 그의 숙부 왕현식(王玄式)은 형주(荊州) 부양현령(富陽縣令)으로 있을 때, 관아 사람 오실(吳實)의 돈 100관(貫)을 빼앗고는 나중에 다른 일로 그를 무고하여 사형에 처함으로써 그의 입을 막아버렸다. 왕현식은 다른 공적을 가지고 계속해서 관리선발 시험을 보았으나, 다섯 번의 선발에서 모두 관직을 얻지 못했다. 그래서 왕담에게 물었더니, 왕담은 숙부를 위해 한번 조사해보겠다고 하고는 하룻밤 지나서 이렇게 말했다.

"숙부께서는 이전에 부양현령으로 계실 때 틀림없이 양심에 어긋나는 일을 하셨습니다. 그 사건은 지금 [해결되지 않고] 남아 있는데, 저승관리가 '사람을 죽인 죄는 [죄인이] 죽은 뒤에 죄과에 따라 벌을 받을 것이고, 남의 돈 100관을 빼앗았으니 4년 동안의 봉록을 깎는 것이 마땅하다'라고 판결했습니다."

그러자 숙부가 말했다.

"정말로 그런 일이 있었으니 바로 나의 죄일세."

(『조야첨재』)

王湛判冥事. 初叔玄式任荊州富陽令, 取部內人吳實錢一百貫, 後誣以他事, 決殺之以滅口. 式帶別優, 並有上下考, 五選不得官. 以問, 湛白爲叔檢之, 經宿曰: "叔前任富陽令日, 合有負心事. 其案見在, 冥司判云: '殺人之罪, 身後科罰, 取錢一百貫, 當折四年祿.'" 叔曰: "誠有此事, 吾之罪也." (出『朝野僉載』)

329・8(4270)
적인걸(狄仁傑)

칙천무후(則天武后) 시대에 적인걸은 영주자사(寧州刺史)를 지냈다. 그가 머문 집은 본래 흉가였는데, 이전의 자사 중에서 죽은 자가 10여 명이나 되었다. 적인걸이 부임했을 때, 관리가 아뢰었다.

"관사가 오랫동안 흉하여 이전부터 줄곧 감히 이곳에 머무는 사람이 없습니다. 게다가 우거진 가시덤불로 황폐해져서 이미 살 수 없으니 다른 곳에 머무십시오."

그러나 적인걸은 이렇게 말했다.

"자사가 자신의 집에 머물지 않고 어찌 다른 곳에 머문단 말이냐?"

그리고는 채워둔 자물쇠를 치우고 집을 수리하라고 명하여, 조금도 주저하지 않고 그곳에 머물렀다.

며칠 밤 동안 괴이하고 기이한 일이 셀 수 없을 정도로 많이 일어나자, 적인걸은 노하여 이렇게 말했다.

"나는 자사이고 이곳은 바로 나의 집이다. 너는 그릇되고 나는 바른데, 어찌하여 이치를 분간할 줄도 모르면서 오히려 사악함으로 정직함을 거스르려 하느냐? 네가 만약 신이라면 당장 너의 현명한 가르침을 받을 것이지만, 만약 귀신이라면 어찌 감히 날 침범하려 드느냐? 나는 널 두려워하는 마음이 전혀 없으니, 온갖 변화를 부려봤자 헛수고일 뿐이다! 정녕 날 만나고자 한다면 어찌하여 예의를 갖춰 나타나지 않느냐?"

그러자 잠시 후에 어떤 사람이 의관을 갖추고 앞으로 나아와 말했다.

"저는 아무 조정의 관리로 당(堂) 계단 서쪽의 나무 밑에 묻혔는데, 나무뿌리가 제 몸을 뚫고 들어와 그 고통을 참을 수가 없습니다. 이전에 몇몇 나으리께 [저의 이러한 고통을] 자주 말씀드리려 했지만, 그 분들은 [저를 보자마자] 번번이 죽고 말았습니다. 그래서 저승길에도 이르지 못한 채 이렇게 지금까지 오게 되었습니다. 사군(使君: 刺史에 대한 존칭)께서 진실로 절 이장해주신다면, 어찌 감히 이곳에서 더 이상 머뭇거리겠습니까!"

귀신은 말을 마친 뒤 사라졌다.

다음날 적인걸은 그곳을 파보게 했는데 과연 귀신의 말 그대로였다. 그래서 그를 이장해주었더니, 그 이후로는 귀신이 나타나지 않았다. ([『광이기』])

則天時, 狄仁傑爲寧州刺史. 其宅素凶, 先時刺史死者十餘輩. 傑初至, 吏曰:"官舍久凶, 先後無敢居者. 且榛荒棘毁, 已不可居, 請舍他所." 傑曰:"刺史不舍本宅, 何別舍乎?"命去封鎖葺治, 居之不疑.

數夕, 詭怪奇異, 不可勝紀, 傑怒謂曰:"吾是刺史, 此卽吾宅. 汝曲吾直, 何爲不識分理, 反乃以邪忤正? 汝若是神, 速聽明敎, 若是鬼魅, 何敢相干? 吾無懼汝之心, 徒爲千變萬化耳! 必理要相見, 何不以禮出耶?"斯須, 有一人具衣冠而前曰:"某是某朝官, 葬堂階西樹下, 體魄爲樹根所穿, 楚痛不堪忍. 頃前數公, 多欲自陳, 其人輒死. 幽途不達, 以至于今. 使君誠能改葬, 何敢遷延於此!"言訖不見.

明日, 傑令發之, 果如其言. 乃爲改葬, 自此絶也. (原闕出處, 陳校本作'出『廣異記』')

329 · 9(4271)
이 고(李 暠)

당(唐)나라 병부상서(兵部尙書) 이고는 당시 품행이 올바른 사람이었다. 개원연간(開元年間: 713~741) 초에 어떤 부인이 이고를 찾아왔는데, 그녀의 용모와 기품, 언변과 학식이 모두 당시의 으뜸이었으므로, 이고는 그녀를 감히 받아들이지 못했다. 그런데 때마침 태상경(太常卿) 강교(姜皎)가 찾아왔기에 이고는 그 부인을 강교에게 넘겨주었다. 강교가 공경(公卿)들을 크게 불러모은 자리에서 부인은 자신이 관상을 잘 본다고 하면서 장열(張說)을 보고 말했다.

"재상의 상이시군요."

그리하여 부인은 여러 공경들의 관상을 보았는데 맞히지 못한 경우가 없었다. 부인이 강교에게 말했다.

"당신은 비록 좋은 관상을 지니셨지만 수명대로 살 수는 없겠군요."

술자리가 끝나갈 무렵에 강교는 별실에서 부인을 희롱하면서 온갖 감언이설로 꼬여 막 정을 통하려고 했다. 그래서 공경들이 돌아가면서 [별실의 두 사람을] 훔쳐보았는데, 당시 그 자리에 있던 이고가 맨 나중에 가서 보게 되었다. 바로 그때 부인이 앗! 하고 소리를 지르자, 강교는 놀라서 바닥으로 떨어졌다. 사람들이 등불을 가져와서 비춰보았더니 침상 아래에 백골이 있었다. 당시 논자들은 이고의 성품이 곧고 바르기 때문에 귀신이 그를 두려워한 것이라고 생각했다. (『광이기』)

唐兵部尙書李㽅, 時之正人也. 開元初, 有婦人詣㽅, 容貌風流, 言語學識, 爲時第一, 㽅不敢受. 會太常卿姜皎至, 㽅以婦人與之. 皎大會公卿, 婦人自云善相, 見張說曰:"宰臣之相." 遂相諸公卿, 言無不中. 謂皎曰:"君雖有相, 然不得壽終." 酒闌, 皎狎之于別室, 媚言遍至, 將及其私. 公卿迭往窺覘, 時㽅在座, 最後往視. 婦人於是呦然有聲, 皎驚墮地. 取火照之, 見牀下有白骨. 當時議者, 以㽅貞正, 故鬼神懼焉. (出『廣異記』)

329 · 10(4272)
장수규(張守珪)

유주절도사(幽州節度使) 장수규는 젊은 시절에 하서절도사(河西節度

使)의 주장(主將)이 되어 옥문관(玉門關)을 수비했다. 그의 휘하 장병들은 모두 용감하고 전투에 뛰어났는데, 매번 정탐하러 [주변 지역을] 깊숙이 들어갈 때마다 약탈을 일삼았다.

서역의 어떤 호승(胡僧)이 서경(西京: 長安)에서 가사(袈裟)를 실은 20여 수레를 몰고 대축국(大竺國: 天竺國의 誤記로 보임)으로 돌아가고 있었는데, 그 무리가 20여 명이었다. 정탐 기병은 [호승의 수레에 실린 것이] 비단과 같은 값진 물건이라고 생각하여, 그 짐을 약탈하고 그 무리를 모두 죽였다. 호승을 죽일 차례가 되어 칼과 몽둥이를 마구 내려쳤으나 그를 해칠 수 없었기에 정탐병은 기이해했다. 이윽고 호승의 짐을 뒤졌으나 가사뿐이었으므로 정탐병은 몹시 후회스러웠다. 그래서 호승 앞에서 뒤늦게 뉘우치면서 한참 동안 가슴을 치고 발을 구르며 슬피 울자, 호승이 말했다.

"[그대가 죽인] 이 사람들은 전생에 모두 수장(守將: 張守珪)의 명을 어긴 자들이지만, 따라온 승려만은 억울하게 죽었소. 그렇지만 그대의 수장은 관운(官運)이 형통하여 훗날 틀림없이 절도사나 대부(大夫) 등의 관직을 맡을 것이니, 이 사람들이 또한 그대를 어찌 하겠소? 가서 그대의 수장에게 [이 사람들을 위해] 복덕(福德)을 열심히 쌓으라고 아뢰시오. 그리 하면 몇 년 뒤에 그대의 수장에게 반드시 닥칠 작은 액운도 면하게 될 것이오."

정탐 기병이 돌아가 장수규에게 아뢰자, 장수규는 그 호승을 머물게 하여 공양했다. 호승은 몇 년 뒤에 떠났다.

훗날 장수규는 부하 25명과 함께 이란산(伊蘭山)으로 가서 적을 정탐했는데, 호적(胡賊) 기병 수천 명이 갑자기 들이닥쳤다. 장수규는 힘으로 그들을 대항할 수 없었으므로, 말에서 내려 안장을 벗기고서 일부러 한가하다는 뜻을 적에게 보여주었다. 호적 기병이 점점 핍박해 들어오자, 장수규는 부하들에게 말했다.

"이제 어찌 하겠느냐? 만약 부득이하다면 모름지기 싸우는 수밖에 없다."

그때 갑자기 산 아래에서 붉은 깃발을 꽂은 기병 수백 명이 앞으로 돌진하여 나가 싸우자, 장수규는 그들을 따라 적진의 한 모퉁이를 뚫고서 모두 탈출할 수 있었다. 호적은 감히 추격하지 못했다. 붉은 깃발 아래의 장수가 장수규에게 말했다.

"나는 한(漢)나라의 이광(李廣: 漢代의 名將으로, 匈奴와 60여 차례의 전쟁에서 全勝하자 흉노가 그를 飛將軍이라 불렀음)인데, 그대가 곤란한 지경에 처해 있음을 알고 이렇게 와서 구해준 것이오. 나중에 부귀해지거든 날 잊지 마시오."

그 장수는 말을 마치고 사라졌다. 장수규는 결국 유주절도사와 어사대부(御史大夫)에 이르렀다. (『광이기』)

幽州節度張守珪, 少時爲河西主將, 守玉門關. 其軍校皆勤勇善鬪, 每探候深入, 頗以劫掠爲事.

西域胡僧者, 自西京造袈裟二十餘駄, 還大竺國, 其徒二十餘人. 探騎意是羅錦等物, 乃劫掠之, 殺其衆盡. 至胡僧, 刀棒亂下而不能傷, 探者異焉. 旣而索駄, 唯得袈裟, 意甚悔恨. 因於僧前追悔, 擗踊悲涕久之, 僧乃曰:"此輩前身, 皆負守將命, 唯趂僧鬼是枉死耳. 然汝守將祿位重, 後當爲節度·大夫等官, 此輩亦如君何? 可('可'原作'不', 據陳校本改)白守將, 爲修福耳. 然後數年, 守將合有小厄, 亦有所以免之." 騎還白守珪, 珪留僧供養. 累年去.

　後守珪與其徒二十五人, 至伊蘭山探賊, 胡騎數千猝至. 守珪力不能抗, 下馬脫鞍, 示以閒暇. 騎來漸逼, 守珪謂左右: "爲之奈何? 若不獲已, 事理須戰." 忽見山下紅旗數百騎, 突前出戰, 守珪隨之, 穿其一角, 尋俱得出. 虜不敢逐. 紅旗下將謂守珪曰: "吾是漢之李廣, 知君有難, 故此相救. 後富貴, 毋相忘也." 言訖不見. 守珪竟至幽州節度・御史大夫. (出『廣異記』)

329・11(4273)
양창(楊 瑒)

　[당나라] 개원연간(開元年間: 713~741)에 낙양현령(洛陽縣令) 양창이 한번은 출타했다가 홰나무 그늘 아래에 점쟁이가 있는 것을 보고는 비키라고 했지만 그는 단정히 앉아 태연자약했다. 오백(伍伯: 伍長. 군대의 최소 단위인, 5명으로 이루어진 伍의 우두머리)이 꾸짖으며 점쟁이에게 일어나 비키라고 했지만 역시 그는 움직이지 않았다. 양창은 산수(散手: 散手仗. 隋唐代 儀衛兵 가운데 하나)에게 그를 체포하여 청사로 끌고 가게 한 뒤, 채찍으로 때릴 즈음에 직접 질책하며 물었다. 그러자 점쟁이가 머리를 쳐들고 말했다.

　"당신은 이틀짜리 현령인데 어찌하여 날 질책하시오?"

　양창이 무슨 일인지 물었더니, 점쟁이가 말했다.

　"이틀 뒤에 당신은 틀림없이 목숨이 끊어질 것이오."

　양창이 깜짝 놀라 어떻게 그것을 아는지 물었더니, 점쟁이가 자신이 본 것을 자세히 말해주었다. 양창의 모든 식구들은 놀라고 두려워하면서 점쟁이에게 말했다.

"그대가 그 사실을 알 수 있다면 반드시 그것을 물리칠 수도 있을 것이니, 어떻게 하면 재액을 면할 수 있겠소?"

양창이 거듭 절하며 재액을 풀어달라고 청하자, 점쟁이가 말했다.

"마땅히 당신이 보고 들은 바를 가지고 당신을 보호해야 하는데, 재액을 면할 수 있을지의 여부는 아직 알 수 없소."

점쟁이는 양창을 데리고 동원(東院)의 정자 안으로 들어간 뒤, 양창에게 머리를 풀어헤치고 맨발로 담장을 마주보고 서 있게 했으며, 자신은 책상에 기대어 부적을 썼다. 한밤중이 지난 뒤에 점쟁이가 기뻐하며 양창에게 말했다.

"오늘밤은 일단 다행히 [당신을 잡으러 온] 사람이 오지 않을 것이오. 내일 30장의 종이로 지전(紙錢)을 만들고 떡과 술을 많이 준비하여, 정죄문(定罪門) 밖으로 나가 뽕나무 숲 사이에서 지나가는 사람들을 기다렸다가 그들에게 대접하시오. [그 중에서] 검은 갖옷을 입고 오른쪽 소매를 걷어올린 사람이 바로 당신을 부르러 오는 사자이니, 만약 그를 붙들어 음식을 대접한다면 당신은 걱정이 없게 될 것이오. 그렇지 않다면 실로 당신을 구제하기 어렵소. 당신은 또한 마땅히 옷을 바꿔 입고 작은 방에서 그를 기다렸다가 그에게 정중하게 감사의 말씀을 드리고 그가 바라는 것을 물어보시오. 나의 계책은 이것이 전부이오."

양창은 점쟁이의 말대로 했다. 그러나 해가 서쪽으로 넘어가고 준비한 술과 떡이 거의 떨어져 가는데도 검은 갖옷 입은 사람은 오지 않았다. 양창이 몹시 근심하고 있을 때 잠시 후 마침내 그 사람이 도착했다.

양창은 사람을 보내 그를 모셔오게 했는데, 그가 흔쾌히 응하자 음식을 거듭 차려 올렸다. 양창이 그 사람을 배알하자, 그가 말했다.

"당신은 어제 어디에 갔었소? 여러 번 당신 거처에 갔지만 결국 만나지 못했소. 나는 당신이 동원에서 편히 쉬고 있을 것이라고 생각했지만, 그곳은 선신(善神)이 보호하고 있어서 감히 범접하지 못했소. 지금 저승에서 계속 당신을 불러들이라고 하는데 어쩌면 좋겠소?"

양창은 거듭 절하며 수천 번 살려달라고 간청했으며, 아울러 지전을 태워 그의 출행 비용을 도와주었다. 그러자 귀신이 말했다.

"큰 은혜를 베풀어주어서 감사하오. 내일 저승의 여러 관리들과 함께 와서 방도를 찾아볼 것이니 마땅히 성찬을 차려 대접해야 할 것이오."

귀신은 말을 마친 뒤 사라졌다.

다음날 양창은 장막을 치고 산해진미를 모두 차려 놓고 그들을 기다렸다. 저녁 무렵에 저승사자가 수십 명의 무리와 함께 도착하여 매우 유쾌하게 연회를 즐기면서 서로에게 말했다.

"양장관(楊長官: 楊瑒)의 일에 어떻게 마음을 다 쏟지 않을 수 있겠소?"

한참 뒤에 저승사자가 양창에게 말했다.

"당신의 맞은 편 마을에 사는 양석(楊錫) 역시 재간이 있으니, 지금 [당신 이름인 '瑒'자에서] '왕(王)'을 없애고 '금(金)'을 붙여서 그를 잡아 가겠소. 당신은 오경(五更)이 되어 북이 울리면 양석의 집에서 기다리고 있어야 하오. 만약 곡성이 들리면 당신은 재액을 면하게 되는 것이오."

양창은 그의 말대로 [양석의 집으로] 가서 보았더니, 귀신이 나무 끝에 있다가 양석의 집으로 들어가려 했지만 개가 짖는 바람에 미처 들어가지 못하고 있었다. 잠시 후 귀신이 무너진 담장을 통해 들어간 뒤에 얼마 있다가 곡성이 들렸다. 그리하여 양창은 마침내 재액을 면할 수 있었다. (『광이기』)

開元中, 洛陽令楊瑒, 常因出行, 見槐陰下有卜者, 令過, 端坐自若. 伍伯訶使起避, 不動. 瑒令散手拘至廳事, 將捶之, 躬自責問. 術者擧首曰: "君是兩日縣令, 何以責人?" 瑒問其事, 曰: "兩日後, 君當命終." 瑒甚愕, 問何以知之, 術者具告所見. 擧家驚懼, 謂術者曰: "子能知之, 必能禳之, 若之何而免也?" 瑒再拜求解, 術者曰: "當以君之聞見, 以衛執事, 免之與否, 未可知也."

乃引瑒入東院亭中, 令瑒被髮跣足, 墻面而立, 己則據案而書符. 中夕之後, 喜謂瑒曰: "今夕且幸免其卽來. 明日, 可以三十張紙作錢, 及多造餠餤, 與壺酒, 出定罪(陳校本'罪'作'遠'. 按洛陽有定鼎門, 疑'罪'字爲'鼎'字之訛)門外, 桑林之間, 俟人過者則飮之. 皁裘右袒, 卽召君之使也, 若留而飮餤, 君其無憂. 不然, 寔難以濟. 君亦宜易衣服, 處小室, 以伺之, 善爲辭謝, 問以所欲. 予之策盡于是矣."

瑒如其言. 泊日西景, 酒餤將罄, 而皁裘不至. 瑒深以爲憂, 須臾遂至. 使人遨屈, 皁裘欣然, 累有所進. 瑒乃拜謁, 人云: "君昨何之? 數至所居, 遂不復見. 疑于東院安處, 善神監護, 故不敢犯. 今地府相招未已, 奈何?" 瑒再拜求救者千數, 兼燒紙錢, 資其行用. 鬼云: "感施大惠. 明日, 當與府中諸吏同來謀之, 宜盛饌相待." 言訖不見.

明日, 瑒設供帳, 極諸海陸候之. 日晚, 使者與其徒數十人同至, 宴樂殊常浩暢, 相語曰: "楊長官事, 焉得不盡心耶?" 久之, 謂瑒: "君對坊楊錫, 亦有才幹,今揩'王'作'金'以取彼. 君至五更, 鼓聲動, 宜於錫('錫'原作'祿', 據『廣異記』改)門相候. 若聞哭聲, 君則免矣." 瑒如其言往, 見鬼便在樹頭, 欲往錫舍, 爲狗所咋, 未能得前. 俄從缺墻中入, 遲廻聞哭聲. 瑒遂獲免. (出『廣異記』)

태평광기 권제 330

귀 15

1. 장과녀(張果女)
2. 화 비(華 妃)
3. 곽지운(郭知運)
4. 왕광본(王光本)
5. 유주아장(幽州衙將)
6. 위씨녀(韋氏女)
7. 최 상(崔 尙)
8. 하미인(河湄人)
9. 중 관(中 官)
10. 왕 감(王 鑑)
11. 이령문(李令問)
12. 승도광(僧韜光)
13. 승의광(僧儀光)
14. 이원지(尼員智)
15. 양원영(楊元英)

330 · 1(4274)
장과녀(張果女)

　[唐나라] 개원연간(開元年間: 713~741)에 이주사마(易州司馬) 장과의 딸은 열다섯 살 때 병으로 죽었다. 장과는 차마 딸을 멀리 내다 묻을 수가 없어서 임시로 동쪽 뜰에 있는 누각 아래에 묻어 두었다. 후에 장과는 정주장사(鄭州長史)로 전임되었는데, 길은 멀고 영구를 운반해가야 했기에 결국은 이주에 그대로 두기로 했다. 그로부터 얼마 뒤에 유(劉) 아무개라는 사람이 대신 이주사마로 왔다. 그의 아들은 자주 그 누각에 머물렀는데, 한번은 날이 저문 뒤에 문 밖을 거닐며 놀다가 용모가 아름답고 고운 한 여자가 문 밖에서 들어오는 것을 보았다. 유생(劉生: 劉 아무개의 아들을 가리킴)이 사통하러 온 여자라 생각하고 곧장 그 여자 앞으로 다가가자 여자도 흔쾌하게 받아들이며 친밀하게 대해주었고 두 사람은 마침내 함께 잠까지 자게 되었다. 여자의 마음가짐이 곱고 몸가짐이 우아하고 예뻐서 유생은 몹시 그녀를 아꼈다. 그 후로 여자는 날이 저물면 왔다가 날이 밝은 뒤에야 갔다. 이렇게 몇 개월을 보낸 어느 날 갑자기 여자가 유생에게 말했다.
　"저는 전임 장사마(張司馬: 張果)의 딸로 불행하게도 요절하여 이 누각 근처에 묻혀 있습니다. 제 운명에는 다시 살아나 당신과 혼인하기로 되어있습니다. 사흘 뒤에 당신은 제 관을 열고 제가 천천히 숨쉬기를 기다리되, 삼가 함부로 놀라게 하거나 상처를 입혀서는 아니 됩니다."

여자는 자신이 묻혀 있는 곳을 가르쳐주고는 떠나갔다.

유생은 약속한 날이 되자 몹시 기뻐하며 혼자서 신변의 노복 한 명과 함께 밤에 [여자가 가르쳐 준 곳을] 파들어 갔는데, 4~5척(尺) 팠을 때쯤 옻칠한 관 하나가 나왔다. 유생이 천천히 관을 열고 보았더니 여자의 얼굴색은 곱게 피어나고 있었고 몸은 따뜻하고 팔다리가 부드러웠으며 옷이며 단장한 것이 하나도 더럽혀지거나 망가지지 않았다. 여자를 관에서 들어올려 침상에 놓았더니 아주 가늘게 숨을 쉬었다. 잠시 뒤에 입 속에서 숨결이 느껴져 묽은 미음을 흘려 넣어 주었더니 조금씩 삼키기 시작했으며, 이튿날에는 다시 살아나 점점 말을 하고 일어나 앉을 수 있게 되었다. 며칠 뒤에 유생은 부모가 그 사실을 알아차릴까 걱정스러워 공부하느라 누각을 나가기가 쉽지 않다는 핑계를 대며 늘 사람을 시켜 음식을 누각에 보내달라고 했다. 유 아무개가 아들의 행동을 수상하게 여겨 아들이 손님을 배웅하러 밖으로 나간 사이에 몰래 그 방 안을 살펴보았더니 여자가 있는 것이었다. 유 아무개가 여자에게 어디서 왔냐고 묻자 여자는 사연을 자세하게 말해주고 관이 아직 침상아래에 있다고 말했다. 그 말을 들은 유 아무개와 부인은 탄식하며 이렇게 말했다.

"이것은 이미 저승의 약속이 지극한 정성으로 통한 것인데, 어째서 좀더 일찍 우리들에게 말하지 않았단 말인가!"

그리고는 여자를 당(堂) 안에 숨겨 두었다. 유을의 아들은 여자가 보이지 않자 몹시 놀랐다. 그러자 유을이 이렇게 말했다.

"이것은 이미 운명에 의해 정해진 특별한 만남으로 천년에 한번도 없는 경우이니, 나에게 이야기한들 무슨 해가 된다고 잘못이라 생각하고 숨겼느냐?"

그리고는 사람을 정주로 보내 모든 사실을 장과에게 알리고 결혼하기를 청하자 여자의 부모는 슬프기도 하고 놀라 기쁘기도 했다. 혼인날이 되어 혼례에 참가하러 가니 둘은 마침내 좋은 짝이 되었다. 후에 여자는 아들 여럿을 낳았다. ([『광이기』])

開元中, 易州司馬張果女, 年十五, 病死. 不忍遠棄, 權瘞于東院閣下. 後轉鄭州長史, 以路遠須復送喪, 遂留. 俄有劉乙代之. 其子常止閣中, 日暮仍行門外, 見一女子, 容色豐麗, 自外而來. 劉疑有相奔者, 卽前詣之, 欣然款洽, 同留共宿. 情態纏綿, 擧止閒婉, 劉愛惜甚至. 後暮輒來, 達曙方去. 經數月, 忽謂劉曰: "我前張司馬女, 不幸夭沒, 近殯此閣. 命當重活, 與君好合. 後三日, 君可見發, 徐候氣息, 愼無橫見驚傷也." 指其所瘞處而去.

劉至期甚喜, 獨與左右一奴夜發, 深四五尺, 得一漆棺. 徐開視之, 女顔色鮮發, 肢體溫軟, 衣服粧梳, 無汙壞者. 擧置牀上, 細細有鼻氣. 少頃, 口中有氣, 灌以薄糜, 少少能咽, 至明復活, 漸能言語坐起. 數日, 始恐父母之知也, 因辭以習書, 不便出閣, 常使賫飮食詣閣中. 乙疑子有異, 因其在外送客, 竊視其房, 見女存焉. 問其所由, 悉具白, 棺木尙在牀下. 乙與妻獻欷曰: "此旣冥期至感, 何不早相聞!" 遂匿于堂中. 兒不見女, 甚驚. 父乃謂曰: "此旣申契殊會, 千載所無, 白我何傷乎, 而過爲隱蔽?" 因遣使詣鄭州, 具以報果, 因請結婚, 父母哀感驚喜. 則剋日赴婚, 遂成嘉偶. 後産數子. (原闕出處, 明鈔本·陳校本俱作 '出『廣異記』')

330 · 2(4275)
화 비(華 妃)

　[唐나라] 개원연간(開元年間: 713~741) 초에 화비는 황제의 총애를 받아 경왕(慶王) 이종(李琮: 玄宗의 長子)을 낳았다. 뒤에 죽어서는 장안(長安)에 묻혔다. 개원 28년(740)에 도적들이 화비의 무덤을 도굴할 생각에 화비의 무덤에서 백여 걸음 떨어진 곳에 마치 누군가를 묻으려는 것처럼 가짜로 큰 무덤을 만들었다. 그리고는 그 안에 몰래 지하통로를 뚫어서 화비의 무덤까지 쭉 이어지게 했다. 도적들이 관을 열고 보았더니 화비의 얼굴은 마치 산 사람과 같았으며, 팔다리도 모두 굽혔다 폈다할 수 있었기 때문에 도적들은 마음대로 화비를 욕보였다. 그리고는 화비의 팔을 잘라 황금 팔찌를 빼앗고, 화비가 다른 사람의 꿈에 나타나 그 사실을 말할까 두려워 화비의 혀까지 잘라버렸다. 또 시신을 옆에 세워둔 채 어둠 속에 촛불을 밝히고 무덤 안에 있는 수많은 진귀한 보물을 모두 꺼내어 가짜 무덤으로 옮겨두었다. 그런 뒤 도적들은 곧장 성으로 가서 상여차에 빈 관을 실어와 무덤에 모였다. 날이 저물자 도적은 무덤 안에 머물면서 훔친 물건들을 혼거(魂車: 장례 때 죽은 사람이 생전에 입었던 옷을 실은 수레)와 영구수레에 실은 뒤 화비의 무덤을 덮고 돌아갔다.
　도적들이 화비의 무덤을 채 덮기 전에 경왕의 꿈에 화비가 나타나 머리를 산발하고 아무 것도 걸치지 않은 채 슬프게 울면서 이렇게 말했다.
　"도적들이 내 무덤을 파헤치고 또 나의 팔목을 자르고 나를 욕보였다. 내가 겪은 억울함을 어찌 다 말로 할 수 있겠느냐! 그러나 나는 틀림없이 그들이 춘명문(春明門)에서 망하는 것을 지켜 볼 것이다."

그리고는 도적들의 모습을 자세히 말해주고 떠나갔다. 경왕은 평소 효심이 지극했기에 그 말을 듣고 갑자기 꿈에서 놀라 깨어나서는 눈물을 줄줄 흘렸다. 이튿날 아침 경왕은 현종(玄宗)에게 그 사실을 알렸다. 현종은 곧장 경조윤(京兆尹)과 만년현령(萬年縣令)을 불러들였는데, 도적들의 모습을 다 알고 있었기 때문에 도적들은 매우 다급해졌다. 도적이 물건을 싣고 돌아가는 길에 막 춘명문에 들어서려고 하는데 문리(門吏: 司門의 屬吏)가 소리쳐 그들을 세우고는 곧장 수레를 수색했다. 그 속에서 많은 보물이 들어 있는 것을 보고 문리가 도적들을 모두 잡아들여 고문했더니 그들은 즉시 자복했다. 이렇게 해서 수십 명의 도적을 체포했는데 보았더니 하나같이 방탕한 귀족자제였다. 경왕이 우두머리 다섯 명을 자기에게 주어 직접 복수할 수 있게 해달라고 하자 현종은 그렇게 하라고 허락했다. 경왕은 그들의 오장을 꺼내어 삶아서 화비에게 제사를 올리고 그 나머지 사람들은 모두 경조문(京兆門) 밖에서 때려 죽였다. 경왕은 귀비(貴妃: 華妃)를 이장한 다음 3년 동안 심상(心喪: 상복을 입지 않고 상주와 같은 마음으로 애도하는 일을 말함)을 치렀다. (『광이기』)

開元初, 華妃有寵, 生慶王琮. 薨葬長安. 至二十八年, 有盜欲發妃冢, 遂于塋外百餘步, 僞築大墳, 若將葬者. 乃于其內潛通地道, 直達冢中. 剖棺, 妃面如生, 四肢皆可屈伸, 盜等恣行凌辱. 仍截腕取金釧, 兼去其舌, 恐通夢也. 側立其尸, 而于陰中置燭, 悉取藏內珍寶, 不可勝數, 皆徙置僞冢. 乃于城中, 以輀車載空棺會. 日暮, 便宿墓中, 取諸物置魂車及送葬車中, 方掩而歸.

其未葬之前, 慶王夢妃被髮裸形, 悲泣而來曰:"盜發吾冢, 又加截辱. 孤魂幽枉, 如何可言! 然吾必伺其敗于春明門也."因備說其狀而去. 王素至孝, 忽驚起涕泣. 明旦入奏. 帝乃召京兆尹·萬年令, 以物色備(『廣異記』'備'作'補') 盜甚急. 及盜載物歸也, 欲入春明門, 門吏訶止之, 乃搜車中. 皆諸寶物, 盡收羣盜, 拷掠即服. 逮捕數十人, 皆貴戚子弟無行檢者. 王乃請其魁帥五人, 得親報仇, 帝許之. 皆探取五臟, 烹而祭之, 其餘盡榜殺于京兆門外. 改葬貴妃, 王心喪三年. (出『廣異記』)

330 · 3(4276)
곽지운(郭知運)

[唐나라] 개원연간(開元年間: 713～741)에 양주절도사(涼州節度使) 곽지운은 순행(巡行) 나갔다가 양주에서 100리 떨어져 있는 역참에서 갑자기 죽었다. 곽지운의 혼백이 몸을 빠져 나와 역장(驛長)에게 방문을 걸어 잠그고 열지 못하게 한 뒤에 곧장 관사로 돌아왔지만, 따르던 시종들은 아무도 그 사실을 알지 못했다. 곽지운은 관사로 돌아온 이후 40여일 동안 공무와 개인적인 일을 모두 처리한 뒤 사람을 역참으로 보내 자신의 시신을 가져오게 했다. 시신이 도착한 뒤 곽지운은 직접 자신을 염하는 것을 보았다. 염이 끝나자 곽지운은 집안 사람들과 작별인사를 나누고 관 안으로 뛰어들어갔는데, 그 이후로는 더 이상 곽지운의 혼백이 나타나지 않았다. (『광이기』)

開元中, 涼州節度郭知運出巡, 去州百里, 于驛中暴卒. 其魂遂出, 令驛長鎖房勿開, 因而却回府, 徒從不知也. 至舍四十餘日, 處置公私事畢, 遂使人往驛, 迎己喪. 旣至, 自看其殮. 殮訖, 因與家人辭訣, 投身入棺, 遂不復見. (出『廣異記』)

330 · 4(4277)
왕광본(王光本)

왕광본은 [唐나라] 개원연간(開元年間: 713~741)에 낙주별가(洛州別駕)로 있었다. 봄에 자사(刺史)가 왕광본에게 관할 현을 한번 돌아보게 했는데, 왕광본이 현으로 떠난 지 며칠만에 부인 이씨(李氏)가 갑작스럽게 죽었다. 왕광본은 집으로 돌아온 뒤 자신이 직접 의원에게 보이고 약을 써주지 못해 억울하게 죽은 것이라며 후회스러워 하면서 늘 슬피 통곡했는데, 그 슬퍼하는 마음이 이웃에 전해져 열흘 남짓 뒤에는 휘하의 사람들까지도 모두 울었다. 왕광본은 더욱 서러움에 복받쳐 대성통곡하다가 갑자기 부인 이씨가 휘장 안에서 나오는 것을 보았는데, 그녀는 평소보다 훨씬 화려하고 예쁘게 단장하고 있었다. 왕광본이 울음을 그치고 그 죽음에 대해서 물어보았더니 이씨가 이렇게 말했다.

"소첩은 아직까지도 이곳을 떠나지 못한 채 여전히 이 집에 있었습니다. 구천에서 당신이 몹시 슬픔에 차 통곡하는 소리를 듣고 있노라니 그 슬픔이 더욱 처절하게 느껴졌습니다. 또 '살아 있는 사람이 지나치게 슬퍼하면 구천에 있는 사람이 불안하다'고 하더니 그 말이 정말입니다. 오늘 이후로는 당신이 계속 슬퍼해서 저승에 있는 저에게 누를 끼치는 일이 없었으면 합니다."

이씨는 이어 집안 사람들을 당부하면서 딸은 출가시켜 비구니가 되게 하고 하녀들은 풀어주어 평민으로 살게 하라고 했는데, 모두 이치에 맞았다. 이씨는 한 식경쯤 머물러 있다가 왕광본에게 말했다.

"사람과 귀신은 그 길이 달라 오랫동안 머무를 수 없으니, 이것이 더욱 한스러울 뿐입니다."

부인 이씨는 말을 다하고는 당 안으로 들어가 사라졌다. 그때 이씨의 아들딸과 다른 사람들은 그저 이씨의 목소리만 들었을 뿐이고, 오직 왕광본만이 이씨의 모습까지 보았다. (『광이기』)

王光本, 開元時爲洛州別駕. 春月, 刺史使光本行縣, 去數日, 其妻李氏暴卒. 及還, 追以不親醫藥, 意是枉死. 居恒慟哭, 哀感傍鄰, 後十餘日, 屬諸子盡哭. 光本因復慟哭百餘聲, 忽見李氏自幃而出, 靚粧炫服, 有踰平素. 光本輟哭, 問其死事, 李氏云:"妾尙未得去, 猶在此堂. 聞君哀哭慟之甚, 某在泉途, 倍益凄感. 語云:'生人過悲, 使幽壤不安', 信斯言也. 自茲以往, 不欲主君如是, 以累幽冥耳."因付囑家人, 度女爲尼, 放婢爲平人, 事事有理. 留一食許, 謂光本曰:"人鬼道殊, 不宜久住, 此益深恨."言訖, 入堂中遂滅. 男女及他人, 但聞李氏言, 唯光本見耳. (出『廣異記』)

330 · 5(4278)
유주아장(幽州衙將)

[唐나라] 개원연간(開元年間: 713~741)에 장씨(張氏) 성을 가진 한

유주아장이 있었는데, 그의 아내 공씨(孔氏)는 아들 다섯을 낳고 죽었다. 후에 그는 다시 장가들어 아내 이씨(李氏)를 얻었는데, 이씨는 성격이 사납고 투기심이 강해 다섯 아들을 학대하고 채찍으로 때리기도 했다. 다섯 아들은 그 고통을 견디지 못하고 그 어머니의 무덤 앞에 가서 울었다. 그러자 어머니가 갑자기 무덤 속에서 나와 아들을 쓰다듬으며 한참동안 통곡하더니 흰 수건에다 시를 적어 장씨에게 보냈다.

>이미 고인된 것을 원망하는 것은 아니나,
>그래도 눈물 훔칠 때마다 늘 수건이 흥건히 젖네.
>죽음과 삶이 지금 우리 앞에 가로 놓여 있어,
>영원히 만날 방법이 없네.
>화장 상자 안에 남은 분가루,
>장차 뒷사람을 위해 남겨두었네.
>황천에서는 쓰일 데가 없으니,
>무덤 속에서 먼지 될까 안타까울 뿐이네.
>내게 남은 정이 있다면 우리 아들딸을 품에 안아 주시고,
>정이 없다해도 그대에게 맡기는 수 밖예요.
>그대에게 어디서 애간장 끊어지는지 알려주고자,
>밝은 달이 이 외로운 무덤 비추고 있네.

다섯 아들은 어머니가 지은 시를 들고 와서 그 아버지에게 바쳤다. 그 아버지는 시를 보더니 통곡하고 나서 그 사실을 연수(連帥: 節度使)에게 알렸다. 연수를 그 말을 듣고는 이씨에게는 곤장 100대를 쳐서 영남(嶺南)으로 내쫓고 장씨는 파직시켰다. (『본사시』)

開元中, 有幽州裨將姓張者, 妻孔氏, 生五子而卒. 後娶妻李氏, 悍妬狠戾, 虐遇五子, 且鞭捶之. 五子不堪其苦, 哭于其母墓前. 母忽于冢中出, 撫其子,悲慟久之, 因以白布巾題詩贈張曰: "不忿成故人, 掩涕每盈巾. 死生今有隔, 相見永無因. 匣裏殘粧粉, 留將與後人. 黃泉無用處, 恨作冢中塵. 有意懷男女, 無情亦任君. 欲知腸斷處, 明月照孤墳." 五子得詩, 以呈其父. 其父慟哭, 訴于連帥. 帥上聞, 勅李氏決一百, 流嶺南, 張停所職. (出『本事詩』)

330·6(4279)
위씨녀(韋氏女)

낙양(洛陽)의 위씨에게 아주 예쁜 딸이 있었는데, 그녀는 아주 예뻤다. 그녀는 어려서 고아가 되어 오빠들과 함께 자랐다. 이웃에 사는 최씨(崔氏)의 아들이 그녀를 몰래 훔쳐보고는 몹시 좋아하게 되었다. 그리하여 그는 위씨 집안의 하녀에게 뇌물을 두둑이 챙겨주면서 그녀와 정을 통할 수 있게 해달라고 했으며 위씨의 딸에게도 선물을 보냈다. 그녀도 최씨가 풍류가 있다는 것을 본디 알고 있었으므로 그와 만날 것을 허락하고 대나무 사이의 홍정(紅亭)에서 만나기로 했다. 그때 갑자기 신발 끄는 소리가 들리기에 위씨의 딸은 최생이 왔다고 생각하고 앞으로 가서 보았는데, 키가 7척(尺) 정도 되는 한 남자가 입을 떡! 벌린 채 눈을 번개처럼 번쩍이며 곧장 앞으로 다가와서는 그녀를 사로잡는 것이었다. 위씨 딸이 놀라 달아나면서 소리를 지르자 집안 사람들이 횃불을 들고 와서 보았는데, 그저 백골만이 쌓여 있었고 흘린 피가 땅에 가득했다. 위씨의 오빠가 그 하녀에게 어찌된 일인지 물어보았더니 하녀가 사실대로 말했다. 이에 그 하녀를 죽이고 그 대나무를 베어버렸다. (『경청록』)

　　洛陽韋氏, 有女殊色. 少孤, 與兄居. 鄰有崔氏子, 窺見悅之. 厚賂其婢, 遂令通意, 並有贈遺. 女亦素知崔有風調, 乃許之, 期于竹間紅亭之中. 忽有曳履聲, 疑崔將至, 遂前赴之, 乃見一人, 身長七尺, 張口哆唇, 目如電光, 直來擒女. 女奔走驚叫, 家人持火視之, 但見白骨委積, 血流滿地. 兄乃詰婢得實. 殺其婢而剪其竹也. (出『驚聽錄』)

330 · 7(4280)
최 상(崔 尙)

　[唐나라] 개원연간(開元年間: 713〜741)에 최상은「무귀론(無鬼論)」을 지었는데, 문장이 매우 조리있었다. 최상은「무귀론」을 완성하고 난 뒤에 이를 나라에 올리려고 했다. 그러던 어느 날 한 도사가 집으로 찾아와서「무귀론」을 보여달라고 했다. 도사는「무귀론」을 다 읽고 나서 최상에게 말했다.
　"문장이 조리있고 잘 짓긴 했지만, 천지에 귀신이 한다면 말하면 그것은 잘못된 것입니다."
　최상이 말했다.
　"무슨 까닭에 그렇게 말씀하십니까?"
　도사가 말했다.
　"내가 바로 귀신인데, 어째서 귀신이 없다고 말하십니까? 만약 그대가 이 글을 나라에 바친다면 틀림없이 귀신들에게 살해당할 것이니, 차라리 태워버리는 것만 못합니다."

이렇게 말하고는 도사는 사라졌고, 결국 그 글도 없어졌다. (『현괴록』)

開元時, 有崔尙者, 著「無鬼論」, 詞甚有理. 旣成, 將進之. 忽有道士詣門, 求見其論. 讀竟, 謂尙曰: "詞理甚工, 然天地之間, 若云無鬼, 此謬矣." 尙謂: "何以言之?" 道士曰: "我則鬼也, 豈可謂無? 君若進本, 當爲諸鬼神所殺, 不如焚之." 因爾不見, 竟失其本. (出『玄怪錄』)

330 · 8(4281)
하미인(河湄人)

[唐나라] 개원(開元) 6년(718)에 어떤 사람이 황하의 물가에 정박해 있다가 기슭에 마른 뼈가 있는 것을 보고 음식을 던져 주었다. 잠시 후에 갑자기 하늘에서 쑥스러워하며 감사의 인사를 하는 소리가 들리더니 다음과 같이 시를 읊조리는 소리가 났다.

> 나는 본래 한단(邯鄲)의 선비였는데,
> 황하의 물가에서 일하다가 죽었네.
> 집안 사람들의 곡소리도 듣지 못했는데,
> 수고롭게도 길 가던 당신이 날 슬퍼해주시네.

(『영괴록』)

開元六年, 有人泊舟于河湄者, 見岸邊枯骨, 因投食而與之. 俄聞空中媿謝之聲, 及詩曰:"我本邯鄲士, 祇役死河湄. 不得家人哭, 勞君行路悲."(出『靈怪錄』)

330・9(4282)
중 관(中 官)

한 중관(中官: 조정의 관리)이 길을 가다가 관파관(官坡館)에서 하룻밤 묵으면서 진홍색 겉옷을 벗고 비단 옷을 덮고 등불을 켜 놓은 채 잠이 들었다. 그런데 갑자기 한 동자가 나타나 술잔을 든 채 문을 밀치고 안으로 들어왔다. 이어서 모두 옛날 의관을 입은 세 사람이 따라 들어와 서로 이렇게 말했다.

"최상시(崔常侍)가 왜 이리 늦지?"

잠시 뒤에 또 한 사람이 따라 들어오는데 보았더니 이별이 아쉬운 듯 얼굴에 슬픈 기색이 어려 있는 것이 바로 최상시인 것 같았다. 그들은 술잔을 들어 술을 마시면서 연구(聯句)를 지었는데, 마지막 구절이 최상시가 지은 것이었다. 중관이 장차 일어나려고 할 때 네 사람은 서로를 바라보면서 슬피 시를 읊조리고 떠나갔는데, 마치 비바람 부는 듯한 소리가 났다. 문을 살펴보았더니 빗장은 그대로 채워져 있었으며, 술잔과 시만 남아 있었다. 중관은 이를 몹시 이상하게 여겼다. 아침에 관파관의 관리가 말했다.

"마을에 모임이 있었는데, 술잔이 사라졌다고 합니다."

중관이 그 술잔을 꺼내어 보여주었더니, 바로 마을 사람들이 잃어버린 술잔이었다. 그 연구는 다음과 같았다.

침상의 비단 이불은 반짝 반짝,
옷걸이 위의 붉은 옷은 울긋불긋.
빈 정원의 밝은 달은 휘영청,
긴 밤의 먼길에는 산 너머 산.

(『영괴집』)

有中官行, 宿于官坡館, 脫絳裳, 覆錦衣, 燈下寢. 忽見一童子, 捧一樽酒, 衝扉而入. 續有三人至焉, 皆古衣冠, 相謂云:"崔常侍來何遲?"俄復有一人續至, 棲棲然有離別之意, 蓋崔常侍也. 及至擧酒, 賦詩聯句, 末卽崔常侍之詞也. 中官將起, 四人相顧, 哀嘯而去, 如風雨之聲. 及視其戶, 扃閉如舊, 但見酒樽及詩在. 中官異之. 旦館吏云:"里人有會者, 失其酒樽."中官出示之, 乃里人所失者. 聯句歌曰:"牀頭錦衾斑復斑, 架上朱衣殷復殷. 空庭朗月閑復閑, 夜長路遠山復山."(出『靈怪集』)

330 · 10(4283)
왕 감(王 鑑)

연주(兗州)사람 왕감은 성격이 강직하고 꺼리고 두려워하는 바가 없어 늘 귀신을 업신여겼다. [唐나라] 개원연간(開元年間: 713~741)에 그는 술에 취해 장원으로 갔는데, 장원은 성곽에서 30리 떨어져 있었다. 왕감은 그 길을 가지 않은 지 이미 5~6년이 되었다. 10리 남짓 걸어왔을 때 마침 날이 저물었다. 그때 울창한 숲 아래에서 한 부인을 보았는데, 그녀는 왕감에게 어디로 가는 길이냐고 묻더니 보따리 하나를 맡기고는 순식간에 사라졌다. 왕감은 곧장 보따리를 열고 보았더니 그 안에 종이돈과 마른 뼈 등이 들어있었다. 이를 본 왕감은 웃으면서 말했다.

"어리석은 귀신이 이 어르신을 놀리려 들다니!"

왕감은 말을 채찍질하며 앞으로 가다가 십여 명의 사람이 모여서 불을 쬐고있는 것을 보았다. 마침 날씨가 춥고 날이 저문 뒤라 왕감은 말에서 내려 그곳으로 가 조금 전에 자신이 보았던 상황에 대해 이야기를 했는데, 아무도 대꾸하는 사람이 없었다. 왕감이 보았더니 불을 쬐고 있는 사람들의 반은 머리가 없었고, 머리가 있는 사람들은 모두 면의(面衣: 죽은 이의 얼굴 가리개)를 쓰고 있었다. 왕감은 놀라고 두려워서 얼른 말을 타고 달려갔다.

왕감은 밤이 깊어진 뒤에야 겨우 장원에 도착했는데, 문이 잠가져 있었다. 문을 여러 번 두드렸는데도 아무도 나오지 않자 왕감은 결국 고래고래 고함을 지르며 욕을 해댔다. 잠시 뒤에 한 하인이 나와 문을 열기에 왕감이 물었다.

"다른 하인들은 지금 모두 어디에 있느냐?"

하인에게 등불을 가져오게 했는데, 불빛이 아주 어두웠다. 왕감이 화가 나서 하인을 때리려고 하자 하인이 말했다.

"10여 일 동안 한 장원에서 일곱 명이 병에 걸려 차례대로 모두 죽었습니다."

왕감이 물었다.

"그럼 너는 어떻게 된 일이냐?"

하인이 대답했다.

"저도 이미 죽었습니다. 조금 전에 나으리께서 고함치시는 소리를 듣고 몸을 일으켜 세워 나왔습니다."

그렇게 말하고 하인은 갑자기 뒤로 나자빠졌는데, 이미 숨이 끊어진 상태였다. 왕감은 두려운 나머지 다른 마을로 달려가 잠을 잤다. 왕감은 이로부터 1년 뒤에 병이 나서 죽었다. (『영이집』[『영괴집』])

兗州王鑑, 性剛鷙, 無所憚畏, 常陵侮鬼神. 開元中, 乘醉往莊, 去郭三十里. 鑑不涉此路, 已五六年矣. 行十里已來, 會日暮. 長林下見一婦人, 問鑑所往, 請寄一襆, 而忽不見. 乃開襆視之, 皆紙錢枯骨之類. 鑑笑曰: "愚鬼弄爾公!" 策馬前去, 忽遇十餘人聚向火. 時天寒, 日已昏, 鑑下馬詣之, 話適所見, 皆無應者. 鑑視之, 向火之人半無頭, 有頭者皆有面衣. 鑑驚懼, 上馬馳去.

夜艾, 方至莊, 莊門已閉. 頻打無人出, 遂大叫罵. 俄有一奴開門, 鑑問曰: "奴婢輩今並在何處?" 令取燈而火色靑暗. 鑑怒, 欲撻奴, 奴云: "十日來, 一莊七人疾病, 相次死盡." 鑑問: "汝且如何?" 答曰: "亦已死矣. 向者聞郎君呼叫, 起尸來耳." 因忽顚仆, 旣無氣矣. 鑑大懼, 走投別村而宿. 周歲, 發疾而卒. (出『靈異集』, 明鈔本·陳校本俱作'出『靈怪集』')

330 · 11(4284)
이령문(李令問)

　이령문은 [唐나라] 개원연간(開元年間: 713～741)에 비서감(秘書監)으로 있다가 집주장사(集州長史)로 좌천되었다. 이령문은 몸치장하고 먹는 것을 좋아해 세상에 사치스럽기로 소문이 나 있었다. 이령문은 당나귀 구이나 병에 넣은 거위 등 아주 참혹한 방법으로 음식을 조리해 먹었다. 그래서 천하에서 옷과 음식 이야기를 하는 사람들은 이감(李監: 李令問)을 으뜸으로 꼽았고 이를 미담으로 생각했다. 이령문은 집주에 와서 병에 걸렸는데, 시간이 지날수록 병세가 더 깊어졌다. 집주자사는 이령문이 당시의 유명인사이고, 또한 자신과 한 집안이라 늘 밤에 성문을 열어두고 이령문의 집안 식구들로 하여금 마음대로 출입할 수 있게 해 주었다. 자사의 아들이 한번은 밤에 노비와 함께 몰래 밖으로 나가 놀았는데, 성문까지 갔을 때 저 멀리로 갑옷 입은 병사 수백 명이 화거(火車: 火攻에 쓰는 수레) 한 대를 따라 길을 가로막고 가는 것이 보였다. 자사의 아들이 깜짝 놀라 이렇게 말했다.

　"군사의 이동이 있다는 소리를 들은 적이 없는데, 이들은 어디서 오는 사람들이란 말인가?"

　자사의 아들은 얼른 가서 부친에게 보고하려다가 다시 그들이 어디로 가는지 살펴보았다. 잠시 뒤에 수레가 성의 해자에 도착하자 화거는 위를 건너 올라갔는데, 전혀 젖지도 불이 꺼지지도 않는 것을 보고 자사의 아들은 비로소 그들이 귀신인 것을 알았다. 자사의 아들은 성문으로 달려갔지만, 성문이 이미 닫혀 있어 성안으로 돌아갈 수 없게 되자 곧장 이령문의 집안으로 달려가 그곳에 숨어 있었다. 자사의 아들이 이령문의 집안으로 들어가자 화거도 이령문의 집 문밖에 도착했다. 자사의 아들은 몹시 두려웠지만 그래도 몰래 살펴보았다. 그때 갑자기 당(堂)에서 10여 명의 사람들이 불경을 염송하는 소리가 들리자 갑옷 입은 사람들은 한참동안 주저주저하면서 그 주위를 맴돌았다. 붉은 옷 입은 한 귀신이 곧장 문빗장을 세 번 발로 차자 벼락치는 소리가 났지만, 경 읽는 소리는 여전히 그치지 않았다. 화거가 당의 계단으로 올라서기에 멀리 보았더니 당안의 등불이 조용히 빛나고 있었고, 아직도 십여 명의 사람이 이령문의 병시중을 들고 있었다. 붉은 옷 입은 귀신이 다시 격자창을 부수어 전처럼 벼락치는 소리가 나자 이령문의 좌우에 있던 사람들이 모두 달아나 흩어졌다. 귀신이 문안에서 이령문을 잡아 나와 화거에 던지자 귀신들은 수레를 에워싸고 떠나갔다.

자사의 아들은 집으로 돌아와 그 일을 말했다. 자사가 이튿날 사람을 보내 이령문의 병세를 물어보았으나, 이령문의 남은 가족들 가운데 감히 일어나 밖으로 나오는 사람이 없었다. 사자가 고함을 치자 비로소 한 명이 나와 이렇게 말했다.

"어제 밤에 놀란 나머지 지금까지 모두 두려움에 떨고 있습니다."

귀신들이 내던진 이령문의 시신은 당의 서북쪽 커다란 침상 아래에 쳐 박혀 있었다. 그 가족들은 그제야 함께 모여서 울었다. (『영괴록』[『영괴집』])

李令問, 開元中爲秘書監, 左遷集州長史. 令問好服玩飲饌, 以奢聞于天下. 其炙驢罌鵝之屬, 慘毒取味. 天下言服饌者, 莫不祖述李監, 以爲美談. 令問至集州, 染疾, 久之漸篤. 刺史以其名士, 兼是同宗, 恒令夜開城門, 縱令問家人出入. 刺史之子, 嘗夜與奴私出遊, 至城門, 遙見甲仗數百人, 隨一火車, 當街而行. 驚曰:"不聞有兵, 何得此輩?"意欲馳告父, 且復伺其所之. 尋而已至城濠, 火車從水上過, 曾不漬滅, 方知是鬼. 走投其門, 門已閉, 不得歸, 遂奔令問門中處之. 旣入, 火車亦至令問中門外. 其子雖恐懼, 仍竊窺之. 忽聞堂中十餘人誦經, 甲仗等遲廻良久. 有一朱衣鬼, 徑三蹋闥, 聲如霆震, 經聲未絶. 火車移上堂階, 遙見堂中燈火淸靜, 尙有十餘人侍疾. 朱衣鬼又抉窗櫺, 其聲如前, 令問左右者皆走散. 鬼自門持令問出, 遂擲于火車中, 群鬼擁之而去.

其子還舍, 述其事. 刺史明日令人問疾, 令問家中餘口, 無敢起者. 使者叫呼方出, 云:"昨夜被驚, 至今戰懼未已."令問尸爲鬼所擲, 在堂西北陳重牀之下." 家人乃集而哭焉. (出『靈怪錄』, 明鈔本·陳校本俱作'出『靈怪集』')

330 · 12(4285)
승도광(僧韜光)

청룡사(靑龍寺)의 스님 화중(和衆)과 도광은 서로 우애가 좋았다. 도광 스님은 부평(富平) 사람으로 장차 집으로 돌아가는 길에 화중 스님에게 이렇게 말했다.

"소승은 몇 개월 동안 집에 있을 예정이니, 선사께서 만약 걸음을 하시게 된다면 반드시 소승을 찾아주십시오."

화중 스님은 그렇게 하겠다고 약속했다.

그로부터 두 달 남짓 뒤에 화중 스님은 중도(中都)로 가는 길이었는데, 길이 부평으로 나 있는 것을 보고 그 길로 도광 스님을 찾아갔다. 화중 스님은 날이 저물어서 부평에 도착했는데, 인가에서는 아직 멀리 떨어져 있었다. 바로 그때 도광 스님이 그를 마중나오면서 말했다.

"선사께서 수고롭게 저를 찾아오시기에 이렇게 마중 나와 기다리고 있었습니다."

그리하여 두 사람은 1리 남짓을 함께 걸었는데, 집에 거의 도착할 무렵 도광 스님이 화중 스님에게 말했다.

"북쪽으로 가시면 바로 저희 집이 나오는데, 선사께서는 들어가셔서 저를 기다리고 계십시오. 저는 일이 좀 있어 마을의 동쪽으로 가보아야 하는데, 잠시 뒤면 돌아갈 것입니다."

도광 스님은 말을 다하고는 동쪽으로 갔다. 화중 스님은 이상한 생각이 들어 속으로 이렇게 생각했다.

"나를 마중 나왔다니, 어떻게 미리 알고 있었지? 집에 막 도착하려 하는데 나를 버리고 가다니 어찌 저리도 무정하단 말인가!"

화중 스님이 집에 도착해서 문을 두드리자 도광 스님의 부친이 곡을 하다가 나오더니 이렇게 말했다.

"불행하게도 도광 스님이 죽은 지 이미 열흘이나 되어 마을의 동북쪽에 묻었소. 늘 선사께서 찾아올 것이라고 하더니 한스럽게도 만나보지 못하고 말았구려!"

화중 스님이 조문을 마치자 도광스님의 부친은 그를 데리고 안으로 들어가서 도광 스님이 늘 머물던 곳에 묵게 했다. 화중 스님이 도광 스님의 부친께 말했다.

"소승이 방금 마을로 오던 길에 도광 선사가 몸소 저를 마중 나와 함께 1리 남짓을 걸으면서 이야기를 나누었습니다. 집에 거의 도착할 무렵 소승에게 집을 가르쳐주고는 동쪽으로 갔는데, 마을의 동쪽에 가야 한다며 잠시 뒤에 틀림없이 돌아오겠다고 했습니다. 소승은 전혀 그가 귀신인지 모르고 있다가 지금 부친을 뵙고 나서야 비로소 그가 귀신인 것을 알게 되었습니다."

도광 스님의 부모는 깜짝 놀라 화중 스님에게 말했다.

"기왕 그가 오겠다고 했다니 그가 오면 반드시 붙들어야 하오. 나도 그를 만나고 싶소."

그리고 나서 밤이 깊어지자 도광 스님이 돌아와 방으로 들어오더니 화중 스님에게 말했다.

"가난하게 사는 지라 손님께서 오셨는데도 대접할 것이 없습니다."

화중 스님은 도광 스님에게 함께 앉자고 하고는 청하면서 바로 그를 붙잡고는 소리쳤다. 도광 스님의 부친과 가족들이 모두 와서 불을 밝히고 보았더니 모습과 말하는 것이 영락없는 도광 스님이었다. 이에 그를 항아리 안에다 넣고 동이로 덮어두었다. 그러자 항아리 안에게 갑자기 애걸하는 소리가 들렸다.

"저는 도광 선사가 아니고 바로 묘지기입니다. 화중 선사와 도광 선사가 사이가 좋다는 것을 알고 일부러 도광 선사를 흉내 냈을 뿐입니다. 만일 선사를 크게 괴롭히지 않았다면 저의 경고망동을 용서해주시어 제가 집으로 돌아갈 수 있게 놓아주십시오."

도광스님의 가족들이 항아리를 열어주지 않자 항아리 안에서는 더욱 더 애절하게 빌었다. 해가 나온 뒤에 씌워 두었던 동이를 치웠더니 문지기는 놀라나는 듯이 달아났고 화중스님도 돌아갔다. 그 이후로 묘지기는 더 이상 나타나지 않았다. (『기문』)

　　靑龍寺僧和衆·韜光, 相與友善. 韜光富平人, 將歸, 謂和衆曰: "吾三數月 不離家, 師若行, 必訪我." 和衆許之. 逾兩月餘('逾兩月餘'四字原空闕, 據許 本·黃本補), 和衆往中都, 道出富平, 因尋韜光. 和衆日暮至, 離居尙遠('離居 尙遠'四字原空闕, 據許本·黃本補). 而韜光來迎之曰: "勞師相尋, 故來迎候." 與行里餘, 將到家, 謂和衆曰: "北去卽是吾家, 師但入須我. 我有少務, 要至村 東, 少選當還." 言已東去. 和衆怪之, 竊言曰: "彼來迎候, 何預知也? 欲到家捨 吾, 何無情也!" 至其家扣門, 韜光父哭而出曰: "韜光師不幸, 亡來十日, 殯在 村東北. 常言師欲來, 恨不奉見!" 和衆弔唁畢, 父引入, 于韜光常所居房舍之. 和衆謂韜光父曰: "吾適至村, 而韜光師自迎吾來, 相與談話里餘. 欲到, 指示吾 家而東去, 云要至村東, 少間當返. 吾都不知是鬼, 適見父, 方知之." 韜光父母 驚謂和衆曰: "彼旣許來, 來當執之. 吾欲見也." 於是夜久, 韜光復來, 入房謂 和衆曰: "貧居客來, 無以供給." 和衆請同坐, 因執之叫呼. 其父與家人並至, 秉燭照之, 形言皆韜光也. 納之瓮中, 以盆覆之. 瓮中忽哀訴曰: "吾非韜光師, 乃守墓人也. 知師與韜光師善, 故假爲之. 如不相煩, 可恕造次, 放吾還也." 其 家不開之, 瓮中('瓮中'二字原空闕, 據許本·黃本補)密祈請轉苦. 日出後却覆, 如驚颸飛去, 而和衆亦還. 後不復見('還後不復見'五字原空闕, 據許本·黃本 補)焉. (出『紀聞』)

330 · 13(4286)
승의광(僧儀光)

청룡사(靑龍寺) 의광 선사는 행업(行業)이 아주 높았다. [唐나라] 개원(開元) 15년(727)에 한 조정 관리는 부인상을 당하자 의광 선사를 집으로 모셔 복을 빌었다. 의광 선사는 그 집으로 가서 며칠 동안 머물렀는데, 집 처마 앞에서 지내면서 크게 공양을 올렸다. 민간에서는 사람이 죽으면 모두 무당을 찾아갔는데, 그러면 그때 무당은 살(煞: 凶神. 미신에 따르면 사람이 막 죽어서 그 혼백이 煞로 변해 사람에게 해를 끼쳤다고 함)이 나타나는 날 틀림없이 사람들에게 해를 끼치게 될 것이니 대부분 살을 피해 집을 나가 있어야 한다고 했다. 그날 밤 관리의 집안 사람들은 모두 북문 밖으로 몰래 떠나면서 선사에게는 그 사실을 알리지 않았다.

의광 선사는 당(堂)에 불을 밝혀 놓고 불경을 염송(念誦)하고 있었는데, 갑자기 두 사람이 나타나서 그의 시중을 들었다. 밤이 깊어질 무렵 갑자기 당 안에서 누군가가 일어나 옷을 입고 문을 열고 나오는 소리가 들리더니, 한 부인이 당을 나와 곧장 부엌으로 가서 음식을 만들고 물을 긷고 불을 피웠다. 의광 선사는 당연히 집안 사람이라 생각하고 그다지 이상하게 생각하지 않았다. 날이 밝을 무렵 부인이 밥을 올렸는데, 그릇을 받쳐들고 앞으로 오는데 보았더니 유독 면의(面衣: 죽은 이의 얼굴 가리개)를 쓰고 있었으며 맨발이었다. 부인은 재배하면서 말했다.

"선사께서 수고롭게 이곳에 오셨는데, 집안 사람들이 모두 나가는 바람에 선사의 공양 때를 놓칠까 걱정되어 이렇게 제가 일어나서 선사를 위해 공양을 마련했습니다."

선사는 그가 죽은 사람인 것을 알고도 그냥 공양을 받았다. 선사가 한창 축원을 올리면서 축원이 다 끝나지 않았을 때 당 북쪽 문이 열리는 소리가 들렸다. 그러자 부인이 황급히 말했다.

"아들이 돌아오고 있습니다."

부인이 얼른 당 안으로 달려들어가자 곡소리가 들렸다. 곡소리가 다 끝나자 가족들은 선사를 찾아와 괜찮은지를 물었다. 그러다가 그릇 안에 죽이 담겨져 있는 것을 보고 선사에게 물었다.

"저희들은 밤에 모두 살을 피해 달아나면서 선사께 알려드리지 않았고, 집안에는 사람이 없었는데 이 죽은 누가 지어 올린 것입니까?"

의광 선사는 그저 웃으면서 아무런 대답도 하지 않았다. 그때 당 안에서 하녀가 놀라서 이렇게 소리쳤다.

"망자가 밤에 왔었는지 시신이 아무렇게나 누워 있고, 손에는 밀가루가 묻어 있으며 발에는 먼지가 있으니, 이 어찌된 일인지 모르겠습니다."

그때 선사가 손으로 [망자가 끓인] 죽을 가리키자 집안 사람들은 모두 놀라며 기이해했다. (『기문』)

青龍寺禪師儀光, 行業至高. 開元十五年, 有朝士妻喪, 請之至家修福. 師住其家數日, 居于廡前, 大申供養. 俗每人死謁巫, 即言其殺出日, 必有妨害, 死家多出避之. 其夜, 朝士家皆出北門潛去, 不告師.

師但于堂明燈誦經, 忽見二人侍之. 夜將半, 忽聞堂中人起取衣開門聲, 有一婦人出堂, 便往廚中營食, 汲水吹火. 師以爲家人, 不之怪也. 及將曙, 婦人進食, 捧盤來前, 獨帶面衣, 徒跣. 再拜言曰:"勞師降臨, 今家人總出, 恐齋粥失時, 弟子故起, 爲師造之." 師知是亡人, 乃受其獻. 方祝, 祝未畢, 聞開堂北戶聲. 婦人惶遽曰:"兒子來矣." 因奔赴堂內, 則聞哭. 哭畢, 家人謁師, 問安否. 見盤中粥, 問師曰:"弟子等夜來寔避殃禍, 不令師知, 家中無人, 此粥誰所造?" 師笑不答. 堂內靑衣驚曰:"亡者夜來尸忽橫臥, 手有麪汗, 足又染泥, 何謂也." 師乃指所造粥以示之, 其家驚異焉. (出『紀聞』)

330 · 14(4287)
이원지(尼員智)

　광경사(廣敬寺) 비구니 원지(員智)는 일찍이 동료 스님들과 함께 종남산(終南山)에서 결하(結夏: 스님들이 음력 4월 15일부터 조용한 곳에 머물면서 90일 동안 문 밖 출입을 끊은 채 불공을 올리는 일을 말함)했다. 여름 날 밤 달이 밝게 빛날 때 어떤 사람이 곡을 하면서 오는데, 그 소리가 매우 큰 것이 심히 슬퍼 보였다. 그 사람이 왔기에 보았더니 키가 8척(尺)이 조금 넘었다. 그 사람은 오두막 앞에 서서 쉬지 않고 곡을 했는데, 한밤중이 되도록 심하게 오열하며 눈물을 줄줄 흘렸다. 스님들이 그를 두려워하지 않은 채 마음을 굳게 다잡고 생각을 바로 하고 불경을 염송(念誦)하자 곡하던 사람은 끝내 아무런 말도 하지 못하고 떠나갔다. (『기문』)

　廣敬寺尼員智, 嘗與同侶于終南山中結夏. 夏夜月明下, 有哭而來者, 其聲雄大, 甚悲. 旣至, 乃一人, 長八尺餘. 立于廬前, 聲不輟, 遂至夜半, 聲甚嗚咽, 涕淚橫流. 尼等執心正念不懼, 而哭者竟不言而去. (出『紀聞』)

330 · 15(4288)
양원영(楊元英)

양원영은 [唐나라] 칙천무후(則天武后) 때 태상경(太常卿)을 지냈는데, 개원연간(開元年間: 713~741)에는 이미 그가 죽은 지 20년이 되었다. 그의 아들은 일이 있어 야성방(冶成坊)의 대장간에 갔다가 부친의 무덤 속에 있던 칼을 알아보았다. 양원영의 아들은 이상한 생각이 들어 대장장이에게 물어보았다.

"어디서 이 칼을 얻으셨소?"

그러자 대장장이가 말했다.

"귀인 같은 모습과 옷차림을 한 어떤 사람이 칼을 손봐 달라고 하면서 내일 정오에 가지러 오겠다고 하셨습니다."

양원영의 아들은 부친이 주었을 것이라 생각하면서도 또 부친의 무덤이 누군가에게 도굴된 것이 아닐까 의심했다.

이튿날 정오에 양원영의 아들은 동생과 함께 대장장이의 집에 가서 어찌된 일인지 지켜보았다. 그런데 정오에 칼을 가지러 온 사람은 다름 아닌 자신의 부친이었다. 부친은 백마를 타고 생전의 옷차림을 하고 있었으며 대여섯 명의 시종이 따르고 있었다. 형제는 나와서 길옆에 서서 절을 올리며 한참동안 슬프게 울었다. 그러자 양원영은 칼을 들고 말에서 내려와 아들들을 후미진 곳으로 데려간 다음 집안 일을 분부 내렸다. 그리고는 마지막에 이렇게 물었다.

"어머니께서는 집에 계시냐?"

양원영의 아들이 말했다.

"아버님과 합장한지 이미 15년이 되었습니다."

양원영이 말했다.

"나는 전혀 모르는 일이다."

그리고는 재삼 탄식하면서 아들들에게 이렇게 말했다.

"내 공무가 있어 오래 머물 수가 없구나. 너희들은 내일 반드시 이곳에 다시 오너라. 내가 틀림없이 돈을 조금 가져와 너희들의 생활고를 덜어주겠다."

양원영의 자식들이 약속한 시간에 그곳에 갔더니 양원영도 와 있었다. 양원영은 300민(緡)을 주면서 자식들에게 주면서 이렇게 주의를 주었다.

"며칠 내로 반드시 다 써버려야 한다."

양원영이 말을 다하고 떠나가자 자식들은 그를 따라가면서 눈물을 흘렸다. 양원영이 다시 자식들에게 말했다.

"너희들은 이 일을 이해하지 못할 것이다. 사람과 귀신은 그 길이 다르니, 어찌 백년 동안의 부자(父子)가 있겠느냐?"

양원영은 말을 다하고는 떠나갔다. 자식들이 말을 타고 양원영을 따라 상동문(上東門)을 나와 멀리 바라보았더니 양원영은 북망산으로 들어가 수십 걸음 걸어가자마자 갑자기 사라지고 보이지 않았다. 양원영의 자식들은 며칠만에 필요한 물건을 사느라 그 돈을 다 써버렸다. 그로부터 3일 뒤에 시장 사람들이 보았더니 그 돈은 모두 지전(紙錢)이었다. (『광이기』)

楊元英, 則天時爲太常卿, 開元中, 亡已二十載. 其子因至冶成坊削家, 識其父壙中劍. 心異之, 問削師: "何得此劍?" 云: "有貴人形狀衣服, 將令修理, 期明日午時來取." 子意是父授, 復疑父冢爲人所開.

至日, 與弟同往削師家室中, 伺之. 至時取劍, 乃其父也. 騎白馬, 衣服如生時, 從者五六人. 兄弟出拜道左, 悲涕久之. 元英取劍下馬, 引諸子于僻處, 分處家事. 末問: "汝母在家否?" 云: "合葬已十五年." 元英言: "我初不知." 再三歎息, 謂子曰: "我有公事, 不獲久住. 明日, 汝等可再至此. 當取少資, 助汝辛苦." 子如期至, 元英亦至. 得三百千, 誡之云: "數日須用盡." 言訖訣去. 子等隨行涕泣. 元英又謂子曰: "汝等不了此事. 人鬼路殊, 寧有百年父子耶?" 言訖訣去. 子隨騁出上東門, 遙望入邙山中, 數十步忽隱不見. 數日, 市具都盡. 三日後, 市人皆得紙錢. (出『廣異記』)

태평광기 권제331 귀 16

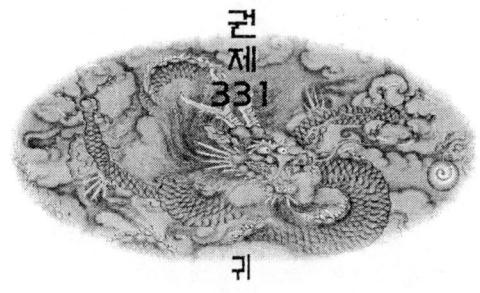

1. 설 긍(薛 矜)
2. 주칠낭(朱七娘)
3. 이광원(李光遠)
4. 이 패(李 霸)
5. 낙양귀병(洛陽鬼兵)
6. 도덕리서생(道德里書生)
7. 안의방서생(安宜坊書生)
8. 배 성(裴 盛)
9. 양 부(楊 溥)
10. 설 직(薛 直)
11. 유 홍(劉 洪)

331 · 1(4289)
설 긍(薛 矜)

설긍은 개원연간(開元年間: 713～741)에 장안현위(長安縣尉)가 되어 궁원(宮苑) 내의 저자거리에 관한 일을 맡아보면서 동·서 양쪽 저자거리를 하루씩 번갈아가며 왔다 갔다 했다. 하루는 동쪽 저자거리 앞에서 수레 하나를 보았는데, 그 수레 안에는 손이 눈처럼 하얀 부인이 앉아 있었다. 설긍은 그녀를 흠모하는 마음에 부하를 시켜 은실을 새겨 넣은 작은 상자를 가지고 수레 옆에 가 서 있게 했다. 부인이 여종을 시켜 그 가격을 물어보게 하자 설긍의 부하가 말했다.

"이것은 장안 설소부(薛少府: 薛矜)님의 물건인데, 만약 수레 안에 있는 사람이 물어오거든 그냥 드리라고 저희들에게 분부하셨습니다."

이 말을 들은 부인이 매우 기뻐하며 고맙다고 인사하자 설긍은 부인에게 슬쩍 수작을 부려보았는데, 뜻밖에도 부인은 흔쾌히 그의 마음을 받아들이며 이렇게 말하는 것이었다.

"저는 금광문(金光門) 밖에 살고 있으니 당신이 저를 한번 찾아오시지요."

설긍은 부하들을 시켜 그녀 집까지 따라가 보게 하고 자신은 다음날 그녀의 집을 찾아갔다. 그러나 그녀 집 문 밖에 말을 탄 사람들이 북적대는 바람에 주저주저하며 자신이 왔다는 것을 안에 통보하지 못하고 있다가 손님들이 다 물러가자 그제야 자기가 지금 대문 앞에 와있다며 안에 통보하게 하면서 부하들을 시켜 자신의 명함을 안에 들여보내게 했다. 그러자 그 집에서는 그를 바깥채로 맞아들인 후 앉으라고 하면서 이렇게 말했다.

"당신을 모시려고 단장을 하고 계십니다."

설긍은 갑자기 그곳 불이 차갑다는 것을 느끼고는 속으로 이상하다고 생각했다. 잠시 후 그를 중당(中堂)으로 데리고 들어갔는데, 휘장은 검푸른 천으로 만든 것이었고 멀리 보이는 등불 하나는 희미하기 그지 없었으며 빛이 갑자기 가까워졌다 멀어졌다 했다. 설긍은 그 여자가 사람이 아닐지도 모른다는 의구심이 들었다. 그러나 기왕 만나보겠다고 찾아왔으니 본 다음에 가자면서 설긍은 마음속으로 천수관음(千手觀音) 주문을 수천 번이나 되뇌었다. 방안으로 들어가 보니 그 부인은 휘장 안에 앉아있었는데, 비단 수건으로 얼굴을 가리고 있었다. 설긍이 간신히 손으로 잡아당기자 그 수건은 한참 만에 벗겨졌다. 설긍이 보니 그 부인의 얼굴은 길이가 한 척도 넘고 검푸렀으며 목소리는 마치 개가 짖는 것과 같았다. 설긍은 그 자리에서 혼절을 하고 말았다. 설긍을 따라온 부하들이 집 안으로 들어가 보았더니 오직 빈궁(殯宮: 영구를 안치하는 방)만 보였고 설긍이 그 안에 있었는데 빈궁에는 조금의 틈새도 없었다. 사람들이 벽을 넘어뜨리고 보니 설긍은 이미 죽어있었으나 심장만은 아직 온기가 남아있었다. 사람들이 설긍을 객점으로 옮겨가 쉬게 했더니 그는 한달 남짓 지나서야 비로소 다시 살아났다. (『광이기』)

薛矜者, 開元中爲長安尉, 主知宮市, 迭日於東西二市. 一日於東市市前, 見一坐車, 車中婦人, 手如白雪. 矜慕之, 使左右持銀鏤小合, 立於車側. 婦人使侍婢問價, 云:"此是長安薛少府物, 處分令車中若問, 便宜餉之."婦人甚喜謝, 矜微挑之, 遂欣然, 便謂矜曰:"我在金光門外, 君宜相訪也."矜使左右隨至宅, 翌日往來過. 見婦人門外騎甚衆, 踟躕未通, 客各引去, 矜令白己在門, 使左右送刺. 乃邀至外廳, 令矜坐, 云:"待粧束."矜覺火冷, 心竊疑怪. 須臾, 引入堂中, 其幔是青布, 遙見一燈, 火色微暗, 將近又遠. 疑非人也. 然業已求見, 見畢當去, 心中恒誦千手觀音呪. 至內, 見坐中帳中, 以羅巾蒙首. 矜苦牽曳, 久之方落. 見婦人面長尺餘, 正青色, 有聲如狗. 矜遂絶倒. 從者至其室宇, 但見殯宮, 矜在其內, 絶無間隙. 遽推壁倒, 見矜已死, 微心上暖. 移就店將息, 經月餘方蘇矣. (出『廣異記』)

331·2(4290)
주칠낭(朱七娘)

동도(東都: 洛陽) 사공방(思恭坊)에 사는 주칠낭이라는 여자는 창기(娼妓)였는데 왕장군(王將軍)이라는 사람과 본디부터 통정하며 지내는 사이였다. 개원연간(開元年間: 713~741)에 왕장군은 병이 들어 죽었으나 죽은 지 반년이 지나도록 주칠낭은 그 사실을 모르고 있었다. 같은 해 7월에 왕장군은 갑자기 주칠낭의 처소를 찾아와 한참동안 머물렀는데, 그러다보니 어느덧 날이 저물었다. 왕장군이 말했다.

"나와 함께 온유방(溫柔坊)에 있는 내 집에 갈 수 있겠느냐?"

주칠낭은 그러자고 했다. 주칠낭의 딸은 악기를 타며 노래 잘 하기로

소문이 자자했는데, 어머니에게 가지 말라고 하면서 이렇게 말했다.

"장군께서 여기 계셔도 좋을 텐데 장차 돌아가려고 하시니 무슨 거리낄만한 것이라도 있어서 그럴까요?"

그러나 딸은 결국 어머니를 말리지 못했다. 왕장군은 뒤따르는 말에 주칠낭을 태우고서 떠나갔다. 왕장군의 집에 도착한 후에도 둘은 여전히 희희낙락하며 시간을 보냈다. 다음날 아침이 되어 왕씨(王氏: 王將軍의 아내)가 하녀를 시켜 영상(靈床: 大斂한 뒤에 시체를 두는 곳)에 씌운 이불을 벗겨내게 했는데, 그 이불 속에 웬 부인이 있는 것을 본 하녀는 급히 뛰어가 보고했다. 왕씨의 여러 아들들은 깜짝 놀라 와서 보고는 어찌된 영문인가를 물은 후에 죽은 아버지가 주칠낭을 데려왔다는 사실을 알게 되었다. 그들은 한참동안 애통해하다가 주칠낭을 다시 집으로 돌려보내 주었다. (『광이기』)

東都思恭坊朱七娘者, 倡嫗也, 有王將軍, 素與交通. 開元中, 王遇疾卒, 已半歲, 朱不知也. 其年七月, 王忽來朱處, 久之日暮. 曰: "能隨至溫柔坊宅否?" 朱欲許焉. 其女彈唱有名, 不欲母往, 乃曰: "將軍止此故佳, 將還有所憚耶?" 不獲已. 王以後騎載去. 入院, 歡洽如故. 明旦, 王氏使婢收靈牀被, 見一婦人在被中, 遽走還白. 王氏諸子, 驚而來視, 問其故, 知亡父所引. 哀慟久之, 遂送還家焉. (出『廣異記』)

331 · 3(4291)
이광원(李光遠)

이광원은 개원연간(開元年間: 713~741)에 관도현령(館陶縣令)이 되었다. 그때 큰 가뭄이 들어 이광원은 대대적으로 가뭄의 상황을 설명하고 구휼을 요청하는 내용의 편지를 썼는데, 편지를 다 쓰고 나서 갑자기 죽고 말았다. 이광원이 죽은 후에 관도현에서 주(州)에 이 사실을 알렸으나 주사마(州司馬)는 그 상황을 덮어두고 그 편지를 파기해버렸다. 이에 백성들은 원망하며 애통해 울면서 모두 이렇게 말했다.

"장관(長官: 李光遠)이 죽지 않았다면 이런 일이 일어났겠소?"

그날 밤 이광원이 홀연 백마를 타고 나타나 마을을 찾아와서는 백성들에게 이렇게 말했다.

"내 비록 죽었으나 가뭄 근심은 안 할래야 안 할 수가 없구나. 사마가 대체 어떤 놈이기에 감히 이 논의를 막으려 하느냐?"

그러더니 백성들과 함께 사마의 집을 찾아가 이렇게 통보했다.

"이명부(李明府: 李光遠)가 뵙기를 청하오."

사마는 매우 두려워하며 사람을 보내 이 일에 대해 사죄했으나 이광원은 그를 책망하며 말했다.

"그대는 사람도 아니오. 가뭄은 백성들의 일이거늘 어찌 나의 생사로써 이 일을 결정하려 하시오? 어서 그 일을 성사시키시오. 그렇지 않으면 해를 입을 것이오."

말을 마친 후 이광원은 백성들과 작별하고 떠나갔다. 그해 가뭄 상황을 호소하는 글이 알려져 백성들이 크게 도움을 받았다. (『광이기』)

李光遠, 開元中, 爲館陶令. 時大旱, 光遠大(明鈔本'大'作'將')爲旱書, 書就暴卒. 卒後, 縣申州, 州司馬覆破其旱. 百姓胥怨, 有慟哭者, 皆曰:"長官不死, 寧有是耶?"其夜, 光遠忽乘白馬, 來詣旱坊, 謂百姓曰:"我雖死, 旱不慮不成. 司馬何人, 敢沮斯議?"遂與百姓詣司馬宅, 通云:"李明府欲見."司馬大懼, 使人致謝, 光遠責云:"公非人. 旱是百姓事, 何以生死爲准? 宜速成之. 不然, 當爲厲矣."言訖, 與百姓辭訣方去. 其年旱成, 百姓賴焉. (出『廣異記』)

331 · 4(4292)
이 패(李 霸)

　기양현령(岐陽縣令) 이패는 성격이 지나치게 엄격하고 사나워서 사람을 대할 때 좀처럼 은혜를 베풀지 않았으므로 승위(丞尉: 원문은 '承尉'라 되어 있지만 오기이므로 고침) 이하 여러 아전 관리들 중 그에게 혹독한 처벌을 받지 않은 자가 드물었다. 그러나 그는 청빈함과 강직함을 스스로 즐기는 성품이어서 처자식들은 추위와 배고픔을 면하지 못했다. 그는 처음 3년 임기를 마친 후 갑자기 죽고 말았는데, 관청에서 염을 마쳤는데도 조문객 한 명 오지 않았다. 그의 아내는 매번 그의 관을 부여잡고 슬피 울 때면 이렇게 소리쳤다.
　"이패가 살아서 무얼 했단 말인가? 지금 처자식이 이토록 푸대접을 받으니!"
　며칠 후 관 안에서 갑자기 이런 소리가 들려왔다.
　"부인, 너무 괴로워 마시오. 내 어떻게 하든 [고향으로] 돌아갈 방법을 강구할 테니."

그날 밤, 관아에 일이 많아 관리들이 저녁 늦게까지 남아서 일을 보고 있었는데, 이패는 식구들에게 명해 청사 안에 상을 차리게 했다. [식구들이 그의 말대로 하자] 그는 모습을 드러낸 후 사람을 보내 여러 관리들을 불러 모으게 했다. 관리들은 본디 그를 두려워하던 터라 명령을 받자마자 급히 뛰어왔는데, 이패를 보고는 벌벌 떨며 두려워하지 않은 자가 없었다. 이패는 또 사람을 보내 현승(縣丞)과 주부(主簿), 그리고 현위(縣尉)를 불러오게 하고는 그들이 도착하자 노한 얼굴로 그들을 꾸짖으며 말했다.

"너희들이 아무리 무정하기로소니 어찌 이렇게까지 할 수 있단 말이냐! 내가 너희들을 죽이지 못할 것이라 생각하느냐?"

이패가 말을 마치자 그들은 모두 땅에 고꾸라진 채 숨을 쉬지 못했다. 그들의 집안 식구들이 관아로 찾아와 인사를 올리며 [살려달라고] 빌자 이패가 말했다.

"저들에게 물리(物理)와 세상 이치를 깨치게 하려고 할 뿐이니 살아나지 못할까봐 걱정할 것 없다. 너희들에게 비단 다섯 필을 최소한의 기준으로 정해줄 터인데, 비단이 도착하면 저들도 살아날 것이다."

그들의 식구들이 모두 감사를 드리고 떠나간 뒤 이패는 또 두 아전에게 말했다.

"내가 생전에 너희들에게만은 후하게 대해주었거늘 너희들은 어찌하여 다른 사람들과 똑같이 굴었느냐? 그러나 너희 두 놈만 죽인들 무슨 좋은 점이 있겠느냐? 마땅히 너희들 집에 있는 말들을 죽임으로써 내 능력을 징험해 보이겠다."

잠시 후 두 집안의 말 수백 필이 한꺼번에 땅에 고꾸라져 곧 죽을 것만 같았다. 이때 [그들 집안] 사람이 두 필의 좋은 말을 가져와 이광원에게 바치자 다른 말들은 원래대로 되었다. 이패가 여러 관리들에게 말했다.

"내가 비록 원래는 청렴한 사람이었으나 지금은 이미 죽은 몸이니 너희들과 헤어지는 마당에 조금의 은혜라도 받지 않을 수 있겠느냐?"

그래서 관리들은 모두 최소한 비단 다섯 필씩을 꺼내 바쳤다. 이패는 또 아무 관리에게는 수레를 바치라 하고 아무개에게는 말을 바치라 했으며 또 아무 아무 관리들에게는 각각 다른 것을 준비하도록 시켰는데, 그의 명령을 어기는 자는 반드시 죽이겠다고 말했다. 일경(一更: 저녁 7시~9시)이 되어서야 사람들은 각자 돌아갈 수 있었다.

이튿날 그의 분부대로 다 시행되자 가족들이 그를 인도하여 길을 떠났는데, 상가집에 도착할 때마다 반드시 머무르며 제삿밥을 먹었고 제삿밥을 다 먹은 후에는 다시 말을 타고 떠나갔다. 이렇게 10여 리를 가 교외에 이르렀을 때 이패는 갑자기 사라졌다. 밤이 되어 아내와 자식들이 수레를 멈추고 곡을 하려 하자 그때 관 속에서 이런 소리가 들려왔다.

"나는 여기 있다. 너희들도 매우 피곤할 테니 곡할 필요 없다."

이패의 집은 도성에 있어서 기양현과는 천여 리나 떨어져 있었다. 이패는 묵는 곳에 도착할 때마다 사람들로 하여금 곡을 하지 못하도록 했다. 수백 리를 갔을 때 이패는 갑자기 자기 아들에게 이렇게 말했다.

"오늘 밤은 잠을 자지 말도록 해라. 어떤 놈이 좋은 말을 훔쳐가려하니 미리미리 방비를 하고 있어야 한다."

그러나 식구들은 먼 길에 너무도 지쳐있어 그의 주의를 따르지 않은 바람에 결국 그날 밤에 말을 잃어버리고 말았다. 날이 밝아왔을 때 아들이 이 사실을 이패에게 아뢰자 이패가 말했다.

"내가 도둑에 대비하라고 했거늘 어찌하여 잠 욕심을 냈단 말이냐? 그렇긴 하나 말을 잃어버리지는 않았다. 여기서 가까이에 있는 한 객점 동쪽에 남쪽을 향해 난 길이 하나 있는데, 그 길을 따라 10여 리 가다보면 수풀이 나올 것이다. 말은 그곳 나무 아래 매어져 있으니 가서 가져오도록 하여라."

식구들은 그의 말대로 하여 말을 다시 찾아왔다.

도성에 도착하자 친척들은 [이패가 죽었으나 살아있을 때와 다름없다는] 그 기이한 이야기에 대해 듣고 앞 다투어 조문하러 왔다. 사람들이 아침저녁으로 찾아와 이패와 만나보기를 청하면 이패는 관 속에서 일일이 그들을 맞이하며 응대했는데, 그러면 사람들은 안절부절 못했다. 사람들이 이패 구경을 하느라 시끄럽게 모여들자 식구들은 그 번잡함을 더 이상 견딜 수가 없었다. 이패가 갑자기 아들에게 이렇게 말했다.

"손님들이 오는 것은 나를 보고자 함일 뿐이다. 너는 청사를 하나 마련하거라. 내 저 친척들 앞에 모습을 한번 드러내려 한다."

아들이 아버지 시키는 대로 하자 사람들은 마당에 모여 [이패가 나타나기를] 기다리고 있었다. 한참 있다가 이런 소리가 들렸.

"내가 왔다!"

이패는 이렇게 말하면서 휘장을 거두라고 했다. 그러자 홀연 이패의 모습이 나타났는데, 머리는 항아리만큼이나 컸고 눈은 시뻘겋고 눈알은 튀어나와 있었다. 그가 그 눈으로 손님들을 뚫어지게 쳐다보자 손님들은 모두 놀라 나자빠지더니 차츰 도망가기 시작했다. 이패가 아들에게 말했다.

"사람과 귀신은 사는 방도가 다르니, 방안은 내가 오래 머무를만한 곳이 아니다. 어서 나를 들판에 묻어다오."

말을 마치더니 이패는 이내 사라져 버렸고 그 후로는 그의 말소리도 더 이상 들려오지 않았다. (『광이기』)

岐陽令李霸者, 嚴酷剛鷙, 所遇無恩, 自承尉已下, 典吏皆被其毒. 然性淸婞(音脛, 恨也)自喜, 妻子不免飢寒. 一考後暴亡, 旣斂庭, 絶弔客. 其妻每撫棺慟哭, 呼曰:"李霸在生云何? 今妻子受此寂寞!"數日後, 棺中忽語曰:"夫人無苦. 當自辦歸."其日晩衙, 令家人於廳事設案几. 霸見形, 令傳呼召諸吏等. 吏人素所畏懼, 聞命奔走, 見霸莫不戰懼股慄. 又使召丞及簿尉, 旣至('旣至'二字原空闕, 據明鈔本・陳校本補), 霸訶怒云:"君等無情, 何至於此! 爲我不能殺君等耶?"言訖, 悉頓仆無氣. 家人皆來拜庭中祈禱, 霸云:"但通物數, 無憂不活. 卒以五束絹爲准(明鈔本作'贈'), 絹至便生."各謝訖去後, 謂兩衙典:"吾素厚於汝, 何故亦同衆人? 唯殺汝一身, 亦復何益? 當令兩家馬死爲驗."須臾, 數百疋一時皆倒欲死. 遂人通兩疋細馬, 馬復如故. 因謂諸吏曰:"我雖素淸, 今已死, 謝諸君, 可能不惠涓滴乎?"又率以五疋絹畢. 指令某官出車, 某出騎, 某吏等修, 違者必死. 一更後方散.

後日處分悉了('了'原作'便', 據明鈔本改), 家人便引道, 每至祭所, 留下歆饗, 饗畢, 又上馬去. 凡十餘里, 已及郊外, 遂不見. 至夜, 停車騎, 妻子欲哭, 棺中語云:"吾在此. 汝等困弊, 無用哭也."霸家在都, 去岐陽千餘里. 每至宿處, 皆不令哭. 行數百里, 忽謂子曰: "今夜可無寐. 有人欲盜好馬, 宜預爲防也." 家人遠涉困弊, 不依約束, 爾夕竟失馬. 及明啓白, 霸云: "吾令防盜, 何故貪寐? 雖然, 馬終不失也. 近店東有路向南, 可遵此行十餘里, 有藂林. 馬繫在林下, 往取." 如言得之.

及至都, 親族聞其異, 競來吊慰. 朝夕謁請, 霸棺中皆酬對, 莫不踏跡. 觀聽聚喧, 家人不堪其煩. 霸忽謂子云: "客等往來, 不過欲見我耳. 汝可設廳事. 我欲一見諸親." 其子如言, 衆人於庭伺候. 久之曰: "我來矣!" 命捲幰. 忽見霸, 頭大如甕, 眼赤睛突. 瞪視諸客, 客莫不顚仆, 稍稍引去. 霸謂子曰: "人神道殊, 屋中非我久居之所. 速殯野外." 言訖不見, 其語遂絶. (出『廣異記』)

331·5(4293)
낙양귀병(洛陽鬼兵)

개원(開元) 23년(735: 본문에는 '貞元 二十三年'이라 되어있으나 貞元年間은 21년까지밖에 없으므로 開元의 誤記로 보임) 여름 6월에 천자는 동경(東京: 洛陽)에 머물고 있었다. 그곳 백성들은 모두들 귀병에 놀라 도망가버려 어디에 있는지 알 수조차 없었으며, 혹 어떤 사람들은 자기들끼리 치고받아 다치기도 했다. 귀병들은 처음 온 도시 안이 떠들썩하게 낙수(洛水) 남쪽을 건너오더니 점차 낙수 북쪽으로 밀고 들어왔다. 그들이 물을 건너는 소리를 들어보니 마치 공중에 수천 만 명의 말을 타고 갑옷을 입은 귀병이 있는 것 같이 사람과 말들이 내는 소리로 요란했으나 잠깐 사이에 모두 지나가버리고 없었다. 매일 밤이 지나고 나면 귀병들은 두 번 세 번 거듭 밀려왔다. 천자는 이를 몹시 싫어해 무당으로 하여금 귀신을 쫓아버리게 하며 매일 밤 낙수가에 음식을 차려놓았다.

일찍이 『북제서(北齊書)』를 읽어보았더니 [그 당시에도] 이러한 일이 있었다고 한다. 또 천보연간(天寶年間: 742~756)에도 진양(晉陽)에 귀병이 나왔는데, 백성들이 철과 구리를 두드리며 겁을 주었더니 오래지 않아 없어졌다고 한다. (『기문』)

貞元二十三年(按貞元無二十三年, 下云'帝在東京', 疑'貞'字爲'開'字之誤), 夏六月, 帝在東京. 百姓相驚以鬼兵, 皆奔走不知所在, 或自衝擊破傷. 其鬼兵初過於洛水之南, 坊市喧喧, 漸至水北. 聞其過時, 空中如數千萬騎甲兵, 人馬嘈嘈有聲, 俄而過盡. 每夜過, 至于再, 至于三. 帝惡之, 使巫祝禳厭, 每夜於洛水濱設飮食.

嘗讀『北齊書』, 亦有此事. 天寶('寶'字原空闕, 據黃本補)中, 晉陽云有鬼兵, 百姓竟擊銅鐵以畏之, 皆不久喪也. (出『紀聞』)

331·6(4294)
도덕리서생(道德里書生)

당(唐)나라 동도(東都: 洛陽) 도덕리에 살고 있는 한 서생이 저녁 무렵에 중교(中橋) 위를 걸어가다가 귀인(貴人)을 따르고 있는 시종의 무리와 마주쳤는데, [그들이 거느리고 온] 말과 수레가 매우 많았다. 그들은 서생을 보자 그를 불러 세워 말을 건네더니 자기들의 뒤를 따라오라고 명령했다. [수레 안에는] 그들의 주인이 타고 있었는데, 나이는 스물 남짓 되어보였고 자태가 매우 빼어났다. 주인은 서생과 더불어 쉬지 않고 말을 나누더니 남쪽 장하문(長夏門)을 나가 용문(龍門)에 이르러 한 화려하기 그지없는 저택 안으로 들어갔다. 주인은 서생을 안으로 들인 다음 진수성찬으로 접대하고 난 뒤 같이 잠을 잤다.

한밤중에 서생은 잠에서 깨어났는데, 자기가 누워있는 곳을 보니 석굴 안이었고 그 앞에는 죽은 부인의 시체가 하나 있었다. 시체는 한창 부패하여 부풀어있었고 달빛이 그 위를 비추고 있었다. 시체에서 나는 냄새는 도저히 맡을 수 없을 정도로 고약해서 서생은 높은 바위를 밟고 돌 벽 위를 기어서 간신히 그곳을 빠져나왔다. 새벽이 되어서야 향산사(香山寺)에 도착한 그가 스님에게 이 이야기를 했더니 스님은 그를 집까지 바래다주었다. 그러나 며칠 만에 그는 죽고 말았다. (『기문』)

唐東都道德里有一書生, 日晚行至中橋, 遇貴人部從, 車馬甚盛. 見書生, 呼與語, 令從後. 有貴主, 年二十餘, 丰姿絶世. 與書生語不輟, 因而南去長夏門, 遂至龍門, 入一甲第, 華堂蘭室. 召書生賜珍饌, 因與寢.

夜過半, 書生覺, 見所臥處, 乃石窟, 前有一死婦人. 身王洪漲, 月光照之. 穢不可聞, 書生乃履危攀石, 僅能出焉. 曉至香山寺, 爲僧說之, 僧送還家. 數日而死. (出『紀聞』)

331 · 7(4295)
안의방서생(安宜坊書生)

[唐나라] 개원연간(開元年間: 713~741) 말에 동경(東京: 洛陽) 안의 방에 사는 한 서생이 밤에 문을 닫고 공부를 하고 있었는데, 문틈으로 갑자기 어떤 사람이 머리를 내밀었다. 서생이 어떤 놈이냐고 꾸짖으며 묻자 이렇게 대답했다.

"나는 귀신인데 잠시 좀 찾아뵈려 하오."

그러면서 서생에게 잠시 좀 나와 보라고 했다. 서생은 귀신을 따라 문 밖으로 나간 다음 땅에다가 '십(十)' 자를 표시해 놓고 계속해서 앞으로 나갔다. 안의방을 나서 절 문 앞에 이르자 서생이 [혼자] 말했다.

"절이 보이니 지나갈 수 없을 게야."

그러자 귀신이 말했다.

"나를 따라 오기만 하시오. 별 탈 없을 테니."

잠시 후 그들은 정정문(定鼎門) 안으로 들어서게 되었다. 귀신은 서생을 업더니 문틈으로 빠져나와 계속 전진하여 오교(五橋) 앞에 도착했다. 길옆으로 무덤 하나가 보였는데 천창(天窓: 지붕창)으로 불빛이 새 나오고 있었다. 귀신은 다시 서생을 업고 천창 옆으로 올라갔다. 거기서 아래를 내려다보니 한 부인이 병든 어린 아들을 보며 울고 있었고, 남편은 그 옆에서 잠깐 눈을 붙이고 있었다. 귀신이 천창을 통과해 아래로 뛰어 내려가 손으로 등불을 가리자 부인은 두려운 마음에 남편을 질책하며 말했다.

"아이가 죽어 가는데 어떻게 잠 잘 생각을 한단 말입니까? 지금 고약

한 물건이 불빛을 가려버렸으니 어서 불을 좀 더 밝게 켜 보도록 하세요."

남편이 일어나 등잔을 몇 개 더 켜자 귀신은 부인을 피해 몸을 숨기더니 갑자기 자루 하나를 가져다가 그 안에 아이를 담았는데, 아이는 자루 안에서도 여전히 움직이고 있었다. 귀신은 아이 담은 자루를 짊어지고 천창 위로 올라간 다음 다시 서생마저 짊어지고서 땅으로 내려왔다. 귀신은 서생을 정정문 안으로 다시 데리고 가 집까지 바래다 준 다음 감사하며 이렇게 말했다.

"제가 저승의 명령을 받들어 이 아이를 데려가야만 했는데, 반드시 산 사람이랑 같이 가야만 했기에 당신을 번거롭게 해 드린 것이니 용서해 주시오."

귀신은 말을 마치더니 이내 떠나갔다.

그 사람이 처음 귀신을 따라 길을 나섰을 때 멈추는 곳마다 반드시 '십'자를 표시해 놓았었는데, 이튿날 그의 형제들을 데리고 다시 그 자리로 가 보니 어젯밤에 해 놓은 '십'자가 모두 그대로 있었다. 아이를 잃어버린 집으로 가 사정을 물어보았더니 [그 집에서 하는 이야기도 서생이 보았던 것과] 역시 같았다. (『광이기』)

開元末, 東京安宜坊有書生, 夜中閉門理書, 門隙中, 忽見一人出頭. 呵問何輩, 答云: "我是鬼, 暫欲相就." 因邀書生出門. 書生隨至門外, 畫地作'十'字, 因爾前行. 出坊, 至寺門鋪, 書生云: "寺觀見, 必不得度." 鬼言: "但隨我行. 無苦也."

俄至定鼎門內. 鬼負書生從門隙中出, 前至五橋. 道旁一冢, 天窗中有火光.

鬼復負書生上天窓側. 俯見一婦人, 對病小兒啼哭, 其夫在旁假寐. 鬼遂透下, 以手掩燈, 婦人懼, 呵其夫云:"兒今垂死, 何忍貪臥? 適有惡物掩火, 可强起明燈." 夫起添燭, 鬼廻避婦人, 忽取布袋盛兒, 兒猶能動於布袋中. 鬼遂負出, 至天窓上, 兼負書生下地. 送入定鼎門, 至書生宅, 謝曰:"吾奉地下處分, 取小兒, 事須生人作伴, 所以有此煩君, 當可恕之." 言訖乃去.

其人初隨鬼行, 所止之處, 輒書'十'字, 翌日, 引其兄弟覆之, '十'字皆驗. 因至失兒家問之, 亦同也. (出『廣異記』)

331 · 8(4296)
배 성(裴 盛)

다음은 동사원(董士元)이 해 준 이야기이다.

의흥현위(義興縣尉) 배성은 낮잠을 자다가 갑자기 한 귀신에게 끌려갔는데, 그의 육신과 혼령이 모두 귀신을 따라가게 되었다. 귀신이 말했다.

"아이 하나를 잡으러 가자."

아이의 집에 도착해보니 아이의 부모가 아이를 가운데 두고 양 옆에 누워있었고 집 앞에서는 재(齋)를 올리고 있었다. 귀신이 말했다.

"재를 올리니□□□(빠진 글이 있는 것 같다)."

산 사람이 오자 귀신은 손을 한번 휘저었는데, 그러자 아이의 부모는 모두 잠이 들었다. 귀신은 배성에게 아이를 안아 침상에서 내리라고 명령했다. 배성이 아이를 안으니 아이의 목에서 무슨 소리가 났는데, 그 바람에 아이의 부모가 깜짝 놀라 잠에서 깨어나고 말았고 이에 귀신은 배성을 데리고 그 집에서 나왔다. 배성이 귀신에게 자기 집에 같이 가자고 계속 청하자 귀신은 그의 혼령을 육신 안으로 밀어 넣어주었고 이에 배성은 잠에서 깨어났다. (『광이기』)

董士元云: 義興尉裴盛晝寢, 忽爲鬼引, 形神隨去. 云:"奉一兒."至兒家, 父母夾兒臥, 前有佛事. 鬼云:"以其佛(明鈔本'佛'下空闕三字, 似有脫文)."生人旣至, 鬼手一揮, 父母皆寐. 鬼令盛抱兒出牀. 抱兒喉有聲, 父母驚起, 鬼乃引盛出. 盛苦邀其至舍, 推入形中乃悟. (出『廣異記』)

331 · 9(4297)
양 부(楊 溥)

예장(豫章)의 여러 현(縣)에서는 좋은 목재가 많이 났는데, 돈을 벌고자 하는 사람들이 그 곳의 나무를 베어 광릉(廣陵)으로 가지고 가면 그 이윤이 몇 배에 달했다. 천보(天寶) 5년(746)에 양부라는 사람이 다른 몇 사람과 함께 숲으로 들어가 목재를 구했는데, 때는 겨울 저녁이었고 눈까지 흩날리고 있었으며, 깊은 산중에는 하룻밤 묵어갈 곳조차 없었다. 마침 한 커다란 나무가 가로로 누워있기에 보았더니 그 안이 몇 명은 족히 들어갈 수 있을 만큼 비어있어서 모두들 그 안으로 들어가 잠을 잤다. 그들 중의 인도자는 잠들기 전에 산속을 향해 재배를 올리고는 이렇게 기도했다.

"토전공(土田公: 원문에는 '土田公'으로 되어있는데, '土'자는 '土'자의 誤記로 보임)님, 오늘 밤 여기서 좀 자려고 하니 저희들을 보호해 주십시오."

그는 이렇게 세 번 소리 친 후에 잠을 잤다.

밤이 깊어지자 눈발이 더욱 거세졌는데, 남쪽에 있는 나무 아래 가까이에서 갑자기 누군가를 부르는 소리가 들렸다.

"장례(張禮)야!"

나무 위에서 누군가가 대답했다.

"예."

나무 아래에서 말했다.

"오늘 밤 북촌(北村)에 딸을 시집보내는 집이 있어 술과 음식이 풍성하다. 같이 다녀오자."

나무 위에서 대답했다.

"지금은 손님이 있어 날이 밝을 때까지 지켜줘야 합니다. 제가 만일 가버리면 저 무지막지한 흑구자(黑狗子)가 와서 저들을 인정사정없이 해칠까 걱정됩니다."

나무 아래에서 또 말했다.

"눈보라와 추위가 이토록 심하니 먹을 것을 구하려면 반드시 같이 가야한다."

나무 위에서 다시 대답했다.

"눈보라와 추위가 심하기는 하지만 이미 그의 부탁을 받아놓은지라 가서는 안 됩니다. 흑구자를 막아야만 합니다."

이에 부르러 온 귀신은 그냥 떠나가 버렸다.

아침이 되어 사람들은 밖으로 나갈 차비를 마친 다음 자기들이 깔고 누웠던 담요를 치우다가 크기는 호리병만하고 길이는 3척 정도 되는 살무사가 똬리를 튼 채 꼼짝 않고 있는 것을 발견하고는 그제야 깜짝 놀랐다. (『기문』)

豫章諸縣, 盡出良材, 求利者採之, 將至廣陵, 利則數倍. 天寶五載, 有楊溥者, 與數人入林求木, 冬夕雪飛, 山深寄宿無處. 有大木橫臥, 其中空焉, 可容數人, 乃入中同宿. 而導者未眠時, 向山林再拜呪曰:"土田公, 今夜寄眠, 願見護助." 如是三請而後寢.

夜深雪甚, 近南樹下, 忽有人呼曰:"張禮!"樹頭有人應曰:"諾." "今夜北村嫁女, 大有酒食. 相與去來." 樹頭人曰:"有客在此, 須守至明. 若去, 黑狗子無知, 恐傷不宥(明鈔本'不宥'作'人命')." 樹下又曰:"雪寒若是, 且求飮食, 理須同去." 樹上又曰:"雪寒雖甚, 已受其請, 理不可行. 須防黑狗子." 呼者乃去.

及明裝畢, 撤所臥氈, 有黑虺在下, 其大若瓶, 長三尺而蟄不動, 方驚駭焉. (出『紀聞』)

331 · 10(4298)
설 직(薛 直)

승주도독(勝州都督) 설직은 승상(丞相) 설납(薛納)의 아들로 살생을 좋아하고 귀신 따위는 염두에도 없었다. 설직은 승주에 있으면서 한번은 현에 갔다가 다시 돌아온 일이 있었는데, 승주에서 두 역참 떨어진 곳에서 도성에서 그를 만나러 오고 있던 친구와 마주쳤다. 설직은 그를 역청(驛廳) 안으로 맞아들인 후 [역참에 명해] 음식을 차려오게 했다. 친구가 식사를 하기에 앞서 고수레를 하자 설직이 말했다.

"음식을 따로 내 놓은 건 무엇 때문인가?"

친구가 말했다.

"불경에 따르면 '빈들에 귀신이 있어 사람의 살과 피를 먹는데, 부처께서 그를 교화시키며 사람은 죽이지 못하게 했다'고 하네. 그래서 이런 재계 의식을 만든 것이지. 또 민간에서 전하는 바에 따르면 식사를 하기 전에 먼저 고수레를 하면 수명을 늘릴 수 있다고들 하네."

설직이 말했다.

"자네의 말은 황당무계하기 그지없네. 부처가 대체 어디 있나? 귀신은 또 무엇인가? 속세의 사람들끼리 서로 속고 속이는 그런 말에 어리석은 자들이야 뇌화부동 할 수 있다지만 지혜로운 자는 현혹되지 않는 법이라네. 자네는 아마도 속인이 아닌가 싶네!"

말을 마치고 오래지 않아 공중에서 이런 소리가 들려왔다.

"설직, 너는 정말로 어리석은 미치광이로다! 네가 부처가 없는 줄을 어찌 아느냐? 귀신이 없는 줄을 어찌 아느냐? 나는 너에게 재앙을 내리려 왔다. 너는 죽어서도 처자식을 볼 수 없을 것이고 지금 여기서 죽게 될 것이다. 너는 어찌 함부로 떠드느냐?"

설직은 그 소리를 듣고 깜짝 놀라서 아래로 내려가 재배를 올린 다음 사죄하며 말했다.

"못난 놈이 꽉 막혀있어 신이 계신 줄을 몰랐습니다. 신께서 저를 깨우쳐 주십시오."

공중에서 또 소리가 났다.

"너의 목숨은 오시(午時)에 다한다. 그러니 지금 속히 돌아가면 처자식을 만나볼 수 있을 것이다. 그렇지 않다면 여기서 시체가 되어 집으로 실려 가게 될 것이다!"

설직은 너무도 두려워 친구와 함께 급히 말을 달려 군(郡)으로 갔다. 한 역참에 도착했을 때 설직은 역청 안으로 들어가 좀 쉬었고 그를 따르던 자들도 모두 쉬고 있었다. 그때 갑자기 설직이 밖으로 나가는 것이 보였는데, 종자(從者) 백여 명은 모두 그를 좌우에서 따르던 사람들이었다. 역리(驛吏)는 문 안으로 들어가 설직이 이미 죽어있는 것을 보고는 그의 집에 이 사실을 통보했다. 설직은 이미 [역참의 통보가 전달되기] 전에 집에 도착해서 아내를 불러 작별하며 이렇게 말했다.

"나는 이미 북쪽 역참에서 죽어 지금은 귀신의 몸이오. 서로 마주보며 이별을 고할 길이 없을 듯하여 이렇게 잠시 보러 온 것이오."

설직은 처자식의 손을 잡고 열심히 살라고만 이야기한 뒤 다시 말을 타고 문밖으로 나가자마자 홀연 사라져버렸다. (『기문』)

勝州都督薛直, 丞相納之子也, 好殺伐, 不知鬼神. 直在州, 行縣還歸, 去州二驛, 逢友人自京來謁. 直延入驛廳, 命食. 友人未食先祭, 直曰: "出此食謂何?" 友人曰: "佛經云, '有曠野鬼, 食人血肉, 佛往化之, 令其不殺.' 故制此戒. 又俗所傳, 每食先施, 得壽長命." 直曰: "公大妄誕. 何處有佛? 何者是鬼? 俗人相誑, 愚者雷同, 智者不惑. 公蓋俗人耳!" 言未久, 空中有聲云: "薛直, 汝大狂愚! 寧知無佛? 寧知無鬼? 來禍於君. 命終必不見妻子, 當死於此. 何言妄耶?" 直聞之大驚, 趨下再拜, 謝曰: "鄙人蒙固, 不知有神. 神其誨之." 空中又言曰:"汝命盡午時. 當急返, 得與妻孥相見. 不爾, 殯殮于此矣!"直大恐, 與友人馳赴郡. 行一驛, 直入廳休偃, 從者皆休. 忽見直去, 從者百餘人, 皆左右從人. 驛吏入戶, 已死矣, 於是驛報其家. 直已先至家, 呼妻與別曰:"吾已死北驛, 身在今是鬼. 恐不得面訣, 故此暫來."執妻子之手, 但言努力, 復乘馬出門, 奄然而歿. (出『紀聞』)

331·11(4299)
유 홍(劉 洪)

패국(沛國)의 유홍은 성품이 강직했다. 그의 부친은 절충도위(折衝都尉)로 있었는데 설초옥(薛楚玉)이 범양(范陽)을 진수할 때 그의 부친을 불러들여 행군(行軍)으로 삼았다. 유홍이 아버지를 따라 계(薊) 땅으로 가 설초옥의 급사(給事)가 되자 설초옥은 매우 기뻐했다. 설초옥이 둔관(屯官)을 뽑으려 하자 유홍은 자기가 가겠다고 청했다. 단주(檀州)에 태화(太和)라는 둔지가 있었는데, 그곳에 임명된 자는 번번이 죽어 나가버려 그 둔지가 황폐해져버렸기에 유홍은 그곳을 맡게 해 달라고 자청했던 것이다. 설초옥이 그곳이 흉한 곳이라며 난색을 표하자 유홍이 말했다.

"요괴란 사람에 의해 생겨나는 것이지 스스로 일어나는 것이 아닙니다. 저는 조금도 두렵지 않은데 공(公: 薛楚玉)은 무얼 안타까워하십니까?"

설초옥은 이에 유홍을 태화둔관에 임명했고 유홍은 관리들을 이끌고 둔지로 떠나갔다.

둔지에는 옛 집터가 하나 있어 유홍은 그 집터 옆에다 집을 지었다. [집을 짓는 도중에] 한 목수가 도끼를 들어 나무를 베려고 했는데, 나무가 저절로 부러져 위로 들리더니 목수를 가격해 즉사하게 만들었다. 유홍은 노하여 관리와 관졸들에게 [그 쓰러져있는] 목수를 잡아 일으키게 하더니 소리 지르고 곤장을 치면서 이렇게 심문했다.

"너는 대체 무슨 귀신이기에 내가 이제 막 둔지를 다스리려고 하는데 방해를 하느냐? 너의 죄는 살려둘 수가 없다!"

곤장 몇 대를 때리자 목수가 [귀신에 씌어] 입을 열었다.

"용서해 주십시오. 저는 지금까지 둔관들을 죽인 자가 아닙니다. 둔관들을 죽인 것은 보국장군(輔國將軍)으로 사는 곳이 이곳에서 멀지 않습니다. 저는 불전(佛殿)터를 지키는 귀신일 뿐입니다. 이 집터는 예전에 불전이었습니다. 이곳은 깨끗한 곳이기 때문에 제가 이렇게 지키고 있습니다. 저는 살아생전에 지은 죄가 있어 차출당해 이 터를 지키게 되었습니다. 터가 땅과 같이 평평해져야 저는 떠나갈 수가 있기에, 오늘 공(公: 劉洪)께 하소연하기 위해 왔던 것입니다. 공이 저를 위해 이 터를 평평하게 해 주신다면 저는 이곳을 떠나 사람이 될 수 있습니다."

유홍이 말했다.

"너는 보국장군이 이곳에서 멀지 않은 곳에 살고 있다고 했으니 속히 가서 그를 잡아오도록 하여라."

귀신이 말했다.

"알겠습니다."

잠시 후에 목수가 말했다.

"유홍, 내가 바로 보국장군이다. 너의 사람됨이 강직한데다 재능까지 겸비하고 있으니 내 너를 심히 중히 여기는 마음에 장차 너에게 직책을 맡기고자 한다. 내 지금 너를 초징할 것인데, 그러면 너는 크게 부귀해질 것이다. 앞으로 힘써 일 하도록 하여라."

그러더니 종이를 달라 하여 시 2장(章)을 지었다. 그 목수는 병졸이었으므로 시 같은 것은 본디 알지 못했는데 붓을 들어 써내려가기 시작하자 그 필적이 매우 뛰어난 것이 왕우군(王右軍: 王羲之)에 필적할 만했다. 설초옥은 그 시를 얻은 다음 그것을 매우 보배로이 여겼다. 그 시는 다음과 같았다.

검은 새 공중을 날고,
검은 말 들길 따라 서성이네.
지금 이름 석자 호적에 올렸으니,
푸른 시절 지나고 나면 잎조차 드문드문해지리.

두 번째 장은 다음과 같다.

나무 가지 메말라 흙빛이 되어있고,
세 송이 꽃과 다섯 개의 얼굴이 울고 있네.
아침에 집 떠나 하루가 지나면,
누가 알 것인가□□□.

시가 완성되자 귀신은 떠나갔다.

목수는 본디 이 둔지에 속한 일꾼이었다. 며칠 후에 [유홍이] 중병을 얻어 범양(范陽)으로 실려 오자 그의 아버지는 명의 설(薛) 아무개를 찾아다니다가 역시 병에 걸리고 말았다. 유홍은 말하는 것이 평상시와 다름없었는데, 두 사람[유홍과 그의 부친]은 숨이 막혀 하다가 얼마 후 죽고 말았다. 유홍은 처음 귀신의 시를 얻었을 때 무슨 뜻인지 이해하지 못했는데, 죽은 후에 보니 그 시가 까맣게 변해있었다. 그래서 사람들은 그 시를 그의 관에 같이 넣어주었다. '지금 이름 석자 호적에 올렸으니[名今編戶籍]'의 이름은 아마도 유홍의 이름을 말하는 것인 듯하고, '드문드문 나다[生稀]'라는 것은 유홍이 죽을 것임을 의미하는 것이며, 두 번째 장에서 '나무 가지 메말라 흙빛이 되어있고[箇樹枝條朽]'라고 했기 때문에 가는 나무 가지가 흙빛이 되어 죽은 것이다. 또 '세 송이 꽃 다섯 개의 얼굴이 우네[三花五面啼]'라고 했는데, 이는 유홍의 식구 여덟 명 중에 유홍이 죽고 또 두 명이 죽게 되었으니 그것을 일러 세 송이 꽃이라고 말한 것이고 나머지 다섯 명이 울고 있으므로 다섯 개의 얼굴이 운다고 했던 것이다.

유홍이 죽은 지 20일 후에 옛 관리가 교외에서 유홍이 자줏빛 옷을 입고 가는 것을 보았는데, 따르는 기병이 200명이나 되었고 그의 표정이 매우 늠름해 보였다. 유홍은 관리에게 이렇게 말했다.

"나는 지금 이미 보국장군에게 임용되어 크게 부귀해 졌다. 지금 기병들을 이끌고 도성으로 가 어머니를 모셔가려 한다."

유홍의 어머니는 그 전부터 도성에 계셨다. 유홍의 외삼촌에게는 딸이 있었는데, 유씨(劉氏)에 의해 양육되어졌으며 나이는 유홍과 같았다. 그녀는 일찍이 유홍에게 이런 말을 했었다.

"내가 듣기로 죽은 자에게도 지각(知覺)이 있다고 하던데, 우리 둘이는 먼저 죽은 사람이 반드시 산 사람을 찾아가 소란을 피워 알려 주도록 하자."

그날 그녀는 유홍의 어머니와 함께 길을 가고 있었는데, 갑자기 누군가가 그녀의 옷자락을 잡아끌며 앞으로 나아가지 못하게 했다. 그녀는 이상한 일도 다 있다고 생각했다. 잠시 후 그녀가 앞으로 조금 나아갈 수 있게 되자 이번에는 그녀의 머리 수건을 잡아끌며 머리에 꽂은 빗을 빼는 것이 마치 장난을 치고 있는 것만 같았다. 유홍의 어머니는 깜짝 놀라하며 이렇게 말했다.

"홍이가 여기 있을 적에 늘 말하기를 반드시 군진(軍陣)에서 일할 것이라고 했는데, 오래도록 편지 한 장 없으니 지금 죽었단 말이냐? 어쩌면 평소에 늘 하던 말과 이토록 맞아 떨어진단 말이냐?"

어머니가 말을 채 마치기도 전에 유홍은 마당에서 모습을 드러냈는데, 자주색 옷을 입고 금장(金章)을 차고 있었으며 따르는 부하들도 매우 많았다. 어머니가 물었다.

"네가 어떻게 왔느냐?"

유홍이 대답했다.

"저는 이미 부귀해졌습니다. 제 몸은 지금 산 사람도 아닙니다. 다만 지금 제가 누리고 있는 복락(福樂)이 뭐라 말할 수 없을 만큼 많은지라 어머님을 모셔가 봉양하고자 왔습니다."

말을 마치자 수레와 가마가 안으로 들어왔다. 유홍은 어머니를 가마에 앉히고 자기는 그 옆에 서서 시중을 들면서 그곳을 떠나갔다. 유홍이 떠나간 뒤에 그의 어머니는 죽었는데, 그가 옛 관리와 만났을 때가 바로 어머니가 돌아가신 날이었다. (『기문』)

沛國劉洪, 性剛直. 父爲折衝都尉, 薛楚玉之在范陽, 召爲行軍. 洪隨之薊,因得給事楚玉, 楚玉悅之. 楚玉補屯官, 洪請行. 檀州有屯曰太和, 任者輒死, 屯遂荒廢, 洪乃請爲之. 楚玉以凶難之, 洪曰：“妖由人興, 妖不自作. 洪且不懼, 公何惜焉？”楚玉遂以爲太和屯官, 洪將人吏到屯.

屯有故墟落, 洪依之架屋. 匠人方運斧而度, 木自折擧, 擊匠人立死. 洪怒, 叱吏卒, 扶匠人起而答之, 詢曰：“汝是何鬼, 吾方治屯, 汝則干之？ 罪死不赦！”答數發, 匠人言說：“願見寬恕. 吾非前後殺屯官者也. 殺屯官者, 自是輔國將軍, 所居去此不遠. 吾乃守佛殿基鬼耳. 此故墟者, 舊佛殿也. 以其淨所, 故守之. 吾因爲人有罪, 配守此基. 基與地平, 吾方得去, 今者來, 故訴於公. 公爲平之, 吾乃去爲人矣.”洪曰：“汝言輔國不遠, 可卽擒來.”鬼曰：“諾.”須臾, 匠人言曰：“劉洪, 吾輔國將軍也. 汝爲人強直, 兼有才幹, 吾甚重之, 將任汝以職. 今當辟汝, 卽大富貴矣. 勉之.”因索紙, 作詩二章. 其匠人兵卒也, 素不知詩, 及其下筆, 書跡特妙, 可方王右軍. 薛楚玉取而珍之. 其詩曰：“烏鳥在虛飛, 玄駒逐野依. 名今編戶籍, 翠過葉生稀.”其二章曰：“箇樹枝條朽, 三花五面啼. 移家朝度日, 誰覺□（‘誰覺□'陳校本作‘逸□遲'）.”詩成而去.

匠人乃屯屬役. 數日疾甚, 昇至范陽, 其父謁名醫薛, 亦會疾. 洪言語如常, 而二冷密冷氣侵□□□□（‘而二冷密冷氣侵□□□□'黃本作‘而二人密介氣侵, 未幾乃卒□'）. 洪初得鬼詩, 思不可解, 及卒, 皆黑. 遂以載棺. ‘名今編戶籍', 蓋洪名, ‘生希'者, 言洪死像也, 其二章‘箇樹枝條朽', 故條枝朽也. ‘三花五面啼'者, 洪家有八口, 洪又二人亡, 所謂‘三花'也, 五人哭之, 所謂‘五面'啼.

洪死後二十日, 故吏野外見洪紫衣, 從二百騎, 神色甚壯. 告吏曰：“吾已爲輔國將軍所用, 大富貴矣. 今將騎從向都迎母.”母先在都. 初洪舅有女, 養於劉氏, 年與洪齒. 嘗與洪言曰：“吾聞死者有知, 吾二人, 先死必擾亂存者, 使知之.”是日, 女在洪母前行, 忽有引其衣者, 令不得前. 女怪之. 須臾得前, 又引其巾, 取其梳, 如相狎者. 洪母驚曰: "洪('洪'原作'汝', 據陳校本改)存日嘗有言, 須(明鈔本·許本'須'作'頃')來在軍, 久絶書問, 今見死乎? 何與平生言協也?" 母言未畢, 洪卽形見庭中, 衣紫金章, 僕從多至. 母問曰: "汝何緣來?" "洪已富貴. 身亦非人. 福樂難言, 故迎母供養". 於是車輿皆進. 母則昇輿, 洪乃侍從, 遂去. 去後而母殂, 其見故吏時, 亦母殂之日也. (出『紀聞』)

태평광기 권제 332

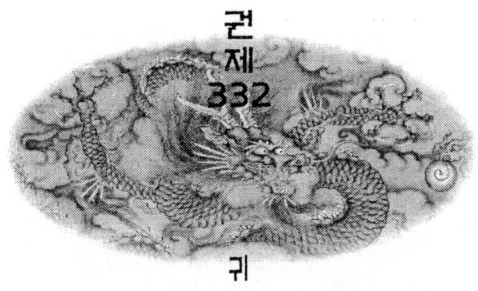

귀 17

1. 당 훤(唐 晅)
2. 소정인(蕭正人)
3. 위 일(韋 鎰)
4. 조하일(趙夏日)
5. 여자안(茹子顔)
6. 유자공(劉子貢)
7. 유 평(劉 平)
8. 소영사(蕭穎士)

332 · 1(4300)
당훤(唐晅)

 당훤은 진창(晉昌) 사람이다. 그의 고모는 장공(張恭)에게 시집갔는데, 장공은 바로 안정(安定) 사람 장올(張靰)의 후손이다. 장공은 활주(滑州) 위남(衛南)에 은거했는데 사람들은 모두 그를 존경했다. 장공은 세 아들을 두었는데 이들은 모두 진사에 급제했다. [그리고 장공에게는] 세 딸이 있었는데, 큰 딸은 신씨(辛氏)에게 시집갔고, 둘째 딸은 양씨(梁氏)에게 시집갔으며, 막내딸은 당훤의 고모가 총애했다. 막내딸은 시(詩)·서(書)를 익혀 자못 훌륭한 덕을 갖추었다. 개원연간(開元年間: 713~741)에 부친 장공이 죽자 막내딸은 지나치게 슬퍼하여 몸이 상할 정도였다. 당훤은 늘 그녀를 흠모했으며 그녀 부친의 상기(喪期)가 끝나기를 기다렸다가 그녀를 아내로 맞이하고는 그녀를 위남 마을에 남겨두었다.

 개원 18년(730), 당훤은 일이 있어 낙양(洛陽)에 들어갔다가 여러 달이 되도록 돌아오지 못했다. 당훤은 밤에 주인의 집에서 묵었는데, 그는 자기 부인이 꽃나무 뒤에서 울다가 얼마 후에는 우물을 엿보면서 웃는 꿈을 꾸었다. 당훤은 꿈을 깨고 나서 속으로 꺼림칙해했다. 다음날 당훤은 일자(日者: 시일의 길흉을 점치는 사람)를 찾아가 그 꿈에 대해서 물었더니, 그 사람이 말했다.

"꽃나무 뒤에서 우는 것은 용모가 세월 따라 시든다는 뜻이고, 우물을 엿보고 웃는 것은 황천길에 있는 것을 기뻐한다는 뜻이오."

그 후 며칠을 지냈는데 과연 부인이 죽었다는 소식이 왔다. 당훤은 다른 사람들보다 훨씬 비통해했다. 몇 년 후에야 그는 위남으로 돌아올 수 있었다. 당훤은 부인이 이 세상에 있을 때의 자취를 더듬어보며 감회에 젖어 다음과 같은 시를 지었다.

침실의 긴 대자리에서 슬퍼하고,
규방의 경대(鏡臺) 앞에서 울었네.
홀로 복사꽃 오얏꽃 피는 계절에 슬퍼하고,
밤 황천길 열린 것을 함께 하지 못했네.
혼이여, 통한 바가 있다면,
어렴풋이 꿈속에서나마 오시오.

그리고 또 다음과 같은 시를 지었다.

평소 고요한 화당(華堂)에서,
당신과 나는 웃고 이야기하며 수많은 시간을 보냈지.
아련히 사람의 일은 바뀌어,
적막 속에 당신 홀로 거친 언덕에 묻혔구려.
이승에서 당신 슬퍼하며 「해로(薤露: 상여가 나갈 때 부르는 노래. 즉 輓歌를 말함)」를 부르고,
저승에서 무상(無常)함을 슬퍼하네.
맑은 밤 누대에 밝은 달 비치는데,
공연히 당신 생각을 하니 시름만 더하네.

그날 저녁 바람은 맑고 이슬은 찬데 당훤은 부인에 대한 그리움이 사무쳐 잠을 이루지 못했다. 밤이 더욱 깊어지자 당훤은 슬픈 나머지 이

전에 읊었던 도망시(悼亡詩)를 읊조렸다. 그런데 갑자기 어둠 속에서 우는 듯한 소리가 들렸는데, 그 소리는 처음에는 멀리서 들리다가 점점 가까워졌다. 당훤은 놀라고 슬퍼하면서 이상하다고 느끼며 이렇게 빌었다.

"만약 당신이 십낭자(十娘子: 張氏)의 혼령이라면 어찌 한 번 만나 정회(情懷)를 풀어놓기를 아까워하시오? 당신이 이미 저승사람이 되었다고 해서 지난날 우리의 사랑을 가로막아서는 안되오."

잠시 후 말하는 소리가 들렸다.

"저는 당신의 아내 장씨(張氏)인데, 듣자하니 당신은 슬프게 시를 읊으며 저를 그리워하고 있다더군요. 저는 비록 저승에 있으나 또한 매우 마음 아파하고 있습니다. 당신의 정성스런 마음에 부끄럽기만 합니다. 당신은 제가 저승사람이 되었는데도 버리지 않고 매번 저를 기억해주시기 때문에 이 밤에 와서 당신에게 말씀드리는 것입니다."

당훤은 놀라 탄식하고 눈물을 흘리며 오열했다.

"마음에 쌓인 일은 시원하게 말하기가 어렵소. 얼굴이라도 한 번 보았으면 죽어도 한이 없겠소."

장씨가 대답했다.

"이승과 저승은 길이 달라 만나기가 매우 어렵습니다. 또한 당신이 의심할까봐 염려되어 그러는 것이지 제가 모습을 보여드리고 싶지 않은 것이 아닙니다."

당훤은 더욱 간절히 바라면서 절대 의심하지 않을 것이라고 맹세했다.

잠시 후 장씨가 나부(羅敷)를 불러 거울을 가져오라는 소리가 들렸고, 또 어둠 속에서 쏴 하면서 사람이 걸어가는 소리가 들렸다. 나부가 먼저 앞에 나타나 말했다.

"낭자께서 당신과 옛정을 나누고 싶다고 하십니다. 지금 낭자는 칠랑(七郞: 唐晅)을 만나기 위해 기다리고 있습니다."

당훤이 나부에게 물었다.

"나는 개원 8년(720)에 이미 너를 선주(仙州)의 강씨(康氏) 집에 맡겨두었다. 듣자하니 너는 그 강씨 집에서 벌써 죽었다고 하던데, 지금 어찌하여 여기에 있느냐?"

나부가 대답했다.

"낭자께서 돈을 주고 저를 데려오셨기에 지금은 제가 아미(阿美)를 지켜드리고 있습니다."

아미는 바로 이미 죽은 당훤의 딸이다. 당훤은 또 슬펐다.

잠시 후 장씨는 나부에게 등불을 밝히라고 명한 뒤 동편 섬돌의 북쪽에 서 있었다. 당훤이 앞으로 달려나가 울며 절하자 그의 아내도 답례했다. 당훤은 곧 장씨의 손을 잡고 생전의 정을 나누었다. 장씨 역시 눈물을 흘리며 당훤에게 말했다.

"이승과 저승은 길이 달라 당신과 오랫동안 헤어져 있었습니다. 비록 적막한 저승에서 의지할 것은 없었지만, 당신에 대한 그리운 마음은 한 번도 버린 적이 없었습니다. 이제 육합(六合: 陰陽家에서 月建과 日辰의 地支가 서로 만나는 것. 즉 子丑・寅亥・卯戌・辰酉・巳申・午未를 吉日로 여김)하는 날을 맞아 저승 관리가 당신의 정성스러움에 감동하여 저를 잠시 놓아 보내주었습니다. 천 년에 한 번 만나는 기회라 슬픔과 기쁨이 교차하군요. 또 미낭(美娘: 阿美)은 아직 어려서 부탁할 만한 사람이 없습니다. 오늘밤이 어떤 날입니까? 우리 마음껏 속마음을 털어 놓읍시다."

당훤은 곧 집안 사람들에게 줄지어 서서 장씨에게 절을 올리라고 명했다. 당훤은 또 등불을 침실로 옮기고 휘장을 드리웠다. 장씨는 먼저 앉으려 하지 않으면서 말했다.

"이승과 저승에서 신분의 높고 낮음은 산 사람을 귀하게 여기는 법이니 당신이 먼저 앉으세요."

당훤은 즉시 그 말대로 했다. 장씨가 웃으면서 당훤에게 말했다.

"당신의 정은 생전과 달라진 것이 없으나 듣자하니 이미 재혼하셨다고 하는데, 새 부인과 옛 부인은 무슨 차이가 있습니까?"

당훤은 매우 부끄러웠다. 부인이 말했다.

"업연(業緣)을 논하자면 당신은 재혼하는 것이 마땅합니다. 당신이 새로 맞이한 아내는 회남(淮南)에 있는데, 저 또한 그녀를 평소에 잘 알고 있습니다."

당훤이 말했다.

"사람의 수명이 길고 짧은 것은 본래부터 정해져 있소?"

부인이 말했다.

"반드시 정해져 있습니다."

당훤이 또 물었다.

"불가(佛家)에서 말하는 전생의 인연이라는 것은 잘못된 것이 아니오?"

부인이 대답했다.

"그 이치는 분명히 알 수 있으니, 어찌 터무니없을 수 있겠습니까?"

당훤이 또 물었다.

"불교와 도교는 누가 옳고 누가 그르오?"

부인이 대답했다.

"그것은 근원은 같은데 갈래가 다를 뿐입니다. 그 밖에 태극선품(太極仙品)이 있는데, 이는 신령을 총괄하는 관리로서 유무(有無) 사이를 출입할 수 있는 조화가 있어 그 도가 매우 큽니다. 그 나머지는 모두 인간세계에서 말하는 것과 같습니다. 지금은 자세히 말씀드릴 수가 없군요. 서로간에 짐이 될 테니까요."

당훤은 두려워 감히 더 이상 묻지 못했다. 그래서 다른 것을 물었다.

"무엇을 먹고 싶소?"

부인이 대답했다.

"저승에서도 진수성찬은 다 갖추어져 있지만 오직 묽은 죽만 없어서 먹어보지 못했습니다."

당훤은 즉시 묽은 죽을 준비하게 했다. 죽이 다 되어 대령하자 부인은 다른 그릇을 찾아 거기에 담고 먹기 시작했는데, 입에 갖다 대면 곧 없어지는 것 같았지만 그릇을 치우려고 보니 죽이 여전히 남아 있었다. 당훤은 부인의 시종들에게도 모두 밥을 먹였는데, 그 중 어떤 할머니는 함께 앉으려 하지 않았다. 부인이 말했다.

"이 옆에 계시는 노인은 젊은 무리들과는 다릅니다."

부인이 당훤에게 말했다.

"이분은 자국(紫菊) 할멈인데 혹 모르겠습니까?"

당훤은 그제야 생각이 난 듯 할머니에게 따로 자리를 마련하여 식사하게 했다. 그 나머지 시종들은 대부분 당훤이 모르는 사람들이었다.

부인이 그들의 이름을 부르는 것을 듣고 보니, 그들은 바로 자신이 도성으로부터 돌아오던 날 종이를 오려 만든 노비들에 써놓은 이름이었다. 당훤이 부인에게 묻자 부인이 말했다.

"이것은 모두 당신이 제게 준 것입니다."

당훤은 그제야 아내에게 보내준 재물과 노비를 부인이 모두 받았음을 알았다. 부인이 말했다.

"지난 날에 제가 늘 간직하고 있던 황금을 새겨 넣은 합(盒)을 지금 집 서북쪽 두공(枓栱: 대들보를 받치는 기둥 위의 方形의 목재) 속에 감추어 놓았는데, 다른 사람들은 거기에 있는 것을 모르고 있습니다."

당훤이 그곳으로 가보니 과연 그 합이 나왔다. 부인이 또 말했다.

"당신은 어찌 미낭을 보려하지 않으십니까? 지금 이미 장성했습니다."

당훤이 말했다.

"미낭은 죽었을 때 강보에 쌓인 갓난아이였는데 저승에서 어떻게 나이를 먹었겠소?"

부인이 대답했다.

"이승과 다를 게 없습니다."

잠시 후 미낭이 도착했는데 5~6살은 되어 보였다. 당훤이 미낭을 어루만지며 울자 부인이 말했다.

"껴안지 마세요. 아이가 놀랍니다."

나부가 미낭을 안았더니 미낭이 갑자기 사라졌다.

당훤은 휘장을 내리게 하고 부인과 깊은 정을 나누었는데, 평소 살아있을 때와 같았다. 당훤은 아내의 손발과 숨결이 차갑다고 느낄 뿐이었다. 당훤이 또 물었다.

"저승 어디에 사시오?"

부인이 대답했다.

"시부모님 곁에 있습니다."

당훤이 말했다.

"당신은 이토록 신령한데 어찌하여 이승으로 돌아오지 못하오?"

부인이 대답했다.

"사람은 죽은 후에 혼백이 다른 곳으로 가고 모두 소속된 곳이 있으며, 형체와는 전혀 상관이 없습니다. 당신은 어찌하여 꿈속의 일을 확인해보지 않으십니까? [꿈을 꿀 때] 어떻게 자신의 몸을 기억할 수 있겠습니까? 제가 죽은 후에는 죽은 때를 전혀 기억하지 못하고 또한 묻힌 곳도 알지 못합니다. 하지만 재물과 노비를 당신이 제게 준 것은 알고 있습니다. 그리고 형체에 대해서는 전혀 개의치 않습니다."

이윽고 두 사람은 밤이 깊도록 깊은 정을 나누었다. 당훤이 말했다.

"당신과 합장할 날이 머지 않았구려."

부인이 말했다.

"일찍이 듣자하니 합장의 예는 대개 시신을 함께 묻는다고 하더군요. 정신은 실제로 전혀 보이지 않는데 어찌 번거롭게 그런 말을 하십니까?"

당훤이 말했다.

"부인은 죽은 후에 재가(再嫁)하지 않았소?"

부인이 대답했다.

"살아서나 죽어서나 마찬가지로 사람의 곧음과 그릇됨은 차이가 있습니다. 제가 죽은 후에는 부모님께서 저의 뜻을 빼앗아 북정도호(北庭都護) 정건관(鄭乾觀)의 조카인 정명원(鄭明遠)에게 개가(改嫁)시키려고 했습니다. 그러나 제가 맹세한 뜻이 확고했기 때문에 위아래 사람들이 저를 가엾게 여기시어 개가를 면할 수 있었습니다."

당훤은 그 말을 듣고 아내를 위로하며 감회에 젖어 다음과 같은 시를 지어주었다.

> 역양(嶧陽)의 오동나무[嶧山 남쪽 비탈에서 나는 특이한 오동으로, 琴을 만드는데 좋은 재료임] 가운데 절반이 죽고,
> 연평진(延平津)의 보검(寶劍: 晉代에 龍泉·太阿 兩劍이 분리된 후 연평진에서 습하여 용이 되어 승천함) 가운데 하나가 물에 빠지고 말았네.
> 어찌하나, 얼마 되지 않은 시간에,
> 백년해로하자는 마음 헛되이 저버렸으니.

부인이 말했다.

"당신의 사랑을 받고 보니 문득 답시(答詩)를 남기고 싶은데 되겠습니까?"

당훤이 말했다.

"당신은 예전에 글을 짓지 않았는데 어떻게 시를 짓겠다는 것이오?"

부인이 말했다.

"저는 평소 문사(文詞)를 좋아했지만 당신이 꺼릴까봐 염려하여 짓지 않았던 것입니다. 시는 자기의 뜻을 말하는 것인데, 더군다나 오늘밤은 시 짓기에 얼마나 좋습니까?"

부인은 마침내 허리끈을 찢어 다음과 같은 시를 적었다.

> 생사의 길이 갈라짐을 생각지 못한 채,

고금(古今)이 다름을 어떻게 견딜까?
이승과 저승은 길이 막혀 있는데,
만나고 헤어지는 것이 마음을 어지러이 흔드네.

부인은 또 다음과 같은 시를 지었다.

난계(蘭階)에 달은 기울고,
은촉(銀燭)의 불꽃 반쯤 사그라들었네.
가엾은 긴 밤의 나그네여,
황천길을 집으로 여기네.

당훤은 눈물을 머금고 아내와 이야기하면서 기뻐하고 슬퍼하는 사이에 어느덧 날이 밝았다.

잠시 후 문 두드리는 소리가 들렸는데, 당훤의 부모가 단삼(丹參)을 보내며 말을 전했다.

"신부(新婦: 張氏)는 서두르시오. 날이 밝으면 저승 관부에서 이 일을 알고 책임을 물을 것이오."

부인이 울며 일어나 당훤과 작별하자 당훤은 [부모님께 드리는] 문안 편지를 적어 건네주었다. 부인이 옷을 여미자 진한 향이 풍겼는데, 인간 세상의 것과는 달랐다. [당훤이 물었다]

"이 향은 어디서 났소?"

부인이 대답했다.

"한수(韓壽: 晉代 사람으로 字는 德眞. 서역 月氏國에서 수입된 향을 몸에 차고 있었는데, 그 향기가 석 달이 넘도록 사라지지 않았다고 함)가 쓰다 남은 것인데, 제가 올 때 시부모님께서 주셨습니다."

당훤은 아내의 손을 잡고 말했다.

"언제 다시 만날 수 있소?"

부인이 대답했다.

"40년 후에나 가능합니다."

부인은 당훤에게 비단 손수건 하나를 기념으로 남겨주었다. 당훤이 그 답례로 황금을 새겨 넣은 비녀 상자를 하나 주자 부인이 말했다.

"시간이 다 되어 이곳에 오래 머물 수 없습니다. 40년 이전에는 제 무덤에 제사를 올린다 해도 아무 소용이 없습니다. 만약 저에게 뭔가를 꼭 바치고 싶다면 단지 그 달의 마지막 날 황혼 때에 들판이나 강가에서 저의 이름을 부르기만 하면 제가 곧장 나타나겠습니다. 갈 길이 바빠서 이야기를 오래 못하니 부디 몸조심하십시오."

아내는 말을 마치고 수레에 올라 소매를 날리면서 떠나갔는데, 한참 후에야 그 모습이 사라졌다. 집안 사람들은 모두 그 광경을 보았다. 이 일은 당훤의 수기(手記)에 보인다. (『통유기』)

唐晅者, 晉昌人也. 其姑適張恭, 卽安定張軌(明鈔本'軌'作'軏')之後. 隱居滑州衛南, 人多重之. 有子三人, 進士擢第. 女三人, 長適辛氏, 次適梁氏, 小女姑鍾念. 習以詩禮, 頗有令德. 開元中, 父亡, 哀毁過禮. 晅常慕之, 及終制, 乃娶焉, 而留之衛南莊.

開元十八年, 晅以故入洛, 累月不得歸. 夜宿主人, 夢其妻隔花泣, 俄而窺井笑. 及覺, 心惡之. 明日, 就日者問之, 曰:"隔花泣者, 顔隨風謝, 窺井笑者, 喜於泉路也."居數日, 果有凶信. 晅悲慟倍常.

後數歲, 方得歸衛南. 追其陳迹, 感而賦詩曰:"寢室悲長簟, 粧樓泣鏡臺. 獨悲桃李節, 不共夜泉開. 魂兮若有感, 髣髴夢中來."又曰:"常時華堂靜, 笑語度更籌. 恍惚人事改, 冥寞委荒丘. 陽原歌薤露, 陰壑悼藏舟. 清夜莊臺月, 空想畫眉愁."

是夕風露清虛, 晅耿耿不寐. 更深, 悲吟前悼亡詩. 忽聞暗中若泣聲, 初遠, 漸近. 晅驚惻, 覺有異, 乃祝之曰:"儻是十娘子之靈, 何惜一相見敍也? 勿以幽冥, 隔礙宿昔之愛." 須臾, 聞言曰:"兒郎張氏也, 聞君悲吟相念. 雖處陰冥, 實所惻愴. 媿君誠心. 不以沉魂可棄, 每所記念, 是以此夕與君相聞." 晅驚嘆, 流涕嗚咽曰:"在心之事, 卒難申敍. 然須得一見顏色, 死不恨矣." 答曰:"隱顯道隔, 相見殊難. 亦慮君亦有疑心, 妾非不欲盡也." 晅詞益懇, 誓無疑貳.

俄而聞喚羅敷取鏡, 又聞暗中颯颯然人行聲. 羅敷('取鏡又聞暗中颯颯然人行聲羅敷'十四字原闕, 據明鈔本·陳校本補)先出前拜, 言:"娘子欲叙夙昔. 正期與七郎相見." 晅問羅敷曰:"我開元八年, 典汝與仙州康家. 聞汝已于康家死矣, 今何得在此?" 答曰:"被娘子贖來, 今看阿美." 阿美卽晅之亡女也. 晅又惻然.

須臾命燈燭, 立於阼階之北. 晅趨前, 泣而拜, 妻答拜. 晅乃執手, 敍以平生. 妻亦流涕謂晅曰:"陰陽道隔, 與君久別. 雖冥寞無據, 至於相思, 嘗不去心. 今六合之日, 冥官感君誠懇, 放兒蹔來. 千年一遇, 悲喜兼集. 又美娘又小, 囑付無人. 今夕何夕? 再遂申款."

晅乃命家人列拜起居. 徙燈入室, 施布帷帳. 不肯先坐, 乃曰:"陰陽尊卑, 以生人爲貴, 君可先坐." 晅卽如言. 笑謂晅曰:"君情旣不易平生, 然聞已再婚, 新故有間乎?" 晅甚怍. 妻曰:"論業君合(陳校本'合'作'命')再婚.('新故有間乎晅甚怍妻曰論業君合再婚'十六字原闕, 據明鈔本·陳校本補) 君新人在淮南, 吾亦知甚平善." 因語:"人生修短, 固有定乎?" 答曰:"必定矣." 又問:"佛稱宿因(陳校本'因'作'緣')不謬乎?" 答曰:"理端可鑒, 何謬之有('又問佛稱宿因不謬乎答曰'理端可鑒何謬之有'十九字原闕, 據明鈔本・陳校本補)?"又問:"佛與道孰是非?"答曰:"同源異派耳. 別有太極仙品, 總靈之司, 出有入無之化, 其道大哉. 其餘悉如人間所說. 今不合具言. 彼此爲累."晅懼, 不敢復問. 因問:"欲何膳?"答曰:"冥中珍羞亦備, 唯無漿水粥, 不可致耳."晅卽令備之. 旣至, 索別器, 攤之而食, 向口如盡, 及徹之, 粥宛然. 晅悉飯其從者, 有老姥, 不肯同坐. 妻曰:"倚是舊人, 不同羣小."謂晅曰:"此是紫菊嬭, 豈不識耶?"晅方記念, 別席飯. 其餘侍者, 晅多不識. 聞呼名字, 乃是晅從京廻日, 多剪紙人奴婢, 所題之名. 問妻, 妻曰:"皆君所與者."乃知錢財奴婢, 無不得也. 妻曰:"往日常弄一金鏤合子, 藏于堂屋西北斗栱中, 無有人知處."晅取果得. 又曰:"豈不欲見美娘乎? 今已長成."晅曰:"美娘亡時襁褓, 地下豈受歲乎?"答曰:"無異也." 須臾, 美娘至, 可五六歲. 晅撫之而泣, 妻曰:"莫抱. 驚兒."羅敷却抱, 忽不見.

晅令下簾帷, 申繾綣, 宛如平生. 晅覺手足呼吸冷耳. 又問:"冥中居何處?" 答曰:"在舅姑左右."晅曰:"娘子神靈如此, 何不還返生?"答曰:"人死之後, 魂魄異處, 皆有所錄, 杳不關形骸也. 君何不驗夢中? 安能記其身也? 兒亡之後, 都不記死時, 亦不知殯葬之處. 錢財奴婢, 君與則知. 至如形骸, 實總不管." 旣而綢繆夜深. 晅曰:"同穴不遠矣."妻曰:"曾聞合葬之禮, 蓋同形骸. 至精神, 實都不見, 何煩此言也?"晅曰:"婦人沒地, 不亦有再適乎?"答曰:"死生同流, 貞邪各異. 且兒亡, 堂上欲奪兒志, 嫁與北庭都護鄭乾觀姪明遠. 兒誓志確然, 上下矜閔, 得免."晅聞撫然, 感懷而贈詩曰:"嶧陽桐半死, 延津劍一沈. 如何宿昔內, 空負百年心."妻曰:"方見君情, 輒欲留答, 可乎?"晅曰:"曩日不屬文, 何以爲詞?"妻曰:"文詞素慕, 慮君嫌猜而不爲. 言志之事, 今夕何爽?"遂裂帶題詩曰:"不分殊幽顯, 那堪異古今? 陰陽途自隔, 聚散兩難心."又曰:"蘭階兎月斜, 銀燭半含花. 自憐長夜客, 泉路以爲家."晅含涕言敍, 悲喜之間, 不覺天明.

　須臾, 聞扣門聲, 翁婆使丹參傳語:"令催新婦. 恐天明冥司督責." 妻泣而起, 與晅訣別, 晅修啓狀以附之. 整衣, 聞香郁然, 不與世同. "此香何方得?" 答言: "韓壽餘香, 兒來, 堂上見賜." 晅執手曰: "何時再一見?" 答曰: "四十年耳." 留一羅帛子, 與晅爲念. 晅答一金鈿合子, 卽曰: "前途日限, 不可久留. 自非四十年內, 若於墓祭祀, 都無益. 必有相饗, 但於月盡日黃昏時, 於野田中, 或於河畔, 呼名字, 兒盡得也. 忽忽不果久語, 願自愛." 訖, 登車而去, 揚袂('袂'原作'被', 據明鈔本改), 久之方滅. 擧家皆見. 事見唐晅手記. (出『通幽記』)

332 · 2(4301)
소정인(蕭正人)

　낭야태수(琅邪太守) 허계언(許誡言)은 일찍이 다음과 같은 말을 했다.
　나는 어렸을 때 사촌형제와 함께 밤중에 귀신에 관한 말을 하게 되었다. 그 중 용맹스런 사람이 말했다.
　"나는 사귀(邪鬼)를 믿지 않소. 어디에 귀신이 있단 말이오?"
　말이 미처 끝나지 않았을 때 추녀 끝에서 귀신이 갑자기 두 정강이를 늘어뜨렸는데, 그 정강이는 매우 튼튼하고 큰데다 길고 검은 털이 나 있었으며 발이 땅에 닿았다. 말하던 사람은 곧장 달아나 숨고 말았다. 처남 소정인(蕭正人)은 성격이 침착하고 조용하여 말이 적었으므로 그것을 두려워하지 않고 바로 귀신의 정강이를 안아 옷을 벗어 단단히 묶었다. 귀신이 정강이를 들어 추녀쪽으로 가자 소정인이 귀신을 묶어 올라가지 못하게 했다. 그러자 귀신은 다시 내려왔는데, 이렇게 하기를 여러 차례나 했다. 그러나 아무도 그를 도와주는 사람이 없었다. 소정인이 귀신의 다리를 놓아주자 귀신은 마침내 사라졌다. 그러나 소정인은 아무 탈이 없었다. (『기문』)

琅邪太守許誡言, 嘗言: 幼時與中外兄弟, 夜中言及鬼神. 其中雄猛者, 或言: "吾不信邪. 何處有鬼?" 言未終, 前簷頭鬼忽垂下二脛, 脛甚壯大, 黑毛且長, 足履於地. 言者走匿. 內弟蕭正人, 沈靜少言, 獨不懼, 直抱鬼脛, 以解衣束之甚急. 鬼擧脛至簷, 正人束之, 不得昇. 復下, 如此數四. 旣無救者. 正人放之, 鬼遂滅. 而正人無他. (出『紀聞』)

332 · 3(4302)
위 일(韋 鎰)

감찰어사(監察御使) 위일은 좌천되어 멀리 쫓겨났다가 다시 괵주(虢州)의 사호참군(司戶參軍)으로 부임했다. 위일은 태수와 교분이 있었는데 태수가 위일에게 괵주 서쪽의 외곽도로를 만들어달라고 부탁했다. 위일은 그 일을 맡아 처음 도로 몇 리를 닦으면서 무덤 수 백 개를 평평하게 깎아버렸다. 얼마 후 태수는 위일이 생각나 호수로 가서 순시했다. 그런데 어떤 사람이 호수로 오더니 위일의 부인이 죽었다고 알리는 것이었다. 위일은 부인이 죽은 지 7일이 되자 스님을 불러 재(齋)를 올렸다. 위일이 정신이 쇠약해지고 의지를 상실하자 여러 스님이 그를 위로했다. 재가 끝나자 위일은 스님을 문밖까지 배웅했는데, 말을 마치기도 전에 뭔가 본 듯하여 곧 스님에게 읍하고 물러나면서 또 말했다.

"저의 죽은 처가 나타났습니다."

그리고는 마치 누군가와 인사를 주고받는 것 같더니 당(堂)에 이르러 땅에 쓰러져 죽고 말았다.

사람들은 이 일을 위일이 무덤을 평평하게 깎아버린 탓이라고 여겼다. (『기문』)

監察御史韋鎰, 自貶降量移虢州司戶參軍. 鎰與守有故, 請開虢州西郭道. 鎰主之, 凡開數里, 平夷丘墓數百. 旣而守念鎰, 至湖按覆. 有人至湖, 告鎰妻死. 鎰妻亡七日, 召寺僧齋. 鎰神傷喪志, 諸僧慰勉. 齋罷, 鎰送僧出門, 言未畢, 若有所見, 則揖僧退, 且言曰: "弟子亡妻形見." 則若揖讓酬答, 至堂仆地, 遂卒. 人以爲平夷丘墓之禍焉. (出『紀聞』)

332 · 4(4303)
조하일(趙夏日)

영왕(寧王)의 문학(文學: 博士를 보좌하여 敎授를 맡은 벼슬)을 맡은 조하일은 문장으로 유명했으며, 문학으로 벼슬을 마쳤다. 그는 죽은 후에도 평소 살아있을 때처럼 집안일을 처리하여 집안의 어른 아이 할 것 없이 감히 잘못을 저지르지 못했다. 그는 늘 상막(喪幕) 속에서 말을 했는데 그 소리가 매우 엄격했다. 둘째 아들은 항상 그의 부친을 보았는데 부친은 항상 집안에 있었다. 조하일은 죽은 지 3년째 되는 날에 아들에게 자신의 말을 전하도록 하고 일일이 사람들과 작별한 후에 떠나갔다. (『기문』)

寧王文學趙夏日, 文章知名, 以文學卒官. 終後, 每處理家事如平生, 家內大小, 不敢爲非. 常於靈帳中言, 其聲甚厲. 第二子常見之, 率常在宅. 及三歲, 令其子傳語, 遍別人, 因絶去. (出『紀聞』)

332·5(4304)
여자안(茹子顔)

오(吳) 땅 사람 여자안은 명경과(明經科)에 급제하여 쌍류현위(雙流縣尉)가 되었는데, 그는 자못 재주와 학식이 있었고 병 처방도 잘했다. 이 때문에 조정의 현자들이 대부분 그를 알게 되었다. 여자안은 경조부(京兆府) 박사(博士)를 하고 싶어 관리를 선발할 때 경조부 박사가 되고자 청했다. 그 자리에 임명된 후 그는 늘 조정 귀관(貴官)의 집에 있었다. 여자안이 벼슬을 그만두고 돌아가 학문에 전념하자 그의 문 앞에는 거마(車馬)가 끊이지 않았다. 여자안의 동서 장허의(張虛儀)는 재주(梓州) 통천현위(通泉縣尉)에 제수되었지만 집이 가난하여 그의 부인과 함께 갈 수가 없었다. 그래서 그는 수만 전을 빌리고 여자안에게 보증을 서달라고 부탁했다. 장허의가 떠난 후 2달 남짓 되었을 때, 여자안이 밤에 앉아 있는데 갑자기 처마 사이에서 누군가 말하는 소리가 들렸다.

"나는 통천현위 장허의인데, 통천에 온지 며칠 만에 죽고 말았소. 지금 내 상여를 도성으로 옮겨가려고 하는데 이미 통천현을 출발했소. 나는 생전에 당신과 특히 사이가 좋아 내가 현위(縣尉)로 부임하는 날에도 당신에게 빚을 져 누를 끼쳤소. 나는 이제 죽은 몸이고 집도 가난한지라 오며가며 당신을 번거롭게 해서 정말 염치가 없소."

여자안이 물었다.

"당신의 상여는 언제 도성에 도착하오? 내가 사람을 보내 맞이하리다."

귀신은 곧 출발한 날짜를 자세히 말하고는 먹을 것을 달라고 했다. 여자안은 귀신에게 먹을 것을 갖다주게 하고 예전처럼 앉아서 담소를 나누었다. 때가 되자 장허의의 상여가 과연 도착했다. 여자안은 그를 대신해 돈 빌려준 사람을 불러 돈을 모두 갚아주었다. 귀신은 또 아침저녁으로 와서 그 은혜에 감사했는데, 그 말이 매우 정성스러웠으며, 그렇게 한 달 남짓 계속하다가 자취를 감추었다. 그러나 여자안은 그 일에 개의치 않았다. 수십 일 후에 여자안도 죽었다. (『기문』)

吳人茹子顔, 以明經爲雙流尉, 頗有才識, 善醫方. 由是朝賢多識之. 子顔好京兆府博士, 及選, 請爲之. 旣拜, 常在朝貴家. 及歸學, 車馬不絶. 子顔之婭張虛儀, 選授梓州通泉尉, 家貧, 不能與其妻行. 仍有債數萬, 請子顔保. 虛儀去後兩月餘, 子顔夜坐, 忽簷間語曰:"吾通泉尉張虛儀也, 到縣數日亡. 今吾柩還, 已發縣矣. 吾平生與君特善, 赴任日, 又債負累君. 吾今亡, 家又貧窶, 進退相擾, 深覺厚顔." 子顔問曰:"君何日當至京? 吾使人迎候." 鬼乃具言發時日, 且求食. 子顔命食, 於坐談笑如故. 至期, 喪果至. 子顔爲之召債家, 而歸其負.

鬼又旦夕來謝恩, 其言甚懇, 月餘而絶. 子顔亦不以介意. 數旬, 子顔亦死. (出
『紀聞』)

332 · 6(4305)
유자공(劉子貢)

경조(京兆) 사람 유자공은 [아무 해] 5월 23일에 열병으로 죽었다. 그는 다음날 다시 살아나서 이렇게 말했다.

나는 명부(名簿)에 따라 저승에 잡혀갔는데, 같이 잡혀갔던 자는 19명이었다. 저승의 관원이 두 사람을 불러내더니 나무로 그들의 머리를 싸고 못을 박고는 그들을 묶으라고 명하면서 말했다.

"이 두 사람은 죄가 무거워서 남겨두고, 나머지 사람은 석방하여 보낸다."

그리고는 또 유자공을 데리고 여러 지옥을 두루 둘러보았는데, 단지 사람이 보이지 않는 텅 빈 담만 수십 곳이 있을 뿐이었다. 유자공이 물었다.

"이곳은 어디요?"

그 사람이 말했다.

"여기는 모두 지옥이오. 동광왕(同光王)께서 탄생하셨기 때문에 죄인들을 7일간 휴가 보냈고, 여기에서 벌받던 사람들도 잠시 멈추도록 했소. 만약 북을 울리며 형을 집행하여 죄인들이 고통받는 것을 보게 된다면 정말 기절초풍할 것이오."

유자공은 난강현령(難江縣令) 소원종(蕭元宗)의 딸을 아내로 맞아들였는데, 지옥에서 소원종을 만나자 그에게 물었다.

"장인어른께서는 생전에 선행을 잘 베푸셨는데 어찌하여 여기에 계십니까?"

소원종이 말했다.

"나는 전생에 허물이 있어서 지옥에 남아 있는 거라네. 하지만 일이 이미 다 끝나 이제 장차 천계(天界)에서 태어날 날이 얼마 남지 않았네."

유자공이 또 물었다.

"먼저 죽은 두 아들은 어디에 있습니까?"

[소원종이 말했다.]

"큰아들은 정직하고 믿음이 있어 죽자마자 천도(天道: 六道[地獄·餓鬼·畜生·修羅·人間·天上]의 하나)에 태어났고, 작은 아들은 도적질하고 사람을 죽여 지옥에 있네."

유자공은 또 이웃 사람 계위(季暐)를 만났는데, 계위가 말했다.

"당신이 내 아들에게 말 좀 전해주시오. 내가 이전에 지은 죄 때문에 아주 오랫동안 지옥에 구속되어 있다고 말이오. 그리고 또 나를 위해 관세음보살상(觀世音菩薩像) 하나를 만들고 『묘법연화경(妙法蓮華經)』 한 부를 베껴 쓰면 아비가 천도에 태어날 수 있다고 말이오."

유자공은 또 부친 유신(劉愼)을 만났는데, 부친이 말했다.

"나는 동광왕께서 탄생하셨기 때문에 휴가를 얻어 밖에 나올 수 있었다. 그렇지 않으면 매일 벌을 받는데 그 고초는 이루 말할 수 없다. 내가 탄궁(彈弓)을 만들어 날짐승을 쏘았다는 이유로 매일 소머리를 한

옥졸이 무쇠 탄궁 수천 개를 벌겋게 달구어 내 몸 살갗 수 백 군데를 찢고 그 속으로 달군 탄궁을 집어넣는데 도저히 고통을 참을 수 없다."

유자공이 또 보았더니 몸이 온전히 남아 있는 자는 대부분 귀신이었다. 유자공은 5월 23일에 살아났다가 7일 동안 살고 5월 29일에 또 죽었는데, 결국 살아나지 못했다. (『기문』)

京兆人劉子貢, 五月二十二日, 在病熱卒. 明日乃蘇, 自言: 被錄至冥司, 同過者十九人. 官召二人出, 木括其頭, 加釘鏃焉, 命繫之, 曰:"此二人罪重, 留, 餘者且釋去."又引子貢歷觀諸獄, 但空墻垣爲數十院, 不見人('子貢歷觀諸獄但空墻垣爲數十院不見人'十七字原闕, 據明鈔本·陳校本補). 子貢問曰:"此爲何處?"人曰:"此皆地獄也. 緣同光王生, 故休罪人七日, 此中受罪者暫停. 若遇其鼓作, 罪人受苦, 可驚駭耳目."子貢娶于難江縣令蘇元宗, 見元宗於途, 問之曰:"丈人在生好善, 何得在此?"元宗曰:"吾前生有過, 故留. 然事已辦, 今將生天, 不久矣."又問:"二子先死者何在?""長者愿而信, 死便生天, 少兒賊而殺, 見在地獄."又遇隣人李暐, 暐曰:"君爲傳語吾兒. 吾坐前坐罪, 大被拘留. 爲吾造觀世音菩薩像一, 寫『妙法蓮華經』一部, 則生天矣."又遇其父愼, 愼曰:"吾以同光王生, 故得假在外. 不然, 每日受罪, 苦不可言. 坐吾彈殺鳥獸故, 每日被牛頭獄卒, 燒鐵彈數千, 其色如火, 破吾身皮數百道, 納熱彈其中, 痛苦不可忍."又見身存者多爲鬼. 子貢以二十三日生, 生七日, 至二十九日又殂, 遂不活矣. (出『紀聞』)

유 평(劉 平)

당(唐)나라 함통연간(咸通年間: 860~874)에 오경박사(五經博士) 노가(盧玨)라는 사람이 있었는데, 그는 신선보양(神仙補養)의 도를 터득했다. 그는 자신이 수(隋)나라 때 태어났다고 하면서 조정의 원로대신들을 모두 그들이 어렸을 때 보았다고 말했다. 사람들은 대대로 그를 받들었으며 그의 수명도 무궁했다.

그는 안사(安史)의 난 때 종남산(終南山)에 은거했는데, 그 후로는 세상에 나왔다가 은거했다가 했다. 영호도(令狐綯)는 일찍이 그를 주하(柱下: 老子. 노자는 柱下史라는 벼슬을 지냈음. 주하사는 圖書를 맡은 벼슬)나 칠원(漆園: 莊子. 장자는 蒙에서 漆園吏라는 벼슬을 지냈음)의 일로 비유했다. 얼마 후 영호도는 도성에서 벼슬하면서 늘 처사(處士) 유평과 잘 알고 지냈다.

천보연간(天寶年間: 742~756)에 유평은 제(齊) 땅과 노(魯) 땅에 살았다. 그는 특히 토납술(吐納術: 道家의 호흡술)에 뛰어났으며, 밤에 등불을 켜지 않고도 물체를 볼 수 있었다. 안록산(安祿山)은 범양(范陽)에 있을 때 그의 문하에 많은 돈을 바쳤다. 유평이 안록산의 주위를 보았더니 늘 그 속에 괴상하게 생긴 귀물(鬼物) 수십 명이 향로와 일산(日傘)을 들고서 길을 인도하고 있었다. 유평은 마음속으로 그것을 이상하게 여기면서 안록산이 필시 영웅호걸이 될 것이라고 했다. 안록산은 조정에 들어가 천자를 배알하고 나서 유평과 함께 화음현(華陰縣)으로 갔는데, 마침 섭법선(葉法善)이 용을 타고 서악(西嶽)에 도착했다. 유평이 잠시 후 보았더니 푸른 옷을 입은 동자 두 명이 허공에서 내려오는 것이었다. 그러자 그 때 앞서 말했던 안록산의 귀물이 모두 향로와 일산을 던져버리고 허둥지둥 달아났다. 유평은 그 일로 인하여 안록산이 요물의 도움을 받고 있다는 것을 알았으며, 안록산은 필시 천수를 누리지 못할 것이라고 생각했다. 안록산이 범양으로 돌아오자 유평은 마침내 화산(華山)으로 들어가 은거했다. (『극담록』)

　唐咸通中, 有五經博士盧罃, 得神仙補養之道. 自言生於隋代, 宿舊朝士, 皆云童幼時見. 突世奉之, 不窮其壽.
　安史之亂, 隱於終南山中, 其後或出或處. 令狐綯喩以柱下・漆園之事. 稍從宦於京師, 常言與處士劉平善.
　天寶中, 居於齊魯. 尤善吐納之術, 能夜中視物, 不假燈燭. 安祿山在范陽, 厚幣致於門下. 平見祿山左右, 常有鬼物數十, 殊形詭狀, 持爐執蓋, 以爲導從. 平心異之, 謂祿山必爲人傑. 及祿山朝覲, 與平俱至華陰縣, 値葉法善投龍西嶽. 平旋見二靑衣童子, 乘虛而至. 所謂祿山鬼物, 皆棄爐投蓋, 狼狽而走. 平因知祿山爲邪物所輔, 必不以正道克終. 及祿山歸范陽, 遂逃入華山而隱. (出『劇談錄』)

332・8(4307)
소영사(蕭穎士)

　난릉(蘭陵) 사람 소영사는 양주공조(揚州功曹)로 있다가 임기가 만료

되어 남쪽을 유람했다. 소영사가 과주(瓜洲)에서 강을 건널 때 배 안에 소년 2명이 있었는데, 그들은 소영사를 눈여겨보더니 서로 돌아보며 말했다.

"이 사람은 파양(鄱陽)의 충렬왕(忠烈王)을 매우 닮았네."

소영사는 바로 파양 충렬왕의 증손자였다. 소영사가 곧 자기소개를 하자 두 소년이 말했다.

"우리는 당신의 증조할아버지를 안지 오래되었습니다."

소영사는 여러 사람들 틈에 있었기 때문에 감히 자세히 물어보지 못했다. 언덕에 도착할 때까지 기다렸다가 그것을 막 물어보려고 할 즈음에 두 소년은 갑자기 짐을 꾸려 떠났다. 소영사는 이들이 필시 신(神)이 아니면 선(仙)이라고 생각하여 경건한 마음으로 그들을 향해 기도했다.

이듬해 소영사는 돌아가다가 우이(盱眙)에 이르러 낮에 발을 드리우고 앉아서 읍장(邑長)과 한창 이야기하고 있었는데, 관리가 와서 아뢰었다.

"무덤을 파헤친 도적 6명을 잡아왔습니다."

읍장은 그 도적들을 불러들여 단단히 묶은 다음 뜰에 내치도록 했는데, 그 중에는 소년 2명도 끼어있었다. 소영사는 매우 놀라 읍장에게 예전의 일을 자세히 말했다. 읍장이 곧장 먼저 두 소년을 추궁하자, 얼마 후 그들이 자백했는데 그 증거가 분명했다. 그들은 다음과 같이 말했다.

"우리가 무덤을 파헤친 일은 몇 년 되었습니다. 한번은 파양공의 무덤을 파서 많은 황금과 옥을 훔쳤습니다. 그 때 무덤 입구에서 한 귀인과 마주쳤는데, 그의 안색은 살아있는 것 같았고, 나이는 50여 세쯤 되어 보였으며, 희끗희끗한 수염과 귀밑머리를 하고 돌 평상에 꼿꼿하게 누워 있었습니다. 그 모습은 바로 소영사를 닮았는데 조금도 차이가 없었습니다. 이전에 우리가 배 안에서 그를 만났을 때 또한 그가 소씨(蕭氏)라는 것을 알고는 틀림없이 파양공의 후손일 것이라고 생각했습니다. 그밖에 무슨 다른 술책이 있겠습니까?"

(『집이기』)

蘭陵蕭穎士, 爲楊州功曹, 秩滿南遊. 濟瓜洲渡, 船中有二少年, 熟視穎, 相顧曰: "此人甚似鄱陽忠烈王也." 穎士卽鄱陽曾孫. 乃自款陳, 二子曰: "吾識爾祖久矣." 穎士以廣衆中, 未敢詢訪. 俟及岸, 方將問之, 二子忽遽負擔而去. 穎士必謂非神卽仙, 虔心向囑而已.

明年, 穎士比歸, 至于旴眙, 方與邑長下簾晝坐, 吏白云: "擒獲發塚盜六人." 登令召入, 束縛甚固, 旅之于庭, 二人者亦在其中. 穎士大驚('二人者亦在其中 穎士大驚'十一字原作'穎士驚曰二人云非仙則神', 據明鈔本改), 因具述曩事. 邑長卽令先窮二子, 須臾款伏, 左驗明著. 皆云: "發墓有年. 嘗開鄱陽公塚, 大獲金玉. 當門有貴人, 顔色如生, 年方五十許, 鬚鬢斑白, 僵臥于石塌. 姿狀正與穎士相類, 無少差異. 昔舟中相遇, 又知蕭氏, 固是鄱陽裔也. 豈有他術哉?"
(『集異記』)

태평광기 권제 333

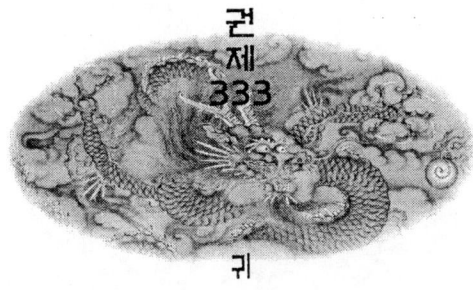

귀 18

1. 여양객(黎陽客)
2. 이형수(李逈秀)
3. 낭야인(琅邪人)
4. 최함(崔咸)
5. 계유(季攸)
6. 무덕현전수(武德縣田叟)
7. 배휘(裴徽)
8. 이도(李陶)
9. 장주육씨녀(長洲陸氏女)
10. 조면(刁緬)
11. 왕무유(王無有)
12. 왕승(王昇)
13. 고생(高生)

333 · 1(4308)
여양객(黎陽客)

[당나라] 개원연간(開元年間: 713~741)에 어떤 선비가 집이 가난하여 하삭(河朔) 지방에서 구걸을 했는데 가는 곳마다 도와주는 사람이 없었다. 그래서 그는 발길을 돌려 여양에 이르렀는데, 날은 이미 저물었지만 갈 길이 아직도 멀었다. 그때 갑자기 길옆으로 대문 하나가 보이면서 아주 높고 큰 집이 나타나자, 그는 밤에 그곳에서 묵어가려 했다. 이에 다가가서 문을 두드렸더니 한참이 지나서야 노복이 나오자 길손이 물었다.

"날도 저물고 갈 길도 멀어서 잠시 바깥 사랑에서 묵고자 하는데 되겠소?"

노복이 말했다.

"주인어른께 여쭤보겠습니다."

노복이 들어가고 나서 잠시 후 신발 끄는 소리가 들리면서 어떤 사람이 나왔는데, 그 사람은 멋진 의관을 차려 입은 장부였으며 자태와 기품이 우아하고 의젓한 모습이 빼어났다. 그는 길손을 모시라고 명하여 함께 인사를 나눈 뒤 말했다.

"여행이 혹 고생스럽지는 않으셨는지요? 집이 초라하여 어르신을 모시기에 부족합니다."

길손은 속으로 괴이하다고 생각하면서 한번 자세히 살펴볼 작정을 하고 주인과 함께 객사로 들어갔다. 주인은 고담준론(高談峻論)에 자못 뛰어났으며, 북제(北齊)와 북주(北周) 이후의 일을 마치 직접 눈으로 본 것처럼 분명하게 말했다. 길손이 주인의 이름을 묻자, 주인이 말했다.

"나는 영천(潁川) 사람 순계화(荀季和: 荀淑. 東漢 때의 名士로 고상한 품행과 인물을 알아보는 안목으로 명성이 높았음)입니다. 선조께서 이곳에서 벼슬하시는 바람에 여기에서 살게 되었습니다."

주인은 술과 안주를 차려오라고 명했는데, 음식은 모두 정갈했지만 그다지 맛있지는 않았다.

잠시 후 주인은 객사 안에 침상을 마련하라고 명하여 길손에게 들어가길 청했으며, 아울러 여종 하나를 내려주며 잠자리 시중을 들게 했다. 길손은 여종과 친근해지기를 기다렸다가 그녀에게 물었다.

"주인어른은 지금 무슨 관직을 맡고 계시느냐?"

여종이 말했다.

"지금 하공(河公: 河伯)의 주부(主簿)로 계시는데, [이 사실은] 절대로 발설하지 마세요."

얼마 후 밖에서 고통으로 울부짖는 소리가 들리자, 길손이 몰래 창틈으로 엿보았더니, 주인이 호상(胡牀: 간이 걸상)에 걸터앉아 있었고 등촉이 쭉 걸려 있었다. 그 앞에 머리를 풀어헤치고 발가벗은 한 사람이 있었는데, 좌우 사람들이 새떼를 불러 그 사람의 눈을 쪼게 하여 흐르는 피가 땅을 적시었다. 주인이 얼굴에 심한 노기를 띠며 말했다.

"또 다시 감히 나를 범하려느냐?"

길손이 여종에게 물었다.

"저 사람은 누구냐?"

여종이 대답했다.

"뭐 하러 굳이 남의 일을 알려고 하십니까?"

그러나 길손이 한사코 묻자 여종이 대답했다.

"저 사람은 여양현령인데, 사냥을 좋아하여 자주 짐승을 쫓다가 우리 담장을 침범했기에 이 때문에 벌을 받고 있는 것입니다."

길손은 가만히 그 일을 기억해두었다.

다음날 아침에 길손이 [자신이 어젯밤 머물었던 곳을] 돌아보니 바로 커다란 무덤이었다. 길손이 앞 마을에 도착하여 물었더니, 사람들은 그것이 순사군(荀使君: 荀淑)의 무덤이라고 했다. 길손이 여양현에 도착하여 현령을 배알하길 청했는데, 현령은 과연 눈이 아프다고 하면서 손님 접견을 물리쳤다. 그러자 길손이 말했다.

"[아픈 눈을] 치료할 수 있습니다."

현령이 기뻐하며 곧 길손을 불러들이자, 길손이 그간의 일을 자세히 말해주었더니 현령이 말했다.

"정말로 그런 일이 있었소?"

이에 현령은 남몰래 향정(鄕正)에게 수만 단의 땔감을 마련하여 담장 옆에 쌓아두도록 했다. 그리고는 하루 뒤에 현령이 관리들을 이끌고 그 무덤으로 가서 불을 질러 태우고 무덤을 옮겼더니 아픈 눈이 즉시 나았다. 현령은 길손에게 후하게 사례했지만, 무덤을 태우고 옮긴 사실은 말해주지 않았다.

나중에 길손은 다시 그 무덤 있는 곳으로 갔다가, 얼굴이 불에 데어 문드러지고 다 떨어진 옷을 입은 어떤 사람이 가시덤불 속에서 웅크리고 있는 것을 보았다. 그 사람이 곧장 앞으로 다가와 길손에게 인사했지만, 길손은 그를 알아보지 못했다. 그 사람이 말했다.

"당신은 예전에 저의 집에 묵었던 일을 기억하십니까?"

그제야 객이 놀라며 말했다.

"어찌하여 이 지경에 이르렀습니까?"

그 사람이 말했다.

"일전에 현령에게 고통을 당했지만, 이 또한 당신의 본 뜻이 아니라는 것을 알고 있습니다. [모든 것이] 내 자신의 운명이 다했기 때문이지요."

길손은 몹시 부끄럽고 후회하면서 그를 위해 소박한 제삿술을 차려 놓고 자신이 입고 있던 옷을 태워 그에게 주었다. 귀신은 기쁘게 그것을 받고 마침내 떠나갔다. (『광이기』)

開元中, 有士人家貧, 投丐河朔, 所抵無應者. 轉至黎陽, 日已暮, 而前程尙遙. 忽見路傍一門, 宅宇甚壯, 夜將投宿. 乃前扣門, 良久, 奴方出, 客曰: "日暮, 前路不可及, 輒寄外舍, 可乎?" 奴曰: "請白郞君." 乃入, 須臾聞曳履聲, 及出, 乃衣冠美丈夫, 姿度閑遠, 昂然秀異. 命延客, 與相拜謁, 曰: "行李得無苦辛? 有弊廬, 不足辱長者." 客竊怪其異, 且欲審察之, 乃俱就館. 頗能淸論, 說齊・周已來, 了了皆如目見. 客問名, 曰: "我潁川荀季和. 先人因官, 遂居此焉." 命設酒骰, 皆精潔, 而不甚有味.

有頃, 命具榻舍中, 邀客入, 仍敕一婢侍宿. 客候婢款狎, 乃問曰: "郞君今爲何官?" 曰: "見爲河公主簿, 愼勿說也." 俄聞外有叫呼受痛之聲, 乃竊於窓中窺之, 見主人據胡牀, 列燈燭. 前有一人, 被髮裸形, 左右呼群鳥啄其目, 流血至地. 主人色甚怒曰:"更敢暴我乎?"客謂曰:"何人也?"曰:"何須强知他事?"固問之, 曰:"黎陽令也, 好射獵, 數逐獸, 犯吾垣墻, 以此受治也."客竊記之.

明旦顧視, 乃大塚也. 前問, 人云是荀使君墓. 至黎陽, 令果辭以目疾. 客曰: "能療之."令喜, 乃召入, 具爲說之, 令曰:"信有之?"乃暗令鄕正, 具薪數萬束, 積於垣側. 一日, 令率群吏, 縱火焚之, 遂易其墓, 目卽愈. 厚以謝客而不告也.

後客還至其處, 見一人頭面燋爛, 身衣敗絮, 蹲於榛棘中. 直前詣, 客不識也. 曰:"君頗憶前寄宿否?"客乃驚曰:"何至此耶?"曰:"前爲令所苦, 然亦知非君本意. 吾自運窮耳."客甚愧悔之, 爲設薄酹, 焚其故衣以贈之. 鬼忻受遂去. (出『廣異記』)

333·2(4309)
이형수(李逈秀)

상서(尙書) 이형수는 평소에 청선사(淸禪寺)의 스님 영정(靈貞)과 친분이 두터웠다. 이형수가 죽은 지 몇 년 후에 영정은 갑자기 두 관리가 부적을 가지고 자신을 쫓아와 길을 떠나자고 재촉하는 것을 보고는 순식간에 죽었다.

영정은 앞으로 가서 관청 같은 어떤 곳에 도착했는데, 잠시 후 안으로 인도되어 붉은 옷에 은 인장을 찬 어떤 사람을 배알하게 되었다. 영정이 자신은 아직 죽을 운명이 아니라고 스스로 의심하고 있을 때, 붉은 옷 입은 사람이 말했다.

"제자들이 잘못 붙들어왔으니, 사리(闍梨: 阿闍梨의 준말로 高僧을 뜻함)께서는 마땅히 돌아가셔야 합니다."

그리고는 이전의 관리에게 명하여 영정을 보내주게 했다. 영정이 왔던 길로 가려 하자 관리가 말했다.

"이 길로 가서는 안 되니 마땅히 따로 북쪽 길로 가야 합니다."

그리하여 영정은 북쪽으로 갔는데, 길이 매우 황량하고 외져서 자못 언짢았다. 그렇게 수십 리를 갔더니 또 관부(官府) 하나가 나왔는데, 그 관부는 매우 화려했다. 문을 지키는 관리가 영정에게 다가와 소리쳤다.

"얼른 장군을 뵙도록 하시오!"

관리가 즉시 영정을 인도하여 들어갔더니, 어떤 사람이 자주색 옷을 입고 청사에 앉아 있었는데, 그 나이와 모습이 이공(李公: 李迥秀)과 비슷했다. 그 사람이 말했다.

"정공(貞公: 靈貞)께서는 어찌 이렇게 멀리까지 오셨습니까?"

영정은 그제야 그 사람이 바로 이형수라는 것을 알았다. 이형수는 영정을 맞이하여 계단을 올라가서 생전의 옛 정을 나누었다. 헤어질 때 이형수가 영정의 손을 부여잡고 말했다.

"사리와 함께 내 집안 일을 의논하고 싶지만 차마 입이 떨어지지 않습니다."

그리고는 갑자기 눈물을 흘렸다. 영정이 [무슨 일이냐고] 한사코 물었더니 이형수가 말했다.

"저의 제사가 장차 끊어지게 되었으니 어쩌면 좋을지 모르겠습니다. 제 동생 등에게 알려서 저를 위해 철마다 제사를 지내면서 풍성하고 정갈한 음식을 차려주라고 하시고, 아울러 『법화경(法華經)』 한 부(部)를 써달라고 하십시오. 이것이 제가 바라는 바입니다."

그리고는 곧 눈물을 흘리며 작별했다.

영정은 마침내 다시 살아나서 자기가 본 바를 [이형수의 가족들에게] 자세히 일러주었다. 이형수의 아들들과 동생은 평소에 효성이 지극했으므로 그를 위해 재(齋)를 올리고 『법화경』을 써주었다. 그런데 오직 재주(齋主)만이 혼자 화를 내며 말했다.

"요망한 중이 망령된 말을 지껄여 선친의 혼령을 함부로 욕보이려 하다니!"

그 후에 그는 결국 권량산(權梁山) 등과 함께 모반을 했다가 주살당하여 형제가 유배당하는 바람에 이형수는 결국 제사를 지내줄 후손이 없게 되었다. (『광이기』)

尚書李逈秀, 素與淸禪寺僧靈貞厚善. 逈秀卒數年, 靈貞忽見兩吏, 齎符追之, 遂逼促就路, 奄然而卒.

前至一處, 若官曹中, 須臾延謁, 一人朱衣銀章. 靈貞自疑命當未死, 朱衣曰: "弟子誤相追, 闍梨當還." 命敕前吏送去. 欲取舊路, 吏曰: "此乃不可往, 當別取北路耳." 乃別北行, 路甚荒塞, 靈頗不憚. 可行數十里, 又至一府城, 府甚麗. 門吏前呵云: "可方便見將軍!" 卽引入, 見一人紫衣, 據廳事, 年貌與李公相類. 謂曰: "貞公那得遠來?" 靈貞乃知正是. 因延升階, 叙及平舊. 臨別握手曰: "欲與闍梨論及家事, 所不忍言." 遂忽見淚下. 靈貞固請之, 乃曰: "弟子血祀將絶, 無復奈何. 可報季友等, 四時享奠, 勤致豐潔, 兼爲寫『法華經』一部. 是所望也." 卽揮涕訣.

靈貞遂蘇, 具以所見告. 諸子及季友, 素有至性焉, 爲設齋及寫經. 唯齋損獨怒曰: "妖僧妄誕, 欲誣玷先靈耳!" 其後竟與權梁山等謀反伏誅, 兄弟流竄, 竟無種嗣矣. (出『廣異記』)

333 · 3(4310)
낭야인(琅邪人)

낭야의 어떤 사람이 임성(任城)을 지나가다가 날이 저물어 성곽 밖에서 투숙했는데, 객사의 주인이 그를 보고는 매우 기뻐하면서 여러 과일을 차려주었다. 그래서 길손이 품속에서 무소 뿔 자루 달린 작은 칼을 꺼내 배를 깎으려고 했더니, 주인이 안색이 변하면서 순식간에 떠나버렸다. 길손이 보았던 것은 모두 무덤 속의 물건들이었다. 길손은 몹시 두려웠지만 그 칼로 자신을 지켰다. 또 살펴보았더니 무덤 옆으로 구멍 하나가 있었는데 햇빛이 그 속을 비춰 자못 밝았다. 그 속을 보았더니 관이 이미 썩어 부서져 있었으며, 과일 소반에는 나뭇잎이 담겨 있었다. 길손은 기어서 밖으로 나와 주위 사람들에게 물었으나, 그 무덤에 대해 아는 자가 아무도 없었다. (『광이기』)

琅邪有人行過任城, 暮宿郭外, 主人相見甚歡, 爲設雜菓. 客探取懷中犀靶小刀子, 將以割梨, 主人色變, 遂奄然而逝. 所見乃冢中物也. 客甚懼, 然亦以此刀自護. 且視冢傍有一穴, 日照其中頗明. 見棺槨已腐敗, 菓盤乃樹葉貯焉. 客匍匐得出, 問左右人, 無識此冢者. (出『廣異記』)

333 · 4(4311)
최 함(崔 咸)

 박릉(博陵) 사람 최함은 젊어서 조용히 지내는 것을 좋아했다. 그는 상주(相州)에 살면서 늘 원림(園林)을 가꾸며 지냈다. 하루는 혼자 서재에 있을 때, 밤에 천둥과 함께 비가 내린 뒤에 홀연히 열예닐곱 살 되어 보이는 한 여자가 담을 넘어 집으로 들어오더니, 최함을 끌어안고 방으로 들어갔다. 최함은 그녀에게 어디서 왔는지 물었지만, 그녀는 끝내 대답하지 않았다. 최함은 그녀를 도망자라고 생각하여 깊숙이 숨겨주었는데, 아침 무렵에 보았더니 죽어 있었다. 최함은 놀랍고도 두려워서 감히 그녀를 꺼내지 못했으며, 곧장 마을로 나가서 여자를 잃어버린 집을 찾아다녔다. 잠시 후 예닐곱 명의 노비들이 상복을 입고 가면서 말을 했는데, 마치 누군가를 찾는 듯했다. 그들이 서로 말했다.
 "죽었는데도 도망쳤는데 하물며 살아서랴?"
 최함이 그들을 따라가서 [무슨 일인지] 물었더니 그들이 대답했다.
 "당신은 무얼 하러 그걸 물으십니까?"
 최함이 한사코 물었더니 그제야 그들이 말해주었다.
 "우리 집의 작은아씨가 죽은 지 사흘이 되어 어젯밤에 막 염을 하고 있을 때, 천둥이 치더니 시체가 일어나 밖으로 나갔는데 어디로 갔는지 도무지 알 수가 없습니다."
 최함이 그녀의 생김새와 의복에 대해 물어보았더니 모두 어젯밤에 도망쳐온 사람과 일치했다. 그래서 최함은 어젯밤의 상황을 자세히 말해주고 그들을 데리고 집으로 가서 확인해보았더니, 과연 그녀의 시체였으며 그녀의 옷과 신발에는 모두 진흙이 묻어 있었다. 그녀의 집에서는 이를 정말 이상한 일이라고 생각했다. 그녀의 시체를 집으로 가져가서 장례 지내려고 했는데 시체가 무거워서 옮길 수가 없었다. 그래서 최함이 술을 따라 제사를 지내면서 축원했더니 그제야 시체가 움직였다. 그때는 천보(天寶) 원년(742) 6월이었다. (『통유기』)

博陵崔咸, 少習靜. 家于相州, 居常葺理園林. 獨在齋中, 夜雷雨後, 忽有一女子, 年十六七, 踰垣而入, 擁之入室. 問其所從來, 而終無言. 咸疑其遁者, 乃深藏之, 將旦而斃. 咸驚懼, 未敢發, 乃出於里內, 占其失女家. 須臾, 有奴婢六七人, 喪服行語, 若有尋求者. 相與語曰:"死尚逸, 況生乎?" 咸從而問之, 對曰:"郞君何用問?" 固問之, 乃曰:"吾舍小娘子, 亡來三日, 昨夜方歛, 被雷震, 尸起出, 忽不知所向." 咸問其形容衣服, 皆是宵遁者. 乃具昨夜之狀, 引至家驗之, 果是其尸, 衣裳足履皆泥汚. 其家大異之. 歸將葬, 其尸重不可致. 咸乃奠酒祝語之, 乃去. 時天寶元年六月. (出『通幽記』)

333 · 5(4312)
계 유(季 攸)

천보연간(天寶年間: 742~755) 초에 회계군(會稽郡)의 주부(主簿) 계유는 두 딸을 두었는데, 고아가 된 외조카의 딸을 함께 데리고 관직에 부임했다. 그는 청혼하는 자가 있으면 자기 딸만 시집보냈으며, 자기 딸은 모두 시집갔는데도 조카딸은 돌아보지 않았다. 조카딸이 이를 한스러워하다가 원한이 맺혀 죽자, 계유는 그녀를 동쪽 교외에 묻었다.

  그 후 몇 개월이 지났다. 주부 휘하의 시장 서리(胥吏: 문서를 관장하는 하급관리) 양씨(楊氏)는 명문가의 아들로 집안이 매우 부유했으며 용모 또한 준수했다. 그런데 그 양씨 집에서 갑자기 서리가 실종되었는데 아무리 찾아 헤맸으나 찾을 수가 없었다. 양씨 집에서는 그가 귀신에게 홀려갔다고 생각하여 버려진 무덤들을 뒤졌다. 그때는 눈이 많이 내렸는데, 계유의 조카딸의 무덤에서 옷깃이 밖으로 나와 있었다. 서리의 집안 사람들이 그것을 잡아당겼더니 무덤 안에서 서리가 외치는 소리가 들렸는데, 무덤에는 빈틈이 없었으므로 그가 어떻게 그 속으로 들어갔는지 알 수 없었다. 그래서 황급히 주부에게 그 사실을 알리자 주부가 그녀의 관을 열어보게 했는데, 그녀는 관속에서 서리와 함께 누워 있었으며 그 모습도 살아 있는 듯했다. 양씨 집에서는 서리를 꺼낸 뒤 그녀의 무덤을 다시 수리해주었다. 서리는 무덤에서 나온 뒤 마치 바보처럼 있다가 며칠 지나서야 비로소 제정신을 찾았다.

  계유의 조카딸이 주부 계유에게 말했다.

  "저는 외숙부께서 저를 시집보내지 않은 것이 한스러웠습니다. 외숙부께서 자기 딸만 어여삐 여기고 내가 있는 줄은 알지 못했기 때문에 한이 맺혀 죽었던 것입니다. 지금 신도(神道)에서 나를 시장 서리에게 시집보냈기 때문에 바로 그를 데려와 동침했던 것입니다. 이 마을 사람들은 이미 알고 있는 사실이니 내가 그에게 시집가는 것이 당연합니다. 다음달 초하루에 혼례를 올리겠습니다. 외숙부께서는 서리가 약속을 지키지 않고 신도를 어긴다면 즉시 나에게 알려주십시오. 반면에 그가 빙례(聘禮)를 받아들인다면 그를 사위의 예로 대해주십시오. 다음달 초

하루에 음식을 마련해 놓으면 제가 양랑(楊郞)을 맞이하러 오겠습니다. 삼가 제 청을 들어주시길 바랍니다."

주부는 놀라 탄식하면서 곧장 서리를 불러 물어보고는 그를 사위라고 불렀다. 그리고는 수만 전을 바치고 서리의 부모도 모두 만났다. 계유는 외조카딸을 위해 의복과 휘장을 마련해주었으며, 다음달 초하루가 되자 다시 음식을 차려 성대한 잔치를 벌렸다. 그러자 양씨 귀신[계유의 외조카딸을 말함]이 또 말했다.

"은혜를 입어 시집을 허락 받았으니 그 기쁨을 가눌 길이 없습니다. 오늘 특별히 직접 양랑을 영접하러 오겠습니다."

그녀가 말을 마치자 서리가 갑자기 죽었다. 그래서 양가(兩家)에서는 저승 혼례를 올리고 장례를 후하게 치러주었으며, 그들을 동쪽 교외에 합장했다. (『기문』)

天寶初, 會稽主簿季攸, 有女二人, 及攜外甥孤女之官. 有求之者, 則嫁己女, 己女盡而不及甥. 甥恨之, 因結怨而死, 殯之東郊.

經數月. 所給主簿市胥吏姓楊, 大族子也, 家甚富, 貌且美. 其家忽有失胥, 推尋不得. 意其爲魅所惑也, 則於壚墓訪之. 時大雪, 而女殯室有衣裾出. 胥家人引之, 則聞屋內胥叫聲, 而殯宮中甚完, 不知從何入. 遽告主簿, 主簿使發其棺, 女在棺中, 與胥同寢, 女貌如生. 其家乃出胥, 復修殯屋. 胥旣出如愚, 數日方愈.

女則下言('下言'原作'不直', 據明鈔本改)於主簿曰: "吾恨舅不嫁. 惟憐己女, 不知有吾, 故氣結死. 今神道使吾嫁與市吏, 故輒引與之同衾. 旣此邑已知, 理須見嫁. 後月一日, 可合婚姻. 惟舅不以胥吏見期, 而違神道, 請卽知聞. 受其所聘, 仍待以女壻禮. 至月一日, 當具飮食, 吾迎楊郎. 望伏所請焉."

主簿驚歎, 乃召胥一問, 爲楊胥(明鈔本'爲楊胥'作'謂之爲壻'). 於是納錢數萬, 其父母皆會焉. 攸乃爲外生女造作衣裳帷帳, 至月一日, 又造饌大會. 楊氏鬼又言曰:"蒙恩許嫁, 不勝其喜. 今日故此親迎楊郞."言畢, 胥暴卒. 乃設冥婚禮, 厚加棺斂, 合葬於東郊. (出『紀聞』)

333 · 6(4313)
무덕현전수(武德縣田叟)

무덕현 주봉촌(酒封村)의 한 시골 노인은 어느 날 저녁에 장차 하내부(河內府)의 남쪽으로 가서 딸네 집의 혼사에 참석하고자 했다. 그래서 노인은 마을을 떠났는데, 두 사람이 노인을 따라오더니 노인에게 말을 걸면서 이렇게 말했다.

"우리는 하남부(河南府)의 북쪽으로 가는데 노인장을 따라가면 좋겠습니다."

그런데 갈림길에 이르렀는데도 두 사람은 [자신들이 갈 길로] 떠나려 하지 않았다. 노인은 그들이 평범한 사람이 아닌 것을 알아차리고 곧장 나귀에서 내려 그들에게 말했다.

"나는 그대들과 예전부터 아는 사이가 아니고 그저 길에서 서로 만났을 뿐이오. 내가 그대들의 거동을 살펴보니 좋은 사람이 아닌 것 같소. 그대들은 먼저 떠나시오. 나는 여기에서 남쪽으로 가겠소. 그대들이 만약 나를 따라온다면 나는 돌아가겠소. 우리는 함께 갈 수 없소."

두 사람이 말했다.

"노인장의 품덕을 흠모하기 때문에 이렇게 모시고 온 것입니다. 만일 우리와 함께 가길 원치 않으신다면 우리는 여기에서 떠나겠습니다. 노인장께서는 왜 화를 내십니까?"

한창 옥신각신하고 있을 때, 마침 시골 노인의 이웃집 아들이 동쪽에서 와서 노인에게 왜 그러냐고 물었더니, 노인이 자세한 사정을 말해주었다. 그러자 이웃집 아들이 두 사람에게 말했다.

"노인장께서 당신들과 함께 가길 원치 않으니, 당신들은 동쪽으로 가고 노인장은 남쪽으로 가시게 하시오. 당신들은 어찌하여 굳이 노인장과 함께 가려 하시오?"

두 사람은 "그렇게 하겠소" 하고는 동쪽으로 떠났으며, 노인은 마침내 남쪽으로 갔다.

이웃집 아들도 서쪽으로 돌아가 집에 도착하기까지 얼마 남지 않았을 때, 노인장의 집에서 놀라 외치는 소리를 들었다. 이웃집 아들이 [무슨 일이냐고] 물었더니 노인의 아들이 말했다.

"부친께서 누이 집에 가셔서 지금쯤이면 도착했을 텐데, 타고 가셨던 나귀만 도로 돌아왔으니 어찌된 일이란 말이오?"

그래서 이웃집 아들은 노인이 두 사람을 만난 상황을 일러주고서 노인의 아들과 함께 그를 찾아 나섰다. 노인이 두 사람과 얘기하던 곳에 도착해서 보았더니 노인이 도랑 속에 죽어 있었는데, 옷도 완전했으며 다친 곳도 없었다. 그제야 그들은 그 두 사람이 노인을 잡으러 온 귀신이었음을 알게 되었다. (『기문』)

武德縣酒封村田叟, 日晚, 將往河內府南, 視女家禮事. 出村, 有二人隨之,與叟言, 謂叟曰:"吾往河南府北, 喜翁相隨."及至路而二人不肯去. 叟視之非凡, 乃下驢謂之曰:"吾與汝非舊相識, 在途相逢. 吾觀汝指顧, 非吉人也. 汝姑行. 吾從此南出. 汝若隨吾, 吾有返而已. 不能偕矣."二人曰:"慕老父德, 故此陪隨. 如不願俱, 請從此逝. 翁何怒也?"方酬答, 適會田叟鄰舍子, 自東來, 問叟何爲, 叟具以告. 鄰舍子告二人:"老父不願與君俱, 可東去, 從老父南行. 君何須相絆也?"二人曰:"諾."因東去, 叟遂南.

鄰舍子亦西還, 到家未幾, 聞父老驚家叫. 鄰舍子問之, 叟男曰:"父往女家, 計今適到, 而所乘驢乃却來, 何謂也?"鄰舍子乃告以田叟逢二人狀, 因與叟男尋之. 至與二人言處, 叟死溝中, 而衣服甚完, 無損傷. 乃知二人取叟之鬼也. (出『紀聞』)

333・7(4314)
배 휘(裴 徽)

하동(河東) 사람 배휘는 하남현령(河南縣令) 배회(裴迴) 형의 아들이다. [당나라] 천보연간(天寶年間: 742~755)에 그는 마을 가를 혼자 걸어가다가 길에서 한 부인을 만났는데, 그녀는 용모가 매우 아름다웠고 쳐다보는 눈매가 너무나도 고왔다. 한참 있다가 배휘가 물었다.

"어찌하여 혼자 가시오?"

부인이 대답했다.

"아까 여종들이 뭘 좀 사러 갔는데 늦도록 돌아오지 않기 때문에 나와서 기다리고 있는 것입니다."

배휘는 문재(文才)가 있었기에 농염한 시로 부인을 꼬드겼는데, 부인은 처음부터 안색조차 바꾸지 않고 역시 서너 차례 시로 응수했다.

그리하여 함께 앞으로 가서 부인의 집에 당도하자, 부인이 배휘에게 한번 들러가라고 초청했는데 집이 크고 화려했다. 문으로 들어간 뒤에 늙은 하녀가 노하여 말하는 소리가 들렸다.

"아녀자가 무슨 이유로 외간 남자를 불러들였습니까? 명교(名敎: 名分과 禮敎)를 지키는 집에서 어떻게 이런 일이 있을 수 있단 말입니까?"

부인이 문간에 어진 손님이 계시다고 말하자, 집안 사람들 중에서 [도대체 어떤 분이 왔는지] 묻는 자가 아주 많았다. 얼마 후 늙은 하녀가 나와서 배휘를 만나고는 사과의 말을 했는데, 그 거동에 선비의 기풍이 깊이 배어 있었다. 잠시 후 등을 내걸고 장막을 치고는 배휘에게 들어와 앉으라고 청했다. 시중드는 여러 사람들은 모두 미인으로 향기가 짙게 풍겼으며 행동거지가 세련되고 우아했다. 이윽고 늙은 하녀가 작은아씨를 나오게 하면서 말했다.

"배랑(裴郞: 裴徽)께서는 피할 필요가 뭐 있겠습니까?"

부인은 나오더니 더 이상 들어가지 않았다. 배휘가 몰래 보았더니, 방 안이 매우 시끄럽고 비단 휘장과 비단 자리가 준비되어 있는 것이 마치 [누군가를] 시집보내려는 것 같았다. 그는 혼자 마음속으로 기뻐하면서 머물고 싶어했다.

그때 마침 배휘는 배가 불러서 일어나 측간에 갔는데, 그가 지니고 있던 오래된 검은 사악함을 물리칠 수 있는 물건이었다. 배휘가 측간에서 일을 마치고 나서 검을 꺼내 종이를 잘랐더니, 순간 검에서 번쩍! 하는 빛이 보였다. 배휘가 검을 집어들고 돌아가려고 했는데 집과 사람들이 더 이상 보이지 않았다.

배휘는 자신이 외딴 무덤 위의 가시덤불 속에 있는 것을 돌아보고는 크게 비명을 질렀다. 하인들이 배휘의 목소리를 알아듣고는 횃불을 들고 그를 찾아 나섰는데, 마을에서 100여 보 떨어진 곳에서 배휘는 말도 못한 채 멍하니 바라보고 있다가 한참 뒤에야 비로소 정신을 차렸다. (『광이기』)

河東裴徽, 河南令逈之兄子也. 天寶中, 曾獨步行莊側, 途中見一婦人, 容色殊麗, 瞻靚艷泆. 久之, 徽問:"何以獨行?"答云:"適婢等有少交易, 遲遲不來, 故出伺之." 徽有才思, 以艷詞相調, 婦人初不易色, 亦獻酬數四.

前至其家, 邀徽相過, 室宇宏麗. 入門後, 聞老婢怒云:"女子何故令他人來? 名敎中寧有此事?" 女辭門有賢客, 家人問者甚衆. 有頃老婢出, 見('見'原作'門', 據明鈔本改)徽辭謝, 擧動深有士風. 須臾, 張燈施幕, 邀徽入坐. 侍數人, 各美色, 香氣芬馥, 進止甚閑. 尋令小娘子出, 云:"裴郎何須相避?"婦人出, 不復入. 徽竊見室中甚囂, 設綺帳錦茵, 如欲嫁者. 獨心喜欲留.

會腹脹, 起如('如'原作'湊', 據明鈔本・陳校本改)厠, 所持古劒, 可以辟惡. 厠畢, 取劍壞('劍壞'原作'裹劍', 據明鈔本改)紙, 忽見劒光粲然. 執之欲廻, 不復見室宇人物.

顧視在孤墓上叢棘中, 因大號叫. 家人識徽, 持燭尋之, 去莊百餘步, 瞪視不能言, 久之方悟爾. (出『廣異記』)

333 · 8(4315)
이 도(李 陶)

[당나라] 천보연간(天寶年間: 742~755)에 농서(隴西) 사람 이도는 신정(新鄭)에서 거주했다. 한번은 이도가 방에서 자고 있을 때, 꿈속에서 어떤 사람이 그를 흔들기에 깜짝 놀라서 일어났더니, 두루마기에 바지를 입고 용모가 매우 아름다운 한 하녀가 보였다. 이도가 물었다.
"어떻게 홀연히 이곳에 왔느냐?"
하녀가 말했다.
"정씨(鄭氏) 아씨께서 당신을 찾아 뵙고 싶어하십니다."
잠시 후 기이한 향기를 짙게 풍기면서 어떤 아리따운 여자가 서북쪽 모퉁이 담 속에서 나오더니 이도의 침상에 이르러 재배했다. 이도는 그녀가 귀신인 것을 알고 애당초 말조차 건네지 않았더니, 부인은 부끄러워하면서 도로 물러갔다. 그러자 하녀가 이도에게 서너 번 욕을 해대면서 말했다.
"시골 촌놈 주제에 이처럼 사람을 대하기요? 우리 아씨를 부끄럽게 하여 몸둘 바를 모르게 하다니!"
이도는 부인의 아름다운 모습이 마음에 들면서도 마음속으로 의심이 들어 하녀를 속여 말했다.
"아씨는 어디에 계시느냐? 나는 사실 아씨를 보지 못했으니 가서 다시 불러오너라."
하녀는 "예" 하고는 또 말했다.
"아씨는 당신과의 옛 인연을 중히 여기시어 곧 다시 오실 것인데, 이전처럼 다시 홀연히 나타나더라도 친절하게 대해주세요."

이윽고 부인이 도착하자, 이도는 침상을 내려가 정중히 인사하고 맞이하여 함께 앉았는데, 금세 서로 가까워졌다. 부인이 워낙 절세미인이었는지라 이도는 그녀를 몹시 좋아하여 10여 일 동안 그녀와 함께 머물렀다.

그래서 이도의 모친이 직접 [이도의 방으로] 가서 엿보면서 누차 하인을 시켜 이도를 불러오게 했지만, 이도는 모친이 자신의 뜻을 막을까 봐 걱정하여 끝까지 방에서 나오지 않았다. 그러자 부인이 말했다.

"어머님이 당신을 부르시는데 어찌하여 가지 않으십니까? 혹시 저에게 죄가 미치지는 않을까요?"

그래서 이도가 모친을 찾아뵈었더니, 모친이 눈물을 흘리면서 이도에게 말했다.

"너는 우리 가문을 이어가야 할 사람이거늘 어찌하여 귀신 부인을 둘 수 있단 말이냐?"

이도는 모친께 잘못을 고치겠다고 말씀드렸다. 하지만 그후로도 부인은 계속 머물면서 반년 동안 떠나지 않았다.

그 후 이도는 관리선발에 응시하러 도성으로 가면서 부인을 방에 남겨 두었다. 나중에 이도가 병에 걸려 위독했을 때, 귀신 부인이 방에 있다가 하녀에게 말했다.

"이랑(李郎: 李陶)께서 지금 병이 중하시니 이를 어쩌면 좋으냐? 마땅히 너와 함께 병문안하러 가야겠다."

그들은 동관(潼關)에 도착했으나, 귀신 관사(關司: 關門을 지키는 관리)에게 제지당하여 며칠 동안 통과할 수 없었다. 그때 마침 이도의 사촌형도 관리선발에 응시하러 동관으로 들어갔기에, 부인과 하녀는 그를 따라 관문을 통과할 수 있었다. 그날 저녁에 부인은 이도의 거처에 도착하여 서로 만나 몹시 기뻐했다. 이도가 물었다.

"어떻게 여기에 오게 되었소?"

부인이 말했다.

"당신의 병이 심하다는 것을 알고서 이렇게 찾아온 것입니다."

그리고는 평소에 가지고 있던 약을 잘 조제하여 이도에게 마시게 했더니, 이도의 병이 금세 나았다.

그 해에 이도는 임진현위(臨津縣尉)로 선발되어 부인과 함께 사람들을 데리고 집으로 돌아왔다. 며칠 뒤 이도가 임지로 가려 할 때, 귀신 부인은 함께 떠나지 않겠다고 사양했다. 이도가 그 까닭을 물었더니 부인이 말했다.

"이제 당신과의 인연이 다했으니 더 이상 함께 떠날 수 없습니다."

부인은 작별을 고하면서 몹시 슬퍼했으며, 그 후로는 마침내 나타나지 않았다. (『광이기』)

天寶中, 隴西李陶, 寓居新鄭. 常寢其室, 睡中有人搖之, 陶驚起, 見一婢袍袴, 容色甚美. 陶問:"那忽得至此?"婢云:"鄭女郞欲相詣."頃之, 異香芬馥, 有美女從西北隅壁中出, 至牀所再拜. 陶知是鬼, 初不交語, 婦人慙怍却退. 婢慢罵數四云:"田舍郞待人故如是耶? 令我女郞愧恥無量!"陶悅其美色, 亦心訝之, 因紿云:"女郞何在? 吾本未見, 可更呼之."婢云:"來."(明鈔本'云來'作'乃止') 又云:"女郞重君舊緣, 且將復至, 忽復如初, 可以慇懃也."及至, 陶下牀致敬, 延止偶坐, 須臾相近. 女郞貌旣絶代, 陶深悅之, 留連十餘日.

陶母躬自窺覘, 累使左右呼陶, 陶恐阻己志, 亦終不出. 婦云:"大家召君, 何以不往? 得無坐罪於我?"陶乃詣母, 母流涕謂陶曰:"汝承人昭穆, 乃有鬼婦乎?"陶云改之. 自爾留連, 半歲不去.

其後陶參選, 之上都, 留婦在房. 陶後遇疾篤, 鬼婦在房, 謂其婢云:"李郎今疾亟, 爲之奈何? 當相與往省問."至潼關, 爲鬼關司所遏, 不得過者數日. 會陶堂兄亦赴選入關, 鬼('關鬼'原作'鬼關', 據明鈔本·許本改)得隨過. 其夕, 至陶所, 相見忻悅. 陶問:"何得至此?"云:"見卿疾甚, 故此相視."素所持藥, 因和以飲陶, 陶疾尋愈.

其年選得臨津尉, 與婦同乘至舍. 數日, 當之官, 鬼辭不行. 問其故, 云:"相與緣盡, 不得復去."言別悽愴, 自此遂絶. (出『廣異記』)

333・9(4316)
장주육씨녀(長洲陸氏女)

장주현승(長洲縣丞) 육(陸) 아무개는 집이 본디 가난했다. 3월 3일에 식구들이 모두 호구사(虎丘寺)로 놀러갔지만, 열대여섯 살 된 딸만 옷이 없어서 갈 수 없었기에 여종 하나와 남아서 집을 지켰다. 부모가 떠난 뒤에 딸은 [자신의 처지를] 개탄하다가 우물에 몸을 던져 죽었다. 부모는 이를 한스러워하면서 며칠 동안 슬피 울었으며, 장주현에 임시로 그녀를 묻어주었다.

그 후 1년쯤 뒤에 육씨(陸氏)라는 사람이 그의 고모를 뵈러 왔는데, 고모의 집이 육 아무개 딸의 무덤에서 가까웠다. 육씨가 그녀의 무덤을 지나가고 있을 때, 어떤 작은 여종이 뒤따라오면서 말했다.

"아씨께서 당신을 잠시 뵙고자 하십니다."

육씨는 하는 수 없이 여종을 따라 그녀의 집으로 갔는데, 집의 문이 낮고 작았다. 아씨가 단장하고 나왔는데 그 용모가 예쁘고 고왔다. 그녀가 물었다.

"당신은 장주현의 백성이 아닙니까? 저는 현승 육 아무개의 딸로 사람이 아니라 귀신입니다. 당신께 청하니, 저의 말을 찬부(贊府: 縣丞의 별칭으로 贊公이라고도 함)께 전해주십시오. 지금 임돈(臨頓) 사람 이십팔(李十八)이 저에게 구혼했는데, 저는 양갓집 딸인지라 도의상 [부모님의 허락 없이] 제 마음대로 시집가기 어렵습니다. 당신은 저의 아버지께 [이런 사정을] 말씀드려서 만약 혼인해도 좋다고 허락하시면, 이곳에 다시 와서 말씀을 전해주십시오."

그 사람은 여전히 무덤 속에 머물러 있었다.

얼마 후 주(州)의 방정(坊正: 坊은 하급 행정구획으로 20閭[500戶]가 1坊이며, 그 우두머리가 坊正임)이 그녀의 무덤 가를 지나가다가 의대(衣帶)가 밖으로 나와 있는 것을 보고는 자세히 살펴보았더니 여자가 보였다. 방정이 현승에게 [그 사실을] 아뢰자, 현승은 직접 가서 무덤 벽을 열고 육씨를 꺼내게 한 뒤 그를 대청 위에 옮겨 놓았는데, 그는 며칠이 지나서야 말을 할 수 있었다. [현승이 육씨에게] 어떻게 그곳에 들어갈 수 있었는지 묻자, 육씨가 현승 딸의 말로 대답했더니 현승이 탄식했다. 이윽고 현승이 사람을 시켜 임돈 사람 이십팔을 수소문하게 했는데, 과연 그런 사람이 있었지만 그는 아무 병도 없이 건강했다. 그래서 현승은 처음에 [육씨의 말을] 믿지 않았는데, 며칠 뒤에 이십팔이 이내 병들더니 병든 지 며칠만에 죽고 말았다. 온 집안 사람들은 모두 탄식하고 한스러워했으며, 결국 그녀와 이십팔을 저승 결혼 시켰다. (『광이기』)

　長洲縣丞陸某, 家素貧. 三月三日, 家人悉遊虎丘寺, 女年十五六, 以無衣不得往, 獨與一婢守舍. 父母旣行, 慨歎投井而死. 父母以是爲感, 悲泣數日, 乃權殯長洲縣.

　後一歲許, 有陸某者, 曾省其姑, 姑家與女殯相近('相近'原作'同出', 據明鈔本改). 經殯宮過, 有小婢隨後, 云:"女郎欲暫相見."某不得已, 隨至其家, 家門卑小. 女郎靚粧, 容色婉麗. 問云:"君得非長洲百姓耶? 我是陸丞女, 非人, 鬼耳. 欲請君傳語與贊府. 今臨頓李十八求婚, 吾是室女, 義難自嫁. 可與白大人, 若許爲婚, 當傳語至此."其人尙留殯宮中.

　少時, 當州坊正, 從殯宮邊過, 見有衣帶出外, 視之, 見婦人. 以白丞, 丞自往, 使開壁取某, 置之廳上, 數日能言. 問焉得至彼, 某以女言對, 丞歎息. 尋令人問臨頓李十八, 果有之, 而無恙自若. 初不爲信, 後數日乃病, 病數日卒. 擧家歎恨, 竟將女與李子爲冥婚. (出『廣異記』)

333 · 10(4317)
조 면(刁 緬)

　선성태수(宣城太守) 조면은 본래 무공(武功)으로 벼슬길에 나아갔다. 처음 그가 옥문관(玉門關)의 군사(軍使)로 있을 때, 측간 귀신이 바깥 마구간에서 모습을 드러냈는데, 그 모양이 커다란 돼지 같았고 온 몸에 모두 눈이 달려 있었으며 오물통 속을 드나들면서 정원 안을 돌아다녔다. 조면은 당시 집에 없었는데, 관리와 병졸 중에서 그것을 본 사람이 천여 명이나 되었다. 이렇게 며칠이 지난 뒤에 조면이 돌아와 제사를 지내고 복을 빌었더니, 측간 귀신이 금세 사라졌다. 조면은 열흘 뒤에 이주자사(伊州刺史: 원문은 '史'가 '吏'로 되어 있으나 오기로 보임)로 승진했으며, 다시 좌위솔(左衛率)·우효위장군(右驍衛將軍)·좌우림장군(左羽林將軍)으로 전임되어 마침내 부귀해졌다. (『기문』)

宣城太守刁緬, 本以武進. 初爲玉門軍使, 有厠神形見外廐, 形如大猪, 遍體皆有眼, 出入溷中, 遊行院內. 緬時不在, 官吏兵卒見者千餘人. 如是數日, 緬歸, 祭以祈福, 厠神乃滅. 緬旬遷伊州刺史, 又改左衛率·右驍衛將軍·左羽林將軍, 遂貴矣. (出『紀聞』)

333 · 11(4318)
왕무유(王無有)

초구현(楚丘縣)의 주부(主簿) 왕무유가 새장가를 들었는데, 부인은 아름다웠지만 투기가 심했다. 왕무유가 병들었을 때 측간에 가려고 했는데, 혼자 가기가 어려워서 시비(侍婢)와 함께 가고 싶었지만 부인이 안 된다고 했다. 왕무유가 측간에 갔더니 담 구멍 속에서 어떤 사람이 등을 돌린 채 앉아 있는데, 몸빛이 시커맸으며 건장했다. 왕무유는 그 사람을 일꾼이라 생각하고 이상하게 여기지 않았다. 잠시 후 그 사람이 몸을 돌려 돌아보았는데, 움푹한 눈과 커다란 코에 호랑이 같은 입과 까마귀 같은 발톱을 하고 있었다. 그 괴물이 왕무유에게 말했다.

"어찌하여 너의 신발을 주지 않느냐?"

왕무유가 질겁하여 미처 대답하기도 전에 괴물이 구멍에서 손을 뻗어 곧장 그의 신발을 잡아채서 씹어 먹었는데, 신발에서 피가 보이는 것이 마치 생고기를 먹는 것 같았으며, 결국 그렇게 다 먹어치웠다.

왕무유는 겁에 질려 먼저 부인에게 [그 사실을] 말한 뒤에 부인을 탓하며 말했다.

"내가 병이 들어 측간에 갈 때 여종 하나 딸려보내는 것도 당신이 한사코 거절하더니, 과연 요괴를 만났으니 어쩔 것이오?"

부인은 여전히 믿지 않았지만 그와 함께 가서 살펴보았다. 왕무유가 측간에 앉자 괴물이 또 나타나더니 그의 나머지 신발 한 짝을 빼앗아 씹어 먹었다. 부인은 겁에 질려 왕무유를 부축하여 돌아왔다.

다른 날 왕무유가 후원(後院)으로 나갔을 때, 괴물이 또 나타나 왕무유에게 말했다.

"내가 너의 신발을 돌려주겠다."

그리고는 그의 옆에 신발을 던졌는데 신발은 전혀 망가져 있지 않았다. 그래서 왕무유가 무당에게 [무슨 곡절인지] 알아봐 달라고 했더니, 귀신이 다시 무당에게 말했다.

"왕주부(王主簿: 王無有)는 관운이 다했고 수명도 100일 밖에 남지 않았으니, 속히 돌아가지 않으면 여기에서 죽게 될 것이다."

그래서 왕무유는 마침내 고향으로 돌아갔는데, [귀신이 말한] 그 날

짜에 죽었다. (『기문』)

楚丘主簿王無有, 新娶, 妻美而妬. 無有疾, 將如廁, 而難獨行, 欲與侍婢俱, 妻不可. 無有至廁, 於垣穴中, 見人背坐, 色黑且壯. 無有以爲役夫, 不之怪也. 頃之, 此人廻顧, 深目巨鼻, 虎口烏爪. 謂無有曰:"盍與子鞋?"無有驚, 未及應, 怪自穴引手, 直取其鞋, 口咀之, 鞋中血見, 如食肉狀, 遂盡之.

無有恐, 先告其妻, 且尤之曰:"僕有疾如廁, 雖一婢相送, 君適固拒, 果遇妖怪, 奈何?"婦猶不信, 乃同觀之. 無有坐廁, 怪又見, 奪餘一鞋, 咀之. 妻恐, 扶無有還.

他日, 無有至後院, 怪又見, 語無有曰:"吾歸汝鞋."因投其傍, 鞋並無傷. 無有請巫解奏, 鬼復謂巫:"王主簿祿盡, 餘百日壽, 不速歸, 死於此."無有遂歸鄉, 如期而卒. (出『紀聞』)

333 · 12(4319)
왕 승(王 昇)

오군(吳郡) 사람 육망(陸望)은 하내(河內)에서 기거하고 있었는데, 외사촌동생 왕승이 육망의 거처 가까이에서 살았다. 하루는 왕승이 새벽에 육망을 찾아 뵙고 가다가 마을 남쪽에 이르렀을 때, 이미 죽은 마을 사람 양간(楊侃)의 집 울타리 사이에서 갑자기 어떤 물체가 두 손으로 측간을 잡고 있는 것을 보았다. 그것은 커다란 귀와 움푹한 눈에 호랑이 같은 코와 돼지 같은 이빨을 하고 있었으며, 얼굴빛이 자주색이었고 얼룩덜룩했다. 그것이 왕승을 똑바로 쳐다보자, 왕승은 겁을 먹고 도망쳐서 육망을 만나 그 이야기를 했더니 육망이 말했다.

"내가 듣건대, 측간 귀신을 보면 금방 죽지 않는 사람이 없다고 하니 너는 열심히 살아라."

왕승은 마음속으로 몹시 꺼림칙했는데, 집으로 돌아온 뒤 곧바로 죽었다. (『기문』)

吳郡陸望寄居河內, 表弟王昇與望居相近. 晨謁望, 行至莊南, 故村人楊侃宅籬間, 忽見物('物'字原闕, 據明鈔本·陳校本補), 兩手據廁. 大耳深目, 虎鼻猪牙, 面色紫而煸爛. 直視於昇, 懼而走, 見望言之, 望曰:"吾聞見廁神無不立死, 汝其勉之." 昇意大惡, 及還卽死. (出『紀聞』)

333·13(4320)
고 생(高 生)

천보연간(天寶年間: 742~755)에 고생이라는 발해(渤海) 사람이 있었는데, 그의 이름은 잊어버렸다. 고생은 열병을 앓아 수척했으며 가슴의 통증을 참을 수가 없었다. 그래서 의원을 불러 살펴보게 했더니 의원이 말했다.

"귀신이 가슴속에 있는데 약으로 치료할 수 있습니다."

그리하여 의원이 약을 달여 고생에게 먹였더니, 갑자기 고생은 [자신의 몸이] 은연중 흔들리는 것을 느꼈다. 얼마 후 고생은 한 말도 넘는 침을 토했는데, 그 속에 딱딱하게 굳어서 풀어지지 않는 것이 있기에 칼로 그것을 갈라보았더니, 어떤 사람이 침 속에서 일어났다. 그 사람은 처음에는 아주 작았지만 금세 몇 척으로 자라났다. 고생이 그 사람을 괴롭히려고 했더니, 그는 밖으로 달려나가 계단을 내려간 뒤 순식간에 사라졌다. 이때부터 그 병이 세상에 알려졌다. (『선실지』)

天寶中, 有渤海高生者, 亡其名. 病熱而瘠, 其臆痛不可忍. 召醫視之, 醫曰: "有鬼在臆中, 藥可以及." 於是煮藥而飮之, 忽覺暗中動搖. 有頃, 吐涎斗餘, 其中凝固不可解, 以刀剖之, 有一人涎中起. 初甚么麽, 俄長數尺. 高生欲苦之, 其人趨出, 降階遽不見. 自是疾聞. (出『宣室志』)

태평광기

권제334

귀 19

1. 양　준(楊　準)
2. 왕　을(王　乙)
3. 위　률(韋　栗)
4. 하간유별가(河間劉別駕)
5. 왕현지(王玄之)
6. 정덕무(鄭德懋)
7. 주　오(朱　敖)
8. 배　규(裴　虬)
9. 조　좌(趙　佐)
10. 기주좌사(歧州佐史)

334 · 1(4321)
양 준(楊 準)

당(唐)나라 양준은 송성(宋城) 사람으로 명문귀족이었다. 어느 날 양준은 일이 있어 교외의 들판에 나갔다가 용모가 매우 아름다운 한 여자를 보았다. 양준은 그녀에게 수작을 건 뒤 들판에서 그녀와 정을 통했다.

그로부터 한 달여 뒤에 그녀는 매번 양준의 서재로 찾아와서 양준을 데리고 가겠다고 했다. 양준은 그녀를 따라가지 않으려 했으나 갑자기 참을 수 없을 정도로 심장이 아파오자 이렇게 말했다.

"정말 어쩔 수 없다면 당신을 따라 가기는 하겠소만 어째서 나를 이렇게까지 고통스럽게 만드는 것이오?"

그 순간 양준은 병이 나아 다시 여자를 따라 십여 리 정도 걸어갔다. 여자의 집에 도착해서 보았더니 뜨락은 밝고 집은 나즈막하고 작았다. 여자는 양준을 위해 음식을 마련하더니 술잔을 들이킬 때마다 모두 잔을 비웠다. 양준은 속으로 이상하다고 생각했지만, 그래도 여전히 귀신인지는 모르다가 나중에야 여자가 귀신임을 깨달았다. 양준이 떠나갈 때면 여자는 방문을 닫고 시체처럼 침상에 드러누워 있다가 6~7일 뒤에야 비로소 깨어났다.

이렇게 2~3년의 시간이 흐른 뒤에 양준의 형이 양준에게 말했다.

"너는 자식으로서 마땅히 후사를 이어야 하거늘 어찌하여 갑자기 귀신과 연분을 맺었느냐?"

양준이 부끄럽고 두려운 마음에 출가하여 승복을 입자 귀신은 더 이상 오지 않았다. 그 후에 양준은 다시 초복(初服: 출가하기 전에 입었던 옷)을 입고 현위(縣尉)에 선발되었으며, 따로 다른 여자와 혼인했다. 1년 뒤에 양준은 청사에서 공문서를 처리하다가 갑자기 여자 귀신이 문을 통해 안으로 들어오는 것을 보았는데, 얼굴에 노기가 가득했다. 양준은 두려워하면서 계단을 내려가 목숨만은 살려달라고 빌었다. 그러자 여자가 말했다.

"아무리 생각해봐도 너를 놓아줄 이유가 없다."

여자는 온갖 말을 해대며 양준을 때렸는데, 그 뒤에 양준은 병에 걸려 죽었다. (『광이기』)

唐楊準者, 宋城人, 士流名族. 因出郊野, 見一婦人, 容色殊麗. 準見挑之, 與野合.

經月餘日, 每來齋中, 復求引準去. 準不肯從, 忽爾心痛不可忍, 乃云:"必不得已, 當隨君去, 何至苦相料理?"其疾遂愈, 更隨婦人行十餘里. 至舍, 院宇分明, 而門戶卑小. 婦人爲準設食, 每一擧盡椀. 心怪之, 然亦未知是鬼, 其後方知. 每準去之時, 閉房門, 屍臥牀上, 積六七日方活.

如是經二三年, 準兄謂準曰:"汝爲人子, 當應紹績, 奈何忽與鬼爲匹乎?"準慙懼, 出家被緇服, 鬼遂不至. 其後準反初服, 選爲縣尉, 別婚家人子. 一年後, 在廳事理文案, 忽見婦人從門而入, 容色甚怒. 準惶懼, 下階乞命. 婦人云:"是度無放君理."極辭搏之, 準遇疾而卒. (出『廣異記』)

334 · 2(4322)
왕 을(王 乙)

임여군(臨汝郡)에 관거점(官渠店)이 있었고, 관거점의 북쪽으로 반 리(里) 남짓 떨어진 곳에 이씨(李氏)의 장원이 있었다. 왕 아무개는 임지로 가다가 이씨 장원의 문 앞을 지나가게 되었다. 저 멀리로 열 대여섯 살쯤 되어 보이는 한 여자가 보였는데, 서로 마주치자 아주 맘에 들어 하더니 기쁘게 하녀를 보내 말을 전해왔다. 왕 아무개는 홰나무 그늘 아래를 거닐다가 날이 저물자 이씨 장원으로 가서 하룻밤 묵어갈 것을 청했다. 주인은 왕 아무개를 보더니 몹시 기뻐하면서 아주 후하게 대접해주었다. 이경(二更)이 지나자 하녀가 와서 말했다.

"아직 밤이 깊지 않았으니 불을 밝혀놓고 기다리시지요."

얼마 지나지 않아 여자가 오자 둘은 은근한 정을 나누었다. 일이 끝나고 난 뒤에 여자가 근심하더니 갑자기 병이 들었다. 그래서 왕 아무개가 말했다.

"우리는 본래 서로 모르는 사이인데, 영광스럽게도 내 당신의 부름을 받아 지금은 평생에 대해서 이야기하고 [둘 사이의] 정도 아주 깊어졌소. 그런데 당신은 무슨 즐겁지 않은 일이라도 있소?"

여자가 말했다.

"저도 즐겁지 않은 것은 아니나, 방금 문을 나설 때 문이 잠겨져 있어 담을 넘어서 들어왔습니다. 그런데 담벼락 모서리에 있던 쇠스랑[鐵爬: 쇠로 만든 흙 파는 도구]의 이빨에 발이 찔려 그 고통이 심장까지 전해져와 참을 수 없을 정도로 아픕니다."

그리고는 발을 꺼내 왕 아무개에게 보여주었다.

여자는 이야기를 다 나누고 난 뒤에 작별인사를 하면서 말했다.

"저는 틀림없이 죽을 것입니다. 당신께서 저에 대한 정이 남아 있다면 돌아가시는 길에 이곳에 들러 저의 외로운 영혼을 위로해 주십시오."

후에 왕 아무개는 [다른] 관직을 얻어 동쪽으로 돌아가게 되었는데, 도중에서 머물다가 그 집 딸이 이미 죽었다는 소식을 들었다. 왕 아무개는 남몰래 그 집 하녀와 함께 술과 음식을 가지고 빈궁(殯宮: 시신을 안치해 둔 곳)으로 가서 제사를 지내면서 통곡했다. 잠시 뒤에 여자가 빈궁 안에서 밖으로 나오는 것이 보였는데, 그 순간 왕 아무개는 땅에 엎드린 채로 죽었다. 하녀가 보았더니 왕 아무개의 혼백이 여자와 함께 빈궁 안으로 들어가는 것이었다. 그래서 두 집안에서는 두 사람을 위해 저승 혼례를 올려 주었다. (『광이기』)

臨汝郡有官渠店, 店北半里許李氏莊. 王乙者, 因赴集, 從莊門過. 遙見一女年可十五六, 相待欣悅, 使侍婢傳語. 乙徘徊槐陰, 便至日暮, 因詣莊求宿. 主人相見甚歡, 供設亦厚. 二更後, 侍婢來云: "夜尙未深, 宜留燭相待." 女不久至, 便敍綢繆. 事畢, 女悄然忽病. 乙云: "本不相識, 幸相見招, 今敍平生, 義卽至重. 有何不暢耶?" 女云: "非不盡心, 但適出門閉, 逾垣而來('逾'字'來'字原闕, 據明鈔本補). 牆角下有鐵爬, 爬齒刺脚, 貫徹心痛, 痛不可忍." 便出足視之. 言訖辭還, 云: "已應必死. 君若有情, 廻日過訪, 以慰幽魂耳." 後乙得官東歸, 塗次李氏莊所, 聞其女已亡. 私與侍婢持酒饌至殯宮外祭之, 因而痛哭. 須臾, 見女從殯宮中出, 己乃伏地而卒. 侍婢見乙魂魄與女同入殯宮. 二家爲冥婚焉. (出『廣異記』)

334 · 3(4323)
위 률(韋 栗)

위률은 [唐나라] 천보연간(天寶年間: 742~756)에 신감현승(新淦縣丞)이 되었는데, 그에게는 열 살 조금 넘은 어린 딸이 있었다. 그가 장차 부임지로 가기 위해 양주(揚州)에 갔을 때 딸이 위률에게 칠배금화경(漆背金花鏡: 거울 뒷면에 옻칠을 하고 황금 꽃무늬를 새겨넣은 거울) 하나를 사 달라고 했다. 이에 위률이 말했다.

"우리가 부임지로 가면서 형편이 말이 아닌데, 그런 물건을 어떻게 살 수 있겠느냐? 임지에 도착하면 사줄 테니 그때까지 기다리거라."

그로부터 1년 남짓 뒤에 딸은 죽었고 위률 또한 지난 일을 기억하지 못했다.

위률은 임기를 마치고 딸의 상여를 싣고 북쪽으로 돌아오다가 양주에 도착해서 물가에 배를 정박하고 그곳에 머물렀다. 그때 위률의 딸이 하녀 한 명을 데리고 돈을 들고 거울을 사러 나가자 행인들은 마치 귀한 집안의 자제와 같은 모습을 한 그녀의 아름다운 모습을 보고는 다투어 와서 거울을 팔려고 했다. 그 가운데 스무 살 조금 넘어 보이는 살결이 희고 귀엽게 생긴 한 젊은이가 있었는데, 위률의 딸은 그에게 누런 돈 5천냥을 주었다. 젊은이가 직경이 1척(尺) 남짓되는 칠배금화경을 그녀에게 주자 다른 사람이 말했다.

"저에게 그보다 더 좋은 거울이 있는데, 딱 3천 냥만 받겠습니다."

그러자 젊은이가 다시 2천 냥을 깎아 주었다. 위률의 딸은 주저주저하다가 젊은이에게 눈길을 보내고서 곧장 인사를 하며 떠나갔다. 젊은이도 위률의 딸에게 수작을 걸어 보고 싶은 마음에 사람을 시켜 그 뒤를 쫓게 해서 그 사는 곳까지 가보게 했다. 젊은이가 잠시 뒤에 가게로 돌아가서 보았더니 그저 누런 종이돈 3관(貫)만이 있었다. 그는 그것을 가지고 위률의 배가 정박해 있는 곳으로 가서 말했다.

"조금 전에 한 아가씨께서 돈을 들고 와서 거울을 사 가지고 이 배 안으로 들어갔는데, 지금 보니 그 돈이 모두 지전(紙錢)으로 바뀌어 있었습니다."

위률이 말했다.

"내게 딸아이가 하나 있었는데, 죽은 지 몇 년이나 되었소. 그대가 본 사람의 생김새가 어떠하오?"

젊은이가 얼굴생김새와 옷차림새를 자세하게 말해주자 위률 부부는 울기 시작했는데, 딸의 모습과 똑같았기 때문이었다. 그리하여 위률 부부는 젊은이를 데리고 배 안으로 들어가 배안 이곳 저곳을 수색해보았지만, 전혀 아무 것도 찾을 수가 없었다. 그 모친은 누런 종이돈 9관을 잘라 관 옆의 탁자 위에 올려두었었는데 그것을 세어 보았더니 3관이 모자랐다. 모두들 이상한 생각이 들어 다시 관을 열고 보았더니 거울이 그 안에 있었다. 이를 본 사람들은 모두 슬퍼하면서 탄식했다. 젊은이가 말했다.

"돈 이야기는 그만 합시다."

젊은이는 자신의 속마음을 터놓고 이야기한 뒤 딸의 제사 비용으로 다시 돈 10민(緡)을 내놓았다. (『광이기』)

　　韋栗者, 天寶時爲新淦縣丞, 有少女十餘歲. 將之官, 行上揚州, 女向('向'明鈔本作'白')栗, 欲市一漆背金花鏡. 栗曰: "我上官艱辛, 焉得此物? 待至官與汝求之." 歲餘女死, 栗亦不記宿事.

　　秩滿, 載喪北歸, 至揚州, 泊河次. 女將一婢持錢市鏡, 行人見其色甚艶, 狀如貴人家子, 爭欲求賈. 有一少年年二十餘, 白晢可喜, 女以黃錢五千餘之. 少年與漆背金花鏡, 徑尺餘, 別一人云: "有鏡勝此, 只取三千." 少年復減兩千. 女因留連, 色授神與('與'字原闕, 據明鈔本補), 須臾辭去. 少年有意淫之, 令人隨去, 至其所居. 須臾至鋪, 但得黃紙三貫. 少年持至栗船所, 云: "適有女郎持錢市鏡, 入此船中, 今成紙錢." 栗云: "唯有一女, 死數年矣. 君所見者, 其狀如何?" 少年具言服色容貌, 栗夫妻哭之, 女正復如此. 因領少年入船搜檢, 初無所得. 其母剪黃紙九貫, 置在櫬邊案上, 檢失('失'字原闕, 據明鈔本補)三貫. 衆頗異之, 乃復開棺, 見鏡在焉. 莫不悲歎. 少年云: "錢已不論." 具言本意, 復贈十千, 爲女設齋. (出『廣異記』)

334 · 4(4324)
하간유별가(河間劉別駕)

하간별가 유 아무개는 늘 이렇게 말했다.
"이 세상에 여자가 없다면 무슨 재미가 있겠는가?"
후에 그는 서경(西京: 長安)의 통화문(通化門)에 갔다가 그곳에서 수레에 타고 있는 한 미인을 보고는 속으로 몹시 기뻐하면서 그녀의 뒤를 따라 집까지 가 보았더니 집은 자성사(資聖寺) 뒤의 후미진 곳에 있었다. 여자는 유별가를 잡으며 며칠 밤 머물다 가게 했는데, 피차간에 서로 마음이 잘 맞았다. [여자와 지내면서] 유후(劉侯: 劉別駕)는 어떤 이상한 점도 발견하지 못했으나, 그저 한 밤중에 몹시 추위를 느껴 이불을 몇 겹이나 덮어도 여전히 몸이 따뜻해 오지 않는 점만이 이상했다. 그 후 어느 날 동 틀 무렵 여자와 집은 온데 간데 없었고, 그저 유별가 혼자서만 황폐한 정원의 무성히 쌓인 낙엽아래 덩그러니 누워 있었다. 유별가는 그로부터 고질병을 얻었다. (『광이기』)

河間劉別駕者, 常云: "世間無婦人, 何以適意?" 後至西京通化門, 見車中婦人有美色, 心喜愛悅, 因隨至其舍, 在資聖寺後曲. 婦人留連數宵, 彼此兼暢. 劉侯不覺有異, 但中宵寒甚, 茵衾累重, 然猶肉不煖, 心竊怪之. 後一日將曙, 忽失婦人幷屋宇所在, 其身臥荒園中數重亂葉下. 因此遇痼病. (出『廣異記』)

334 · 5(4325)
왕현지(王玄之)

고밀(高密) 사람 왕현지는 젊고 풍채가 빼어났다. 그는 기춘현승(蘄春縣丞)으로 있다가 임기를 채우고 고향으로 돌아왔는데, 그의 집은 성곽의 서쪽에 위치해 있었다. 한번은 날 저물 무렵 문밖에 서 있자니 자색이 매우 뛰어나고 나이는 18~19세쯤 되어 보이는 한 여자가 서쪽에서 와서 장차 성곽으로 들어가려고 하는 것이 보였다. 왕현지는 이튿날도 문을 나서다가 다시 그 여자를 보았다. 왕현지는 이렇게 네댓 차례 여자를 보았는데, 여자는 해질 무렵이면 그곳으로 오곤 했다. 이에 왕현지가 장난삼아 이렇게 물었다.

"집이 어디시기에 해질 무렵이면 이곳으로 오십니까?"

여자가 웃으면서 말했다.

"저의 집은 근처 남강(南岡)에 있는데, 일이 있어 반드시 성곽으로 가야 합니다."

왕현지가 한번 수작을 걸어보았더니 여자도 흔쾌히 받아들여 결국 왕현지의 집에서 머물게 되었는데 두 사람은 아주 친밀하게 지냈다. 여자는 이튿날 아침 작별인사를 하고 떠나갔다. 그 뒤로 여자는 며칠에 한번씩 밤에 찾아와서 자고 가더니 얼마 뒤에는 밤마다 찾아와서 자고 갔다. 왕현지는 그녀를 몹시 사랑하게 되어 시험삼아 이렇게 물어 보았다.

"집이 여기서 가까우니 내가 한번 찾아가도 되겠소?"

여자가 말했다.

"집이 몹시 좁고 누추하여 감히 손님을 모실 수가 없습니다. 또한 죽은 오빠의 딸과 함께 살고 있는 지라 싫어할 것입니다."

왕현지는 그녀의 말을 믿었으며 그녀의 대한 사랑과 생각이 더욱 깊어져갔다.

그녀는 특히 바느질 솜씨가 빼어났는데, 왕현지가 입고 있는 옷은 모두 그녀가 마름질하고 만들었으며 그 옷을 본 사람들은 모두 그녀의 솜씨를 칭찬했다. 그녀에게는 예쁘게 생긴 하녀 한 명이 있었는데, 늘 그녀의 뒤를 따라다녔다. 후에 그녀는 대낮이 되어도 더 이상 왕현지의 곁을 떠나가지 않았다. 이에 왕현지가 물었다.

"오빠의 딸이 당신을 기다리지 않소?"

여자가 대답했다.

"뭐하러 굳이 남의 가정사에 간섭하려 드십니까?"

이렇게 1년을 보낸 뒤 어느 날 밤에 갑자기 여자가 왔는데, 몹시 즐겁지 않은 낯빛으로 울기만 했다. 왕현지가 왜 그러냐고 물어보았더니 여자가 대답했다.

"당신에게 많은 사랑을 받았는데, 이제 다시 떠나가야 하니 어찌하면 좋겠습니까?"

그리고는 그치지 않고 목이 메이도록 울었다. 왕현지가 깜짝 놀라 그 까닭을 묻자 여자가 대답했다.

"저를 꾸짖지는 않으시겠지요? 저는 본래 전임 고밀현령(高密縣令)의 딸로 임씨(任氏)에게 시집갔으나, 임씨는 품행이 바르지 못했고 저에게 야박하게 대했습니다. 이에 부모님께서 저를 불쌍하게 여겨 다시 집으로 불러들이셨습니다. 후에 저는 병을 얻어 죽어서 이곳에 묻혔습니다. 지금 집에서 저의 상여를 가지러 오는 길이기에 저는 내일 떠나야만 합니다."

왕현지는 이미 그녀를 깊이 사랑하고 있었기에 아무것도 거리껴 하지 않았으며 몹시 슬퍼할 따름이었다. 왕현지가 내일 언제 가족들이 도착하냐고 묻자 여자가 말했다.

"해질 무렵입니다."

그 날 밤 두사람은 석별의 정을 나누며 잠을 이루지 못했다. 이튿날 헤어질 무렵에 여자가 왕현지에게 금실을 새겨 넣은 옥 술잔과 옥가락지 한 쌍을 남겨주자 왕현지는 여자에게 비단옷으로 답례했으며, 두 사람은 손을 잡고 눈물을 흘리면서 헤어졌다.

이튿날 그때가 되어 왕현지가 남강에서 보았더니 정말 한 집안에서 상여를 가지러 왔다. 그 집사람들이 관을 열고 보았더니 여자의 얼굴색은 전혀 변하지 않았고 연지와 눈썹도 이전에 그린 그대로였다. 또 관 안에 비단 옷 상자 하나가 들어 있었고 이전에 함께 넣어두었던 금 술잔과 옥가락지는 사라지고 없어졌다. 집안 사람들이 비로소 무엇인가 이상하다고 생각하고 있을 때 왕현지가 앞으로 다가가 모든 것을 사실대로 이야기하고 옥 술잔과 가락지를 함께 보여주자, 여자의 집안 사람들은 그것을 받아 들고 슬피 울었다. 왕현지가 물었다.

"오빠의 죽은 딸은 누구입니까?"

여자의 집안 사람들이 말했다.

"우리 집안의 이랑(二郞)의 딸이 10살 때 병들어 죽었는데 그 옆에 묻혀 있습니다."

하녀는 휘장 안에 있던 나무 인형으로, 그 모습이 여자를 따라다니던 하녀와 똑 같았다. 왕현지가 관으로 다가가 슬피 울면서 이별하자 좌우에 있던 사람들이 모두 가슴아파했다. 후에 왕현지는 여자를 그리워하다가 정신이 흐릿해지면서 병이 들었는데, 며칠 뒤에야 나았다. 그러나 왕현지는 후에 여자를 그리워할 때마다 침식을 잊곤 했다. (『광이기』)

高密王玄之, 少美風彩. 爲蘄春丞, 秩滿歸鄕里, 家在郭西. 嘗日晩徙倚門外, 見一婦人從西來, 將入郭, 姿色殊絶, 可年十八九. 明日出門又見. 如此數四, 日暮輒來. 王戲問之曰:"家在何處, 向暮來此?"女笑曰:"兒家近在南岡, 有事須至郭耳."王試挑之, 女遂欣然, 因留宿, 甚相親昵. 明旦辭去. 數夜輒一來, 後乃夜夜來宿. 王情愛甚至, 試謂曰:"家旣近, 許相過否?"答曰:"家甚狹陋, 不堪延客. 且與亡兄遺女同居, 不能無嫌疑耳."王遂信之, 寵念轉密.

於女工特妙, 王之衣服, 皆其裁製, 見者莫不歎賞之. 左右一婢, 亦有美色, 常隨其後. 雖在晝日, 亦不復去. 王問曰:"兄女得無相望乎?"答曰:"何須強預他家事?"

如此積一年, 後一夜忽來, 色甚不悅, 啼泣而已. 王問之, 曰:"過蒙愛接, 乃復離去, 奈何?"因嗚咽不能止. 王驚問故, 女曰:"得無相難乎? 兒本前高密令女, 嫁爲任氏妻, 任無行見薄. 父母憐念, 呼令歸. 後乃遇疾卒, 殯於此. 今家迎喪, 明日當去."王旣愛念, 不復嫌忌, 乃便悲惋. 問明日得至何時, 曰:"日暮耳."一夜敍別不眠. 明日臨別, 女以金縷玉杯及玉環一雙留贈, 王以繡衣答之, 握手揮涕而別.

明日至期, 王於南岡視之, 果有家人迎喪. 發襯, 女顏色不變, 粉黛如故. 見繡衣一箱在棺中, 而失其所送金杯及玉環. 家人方覺有異. 王乃前見陳之, 兼示之玉杯與環, 皆捧之而悲泣. 因問曰:"兄女是誰?"曰:"家中二郎女, 十歲病死, 亦殯其旁."婢亦帳中木人也, 其貌正與從者相似. 王乃臨柩悲泣而別, 左右皆感傷. 後念之, 遂恍惚成病, 數日方愈. 然每思輒忘寢食也. (出『廣異記』)

334·6(4326)
정덕무(鄭德懋)

형양(滎陽) 사람 정덕무가 한번은 혼자서 말을 타고 가다가 자색이 매우 뛰어난 한 하녀를 만났는데, 그녀가 말 앞으로 오더니 절을 하며 말했다.

"최부인(崔夫人)께서 정랑(鄭郎: 鄭德懋)을 모셔오라고 하십니다."

정덕무는 깜짝 놀라 말했다.

"저는 평소 최부인을 모르고 또한 결혼도 하지 않았는데, 무슨 까닭에 저를 데려오라 하십니까?"

하녀가 말했다.

"부인에게 어린 딸이 있는데, 용모가 자못 빼어나고 또한 명문 귀족이니 그대와 배필이 될 만합니다."

정랑은 그녀가 사람이 아닌 것을 알고 거절하려 했지만 누런 옷 입은 하인 10여 명이 다가와 이렇게 말했다.

"부인께서 얼른 정랑을 데려오라고 하십니다."

하인들이 정랑의 말을 낚아채더니 아주 빠르게 갔는데, 정랑의 귀에서는 그저 바람소리만이 들릴 뿐이었다.

그들은 순식간에 한 곳에 도착했는데, 높은 담과 문이 있었고 그 바깥에는 오동나무가 줄지어 심어져 있었다. 정랑이 문밖에 서 있자 하녀가 먼저 가서 아뢰었다. 잠시 뒤에 정랑을 안으로 데리고 들어오라는 명령이 떨어졌다. 정랑은 몇 개의 문을 거쳐 안으로 들어갔는데 집이 몹시 크고 화려했다. 부인은 옅은 비단 치마를 입고 있었는데, 나이는 40세 가량 되어 보였으며 아리따운 모습을 한 채 동쪽 계단 아래에 서 있었다. 시녀 8~9명이 있었는데 모두 곱고 단정해 보였다. 정랑은 앞으로 나아가 최부인을 알현하고 두 번 절했다. 부인이 말했다.

"억지로 당신을 데려왔다고 나무라지 마시오. 정랑께서 좋은 집안의 뛰어난 인재인지라 좋은 인연을 맺기를 원합니다. 제 딸이 감히 정랑의 짝으로는 부족하지만 부디 정랑께서 마음을 주셨으면 합니다."

정랑은 최부인의 강요를 받자 어떻게 대답해야 할지 몰라 그저 그렇게 하겠다고 대답했다. 부인은 당(堂) 위에서 사람들에게 정랑을 서쪽 계단으로 데리고 올라가게 했다. 당위에는 모두 꽃무늬가 수 놓여진 비단이 깔려 있었고, 그 좌우로는 국각상(局脚牀: 굽은 다리가 달린 평상)과 칠보병풍(七寶屛風) 그리고 황금자물쇠가 놓여져 있었으며, 문에는 푸른 발이 드리워져 있었는데 은 고리에 구슬이 주렁주렁 달려 있었다. 긴 연회석 자리에 음식이 차려져 있었는데 모두 풍성하고 정갈했다. 최부인은 정랑에게 자리에 앉게 했다. 부인은 청담(淸談)에 뛰어났는데, 목소리의 고저와 이야기의 적절함이 세상에 어느 누구도 그녀와 비할 수 없을 정도였다. 음식을 먹고 난 뒤에 최부인이 술을 내어오라고 명하자 은그릇에 세 말 남짓 되는 호박색의 술을 가져왔다. 그 술을 조각된 술잔에 따라 시녀가 술을 돌렸는데 술맛이 아주 달고 향기로웠다.

날이 저물자 한 하녀가 앞에 와서 말했다.

"아가씨께서 이미 단장을 마치셨습니다."

최부인은 정랑을 밖으로 데리고 나가 백미향탕(百味香湯)에다 목욕시키게 했다. 좌우에 있던 하인들이 옷과 관, 신발과 노리개를 올렸고 아름다운 시녀 10명이 정랑을 부축해서 안으로 들어갔는데, 이때 정랑은 그녀들을 마음대로 희롱했다. 당에서 문까지 내딛는 곳마다 화촉이 밝혀져 있었다. 시녀들이 정랑을 데리고 장막 안으로 들어갔다. 그곳에 열 네댓 살 된 소녀가 있었는데, 자색이 매우 뛰어났으며 정랑이 여태껏 본 적이 없는 미인이었다. 그녀가 입고 왔던 휘황찬란한 옷은 당시에 최고였다. 정랑은 크게 기뻐했으며 얼마 있다가 마침내 부부의 예를 올렸다. 이튿날 최부인은 딸에게 정랑과 함께 동당(東堂)으로 가게 했는데, 당 안에는 붉은 비단에 수놓은 휘장이 놓여 있었으며, 이불과 요까지도 모두 훌륭하기 그지없었다. 최부인의 딸은 공후를 잘 탔는데, 연주하는 곡과 가사가 새롭고 특이했다. 정랑이 물었다.

"제가 결혼하러 오기 전에 타고 왔던 말은 지금 어디에 있습니까?"

최부인의 딸이 말했다.

"이미 집으로 돌려보냈습니다."

이렇게 백여 일이 지나자 정랑의 최부인의 딸에 대한 사랑은 깊어졌지만, 그래도 속으로 약간 꺼려하는 것이 있었다. 그리하여 최부인의 딸에게 말했다.

"나와 함께 돌아갈 수 있겠소?"

최부인의 딸은 애처롭게 말했다.

"다행히 이렇게 인연을 맺어 당신을 곁에서 모실 수는 있습니다만, 이승과 저승이 본래 서로 떨어져 있어 그렇게는 할 수 없으니 어떻게 하면 좋겠습니까?"

그러면서 최부인의 딸은 흐느끼며 눈물을 흘렸다. 정랑은 그녀의 행동에서 약간 이상함을 느끼고 최부인에게 아뢰었다.

"집안에서 내가 사라져 자못 이상하게 생각할 테니 돌아갈 수 있게 해주십시오."

최부인이 말했다.

"외람되게도 당신의 보살핌을 받았기에 진실로 고맙게 생각하고 있습니다. 그렇지만 저승은 길이 다르니 이치 상 잠시 헤어져 있어야 합니다. 이것도 이별인데, 어찌 눈물을 흘리지 않을 수 있겠습니까!"

정랑도 눈물을 흘렸다. 최부인은 곧장 큰 연회를 열고 정랑과 이별하면서 말했다.

"3년 뒤에 꼭 당신을 데리러 가겠소."

정랑이 작별인사를 하고 떠나자 그 부인이 문밖까지 나와 손을 잡고 눈물을 흘리며 말했다.

"비록 훗날 만나기는 하겠지만 그래도 몇 년이 지나야 합니다. 만남의 즐거움은 이리도 짧은데 이별의 시간은 길기도 합니다. 부디 자중자애 하십시오."

그 말을 들은 정랑도 몹시 슬퍼했다. 부인은 걸치고 있던 붉은 적삼과 금비녀 한 쌍을 이별의 선물로 주며 말했다.

"만약 저를 잊지 않으신다면 이것을 보고 저를 기억해주십시오."

그리고는 이별을 하며 떠나갔다. 최부인이 정랑을 전송하라고 명하자 전에 왔던 청총마가 왔는데, 아주 좋은 안장이 채워져 있었.

정랑이 말을 타고 문을 나서자 순식간에 다시 집에 도착했는데, 그를 본 하인이 말했다.

"집에서 사라지신 지 이미 1년이 되었습니다."

정랑이 부인이 주었던 물건들을 보았더니 하나같이 진짜였다. 그 집 사람들이 말했다.

"나리께서 집을 나가신 뒤에 말이 혼자 돌아왔는데, 누가 말을 몰고 왔는지는 보지 못했습니다."

정랑이 최씨의 집을 찾아보았더니 커다란 무덤과 그 옆으로 작은 무덤이 있을 뿐이었다. 무덤 앞에 줄지어 서 있던 나무들은 모두 말라죽어 있었지만 집터는 모두 나무가 우거져 그늘이 드리워져 있었다. 그 주변 사람들이 전하는 말에 따르면 최부인과 그의 어린 딸[원문에는 '小郞'으로 되어 있지만, 今本『宣室志』권 10에 의거하여 '女郞'으로 고쳐서 번역함]의 무덤이라고 했다. 정랑은 더욱 기이하게 생각하면서 스스로 3년 뒤에 틀림없이 죽을 것이라 생각했다. 후에 약속한 날짜가 되자 과연 전에 심부름 왔던 하녀가 다시 수레를 타고 정랑을 맞이하러 오는 것이 보였다. 정랑이 말했다.

"삶과 죽음은 진실로 정해진 운명이 있는데, 진실로 좋은 곳에 갈 수 있다면 내 무엇을 걱정하겠는가?"

그리고는 집안 일을 모두 나누어 처리하고 죽음을 맞이하다가 이튿날 바로 죽었다. (『선실지』)

滎陽鄭德懋, 常獨乘馬, 逢一婢, 姿色甚美, 馬前拜云: "崔夫人奉迎鄭郞." 鄂然曰: "素不識崔夫人, 我又未婚, 何故相迎?" 婢曰: "夫人小女, 頗有容質, 且以淸門令族, 宜相匹敵." 鄭知非人, 欲拒之, 卽有黃衣蒼頭十餘人至曰: "夫人('曰夫人'原作'日未入', 據明鈔本·陳校本改)趣郞進." 輒控馬, 其行甚疾, 耳中但聞風鳴.

奄至一處, 崇垣高門, 外皆列植楸桐. 鄭立於門外, 婢先白. 須臾, 命引鄭郞入. 進歷數門, 館宇甚盛. 夫人著梅綠羅袑, 可年四十許, 姿容可愛, 立於東階下. 侍婢八九, 皆鮮整. 鄭趨謁再拜. 夫人曰: "無怪相屈耶. 以鄭郎淸族美才, 願託姻好. 小女無堪, 幸能垂意." 鄭見逼, 不知所對, 但唯而已. 夫人乃堂上('堂上'明鈔本作'上堂')命引鄭郎自西階升. 堂上悉以花罽薦地, 左右施局脚牀・七寶屛風・黃金屈膝, 門垂碧箔, 銀鉤珠絡. 長筵列饌, 皆極豐潔. 乃命坐. 夫人善淸談, 敍置輕重, 世難以比. 食畢命酒, 以銀貯之, 可三斗餘, 琥珀色. 酌以鏤杯. 侍婢行酒, 味極甘香.

向暮, 一婢前白: "女郎已嚴粧訖." 乃命引鄭郎出就外間('間'原作'門', 據明鈔本改), 浴以百味香湯. 左右進衣冠履珮, 美婢十人扶入, 恣爲調謔. 自堂及門, 步致花燭. 乃延就帳. 女年十四五, 姿色甚艷, 目所未見. 被服粲麗, 冠絶當時. 鄭遂欣然, 其後遂成禮. 明日, 夫人命女與就東堂, 堂中置紅羅繡帳, 衾褥茵蓆, 皆悉精絶. 女善彈箜篌, 曲詞新異. 鄭問: "所迎婚前乘來馬, 今何在許('許'原作'詐', 據明鈔本改)?" 曰: "今已反矣."

如此百餘日, 鄭雖情愛頗重, 而心稍嫌忌. 因謂女曰: "可得同歸乎?" 女慘然曰: "幸託契會, 得侍巾櫛, 然幽冥理隔, 不遂如何?" 因涕泣交下. 鄭審其怪異, 乃白夫人曰: "家中相失, 頗有疑怪, 乞賜還也." 夫人曰: "適蒙見顧, 良深感慕. 然幽冥殊塗, 理當麁隔. 分離之際, 能不泫然!" 鄭亦泣下. 乃大醼會, 與別曰: "後三年, 當相迎也." 鄭因拜辭, 婦出門, 揮淚握手曰: "雖有後期, 尙延年歲. 歡會尙淺, 乖離苦長. 努力自愛." 鄭亦悲愴. 婦以襯體紅衫及金釵一雙贈別, 曰: "若未相忘, 以此爲念." 乃分袂而去. 夫人敕送鄭郎, 乃前靑驄, 被('被'原作'故', 據明鈔本改)帶甚精.

鄭乘馬出門, 倏忽復至其家, 奴遂云: "家中失已一年矣." 視其所贈, 皆眞物也. 其家語云: "郎君出行後, 其馬自歸, 不見有人送來." 鄭始尋其故處, 唯見大塚, 旁有小塚. 塋前列樹, 皆已枯矣, 而前所見, 悉華茂成陰. 其左右人傳崔夫人及小郞墓也. 鄭尤異之, 自度三年之期, 必當死矣. 後至期, 果見前所使婢乘車來迎. 鄭曰:"生死固有定命, 苟得樂處, 吾得何憂?"乃悉分判家事, 預爲終期, 明日乃卒. (出『宣室志』)

334 · 7(4327)
주 오(朱敖)

항주별가(杭州別駕) 주오는 과거에 하남(河南)의 소실산(少室山: 嵩山의 서쪽 봉우리)에서 은거했다. [唐나라] 천보연간(天寶年間: 742~756) 초에 양적현위(陽翟縣尉) 이서(李舒)는 숭악사(嵩嶽寺)에 있으면서 기마병을 보내 주오를 초청했다. 주오는 말을 타고 곧장 숭악사로 달려갔으며 시종이 그 뒤를 따랐다. 주오는 차츰 소이묘(少姨廟: 塗山氏의 여동생) 아래로 다가가고 있었는데, 날씨가 한창 더웠다. 그때 주오는 녹색 옷을 입은 15~16세 된 여자 한 명을 보았는데 자색이 매우 아름다웠다. 주오는 어떤 집안의 노비라고 생각했는데, 더운 여름 날씨에 솜옷을 입고 있는 것을 보고는 깜짝 놀라 급히 말을 달려 따라가 물어보았더니 여자는 그저 웃으면서 아무런 말도 하지 않은 채 소이묘 안으로 걸어 들어갔다. 주오도 말에서 내려 살펴보았지만 사람이라곤 보이지 않았다. 그런데 벽 위에 그려진 그림을 보았더니 녹색 옷을 입은 여자가 있었는데, 바로 길에서 보았던 그 여자였기에 한참동안 탄식했다.

주오가 숭악사에 도착해 그 일에 대해서 자세하게 말해주자 이서 등은 더욱 놀라고 탄식했다. 그 날 밤 잠이 들었을 때 꿈속에 그 여자가 나타나 이불을 덮고 함께 즐긴 뒤 주오는 정기가 다 빠져나갔다. 주오는 며칠 밤을 이렇게 보냈다. 숭악도사(嵩嶽道士) 오균(吳筠)이 그를 위해 부적 한 장을 써주어 여자를 내쫓으려 했으나 쫓아낼 수 없었다. 또 오균이 도술로 그녀를 다스리려 했지만 역시 그렇게 할 수 없었다. 다른 날 주오는 정도사(程道士)의 방에서 잤더니 정도사의 불법이 청정해 그 여자가 오지 못했다.

주오는 후에 하남부(河南府)에서 과거에 응시하기 위해 위남현령(渭南縣令) 진찰미(陳察微)와 함께 도사 정곡신(程谷神)을 찾아갔다. 정곡신은 그들을 위해 연꽃 국수를 준비하고 고소한 참깨반찬을 대접했다. 주오 등은 한참동안 머물면서 환담을 나누다가 날이 저문 뒤에 비로소 돌아왔다. 소실산에서 5리 정도 떨어진 곳에 이르렀을 때 갑자기 숭산에 검은 구름이 뭉게뭉게 피어나면서 벼락이 치더니 순식간에 사방이 어두워지고 소나기가 퍼붓듯이 내렸다. 주오와 진찰미의 하인 한 명은 상수리나무 숲 아래에 납작 엎드려서 비를 피했다. 그 옆은 커다란 골짜기에 맞닿아 있었다. 한참 뒤에 이상한 빛이 났는데 해와 달빛과는 달랐다. 갑자기 빛 속에서 소나무 숲이 쫙 펼쳐지더니 안에서 천녀(天女) 몇 명이 사방 몇 리나 되는 무연(舞筵: 춤출 때 까는 붉은 깔개)을 들고 나왔다. 천녀는 그것을 사방 몇 리에 걸쳐 소나무 숲 위에 펼쳤다. 그러자 천선(天仙) 같은 모습의 선녀 수십 명이 나타나 무연 위에서 짝을 지어 춤추었다. 그리고 무연 위에는 관세음(觀世音) 보살 같은 신들이 여럿 있었다. 모두 두 번 춤을 추었는데, 반나절 정도 걸리는 것 같았다. 음악 연주가 끝나고 배우처럼 생긴 사람 몇 명이 나와 자리를 말아 돌아갔더니, 천지가 어두어지면서 사람들은 더 이상 보이지 않았다. 주오 등은 어둠 속을 더듬어 길을 가다 한밤중이 되어서야 비로소 거처로 돌아왔다. (『광이기』)

杭州別駕朱敖舊隱河南之少室山. 天寶初, 陽翟縣尉李舒在嶽寺, 使騎招敖. 乘馬便騁, 從者在後. 稍行至少姨廟下, 時盛暑. 見綠袍女子, 年十五六, 姿色甚麗. 敖意是人家臧獲, 亦訝其暑月挾纊, 馳馬問之, 女子笑而不言, 走入廟中. 敖亦下馬, 不見有人. 遂壁上觀畫, 見綠袍女子, 乃途中覯者也, 嘆息久之.

至寺具說其事, 舒等尤所歎異. 爾夕旣寐, 夢女子至, 把被欣悅, 精氣越泆. 累夕如此. 嵩嶽道士吳筠爲書一符辟之, 不可. 又吳以道術制之, 亦不可. 他日, 宿程道士房, 程於法淸淨, 神乃不至.

敖後於河南府應擧, 與渭南縣令陳察微往詣道士程谷神. 爲設薯藥・不托・蓮花・('托蓮花'明鈔本作'施葷饌'), 鮮胡麻饌. 留連笑語, 日暮方回. 去少室五里所, 忽嵩黑雲騰踊, 中掣火電, 須臾晻昧, 驟雨如瀉. 敖與察微從者一人伏櫪林下. 旁抵巨壑. 久之, 有異光, 與日月殊狀. 忽於光中遍是松林, 見天女數人, 持一舞筵. 周竟數里, 施爲松林上. 有天女數十人, 狀如天仙, 對舞筵上. 兼有諸神若('神若'原作'若異', 據明鈔本改)觀世音. 終其兩舞, 如半日許. 曲終, 有數人狀如俳優, 卷筵回去, 便天地昧黑, 復不見人. 敖等夤緣夜半, 方至舍耳. (出『廣異記』)

334 · 8(4328)
배 규(裴 虯)

 소주산인(蘇州山人) 육거사(陸去奢)의 정자는 바로 [南朝] 송(宋)나라 산기상시(散騎常侍) 대옹(戴顒)의 집이었다. [唐나라] 천보연간(天寶年間: 742~756) 말년에 하동(河東) 사람 배규는 자주 이 정자에 와서 머물렀는데, 어느 날 그는 갑자기 죽었다가 한참 뒤에 깨어나서 말했다.

"처음에 어떤 사람이 와서 이렇게 말했습니다.

'대군께서 불러오시라 합니다.'

이에 제가 대군이 누구냐고 물어보았더니 그 사람이 말했습니다.

'그대는 남조 송나라 산시상시(散騎常侍) 대옹을 아시오?'

이에 제가 대답했습니다.

'알고 있습니다.'

그러자 그 사람이 말했습니다.

'지금 공을 부르신 사람이 바로 그분이오.'

제가 가서 대옹을 알현했더니 대옹께서 자신의 딸을 제게 아내로 주고 싶다고 말씀하시기에 제가 이렇게 말했습니다.

'저는 이미 결혼했기 때문에 다시 장가갈 수 없습니다.'

그러자 대옹이 말했습니다.

'사람과 신은 길이 다르니 무슨 걱정이겠느냐?'

이에 제가 말했습니다.

'저는 이미 장가도 갔고 녹봉과 지위도 있사오니 그대의 사위가 될

수 없습니다.'

한참동안 말을 주고받은 뒤 주옹은 제 뜻을 꺾을 수 없음을 알고 풀어주었기에 이렇게 다시 살아나게 되었습니다."

(『광이기』)

蘇州山人陸去奢亭子者, 卽宋散騎戴顒宅也. 天寶末, 河東裵蚓常旅寄此亭, 暴亡, 久之方悟, 說云:"初一人來云:'戴君見召.'蚓問戴爲誰, 人曰:'君知宋散騎常侍戴顒乎?'蚓曰:'知之.'曰:'今呼君者, 卽是人也.'蚓至見顒, 顒求以己女妻蚓, 云:'先以結婚, 不當再娶.'顒曰:'人神殊道, 何苦也?'蚓言:'已適有祿位, 不合爲君女壻.'久之, 言相往來, 顒知蚓不可屈, 乃釋之, 遂活也."(出『廣異記』)

334 · 9(4329)
조 좌(趙 佐)

조좌는 천보연간(天寶年間: 742~756) 말년에 국자관(國子館: 공경대부의 자제들을 가르치는 일을 맡아보았음)과 사문관(四門館: 7품이상의 제후의 자제나 재주가 뛰어난 일반 서민의 자제를 가르쳤음)에 임명되었는데, 늘 병상에 누워 있었다. 한번은 정신이 흐릿할 때 누런 옷 입은 관리 두 명이 와서 그를 잡아 온천궁(溫泉宮) 관풍루(觀風樓)의 서쪽으로 데려갔는데, 그곳에 따로 관청이 하나 있었다. 관리가 그를 안으로 데리고 들어갔는데, 조좌는 그곳에서 비로소 왕처럼 보이는 한 사람을 보았다. 조좌가 앞으로 나아가 절을 올리고 인사를 하자 왕이 조좌에게 말했다.

"그대는 나를 알아보겠는가?"

조좌가 누구신지 모르겠다고 말을 하자 왕이 말했다.

"그대는 진시황(秦始皇)이란 이름을 들어보았는가? 내가 바로 그 사람이다. 그대의 군주가 우리 집 옆에다가 여러 궁전을 짓고 매일 기악(妓樂)을 연주하며 온갖 사치를 다 누리고 있으니, 진실로 훌륭한 왕이라 할 수 있다. 그래서 내가 이렇게 여기에다가 누각을 짓고 음악을 감상하고 있다."

그리고는 인간사에 대해서 이것저것 물어보았다. 또 조좌에게 이렇게 말했다.

"인간 세상에 머지 않아 큰 난리가 일어날 것이니 마땅히 스스로 살 길을 모색하여 난을 피해야 한다. 또한 도성에 오래 머물러서는 안 된다."

진시황은 이렇게 말하고는 사람을 시켜 그를 돌려보냈다. (『광이기』)

趙佐者, 天寶末輔國子四門生, 常寢疾. 恍惚有二黃衣吏拘行至溫泉宮觀風樓西, 別有府署. 吏引入, 始見一人如王者. 佐前拜謁, 王謂佐曰: "君識我否?" 佐辭不識, 王曰: "君聞秦始皇乎? 我卽是也. 君人主於我家側造諸宮殿, 每奏妓樂, 備極奢侈, 誠美王也. 故我亦如此起樓以觀樂." 因訪問人間事甚衆. 又問佐曰: "人間不久大亂, 宜自謀免難. 無久住京城也." 言訖. 使人送還. (出『廣異記』)

334 · 10(4330)
기주좌사(岐州佐史)

기주좌사가 한번은 일이 있어 도성에 갔다가 흥도리(興道里)에 머물렀다. 그때 갑자기 사람 두 명과 머리가 없는 한 사람이 함께 나타나서는 이렇게 말했다.

"왕께서 좌사 당신을 잡아오라고 하십니다."

기주좌사는 그들이 귀신인 것을 알고 이렇게 물었다.

"그대들은 지하에서 어떤 직책을 맡고 있습니까?"

그러자 그들이 말했다.

"사람 잡아오는 일을 하고 있소이다."

기주좌사가 말했다.

"다행히도 제가 그대들과 같은 일을 하고 있는데, 저를 구해주실 수 있는지요? 일을 해결해주신다면 마땅히 지전(紙錢) 만장을 바치겠습니다."

그러자 왕의 사신이 허락하며 말했다.

"5일 이내에 우리가 다시 오지 않으면 일을 해결한 것이니, 그때 지전을 천문가(天門街)에 가서 불살라 주시오."

5일을 기다려도 그들이 오지 않았기에 기주좌사는 지전을 불사르고 나서 숭인리(崇仁里)로 거처를 옮겼다. 기주좌사는 후에 도성에서 일을 다보고 난 뒤에 서쪽으로 해서 기주로 돌아오는 길에 행수점(杏樹店)에 이르렀을 때 다시 두 사람과 만났는데, 그들이 이렇게 물었다.

"어디서 오시는 길이오? 방금 당신의 옛 집을 찾아갔지만 만나지 못했소. 당신이 부탁한 일은 이미 처리되어 당신은 화를 면할 수 있게 되었소. 돈을 보내주느라 고생하셨소. 담당관리가 이미 당신을 위해 목숨을 늘려주고 윤택하게 살게 해주라는 문서를 이미 보냈으니, 죽기 전까지 더 이상 질병도 없을 것이오."

(『광이기』)

岐州佐史嘗因事至京, 停興道里. 忽見二人及一無頭人來云:"王令追己." 佐史知其鬼, 因問:"君在地下, 並何職掌?" 云:"是捉事." 佐史謂曰:"幸與諸君臭味頗同, 能相救否? 事了, 當奉萬張紙錢." 王人許諾:"期後五日, 若不復來者, 卽是事了, 其錢可至天門街燒之." 至五日不來, 吏乃燒錢畢, 因移居崇仁里. 後京中事了, 西還岐州, 至杏樹店, 復逢二人, 問:"何所來? 頃於舊處相訪不是. 所處分事已得免. 勞致錢賤地. 所由已給永年優復牒訖, 非大期至, 更無疾病耳."(出『廣異記』)

태평광기 권제 335

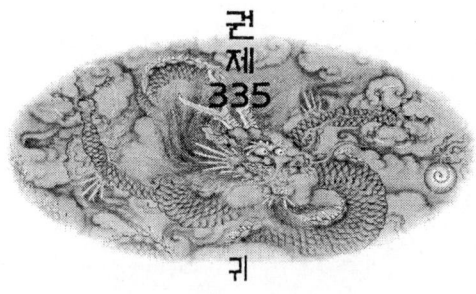

귀 20

1. 준의왕씨(浚儀王氏)
2. 장구겸경(章仇兼瓊)
3. 이 림 보(李 林 甫)
4. 진 희 렬(陳 希 烈)
5. 양 국 충(楊 國 忠)
6. 이 숙 제(李 叔 霽)
7. 신번현령(新繁縣令)
8. 요 소 품(姚 蕭 品)
9. 양 수 위(梁 守 威)

335 · 1(4331)
준의왕씨(浚儀王氏)

준의 왕씨는 선비였다. 그의 모친 장례를 치를 때 그 집안 사위인 배랑(裴郞)은 술에 취한 채 묘 안으로 들어가 그만 관 뒤에서 잠이 들어버렸는데, 그 집 사람들은 그 사실을 모르고 묘광을 닫아버리고 말았다. 그 후 며칠이 지나도록 배랑이 보이지 않자 배랑의 집안사람들은 왕씨가 죽였다고 무고하면서 소송을 걸었다. 왕씨는 정말로 그런 사실이 없었기 때문에 온 집안사람들이 모여 궁리했는데, 혹 장례를 치르던 날 묘광 속에 들어간 게 아닌가 싶어 묘광을 열었다가 거기서 과연 배랑을 찾아냈다. 배랑은 그때 숨이 간신히 붙어있는 상태였는데, 죽을 쑤어 조금씩 입에 넣어주었더니 며칠 지나 원래대로 회복되었다. 다음은 배랑이 사람들에게 들려준 이야기이다.

처음 땅에 묻혔던 날 저녁이었는데, 배랑은 술에서 진작 깼으나 도무지 빠져나갈 길이 없었다. 눈을 들어 몰래 살펴보니 무수히 많은 사람들이 보였고 조각해서 무늬를 새겨 넣은 측백나무로 당(堂)을 지은 화려하기 그지없는 저택이 보였다. 왕씨 집안에서 이미 고인이 된 사람들은 어른 아이 할 것 없이 다 모였는데, 그 귀신들은 배랑을 보자 매우 놀라했다. 그 중 한 귀신이 말했다.

"왜 죽이지 않으십니까?"

배랑의 장모가 말했다.

"내 딸은 아직 어려 저 사람만을 바라보고 살아야하는데, 어찌하여 죽이려 한단 말이오?"

장모가 이렇게 한사코 우겨서 배랑은 간신히 죽음을 면할 수 있었다. 배랑이 또 보니 매우 성대한 연회석이 열렸는데, 귀신들은 진수성찬을 차려놓고 음악을 연주하며 아주 즐겁게들 어울리고 있었다. 그런데 잠시 후 이런 소리가 들려왔다.

"배랑을 불러와라."

배랑은 너무도 겁이 나서 감히 몸을 일으키지 못하고 있었다. 또 보니 여러 계집종들이 어깨를 서로 붙이고 발을 구르며 노래를 불렀는데, 그 가사는 이러했다.

> 측백나무로 지은 당이 이제 막 완공되니 그 즐거움 아직 끝나지 않았고,
> 왔다 갔다 하면서 배랑 주위를 맴도네.

농화(穠華)라는 이름의 여종이 지촉(紙燭: 부의로 보내는 종이와 초)을 가져다가 배랑의 코끝을 태워 상처가 났는데, 견딜 수 없이 아파서 그는 벌떡 일어나 사방에 대고 [살려달라고] 절을 했다. 여러 귀신들은 배랑에게 자꾸만 춤과 노래를 해 보라고 시켰다. 배랑이 너무 배가 고파 먹을 것을 달라고 하자 장모가 말했다.

"귀신의 음식은 안 되네."

그러더니 병 속에 있는 음식을 가져오게 해 그에게 주었다. 이렇게 며칠 밤을 지냈다. 종들은 모두 명기(明器: 冥器. 고대에 副葬하던 기물)였으며 이미 본래의 모습이 아니었다. (『광이기』)

浚儀王氏, 士人也. 其母葬, 女壻裴郎飮酒醉, 入冢臥棺後, 家人不知, 遂掩壙. 後經數日不見, 裴郎家誣爲王氏所殺, 遂相訟. 王氏實無此, 擧家思慮, 葬日恐在壙中, 遂開壙得之. 氣息奄奄, 以粥灌之, 數日平復. 說云:

初葬之夕, 酒向醒, 無由得出. 擧目竊視, 見人無數, 文栢爲堂, 宅宇甚麗. 王氏先亡長幼皆集, 衆鬼見裴郎甚驚. 其間一鬼曰:"何不殺之?"妻母云:"小女幼稚仰此, 奈何欲殺?"苦爭得免. 旣見長筵美饌, 歌樂歡洽. 俄聞云:"喚裴郎." 某懼不敢起. 又聞群婢連臂踏歌, 詞曰:"栢堂新成樂未央, 廻來廻去繞裴郎." 有一婢名穠華, 以紙燭燒其鼻準成瘡, 痛不可忍, 遂起遍拜. 諸鬼等頻命裴郎歌舞. 飢請食, 妻母云:"鬼食不堪."命取甁中食與之. 如此數夜. 奴婢皆是明器, 不復有本形象. (出『廣異記』)

335・2(4332)
장구겸경(章仇兼瓊)

당(唐)나라 천보연간(天寶年間: 742~756)에 장구겸경은 검남절도사(劍南節度使)로 있다가 몇 년 뒤 다시 입조(入朝)하게 되었다. 촉천(蜀川)에 장야차(張夜叉)라는 사람이 있었는데, 모습은 미친 사람 같았으나 점을 치면 그 말이 곧잘 적중 하곤 했다. 장구겸경이 떠나기에 앞서 장야차를 불러 앞으로의 일에 대해 묻자 장야차가 말했다.

"대사(大使: 章仇兼瓊)께서 촉(蜀) 땅으로 가신다면 아주 오래도록 장수할 수 있습니다만 만약 반드시 조정으로 들어가려 하신다면 그다지 길하다고는 할 수 없습니다."

장구겸경은 처음에는 몹시 당황하고 두려워했으나 한참 후에 이렇게 말했다.

"설마 그렇기야 하겠느냐?"

그리고는 길을 떠났다. 그는 한주(漢州)에 당도한 뒤 역참에 들어가려다가 갑자기 말에서 떨어져 죽었는데, 심장만은 약간의 온기가 남아 있었다. 팽주자사(彭州刺史) 이선(李先)은 낙양현위(洛陽縣尉) 마(馬) 아무개 편에 약주(藥酒)와 엄약(罨藥: 炎症을 없애고 瘀血을 푸는 데 쓰이는 약으로 추정함)을 장구겸경에게 보내고는 안부를 묻게 했다. 낙양은 한주에서 50리나 떨어져 있었는데, 마 아무개는 명을 받들고 길을 떠나 한주에 도착해서 역참으로 들어갔다. 그런데 마 아무개는 장구겸경의 처소로 들어가려다가 갑자기 땅에 고꾸라지더니 이내 죽고 말았다. 그리고 얼마 있다가 장구겸경이 살아나 이렇게 말했다.

"저승 담당 관리들이 나 대신 마 아무개 현위를 잡아갔네."

마 아무개도 죽은 뒤에 자기 집에 들렀는데, 집안 식구들은 그를 보자 모두 놀라하며 그에게 말했다.

"바로 얼마 전에 명을 받아 떠나가시더니 어찌 이리 빨리 돌아오셨습니까?"

마 아무개는 아무 대답도 하지 않고는 하늘을 보며 한숨만 쉬었다. 그의 아내가 재차 물었다.

"데리고 갔던 몸종들은 다 어디 있습니까? 홀(笏)은 왜 가지고 있지 않으십니까?"

마 아무개는 아무 말도 하지 않고 있다가 손을 흔들며 떠나가면서 눈물을 흘리며 말했다.

"나는 이미 장구대사(章仇大使: 章仇兼瓊)를 대신해 죽었소. 아까 저승에서 애걸하며 따져보았으나 저승 관리들이 모두 그의 편만을 들어서 어쩔 수가 없었소. 내 이곳으로 부임 받아 온 지도 얼마 되지 않아, 외롭고 불쌍한 식구들만 이곳에서 타향살이 하게 되었기에 이렇게 와서 이별을 고하고자 했던 것이오."

[이 말을 들은] 마 아무개의 집 식구들은 슬피 울었다. 마 아무개가 또 아내에게 말했다.

"걱정 마시오. 내가 그를 대신해서 죽었으니 그 사람도 분명 우리를 깊이 불쌍히 여기는 마음이 있을 것이오. 그러니 고향으로 돌아가지 못할까 걱정하지 마시오. 다만 이렇게 갑자기 죽게 되어 생과 사로 영원히 길이 막혀버린 것이 한스러울 뿐이오!"

마 아무개는 말을 마치고는 사라졌다. 마 아무개의 아들들은 처음에는 하도 정신이 멍해 이게 사실인지 아닌지 의심스러웠으나 잠시 후 시체가 올려진 평상이 들려오는 것을 보았다. 장구겸경은 다음날 성도(成都)로 돌아와 마 아무개네 집에 5백만 냥의 부의금을 보내고, 팽주에도 명령을 내려 5백만 냥의 부의금을 보내주도록 했다. 장구겸경은 또 4년 간의 녹봉을 마 아무개네 집에 돌려주었다고 한다. (『광이기』)

唐天寶中, 章仇兼瓊爲劍南節度, 數載入朝. 蜀川有張(原本無'張'字, 據明鈔本補)夜叉者, 狀如狂人, 而言事多中. 兼瓊將行, 呼而問之, 夜叉云: "大使若住蜀, 有無涯之壽, 若必入朝, 不見其吉." 兼瓊初甚惶懼, 久之曰: "安有是耶?" 遂行. 至漢州, 入驛, 墮馬身死, 獨心上微煖. 彭州刺史李先, 令洛陽尉馬某, 送藥酒毳藥兼起居. 洛陽去漢州五十里, 奉命便行, 至漢州入驛. 到兼瓊所, 忽然顚倒而卒. 後兼瓊乃蘇, 云: "地下所由, 以馬尉見."

馬氏亦死, 便至其家, 家人驚異, 云: "適爾奉命, 還何處('處'疑是'遽'字)也?" 不言, 視天太息. 其妻再問: "儐從何在? 又不把笏, 何('何'原作'可', 據明鈔本改)也?" 馬殊不言, 遽揮使去, 因流涕言: "已代章仇大使死. 適於地下苦論, 地下所由並爲他, 無如之何. 自念到官日淺, 遠客孤弱, 故還取別." 擧言(明鈔本'言'作'家')悲號. 又謂其妻曰: "無苦. 我代其死, 彼亦當有深恤. 無憂不得還鄕. 但便爾倉卒, 死生永隔, 以此爲恨耳!" 言訖不見. 子等初猶恍然疑之, 尋見牀昇屍還. 兼瓊翌日還成都, 賻馬氏錢五百萬, 又敕彭州('敕彭州'原作'敷州彭', 據明鈔本改)賻五百萬. 兼還四年秩祿云. (出『廣異記』)

335・3(4333)
이림보(李林甫)

당(唐)나라 이림보는 재상 자리에 오래도록 있으면서 스스로 생각하기에도 나쁜 짓을 너무나 많이 저질러 천하에 원망이 자자하여 분명 귀신이 그에게 재난을 가져올 것만 같았다. 이에 그는 방술사(方術士)를 불러 액막이굿을 하려고 했다. 후에 어떤 술사를 불러왔는데, 그 술사가 말했다.

"상국(相國: 李林甫)께서 누리신 부귀가 오래되신 만큼 사람들에게 쌓인 원한도 매우 많으니 그 재앙의 근본은 하루아침에 생겨난 것이 아니라 하겠습니다. 비록 그렇기는 하나, 그나마 모면할 수 있는 것은 조만간에 닥쳐올 재앙입니다.

이림보가 말했다.

"어떻게 하면 되겠소?"

술사가 말했다.

"장안(長安) 저자거리에서 활 잘 쏘는 사람 하나를 구해 와서 대비시켜 놓으십시오."

이에 이림보는 서쪽 저자거리에서 활 잘 쏘는 사람을 모집해 한 사람을 구해왔는데, 그 사람은 스스로 이렇게 말했다.

"제가 일찍이 군대에 몸담고 있을 때 활 잘 쏘기로 유명했습니다."

그 즈음에 이림보가 근심하고 있는 바에 대해서 그는 전혀 모르고 있었다. 이림보는 그에게 의식에 들어가는 비용을 대주었으며 월급까지 제공했다. 그 후 어느 날 저녁에 이림보는 정원에서 연회를 열고 있었는데, 연(燕)나라와 조(趙)나라의 병사[옛날 燕나라와 趙나라에는 호방하고 용감한 무사들이 많아 燕趙之風이란 말이 있었음]처럼 용맹한 시위병이 그를 호위하고 있었다. 그런데 한 곡조가 채 끝나기도 전에 갑자기 음악이 중단되는 것이었다. 명사수는 이상하다는 생각이 들어 귀 기울여 들어봤으나 역시 아무 소리도 들리지 않았다. 그는 속으로 이렇게 생각했다.

"밤이 아직 깊지도 않았는데 갑자기 이런 일이 생기다니, 무슨 다른 일이 생긴 것인가? 아니면 술사가 도술을 부린 것인가?"

이에 활과 화살을 들고 담을 뛰어넘어 들어가 동정을 살폈는데, 갑자기 담의 남쪽으로부터 한 물건이 땅으로 툭하고 떨어지는 것이 보였다. 또 한 사람이 담을 넘어 들어왔는데, 명사수가 한발에 쏘아 명중시키자 놀라 달아나버렸다. 명사수가 이림보가 연회를 열고 있던 곳으로 가 보

앉더니 노래하던 사람들은 입을 꾹 다문 채 목구멍으로 소리를 넘기지 못하고 있었고, 춤을 추던 사람들은 우뚝 선 채 소매를 뒤집지 못하고 있었는데, 그 잠자코 있는 모습들이 마치 나무인형 같았다. 명사수가 남쪽 담 아래로 떨어졌던 물건을 살펴보았더니 그것은 다름 아닌 입구가 묶여져 있는 보따리였는데, 매듭을 풀고 보았더니 그 안에 수백 개의 죽첨(竹籤)이 들어있으며 그 죽첨에는 이림보와 그 집 하인들의 이름이 적혀있었다. 하나하나 그들의 이름을 부르자 모두 대답을 했고 그리고 나서는 다시 아까처럼 연회를 즐겼다.

다음 날 술사가 이림보의 집으로 오더니 축하하며 말했다.

"이 사람 덕에 화를 모면했습니다. 안 그랬으면 큰 재난을 당할 뻔했습니다. [담장을 뛰어 넘어왔던 사람은] 원한을 품고 죽은 사람들이었습니다. 명공(明公: 李林甫)께서는 오래도록 중요한 자리에 계시면서 저지른 죄만도 만 가지나 됩니다. 그러니 앞으로 10년 후에는 어찌 되실지 그건 저도 알 길이 없습니다."

그 후 이림보는 가산을 관가에 몰수당했는데, 이는 과연 술사의 말대로 10년 뒤에 벌어진 일이었다. (『선실지』)

唐李林甫爲相旣久, 自以爲陰禍且多, 天下頗怨望, 有鬼災. 乃致方術士以禳去之. 後得一術士曰: "相國豪貴久矣, 積怨者亦多矣, 爲禍之基, 非一朝一夕之故. 雖然, 庶可免者, 朝夕之禍也." 林甫曰: "若之何?" 術士曰: "可於長安市, 求一善射者以備之." 林甫乃於西市召募之, 得焉, 自云: "嘗廁軍伍間, 以善射稱." 近爲病, 他無所知. 林甫卽資其衣食, 月計以給. 後一夕, 林甫會宴於庭, 燕趙翼侍. 度曲未終, 忽然中絶. 善射者異而聽之, 無聞矣. 乃默禱曰: "夜未闌,忽如是, 非有他耶? 抑術士之言耶?" 乃執弓矢, 踰垣以入伺之, 忽見垣之南, 有一物墮而下. 又一人踰來, 善射者一發中之, 乃驚去. 因至林甫長樂之地, 見歌者・舞者, 噤而不能轉其喉, 屹而不得翻其袖, 寂寂然若木偶狀者. 因視垣南墮下之物, 卽一囊而結者, 解其中, 有數百籤, 皆林甫及家僮名氏也. 於是以名呼, 一一而應, 遂宴飮如初.

其明日, 術士來, 且賀: "以賴此人. 不然幾爲所禍. 乃負冤而死者也. 明公久專機要, 積戾萬狀. 自茲十稔, 乃非吾之所知." 其後林甫籍沒, 果期十年也.
(出『宣室志』)

335・4(4334)
진희렬(陳希烈)

진희렬이 재상이 되었을 때 집안에 귀신이 들었다. 그 귀신은 시를 읊기도 하고 노래를 부르기도 했는데, 그 소리가 가늘고도 애절했으며 내용까지도 아주 명확하게 들려왔다. 집안 식구들이 그 귀신에게 물었다.

"너는 누구기에 여기 있느냐?"

귀신이 말했다.

"나는 여기에서 노닐고 있을 뿐이니 다 놀고 나면 떠나갈 것이다."

그 귀신은 어떤 때는 옷을 달라 하고 또 어떤 때는 먹을 것을 달라고 했는데, 얻고 나면 바로 떠나갔고 얻지 못하면 욕을 했다. 귀신은 며칠 동안 이렇게 하다가 어느 날은 갑자기 경사(經史)에 대해 담론을 하기 시작했는데 박식하기가 그지없었다. 집안사람들은 진희렬의 조카사위인 사직(司直) 계리제(季履濟)를 불러와 귀신과 담론을 하게 했는데, [계리제와 이야기를 나눈 뒤] 귀신이 계리제에게 말했다.

"나는 길을 떠났다가 이곳에서 한참을 놀았는데, 지금 당신의 깨우침을 받고 나니 이제야 정신이 번쩍 듭니다. 저는 일이 있어 가볼 것이니 당신께서는 편히 지내십시오."

그러더니 귀신은 바로 떠나갔다. (『기문』)

陳希烈爲相, 家有鬼焉. 或詠詩, 或歌呼, 聲甚微細激切, 而歷歷可聽. 家人問之曰: "汝何人而在此?" 鬼曰: "吾此中戲遊, 遊畢當去." 或索衣服, 或求飮食, 得之卽去, 不得卽罵. 如此數朝, 後忽談經史, 鬼甚博覽. 家人呼希烈姪壻司直季履濟令與鬼談, 謂履濟曰: "吾因行, 故於此戲, 聞君特譣, 今日豁然. 有事當去, 君好住." 因去. (出『紀聞』)

335・5(4335)
양국충(楊國忠)

당(唐)나라 천보연간(天寶年間: 742~756)에 양국충은 권세가 하늘을 찌를 듯하여 조정에서 그에 견줄만한 자가 없었다. 어느 날 한 부인이 갑자기 양국충의 집을 찾아와 그를 만나보기를 청했으나 문지기에 의해 거절당하자 큰 소리로 이렇게 말했다.

"내 중요한 일이 있어 양공(楊公: 楊國忠)을 만나려 하는데, 네가 어찌 나를 막으려 드느냐! 나를 만나주지 않으면 당장 불을 질러 양공의 집을 모조리 불태워버리겠다!"

문지기는 겁이 나서 양국충에게 이 사실을 고했다. 양국충이 그 부인과 만나자 그 부인이 양국충에게 말했다.

"공은 나라의 재상으로 있으면서 어찌 비태(否泰)의 이치[불운이 극에 달하면 행운이 오고, 행운이 극에 달하면 불운이 닥치게 되어있다는 이치]도 모르시오? 수치스럽게도 공은 신하들 중 가장 높은 자리에 있을 뿐 아니라 국척(國戚)의 관계에 있으면서 그 명성이 온 나라를 뒤흔든 지 이미 오래요. 그러나 공은 무절제하게 사치와 방종을 부리고 덕성과 의로움을 닦지 않으며 어진 사람을 등용하는 문을 막아버리고 천자께 아첨을 해 온지도 이미 오래요. 공은 전대(前代)의 방현령(房玄齡)·두여회(杜如晦)의 종적을 조금이라고 좇지는 못하면서 사직을 마음에 두지 않고, 어진 이와 어리석은 자를 구별하지 못하여, 자기에게 뇌물을 먹이는 자에게는 관직을 주고 재능과 덕을 겸비한 선비는 산골에 처박아 둔 채 돌아보지 조차 않았소. 자기에게 은혜를 베푼 자에게 병권을 넘겨주고 자기가 좋아하는 자에게 목민관 자리를 맡겼소. 아! 그러니 [공이 이렇게 하면서] 사직을 안정시키고 가족을 보호하고자 한다는 것은 절대로 불가능한 일이오."

양국충은 화가 나서 부인에게 물었다.

"너는 대체 어디서 왔느냐? 너는 이리 함부로 재상을 욕보이며, 죽을 죄를 짓는 것이 두렵지도 않더냐?"

부인이 말했다.

"공은 자기가 죽을죄를 지은 것은 모르고 오히려 내게 죽을죄를 덮어

씌우려 하는구려!"

양국충은 노하여 좌우 시종에게 그 부인을 죽여버리라고 명령을 내리려 했는데, 그때 부인은 갑자기 어디론가 사라져버렸다. 양국충이 놀라움을 금치 못하고 있을 때 부인은 다시 양국충 앞에 나타났다. 이에 양국충이 부인에게 물었다.

"대체 너는 무슨 요괴이냐?"

부인이 대답했다.

"나는 그저 고조(高祖)와 태종(太宗)의 사직이 한 평범한 사내에 의해 넘어가려는 것을 안타까워 할 따름이오. 공은 재상의 도리를 모르니 비록 천자를 보좌하는 자리에 있었다고 하나 천자를 보좌한 공로는 조금도 없었소. 공 혼자서 죽는 것은 하찮은 일일 뿐이지만 가슴 아픈 것은 나라가 이로 인해 약해져 나라의 종묘사직을 제대로 지키지 못하게 된다는 사실이오. 공은 어찌[胡] 화를 내시오? 내가 공을 찾아와 이렇게 아뢰는 것이 어찌[胡] 내가 남 일에 간섭하기 좋아해서겠소? 지금 내가 이대로 물러난다면 무슨[胡] 공이 있겠소? 공은 왜[胡] 죽으며 백성들은 왜[胡] 울겠소?"

부인은 말을 마치고는 웃으며 나갔다. 양국충이 사람들을 시켜 부인을 뒤쫓게 했으나 이미 사라진 뒤였다. 후에 안록산(安祿山)이 난을 일으키자 양국충은 그제야 비로소 '호(胡: 安祿山은 胡族 출신임)'자의 의미를 깨달았다. ([『선실지』][『소상록』])

唐天寶中, 楊國忠權勢薰灼, 朝廷無比. 忽有一婦人, 詣宅請見, 閽人拒之, 婦人大叫曰: "我有大事, 要見楊公, 爾何阻我! 若不見我('不'字據明鈔本補,

'見我'明鈔本作'我見), 當令火發, 盡焚楊公之宅!" 閽人懼, 告國忠. 國忠見之, 婦人謂國忠曰: "公爲相國, 何不知否泰之道? 恥公位極人臣, 又聯國戚, 名動區宇, 亦已久矣. 奢縱不節, 德義不修, 而壅塞賢路, 諂媚君上, 又亦久矣. 君不能倣前朝房・杜之蹤迹, 不以社稷爲意, 賢與愚不能別, 但納賄於門者, 爵而祿之, 大才大德之士, 伏於林泉, 曾不一顧. 以恩付兵柄, 以愛使牧民. 噫! 欲社稷安而保家族, 必不可也." 國忠大怒, 問婦人曰: "自何來? 何造次觸犯宰相, 不懼死罪耶?" 婦人曰: "公自不知死罪, 翻以我爲死罪!" 國忠怒, 命左右欲斬之, 婦人忽不見. 國忠驚未已, 又復立於前. 國忠乃問曰: "是何妖耶?" 婦人曰: "我實惜高祖・太宗之社稷, 被一匹夫傾覆. 公不解爲宰相, 雖處佐輔之位, 而無佐輔之功. 公一死小事耳, 可痛者, 國朝自此弱, 幾不保其宗廟. 胡怒之耶? 我來白於公, 胡多事也? 今我却退, 胡有功也? 公胡死也, 民胡哭也?" 言訖, 笑而出. 令人逐之, 不見. 後至祿山起兵, 方悟'胡'字. (原闕出處, 明鈔本作'出『宣室志』, 今見『說郛』三三『瀟湘錄』)

335・6(4336)
이숙제(李叔霽)

당(唐)나라 천보연간(天寶年間: 742~756) 말에 안록산(安祿山)이 난을 일으켰을 때 조군(趙郡) 사람 이숙제는 아내와 함께 무관(武關)에서 남쪽 양양(襄陽)으로 피난을 갔는데, 아내와 두 아들은 길에서 죽고 자신은 형초(荊楚) 지방을 떠돌게 되었다.

한참 뒤에 안록산은 동경(東京: 洛陽)을 점거했다. 이숙제 아내의 고모는 과부의 몸인지라 낙양을 빠져나가지 못하고 그때까지 성 안에 살고 있었는데, 사는 게 매우 고생스러웠다. 고모는 집안 하녀인 낙양 여자로 하여금 성 밖으로 나가 땔나무를 해오게 했는데, 하녀는 저 멀리서 소가 끄는 수레가 매우 급하게 달려가고 있고 자주색 옷을 입을 사람이 그 뒤를 말을 타고 따라가고 있는 것을 보았다. 수레 안에 타고 있던 여자는 거듭 낙양 하녀를 부르며 다가오더니 이렇게 물었다.

"나를 알아보겠느냐?"

하녀는 놀랍고도 기뻐하며 말했다.

"이랑(李郞: 李叔霽)은 어디 가시고 마님께서 혼자 가십니까?"

이숙제의 아내는 슬피 울며 말했다.

"양양까지 갔다가 남편과 두 아들은 모두 적의 손에 죽고 나는 배고픔에 시달리다 어린 자식들을 데리고 수레 뒤에 있는 저 사람에게 시집을 갔다네."

그러더니 낙양 하녀를 따라가 고모를 만났다. 울음을 그친 다음 이숙제의 아내가 고모에게 물었다.

"언니들은 어디 갔습니까?"

고모가 말했다.

"요즘에는 모두 성 밖에 있단다."

이숙제의 아내가 말했다.

"이번 길은 빨리 가야하기 때문에 더 이상 머무를 수가 없습니다."

그리고는 반나절 정도 머물렀다. 그때 백성들은 모두가 굶주려 있어서 고모가 음식이라고 준비를 했으나 거친 조밥이라 별 맛이 없었다. 이숙제의 아내는 수레 안에서 쌀밥과 좋은 음식을 가져와 자기 남편과 고모를 불러 함께 먹었다. 식사를 마친 다음 그녀는 떠나갔는데, 헤어지기에 앞서 고모에게 말했다.

"이곳은 살기가 매우 힘들군요. 제가 마땅히 물건을 좀 남겨놓고 떠나야겠는데, 짐 실은 수레가 앞서 떠나가 버려서 지금 수레 안에는 비단 한필 반만이 남아있을 뿐입니다. 그거라도 드릴 테니 옷이나 지어 입으세요. 너무 적어서 속상할 뿐입니다."

건원연간(乾元年間: 758~760)에 숙종(肅宗)은 두 도성[長安과 洛陽]을 수복했다. 고모는 자식들과 함께 양주(揚州)로 내려왔고 한달 쯤 후에 이숙제도 양주에 도착했다. 둘은 서로 만나 슬피 울었다. 이숙제는 자기의 아내가 객사에서 아이를 낳다가 죽은 것이며 어린 아들 딸이 연이어 요절한 것을 이야기하며 거듭 탄식 했다. 말을 마친 이숙제는 또 슬피 울었다. 고모는 처음에는 자기 조카딸이 적들에게 겁탈당한 것을 매우 부끄러워했는데, 나중에 자기 조카딸에 대한 이숙제의 마음이 지극한 것을 보고는 자기가 겪은 일을 말해주었다. 또 자기가 지금 입고 있는 치마도 조카딸이 주고 간 비단으로 지어 입은 것이라고 말했다. 이숙제는 그저 탄식만 할 따름이었다.

오군(吳郡)의 주오(朱敖)는 일찍이 진류(陳留)에 있던 적의 군영에서 한 장군을 알게 되었는데, 그 장군은 이숙제의 아내를 사로잡았었다고 말했다 한다. (『광이기』)

唐天寶末, 祿山作亂, 趙郡李叔霽, 與其妻自武關南奔襄陽, 妻與二子死於路, 叔霽遊荊楚.

久之, 祿山旣據東京. 妻之姑('姑'原作'孤', 據明鈔本改)寡居, 不能自免, 尙住城中, 辛苦甚至. 役使婢洛女('洛女'原作'女各', 據明鈔本改)出城採樵, 遙見犢走甚急, 有紫衣人騎馬在後. 車中婦人, 頻呼洛('洛'原作'各', 據明鈔本改)女, 既近, 問: "識我否?" 婢驚喜曰: "李郎何往, 娘子乃爾獨行?" 妻乃悲泣云: "行至襄陽, 叔齊及兩兒並死於賊, 我緣飢餒, 攜小兒女嫁此車後人." 遂與洛('洛'原作'各', 據明鈔本改)女見姑. 哭畢, 問: "姊娣何在?" 姑言: "近在外." 曰: "此行忽速, 不可復待." 留停半日許. 時民飢, 姑乃設食, 粗糲無味. 妻子於車中取粳米飯及他美饌, 呼其夫與姑餐. 餐畢便發, 臨別之際, 謂曰: "此間辛苦. 亦合少物相留, 爲囊齎已前行, 今車中唯有一疋牛絹. 且留充衣服. 深以少爲恨也."

乾元中, 肅宗克復二京. 其姑與子同下揚州, 月餘, 叔齊亦至. 相見悲泣. 再嘆其妻, 於客中因産歿故, 兼小兒女相次夭逝. 言訖, 又悲泣. 姑初憖怍, 爲其姪女爲賊所掠, 及見叔齊情至, 因說其事. 云所著裙, 卽此留絹也. 叔齊咨嗟而已.

吳郡朱敖, 嘗於陳留賊中識一軍將, 自言索得李齊婦云. (出『廣異記』)

335 · 7(4337)
신번현령(新繁縣令)

신번현령은 아내가 죽자 여공(女工)들에게 명해 상복을 짓게 했다. 그 여공들 중에 외모가 매우 빼어난 부인이 하나 있었는데, 현령은 그녀를 흠모하여 옆에 붙잡아 두고는 사랑하며 아껴 주었다. 몇 달이 지난 어느 날 아침, 여자는 초췌한 모습으로 작별 인사를 하며 목이 메었다. 현령이 이상하게 여겨 이유를 묻자 여자가 말했다.

"이제 본 남편이 곧 올 터인데, 그러면 저는 멀리 떠나야하기 때문에 슬퍼하고 있는 것입니다."

현령이 말했다.

"내가 여기 있는데, 누가 나를 어찌할 수 있겠느냐? 잘 챙겨 먹고 마시기만 하거라. 아무 걱정할 것 없으니."

그러나 여자는 며칠 후에 떠나기를 청해왔는데, 아무리 말려도 듣지 않았다. [여자는 떠나면서] 은 술잔 하나를 이별의 정표로 남겨주며 현령에게 말했다.

"그간 당신의 깊은 총애를 받았습니다. 이것을 보며 저를 생각해 주십시오."

현령은 비단 10필을 꺼내오게 해 그녀에게 주었다.

그녀가 떠나간 뒤에도 현령은 늘 그녀 생각을 하며 은 술잔을 손에서 내려놓지 못했는데, 공무가 있어 관아에 있을 때도 그 술잔을 책상 위에 올려놓곤 했다. 일전에 임기를 마치고 고향으로 돌아간 현위(縣尉)가 있었는데, 그 아내의 관이 그때까지 신번현에 남아있었기 때문에 그 사람은 멀리서 관을 옮겨가려고 다시 신번현에 돌아왔다. 현위가 명함을 관아 안으로 들여보내고 현령을 배알하자 현령은 매우 후하게 그를 맞아주었다. 그런데 현위는 은 술잔을 발견하고는 자꾸만 힐끔힐끔 그 술잔을 쳐다보았다. 현령이 그 이유를 묻자 현위가 대답했다.

"이것은 내 죽은 아내의 관속에 넣어주었던 물건인데, 어떻게 여기 있게 되었는지 모르겠습니다."

현령은 오랫동안 탄식하다가 일의 자초지종을 말해주면서 그 부인의 생김새와 목소리, 그리고 서로 술잔과 비단을 주고받은 일 등을 말해주었다. 현위는 온 종일 몹시 화가 났다. 후에 관을 열어보니 자기 부인이

[현령에게서 받은] 비단을 안고 누워있는 것이었다. 화가 머리끝까지 치민 현위는 장작을 쌓아 아내의 관을 불 질러 버렸다. (『광이기』)

新繁縣令妻亡, 命('命'原作'少', 據明鈔本改)女工作凶服. 中有婦人, 婉麗殊絶, 縣命悅而留之, 甚見寵愛. 後數月, 一旦慘悴, 言辭頓咽. 令怪而問之, 曰: "本夫將至, 身方遠適, 所以悲耳." 令曰: "我在此, 誰如我何? 第自飮食. 無苦也." 後數日求去, 止之不可. 留銀酒杯一枚爲別, 謂令曰: "幸甚相思. 以此爲念." 令贈羅十疋.

去後恒思之, 持銀杯不捨手, 每至公衙, 卽放案上. 縣尉已罷職還鄕里, 其妻神柩尙在新繁, 故遠來移轉. 投刺謁令, 令待甚厚. 尉見銀杯, 數竊視之. 令問其故, 對云: "此是亡妻棺中物, 不知何得至此." 令歎良久, 因具言始末, 兼論婦人形狀音旨, 及留杯贈羅之事. 尉憤怒終日. 後方開棺, 見婦人抱羅而臥. 尉怒甚, 積薪焚之. (出『廣異記』)

335 · 8(4338)
요소품(姚蕭品)

요소품은 항주(杭州) 전당(錢塘) 사람이었다. 그는 집에서 손님을 맞이하다가 술자리에서 죽고 말았는데, 한 식경(食頃) 만에 다시 살아나 이렇게 말했다.

"내가 막 죽었을 때 한 사람이 나를 부르러 왔는데, 현(縣)에서 보낸 관리로 생각하고 문밖에 나가 보았다가 그만 잡히고 말았네. 북곽문(北

郭門)에 이르러 보니 관리 몇 명이 배에 타고 있었는데, 나를 잡아간 사람이 나더러 배를 끌라고 했네. 내가 말했지. '외람되게도 물려받은 가업 덕택에 아직까지 배를 끌어본 일이 없습니다.' 그랬다가 나는 매질을 당했다네. 아무리 안 하겠다고 해도 어쩔 도리가 없어서 힘껏 그 배를 끌었는데, 여기서 8~9리 떨어진 역정교(驛亭橋)에 당도하자 귀신들은 더 이상 나를 지키지 않는 것이야. 그래서 그곳을 도망쳐 나와 위험에서 벗어날 수 있었다네."

(『광이기』)

姚蕭品者, 杭州錢塘人. 其家會客, 因在酒座死, 經食頃乃活, 云:"初見一人來喚, 意是縣家所由('由'原作'用', 據明鈔本改), 出門看之, 便被捉去. 至北郭門, 有數吏在船中, 捉者令品牽船. 品云:'忝是緒餘, 未嘗引挽.' 遂被捶擊. 辭不獲已, 力爲牽之, 至驛亭橋, 已八九里所, 鬼不復防禦. 因爾絶走得脫也."
(出『廣異記』)

335・9(4339)
양수위(梁守威)

당(唐)나라 숙종(肅宗) 때에 안사(安史)의 무리가 난을 일으키고 있었다. 형주(刑州)는 바로 반란군과 접경하고 있던 곳이라 형주자사(刑州刺史)는 시국을 안정시키고자 하는 데 뜻을 두고 있었다. 장안(長安) 사람 양수위는 문무(文武)와 재략(才略)이 뛰어나다고 스스로 자부해서 장안에서 몰래 길을 떠나 형주로 가 그곳 주목(州牧)에게 유세를 펴려고 했다. 그는 형주의 서남쪽 경계에 도착했을 때 밤이 되자 길옆의 오래된 무덤들 사이에서 막 쉬고 있는 참이었는데, 갑자기 한 소년이 손에 칼을 들고 그리로 오더니 양수위를 꾸짖으며 말했다.

"뉘시오?"

양수위가 대답했다.

"나는 유세객으로, 장차 형주로 들어가 그곳 주목에게 유세를 펴서 그 주목으로 하여금 공을 세워 황제께 보답케 하고자하오."

소년이 말했다.

"나 역시 유세객이오."

[이 말을 들은] 양수위는 기뻐하며 그 소년에게 인사를 한 후, 같이 풀 위에 앉아 세상의 어지러움에 관해 이야기를 나누었다. 소년이 말했다.

"당신은 형주자사를 만나면 무슨 말로 유세를 하려하오?"

양수위가 말했다.

"지금 천자께서 사직을 물려받으셨고, 게다가 상황(上皇: 玄宗)께서도 살아계시니 나라를 보좌하는 대신들은 힘과 마음을 모아 추악한 무리들을 모조리 없애버리기에 힘이 충분하오. 그러면 더 이상 긴 말 할 것 없이 형주자사께서는 나의 말을 받들어 따르게 될 것이니, 이것이야말로 사람들이 말하는 시기와 형세를 잘 이용한다는 것이 아니겠소."

소년이 말했다.

"당신은 하나만 알고 둘은 모르는 사람이오. 지금 태자(太子)께서 황위를 물려받으셨으나 상황께서는 아직도 살아계시오. [이런 상황에서]

당신이 천하에 주인이 있다고 생각하시오? 천하가 어딘가에 귀속되었다고 생각하시오? 그런데 태자는 영무(靈武: 縣名. 安祿山이 난을 일으켰을 때 玄宗이 蜀 땅으로 몽진을 가자 肅宗이 이곳에서 즉위했음)에서 황위에 올랐고 육군(六軍: 天子의 侍衛兵)과 대신들은 그런 태자를 추대하며 이 나라의 주인으로 삼으려 했소. 이는 스스로 불효를 저지르는 것과 마찬가지요. 그렇게 하면 공연히 온 나라 안의 사람들의 분노만을 얻을 뿐, 어찌 진정한 천하의 주인이 될 수 있겠소? 만약 태자께서 상황의 뜻을 잘 받들어 행하여 온 나라 안의 군사들을 모아 적의 무리를 힘써 제거하고, 또 더 나아가 도성을 수복하고 적을 어루만져 화목하게 만들며 군공(軍功)이 있는 자들에게 상과 관직을 내린다면 그 행적이 나중에 자연 남의 입에 오르내리게 될 것이니, 그러면 머지않아 나라가 크게 안정을 되찾을 것이오. 그러나 지금은 이미 대사(大事)를 그르쳐 버렸으니 천하를 평정할 수가 없소. 나는 불효자로 낙인찍힌 자가 불충(不忠)한 무리들을 토벌하려한다는 말을 들어 본 일이 없소. 나라를 안정시키고 적의 무리를 잠잠케 만들려 한다면 반드시 어진 천자가 황위에 오른 다음에나 가능할 것이오. 그러니 당신도 형주자사를 찾아가 유세할 필요 없소. 내가 유세할만했다면 진작 했을 것이오."

양수위는 소년에게 지략이 있음을 알고는 길게 탄식하며 말했다.

"나는 어디로 가야 한단 말이오! 옛날 유곤(劉琨: 晉나라 때의 사람으로 어려서부터 氣槪가 있었고 여러 차례 전쟁에 나가 큰 공을 세웠음)은 천하가 어지럽다는 말을 듣고 기뻐했다 하는데, 나는 지금 천하의 난리를 만나 근심만 할 뿐이오."

소년은 양수위에게 길을 떠나자고 했는데, 둘이 우거진 수풀 속으로 들어갔을 때는 이미 날이 밝아올 무렵이었다. 수풀 아래에 도착하고 보니 거기에는 백여 명이나 되는 사람들이 갑옷을 입고 무기를 들고 서 있었는데, 그들은 모두 소년의 시종들이었다. 소년은 술과 안주를 가져오게 한 후 양수위와 더불어 환담을 나눈 뒤에 헤어졌는데, 떠나면서 양수위에게 이렇게 말했다.

"내 당신에게 해 드린 그 말을 당신은 잘 따라야 하오. 일단 장안으로 돌아가기만 하시면 분명 관직을 얻을 수 있을 것이오. 지금 태자가 새로 황위에 오르고 보니 천한 신분에게 갑자기 부귀해진 사람들이 많아져 관내(關內)는 어지럽기 짝이 없소. 사람들은 모두 나라를 편안히 다스리고자 하는 마음이 간절하니 당신은 나라를 다스리는 방도를 관내의 제후(諸侯)들에게 가르쳐 주시오. 차례대로 제후들에게 그 방도를 올린다면 공을 세우지 못할 걱정일랑 할 게 뭐 있겠소?"

양수위는 절을 하며 감사를 올리고는 길을 떠났다. 겨우 10여 걸음 갔을 때 뒤를 돌아보았으나 소년은 이미 보이지 않았다. 이에 양수위가 다시 숲 속으로 가서 소년을 찾아보았으나 무너진 무덤만이 잔뜩 있을 뿐이었다. (『소상록』)

唐肅宗時, 安史之黨方亂. 邢州正在賊境, 刺史頗有安時之志. 長安梁守威者, 以文武才辨自負, 自長安潛行, 因往邢州, 欲說州牧. 至州西南界, 方夜息於路傍古墓間, 忽有一少年手携一劒亦至, 呵問守威曰: "是何人?" 守威曰: "我遊說之士, 欲入邢州說州牧, 令立功報君." 少年曰: "我亦遊說之士也." 守威喜而揖, 共坐草中, 論以世亂. 少年曰: "君見邢牧, 何辭以說?" 守威曰: "方今天子承祧, 上皇又存, 佐國大臣, 足得戮力同心, 以盡滅醜類. 故不假多辭, 邢牧其應聲而奉我教也, 可謂乘勢因時也."少年曰:"君知其一, 不知其二. 今太子傳位, 上皇猶在. 君以爲天下有主耶? 有歸耶? 然太子至靈武, 六軍大臣推戴, 欲以爲天下主. 其如自立不孝也. 徒欲使天下怒, 又焉得爲天下主也? 設若太子但奉行上皇, 而徵兵四海, 力剪群盜, 收復京城, 唯撫而輯之, 爵賞軍功, 亦行後而聞之, 則不期而大定也. 今日之大事已失, 卒不可平天下. 我未聞自負不孝之名, 而欲誅不忠之輩者也('者也'原作'答曰', 據明鈔本改). 欲安天下, 寧群盜, 必待仁主得位. 君無說邢牧. 我若可說, 早已說之."守威知少年有才畧, 因長嘆曰:"我何之! 昔劉琨聞天下亂而喜, 我今遇天下亂而憂."

少年乃命行, 詣一大林, 乃達曙. 至林下, 見百餘人, 皆擐甲執兵, 乃少年之從者. 少年索酒饌, 同歡話而別, 謂守威曰:"我授君之一言, 君當聽之. 但回長安, 必可取爵祿也. 太子新授位, 自賤而貴者多矣, 關內亂之極也. 人皆思治願安, 君但以治平之術敎('敎'字原闕, 據明鈔本補)關內諸侯. 因依而進, 何慮不自立功耶?"守威拜謝而回. 纔行十步已來, 顧之不見. 乃却詣林下訪之, 唯見壞墓甚多. (出『瀟湘錄』)

태평광기
권제 336

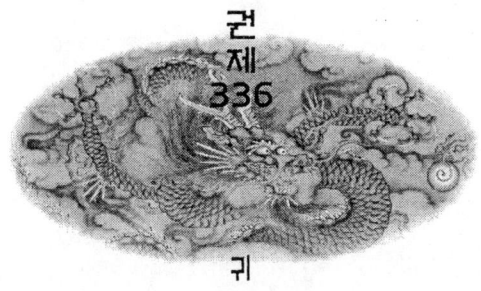

귀 21

1. 상 이(常   夷)
2. 장 수 일(張 守 一)
3. 정   망(鄭   望)
4. 우 문 적(宇 文 覿)
5. 이   영(李   瑩)
6. 배   성(裴   諴)
7. 이 씨(李   氏)

336·1(4340)
상 이(常 夷)

당(唐)나라 건강(建康) 사람 상이는 자가 숙통(叔通)으로 경전을 두루 읽었고 평소에 글 짓는 재능이 있었다. 그의 성격은 강직하고 청렴했으며 조상의 가업을 스스로 숭상했는데, 그의 집은 청계(淸溪) 근처에 있었다. 그가 한 번은 낮에 혼자 앉아 있을 때 누런 적삼을 입은 어린 아이가 편지를 가지고 곧장 누각 앞으로 와서 말했다.

"주수재(朱秀才)께서 전해드리랍니다."

상이는 아직 주수재를 모르고 있었으므로 매우 이상해하면서 막 그 편지를 펴보았더니 이렇게 적혀 있었다.

"오군(吳郡)의 수재 주균(朱均)이 상고사(常高士: 常夷)께 아룁니다."

편지 내용은 모두 산 사람의 말이 아니었는데 글의 대강은 다음과 같았다.

"저의 집은 서강(西岡) 근처에 있는데 영광스럽게도 좋은 이웃이 되었으므로 당신의 존안(尊顔)을 뵙고 싶습니다."

편지의 끝에는 다음과 같은 시 한 수가 적혀 있었다.

생전엔 성곽을 노닐었는데,
죽어선 거친 가시덤불 속에 묻혔네.
나는 인간세상과 작별한 후로,

세월을 알지 못했네.
소와 양은 오래도록 방목되고,
소나무와 잣나무는 몇 번이나 땔감이 되었나?
내 이미 좋은 거마와는 연분이 없으니,
여우 토끼 무리를 기꺼이 따랐네.
어디서 맑은 바람 불어왔는가,
영광스럽게도 군자와 이웃이 되었네.
빛나고 성대한 명성과 품덕,
오래도록 훌륭한 손님을 기다렸네.
천 년의 세월이 쏜살같이 흐른 뒤에,
[당신이 나타나] 귀신 무덤에 있는 나를 감동시켰네.
당신은 우러러보는 교목(喬木)과 같고,
진실로 쉽게 다닐 수 있는 큰 네거리와 같네.
높은 문이 막혀있지 않다면,
내 다가가 용문(龍門)에 오르리.

그 종이와 먹은 모두 오래되고 낡은 것이었다. 상이는 마음이 잘 통하는 것을 느껴 그 경이로움에 한참동안 감탄하다가 곧 은근하고 간절한 마음을 담아 답장을 썼다. 그는 또 날짜를 정하여 만나뵙기를 청했다. 누런 적삼을 입은 아이가 떠나간 후 상이는 사람을 보내 그 아이를 따라가 살펴보게 했는데, 그 아이는 집 서쪽 1리쯤에 이르러 옛 무덤 속으로 들어가는 것이었다.

만나기로 한 날이 되자 상이는 술과 과일을 차려놓았다. 잠시 후 밖에서 문을 두드리는 소리가 들리기에 나가 보았더니 이전의 어린 아이가 말했다.

"주수재께서 뵈러 오셨습니다."

상이는 의대(衣帶)를 매고 나가서 주수재를 맞이했다. 주수재는 사각 두건에 칡베로 만든 홑옷을 입은 채 신을 끌고 왔는데, 나이는 50여 세쯤 되고 풍채와 태도가 조용하고 온화하며 자못 맑은 운치가 있었다. 서로 인사를 나눈 다음 주수재가 말했다.

"저는 양(梁)나라 때 이 주(州)에서 높은 성적으로 수재에 천거되었습니다. 그러나 그때 사방에 난리가 많아 벼슬할 뜻이 없어져서 은거하기로 마음먹었습니다. 저는 진(陳)나라 영정연간(永定年間: 557~559) 말에 이 곳에서 죽었습니다. 오랫동안 황천에 있으면서도 늘 당신의 풍모를 흠모했는데, 이승과 저승의 길이 달라 당신을 맞이할 수가 없었습니다. 다행히도 이번에 좋은 기회가 되어 대군자(大君子: 常夷)께서 저를 꺼려하지 않으시고 마음속에 쌓인 답답함을 펼치게 해주셨으니 이보다 더 기쁜 것이 어디 있겠습니까?"

상이가 대답했다.

"저는 우둔한지라 저승의 혼령이 지척에 있다는 것을 생각지도 못하여 오랫동안 가르침을 받지 못했습니다. 다행하게도 특별한 보살핌을 입어 실로 감사하게 생각합니다."

그들은 자리에 앉아 과일과 술을 먹었다. 상이가 주수재에게 양(梁)나라·진(陳)나라 때의 일을 물었더니 주수재는 일일이 분명하게 대답해주었다. 그리고 자신은 주이(朱异)의 조카라고 하면서 다음과 같은 이야기를 해주었다.

"주이는 양나라 무제(武帝: 蕭衍)를 섬겼는데, 그는 무제에게 둘도 없는 은덕을 입었습니다. 무제는 직성(織成) 비단에 금실로 수놓은 병풍, 산호 비녀, 옥자루가 달린 주미(麈尾), 임읍(林邑)에서 바친 칠보로 장식한 병, 침향목(沉香木)을 깎아 만든 베개를 가지고 있었는데, 이는 모두 무제가 애지중지하는 것들이었습니다. 한번은 무제가 승운전(承

雲殿)에서 공부를 끝내고 그 물건들을 모두 주이에게 하사했습니다. 양나라 소명태자(昭明太子: 蕭統)가 돌아가셨을 때는 안개가 사방에 자욱했고, 장례를 치를 때는 검은 고니 네 쌍이 무덤 위를 높이 날아 빙빙 돌며 슬피 울다가 장례식이 끝나자 곧 날아갔습니다. 양나라 원제(元帝: 蕭繹)는 한 쪽 눈을 잃었는데, 원제는 그 점을 몹시 꺼려했습니다. 원제가 상동왕(湘東王)이 되어 형주(荊州)를 진수하고 있을 때, 일찍이 박사로 하여금 『논어(論語)』를 강설하게 했습니다. 이야기가 '장님을 보면 반드시 안색을 고친다[『論語』「子罕」편에 나옴]'는 대목에 이르렀을 때, 박사가 그 말을 피하지 않자 원제가 대노하여 박사를 독살시켰습니다. 또 한번은 원제가 북쪽 오랑캐를 물리치고 손수 그 비장(裨將: 副將) 한 사람을 죽였습니다. 우근(于謹)이 강릉(江陵)을 격파했을 때 원제가 살해되었는데, 당시 칼로 원제를 찌른 사람은 바로 그 비장의 아들이었습니다. 심약(沈約)의 모친이 건창태부인(建昌太夫人)으로 제수될 때, 황제는 산기시랑(散騎侍郎)으로 하여금 심약의 집으로 가서 임명장을 읽고 인끈을 수여하게 했습니다. 복야(僕射) 하경용(何敬容) 이하 수백 명이 대문에 와서 축하해주었습니다. 남조 송(宋)나라·양(梁)나라 이래 봉호(封號)를 받은 부인들 중에 심약의 모친처럼 영광을 누린 사람은 없었습니다. 유견오(庾肩吾)는 젊어서 도선생(陶先生)을 섬겼는데 재주가 자못 많았습니다. 한번은 한여름에 손님을 모아놓고 허공에 대고 숨을 크게 내쉬었더니 모두 눈으로 변했습니다. 그는 또 각종 기물에 주문을 걸어 허공에 멈추어 있게 했습니다. 양나라 간문제(簡文帝: 蕭綱)가 조서를 내려 양양(襄陽)에 봉림사(鳳林寺)를 짓게 했습니다. 부족한 사찰 기둥나무가 도착하지 않았을 때 나루터 관리가 녹나무 하나를 강속에서 건졌는데, 그 나무는 나머지 기둥의 크기와 꼭 맞았습니다. 간문제는 효성이 지극하여 정귀빈(丁貴嬪)의 상중(喪中)에 끊임없이 울었는데, 누우면 몸이 문드러질 정도로 아팠고 얼굴에는 온통 종기가 났습니다. 후경(侯景)이 대성(臺城)을 함락하여 성안에 물과 식량이 끊기자 무제는 칙령을 내려 죽을 바치게 했습니다. 하지만 궁중에는 쌀이 없었으므로 황문(黃門: 宦官)의 자루에서 네 되를 가져다가 죽을 쑤어 다 먹고 나자 더 이상 먹을 것을 구하지 못해 붕어(崩御)하셨습니다. 후경이 양나라 사람을 잡았는데, 그는 긴 칼[枷]을 만들어 양나라 사람의 머리에 모두 채우고는 군사에게 명하여 삼고시(三股矢: 한 번에 세 발을 쏠 수 있는 화살)로 마구 쏘아 죽이게 했습니다. 비록 관리나 귀인이라 해도 차이를 두지 않았습니다. 진나라 무제(武帝)가 왕승변(王僧辯)을 죽인 후 100일간 큰비가 내렸습니다."

주수재는 또 다음과 같은 말을 했다.

"진나라 무제는 미천했을 때 집이 몹시 가난하여 남의 집에서 품팔이하면서 먹고 살았습니다. 그가 한 번은 장성(長城)의 부호인 포씨(包氏)의 연못에 있는 물고기를 훔치다가 잡혀서 장대에 꽁꽁 묶이는 바람에 심한 고통을 받았습니다. 그는 황제가 된 후에 포씨 일가를 멸족시켰습니다."

이러한 일들은 모두 정사(正史)에 빠져 있는데, 이와 같은 일은 매우 많아 여기에 다 기록할 수 없다.

그 후 상이는 주수재와 여러 차례 왕래하면서 이야기를 나누며 시를 지었는데, 주수재의 재주가 뛰어나 친밀한 사이가 되었다. 상이의 집에 길흉이 있으면 주수재는 그 때마다 미리 알려주었다. 나중에 상이의 병이 심해지자 주수재가 말했다.

"저승에서 당신을 잡아다가 장사(長史)를 맡기기로 했습니다. 제가 이미 먼저 순찰해보았는데, 그 자리는 매우 중요해서 선발되기가 특히 어렵고, 저승에서는 그보다 더 귀한 자리가 없습니다. 산 사람은 마땅히 죽게 마련입니다. 설사 억지로 다시 몇 년을 늘인다고 해도 어찌 그 자리에 있는 것과 같겠습니까? 당신은 사양하지 마십시오."

상이는 기뻐하며 더 이상 약으로 치료하지 않더니 며칠 후에 죽고 말았다. (『광이기』)

唐建康常夷, 字叔通, 博覽經典, 雅有文藝. 性耿正淸直, 以世業自尙, 家近淸溪. 常晝日獨坐, 有黃衫小兒齎書直至閣前曰:"朱秀才相聞." 夷未嘗識也, 甚怪之, 始發其書, 云:"吳郡秀才朱均, 白常高土." 書中悉非生人語, 大抵:"家近在西岡, 幸爲善隣, 思奉顔色." 末有一詩云:"具陳(明鈔本'云'下空七字, 疑原有五言二句, 脫去八字. 致僅存'具陳'二字, 許本移'云'字在'陳'字下). 平生遊城郭, 殂沒委荒榛. 自我辭人世, 不知秋與春. 牛羊久來牧, 松栢幾成薪? 分絶車馬好, 甘隨狐兔羣. 何處淸風至? 君子幸爲隣. 烈烈盛名德, 依依佇良賓. 千年何旦暮, 一室動人神. 喬木如在望, 通衢良易遵. 高門儻無隔, 向與折龍津." 其紙墨皆故弊. 常夷以感契殊深, 嘆異久之, 乃爲答書, 慇懃切至. 仍直剋期, 請與相見. 旣去, 令隨視之, 至舍西一里許, 入古墳中.

至期, 夷爲具酒果. 須臾, 聞扣門, 見前小兒云:"朱秀才來謁." 夷束帶出迎. 秀才著角巾葛單衣曳履, 可年五十許, 風度閑和, 雅有淸致. 與相勞苦, 秀才曰:"僕梁朝時, 本州擧秀才高第. 屬四方多難, 遂無宦情, 屛居求志. 陳永定末終此地, 久處泉壤, 常欽風味, 幽明路絶, 遂廢將迎. 幸因良會, 大君子不見嫌棄, 得中鬱積，何樂如之？"夷答曰："僕以暗劣，不意冥靈所在咫尺，久闕承稟．幸蒙殊顧，欣感實多．"因就坐啖果飲酒．問其梁·陳間事，歷歷分明．自云朱异('异'原作'棄'，據明鈔本·陳校本改，下同)從子，說："异事武帝，恩幸無匹．帝有織成金縷屛風·珊瑚鈿·玉柄麈尾·林邑所獻七寶澡瓶·沉香鏤枕，皆帝所祕惜．常於承雲殿講竟，悉將以賜异．昭明太子薨時，有白霧四塞．葬時玄鵠四雙，翔遶陵上，徘徊悲鳴，葬畢乃去．元帝一目失明，深忌諱之．爲湘東鎭荊州，王嘗使博士講『論語』．至於'見瞽者必變色'，語不爲隱，帝大怒，乃酖殺之．又嘗破北虜，手斬一裨將．于('于'原作'於'，據明鈔本改)謹破江陵，帝見害，時行刀者乃其子也．沈約母拜建昌太夫人，時帝使散騎侍郎就家讀策受印綬．自僕射何敬容已下數百人，就門拜賀．宋·梁以來命婦未有其榮．庾肩吾少事陶先生，頗多藝術．嘗盛夏會客，向空大噓氣，盡成雪．又禁諸器物悉住空中．簡文帝詔襄陽造鳳林寺．少刹柱木未至，津吏於江中獲一樟木，正與諸柱相符．帝性至孝，居丁貴嬪樞，涕泣不絶，臥痛潰爛，面盡生瘡．侯景陷臺城，城中水米隔絶，武帝旣敕進粥．宮中無米，於黃門布囊中，齎得四升，食盡遂絶，所求不給而崩．景所得梁人，爲長枷，悉納其頭，命軍士以三投(明鈔本'投'作'股')矢亂射殺之．雖衣冠貴人，亦無異也．陳武帝旣殺王僧辯，天下大雨百餘日．"

又說："陳武微時，家甚貧，爲人庸保以自給．常盜取長城豪富包氏池中魚，擒得以擔竿繫，甚困('困'原作'因'，據明鈔本改)．卽祚後，滅包氏．"

此皆史所脫遺，事類甚多，不可悉載．

後數相來往，談宴賦詩，才甚淸擧，甚成密交．夷家有吉凶，皆預報之．後夷病甚，秀才謂曰："司命追君爲長史．吾亦預巡察，此職甚重，尤難其選，冥中貴盛無比．生人會當有死．縱復彊延數年，何似居此地？君當勿辭也．"夷遂欣然，不加藥療，數日而卒．(出『廣異記』)

336 · 2(4341)
장수일(張守一)

　당(唐)나라 건원연간(乾元年間: 758~760)에 장수일은 대리소경(大理少卿)에 임명되었다. 그는 성품이 인자하고 너그러워 억울한 옥사(獄事)를 다시 바로잡아 사형을 면한 죄수가 매우 많았다. 나중에 장수일은 아침 조회에 참석하게 되었는데, 허리가 구부정한 백발 노인이 지팡이를 짚고 그의 말 앞으로 와서 감사의 절을 했다. 장수일이 그 이유를 물었더니 노인은 시종들을 물리기를 청한 뒤 말했다.

　"저는 산 사람이 아니라 명공(明公: 張守一)께서 살려주신 사형수의 아비입니다. 저승에 있는 저와 이승에 있는 아들은 모두 지위가 비천하여 당신의 은덕을 갚을 길이 없습니다. 명공께서 만약 도움을 받고자 하는 것이 있다면 혹 도와드릴 수도 있으니 말씀만 하십시오."

　장수일이 말했다.

　"당신 아들이 죄가 없는 것이지 내가 법을 어기면서까지 은혜를 베푼 것이 아니니 감히 당신의 호의를 받아들일 수 없소. 나는 외람되이 구경(九卿)의 반열에 있어 먹고사는 데는 문제가 없으니 괜한 수고하지 마시오."

　장수일이 재삼 노인 귀신을 위로하며 돌려보내자 귀신이 말했다.

　"저는 이만 가봐야겠습니다. 만약 당신이 원하는데도 이루지 못하는 일이 있거든 저를 기억하십시오."

　귀신은 마침내 사라졌다.

　그로부터 얼마 후 황제가 칙령을 내려 연회를 열고 도성을 두루 유람했다. 장수일은 연회에서 선비 집안의 여자를 엿보았는데 그녀는 자색이 매우 아름다웠다. 장수일은 그녀를 좋아했지만 방비가 매우 삼엄했기에 뚫고 나갈 방법이 없었다. 그래서 장수일은 시험 삼아 예전의 그 귀신을 부르며 말했다.

"내게 그녀를 만나게 해 줄 수 있겠소?"

장수일이 말을 마치자 그 귀신이 곧장 와서 말했다.

"그 일은 쉽지만 그녀와 오래 있을 수는 없습니다. 시간은 단지 7일 뿐입니다."

장수일이 말했다.

"7일이면 충분하오. 그런데 당신이 조화를 부려 그녀를 꾀어 오는 것은 아닙니까?"

귀신이 말했다.

"명공은 어찌 그토록 의심하십니까? 제가 다른 물건을 주고 대신 그녀의 몸을 가져오겠습니다."

장수일은 마침내 조용한 곳을 만들고 휘장을 쳐놓았다. 잠시 후 갑자기 그 여자가 왔다. 그녀는 한참 후에야 깨어나서 놀라며 말했다.

"여기가 어디입니까?"

장수일과 귀신만이 그녀 곁에 있었으므로 귀신은 그녀를 속여 말했다.

"이분은 천상(天上)에 계시는 천사(天使)이십니다."

이리하여 장수일은 그녀와 친근해졌으며 그들의 사랑은 매우 깊어갔다. 그들이 만난 지 7일이 되자 장수일이 여자에게 말했다.

"천상과 인간 세상은 서로 떨어져 있어서 다릅니다. 당신을 만난 지 얼마 되지 않아 곧 이렇게 이별하게 되었으니 어찌하면 좋겠습니까?"

장수일은 눈물을 흘리며 그녀와 작별했다. 그 귀신은 다시 그녀의 눈을 가리고 집으로 돌려보내 주었다. 그 후 장수일은 몰래 그 여자의 집을 엿보았는데, 그 여자의 집에서 이렇게 말했다.

"이 집의 아가씨가 갑자기 귀신에 홀려 정신을 차리지 못하다가 7일 만에 깨어났습니다."

10년 후 장수일은 또 그 귀신을 만났는데, 귀신이 말했다.

"천상의 관부(官府)에서 저를 불렀으니 곧 헤어져야 합니다. 지금 환약 한 알을 드리겠습니다. 이 약은 일반 잡뼈를 정화(精化)시켜 좋은 칼자루를 만드는 귀한 뼈로 변화시킬 수 있습니다. 공께서는 그것을 잘 간직하셨다가 급한 일이 있을 때 사용하십시오."

귀신은 흐느끼며 떠나갔다. 그 약은 크기가 계란만 했다.

무태후(武太后: 則天武后) 때에 장수일은 법을 공평하게 집행했으나 혹리(酷吏)에게 무고당하여 영남(嶺南)으로 유배되었다. 재물이 다 떨어지자 장수일이 그 환약으로 뼈를 정화시켰더니 과연 귀신의 말대로 되었다. 그래서 장수일은 이것으로 살아가다가 약이 다 떨어지자 마침내 죽고 말았다. (『광이기』)

乾元有張守一, 爲大理少卿. 性仁恕, 以平反折獄, 死囚出免者甚多. 後當早朝, 有白頭老人, 傴僂策杖, 詣馬前拜謝. 守一問故, 請避從者, 曰: "非生人, 明公所出死囚之父也. 幽明卑賤, 無以報德. 明公儻有助身之求, 或能致耳, 請受敎." 守一曰: "賢子無罪, 非我屈法伸恩, 不敢當此. 忝列九卿, 頗得自給, 幸無勞苦." 再三慰遣之, 鬼曰: "當爾且去. 儻有求不致者, 幸相念." 遂不見.

俄爾有詔賜酺('酺'字原闕, 據明鈔本補), 城中縱觀. 守一於會中窺見士人家女, 姿色艷絶. 相悅之而防閑甚急, 計無從出. 試呼前鬼:"頗能爲我致否?"言訖卽至, 曰:"此易事耳, 然不得多時. 纔可七日."曰:"足矣. 得非變化相惑耶?"鬼曰:"明公何疑之深? 僕以他物代取其身."遂營寂靜之處, 設帷帳. 有頃, 奄然而至. 良久寤驚曰:"此何處?"唯守一及鬼在傍, 紿云:"此是天上天使."因與款昵, 情愛甚切. 至七日, 謂女曰:"天上人間當隔異. 歡會尙淺, 便爾乖離如何?"因流涕取別. 鬼復掩其目送還. 守一後私覘女家, 云:"家女卒中惡, 不識人, 七日而醒."

後經十年, 又逢此鬼, 曰:"天曹相召, 便當承訣. 今奉藥一丸. 此能點化雜骨, 爲骨骼刀把之良者. 願公寶之, 有急當用."因獻欷而去. 藥如雞卵許大.

至武太后時, 守一以持法寬平, 爲酷吏所搆, 流徙嶺表. 資用窘竭, 乃以藥點骨, 信然. 因('因'原作'之', 據明鈔本改)取給, 藥盡遂卒. (出『廣異記』)

336 · 3(4342)
정 망(鄭 望)

[唐나라] 건원연간(乾元年間: 758~760)에 정망은 낙양(洛陽)에서 장안(長安)으로 들어갔는데, 밤이 되어 야호천(野狐泉) 객점에 투숙하려 했지만 객점에서 5~6리쯤 못 미쳐 날이 어두워졌다. 갑자기 길옆에 인가가 나왔기에 거기로 가서 문지기에게 물었더니 문지기는 그곳이 왕장군(王將軍)의 저택이라고 했다. 왕장군은 정망의 선친과 예전부터 교분이 있었으므로 정망은 매우 기뻐하며 곧 자신의 성명을 알리고 나서

뵙기를 청하자 왕장군이 나와서 정망을 만났다. 이들은 서로 인사를 나누고 슬피 울며 서로의 안부를 물었으며, 왕장군은 정망을 자신의 집에 머무르게 하고 음식을 대접했다. 한밤에 술이 거나해지자 왕장군은 거제삼낭(蘧蒢三娘)을 불러 노래를 부르고 술을 따르게 했다. 잠시 후 거제삼낭이 왔는데, 용모가 매우 빼어났고 특히 「아작감(阿鵲監: 阿鵲鹽의 오기로 보임. '아작염'은 古樂曲名)」을 잘 불렀으며, 새벽이 되자 작별하고 떠나갔다. 왕장군의 부인은 정망에게 가는 김에 비단 바지와 가발, 꽃 비녀, 붉은 분 등을 사오라고 말을 전했다.

몇 달 후 정망은 낙양에서 돌아오는 길에 왕장군의 저택에 들러 왕장군의 부인이 부탁한 물건을 보내주었다. 왕장군은 정망을 만나자 매우 기뻐하며 예전처럼 그를 자신의 집에 묵게 했다. 정망이 물었다.

"어찌하여 거제삼낭은 보이지 않습니까?"

왕장군이 말했다.

"그녀는 이미 남편을 따라 장안으로 돌아갔소."

다음날 정망은 왕장군에게 작별인사를 하고 떠나갔다. 정망이 대문을 나서자마자 그 집은 더 이상 보이지 않고 단지 거친 들판에 무덤만 남아 있을 뿐이었다. 정망은 망연자실하며 돌아가 야호천에 이르러 주민에게 물었더니 그 사람이 말했다.

"그곳은 왕장군의 무덤이오. 그 무덤 주변에는 어떤 한 악관(樂官)이 객점에 와서 머물고 있다가 그 부인이 갑자기 병으로 죽자 갈대 자리로 시신을 싸서 왕장군 무덤 옆에 묻어주었소. 그래서 '거제삼낭'이라고 불렀던 것이오. 열흘 전에는 악관이 또 그 부인의 시신을 이장하여 장안으로 돌아가 안장시켰소."

(『현괴록』)

　　乾元中, 有鄭望者, 自都入京, 夜投野狐泉店宿, 未至五六里而昏黑. 忽於道側見人家, 試問門者, 云是王將軍. 與其亡父有舊, 望甚喜, 乃通名參承, 將軍出, 與望相見. 叙悲泣, 人事備之, 因爾留宿, 爲設饌飮. 中夜酒酣, 令呼蘧蒢三娘唱歌送酒. 少間, 三娘至, 容色甚麗, 尤工唱「阿鵲鹽」, 及曉別去. 將軍夫人傳語, 令買錦袴及頭髻花紅朱粉等.

　　後數月東歸, 過送所求物. 將軍相見歡洽('洽'原作'曰', 據明鈔本改), 留宿如初. 望問: "何以不見蘧蒢三娘?" 將軍云: "已隨其夫還京." 以明日辭去. 出門不復見宅, 但餘丘隴. 望憮然却廻, 至野狐泉, 問居人, 曰: "是王將軍塚. 塚邊伶人至店, 其妻暴疾亡, 以葦蓆裹屍, 葬將軍墳側. 故呼曰'蘧蒢三娘'云. 旬日前, 伶官亦移其尸, 歸葬長安訖." (出『玄怪錄』)

336・4(4343)
우문적(宇文頔)

　　한철(韓徹)은 건원연간(乾元年間: 758~760)에 농주(隴州) 오산현령(吳山縣令)으로 부임했다. 그는 평소에 진사 우문적(宇文頔)・신직(辛稷) 등과 친분이 있었기에 그들은 함께 한철을 따라 오산현으로 가서 공부했으며, 한철은 그들에게 가을 과거시험의 비용을 대주겠다고 했다. 오산현의 관아는 흉가라고 불려져 전임 현령들이 많이 죽어나갔다. 그 관아에는 큰 홰나무 한 그루가 있었는데, 우문적과 신직 등은 이것이 귀신에 씌였다고 생각했다. 그래서 그들은 몰래 담당 관리와 함께 한철이 없는 틈을 타서 그 나무를 베어버리려고 했다. 하루 뒤에 그들이 다시 한철에게 말했더니, 한철이 두 사람에게 말했다.

"목숨이란 하늘에 달려 있는 것이지 나무에 그 책임이 있지 않소. 그러니 당신들은 그 나무를 베지 마시오."

그래서 마침내 나무 베려던 계획을 그만두었다.

며칠 후 우문적과 신직이 그 나무로 갔더니 나무에 구멍 하나가 있었는데, 그 주위가 매우 매끄러웠고 그 속에 있던 푸른 기운이 위로 올라가 구름이 되었다. 그들은 한철이 침소로 돌아가기를 기다렸다가 현의 주민에게 그것을 파라고 했다. 주민들이 몇 척을 팠더니 한 무덤이 나왔는데, 그 무덤 속에는 이미 썩어 부서진 관이 있었으며, 약간의 치아와 머리카락 및 정강이뼈와 허벅지뼈가 여전히 남아 있었다. 그들이 멀리서 바라보았더니 서북쪽 모퉁이에 한 물체가 있었다. 그들은 그것을 괴물이라고 생각하여 돈 5천 냥으로 두 사람을 고용하여 그 물체를 가져오게 했다. 처음에 두 사람이 밧줄을 타고 내려가 보았더니 그것은 한 다발의 화촉(畫燭)이었다. 두 사람이 칼을 차고 밧줄을 타고 내려가 보았더니 식수병(食水甁)이 있었는데, 그 병 속에는 물이 있었고 물 위에는 능금과 밧줄 등이 있었다. 그것을 땅바닥에 쏟았더니 모두 연기가 되어 사라졌다. 한철이 도착하여 좌사(佐史: 하급관리)로 하여금 죽은 이의 뼈와 머리카락을 주워담아 새 관에 염한 뒤에 야외에 묻어주게 했다.

좌사는 돈을 가로채고 서류를 담는 작은 상자에 뼈를 부러뜨려 집어넣고 그것을 묻어주었다. 좌사가 집에 도착하자마자 금방 죽을 것 같기에 그 집안 사람이 한철에게 그 사실을 알렸더니, 한철은 무당을 불러 그를 살펴보게 했다. 무당은 한철 앞에서 귀신에 씌여 말했다.

"나는 진(晉)나라의 장군 설필악(契苾鍔)으로, 전쟁하다가 죽어서 이 현에 묻혔소. 내 무덤 옆에 말 시장이 들어서는 바람에 나는 늘 오물냄새 때문에 괴로워하여, 내 무덤을 다른 곳으로 옮겨주기 바랐소. 지금까지 여러 차례 말을 했지만 그 때마다 모두 죽게 될 사람만 만나 저승에서의 괴로움을 전달할 방법이 없었소. 이제 명부(明府: 韓徹)의 은덕이 저승에까지 깊이 미쳐 당신의 봉록으로 새 관을 사서 나를 다시 묻어주었으니 그 은혜가 매우 두텁소. 그러나 관리가 모질고 악랄하여 서류상자에 내 뼈와 머리카락을 담았는데, 뼈는 긴데 상자는 짧아 내 허벅지뼈와 정강이뼈를 부러뜨리는 바람에 그 고통을 참을 수 없어서 그에게 복수를 한 것일 따름이오."

한철은 재삼 귀신에게 사과하고 스스로 말했다.

"내가 현령이 되어서도 현명하게 살피지 못하여 부하 관리가 이런 사기를 저지르게 되었소. 내 반드시 그로 하여금 관을 사고 의복을 당신에게 보내주라고 하겠소. 그리고 당신이 그의 죄를 약간이라도 용서해 줄 수 있다면 정말 다행이겠소."

무당은 또 귀신의 말을 했다.

"잠시 후 그를 풀어줄 것이오. 그러나 이 일을 처음 계획한 사람은 바로 우문칠(宇文七: 宇文覸)과 신사(辛四: 辛稷)이오. 저승의 혼령이 큰 덕을 입었는데 어찌 감히 그들을 잊을 수 있겠소? 신후(辛侯: 辛稷)는 머지 않아 관리로 발탁되어 그 영광을 충분히 누릴 것이오. 그러나 우문생(宇文生: 宇文覸)은 목숨도 짧고 관운도 없으니, 비록 과거에는 한 번 급제하겠지만 끝내 벼슬은 하지 못할 것이오. 그리고 그는 액운도 많아 삼사(三死: 질병·형벌·전쟁으로 죽음)에서 그를 구해낼 수 없소. 만약 그가 갑자기 벼슬한다면 비록 나라고 해도 그를 구제할 수 없소."

귀신은 말을 마치고 떠나갔다. 좌사는 풀려난 뒤 그제야 설필악을 예로써 장례를 치러주었다.

우문적의 집은 기산(岐山)에 있었다. 한참 후에 설필악이 갑자기 공중에서 이렇게 말했다.

"칠랑(七郞: 宇文覿)의 부인이 마을에서 심한 병이 났는데, 방금 내가 그곳에 가서 치료해주었더니 약간 나았소. 잠시 후 마을 사람이 소식을 알려올 테니 두려워할 것 없소. 만약 당신이 돌아간다면 당신 부인의 병이 다 나은 후에는 삼가 말고기를 먹지 마시오."

잠시 후 심부름꾼이 와서 자세히 말을 했는데, 설필악이 말한 것과 같았다. 우문적이 집에 들어서니 그의 부인은 병이 나아 있었다. 마침 마을에 어떤 사람이 말을 잡아 익힌 말 창자와 살코기를 우문적에게 보내주었다. 우문적은 귀신이 한 말을 잊고 그만 말고기를 먹고 말았는데, 그 때 건곽란(乾霍亂: 토하거나 설사하지 않고 속이 뒤틀리는 병)을 일으켜 답답하고 숨이 멎은 적이 여러 번이었다. 갑자기 어디선가 설필악이 말하는 소리가 들렸다.

"당신에게 말고기를 먹지 말라고 했는데 왜 약속을 어겼소? 말은 전생에 당신의 원수였소. 만약 내가 없었으면 당신은 살아날 방법이 없었을 것이오. 내가 있으니 걱정하지 마시오."

설필악이 마침내 주위 사람으로 하여금 붓을 잡고 처방문을 쓰게 하여 약을 먹이자 곧 나았다.

그 후에 우문적은 오산현으로 돌아갔는데, 마침 기주(岐州)의 토비(土匪)들이 왕호(王號)를 참칭하고 관서를 열어 백관을 설치했다. 우문적은 명성이 있었으므로 중서사인(中書舍人)에 임명되었다. 토비들은 얼마 후 관병에게 살해되었고, 우문적 등 70여 명은 기주의 감옥에 갇혀 황제의 칙지(勅旨)를 기다리는 처지가 되었다. 설필악은 또 우문적의 부인이 있는 곳으로 가서 말했다.

"당신 남편이 죄를 범하여 내가 저승에서 단단히 청을 올리려고 하는데 돈 3천 관(貫)이 필요하오."

우문적의 부인은 집이 가난하기 때문에 사실상 그 돈을 마련할 수 없다고 했다. 설필악이 말했다.

"저승에서 필요로 하는 것은 인간의 지전(紙錢)이오."

부인이 말했다.

"지전이라면 당연히 마련하도록 힘써보겠습니다."

우문적의 부인이 지전을 다 불사르자 설필악은 다시 감옥으로 가서 우문적에게 말했다.

"내가 방금 당신 부인에게서 얻은 지전 3천 관으로 당신을 위해 청탁을 해서 일이 잘 해결되었소. 유사군(劉使君)이라는 사람이 오면 즉시 당신을 풀어줄 것이오. 배부르게 먹고 걱정하지 마시오."

얼마 후 조정에서 조서를 내려 유안(劉晏)을 농주자사(隴州刺史)로 임명했는데, 유안은 떠나는 날 이렇게 아뢰었다.

"명현을 욕되게 한 것은 일찍이 보지 못했습니다. 그곳의 담당 관리들은 단지 역적에게 끌려 들어가서 모두 감옥에 갇혀 있으니, 신이 농주에 당도하는 날 그들을 모두 풀어주고자 합니다."

황제는 유안의 상소를 받아들였다. 유안은 농주에 이르러 부임식을 마친 후 죄수들을 모두 불러내어 그들을 모두 방면한다고 선포했다. 우문적은 이미 토비에게 관리로 임명되었기 때문에 부끄러움을 안고 집으로 돌아갔다.

반 년 남짓 후에 여숭분(呂崇賁)이 하동절도사(河東節度使)가 되어 서기(書記)를 맡을 사람을 구하고 있었다. 조정에서 많은 사람이 우문적을 추천하자 여숭분은 우문적을 좌위병조(左衛兵曹) 겸 하동서기(河東書記)에 임명해달라고 상주했다. 황제는 우문적에게 옷 한 벌을 하사하라는 칙명을 내렸고, 여숭분은 그에게 비단 100필을 보내주었다. 칙지가 도착하자 우문적은 몹시 기뻐했다. 칙지를 받고 우문적은 녹색 옷을 입은 채 서쪽 도성을 향해 절을 하고 춤을 추었는데, 그 때 갑자기 우문적의 노복이 땅에 쓰러졌다. 노복은 설필악의 혼령에 씌어 한참동안 탄식하다가 우문적에게 말했다.

"내가 벼슬하지 말라고 했는데 왜 그것을 받았소? 이번에는 당신을 구제할 방법이 없소."

우문적이 말했다.

"벼슬을 도로 물리면 어떻겠소?"

설필악이 대답했다.

"이미 받은 관직을 어떻게 다시 돌려준단 말이오? 부디 몸조심하시오. 나는 더 이상 오지 않겠소."

나흘 후에 우문적은 병으로 죽었다. 처음 여자 무당이 설필악을 보았을 때 그는 의관이 매우 위엄 있고 귀밑 털과 머리털이 온통 붉은 것이 마치 지금의 고막해(庫莫奚) 부족 사람과 같았다고 했다. (『광이기』)

韓徹者, 以乾元中任隴州吳山令. 素與進士宇文覤·辛稷等相善, 並隨徹至吳山讀書, 兼許秋賦之給. 吳山縣令號凶闕, 前任多死. 令廳有大槐樹, 覤·稷等意是精魅所憑. 私與典正, 欲徹不在, 砍伐去之. 期有一日矣, 更白徹, 徹謂二子曰:"命在於天, 責('責'原作'貴', 據明鈔本改)不在樹. 子等無然."其謀遂止.

後數日, 覤·稷行樹, 得一孔, 旁甚潤澤, 中有青氣, 上昇爲雲. 伺徹還寢, 乃命縣人掘之. 深數尺, 得一塚, 塚中有棺木而已爛壞, 有少齒髮及脛骨胯骨猶在. 遙望西北隅有一物, 衆謂是怪異, 乃以五千顧二人取之. 初縋, 然畫燭一束. 二人背刀緣索往視, 其食瓶, 瓶中有水, 水上有林檎縋夾等物. 瀉出地上, 悉如煙銷. 徹至, 命佐史收骨髮, 以新棺斂, 葬諸野.

佐史偷錢, 用小書函, 折骨埋之. 旣至舍, 倉卒欲死, 家人白徹, 徹令巫視之. 巫於徹前靈語, 云:"己是晉將軍契苾鍔, 身以戰死, 受葬於此縣. 立冢近馬坊, 恒苦糞穢, 欲求遷改. 前後累有所白, 多遇合('合'原作'令', 據明鈔本改)死人, 遂令冥苦無可上達. 今明府恩及幽壤, 俸錢市槻, 甚惠厚. 胥吏酷惡, 乃以書函見貯骨髮, 骨長函短, 斷我胯脛, 不勝楚痛, 故復讐之耳."徹辭謝數四(原本'四'作'日', 據明鈔本改), 自陳:"爲主不明, 令吏人等有此僞欺. 當令市槻, 以衣被相送. 而可小赦其罪, 誠幸也."又靈語云:"尋當釋之. 然創造此謀, 是宇文七及辛四. 幽魂珮戴, 豈敢忘之? 辛侯不久自當擢祿, 足光其身. 但宇文生命薄無位, 雖獲一第, 終不及祿. 且多厄難, 無當救其三死. 若忽爲官, 雖我亦不能救." 言畢乃去. 佐史見釋, 方獲禮葬.

覿家在岐山. 久之, 鍔忽空中語云:"七郞夫人在莊疾亟, 適已往彼營救, 今亦小痊. 尋有莊人來報, 可無懼也. 若還, 妻可之後, 愼無食馬肉." 須臾使至('至'原作'王', 據明鈔本改), 具如所白. 覿入門, 其妻亦愈. 會莊客馬駒死, 以熟腸及肉餽覿. 覿忘其言而食之, 遇乾霍亂, 悶而絶氣者數矣. 忽聞鍔言云:"令君勿食馬, 何故違約? 馬是前世寃家. 我若不在, 君無活理. 我在, 亦無苦也." 遂令左右執筆疏方, 藥至服之, 乃愈.

後覿還吳山, 會岐州土賊欲僭僞號, 署置百官. 覿有名, 被署中書舍人. 賊尋被官兵所殺, 覿等七十餘人, 繫州獄待('待旨'原作'十人', 據明鈔本改)旨. 鍔復至覿妻所, 語云:"七郞犯事, 我在地中大爲求請, 然要三千貫錢." 妻辭貧家, 實不能辦. 鍔曰:"地府所用, 是人間紙錢." 妻云:"紙錢當力辦之." 焚畢, 復至獄中謂覿曰:"我適於夫人所得('所得'二字原闕, 據明鈔本補)三千貫, 爲君屬請, 事亦解矣. 有劉使君至者, 卽當得放. 飽食無憂也." 尋而詔用劉晏爲隴州刺史, 辭日奏曰:"點汚名賢, 曾未相見. 所由但以爲逆所引, 悉皆繫獄, 臣至州日, 請一切釋免." 上可其奏. 晏至州, 上畢, 悉召獄囚, 宣出放之. 覿旣以爲賊所署, 耻而還家.

半歲餘, 呂崇賁爲河東節度, 求書記之士. 在朝多言覿者, 崇賁奏覿左衛兵曹·河東書記. 敕賜衣一襲, 崇賁送絹百疋. 敕至, 覿甚喜. 受敕, 衣綠裳西向拜蹈, 奴忽倒地. 鍔靈語嘆息久之, 謂覿:"勿令作官, 何故受之? 此度不能相救矣." 覿云:"今却還之, 如何?" 答云:"已受官畢, 何謂復還? 千萬珍重. 不復來矣." 後四日, 覿遇疾卒. 初女巫見鍔, 衣冠甚偉, 鬢髮洞赤, 狀若今之庫莫奚云. (出『廣異記』)

336 · 5(4344)
이 영(李 瑩)

수창현령(壽昌縣令)인 조군(趙郡) 사람 이영에게는 아직 출가하지 못한 13째 사촌 여동생이 있었다. [唐나라] 지덕연간(至德年間: 756~758) 초에 그의 사촌 여동생은 오빠들을 따라 강남으로 건너가다가 죽어서 오(吳) 땅의 해염현(海鹽縣)에 묻혔다. 그녀의 친오빠인 이민(李岷)의 장원은 제원현(濟源縣)에 있었으며, 과부가 되어 혼자 살고 있는 누이동생은 그 장원에서 10여 리 떨어진 곳에 있었다. 안록산(安祿山)의 난 때 그녀는 남쪽으로 피난하지 못했다.

상원연간(上元年間: 760~762)에 이민의 누이동생이 갑자기 이영의 죽은 13째 사촌 여동생이 돌아오는 것을 보고, 어떻게 돌아왔느냐고 묻자 그녀가 말했다.

"안록산의 반군(叛軍)에게 잡혀갔었습니다."

그녀의 대답은 매우 일리가 있어서 집안 사람들도 더 이상 캐묻지 않았다. 이민의 누이동생은 세상이 어지러웠기 때문에 사촌 여동생을 안전하게 보호하지 못할까 두려워 급히 그녀를 가까운 마을의 장씨(張氏)에게 시집보냈다.

4~5년이 지나자 그녀는 아들 하나를 낳았는데, 그 아들은 매우 총명하고 지혜로와 깨닫지 못한 것이 없었으며, 늘 이민의 집에서 혼자 방 하나를 잠가놓고 오가며 안주하고 있었다. 이민의 전답은 대부분 다른 사람에게 빼앗겼으나 모두 소송을 걸어 되찾았다.

영태연간(永泰年間: 765~766)에 나라가 점차 안정되자 이민과 그의 여러 동생은 강동(江東)에서 도성으로 들어와 관리선발 시험에 참가했다. 선발이 끝나고 장원으로 돌아오는데, 장원에서 수백 리 떨어진 곳에 이르렀을 무렵 사촌 여동생이 장원에서 갑자기 여종에게 말했다.

"여러 형제들이 며칠 있으면 도착할 것이니 내 잠시 장씨 집에 머물러야겠다."

그녀는 또 언니에게 가서 작별했는데, 언니가 그 이유를 물었더니 이렇게 대답했다.

"자주 꿈을 꾸었을 뿐입니다."

여종이 그녀를 중간쯤까지 전송했을 때 그녀는 여종을 돌려보냈다. 여종이 십여 보를 걷다가 돌아보았더니 그녀가 보이지 않자 몹시 괴이하다고 생각했다.

이틀 후에 장씨가 그의 부인이 이미 죽었다고 알려왔는데, 이모와 외조카들이 슬피 울다가 막 그쳤을 때 여러 형제들이 마침내 도착했다. 그래서 장씨에게 시집간 여동생이 죽었다고 이야기하자 이민이 말했다.

"그녀는 상원연간에 이미 죽어서 해염현에 묻혔는데 어떻게 여기에 올 수 있겠습니까? 아마도 귀신이겠지요."

장씨 집안에 가서 살펴보았는데, 이불을 들추었더니 시체가 보이지 않았다. 그녀의 옷과 거울을 살펴보았더니 모두 입관할 때의 물건이었다. 그녀의 아들도 얼마 후 죽고 말았다. (『광이기』)

壽昌令趙郡李瑩, 同堂妹第十三未嫁. 至德初, 隨諸兄南渡, 卒, 葬於吳之海鹽. 其親兄岷, 莊在濟源, 有妹寡居, 去莊十餘里. 祿山之亂, 不獲南出.

上元中, 忽見妹還, 問其由來, 云: "爲賊所掠." 言對有理, 家人不之詰. 姊以亂故, 恐不相全, 倉卒將嫁近莊張氏.

積四五年, 有子一人, 性甚明惠, 靡所不了, 恒於岷家獨鏁一房, 來去安堵. 岷家田地, 多爲人所影占, 皆公訟收復之.

永泰中, 國步旣淸, 岷及諸弟, 自江東入京參選. 事畢還莊, 欲至數百里, 妹在莊忽謂婢云:"諸兄弟等, 數日當至, 我須暫住張家." 又過娣別, 娣問其故, 曰:"頻夢云爾." 婢送至中路, 遣婢還. 行十餘步, 廻顧不復見, 婢頗怪之.

後二日, 張氏報云已死, 姨及外甥等, 悲泣適已, 而諸兄弟遂至. 因發張氏妹喪, 岷言:"渠上元中死, 殯在海鹽, 何得至此? 恐其鬼魅." 因往張家臨視, 擧被不復見屍. 驗其衣鏡, 皆入棺時物. 子亦尋死. (出『廣異記』)

336 · 6(4345)
배 성(裴 鋮)

하동(河東) 사람 배성은 어려서부터 쟁(箏) 타는 것을 좋아했다. 당시에 쟁 타는 스승이 있었는데 새로운 곡을 잘 만들었다. 배성의 여동생이 그를 찾아가서 배우고자 했지만 직접 사사받기가 힘들었다. 그래서 배성은 자신이 직접 그에게 가서 공부하여 그의 여동생에게 전수해 주어 마침내 유명해질 수 있었다. 한참 후에 배성은 강상(江湘)을 떠돌다가 남쪽 초(楚) 땅에서 죽었다. 당시 그의 모친과 여동생은 집에 있었는데, 배성이 갑자기 가벼운 몸으로 홀로 돌아오기에 집안 사람들이 놀라면서도 기뻐하며 이유를 물었더니 이렇게 말했다.

"집과 노복들은 모두 뒤에 있는데 날이 저물어야 집에 도착할 것입니다."

 배성은 식구들과 기쁨을 나눈 후 곧 쟁을 찾아 타면서, 그의 여동생에게 이전에 가르쳐준 곡을 다시 익히게 했는데, 틀린 곳이 있으면 모두 바로잡아주었다. 이렇게 하여 10여 곡을 바로잡아주고는 갑자기 사라졌다. 얼마 후 배성의 상여가 도착했다. (『광이기』)

 河東裵誠, 幼好彈箏. 時有彈箏師, 善爲新曲. 誠妹欲就學, 難其親受. 於是誠就學, 轉受其妹, 遂有能名. 久之誠客江湘, 卒於南楚. 母妹在家, 誠忽('忽'原作'恐', 據明鈔本改)輕身獨還, 家驚喜, 問其故, 云:"囊齎幷奴等在後, 日暮方至." 歡慶之後, 因求箏彈, 復令其妹理曲, 有所誤錯, 悉皆正之. 累正十餘曲, 因不復見. 須臾喪輿乃至云. (出『廣異記』)

336 · 7(4346)
이 씨(李 氏)

 도성 내정리(來庭里)의 부인 이씨가 낮에 집안에 앉아 있다가 갑자기 남편의 죽은 여동생을 보았는데, 그녀는 흰옷에 천으로 만든 두건을 쓰고 곧장 자기를 쫓아왔다. 이씨는 침상을 돌며 달아났지만 그녀가 멈추지 않고 계속 쫓아오는 바람에 이씨는 문을 나서 잽싸게 달렸다. 험한 길에서 감히 나서서 이씨를 구원해줄 사람은 없었다. 그 때 북문(北門)에 기병(騎兵) 만 명이 나타나 채찍으로 여동생을 때리자 그녀는 채찍이 닿는 순간 금세 사라졌다. 남아 있는 것이라고는 두건밖에 없었으며, 그 두건 밑에는 썩은 해골 하나만 있었다. (『광이기』)

　上都來庭里婦人李氏者, 晝坐家堂, 忽見其夫亡娣, 身衣白服, 戴布幞巾, 迤來逐己. 李氏遶牀避走, 追逐不止. 乃出門絶驟. 崎嶇之中, 莫敢支吾救援之者. 有北門萬騎卒, 以馬鞭擊之, 隨手而消. 止有幞頭布, 掩然至地, 其下得一髑髏骨焉. (出『廣異記』)

태평광기 권제337

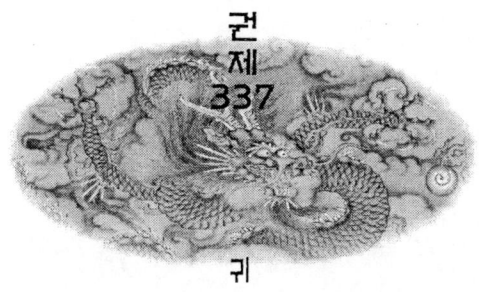

귀 22

1. 위　　황(韋　　璜)
2. 설 만 석(薛 萬 石)
3. 범　　숙(范　　俶)
4. 이　　한(李　　澣)
5. 장　　경(張　　勍)
6. 우　　상(牛　　爽)
7. 이　　함(李　　咸)
8. 이　　주(李　　晝)
9. 원　　재(元　　載)
10. 소　　심(蕭　　審)

337·1(4347)
위 황(韋 璜)

노성현령(潞城縣令) 주혼(周混)의 부인은 성이 위(韋)이고 이름이 황(璜)이었는데, 용모가 곱고 성품이 지혜로웠다. 그녀는 늘 올케와 여동생에게 이렇게 약속하곤 했다.

"만약 [우리 중에서 누가] 먼저 죽게 되면 저승의 일을 상대방에게 알려주기로 약속합시다."

나중에 위황은 주씨(周氏: 周混)에게 시집가서 딸 둘을 낳고 [당나라] 건원연간(乾元年間: 758~759)에 죽었다.

그런데 위황은 [죽은 지] 한 달 남짓 되어 갑자기 그녀의 집에 오더니, 공중에서 혼령의 말로 집안사람들에게 말했다.

"본디 [저승의 일을] 알려주기로 약속했기 때문에 이렇게 왔다. 나는 이미 염라대왕과 [돌아가신] 친척들을 만나보았다."

집안사람들이 물었다.

"[지옥에 있다는] 끓는 가마솥과 칼로 된 나무를 보았습니까?"

위황이 대답했다.

"내가 무슨 대단한 사람이라고 그런 것을 볼 수 있겠느냐?"

나중에 또 위황의 혼령이 하녀에게 붙어 말했다.

"태산부군(太山府君)이 딸을 시집보내면서 내가 단장을 잘 한다는 사실을 알고 날 불러들였으니, 내일 일을 마치면 틀림없이 다시 오겠다."

다음날 하녀가 또 위황의 혼령에 씌어 말했다.

"내가 태산에 갔더니 태산부군이 딸을 시집보냈는데, 지극히 영화롭고 부귀하게 예식을 치르면서 날더러 딸을 단장시키라고 했다. 지금 그 연지와 분을 얻어왔으니 집안 여자들에게 나눠주겠다."

그리고는 손을 벌렸더니 새빨간 연지와 분이 있었는데, 인간세상의 것과 전혀 다르지 않았다. 또 위황의 혼령이 말했다.

"태산부군의 집에서 신부의 휘장에 뿌리는 동전은 너무 커서 40명의 귀신이 동전 하나도 들 수 없는데 내가 그것도 가져왔다."

그리고는 공중에서 동전을 떨어뜨렸는데 동전의 크기가 술잔 만했다. 다시 위황의 혼령이 말했다.

"부군은 내가 붉은 염색을 잘한다는 사실을 알고 나에게 염색을 하게 했는데, 나는 내가 염색을 하긴 하지만 직접 손대는 것은 아니고 평소에 나의 지시를 받아서 집안의 하녀가 하는 것일 뿐이라고 사양했다. 그러자 태산부군이 나에게 그 하녀를 데려오라고 하여 지금 부득이 잠시 하녀를 데려가야 하니, 다음날 틀림없이 그녀를 돌려보내 주겠다."

위황의 딸이 말했다.

"온 집안이 이 하녀만 바라보고 있는데 어찌하여 빼앗아가려 합니까?"

위황이 말했다.

"단 이틀만 빌릴 뿐이다. 만약 이틀을 넘기면 네가 경쇠를 쳐서 그녀를 불러라. 대저 경쇠 소리는 한 번 울리면 귀신들이 모두 듣는다."

그때 그 하녀가 갑자기 숨이 끊어졌다. 그런데 이틀이 지나도 하녀가 돌아오지 않자 딸 등이 경쇠를 울렸더니, 얼마 후 다시 공중에서 말소리가 들렸다.

"내가 아침에 염색을 끝내고 이미 하녀를 돌려보냈는데 어찌하여 도착하지 않았지? 길을 잃어버린 것이 틀림없다."

잠시 후 하녀가 돌아와서 다시 살아났는데 두 손이 갑자기 새빨간 색으로 변해 있었다.

위황은 또 오언시를 지어서 언니·올케·남편에게 몇 수를 주었는데, 그녀가 준 시는 다음과 같았다.

> 목숨의 길고 짧음에는 각자 정해진 운명이 있고,
> 뜬구름 같은 영화는 진짜가 아니라네.
> 황천 아래에서 애간장 끊어지니,
> 맺힌 근심 다 표현하기 어렵네.
> 쓸쓸히 백양(白楊)이 바람에 나부끼니,
> 해질녘엔 더욱 사람을 근심 젖게 하네.

또 두 수의 시를 남편에게 주었는데, "황천 손님 위황[泉臺客人韋璜]"이라는 서명이 있었고 그 내용은 다음과 같았다.

> 오래 간직할 수 없나니,
> 아름다운 순화(舜華: 무궁화. 미인의 얼굴을 비유함) 같은 청춘은.
> 옛날의 즐거운 놀이는 이젠 영원히 끝났으니,
> 황천길이 도리어 내 집 되었네.

나머지 한 수는 다음과 같았다.

> 이별이 이토록 사람 마음 쓰리게 할 줄 일찍 알았다면,

예전에 당신을 너무 사랑하지 말 걸 후회스럽네.
　　어둡고 적막한 황천으로 멀리 떠났지만,
　　생전에 머물던 침실을 다시 찾네.

또 「증수(贈嫂)」 한 수에는 서문에 "올케가 의심하기에 남기는 시[阿嫂相疑留詩]"라고 적혀 있었고 그 내용은 다음과 같았다.

　　진심을 다해 [약속대로 저승의 일을] 알려주었지만,
　　[올케는] 뒷일 걱정하고 앞날 방비하며 의심 풀지 않네.
　　보낸 편지[시를 말함]에서도 생전의 여러 일 말했으니,
　　복숭아나무 부적이 신성한들 날 어떻게 하리오?

이 이야기는 위황의 친척이 말해준 것을 들은 것이다. (『광이기』)

潞城縣令周混妻者, 姓韋名璜, 容色妍麗, 性多黠惠. 恒與其嫂妹期曰:"若有('期曰若有'四字原作'若雲若月', 據明鈔本改)先死, 幽冥之事, 期以相報." 後適周氏, 生二女, 乾元中卒.

月餘, 忽至其家, 空聞靈語, 謂家人曰:"本期相報, 故以是來. 我已見閻羅王并親屬."家人問:"見鑊湯・劒樹否?"答云:"我是何人, 得見是事?"後復附婢靈語云:"太山府君嫁女, 知我能粧梳, 所以見召, 明日事了, 當復來耳."明日, 婢又靈語云:"我至太山, 府君嫁女, 理極榮貴, 令我爲女作粧. 今得臙脂及粉, 來與諸女."因而開手, 有臙脂極('極'原作'及', 據明鈔本改)赤, 與粉, 並不異人間物. 又云:"府君家撒帳錢甚大, 四十鬼不能擧一枚, 我亦致之."因空中落錢, 錢大如盞. 復謂:"府君知我善染紅, 乃令我染, 我辭已雖染, 親不下手, 平素是家婢所以, 但承已指揮耳. 府君令我取婢, 今不得已, 暫將婢去, 明日當遣之還."女云:"一家唯仰此婢, 奈何奪之?"韋云:"但借兩日耳. 若過兩日, 汝宜擊磬呼之. 夫磬聲一振, 鬼神畢聞."婢忽氣盡. 經二日不返, 女等鳴磬, 少選, 復空中語云:"我朝染畢, 已遣婢還, 何以不至? 當是迷路耳."須臾婢至, 乃活, 兩手忽變作深紅色.

又制五言詩, 與姊嫂夫數首, 其寄詩云:"修短各有分, 浮華亦非眞. 斷腸泉壤下, 幽憂難其陳. 淒淒白楊風, 日暮堪愁人."又二章寄夫, 題云"泉臺客人韋璡", 詩云:"不得長相守, 靑春夭舜華. 舊遊今永已, 泉路却爲家."其一:"早知別離切人心, 悔作從來恩愛深. 黃泉冥寞雖長逝, 白日屛帷還重尋."「贈嫂」一章, 序云"阿嫂相疑留詩", 曰:"赤心用盡爲相知, 慮後防前秪定疑. 案牘可中生節目, 桃符雖聖欲何爲?"見其親說云爾. (出『廣異記』)

337·2(4348)
설만석(薛萬石)

설만석은 하동(河東) 사람이다. [당나라] 광덕연간(廣德年間: 763~764) 초에 절동관찰사(浙東觀察使) 설겸훈(薛兼訓)이 설만석을 영가현령(永嘉縣令)에 임용했는데, 몇 달 뒤에 설만석이 갑자기 부인에게 말했다.

"열흘 뒤 집안에 식량이 떨어질 텐데, 식량이 떨어질 때 나도 틀림없이 죽을 것이오. 쌀이 부족하여 귀해질 것이니 어쩌면 좋겠소?"

부인이 말했다.

"당신은 몸이 건강한데 어찌하여 그런 불길한 말씀을 스스로 하십니까?"

설만석이 말했다.

"나도 죽기는 정말 싫지만 이렇게 말하는 것은 부득이하기 때문이오."

그날이 되자 설만석은 과연 갑자기 죽었다. 그런데 염을 끝냈을 때, 관속에서 갑자기 녹사(錄事)와 좌사(佐史) 등을 불러오라는 소리가 들렸다. 그들이 도착하자 설만석이 말했다.

"나 설만석이 불행히도 죽었는데, 말하려니 마음이 심히 아프오. 그렇지만 이후로는 더 이상 그대들을 귀찮게 하지 않을 것이오. 지금 내 처와 자식들이 굶주리고 빈궁하여 멀리 고향으로 돌아가고자 하나 방법이 없소. 내가 이렇게 그대들을 부른 것은 내 사랑하는 식구들을 그대들에게 부탁하여 폐를 끼치고자 하기 때문이오."

그때가 되자 영가현의 쌀이 귀해져서 쌀 한 말의 값이 만 전까지 치솟았다. 그러나 설만석이 이미 녹사 이하의 관리들에게 차등을 두어 쌀을 요구했기에, 관리들은 두려워서 정해진 분량대로 보내지 않은 사람이 없었고 현승(縣丞)과 현위(縣尉)까지도 쌀을 보내주었다. 며칠 뒤에 설만석이 집안사람들에게 말했다.

"나는 잠시 월주(越州)로 가서 설공(薛公: 薛兼訓)을 뵈어야겠다. 너희들에게 이미 양식이 생겼으니 나는 걱정이 없다."

그로부터 10여 일 동안 설만석으로부터 아무런 말이 없었다. 그의 부인은 슬피 울다 피곤에 지쳐 낮에 잠이 들었는데, 그때 갑자기 설만석의 말이 들렸다. 부인이 깜짝 놀라 일어나 말했다.

"당신은 어디에서 오십니까?"

설만석이 대답했다.

"나는 월주에서 돌아오는 길이오. 그런데 어사중승(御史中丞: 薛兼訓)이 내가 죽은 사실을 이미 알고 장경(張卿)에게 날 맞이해 오게 했으며, 또 두 딸을 위해 두 사위를 간택해놓았소. 형제간의 정이 참으로 두텁소. 속히 짐을 꾸려서 장경이 도착하면 즉시 출발하도록 하시오. 그렇지 않으면 필시 산적의 위협을 받게 될 것이니, 그저 속히 떠나기만 하시오."

그래서 설만석의 집안사람들은 짐을 꾸렸는데, 때마침 장경이 도착하자 그날로 길을 떠났다. 영가현에서 200리 떨어져 있는 온주(溫州)가 산적들에게 약탈당했다. 그의 집안사람들은 도중에 위급해지자 즉시 향을 피우고 [설만석에게 어떻게 해야 하는지] 여쭈었는데 그때마다 설만석이 반드시 대답했으며, 묻지 않으면 말해주지 않았다. [이 이야기는 내가] 설만석의 집안사람이 말해준 것을 직접 들었다. (『광이기』)

薛萬石, 河東人. 廣德初, 浙東觀察薛兼訓用萬石爲永嘉令, 數月, 忽謂其妻曰: "後十日家內食盡, 食盡時, 我亦當死. 米穀荒貴, 爲之奈何?" 婦曰: "君身康强, 何爲自作不詳之語?" 萬石云: "死甚可惡, 有言者, 不得已耳." 至期果暴卒. 殮畢, 棺中忽令呼錄事・佐史等. 旣至, 謂曰: "萬石不幸身死, 言之悽愴. 然自此未嘗擾君. 今妻子飢窮, 遠歸無路. 所相召者, 欲以親愛累君." 爾時永嘉米貴, 斗至萬錢. 萬石於錄事已下求米有差, 吏人兇懼, 罔不依送, 迨至丞尉亦有贈. 後數日, 謂家人曰: "我暫往越州, 謁見薛公. 汝輩旣有糧食, 吾不憂矣."

自爾十餘日無言. 婦悲泣疲頓, 晝寢, 忽聞其語. 驚起曰: "君何所來?" 答云: "吾從越還. 中丞已知吾亡, 見令張卿來迎, 又爲見兩女擇得兩壻. 兄弟之情, 可爲厚矣. 宜速裝飾, 張卿到來, 卽可便發. 不爾, 當罹山賊之劫, 第宜速去也."

家人因是裝束, 會卿至, 卽日首('日首'原作'日道', 據明鈔本改)途. 去永嘉二百里溫州爲賊所破. 家人在道危急, 卽焚香諮白, 必有所言, 不問卽否. 親見家人白之. (出『廣異記』)

337 · 3(4349)
범 숙(范 俶)

범숙은 [당나라] 광덕연간(廣德年間: 763~764) 초에 소주(蘇州)에서 주점을 열었다. 하루는 저녁 무렵에 어떤 부인이 문 앞으로 지나갔는데, 얼굴과 자태가 매우 남달랐다. 범숙이 자고 가라고 붙들었는데도 부인은 전혀 사양하지 않았다. 이윽고 범숙이 촛불을 켜자, 부인은 머리카락으로 얼굴을 덮은 채 어둠을 향해 앉았다. 그날 밤에 범숙은 부인과 은밀한 사랑을 나누었다. 부인은 날이 밝기 전에 떠나길 청하면서 빗을 잃어버렸다고 했는데, 아무리 찾아도 찾을 수 없었다. 작별할 때 부인은 범숙의 팔을 깨물고서 떠났다. 동틀 무렵에 범숙은 침상 앞에서 종이 빗 하나를 찾아내고는 마음속으로 이를 심히 꺼림칙해했다. 이어서 몸이 아프고 벌겋게 부어오르더니 6~7일 만에 죽고 말았다. (『광이기』)

范俶者, 廣德初, 於蘇州開酒肆. 日晚, 有婦人從門過, 色態甚異. 俶留宿, 婦人初不辭讓. 乃秉燭, 以髮覆面, 向暗而坐. 其夜與申宴私之好. 未明求去, 云失梳子, 覓不得. 臨別之際, 嚙俶臂而去. 及曉, 於牀前得一紙梳, 心甚惡之.

因而體痛紅腫, 六七日死矣. (出『廣異記』)

337 · 4(4350)
이 한(李 澣)

하중부(河中府)의 소윤(少尹) 이한은 [당나라] 광덕(廣德) 2년(764)에 죽었다. 초칠일(初七日: 49齋 가운데 初齋날을 말함)에 집안사람들이 재 올리는 일을 끝마쳤을 때, 문득 중문(中門)에서 보았더니 이한이 혼자 말을 타고 문으로 들어오는 것이었다. 그래서 노복들이 재배하고 이한을 부축하여 말에서 내린 뒤 서쪽 행랑으로 맞아들여 자리에 앉혔다. 아들들이 이한을 배알하고 울자 이한이 말했다.

"살고 죽는 것이 모두 운명인데 어찌 슬퍼할 필요가 있겠느냐? 괜히 망자의 마음만 어지럽게 할 뿐이다."

그리고는 한참 동안 집안 일을 처리하고 당부했다.

이한은 예전에 항비(項妃)의 동생을 부인으로 맞이하여 4명의 아들을 낳았다. 그리고 항씨가 죽은 뒤에 다시 하동(河東) 사람 두도(竇滔)의 딸을 부인으로 맞이했는데, 그녀는 얼굴이 아름다워서 이한의 특별한 사랑을 받았다. 그런데 두씨가 두려워하면서 나오지 않자 이한은 그녀를 불러오게 하여 다가가서 말했다.

"삶과 죽음이 비록 다르긴 하지만 우리 부부의 사랑만큼은 전혀 변함이 없는데, 어찌하여 두려워하면서 나오지 않는 것이오? 지하에서 당신의 곡성을 들을 때마다 나는 슬픔으로 가슴이 미어졌소. 슬프게도 당신 역시 수명이 길지 않아 나와 2년밖에 차이가 나지 않소. 부부간의 정의(情義)가 이처럼 깊으니 지금 함께 떠난다면 어찌 즐겁지 않겠소? 사람이란 태어나면 반드시 죽기 마련이니 인간세상에서 한두 해 더 있는 것이 반드시 좋은 것만은 아니오. 당신의 생각은 어떠하오?"

두씨가 아무 말도 하지 않자 이한이 말했다.

"당신은 내 뜻에 따르지 않으려 해도 이젠 늦었소. 며칠 뒤에 틀림없이 여기로 거마(車馬)를 보내 당신을 맞이해 갈 것이니, 부디 사양하지 말았으면 하오."

그리고는 하녀들을 부른 뒤, [그 중에서] 4명에게 말했다.

"너희들은 평소에 마님을 섬겼으니 마땅히 따라가야 할 것이니라."

그리고는 부인의 옷을 꺼내 손수 구별하여 몇 보따리로 나눈 뒤 4명의 하녀에게 주면서 말했다.

"며칠 뒤에 이것을 가지고 마님을 따라서 오너라."

또 아들들에게 말했다.

"나는 비록 너의 모친과 먼저 결혼했지만 저승에서 한번도 만나지 못했으니, 너의 모친과 나를 합장해서는 안되고 두씨와 합장해야 할 것이니라. 만약 나의 말을 어긴다면 신명(神明)이 너희를 죽일 것이니라."

이한은 말을 마친 뒤 곧 떠났다. 노복들이 문밖까지 이한을 배웅하면서 보았는데, 그는 말을 달려 동쪽에서 서쪽으로 돌아가더니 더 이상 보이지 않았다. 며칠 뒤 거마가 문에 도착했는데, 다른 사람은 보지 못하고 오직 4명의 하녀만이 그것을 보았다. 하녀들은 곧장 두씨를 채비시키고 이한이 골라준 옷을 챙겨서 집안사람들과 작별한 뒤, 마침내 각자 땅에 쓰러져 죽었다. (『광이기』)

河中少尹李澣, 以廣德二年薨. 初七日, 家人設齋畢, 忽於中門見澣獨騎從門而入. 奴等再拜, 持澣下馬, 入座於西廊. 諸子拜謁泣, 澣云:"生死是命, 何用悲耶? 只攪亡者心耳." 判囑家事久之.

　澣先娶項妃(明鈔本・陳校本'妃'作'杞')妹, 生子四人. 項卒, 再娶河東竇滔女, 有美色, 特爲澣所愛. 爾竇懼不出, 澣使呼之, 逆謂之曰:"生死雖殊, 至於恩情, 所未嘗替, 何懼而不出耶? 每在地下, 聞君哭聲, 輒令悽斷. 悲卿亦壽命不永, 於我相去不出二年. 夫妻義重, 如今同行, 豈不樂乎? 人生會當有死, 不必一二年在人間爲勝. 卿意如何?" 竇初不言, 澣云:"卿欲不從, 亦不及矣. 後日, 當使車騎至此相迎, 幸無辭也." 遂呼諸婢, 謂四人曰:"汝等素事娘子, 亦宜從行." 復取其妻衣服, 手自別之, 分爲數袋, 以付四婢, 曰:"後日可持此隨娘子來." 又謂諸子曰:"吾雖先婚汝母, 然在地下殊不相見, 不宜以汝母與吾合葬, 可以竇氏同穴. 若違吾言, 神道是殛." 言畢便出. 奴等送至門外, 見澣駛騎走, 而從東轉西不復見.

　後日車騎至門, 他人不之見, 唯四婢者見之. 便裝束竇, 取所選衣服, 與家人訣, 遂各倒地死亡. (出『廣異記』)

337・5(4351)
장경(張勍)

　[당나라] 대종(代宗) 때, 하삭(河朔) 지방이 아직 안정되지 못하여 도적들이 약탈을 자행했다. 장경은 항양(恒陽) 사람으로, 나들이 갔다가 도적들에게 약탈당했다. 그 후에 장경도 스스로 무리를 모아서 여행객

을 살해했는데, 항양 사람은 해치지 않겠다고 맹세했다.

하루는 장경이 천 명의 무리를 이끌고 항양의 동쪽 경계로 갔다가, 달 밝은 밤중에 커다란 나무 밑에서 한창 쉬고 있을 때 갑자기 100여 명의 사람을 만났는데, 그들은 화촉(花燭)을 늘어놓고 음악을 연주하면서 부인 몇 명과 함께 가고 있었다. 그들은 장경을 보더니 멀리서 꾸짖으며 말했다.

"너희는 관군이냐? 도적 떼냐?"

장경의 부하들이 말했다.

"이 분은 장장군이시다."

행인이 말했다.

"장장군은 녹림장군(綠林將軍: 綠林은 관청에 반항하는 무리 또는 도적 떼를 말함)인가? 그런데도 어떻게 군용(軍容)과 병사들이 이처럼 정돈될 수 있는가?"

장경의 부하들이 발끈하여 장경에게 아뢰면서 저들을 죽이자고 청하자, 장경은 소장(小將) 100명을 거느리고 가서 저들과 맞붙었다. 행인 중에서 무기를 갖고 있는 자는 20~30명에 불과했지만, 막상 맞붙어 싸우다 보니 대부분 장경의 병사들이 다쳤다. 그래서 장경이 노하여 직접 병사를 이끌고 곧바로 달려나가 몇 차례 싸웠지만 역시 불리했다. 행인 중에서 한 사람이 자칭 '유지왕(幽地王)'이라고 하면서 말했다.

"나는 항양왕의 딸을 부인으로 얻게 되어 지금 신부를 맞이해 오는 길이오. 마침 고요한 밤에 달빛을 맞으며 들판을 건너가면서 번잡함을 피하고자 했는데, [이런 곳에서] 장군을 만나리라고는 생각지도 못했소. 나의 시종이 무례하게도 장군을 꾸짖고 막아 세워서 장군의 분노를 샀소이다. 하지만 나는 평소 항양 사람을 해치지 않겠다는 장군의 맹세를 들었으니, 장군은 부디 그 맹세를 어기지 말았으면 하오."

항양 사람이라는 말 때문에 장경은 그들을 놓아주라고 허락하면서 말했다.

"그대들은 모두 놓아주겠지만 부인은 남겨두시오."

유지왕이 대답했다.

"부인을 남겨두는 것은 안될 일이니 싸우고 싶다면 받아주겠소."

장경은 다시 나아가 싸웠으나 역시 불리했다. 장경이 물러나려고 하자, 그의 부하들이 모두 분노하여 죽음을 각오하고 싸우길 원했다. 그래서 마침내 병사를 모두 출동시켜 3부대로 나누어 다시 싸웠으나 몇 번의 접전이 모두 불리했다. 장경은 유지왕이 검을 휘두르며 바람처럼 들고나는 것을 보고는 두려워서 부하들을 애써 제지했다. 장경은 혼자 물러나서 유지왕에게 물었다.

"당신의 병사들은 사람이오? 사람이 아니오? 어찌하여 상처를 입지 않는 것이오?"

유지왕이 웃으며 말했다.

"그대는 도적 떼의 우두머리로 부당한 일을 자행하면서 감히 우리 음군(陰軍: 저승 군대)과 힘을 겨루려 하다니!"

장경은 바로 말에서 내려 유지왕에게 재배했다. 유지왕이 또 장경에게 말했다.

"안록산(安祿山) 부자가 죽은 뒤에 사씨(史氏: 史思明)가 왕명을 참칭하고 있는데, 그대는 도적이 된 이상 어찌하여 무리를 데리고 그에게 귀복(歸服)하지 않는 것이오? [그리하면] 틀림없이 저절로 부귀해질 것이오."

장경이 다시 절하며 말했다.

"나는 전술을 모릅니다. 우연히 도적 무리들이 나를 우두머리로 추대한 것이니, 내가 어떻게 남을 보좌할 수 있겠습니까?"

그러자 유지왕은 병서(兵書) 1권을 꺼내서 장경에게 주고는 떠나갔다. 장경은 그 병서를 터득하여 병술(兵術)에 자못 통달했다. 얼마 후 장경은 병사를 데리고 사사명(史思明)에게 귀복하여 과연 장군으로 기용되었으며, 몇 년 뒤에 죽었다. (『소상록』)

代宗時, 河朔未寧, 寇賊劫掠. 張勍者, 恒陽人也, 因出遊被掠. 其後亦自聚衆, 因殺害行旅, 而誓不傷恒陽人.

一日引衆千人至恒陽東界, 夜半月明, 方息大林下, 忽逢百餘人, 列花燭, 奏歌樂, 與數婦人同行. 見勍, 遙叱之曰: "官軍耶? 賊黨耶?" 勍左右曰: "張將軍也." 行人曰: "張將軍是綠林將軍耶? 又何軍容之整, 士卒之整也?" 左右怒, 白勍, 請殺之, 因領小將百人與戰. 行人持戈甲者不過三二十人, 合戰多傷士卒. 勍怒, 自領兵直前, 又數戰不利. 內一人自稱'幽地王': "得恒陽王女爲妻, 今來親迎. 比夜靜月下涉原野, 欲避繁雜, 不謂偶逢將軍. 候從無禮, 方叱止之, 因不(明鈔本'因不'作'而致')犯將軍之怒. 然素聞將軍誓言, 不害恒陽人, 將軍幸不違言." 以恒陽之故, 勍許捨之, 乃曰: "君輩皆捨, 婦人卽留." 對曰: "留婦人卽不可, 欲鬪卽可." 勍又入戰, 復不利. 勍欲退, 左右皆憤怒, 願死格. 遂盡出其兵, 分三隊更鬪, 又數戰不利. 見幽地王揮劍出入如風, 勍懼, 乃力止左右. 勍獨退而問曰: "君兵士是人也? 非人也? 何不見傷?" 幽地王笑言曰: "君爲短賊(明鈔本'短賊'作'群盜')之長, 行不平之事, 而復欲與我陰軍競力也!" 勍方下馬再拜. 又謂勍曰: "安祿山父子死, 史氏僭命, 君爲盜, 奚不以衆歸之? 自當富貴." 勍又拜曰: "我無戰術. 偶然賊衆推我爲長, 我何可佐人?" 幽地王乃出兵書一卷, 以授之而去. 勍得此書, 頗達兵術. 尋以兵歸史思明, 果用之爲將, 數年而卒. (出『瀟湘錄』)

337·6(4352)
오 상(牛 爽)

[당나라] 영태년(永泰年: 765)에 우상은 노주별가(盧州別駕)에 제수되어 장차 부임하려 했는데, 유모가 나귀를 타다가 등자(鐙子)에 허벅지가 찢겨 1년 넘도록 상처가 낫지 않았다. 하루는 유모가 상처가 가려워 고통스러워하면서 긁었더니, 마치 [상처 속에서] 벌레가 기어다니는 것 같았다. 그러더니 갑자기 매미 몇 마리가 상처 속에서 날아 나오더니 정원의 나무에 앉아 저녁 내내 슬피 울었다. 하인들이 무당에게 [어찌 된 영문인지] 점을 쳐보라고 했는데, 그곳에 귀신과 잘 통한다는 여자 무당이 있었다. 그 무당은 오더니 나무를 향해 꾸짖으며 뭐라고 중얼거렸다. 사람들이 [뭐가 보이는지] 물었더니 무당이 대답했다.

"보았더니 검은 옷에 검은 관을 쓴 어떤 귀신이 나뭇가지 사이에 서서 손으로 매미를 가리켜 인도하면서 이런 말을 하게 했습니다. '동쪽 당(堂) 아래는 내가 거처하는 곳이다. 나에게 제사를 지내주면 복을 받을 것이지만, 나를 속이면 그 화가 세 딸에게까지 미칠 것이다.'"

무당이 또 말했다.

"검은 옷을 입은 자는 부엌 신입니다."

그러나 우상은 이를 믿지 않고 그물로 매미를 잡아 죽였으며 무당도 쫓아버렸다. 그 후 1년 넘도록 이상한 변화는 없었다.

우상에게는 세 딸이 있었는데 모두 규방에 거처했다. 어느 여름 달 밝은 밤에 우상이 쪽문을 열었더니, 갑자기 앞 침상에 커다란 시체 한 구가 있는 것 같았는데, 그것은 흰 이불에 덮여진 채로 뻣뻣이 누워 있었다. 우상은 겁에 질려 몰래 부인에게 그 일을 말했고, 부인도 그것을 보고는 몹시 두려워했다. 우상은 예전부터 간직하고 있던 보검을 몰래 가져와서 그것을 내리쳤는데, 휙! 하는 소리와 함께 안에서 비명이 들렸다. 등불을 켜고 보았더니 그 귀신은 온데간데없었고 규방에 있던 장녀의 허리가 잘려나가 흐른 피로 바닥이 흥건했다. 우상은 놀라 통곡하면서 정신이 나가버렸다. 온 집안의 남녀노소들은 마구 울면서 어찌된 영문인지 알지 못했다. 그로부터 반 년 뒤 어느 어두운 밤에 우상은 안방에 등불을 켜놓고 막 잠을 자려 했는데, 가슴이 두근거리기에 놀라 깨어나 보았더니 이전의 그 귀신이 침상에 또 있는 것이 보였다. 우상은 정신이 혼미한 상태에서 황급히 다시 그것을 베어 도막냈다. 이어서 규방에서 소란스런 소리가 들리더니 둘째 딸이 또 허리가 잘려나갔다는 것이었다. 온 집안사람들은 두려움에 떨었다. 어떤 논자가 우상에게 이사가라고 권하면서 귀신과는 다툴 수 없다고 설명했지만, 우상은 끝내 [자신의 생각을] 바꾸지 않았다. 이듬해에 또 그 귀신이 나타나 우상이 결국 셋째 딸마저 죽이자, 그의 친척과 친구들이 강제로 그의 집을 옮겼다. 그 후 우상도 병에 걸려 죽었으니, 과연 매미의 말대로 되었던 것이다.

그 후 악귀를 쫓는 데 뛰어난 화악도사(華岳道士) 저승하(褚乘霞)는 평소에 우상과 가까이 지냈는데, 우상 집안의 일에 대해 듣고서 찾아왔다. 군(郡)에서는 그 집을 흉가라고 여겨 폐가로 버려 두었다. 저승하는 도착한 뒤 혼자 그 집으로 들어가서 재단(齋壇)을 마련하고 기다렸다. 그날 저녁에 집안에서 천둥이 치면서 수색하는 소리가 들렸는데, 날이 밝은 뒤에 보았더니 지붕이 날아가고 나무가 뽑혀 있었다. 도사는 군에 보고하고 사람들에게 가래와 삽을 가져와서 당(堂) 아래를 1장(丈) 남짓 파게 했더니, 오래된 무덤이 나왔는데 묘지명에 '탁녀분(卓女墳)'이라 적혀 있었다. 도사가 말했다.

"한밤중에 처음에 무장한 귀병(鬼兵)이 나타나 나와 싸움을 벌렸는데, 귀병이 패하여 흩어져 달아났소. 잠시 후 스무 살쯤 되어 보이는 한 여자가 나타나 머리를 조아리고 사죄하면서 자신을 '탁녀랑(卓女郎)'이라 했소. 내가 그녀를 꾸짖었더니, 그녀가 '이 일은 저의 잘못이 아니라 숙명에 이미 정해진 것입니다. 우상과 그의 딸들은 수명이 다했고, 게다가 우상이 덕을 닦지 않고 횡포를 부리면서 남을 무고하고 속였으니, 그리 된 것은 당연합니다'라고 대답했소."

그래서 저승하가 그 무덤을 다른 곳으로 옮겼더니, 그 후로는 그 집에 더 이상 재앙이 일어나지 않았다. (『통유록』)

永泰中, 牛爽授盧州別駕, 將之任, 有乳母乘驢, 爲鐙硏破股, 歲餘, 瘡不差. 一旦苦瘡痒, 抑搔之, 若蟲行狀. 忽有數蟬, 從瘡中飛出, 集庭樹, 悲鳴竟夕. 家人命巫卜之, 有女巫頗通神鬼. 巫至, 向樹呵之, 咄咄語('語'原作'人', 據明鈔本改). 詰之, 答: "見一鬼黑衣冠, 據枝間, 以手指蟬以導, 其詞曰: '東堂下, 余所處. 享我致福, 欺我致禍及三女.'"巫又言:"黑衣者竈神耳."爽不信之, 網蟬殺之, 逐巫者. 後歲餘, 無異變.

爽有三女, 在閨房. 夏月夜襄闡, 爽忽覺前牀有一長大尸, 白衾覆而殭臥. 爽大怖, 私語其妻, 妻見甚懾. 爽嘗畜寶劒, 潛取擊之, 劃然而內驚叫. 及燭, 失其鬼, 而閨中長女腰斷矣, 流血滿地. 爽驚慟失據. 大小亂哭, 莫知其由. 旣後半年, 夜晦冥, 爽列燈於奧, 方寢, 心動驚覺, 又見前鬼在牀. 爽神迷, 倉卒復刎之, 斷去. 閨中亂喧, 次女又斷腰矣. 擧家惶振, 議者令爽徙居, 明鬼神不可與競, 爽終不改. 明年又見, 卒殺三女, 而親友強徙之他第. 爽抱疾亦卒, 果如蟬言.

後有華岳道士褚乘霞, 善驅除, 素與爽善, 聞之而來. 郡以是宅凶, 廢之. 霞至獨入, 結壇守. 其日暮, 內聞雷霆搜索, 及明, 發屋拔木. 道士告郡, 命鍫鍤, 發堂下丈餘, 得古墳, 銘曰'卓女墳'. 道士說: "宵中, 初有甲兵與霞戰, 鬼敗而潰散. 須臾, 有一女子, 年二十許, 叩頭謝, 言是'卓女郎'. 霞讓之, 答曰: '非某過也, 宿命有素. 值爽及女命盡, 且不修德, 而強梁誣欺, 自當爾.'"乘霞遂徙其墳, 宅後不復凶矣. (出『通幽錄』)

337 · 7(4353)
이 함(李 咸)

태원(太原) 사람 왕용(王容)은 이종사촌동생인 조군(趙郡) 사람 이함과 함께 상주(相州)와 위주(衛州) 사이에서 살았다. [당나라] 영태년(永泰年: 765)에 두 사람은 일 때문에 형양(荊襄)으로 가면서 공무를 핑계 대고 역참의 말을 타고 갔는데, 도중에 등주(鄧州)에 머물러 밤에 역참의 청사에서 잠을 잤다. 그때는 여름철이어서 두 사람은 각자 동쪽과 서쪽에서 침상 하나씩을 차지했으며, 노복들은 바깥채에서 쉬었다. 두 사람은 서로 얘기하다가 저녁이 되자 얘기를 그만 하고 각자 쉬었는데, 왕생(王生: 王容)은 혼자 잠을 이룰 수 없었다.

삼경(三更) 후에 구름 낀 달빛이 어슴푸레하게 비칠 때, 왕생이 누워서 정원의 나무를 쳐다보니 나무그늘이 적막하기만 했다. 그때 갑자기 주방 가림벽 사이에서 한 부인이 나타나 [이쪽을] 엿보았는데, 부인은 갔다가 돌아왔다 하기를 두세 번 했다. 잠시 후 부인이 상반신을 드러냈는데, 푸른 치마에 붉은 저고리를 입고 있었고 하얀 얼굴이 눈길을 사로잡았다. 그때 또 왕생이 몰래 보았더니, 이생(李生: 李咸)이 일어나 앉아 손을 흔들어 그녀를 유혹했다. 왕생은 이생이 이전에 부인과 이미 약속했을 것이라고 생각했으며, 또 틀림없이 부인이 역참 관리의 처일 것이라고 생각하고서, 잠든 척하고 일이 어떻게 되는지 살펴보았다. 이윽고 이생이 일어나 부인에게 다가가더니 가림벽 사이에서 서로 손을 잡고 소곤소곤 말을 했다. 그렇게 한참 동안 있다가 마침내 이생은 부인의 손을 끌고 대문 밖으로 나갔다. 그래서 왕생이 몰래 어두운 곳으로 가서 멀리서 지켜보았더니, 두 사람은 함께 앉아 매우 친밀하게 말하며 웃었다. 잠시 후 또 보았더니, 이생이 혼자 몹시 급한 걸음으로 돌아갔고, 부인은 바깥 가림벽에 서서 그를 기다렸다. 이생은 주방으로 들어가 촛불을 가져온 뒤 책 상자를 열더니 처참한 안색을 하고 종이와 붓을 꺼내 편지를 썼으며, 또 옷가지 등을 꺼내 모두 봉인하고 그 위에 글씨를 썼다. 왕생은 그 광경을 훔쳐보면서 이생이 옷을 봉인하여 부인에게 주려는 줄로만 알고 놀라움을 금치 못했으며, 그들이 잠들기를 기다렸다가 갑자기 덮쳐서 붙잡으려 했다. 이생은 옷을 다 봉인하고 나서 그것을 침상 위에 놓아두고 도로 밖으로 나갔다. 그는 또 왕생이 이미 잠들어 있는 것을 돌아보고는 마침내 가림벽으로 나가 부인과 얘기했다. 그렇게 한참 있다가 이생은 이불을 들고 부인과 함께 아래 청사의 곁뜰로 들어갔는데, 곁뜰에는 집이 있었고 그 집에는 휘장 쳐진 침상이 있었으며 주위에 나무가 빽빽이 자라 있었다. 그들이 그곳으로 들어간 지 한 식경(食頃)쯤 지났을 때, 왕생은 스스로 이렇게 생각했다.

"내가 갑자기 들이닥치면 틀림없이 함께 즐기자고 하겠지."

그리고는 베고 있던 베개를 가지고 가서 몰래 그들을 놀래주려고 했다. 그런데 왕생이 그곳에 이르러 발을 걷고 들어가서 보았더니, 이생은 침상에 누워 있고 부인은 띠고 있던 비단 끈으로 이생의 목을 조르고 있었는데, 이생이 캑캑거리면서 금방 죽을 것만 같았다. 부인의 허연 얼굴은 길이가 3척도 넘었고 이목구비는 보이지 않았는데, 그녀는 있는 힘을 다해 내리눌러 이생의 목을 조르고 있었다. 왕생은 창졸간에 놀라 비명을 지르면서 [가지고 있던] 베개를 부인에게 던졌으나 맞추지 못했다. 부인이 그대로 달아나자 왕생은 그 기세를 타고 급히 뒤쫓았다. 그녀는 곧장 서북쪽 모퉁이에 있는 주방 안으로 들어가서 평상을 차지하고 앉았는데 그 머리가 집 대들보까지 닿았으며, 한참 후에야 비로소 사라졌다.

동복들이 왕생의 고함소리를 듣고 모두 일어나서 보았더니, 이생은 이미 죽어 얼굴의 7구멍에서 피가 흘러나왔으며 심장만 아직 약간 따뜻했다. 그래서 곧장 이생의 혼을 부르고 몸을 보양했더니 이튿날 다시 살아났다. 이생이 써놓은 편지를 왕생이 뜯어보았더니, 그것은 바로 그의 집안사람들에게 보내는 편지로서 작별인사를 하고 옷가지를 기념물로 남겨놓는다는 내용이었으며 그가 어디로 가는지는 말하지 않았다. 다만 문장이 엄숙하고 심각하여 편지를 읽다보니 몹시 마음 아팠다. 이생이 말을 할 수 있게 되었을 때, 그에게 [어찌된 일인지] 물었으나 그는 아무 것도 기억하지 못했으며, 단지 꿈속에서 어떤 미녀가 나타나 그를 유혹해간 것 같다고만 말할 뿐 다른 것은 전혀 기억하지 못했다. 역참의 옛 관리의 말에 따르면, 예전부터 측간에 귀신이 있어서 선천년(先天年: 712)에 이미 한 객사(客使)를 죽인 적이 있다고 했다. 왕용은 만나는 사람마다 이 일을 말해주면서 사람들에게 밤에 혼자 자지 말라고 권했다. (『통유록』)

　太原王容與姨弟趙郡李咸, 居相·衛間. 永泰中, 有故之荊襄, 假公行乘傳, 次鄧州, 夜宿郵之廳. 時夏月, 二人各據一牀於東西間, 僕隸息外舍. 二人相與言論, 將夕各罷息, 而王生竊不得寐.
　三更後, 雲月朦朧, 而王臥視庭木, 蔭宇蕭蕭然. 忽見廚屏間有一婦人窺覘, 去而復還者再三. 須臾出半身, 綠裙紅衫, 素顔奪目. 時又竊見李生起坐, 招手以挑之. 王生謂李昔日有契, 又必謂婦人是驛吏之妻, 王生乃佯寐以窺其變. 俄而李子起就婦人, 相執於屏間, 語切切然. 久之, 遂携手大門外. 王生潛行陰處, 遙覘之, 二人俱坐, 言笑殊狎. 須臾, 見李獨歸, 行甚急, 婦人在外屏立以待. 李入廚取燭, 開出書笥, 顔色慘悽, 取紙筆作書, 又取衣物等, 皆緘題之. 王生竊見之, 直謂封衣以遺婦人, 輒不忍驚, 伺其睡, 乃擬掩執. 封衣畢, 置牀上却出. 顧王生且睡, 遂出屏, 與婦人語. 久之, 把被俱入下廳偏院, 院中有堂, 堂有牀帳, 供樹森森然. 旣入食頃, 王生自度曰: "我往襲之, 必同私狎." 乃持所臥枕往, 潛欲驚之. 比至入簾, 正見李生臥於牀, 而婦人以披帛絞李之頸, 咯咯然垂死. 婦人白面, 長三尺餘, 不見面目, 下按悉力以勒之. 王生倉卒驚叫, 因以枕投之, 不中. 婦人遂走, 王生乘勢奔逐. 直入西北隅廚屋中, 據牀坐, 頭及屋梁, 久之方滅.

童隷聞呼聲悉起, 見李生斃, 七竅流血, 猶心稍煖耳. 方爲招魂將養, 及明而蘇. 王生取所封書開視之, 乃是寄書與家人, 叙以辭訣, 衣物爲信念, 不陳所往. 但詞句鄭重, 讀書惻愴. 及李生能言, 問之, 都不省記, 但言髣髴夢一麗人, 相誘去耳, 諸不記焉. 驛之故吏云, 舊傳厠有神, 先天中, 已曾殺一客使. 此事王容逢人則說, 勸人夜不令獨寐. (出『通幽錄』)

337·8(4354)
이주(李 晝)

허주(許州) 관리로 있던 이주는 장원이 부구현(扶溝縣)에 있었다. [당나라] 영태(永泰) 2년(766) 봄에 그는 청명절(淸明節)을 맞아 [자신의 장원으로] 돌아가는 도중에 백량하(伯梁河)라는 곳에 곧 이를 참이었다. 그곳에는 예전부터 길옆에 무덤이 하나 있었는데, 길에서 20보 정도 떨어져 있었다. 그 무덤은 위에 풀이 없어서 목동들의 놀이터였다. 그날 밤에 이주는 문득 무덤 위에 구멍이 있는 것을 보았는데, 크기는 쟁반 만했고 그 속에 불빛까지 있었다. 이주는 이상해하면서 말에서 내려 무덤으로 올라가 보았더니, 5명의 여자가 화려한 옷을 입고 5방향으로 앉아서 바느질을 하고 있었는데, 그녀들은 모두 머리를 숙이고 촛불을 마주한 채 쉬지 않고 부지런히 일했다. 이주가 소리를 한 번 질렀더니, 5개의 촛불이 모두 꺼지고 5명의 여자도 어디론가 사라져버렸다. 이주는 두려워서 말을 타고 도망쳤는데, 미처 큰길에 이르기도 전에 5개의 횃불이 무덤에서 나오더니 이주를 쫓아왔다. 이주는 도망쳤으나 따돌릴 수 없자 채찍을 휘둘렀지만 채찍마저 횃불에 타버렸다. 거의 10리를 달려 겨우 백량하에 도착했을 때, 어떤 개가 나오자 그제야 횃불이 사라졌다. 다음날 이주가 보았더니, 말꼬리는 불에 다 타버렸고 허벅지와 정강이도 화상을 입은 상태였다. 그 후로 마침내 그 무덤을 '오녀총(五女塚)'이라 불렀는데 지금까지 그곳에 남아 있다. (『박이지』)

李畫爲許州吏, 莊在扶溝. 永泰二年春, 因淸明歸, 欲至伯梁河. 先是路傍有塚, 去路約二十步. 其上無草, 牧童所戱. 其夜, 李畫忽見塚上有穴, 大如盤, 兼有火光. 畫異之, 下馬躋塚焉, 見五女子, 衣華服, 依五方, 坐而紉針, 俱低頭就燭, 矻矻不歇. 畫叱之一聲, 五燭皆滅, 五女亦失所在. 畫恐, 上馬而走, 未上大路, 五炬火從塚出, 逐畫. 畫走不能脫, 以鞭揮拂, 爲火所蒸. 近行十里, 方達伯梁河, 有犬至, 方滅. 明日, 看馬尾被燒盡, 及股脛亦燒損. 自後遂目此爲'五女塚', 今存焉. (出『博異志』)

337·9(4355)
원 재(元 載)

[당나라] 대력(大曆) 9년(774) 봄에 중서시랑평장사(中書侍郞平章事)

원재가 어느 날 아침에 조정에 들어가려는데, 어떤 사람이 문장을 바치자 시종에게 그것을 받아두라고 했다. 그 사람은 원재가 그 문장을 읽어주길 바라는 눈치였지만, 원재는 이렇게 말했다.

"내 중서성(中書省)에 도착한 뒤에 반드시 읽어보겠네."

그 사람이 말했다.

"만일 지금 읽어보실 수 없다면, 청컨대 제가 시 한 수를 읊어보겠습니다."

그 사람은 시를 읊고 난 뒤에 사라졌는데, 원재는 그제야 그가 사람이 아님을 알게 되었다. 그 시는 다음과 같다.

> 성 동쪽과 서쪽엔 오래된 집들 있고,
> 성안에 흩날리는 꽃잎은 솜털같이 어지럽네.
> 바다제비 진흙 물고 내려오려 하지만,
> 집안에 사람 없어 도로 날아가 버리네.

나중에 원재는 결국 패가망신했고 처자식도 살해당했다고 한다. (『현괴록』)

大曆九年春, 中書侍郎平章事元載, 早入朝, 有獻文章者, 令左右收之. 此人若欲載讀, 載云:"俟至中書, 當爲看."人言:"若不能讀, 請自誦一首."誦畢不見, 方知非人耳. 詩曰:"城東城西舊居處, 城裡飛花亂如絮. 海燕啣泥欲下來, 屋裡無人却飛去."載後竟破家, 妻子被殺云. (出『玄怪錄』)

337 · 10(4356)
소 심(蕭 審)

　소심은 공부상서(工部尚書) 소민(蕭旻)의 아들이다. [당나라] 영태년(永泰年: 765)에 소심은 장주현령(長洲縣令)이 되었는데, 성품은 탐욕스럽고 포악했지만 자못 치적(治蹟)이 있어서 현읍(縣邑) 사람들이 그를 두려워했다. 소심은 장주현령으로 3년 동안 있으면서 전후로 받은 뇌물이 셀 수 없을 정도로 엄청났다. [소심이 장주현령으로 재직한지] 4년째 되는 해의 5월에 문지기는 자주색 옷을 입은 기병 30명이 밖에서 문으로 들어오는 것을 보았다. 문지기가 그들을 맞이하면서 무슨 일이냐고 물었지만 기병들은 애당초 말도 없이 곧장 본청으로 갔는데, 청사 안에서 문서를 처리하고 있던 자들이 모두 그들을 보았다. 문지기가 달려들어가 소심에게 아뢰었다.
　"방금 전에 자주색 옷 입은 장군 30명이 곧장 들어가면서 제가 통보하는 것도 기다리지 않았습니다."
　소심이 물었다.
　"그 사람들이 어디에 있느냐? 어찌하여 보이지 않느냐?"
　문지기가 나가서 청사로 갔더니, 잠시 후 기병들이 안에서 나오면서 흰 적삼으로 소심을 씌워 가지고 걸어가는 것이 보였다. 문지기가 다시 소심에게 아뢰었다.
　"정말 기이한 일도 다 있습니다!"
　그러나 소심은 돌아보면서 아무 말도 하지 않았다. 관리들이 기병들을 배웅하여 문에 이르렀더니 순식간에 그들이 사라졌다. 잠시 후 안에서 곡성이 들렸는데 방금 막 소심이 죽었다는 것이었다.

[소심이 죽은 지] 7일 뒤에 그의 동생 소우(蕭宇)가 성묘하러 갔다가 갑자기 땅에 쓰러지더니 소심의 혼령이 붙어 말을 했는데, 소우가 집안 일을 잘 처리하지 못한다고 질책하면서 수십 수백 마디의 말을 했다. 또 이런 말도 했다.

"안호(安胡)라는 자가 내 쌀 200섬과 명주비단 80필을 가지고 장사해서 돈을 벌었는데, 그놈은 지금 내가 죽은 것을 다행이라 여기고 은혜를 저버린 채 이미 도망쳐버렸다. 내일 식사할 때 그놈을 물색하여 붙잡도록 하여라."

소우는 집으로 돌아와서 자신이 기억한 일을 형수에게 알려주었는데, 그날 하녀도 소심의 혼령에 씌워 그런 말을 했다고 했다. 그래서 소우가 자사(刺史) 상원보(常元甫)에게 그 일을 자세히 아뢰자, 상원보가 압아(押衙: 唐末五代 지방장관 아래에 있던 무관)에게 명하여 기다렸다가 안호를 체포하게 했는데, 과연 안호를 붙잡았으며 쌀과 명주비단도 모두 그대로 있었다. 처음에 소심이 또 이렇게 말했었다.

"쌀은 내 돈으로 산 것이지만 명주비단은 법을 어겨 취한 물건이니 보시하도록 하여라."

소우는 결국 명주비단을 보시했다. (『광이기』)

蕭審者, 工部尙書旻之子. 永泰中, 爲長洲令, 性貪暴, 然有理跡, 邑人懼憚焉. 審居長洲三年, 前後取受無紀極. 四年五月, 守門者見紫衣人三十餘騎, 從外入門. 迎問所以, 騎初不言, 直至堂院, 廳內治書者皆見. 門者走入, 白審曰: "適有紫衣將軍三十騎直入, 不待通." 審問: "其人安在? 焉得不見?" 門者出至廳, 須臾, 見騎從內出, 以白衫蒙審, 步行. 門者又白: "奇事!" 審顧不言. 諸吏送至門, 不復見. 俄聞內哭, 方委審卒.

後七日, 其弟宇復墓, 忽倒地作審靈語, 責宇不了家事, 數十百言. 又云: "安胡者, 將吾米二百石, 絹八十匹, 經紀求利, 今幸我死, 此胡辜恩, 已走矣. 明日食時, 爲物色捉之." 宇還至舍, 記事白嫂, 婢爾日亦靈語云然. 宇具以白刺史常元甫, 元甫令押衙候捉, 果得安胡, 米絹具在. 初又云: "米是己錢, 絹是枉法物, 可施之." 宇竟施絹. (出『廣異記』)

태평광기

권제 338

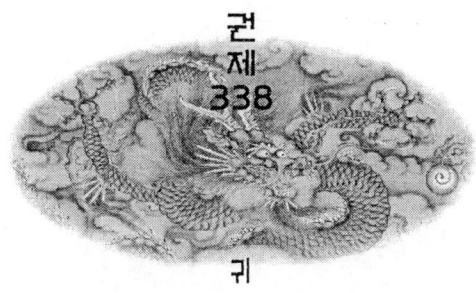

귀

23

1. 노중해(盧仲海)
2. 왕　수(王　垂)
3. 무구사(武丘寺)
4. 이좌공(李佐公)
5. 두　유(竇　裕)
6. 상　순(商　順)
7. 이　재(李　載)
8. 고　려(高　勵)
9. 소　우(蕭　遇)
10. 주자권(朱自勸)

338 · 1(4357)
노중해(盧仲海)

[唐나라] 대력(大曆) 4년(769)에 처사(處士) 노중해는 당숙 노찬(盧瓚)과 함께 오(吳) 땅에서 기거했다. 그들은 밤에 주인집에 가서 아주 즐겁게 술을 마시다가 크게 취했다. 군(郡)의 관리들이 다 가고 난 뒤에 노찬은 크게 토악질하면서 몹시 고생했으나 이미 밤이 너무 깊었는지라 그를 도와 줄 사람이라곤 없어 노중해 혼자서 그를 돌보았다. 노중해는 천성적으로 효성스럽고 우애가 있는 사람이라 상자 안에 있는 약을 모두 꺼내어 그를 돌보았지만 노찬은 한밤중에 죽고 말았다. 노중해는 당황해하고 슬퍼하는 중에 노찬의 심장에 아직 온기가 남아 있음을 알게 되었지만 어떻게 해야할지 몰라했다. 그 순간 노중해는 갑자기 『예기(禮記)』에 '혼을 불러 죽은 이를 저승에서 다시 돌아오게 한다'는 글귀가 생각났고, 또 일전에 한 장사가 했던 죽은 이의 혼을 불러 영험을 보았다는 말이 생각나 곧장 큰 소리로 노찬의 이름을 불렀는데, 쉬지도 않고 계속해서 수만 번이나 노찬의 이름을 불러댔다. 그러자 갑자기 죽었던 노찬이 깨어나 이렇게 말하는 것이었다.

"자네가 내 이름을 불러 나를 살려냈네."

노중해가 곧장 어찌된 상황인지 물어보았더니 노찬이 대답했다.

"나는 조금 전에 몇몇 관리에게 이끌려 갔는데, 낭중(郎中)이 나를 데려오라고 했다는 게야. 내가 그 이름을 물어보았더니 윤면(尹沔)이라고 했네. 잠시 뒤에 한 집에 도착해서 보았더니 문이 매우 높았고 거마도 매우 많았네. 그들이 나를 데리고 안으로 들어가자 윤면이 나를 맞이하며 말했네.

'주량이 얼마나 되시오? 나는 늘 옛날에 실컷 술을 마시던 일을 그리워하고 있었는데 갑자기 명을 받들어 이곳에 오고 보니 주흥을 펼치기가 어려워져 이렇게 그대를 모셔오게 한 것이오.'

그리고는 나를 불러들여 죽정(竹亭)에 가서 앉게 했네. 손님들은 하나 같이 관복을 입고 있었는데 서로 읍하면서 자리를 잡고 앉았네. 좌우에서 술을 올렸는데 술잔과 쟁반이 모두 빛이 났고, 기녀 악대가 구름처럼 모여 있어서 나도 흡족해하면서 집에 가는 일을 잊어버리고 말았네. 잔치가 한참 벌어지고 있는데 갑자기 자네가 나를 부르는 소리가 들리더군. 그러나 음악이 일제히 연주되자 마음과 정신이 어지러워졌고, 술잔이 수없이 돌자 나는 자네가 나를 부르고 있다는 사실도 잊어버렸네. 그런데 잠시 뒤에 다시 자네가 나를 부르는 소리가 들렸는데 그 소리가 슬퍼 내 마음도 슬퍼졌네. 이렇게 여러 차례 반복되자 나는 마음이 불편해져 떠날 것을 청했네. 주인은 한사코 나를 붙잡았지만 내가 집에 급한 일이 있다고 하자 주인은 잠시 나를 놓아주면서 틀림없이 다시 초청하겠다고 했네. 그가 내게 관직을 주겠다고 하기에 나는 줄곧 알겠다고 했는데, 이곳에 와서야 비로소 내가 죽은 것을 알게 되었네. 만약 자네가 나를 부르지 않았다면 내 몸이 여기 있다는 것조차 몰랐을 것이네. 처음에 떠날 때는 마치 꿈을 꾸는 것과 같았는데 지금은 그저 그가 나를 다시 부를까 걱정이니 이 일을 어떡하면 좋겠는가?"

노중해가 말했다.

"매우 알기 어려운 일이라 달리 쓸 방법도 없습니다. 하지만 기왕 지난번에 효험을 보았으니 다시 또 그 방법을 쓰는 수밖에요."

그리고는 향을 사르고 주문을 외면서 그 일을 대비했다.

그렇게 말을 하고 있는 도중에 노찬이 갑자기 또 죽었다. 이에 노중해가 다시 그의 이름을 불렀는데, 그 목소리가 더욱 슬프고 애절했다. 노중해가 동이 틀 무렵까지 노찬의 이름을 불렀더니 날이 밝을 무렵 노찬이 깨어나서 말했다.

"역시 자네가 나를 불러 주어서 살아날 수 있었네. 나는 방금 그곳에 가서 또 술을 마셨는데, 술자리가 무르익고 관리들이 술에 취하자 주인은 그제야 공문서를 내려 내게 관직을 주었네. 그런데 그때 자네가 나를 애타게 부르는 소리가 들리자 이전처럼 마음이 아팠다. 주인이 내가 기뻐하지 않는 것을 이상하게 생각하기에 내가 다시 잠시 집에 갔다 올 수 있게 놓아 달라고 거듭 빌었더니 주인이 웃으면서 말했다.

'정말 기이한 일이로군!'

그리고는 마침내 나를 놓아주었네. [이로보아 그가] 지금 나를 보내 줄지 잡아둘지 아직 결정하지 못한 것 같네. 닭이 울어 날이 밝으면 저승 사람들이 잠시 쉴 시간이고 또 귀신은 경계를 넘지 못한다는 말을 들었네. 그러니 지금 우리가 함께 달아나면 되지 않겠느냐?"

노중해가 말했다.

"그것이 상책입니다."

그리고는 배를 준비해서 급히 길을 재촉하여 그곳을 벗어나자 노찬의 병도 나았다. (『통유록』)

大曆四年, 處士盧仲海與從叔纘客於吳. 夜就主人飮, 歡甚, 大醉. 郡屬皆散, 而纘大吐, 甚困, 更深無救者, 獨仲海侍之. 仲海性孝友, 悉篋中之物藥以護之, 半夜纘亡. 仲海悲惶, 伺其心尙煖, 計無所出. 忽思『禮』有'招魂望反諸幽'之旨, 又先是有力士說招魂之驗, 乃大呼纘名, 連聲不息, 數萬計. 忽蘇而能言曰: "賴爾呼('呼'原在'賴'字上, 據明鈔本改)救我." 卽問其狀, 答曰: "我向被數吏引, 言郞中命邀迎. 問其名, 乃稱尹(明鈔本'尹'下有'泂'字). 逡巡至宅, 門閥甚峻, 車馬極盛. 引入, 尹迎勞曰: '飮道如何? 常思曩日破酒縱思, 忽承戾止, 浣濯難申, 故奉迎耳.' 乃遙入, 詣竹亭坐. 客人皆朱紫, 相揖而坐. 左右進酒, 杯盤炳曜, 妓樂雲集, 吾意且洽, 都忘行李之事. 中宴之際, 忽聞爾喚聲. 衆樂齊奏, 心神已眩, 爵行無數, 吾始忘之. 俄頃, 又聞爾喚聲且悲, 我心惻然. 如是數四, 且心不便, 請辭. 主人苦留, 吾告以家中有急, 主人暫放我來, 當或繼請. 授吾職事, 吾向以虛諾, 及到此, 方知是死. 若不呼我, 都忘身在此. 吾始去也, 宛然如夢, 今但畏再命, 爲之奈何?" 仲海曰: "情之至隱, 復無可行(明鈔本'行'作'言'). 前事旣驗, 當復執用耳." 因焚香誦呪以備之.

言語之際, 忽然又沒. 仲海又呼之, 聲且哀厲激切. 直至欲明方蘇, 曰: "還賴爾呼我. 我向復飮, 至於酣暢, 坐寮徑醉, 主人方敕文牒, 授('授'原作'管', 據明鈔本改)我職. 聞爾喚聲哀厲, 依前惻怛. 主人訝我不怡, 又暫乞放歸('放歸'原作'犯貴', 據明鈔本改)再三, 主人笑曰: '大奇!' 遂放我來. 今去留未訣. 雞鳴輿, 陰物向息, 又聞鬼神不越疆. 吾與爾逃之, 可乎?" 仲海曰: "上計也." 卽具舟, 倍道幷行而愈. (出『通幽錄』)

338 · 2(4358)
왕 수(王 垂)

 태원(太原) 사람 왕수는 범양(范陽) 사람 노수(盧收)와 좋은 친구 사이였다. 당(唐)나라 대력연간(大曆年間: 766~780) 초에 두 사람이 배를 타고 회수(淮水)와 절강(浙江) 일대를 왕래한 일이 있었는데, 석문역(石門驛) 근처에 갔다가 나무 아래에 있는 한 여자를 보게 되었다. 여자는 용모가 매우 아름다웠고 옷차림새도 아주 화려했으며, 비단 자루 하나를 등에 지고 있었다. 왕수와 노수는 서로 이렇게 말했다.

 "여자가 혼자 쉬고 있으니 저 여자의 자루를 빼앗을 수 있을 걸세."

 그리고는 천천히 노를 저으며 여자를 기다렸더니, 정말 여자가 이렇게 물어왔다.

 "이 배는 어디로 가는 것입니까? 저를 좀 태워 주실 수 있는지요? 제 남편이 가흥현(嘉興縣)에 병들어 있어서 지금 그곳으로 남편을 보러 가는 중인데, 발이 아파 더 이상 걸어갈 수가 없습니다."

 두 사람이 말했다.

 "마침 배가 비어 있고 또한 그곳으로 가는 길이니 당신을 태워 드리리다."

 여자는 자루를 가지고 배 위에 올라타더니 뱃머리에 자리를 잡고 앉았다. 두 사람이 다시 천천히 여자에게 집적대자 여자는 정색을 하며 말했다.

 "잠시 이 배를 얻어 타고 간다고 어떻게 바르지 못한 행동을 할 수 있소?"

그 말에 두 사람은 몹시 부끄러워했다. 왕수는 금(鼓)을 잘 탔기 때문에 금을 타 여자를 기쁘게 해주려 했다. 여자의 곱고 아름다운 얼굴에서 미소가 피어오르자 두 사람은 마음이 흔들려서 말했다.

"낭자께서는 본디 금을 잘 타십니까?"

여자가 말했다.

"어렸을 때 조금 배웠습니다."

왕생(王生: 王垂)은 두 손으로 금을 들어 여자에게 주었다. 여자가 곧장 기러기발을 누르며 금을 연주하자 그 소리가 맑고 드높게 울려 퍼졌다. 왕생이 말했다.

"일찍이 들어본 적이 없는데, 탁문군(卓文君)의 진심이 담겨져 있는 것 같습니다."

여자가 웃으면서 말했다.

"사마상여(司馬相如)의 시름을 담아 연주했습니다."

마침내 두 사람은 조금씩 가까워졌다. 여자가 이야기를 하고 농담을 하는데, 그 총명함과 달변은 말로 표현할 수 없을 정도였다. 두 사람은 서로를 쳐다보며 호감을 느끼다가 결국 그 날밤 뱃머리에서 함께 잠을 잤다. 노수는 외톨이가 되어 멀리 떨어져 앉아서 깊이 탄식하면서 그들을 부러워할 뿐이었다.

밤이 깊어지자 노수는 비단 자루 안의 물건을 몰래 살펴보았는데, 자루 가득 해골이 들어 있는 것을 보고는 몹시 놀랐다. 노수는 그 여자가 귀신인 것을 알았지만, 왕수에게 그 사실을 전해줄 방법이 없었다. 노수가 두 사람이 서로 사랑을 속삭이는 소리를 들어보니, 서로에게 푹 빠져 있었다.

잠시 뒤에 날이 밝은 뒤 여자가 일이 있다면서 배에서 잠시 내리자 노수가 [그 틈에] 왕수에게 [여자가 귀신이라는] 사실을 알렸더니, 왕수는 몹시 두려워하면서 말했다.

"무슨 방법이라도 생각나는 것이 있는가?"

노수가 말했다.

"반드시 대자리 밑에 엎드려 있게."

왕수는 노수의 말을 따랐다. 잠시 뒤에 여자가 와서 물었다.

"왕생은 어디에 계십니까?"

노수는 여자를 속여 말했다.

"방금 언덕 위로 올라갔소."

여자는 몹시 다급해하며 노수를 내버려둔 채 왕수를 쫓아갔다. 노수는 여자가 배에서 조금 멀어지는 것을 바라보고는 곧장 여자를 언덕에 내버려둔 채 급히 노를 저어 길을 재촉했다. 수십 리 밖에까지 노를 저어와서야 여자가 쫓아오는 것이 보이지 않았다. 왕수와 노수는 밤에 배를 아주 시끄러운 곳에 숨겨두었다. 한밤중이 지난 뒤에 여자가 와서 곧장 배 안으로 들어와서는 왕수의 머리를 질질 끌고 갔다. 여자는 사방에 눈이 달려 있었고 비린내와 더러운 냄새가 몸에서 진동했다. 여자가 왕수를 깨물어 왕수는 몹시 곤욕을 치렀다. 두 사람은 고함을 쳤는데, 많은 배들이 달려와서 두 사람을 돕자 여자는 온데 간데 없이 사라졌다. 이튿날 자리 아래에서 종이 빗을 주웠는데, 왕수는 그로부터 몇 개월 뒤에 죽었다. (『통유기』)

太原王垂, 與范陽盧收友善. 唐大曆初, 嘗乘舟於淮浙往來, 至石門驛旁, 見一婦人於樹下. 容色殊麗, 衣服甚華, 負一錦囊. 王盧相謂曰: "婦人獨息, 婦囊可圖耳." 乃彌棹伺之, 婦人果問曰: "船何適? 可容寄載否? 妾夫病在嘉興, 今欲省之, 足痛不能去." 二人曰: "虛舟且便, 可寄爾." 婦人攜囊而上, 居船之首. 又徐挑之, 婦人正容曰: "甍附, 何得不正耶?" 二人色怍. 垂善鼓琴, 以琴悅之. 婦人美艶粲然, 二人振蕩, 乃曰: "娘子固善琴耶?" 婦人曰: "少所習." 王生拱琴以授. 乃撫軫泛弄泠然. 王生曰: "未嘗聞之, 有以見文君之誠心矣." 婦人笑曰: "委相如之深(原本無'如'字, '深'下有'沉'字, 據明鈔本改)也." 遂稍親合. 其談諧慧辯不可言. 相視感悅, 是夕與垂偶會船前. 收稍被隔礙, 而深嘆慕.

夜深, 收竊探囊中物視之, 滿囊髑髏耳, 收大駭. 知是鬼矣, 而無因達於垂. 聽其私狎, 甚繾綣. 旣而天明, 婦人有故甍下, 收告垂, 垂大懾曰: "計將安出?" 收曰: "宜伏簀下." 如其言. 須臾, 婦人來, 問: "王生安在?" 收紿之曰: "適上岸矣." 婦人甚劇, 委收而追垂. 望之稍遠, 乃棄於岸, 幷棹倍行. 數十里外, 不見來. 夜藏船處聞. 半夜後, 婦人至, 直入船, 拽垂頭. 婦人四面有眼, 腥穢甚. 囓咬垂, 垂困. 二人大呼, 衆船皆助, 遂失婦人. 明日, 得紙梳於席上, 垂數月而卒. (出『通幽記』)

338 · 3(4359)
무구사(武丘寺)

소주(蘇州)의 무구사는 산세가 높고 험준하며, 석림(石林)이 아름답게 빛났고 누각이 층층이 세워져 있었다. 또 상서로운 구름이 그윽하게 드리워져 있어 무구사에 들어간 사람들은 모두 집으로 돌아가는 것을 잊었다. [唐나라] 대력연간(大曆年間: 766~780) 초에 스님이 밤에 흰 옷 입은 사람 두 명이 누각에 올라가는 것을 보았는데, 끝내 내려오지 않기에 그들을 찾아보았으나 아무 것도 보이지 않았다. 다음 날 높은 곳에 시 세수가 적혀 있었는데, 다름 아닌 귀신의 말이었다. 그 시는 다음과 같았다.

> 저승과 이승의 길이 비록 다르기는 하지만,
> 살아있을 때 외람 되게도 시문을 잘 지었네.
> 내가 잠든 곳 알고 싶은가?
> 산의 북쪽에 외로운 무덤 두 개가 있다네.

(두 번째 시는 「시유독거(示幽獨居)」이다)

> 높은 소나무엔 슬픈 바람 자주 부는데,
> 쏴쏴 부는 바람소리 맑고도 슬프구나.
> 남산(南山)은 외로운 고개에 맞닿아 있는데,
> 외로운 고개는 쓸데없이 높기도 하여라.
> 햇살은 부질없이 빛을 발하면서,
> 장야대(長夜臺: 무덤 속)는 비춰주지 않네.
> 내 살아 있는 사람의 즐거움을 알고 있기는 하나,
> 황천에 있는 혼백이 어찌 돌아갈 수 있겠는가?
> 하물며 친한 사람 생각날 때면
> 통곡하느라 애간장이 다 으스러지네.
> 통곡하는 것 이외에 달리 무슨 할 말이 있겠는가?
> 슬프고도 또 슬프도다.

(세 번째 시는 「답처유자(答處幽子)」이다)

> 신선은 흉내낼 수 없어,

그저 모습 바꾸어 하릴없이 떠도는 혼이 되었네.
햇살은 나를 향해 비춰주지 않으나,
푸른 소나무는 우리 집 문을 에워싸고 있네.
비록 삶과 죽음이 가로 놓여 있기는 하지만,
그래도 자손 생각은 할 줄 안다네.
어떻게 이내 슬픈 마음을 풀어낼 수 있을까마는,
만물은 모두 근본으로 돌아가는 법.
세상 사람들에게 말하나니,
맛좋은 술 마시는 것을 싫어하지 마시오.

그 마을에는 무덤이 많고 또 오래된 무덤이 줄지어 있었는데, 그 시는 지금도 남아 있다. (『통유기』)

蘇州武丘寺, 山嶔崟, 石林玲瓏, 樓雉疊起. 綠雲窈窕, 入者忘歸. 大曆初, 寺僧夜見二白衣上樓, 竟不下, 尋之無所見. 明日, 峻高上見題三首, 信鬼語也. 其詞曰: "幽明雖異路, 平昔忝工文. 欲知潛寐處? 山北兩孤墳." (其二「示幽獨居」) "高松多悲風, 蕭蕭淒且哀. 南山接幽隴, 幽隴空崔嵬. 白日徒煦煦, 不照長夜臺. 雖知生者樂, 魂魄安能廻? 況復念所親, 慟哭心肝摧. 慟哭更何言? 哀哉復哀哉." (其三「答處幽子」) "神仙不可學, 形化空遊魂. 白日非我朝, 靑松圍我門. 雖復隔生死, 猶知念子孫. 何以遣悲悗, 萬物歸其根. 寄語世上人, 莫厭臨芳罇." 莊上有墓林, 古塚累累, 其文尙存焉. (出『通幽記』)

338 · 4(4360)
이좌공(李佐公)

이좌공이 [唐나라] 대력연간(大曆年間: 766~780)에 여주(廬州)에서 벼슬할 때의 일이다. [그의 예하 관리 가운데] 서리(書吏) 왕유(王庾)는 휴가를 청해 집으로 가던 중에 밤에 성곽 밖을 걷다가 갑자기 길을 트며 소리치는 한 기병을 만났다. 서리는 큰 나무 뒤에 숨어서 상황을 살펴보다가 또한 그곳에 귀한 관리가 없다는 사실을 알고 이상하게 생각했다. 길을 인도하는 기병 뒤로 자색 옷 입은 한 사람이 있었는데 그 위용이 대사(大使) 같아 보였다. 뒤에 수레가 한 대 있었는데, 막 물을 건너려는 순간 말을 몰던 사람이 앞에서 말했다.

"수레 끈이 끊어졌습니다."

자색 옷 입은 사람이 말했다.

"장부를 살펴보거라."

그러자 몇몇 관리들이 장부를 살펴보고 나서 말했다.

"마땅히 여주(廬州) 아무 리(里)에 사는 장도(張道) 처의 등뼈의 힘줄을 가져다가 수리해야 합니다."

장도의 처는 바로 서리의 이모였다. 순식간에 관리가 돌아왔는데, 그들은 각각 길이가 몇 척(尺) 되는 두 개의 흰 물건을 손에 들고 있었다. 그리고 그들은 곧장 강을 건너갔다. 서리가 이모의 집에 도착해서 보았더니 이모는 여전히 아무 탈 없이 잘 지내고 있었다. 그러나 하루 밤이 지나서 이모는 등에 통증을 느끼더니, 반나절만에 죽었다.

李佐公, 大曆中在廬州. 有書吏王庾請假歸, 夜行郭外, 忽値引騶呵避. 書吏映大樹窺之, 且怪此無尊官也. 導騎後, 一人紫衣儀衛如大使. 後有車一乘, 方渡水, 御者前曰: "車軥索('軥索'原作'軥素', 據明鈔本改)斷." 紫衣曰: "檢簿."

遂見數吏檢之, 曰:"合取廬州某里張道妻脊筋修之." 乃書吏之姨也. 頃刻吏廻, 持兩條白物, 各長數尺. 乃渡水而去. 至姨家, 尙無恙. 經宿患背痛, 半日而卒.

338·5(4361)
두 유(竇 裕)

[唐나라] 대력연간(大曆年間: 766~780)에 진사(進士) 두유는 회해(淮海) 지역에서 살고 있었다. 그는 과거에 낙방한 뒤 장차 성도(成都)로 가는 길에 양주(洋州)에 이르렀다가 아무 병 없이 죽었다. 두유는 늘 오흥(吳興) 사람인 회음현령(淮陰縣令) 심생(沈生)과 잘 지냈다. 두 사람은 헤어진 지 여러 해가 되었으며, 서로 소식이 끊어져 어디에 가 있는지도 몰랐다. 심생은 회해에서 자리를 옮겨 금당현령(金堂縣令)에 임명되어 임지로 가는 길에 양주에 가서 역참에 머물렀다. 그날 밤 바람은 잠잠하고 달은 환하게 빛났다. 한밤중이 될 무렵 심생은 마치 무엇인가를 잃어버린 사람처럼 혼자 멍하니 있으면서 잠을 이루지 못했다. 그런데 갑자기 흰옷 입은 사내 한 명이 문에서 걸어 들어오면서 탄식하며 시를 읊조리는 것이 보였는데, 마치 품고 있는 한을 풀지 못한 것 같았다. 그 사람은 한참동안 다음과 같이 시를 읊었다.

집은 초(楚) 땅 물가에 있는데,
이내 몸은 양주(洋州)의 역참에 있네.
밝은 달 바라보며 홀로 그리워하노니,
먼지 긴 옷깃엔 눈물 자국 가득하네.

심생은 그를 바라보다가 그 사람이 두유와 아주 많이 닮았다는 생각이 들어 그저 일어나서 그와 함께 말해보려 했는데, 미처 그에게 다가서기도 전에 그 사람은 사라지고 보이지 않았다. 이에 심생은 탄식하며 말했다.

"나와 두군(竇君: 竇裕)이 헤어진 지 오래되기는 했지만 설마하니 그 사이에 귀신이 되었단 말인가?"

이튿날 심생이 말을 타고 길을 떠나 채 몇 리도 가기 전에 길옆으로 무덤 하나가 나타났는데, 거기에는 다음과 같은 표식이 세워져 있었다.

"진사 두유의 무덤."

심생은 깜짝 놀라 곧장 말을 달려 역참에 가서 물어보니, 역참의 관리가 말했다.

"진사 두유라는 사람이 도성에서 촉(蜀) 땅으로 가다가 이곳에서 갑자기 죽었습니다. 태수(太守)께서 역참의 남쪽 2리 밖에 묻으라고 하셨는데, 길가의 무덤이 바로 그것입니다."

심생은 곧장 두유의 무덤에 가서 제사를 지내고 눈물을 뿌리며 절한 뒤 떠나갔다. (『선실지』)

大曆中, 有進士竇裕者, 家寄淮海. 下第將之成都, 至洋州, 無疾卒. 常與淮陰令吳興沈生善. 別有年矣, 聲塵兩絶, 莫知其適. 沈生自淮海調補金堂令, 至洋州, 舍於舘亭中. 是夕, 風月晴朗. 夜將半, 生獨若有所亡, 而不得其寢. 俄見一白衣丈夫, 自門步來, 且吟且嗟, 似有恨而不舒者. 久之吟曰: "家依楚水岸, 身寄洋州舘. 望月獨相思, 塵襟淚痕滿." 生見之, 甚覺類竇裕, 特起與語, 未及, 遂無見矣. 乃嘆曰: "吾與竇君別久矣, 豈爲鬼耶?"

明日駕而去, 行未數里, 有殯其路前, 有識者曰:"進士竇裕殯宮."生驚, 卽馳至館, 問館吏, 曰:"有進士竇裕, 自京遊蜀, 至此暴亡. 太守命殯於館南二里外, 道左殯宮是也."卽致奠拜泣而去. (出『宣室志』)

338・6(4362)
상 순(商 順)

단양(丹陽) 사람 상순은 오군(吳郡) 사람 장창(張昶)의 딸을 아내로 맞아들였다. 장창은 경조소윤(京兆少尹)으로 있다가 죽어서 산수(滻水)의 동쪽에 묻혔는데, 그곳은 별장으로부터 십리 떨어진 곳이었다. 상순이 관리 선발에 참가하기 위해 장안에 오랫동안 머무르자 장씨(張氏) 부인은 노복을 성안으로 들여보내 상랑(商郞: 商順)을 모셔오게 했다. 상순은 날이 저물어 노복과 함께 귀가 길에 올랐는데, 노복이 상순 몰래 술을 마시다가 크게 술에 취하는 바람에 상순과 헤어졌다. 그런데 뜻밖에도 성문이 이미 닫혀 있자 상순은 어찌해야 할 바를 몰라하다가 하는 수 없이 혼자서 길을 갔다. 날은 점점 어두워오고 눈비가 흩날리기 시작했다. 게다가 타고 있던 나귀가 심하게 다리를 절고 있었는데, 길을 잃어 어디로 가야할지 몰랐기에 상순은 하는 수 없이 나귀가 가는 대로 몸을 내맡겼다. 수십 리쯤 걸었다고 생각되었는데도 마을이라곤 보이지 않고 점점 더 깊은 풀숲으로 들어가는 통에 상순은 추위에 몹시 떨었다.

잠시 후에 한 계곡에 이르렀는데, 계곡 남쪽으로 등불이 보였다. 상순이 크게 기뻐하여 얼른 그곳으로 가 보았더니 나무 울타리를 친 띠집 몇 칸이 있었다. 상순이 수백 번이나 문을 두드리자 그제야 누군가가 대답했다. 상순이 물었다.

"먼 데서 온 나그네가 길을 잃고 추위에 떨고 있어서 그러니 잠시 이곳에서 하룻밤 묵어갔으면 합니다."

그러자 이렇게 대답했다.

"이 깜깜한 밤에 눈비마저 내리는데, 당신이 누구인지 내 어찌 알겠소? 게다가 집이 좁고 누추해서 묵어 가실만 한 곳이 못 됩니다."

그 집에서 한사코 거절하자 상랑(商郞: 商順)이 다음과 같이 물었다.

"경조소윤 장씨의 집이 이곳에서 얼마나 떨어져 있습니까?"

그러자 이렇게 대답했다.

"서남쪽으로 4~5리 떨어진 가까운 곳입니다."

상순은 가까운 거리라 갈 수 있겠다고 생각하고 계곡을 나와 서남쪽으로 십여 리를 걸어갔으나 장씨 집은 나오지 않았다. 눈비가 더욱 심하게 내리자 상순은 스스로 꼼짝없이 죽었다고 생각했다. 이미 마을은 찾을 수도 없고 또 어디도 가야할지 모르게 되자 상순은 뽕나무 아래 나귀를 매어놓고 나무에 기대어 앉았다. 그런데 별안간 등롱(燈籠)처럼 생긴 한 물체가 나타나 몇 장(丈) 길이의 빛을 내면서 곧장 상순 앞으로 오더니, 1척(尺) 남짓 되는 거리 앞에서 멈추어 서는 것이었다. 상순은 처음에는 몹시 두려워했으나 잠시 뒤에 이렇게 물었다.

"혹시 장공(張公: 張昶)의 신령이 나를 인도해주려는 것이 아닙니까?"

그리고는 앞으로 가 절하면서 말했다.

"만약 내 장인이라면 마땅히 돌아가는 길을 보여주십시오."

빛 속에 작은 길이 보이자 상순은 곧장 나귀를 타고 그 길을 따라 갔다. 상순이 점점 불 가까이로 다가서자 불은 움직여 앞으로 갔는데, 늘 상순 앞의 1척 남짓 떨어진 곳에 있었다.

이렇게 6~7리를 걸어가다가 저 멀리로 불을 들고 마중 나오는 사람이 보이자 등롱의 불빛도 이내 사라졌다. 상순이 불빛 있는 곳에 도착해서 보았더니 그는 다름 아닌 장창의 무덤을 지키던 노복이었다. 상순이 어떻게 자신이 오고 있는 것을 알았냐고 노복에게 물었더니, 노복이 대답했다.

"방금 나리께서 큰 소리로 저를 부르는 소리가 들렸는데, 상랑께서 동쪽에서 오고 계시니 급히 나가서 맞이하라고 하셨습니다. 그렇게 여러 차례 말씀하셔서 알게 된 것입니다."

상순은 노복의 오두막집에서 하룻밤 묵은 뒤 이튿날 아침에 비로소 길을 떠나갔다. (『광이기』)

丹陽商順娶吳郡張昶女. 昶爲京兆少尹, 卒葬滻水東, 去其別業十里. 順選集在長安, 久之, 張氏使奴入城迎商郞. 順日暮與俱往, 奴盜飮極醉, 與順相失. 不覺其城門已閉, 無如之何, 乃獨前行. 天漸昏黑, 雨雪交下. 且所('且所'原作'郞來', 據明鈔本改)驢甚蹇, 迷路不知所之, 但信驢所詣. 計行十數里, 而不得見村墅, 轉入深草, 苦寒甚戰.

少頃, 至一澗, 澗南望見燈火. 順甚喜, 行至, 乃柴籬茅屋數間. 扣門數百下方應. 順問曰: "遠客迷路, 苦寒, 暫欲寄宿." 應曰: "夜暗, 雨雪如此, 知君是何人? 且所居狹陋, 不堪止宿." 固拒之, 商郞乃問: "張尹莊去此幾許?" 曰: "近西南四五里."順以路近可到, 乃出澗, 西南行十餘里, 不至莊. 雨雪轉甚, 順自審必死. 旣不可, 行欲何之, 乃繫驢於桑下, 倚樹而坐. 須臾, 見一物, 狀若燭籠, 光照數丈, 直詣順前, 尺餘而止. 順初甚懼, 尋而問曰:"得非張公神靈導引余乎?"乃前拜曰:"若是丈人, 當示歸路."視光中有小道, 順乃乘驢隨之. 稍近火移, 恒在前尺餘.

行六七里, 望見持火來迎, 籠光遂滅. 及火至, 乃張氏守塋奴也. 順問何以知己來, 奴云:"適聞郎君大呼某, 言商郎從東來, 急往迎. 如此再三, 是以知之." 遂宿奴廬中, 明旦方去. (出『廣異記』)

338·7(4363)
이 재(李 載)

[唐나라] 대력(大曆) 7년(772)에 전운사(轉運使) 유안(劉晏)이 이부(吏部)에서 상서(尙書)로 있을 때 대리평사(大理評事) 이재는 감찰어사(監察御史) 겸 복건유후(福建留後)로 있었다. 이재는 건주(建州)의 포성(浦城)에다 사원(使院: 節度留後가 일을 보던 관서) 짓는 일을 맡아보고 있었는데, 포성은 건주에서 700리나 떨어져 있어 아주 궁벽하고 황량한 곳이었다. 이재는 속으로 풍토병에 걸릴까 걱정해서 그 직무를 기꺼워하지 않았는데, 반년 뒤에 그만 죽고 말았다.

하루가 지난 뒤 이재는 다시 살아나 이전처럼 지냈다. 집안 사람들이 음식을 올리면 이재는 평상시와 마찬가지로 그것을 먹었다. 그리고 집안 사람들에게 말했다.

"내 이미 죽었는데 지금 잠시 돌아온 것은 사원의 일을 마무리짓기 위해서이다."

그리고는 아직 일을 끝마치지 못한 자를 불러 모든 것을 알려주고 일을 부탁했다. 후에 이재는 공문서를 써서 상서에게 보내어 이별을 고하고, 더불어 유서를 작성한 뒤 집안 일을 분부했다.

이재의 처 최씨(崔氏)는 앞서 죽고 그 옆에는 젊은 후처 한 명이 있을 뿐이었는데, 이재는 그녀에게 말했다.

"내가 죽어서 지하에 있는 전처를 만났기에 네 이야기를 했더니 그 사람이 몹시 화를 내더구나. 장차 네게 이롭지 못한 일을 하려고 할 텐데 이를 어찌하면 좋겠느냐? 오늘 전처가 올 것이니 너는 오랫동안 이곳에 머물러서는 안 된다."

이재는 그렇게 말하고는 재산을 나누어 그녀에게 준 뒤 행관(行官: 唐代의 官名으로, 상관의 명을 받고 사방으로 가서 공무를 처리했음)을 시켜 그녀를 북쪽으로 돌려보내게 했다. 젊은 후처는 곧장 배에 올라탔으나, 행관에게 약간의 일이 있어 즉시 길을 떠나지 못했다. 이재는 그 사실을 알고 행관을 불러들여 곤장 다섯 대를 치고는 급히 출발하게 했다. 이재는 일을 다 처리하고 나서 식사를 한 뒤에 마침내 죽었다. (『광이기』)

大曆七年, 轉運使吏部劉晏在部爲尙書, 大理評事李載攝監察御史, 知福建留後. 載於建州浦城置使院, 浦城至建州七百里, 猶爲淸涼. 載心懼瘴癘, 不樂職事, 經半載卒.

後一日, 復生如故. 家人進食, 載如平常食之. 謂家人曰:"已死, 今暫還者,了使事耳." 乃追其下未了者, 使知一切, 交割付之. 後修狀與尙書別, 兼作遺書, 處分家事.

妻崔氏先亡, 左右唯一小妻('妻'原作'女', 據明鈔本改), 因謂之曰('謂之曰'原作'爲小妻', 據明鈔本改): "我死, 地下見先妻('先妻'原作'舅', 據明鈔本改), 我言有汝, 其人甚怒. 將欲有所不相利益, 爲之奈何? 今日欲至, 不宜久留也." 言訖, 分財與之, 使行官送還北. 小妻便爾下船, 行官少事('官少事'原作'時尙關', 據明鈔本改)未卽就路. 載亦知之, 召行官至, 杖五下, 使驟去. 事畢食訖, 遂卒. (出『廣異記』)

338 · 8(4364)
고 려(高 勵)

고려는 최사광(崔士光)의 장인이다. 여름 날 그는 마을의 뽕나무 아래서 사람들이 보리 타작하는 것을 구경하고 있었다. 그때 보았더니 어떤 사람이 동쪽에서 말을 타고 와 고려 앞에 이르자 와서 두 번 절하면서 이렇게 말했다.

"말의 다리를 치료해주십시오."

고려가 말했다.

"나는 말을 치료하는 의원도 아닌데, 어떻게 말을 치료할 수 있단 말이오?"

그러자 그 사람이 웃으면서 말했다.

"그저 아교로 붙여주시기만 하면 됩니다."

고려가 그 사람의 말을 전혀 이해하지 못하자 그 사람이 이렇게 말했다.

"저는 사람이 아니라 귀신입니다. 이 말은 목마이니 당신이 그저 양교(洋膠)로 부쳐주기만 하면 바로 길을 갈 수 있습니다."

고려는 곧장 아교를 꺼내어 녹인 뒤 나가서 말이 있는 곳으로 나가서 보았더니 그 말이 이미 목마로 변해 있었다. 그 말의 앞발에 상처가 나 있는 것을 본 고려는 아교를 부쳐주고 아교를 들고 집으로 돌아갔다. 그가 밖으로 나와 보았더니, 그 사람은 이미 말 옆에 있었고 말도 아주 뛰어난 준마였다. 그 사람은 고려에게 감사의 인사를 하고는 곧장 말을 타고 떠나갔다. (『광이기』)

高勵者, 崔土光之丈人. 夏日, 在其庄前桑下, 看人家打麥. 見一人從東走馬來, 至勵再拜, 云: "請治馬足." 勵云: "我非馬醫, 焉得療馬?" 其人笑云: "但爲膠黏卽得." 勵初不解其言, 其人乃告曰: "我非人, 是鬼耳. 此馬是木馬, 君但洋膠黏之, 便濟行程." 勵乃取膠煮爛, 出至馬所, 以見變是木馬. 病在前足, 因爲黏之, 送膠還舍. 及出, 見人已在馬邊, 馬甚駿. 還謝勵訖, 便上馬而去. (出『廣異記』)

338 · 9(4365)
소 우(蕭 遇)

신주자사(信州刺史) 소우는 어려서 고아가 되어 그 모친의 무덤이 어느 것인지 잘 몰랐다. 소우는 수십 년 뒤에 모친의 묘를 이장하려 했다. 옛 무덤이 도성에 있었기에 소우는 일단 그곳에 가서 무덤을 열었는데, 그만 노회창(盧會昌)의 무덤을 잘못 열었다. 잠시 뒤에 소우는 그 무덤이 모친의 무덤이 아닌 것을 알고 통곡하면서 집으로 돌아왔다. 소우는 하양현(河陽縣)의 방술사 도화(道華)가 귀신을 잘 부른다는 소문을 듣고 곧장 많은 재물을 주고 그를 불러 왔다. 도화가 도착한 뒤 소우가 모든 상황을 일러주자 도화가 말했다.

"한번 해 봅시다."

도화가 제단을 마련하고 정성을 다해 곧장 노회창을 불렀더니 의관을 잘 차려 입은 한 사내가 나타났다. 도화가 그 사내를 꾸짖었다.

"네 깐 것의 무덤이 소낭중(蕭郞中: 蕭遇)의 태부인(太夫人)의 무덤에 침범해 들어가 소낭중의 일을 그르치다니. 급히 가서 태부인을 찾아오너라. 그렇지 않으면 오늘 당장 네 죄를 묻겠다."

노회창이 두 번 절하고는 말했다.

"저는 천한 일을 하는 사람으로, 지하로는 3척(尺) 너비로는 사방 10리까지 힘이 미칠 수 있으나 그 밖으로는 제가 알 수 있는 바가 아닙니다. 저의 관내에는 소낭중의 태부인의 무덤이 없으나, 당장 알아보겠으니 아침까지 시간을 주십시오."

날이 밝은 뒤 도화와 소우는 함께 노회창의 무덤이 있는 곳으로 가보았다. 1리 남짓 갔을 때 저 멀리서 노회창이 급히 달려와서는 이렇게 말했다.

"제가 당신을 위해 태부인의 무덤을 찾아다니다가 자못 귀신을 귀찮게 해서 지금 저의 죄를 급하게 묻고 있으니, 두 분께서는 얼른 피하십시오."

노회창은 이렇게 말하고는 사라졌다. 두 사람이 그곳을 피해 수백 보 정도 달아나다가 뒤를 돌아보았더니 검푸른 연기가 온종일 땅을 덮고 있다가 사라졌다. 잠시 뒤에 노회창이 와서 말했다.

"내 당신을 위해 태부인의 무덤을 찾아다니다가 저승사자의 꾸지람을 크게 들었고, 또한 이제 방법도 없으니 저를 놓아 돌아가게 해주십시오."

도화마저 하양현으로 돌아가자 소우는 소리 높여 울었다.

이때부터 소우는 방에서 혼자 조용히 지냈다. 어느 날 밤 갑자기 꿈을 꾸는 듯 했는데, 문 밖에서 누군가가 자신의 어렸을 때의 이름을 부르며 말하는 것이 들렸다.

"내가 네 어미이다."

소우는 깜짝 놀라서 문을 열고 밖으로 나가 절을 하고 어머니를 모셨다. 소우가 그 어머니를 보았더니 어머니가 어둠 속에서 나오고 있었다. 소우와 어머니는 서로를 바라보았는데, 어머니는 생전과 마찬가지였다. 어머니가 소우에게 말했다.

"너의 지극한 효성이 하늘을 움직였고, 너의 진심이 성신(星神)에게도 전해져 신령께서 살피시어 오늘 이렇게 내가 너를 만나게 되었으니, 슬픔이 복받치는 구나."

소우가 한참동안 통곡하자 그 어머니가 또 이렇게 탄식했다.

"우리 집의 효자가 하늘에까지 알려져 나는 비록 황천에 있지만 다른 사람들의 추앙을 받고 있다. 그런데 효자가 하늘과 신령을 감동시키는 것은 비단 겉으로 그 몸을 훼손하고 목숨을 잃는 것 때문이 아니라 숭상하는 것이 슬픔에서 비롯되었기 때문이다."

그리고는 소우에게 저승 세계의 보응과 성명(性命)이 변통하는 도리를 일러주면서 말했다.

"화와 복은 사람에게 달려 있으니 그저 덕을 쌓도록 하여라. 하늘이 재앙을 내리고 복을 주는 이치는 사실 물건에 그림자가 있고 두드리면 소리가 나는 것과 같다. 그 가운데 선을 쌓아도 감응을 받지 못하는 자는 대개 그 마음이 행동과 다르기 때문이다."

어머니와 한참동안 이야기를 나누던 소우는 감정이 북받쳐 말했다.

"뜻밖에도 이와 같은 지나친 칭찬을 듣게 되니, 아무런 여한도 없습니다."

그리고는 잘못하여 다른 사람의 무덤을 파게 되었던 한스러운 사건을 이야기하자 그 어머니가 말했다.

"내가 온 것도 그 때문이다. 세월은 많이 흘렀고 그때는 네가 어렸으니, 어떻게 알 수 있었겠느냐? 내 무덤 위에 이오낭(李五娘)의 묘가 있으나, 그 또한 이미 평평해졌으니 어떻게 알아볼 수 있겠느냐? 너는 내일 까마귀와 까치가 떼지어 모여드는 곳을 보게 될 것인데, 바로 그 아래가 내 무덤이니라."

또 말했다.

"만약 나를 보호해서 서쪽으로 가게 되거든 틀림없이 두 개의 혼거(魂車: 죽은 사람이 평소에 입었던 의복을 싣던 수레)를 싣고 관(關)으로 들어가거라."

소우가 그 까닭을 묻자 어머니가 대답했다.

"숙모가 그곳에 있기 때문이다. 숙모의 관도 반드시 고향으로 가져가야 한다."

소우가 말했다.

"숙모가 누구십니까?"

어머니가 말했다.

"숙모는 바로 네 외할머니인데, 내가 그냥 숙모라고 불렀다. 숙모께서는 내가 외로이 있는 것을 가련하게 생각해서 일찍이 함양군(咸陽郡)에서 이곳에 와 나와 함께 있어주셨다. 후에 귀신들의 경계가 돌아가지 못했으니, 반드시 두 개의 혼거를 가져가야 한다."

어머니는 말을 다하고는 떠나가더니 순식간에 사라졌다. 소우는 새벽이 될 때까지 통곡하다가 곧장 까치와 까마귀가 모여 있는 평지로 가서 그곳을 파보았다. 그랬더니 정말로 이오낭의 무덤이 있었고, 다시 그 아래에 어머니의 무덤이 있었다. 그는 그제야 비로소 합장할 수 있었다.
(『통유기』)

信州刺史蕭遇少孤, 不知母墓. 數十年, 將改葬. 舊塋在都, 旣至, 啓, 乃悞開盧會昌墓. 旣而知其非, 號慟而歸. 聞河陽方士道華者, 善召鬼, 乃厚弊以迎. 旣至, 具以情訴, 華曰: "試可耳." 乃置壇潔誠, 立召盧會昌至, 一丈夫也, 衣冠甚偉. 呵之曰: "蕭郎中太夫人塋, 被爾墓侵雜, 使其迷悞. 忽急尋求. 不爾, 當旦夕加罪." 會昌再拜曰: "某賤役者, 所管地累土三尺, 方十里, 力可及, 周外則不知矣. 但管內無蕭郎中太夫人墓, 當爲索之. 以旦日爲期." 及朝, 華與遇俱往. 行里餘, 遙見會昌奔來曰: "吾緣尋索, 頗擾鬼神, 今使按責甚急, 二人可疾去." 言訖而滅. 二人去之數百步('百步'原作'日', 據明鈔本改), 顧視, 見靑黑氣覆地, 竟日乃散. 旣而會昌來曰: "吾爲君尋求, 大受陰司譴罰, 今計窮矣, 請辭去."華('華'原作'罷', 據明鈔本改)歸河陽, 遇號哭.

自是端居一室. 夜忽如夢中, 聞戶外有聲, 呼遇小名曰:"吾是爾母."遇驚走, 出戶拜迎. 見其母, 母從暗中出. 遇與相見如平生. 謂遇曰:"汝至孝動天, 誠達星神, 祇靈降鑒, 今我與汝相見, 悲愴盈懷."遇號慟久之, 又嘆曰:"吾家孝子, 有聞於天, 雖在泉壤, 甚爲衆流所仰. 然孝子之感天達神, 非惟毁形滅性, 所尙由哀耳."因與遇論幽冥報應之旨, 性命變通之道, 乃曰:"禍福由人, 但可累德. 上天下臨, 實如影響. 其有樹善不感者, 皆是心不同耳."言叙久之, 遇悲慰感激曰:"不意更聞過獎之言, 庶萬分不恨矣."乃述迷悞塋域之恨, 乃曰:"吾來亦爲此. 年歲寖遠, 汝小, 何由而知? 吾墓上已有李五娘墓, 亦已平坦, 何可辨也? 汝明日, 但見烏鵲群集, 其下是也."又曰:"若護我西行, 當以二魂輿入關."問其故, 答曰:"爲叔母在此. 亦須歸鄕."遇曰:"叔母爲誰耶?"母曰:"叔母則是汝外婆, 吾亦自呼作叔母. 憐吾孤獨, 嘗從咸陽來此伴吾. 後因神祇隔絶, 不得去, 故要二魂輿耳."言訖而去, 倐忽不見. 遇哀號待曉, 卽於烏鵲所集平地, 掘之. 信是李五娘墓, 更於下得母墓. 方得合葬. (出『通幽記』)

338 · 10(4366)
주자권(朱自勸)

오현(吳縣)의 주자권은 [唐나라] 보응년(寶應年: 762)에 죽었다. 대력(大曆) 3년(768)에 그의 딸 비구니 아무개는 하녀를 시켜 시장에 가 공양에 쓸 호떡을 사오게 했다. 하녀는 하서(河西)에서 주자권이 시종 20여 명을 거느린 채 몇몇 말 탄 사람들과 함께 있는 것을 보았는데,

그 모습이 마치 벼슬아치 같았다. 주자권은 딸의 하녀를 보고는 흐느껴 울며 이렇게 물었다.

"너희 스님은 잘 계시느냐? 어디로 가는 중이냐?"

하녀가 말했다.

"스님의 명을 받들어 공양에 쓸 호떡을 사러 가는 중입니다."

주자권이 말했다.

"마침 내게 호떡이 있다."

그리고는 뒤를 돌아보면서 하인에게 명을 내려 호떡 30개를 주게 한 뒤 안부도 함께 전하게 했다. 하녀가 절에 돌아와 아무개 비구니에게 [주자권을 만난 사실을] 말하자, 아무개 비구니는 눈물을 흘리면서 슬퍼하다가 호떡을 먹지 않고 다른 사람들에게 나누어주어 먹게 했다.

십여 일 뒤에 하녀는 시장에 가다가 길에서 다시 주자권을 만났다. 주자권은 처음과 마찬가지로 스님의 안부를 묻더니 다시 하녀에게 말했다.

"너희 스님은 삶과 죽음에 정해진 이치가 있음을 이해하지 못하고 어찌 그리 슬프게 우느냐? 또한 이전에 보내드린 호떡도 드시지 않더구나. 이번에 다시 호떡 30개를 가지고 가서는 반드시 드시게 해야 한다."

하녀는 절에 돌아와서 그 사정을 이야기했지만, 아무개 비구니는 끝내 호떡을 먹지 않았다. 열흘 뒤에 하녀는 시장에서 다시 주자권을 만났다. 주자권은 스님의 안부를 물은 뒤 하녀에게 말했다.

"들자하니 이 혹한의 추위에도 너희 스님은 솜옷을 입지 않았다고 하더구나. 지금 명주 2필을 줄 테니 스님께 드려 옷을 해 입으시라고 해라."

하녀는 주자권의 명을 받들고 명주 두 필을 가지고 절로 돌아와 비구니에게 주었다. 비구니는 명주 한 필로 바지를 짓고는 나머지 한 필은 남겨 두었다. 열흘 남짓 뒤에 하녀는 다시 주자권을 만났는데, 주자권이 말했다.

"내가 모실 손님이 수십 명 있으니, 너는 명주 두 필을 가지고 가서 스님께 방안에서 음식을 마련하게 하되, 점심에 내라고 해라. 내일 정오에 내가 틀림없이 그곳에 가겠다."

하녀가 절에 돌아와 [주자권이 한 말을 아뢰었더니] 비구니는 비단을 팔아 맛좋은 음식을 여러 가지 샀다. 이튿날 비구니가 [음식을 차려놓고] 주자권을 기다리고 있었는데, 정오가 되자 하녀가 갑자기 한참동안 멍하게 있더니 주자권의 혼령에 씌워 손님이 오셨다고 말했다. 하녀는 함께 일어나 음식을 먹더니 음식을 다 먹고 난 뒤에 이렇게 말했다.

"스님께서는 잘 지내시오. 나는 여러 손님들과 함께 배불리 먹었으니 이제 가봐야겠소."

하녀는 주자권은 문 밖까지 전송하고 난 뒤에 한참만에 겨우 깨어났다. 그 뒤로 주자권은 더 이상 나타나지 않았다. (『광이기』)

吳縣朱自勸以寶應年亡. 大曆三年, 其女寺尼某乙, 令往市買胡餠, 充齋饌物. 於河西見自勸與數騎賓從二十人, 狀如爲官. 見婢獻欷, 問:"汝和尙好在? 將安之?" 婢云:"命市胡餠作齋." 勸云:"吾此正復有餠." 廻命從者, 以三十餠遺之('遺之'二字原闕, 據明鈔本補), 兼傳問訊. 婢至寺白尼, 尼悲涕不食, 餠爲衆人所食.

後十餘日, 婢往市, 路又見自勸. 慰問如初, 復謂婢曰:"汝和尙不了死生常理, 何可悲涕? 故寄餠亦復不食. 今可將三十餠往, 宜令食也." 婢還, 終不食.

後十日, 婢於市, 復見自勸. 問訊畢, 謂婢曰:"方冬嚴寒, 聞汝和尙未挾纊. 今附絹二匹, 與和尙作寒具."婢承命持還, 以絹授尼. 尼以一匹製袴, 一留貯之. 後十餘日, 婢復遇自勸, 謂曰:"有客數十人, 可持二絹, 令和尙於房中作饌, 爲午食. 明日午時, 吾當來彼."婢還, 尼賣絹, 市諸珍膳. 翌日待之, 至午, 婢忽冥昧久之, 靈語因言客至. 婢起祇供食, 食方畢, 又言曰:"和尙好住. 吾與諸客飮食致飽, 今往已."婢送自勸出門, 久之方悟. 自爾不見. (出『廣異記』)

태평광기 권제339 귀 24

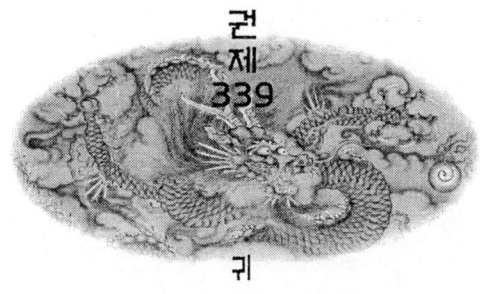

1. 나원칙(羅元則)
2. 이원평(李元平)
3. 유삼(劉參)
4. 염경립(閻敬立)
5. 최서생(崔書生)
6. 이칙(李則)
7. 육빙(陸憑)
8. 심양이생(潯陽李生)

339 · 1(4367)
나원칙(羅元則)

역양(歷陽)의 나원칙이 한번은 배를 타고 광릉(廣陵)으로 가다가 길에서 비를 만났는데, 어떤 사람이 배를 좀 태워달라고 하기에 그를 배에 태워주었다. 나원칙은 보아하니 그 사람이 자기보다 연장자인 듯싶어 매우 후하게 그를 대접해 주었다. 그런데 그 사람은 다른 짐이라고는 하나도 없고 그저 책상자 하나만이 있을 뿐이어서 나원칙은 속으로 이상하다고 생각했다. 밤이 되어 그 둘은 함께 잠을 잤는데, 새벽이 되어 한 마을에 도착하자 그 사람이 나원칙에게 이렇게 부탁했다.

"잠시 좀 뭍에 내리려 하는데, 곧 돌아올 것이오. 당신은 배를 여기 묶어두고 나를 좀 기다려 주시되, 절대로 이 상자 속에 있는 문서를 열어보아서는 안 되오."

나원칙이 그러겠다고 하자 그 사람은 배에서 내려 마을로 갔다. 잠시 후 마을에서 곡하는 소리가 들리자 나원칙은 뭔가 이상한 일이 생겼음을 알아차리고는 그 문서를 훔쳐 열어보았다. 그랬더니 거기에 이렇게 적혀있었다.

"아무 날 아무 마을에 도착해 아무개를 잡아가야 한다."

아무 마을도 지금 그들이 도착한 그 마을이 맞았고 게다가 나원칙의 이름이 아무개 이름 아래에 적혀있었다. 나원칙이 두려움에 떨고 있을 때 귀신이 돌아와 나원칙을 꾸짖으며 말했다.

"당신은 어찌하여 이 문서를 펴 보았소?"

나원칙이 귀신 앞으로 나가 엎드려 사정하며 애처롭게 살려달라고 빌자 귀신은 불쌍한 마음이 들어 이렇게 말했다.

"당신은 누구를 배신한 적이 있소?"

나원칙은 한참을 생각하더니 이렇게 대답했다.

"저는 평생토록 딱 한번, 같은 마을 사람 장명통(張明通)의 밭 열 마지기를 빼앗아 생업을 잃어버리게 만든 적이 있는데, 그 사람은 이미 죽었습니다."

귀신이 말했다.

"바로 그 사람이 당신을 고소한 것이오."

나원칙이 울며 말했다.

"연로하신 부모님께서 오로지 저 하나만을 의지하고 계시니 제발 제게 은혜를 베풀어 주십시오."

한참 후에 귀신이 말했다.

"당신이 후한 은혜를 베풀어 나를 배에 태워주셨으니, 그에 대한 보답으로 오늘은 당신을 놔주겠소. 당신은 급히 집으로 돌아가 3년 동안 절대 밖으로 나오지 마시오. 그러면 그때부터 10년의 목숨을 연장할 수 있을 것이오."

귀신은 이렇게 말하고는 배에서 내려 떠나갔다.

나원칙은 집으로 돌아가 일년 남짓 지냈는데, 그의 아버지가 그에게 밭에 나가 벼를 거둬오라고 해도 그는 못하겠다고 버텼다. 그러자 그의 아버지는 화를 내며 말했다.

"농부라면 마땅히 힘써 일을 해야지 어찌 편안히 누워 쉬려고만 하면서 망령되이 요사스런 말만 늘어놓느냐!"

그러면서 그에게 매질을 하려고 했다. 나원칙은 하는 수 없이 밖으로 나갔는데, 문을 나서자마자 전에 만났던 귀신과 마주쳤다. 그런데 그 귀신은 머리가 벗겨지고 옷도 입고 있지 않았으며 등은 온통 상처로 문드러져 있었다. 그 귀신은 앞으로 나와 나원칙을 붙잡으며 이렇게 말했다.

"내 당신으로 인해 이 꼴이 되었건만 당신은 스스로를 지키고 아낄 줄을 몰랐소! 오늘 이렇게 다시 만났으니 이제는 놔 줄 수가 없소."

나원칙이 말했다.

"부모님께 이별을 고하고 오도록 [잠시] 놔 주십시오."

귀신이 허락하자 나원칙은 [안으로 들어가] 아버지께 모든 사실을 고하고는 말을 마치자마자 갑자기 죽었다. 그의 아버지는 그제야 통탄해하다가 한달 여 만에 역시 죽고 말았다. (『광이기』)

歷陽羅元則, 嘗乘舟往廣陵, 道遇雨, 有一人求寄載, 元則引船載之. 察其似長者, 供待甚厚. 無他裝囊, 但有書函一枚, 元則竊異之. 夜與同臥, 旦至一村, 乃求: "暫下岸, 少頃當還. 君可駐船見待, 愼無發我函中書也." 許之, 乃下去. 須臾, 聞村中哭聲, 則知有異, 乃竊其書視之. 曰: "某日至某村, 當取某乙." 其村名良是, 元則名次在某下. 元則甚懼而鬼還, 責曰: "君何視我書函?" 元則乃前自陳伏, 因乞哀甚苦, 鬼憖然, 謂: "君嘗負人否?" 元則熟思之曰: "平生唯有奪同縣張明通十畝田, 遂至失業, 其人身已死矣." 鬼曰: "此人訴君耳." 元則泣曰: "父母年老, 惟恃元則一身, 幸見恩貸." 良久曰: "念君厚恩相載, 今捨去.

君當趨歸, 三年無出門. 此後可延十年耳." 卽下船去.

 元則歸家中, 歲餘, 其父使至田中收稻, 卽固辭之. 父怒曰: "田家當自力, 乃欲偸安甘寢, 妄爲妖辭耶!" 將杖之. 元則不得已, 乃出門, 卽見前鬼. 髡頭裸體, 背盡瘡爛. 前持曰: "吾爲君至此, 又不能自保惜! 今旣相逢, 不能相置." 元則曰: "捨我辭二親." 鬼許, 具以白父, 言訖, 奄然遂絶. 其父方痛恨之, 月餘亦卒. (出『廣異記』)

339 · 2(4368)
이원평(李元平)

 이원평은 목주자사(睦州刺史) 이백성(李伯成)의 아들로 대력(大曆) 5년(770)에 동양현(東陽縣)에 있는 한 정사(精舍)에 머물면서 공부를 하고 있었다. [그곳에서 공부를 한 지] 일년 남짓 되었을 때의 어느 날 저녁에, 붉은 비단 치마와 저고리를 입은 용모가 매우 빼어난 아름다운 여자 하나가 하녀를 데리고 그가 묵고 있는 정사 옆의 다른 승방(僧房) 안에 들었다. 이원평은 기뻐하며 그쪽으로 가서는 어디로 가며 성은 또 무엇이냐고 물었다. 그러자 하녀가 화를 내며 말했다.

 "서로 알고 지내던 사이도 아니면서 갑자기 이렇게 다그치시니 명망 높으신 왕손답지 못하십니다."

 이원평은 [하녀의 말에는] 아무런 대꾸도 하지 않으면서 그저 아씨를 한번 뵙게 해달라고 부탁했다. 잠시 후 여자가 안에서 나왔는데, 이원평과 한번 만나더니 서로 좋아하며 마치 오래전부터 알고 지내던 사이처럼 오랫동안 환담을 나누었다. 여자가 이원평에게 말했다.

"제가 이곳에 온 것도 당신을 만나 옛 일을 이야기하고자 했던 것입니다. 저는 사람이 아닌데, 당신께서는 두렵지 않으십니까?"

이원평은 이미 그녀를 좋아하게 되어 마음에 아무런 거리낄 것이 없었기 때문에 여자에게 이렇게 말했다.

"당신이 무슨 말을 한다 해도 내 무얼 두려워하겠소?"

여자가 말했다.

"저의 부친은 예전에 강주자사(江州刺史)를 지내셨습니다. 당신은 강주의 문지기로 늘 사군(使君)의 집에서 당직을 섰습니다. 당신은 비록 미천한 집안 출신이었지만 생김새나 행동거지가 사랑스러웠고, 저는 인연으로 인해 당신과 몰래 내통하게 되었습니다. 그런데 [저와 함께 지낸 지] 채 백일도 못 되어 당신은 토사곽란(吐瀉癨亂)으로 그만 죽고 말았습니다. 저는 감히 곡도 못하는 신세였으나 그 슬픔만은 다른 사람의 곱절이나 되었습니다. 그래서 저는 늘 천수천안보살(千手千眼菩薩) 주문을 외며 다음 생에는 우리 둘 다 귀한 집안 자식으로 태어나 다시금 인연을 맺게 해 달라고 빌었습니다. 그리고는 붉은 먹으로 당신의 왼쪽 허벅지에 표시를 해 놓았으니 당신이 지금 한번 찾아보시고서 만약 붉은 자국이 있으면 제 말이 모두 징험되는 것입니다."

이원평이 [자신의 왼쪽 허벅지를] 보니 과연 그녀의 말 대로였기에 그는 더욱 그녀를 믿게 되었다. 그는 그녀를 붙잡아 두고는 함께 밤을 보냈는데, 오래도록 함께 있다 보니 서로의 마음이 그렇게 잘 맞을 수가 없었으며 그 즐거움 또한 지극했다.

동이 트려 할 때 여자가 갑자기 이원평에게 말했다.

"이제 제가 환생할 시기가 되어 더 이상 머무를 수가 없으니 한스럽기 그지없습니다."

여자는 말을 마치고는 슬픔의 눈물을 흘리며 또 이렇게 말했다.

"저는 다시 태어나면 지금 현령(縣令)으로 있는 사람의 딸로 태어납니다. 제 나이 열여섯 살이 되었을 때 당신은 지방 장관이 되실 것입니다. 그때가 되어야 우리는 혼인의 인연을 맺을 수 있으니 그때까지 다른 여자와 혼인하지 마시기 바랍니다. 그러나 천명이 이미 정해놓은 것인지라 당신이 아무리 결혼하고 싶어 해도 그렇게는 안 될 것입니다."

여자는 말을 마치고는 이별을 고한 다음 떠나갔다. (『광이기』)

李元平者, 睦州刺史伯成之子, 以大曆五年客於東陽精舍讀書. 歲餘暮際, 忽有一美女服紅羅裙襦, 容色甚麗, 有靑衣婢隨來, 入元平所居院他僧房中. 平悅而趨之, 問以所適, 及其姓氏. 靑衣怒云: "素未相識, 遽爾見逼, 非所望王孫也." 元平初不酬對, 但求拜見. 須臾, 女從中出, 相見忻悅, 有如舊識, 歡言者久之. 謂元平曰: "所以來者, 亦欲見君, 論宿昔事. 我已非人, 君無懼乎?" 元平心旣相悅, 略無疑阻, 謂女曰: "任當言之, 僕亦何懼?" 女云: "己大人昔任江州刺史. 君前生是江州門夫, 恒在使君家長直. 雖生於貧賤, 而容止可悅, 我以因緣之故, 私與交通. 君纔百日, 患霍亂沒. 故我不敢哭, 哀倍常情. 素持千手千眼菩薩呪, 所願後身各生貴家, 重爲婚姻. 以朱筆塗君左股爲志, 君試看之, 若有朱者, 我言驗矣." 元平自視如其言, 益信. 因留之宿, 久之, 情契旣洽, 歡愜亦甚.

欲曙, 忽謂元平曰: "詑生時至, 不得久留, 意甚恨恨." 言訖悲涕, 云: "後身父今爲縣令. 及我年十六, 當得方伯. 此時方合爲婚姻, 未間, 幸無婚也. 然天命已定, 君雖欲婚, 亦不可得." 言訖訣去. (出『廣異記』)

339 · 3(4369)
유 삼(劉 參)

당(唐)나라 건중(建中) 2년(781)에 강회(江淮) 일대에 호남(湖南)으로부터 악귀가 들어왔다는 소문이 떠돌았는데, 그 귀신을 혹자는 '털 난 귀신'이라고 했고, 혹자는 '털 난 사람'이라고 했으며 또 혹자는 '문설주'라고도 해 그 명칭이 한결같지 않았다. 그 귀신은 또한 변화무쌍했으며 사람들의 말로는 사람 심장 먹기를 좋아한다고 했다. 귀신이 어린 여자아이와 남자아이들은 모조리 잡아가자 마을 사람들은 두려움에 떨며 서로 모여 지냈고, 밤에도 불을 밝혀놓고 감히 잠을 자지 못하면서 활과 칼을 들고 수비했다. 그러다가 귀신이 어떤 집으로 들어가면 모든 집에서 목판과 구리 그릇을 두들기며 소리를 냈는데, 그 소리가 천지를 뒤흔드는 듯했다. 그중에는 [그 소리 때문에] 미칠 듯 겁에 질려 결국 죽어버리는 사람까지도 생겼다. 도처에서 이와 같은 일이 발생하자 관가에서 이를 금지했으나 그 소란을 막을 길이 없었다.

옛 연주공조(兗州功曹) 유삼이라는 사람은 이전에 회수(淮水)와 사수(泗水) 일대에서 가업을 일구고 있어 광릉(廣陵)에 살고 있었는데, 그의 여섯 아들은 모두 용맹했다. 유삼은 아들들을 이끌고 활과 화살을 들고서 밤에 집을 지키고 있었고 딸 몇 명은 집 안에 있게 하고는 문을 잠갔다. 그의 아들들이 밖을 순시하고 있는데 한밤중이 되었을 때 하늘이

컴컴해지더니 갑자기 집 안에서 놀란 듯 '귀신이 벌써 집 안으로 들어왔어요!'라고 비명 지르는 소리가 들려왔다. 아들들은 깜짝 놀랐으나 이미 문을 닫아놓은 뒤라 집안으로 들어가 여자들을 구해낼 길이 없었다. 이에 그들은 밖을 지키고 서 있었는데, 그때 평상처럼 네모나고 고슴도치같이 털이 난 약 3~4척 정도 되어 보이는 키에 사방에 다리가 달린 한 물체가 집 안에서 이리저리 뛰어다니는 게 보였다. 그 옆에 귀신이 또 하나 있었는데, 검은 털이 온 몸을 덮고 있었고 손톱과 이빨이 마치 칼날 같았다. 그 귀신은 어린 여자를 털 난 평상 위에 올려놓고는 다시 다음 여자를 잡았다. 사정이 매우 다급해지자 아들들은 담을 허물고서 안으로 들어가서 활로 털 난 평상을 쏘았다. 털 난 평상이 도망치자 귀신 역시 도망쳤는데 잠시 후 귀신은 온데간데없이 사라졌고 털 난 평상은 동쪽으로 달아났으나 창에 백여 군데를 찔려 더 이상 달아나지 못하고 한 사람에게 잡히고 말았다. 그 사람은 털 난 평상을 꼭 끌어안고 힘껏 창을 꽂았다. 한 식경쯤 서로 대치하고 있다가 그 사람은 털 난 평상과 함께 다리 밑으로 떨어지면서 큰 소리로 이렇게 외쳤다.

"내가 귀신을 잡았다. 귀신은 지금 꼼짝달싹 못하니 어서 불을 가져와 나를 좀 구해다오."

그런데 불을 가져가 비추어보니 그 사람은 다리 기둥을 부둥켜안고 있었다. 유삼의 아들들은 모두 귀신에게 할큄을 당했고 어린 딸은 길가에 버려졌다.

며칠 지났을 때 관영(官營)의 한 군졸은 밤에 털 난 귀신이 지붕 위로 바람같이 날라 오는 것을 보았는데, 활을 쏘았으나 맞히지 못하고는 괜히 소리만 질러 소동만 피웠다. 다음 날 그는 자신의 죄를 인정하며 백성들에게 알리기를 도적이 든 것을 가지고 요물 핑계를 대었다고 했다. 그 후로 귀신이 더욱 심해졌으나 그 영문을 알 수 없었다. (『통유기』)

唐建中二年, 江淮訛言有厲鬼自湖南來, 或曰'毛鬼', 或曰'毛人', 或曰'棖'('或曰棖'原作'報', 據明鈔本改). 不恒其稱. 而鬼變化無方, 人言鬼好食人心. 少女稚男, 全取之, 民恐懼, 多聚居, 夜烈火不敢寐, 持弓刀以備. 每鬼入一家, 萬家擊板及銅器爲聲, 聲振天地. 人有狂懾而死者. 所在如此, 官禁不能息.

前兗州功曹劉參者, 舊業淮泗, 因家廣陵, 有男六人, 皆好勇. 劉氏率其子, 操弓矢夜守, 有數女閉堂內. 諸郎巡外, 夜半後, 天色暝晦, 忽聞堂中驚叫, 言'鬼已在堂中'. 諸郎駭, 旣閉戶, 無因入救. 乃守窺之, 見一物方如牀, 毛鬣如蝟, 高三四尺, 四面有足(明鈔本'足'作'眼'), 轉走堂內. 旁又有鬼, 玄毛披體, 爪牙如劒. 把小女置毛牀上, 更擒次女. 事且迫矣, 諸郎壞壁而入, 以射毛牀. 毛牀走, 其鬼亦走, 須臾, 失鬼所在, 而毛牀東奔, 中鏃百數, 且不能走, 一人擒得. 抱其毛, 力扞之. 食頃, 俱墮河梁, 大呼曰: "我今抱得鬼. 鬼因, 急以火相救." 及以火照之, 但見抱橋柱耳. 劉子盡爪損, 小女遺於路.

居數日, 營中一卒夜見毛鬼飛馳屋上, 射之不可, 叫呼頗動衆. 明日伏罪, 以令百姓, 因而有盜竊, 託以妖妄. 旣而自彌, 亦不知其然. (出『通幽記』)

339・4(4370)
염경립(閻敬立)

[唐나라] 흥원(興元) 원년(784)에 주자(朱泚)가 장안(長安)에서 난을

일으켰다. 염경립은 단수실(段秀實)의 고밀사(告密使)가 되어 비밀리에 봉상산(鳳翔山)을 빠져나와 밤에 태평관(太平館)에 막 도착할 참이었다. 그러나 당시 태평관은 10리 밖으로 옮겨 가 버렸기 때문에 옛날 태평관에는 사람이 살지 않은 지 이미 오래였다. 염경립은 잘못해서 옛날 태평관으로 그만 들어가 버리고 말았는데, 들어가면서도 그저 관역이 그토록 황폐해져 있는 것이 이상했을 따름이었다. 잠시 후 두 명의 검은 옷 입은 사람이 문 앞으로 나와 절을 하고는 그를 대신해 말고삐를 쥐고 청사까지 맞이해 들어갔다. 염경립이 물었다.

"이 역관(驛館)이 어찌 이리 적막한가?"

검은 옷 입은 사람이 대답했다.

"그래도 묵으실 수는 있습니다."

염경립이 자리에 앉자 그 사람은 여느 역관에서 하는 것과 마찬가지의 예로 염경립을 모셨다. 얼마 있다가 검은 옷 입은 사람이 이렇게 통보해왔다.

"이 역관을 맡고 계신 전 봉주(鳳州) 하지현위(河池縣尉) 유숙(劉俶)님께서 오셨습니다."

염경립은 그와 만나자 이렇게 물어보았다.

"이 역관이 이토록 황폐해진 까닭이 무엇입니까?"

유숙이 대답했다.

"지금 온 천하가 다 잡초더미로 변했는데, 어찌 이 역관만 그렇겠습니까. 궁궐에도 가시가 돋아났습니다."

염경립은 매우 훌륭한 말이라고 생각했는데, [그와 이야기를 나누어 보니] 그의 말과 논리는 다른 사람보다 훨씬 뛰어났다. 유숙이 말했다.

"이 역관의 관리들은 뿔뿔이 도망가 버렸습니다."

그리고는 두 명의 검은 옷 입은 사람을 가리키며 말했다.

"이들은 제 집의 곤륜노(崑崙奴: 崑崙은 고대 서역의 나라를 지칭함)로서, 한 명은 이름이 도노(道奴)이고 다른 한 명은 이름이 지원(知遠)인데, 임시로 손님들을 모시고 있습니다."

염경립이 촛불 아래서 그 노비들의 모습을 자세히 보니 둘 다 검은 옷 아래에 자주색과 흰색 옷을 입고 있었으며 얼굴은 곤륜 사람처럼 검었는데, 얼굴에 흰 글씨로 분명하게 표시를 해 놓은 것이 유숙 집안 사람인 것이 틀림없었다. [유숙은 곤륜노에게] 부엌으로 가 보라고 했는데, 거기서 서너 명의 하인이 매우 바삐 음식을 마련하고 있는 것으로 보아 유숙의 집안에는 다른 관리들이 없는 게 틀림없었다. 한참 있다가 잔치 상이 차려져 나왔는데, 음식들이 매우 정갈했다. 염경립은 유숙과 함께 아주 배불리 식사를 했다. 그곳 하인들의 행동거지는 모두가 법도에 어긋남이 없었다. 잠잘 때가 되었을 때 염경립이 유숙에게 물었다.

"앞으로 갈 길이 곱절은 남았는데, 말이 저토록 야위어 있으니 달리 말 한 필을 빌려주실 수 있으신지요?"

유숙이 대답했다.

"어렵지 않습니다."

사경(四更: 새벽 3시~5시)이 되어 염경립이 다시 말을 타고 길을 떠나려하자 유숙이 또 음식을 차려 냈으니, 그 또한 법도에 들어맞았다. 유숙은 지원에게 서쪽 마구간에 있는 말을 가져다 드리고 대사(大使: 閻敬立)께서 다음 역관에 도착하실 때까지 모셔다 드리라고 했다. 또 도노에게는 동쪽 마구간에 있는 말을 끌고 오게 했는데, 그 말은 자신이 직접 타고 대사께서 길 떠나시는 것을 배웅하겠다고 했다. 잠시 후 말을 끌고 오자 염경립은 서쪽 마구간에서 끌고 온 말을 타고 길을 떠났고, 유숙도 같이 길을 떠났다가 2리 쯤 갔을 때 이별을 고하고는 다시 되돌아갔는데, 이 점만 다른 역관의 관리들이 하는 법도와 달랐다.

유숙과 헤어지고 난 뒤 몇 리를 갔을 때 염경립은 자기가 빌린 말에서 인분(人糞) 냄새가 나는 것을 느꼈는데, 그 냄새가 조금씩 더 심해지자 원래 자기의 말로 바꿔 타고 다시 4~5리를 갔다. 동이 터오려 할 때 즈음 다음 역관의 관리가 나와 절을 하며 그를 맞이했다. 염경립은 깜짝 놀라 이렇게 말했다.

"나는 이제 막 이전 역관을 출발했을 뿐이오."

그러자 관리가 말했다.

"이 앞에는 역관이 없는데, 대사께서는 어떻게 묵으셨습니까?"

염경립은 크게 놀라 자기를 전송해주던 하인에게 물어보려 했으나 그는 이미 사라지고 없었으며 자기가 타고 온 수레는 이미 백여 걸음 뒤로 물러난 채 길 옆에 놓여져 있었다. 다음 역관에 도착하자 그곳 관리가 말했다.

"전임 관리인 봉주 하지현위 유소부(劉少府: 劉俶)의 묘가 예전 역관의 뒤뜰에 있었습니다만 그 역관은 무너져버려진 지 이미 오래되었습니다."

염경립이 다시 돌아가 확인을 해 보니 황폐해진 역관에는 아무 것도 없었고 다만 담장 뒤로 오래된 무덤 하나가 있었다. 동쪽 헛간 앞에는 안장이 올려져 있는 목마가 하나 있었고 서쪽 헛간 안에는 말굽이 높은 목마가 하나 있었다. 문 앞에는 무너진 보루가 두 개 있었고 무덤 앞에는 명기(冥器) 몇 점이 있었다. 염경립은 조금씩 자신의 목구멍에서 음식 냄새가 올라오는 것을 느끼더니, 잠시 후 어젯밤 먹었던 음식들을 모두 토해냈다. 그가 토해낸 음식들에서는 거름 냄새가 났으며 색깔은 마치 누런 누룩곰팡이와도 같았는데, 이것은 다름 아닌 망자를 위해 관 속에 넣어 주었던 음식이었다. 동복들도 음식들을 다 토해냈으며 사흘이 지난 후에야 정상을 회복했다. (『박이기』)

興元元年, 朱泚亂長安. 有閻敬立爲段秀實告密使, 潛途出鳳翔山, 夜欲抵太平館. 其館移十里, 舊館無人已久. 敬立誤入之, 但訝萊蕪鯁澀. 卽有二皁衫人迎門而拜, 控轡至廳. 卽問: "此館何以寂寞如是?" 皁衫人對曰: "亦可住." 旣坐, 亦如當館驛之禮. 須臾, 皁衫人通曰: "知館官前鳳州河池縣尉劉俶." 敬立見之, 問曰: "此館甚荒蕪, 何也?" 對曰: "今天下榛莽, 非獨此館. 宮闕尙生荊棘矣." 敬立奇其言, 語論皆出人右. 俶乃云: "此館所由('由'原作'用', 據明鈔本改)並散逃." 因指二皁衫人曰: "此皆某家崑崙奴, 一名道奴, 一名知遠, 權且應奉爾." 敬立因於燭下, 細目其奴, 皁衫下皆衣紫白衣, 面皆崑崙, 兼以白字印面分明, 信是俶家人也. 令觇廚中, 有三數婢供饌具, 甚忙, 信是無所由('由'原作'用', 據明鈔本改). 良久, 盤筵至, 食精. 敬立與俶同飡, 甚飽. 畜僕等皆如法. 乃寢, 敬立問俶曰: "緣倍程行, 馬瘦甚, 可別假一馬耶?" 答曰: "小事耳." 至四更, 敬立命駕欲發, 俶又具饌, 亦如法. 俶處分知遠, 取西槽馬, 送大使至前館. 兼令道奴被東槽馬, 我餞送大使至上路. 須臾馬至, 敬立乃乘西槽馬而行, 俶亦行, 可二里, 俶卽却回執別, 異於常館官.

別後數里, 敬立覺所借馬, 有人糞之穢, 俄而漸盛, 乃換已馬被駄('被駄'明鈔本作'乘之'), 而行四五里. 東方似明, 前館方有吏迎拜. 敬立驚曰: "吾纔發館耳."曰:"前館無人, 大使何以宿?"大訝, 及問所送僕馬, 俱已不見, 其所馱輜重, 已却廻百餘步置路側. 至前館, 館吏曰:"昔有前官鳳州河池縣尉劉少府殯宮, 在彼館後園, 久已頹毁."

敬立却廻驗之, 廢館更無物, 唯墻後有古殯宮. 東廠前有搭鞍木馬, 西側中有高脚木馬. 門前廢堠子二, 殯宮前有冥器數人. 漸覺喉中有生食氣, 須臾, 吐咋夜所食. 皆作朽爛氣, 如黃衣麴塵之色, 斯乃櫬中送亡人之食也. 童僕皆大吐, 三日方復舊. (出『博異記』)

339·5(4371)
최서생(崔書生)

박릉(博陵)의 최서생은 장안(長安) 영락리(永樂里)에 가서 살았다. 그는 선조의 옛 가업이 위남(渭南) 지방에 있었기에 정원연간(貞元年間: 627~649)에 청명절(淸明節)을 맞아 위남으로 돌아갔다. 그는 소응현(昭應縣) 북쪽에 이르러 황폐한 무덤 사이로 들어갔는데 그만 날이 저물고 말아 말에서 내려 오래된 길 한쪽 옆에서 쉬었다. 그때 한 백여 걸음 떨어진 곳에서 화장을 곱게 하고 화려한 옷을 입은 한 여자가 마치 소나무 사이에서 길을 잃은 듯 가시덤불을 이리저리 헤집고 다니는 것이 보였다. 최생이 천천히 여자 쪽으로 다가가 가까이까지 접근하자 여자는 소매로 얼굴을 가렸는데, 그 바람에 발을 헛디뎌 기우뚱 하면서 몇 번이나 넘어질 뻔했다. 최생은 동복(童僕)을 시켜 가까이 가서 보고 오게 했는데 [가서 여자를 보고 온 동복이 말하기를] 열여섯 살 먹은 절세미인이라는 것이었다. 이에 최생은 동복을 보내 그녀에게 이렇게 물어보게 했다.

"날도 저물었는데 왜 짝도 없이 혼자 이 무덤가에서 방황하고 계십니까?"

그러나 여자는 묵묵히 아무 대답도 하지 않았다. 최생은 또 다른 동복을 보내 타고 있던 말을 끌고 가 그녀 뒤를 따르게 하면서 하인과 말을 그녀에게 바쳤다. 아리따운 여자가 뒤를 돌아보며 받아들일 마음이 있는 듯한 표시를 하자 최생은 등을 구부린 채 천천히 그녀의 뒤를 따라가며 얼마만큼 멀어지는 지를 지켜봤다.

아리따운 여자가 말에 오르자 하인이 말을 몰며 앞장서 걸었는데, 겨우 수백 걸음 갔을 때 갑자기 여자의 하인 서너 명이 나타났다. 그들은 입을 크게 벌리고 숨을 몰아쉬며 황급히 뛰어오더니 여자에게 이렇게 말했다.

"어디서 오시는 것입니까? 여러 곳을 다 찾아다녔으나 찾을 수가 없었습니다."

그들이 말고삐를 잡고 앞으로 10여 걸음 나가보니 장년의 여종이 똑바로 서서 여자를 기다리고 있었다. 최생이 여종에게 다가가자 여종은 최생에게 절을 올리며 이렇게 말했다.

"낭군께서 저의 아가씨가 길을 잃은 것을 불쌍히 여기시고 타고 계시던 말과 하인을 보내주셔서 아가씨를 구해주셨군요. 오늘은 날이 이미 저물었으니 낭군을 모시고 저희 집으로 가도 좋겠습니까?"

최생이 말했다.

"아가씨께서는 무슨 일로 혼자 다니시며 그토록 방황하셨던 것입니까?"

장년의 여종이 대답했다.

"주흥이 올라 그렇게 되셨지요."

북쪽으로 1~2리 가니 수풀이 하나 나왔는데, 거기에는 매우 화려한 집이 있었고 [그 주변에는] 오얏꽃 복숭아꽃이 매우 아름답게 피어있었다. 또 여종 7~8명이 여자를 맞이해 안으로 들어갔는데, 잠시 후 한 여종이 나와 주인마님의 말을 전달했다.

"우리 조카딸이 술기운을 쫓으려고 술자리를 피해 [밖으로 나갔다가] 길을 잃었는데, 다행히 당신을 만나 하인과 말까지 도움 받았다 하오. 당신이 아니었다면 날은 저물어 혹 저 못된 늑대나 여우 귀신을 만나 무슨 해인들 당하지 않았겠소? 조카딸이 지금 방안에서 치장을 하고 있으니 잠시 쉬고 계시면 곧 당신을 맞이하려 나올 것이오."

여종 몇 명이 더 나와 최생에게 문안을 여쭈었는데, 마치 친척을 대하듯 친근하게 대했다. 잠시 후 최생은 집안으로 안내되어 들어갔다. 주인마님은 최생을 보자 곧 음식을 내오라 명했는데, 최생이 식사를 마치자 바로 술이 나왔다. 주인마님은 조용히 이야기를 시작했다.

"나의 왕씨(王氏) 외조카딸은 아름답고 조신하기가 세상에 둘도 없다오. 내 나의 조카딸로 하여금 당신의 아내가 되어 시중을 들게 하고자 하는데, 당신의 뜻은 어떠하오?"

최생은 본디 풍류를 즐기는 성격이라 술김에 주인마님 자리 옆으로 가 감사의 절을 올렸다. 잠시 후 주인마님이 조카딸을 나오게 해서 보았더니 그 조카딸은 정말이지 선녀와도 같았다. 최생은 내리 사흘을 그곳에서 머물렀는데, 그 동안 매번 연회를 즐길 때면 더할 나위 없이 유쾌했다.

왕씨는 자기 이모를 늘 옥이(玉姨)라고 불렀다. 옥이는 최생과 더불어 장행(長行: 雙六 놀이의 일종)놀이 하기를 즐겼는데 옥이는 최생이 가지고 있던 입술연지 합(盒)을 탐냈다. 옥이는 놀이에 져서 최생에게 옥가락지를 주었고 최생 또한 많을 것을 잃어서 일전에 장안에서 샀던 합 예닐곱 개 중 절반을 이미 옥이에게 잃었다. 그러나 옥가락지 두 개를 얻기도 했다.

그러던 어느 날, 온 집안사람들이 크게 놀라하며 '도적이 들었다!'라고 소리쳤다. 최생의 아내는 최생을 뒷문으로 내보냈는데, 간신히 빠져나오고 보니 아내가 보이지 않았고 자신은 구덩이 속에 빠져있었다. 거기에는 반쯤 꽃이 진 팥꽃나무만이 보였는데, 소나무 숲 사이로 맑게 불어오는 저녁 바람 속에 노란색 꽃받침과 보랏빛 꽃잎만이 아름다웠으며, 풀잎에 맺힌 이슬이 옷깃을 적시고 있을 따름이었다. 그가 얻은 옥가락지는 여전히 그의 허리띠 위에 남아있었다. 그는 당초 아리따운 여자를 만났을 때의 그 길을 따라 되짚어 가보다가 동복들이 삽과 가래를 가지고 무덤을 파내고 있는 것을 보게 되었다. 동복들이 관까지 파들어 갔을 때 묘지명(墓誌銘)이 나왔는데, 거기에는 이렇게 적혀 있었다.

"후주(後周) 조왕(趙王)의 딸 옥이의 무덤. 생전에 왕씨 외조카딸을 애지중지했는데 외조카딸이 먼저 죽자 후에 자기와 합장하라고 했다."

관은 그때까지 멀쩡했다. 사람들이 관을 열고 보니 그 안에 합이 하나 있었고 합 안에는 옥가락지 예닐곱 개가 들어있었는데, 최생이 전에 옥이와 내기놀이를 했던 그 가락지와 조금도 다르지 않았다. 또 한 합 안에는 입술연지 합 여러 개가 나왔으니, 이 또한 최생이 놀이에서 져서 옥이에게 주었던 물건이었다. 최생이 하인들에게 물어보았더니 하인들이 말했다.

"저희들은 그저 도련님이 측백나무 숲으로 들어가시는 것만 보았을 뿐인데, 아무리 찾아도 찾을 수가 없기에 이 구덩이를 파보았던 것입니다. 과연 저희[의 예감이] 틀리지 않았습니다."

옥이는 최생의 하인들을 보고 도적이라고 불렀던 것이었다. 최생은 감탄하며 급히 흙을 덮어 무덤을 원래대로 해놓았다. (『박물지』)

博陵崔書生, 往長安永樂里. 先有舊業在渭南, 貞元中, 嘗因淸明節歸渭南. 行至昭應北, 墟壚之間, 日已晚, 歇馬於古道左. 比百餘步, 見一女人, 靚粧華服, 穿越榛莽, 似失路於松栢間. 崔閑步覰(明鈔本'閑'作'踵', '覰'作'覵')逼漸近, 乃以袂掩面, 而足趾趺蹶, 屢欲仆地. 崔使小童逼而覗之, 乃二八絶代之姝也. 遂令小童詰之曰:"日暮何無儔侶, 而恰惶於墟間耶?"默不對. 又令一童, 將所乘馬逐之, 更以僕馬奉送. 美人廻顧, 意似微納, 崔乃僾而緩逐之, 以觀其近遠耳.

美人上馬, 一僕控之而前, 纔數百步, 忽見女奴三數人. 哆口坌息, 踉蹡而謂女郞曰:"何處來? 數處求之不得."擁馬行十餘步, 則長年靑衣駐立以俟. 崔漸近, 乃拜謝崔曰:"郞君惡小娘失路, 脫驂僕以濟之. 今日色已暮, 邀郞君至莊可矣?"崔曰:"小娘子何忽獨步凄惶如此?"靑衣曰:"因被酒興酣至此."

取北行一二里, 復到一樹林, 室屋甚盛, 桃李甚芳. 又有靑衣七八人, 迎女郞而入, 少頃, 一靑衣出, 傳主母命曰:"小外生因避醉, 逃席失路, 賴遇君子, 邺以僕馬. 不然日暮, 或値惡狼狐媚, 何所不加? 閣室戴佩, 且憩, 卽當奉邀."靑衣數人更出候問, 如親戚之密. 頃之, 邀崔入宅. 旣見, 乃命食, 食畢('畢'原作

'果', 據明鈔本改), 酒至. 從容叙言:"某王氏外生女, 麗艶精巧, 人間無雙. 欲侍君子巾櫛, 何如?"崔放('放'原作'逐', 據明鈔本改)逸者, 因酒拜謝於座側. 俄命生出, 實神仙也. 一住三日, 讌遊歡洽, 無不酣暢.

王氏常呼其姨曰'玉姨'. 玉姨好與崔生長行, 愛崔口脂合子. 玉姨輸, 則有玉環相酬. 崔輸且多, 先於長安買得合子六七枚, 半已輸玉姨. 崔亦贏玉指環二枚.

忽一日, 一家大驚曰:"有賊至!"其妻推崔生於後門出, 纔出, 妻已不見, 但自於一穴中. 唯見芫花半落, 松風晚淸, 黃蕚紫英, 草露沾衣而已. 其贏玉指環猶在衣帶. 却省初見美人之路而行, 見童僕以鍬鍤發掘一墓穴. 已至櫬中, 見銘記曰:"後周趙王女玉姨之墓. 平生憐重王氏外生, 外生先歿, 後令與生同葬."棺柩儼然. 開櫬, 中有一合, 合內有玉環六七枚, 崔比其賭者, 略無異矣. 又一合, 中有口脂合子數枚, 乃崔生輸者也. 崔生問, 僕人:"但見郎君入栢林, 尋覓不得, 方尋掘此穴. 果不誤也."玉姨呼崔生奴僕爲賊耳. 崔生感之, 急爲掩瘞仍舊矣. (出『博物志』)

339·6(4372)
이 칙(李 則)

정원연간(貞元年間: 627~649) 초에 하남소윤(河南少尹) 이칙이 죽었는데, 미처 염하기 전에 붉은 입은 한 사람이 명함을 올리며 조문의 뜻을 표하면서 스스로를 소랑중(蘇郞中)이라고 칭했다. 그 사람은 안으로 들어가더니 몹시 비통해했다. 그런데 잠시 후 시체가 벌떡 일어나더니 그 사람과 몸싸움을 했다. 집 식구와 자식들은 모두 깜짝 놀라 당(堂) 밖으로 뛰쳐나갔다. 그러자 두 사람은 문을 닫고 격투를 벌였는데, 저녁이 되어서야 비로소 싸움을 그쳤다. 효자(孝子: 親喪 중인 상제)가 그제야 용기를 내어 안으로 들어가 보았더니 두 시체가 나란히 평상 위에 누워있었는데, 키와 생김새, 그리고 수염, 귀밑머리, 옷까지 모두 똑같았다. 온 집안 식구들은 도저히 그 둘을 구별해낼 길이 없어서 같은 관에 넣어 매장했다. (『독이지』)

貞元初, 河南少尹李則卒, 未斂, 有一朱衣人來, 投刺申弔, 自稱蘇郎中. 旣入, 哀慟尤甚. 俄頃屍起, 與之相搏. 家人子驚走出堂. 二人閉門毆擊, 及暮方息. 孝子乃敢入, 見二尸共臥在牀, 長短形狀, 姿貌鬚髥衣服, 一無差異. 於是聚族不能識, 遂同棺葬之. (出『獨異志』)

339 · 7(4373)
육 빙(陸 憑)

오군(吳郡)의 육빙은 젊어서부터 뜻과 행실이 바르고 풍채가 수려했으며 성실하고 겸손했다. 그의 집은 호주(湖州) 장성(長城)에 있었는데, 산수(山水)를 좋아하여 경치 좋은 곳이 있다는 말만 들으면 천리를 멀다 않고 달려가곤 했다. 그는 호방하고 거리낌 없는 성격 탓에 하루도 조용히 지내는 날이 없었다. 정원(貞元) 을축년(乙丑年: 785) 3월에 그는 영가(永嘉) 지방을 유람하다가 병을 얻어 죽고 말았다. 육빙은 평소에 오흥(吳興) 사람 심장(沈萇)과 친하게 지냈는데, 하루는 심장의 꿈에 육빙이 초췌한 얼굴로 나타나 이렇게 말했다.

"나는 영가 지방까지 유람하러 갔다가 병에 걸려 이제 곧 죽게 생겼네. 자네는 나의 지기(知己)이니 내 자네에게 집안일을 부탁하려 하네."

심장은 너무도 슬펐다. 둘은 지난 날 함께 했던 즐거운 날들을 돌이키며 오래도록 이야기를 나누었는데, 문장을 논하다가 인생무상에 대해 이야기를 하게 되었다. 육빙이 심장에게 말했다.

"자네에게 「부운(浮雲)」이라는 시 한편을 주어 나의 마음을 실어보려 하네."

그 시는 다음과 같다.

> 아무 것도 없이 텅 비었어라,
> 순식간에 온 세상이.
> 거짓으로 뭉쳐져 이 형상 되었으니,
> 나 역시 내 몸이 아니로다.

육빙은 여러 번 슬피 읊더니 떠나가면서 이렇게 말했다.

"나의 배가 이미 출발했으니 내일 오시(午時)면 이곳에 도착할 것이네."

그러더니 심장의 손을 꼭 쥐고는 떠나갔다.

심장은 잠에서 깨어났는데도 꿈에서의 일을 명확히 기억할 수 있어서 글로 그 일을 기록해 놓았다. 육빙이 말한 때가 되자 그의 영구를 실은 배가 도착했다. 심장은 육빙의 자식들을 어루만지며 애통해했으며 또 보통 사람들이 하는 것보다 곱절이나 되는 부의금을 보내 장례를 잘 치를 수 있도록 도왔다. 사인(詞人) 양단(楊丹)이 육빙을 위해 묘지명(墓誌銘)을 써 그의 신령스러움을 드러냈는데, 묘지명에는 이렇게 적혀있다.

> 타고난 성품 독실한 부군(府君: 陸憑),
> 그 모습 아름답고 문장 또한 뛰어나네.
> 죽어 다시는 일어나지 못하게 되자,
> 「부운」시에 그 마음 실었네.

(『통유기』)

吳郡陸憑少有志行, 神彩秀澈, 篤信謙讓. 家於湖州長城, 性悅山水, 一聞奇麗, 千里而往. 其縱逸未嘗寧居. 貞元乙丑歲三月, 遊永嘉, 遘疾而歿. 憑素與吳興沈葰友善, 葰夢憑顔色顇顇, 曰:"我遊至永嘉, 苦疾將困. 君爲知我者, 願託家事."葰悲之. 又叙舊歡, 宴語久之, 因述文章, 話虛無之事. 乃謂葰曰:"贈君「浮雲」詩一篇, 以寄其懷."詩曰:"虛虛復空空, 瞬息天地中. 假合成此像, 吾亦非吾躬."悲吟數四, 臨去曰:"憑船已發來, 明日午時到此."執手而去.

及覺, 所記甚分明, 乃書而錄之. 如期而憑喪船至. 葰撫孤而慟, 賻助倍禮. 詞人楊丹爲之誌, 具旌神感, 銘曰:"篤生府君, 美秀而文. 沒而不起, 寄音「浮雲」."(出『通幽記』)

339·8(4374)
심양이생(潯陽李生)

이생이라는 사람이 정원연간(貞元年間: 627~649)에 진사과에 응시했다가 낙방을 하고는 다시 심양으로 돌아가는 길에 상락(商洛) 지방을 지나게 되었다. 그때 그는 마침 도성으로 천자를 배알하러 들어가는 한남절도사(漢南節度使)의 행렬과 맞닥뜨려 길을 지휘하던 기마병들에게 내몰리게 되었는데, 사방을 돌아보아도 첩첩 산중뿐이어서 어디로 가야할지 몰라 막막해하고 있었다. 날은 이미 저물었고 말 또한 노쇠했으며 그에게는 노복 한 명도 없었다. 그는 가시덤불 깊숙한 곳에 무덤이 있는 것을 보고 그 안으로 들어가 몸을 숨겼다. 절도사의 행렬이 다 지나간 후 그는 다시 길을 나서려고 했으나 앞으로 얼마나 먼 길을 가야할지 몰라 이렇게 탄식했다.

"내가 이곳에 몸을 의지하게 된 것은 내 운명 아니겠는가!"

그는 이렇게 말하고는 무덤 안에 머물렀다. 이에 앞서 그는 이렇게 기도했다.

"저의 집은 여산(廬山)인데, 과거에 떨어져 남쪽으로 돌아가는 길에 부공(府公)의 길잡이들에게 내몰리는 바람에 앞으로 나가지도 못하고 뒤로 물러서지도 못하는 처지가 되어 이렇게 이곳으로 오게 되었습니다. 신령께서 지각이 있으시거든 저로 하여금 하룻밤 편히 묵어갈 수 있도록 해 주십시오."

이렇게 기도를 하고는 천천히 먼 곳을 바라보았다. 때는 바람이 선들 부는 달밤에 날씨까지 맑게 개어 있어서 비록 몇 리 밖에 있는 교외라 할지라도 훤히 다 내다볼 수 있었는데, 거기에도 무덤이 있었다. 백 보 밖에서 한 사람이 보이는 듯 했는데, 그 사람이 점점 가까이 오기에 보았더니 곱고 단정하게 치장을 한 키가 채 1척(尺)도 안 되는 한 여자였다. 그 여자는 무덤의 남쪽에 이르자 무덤 안으로 들어갔다. 이생이 들어보았더니 그 여자가 이렇게 말했다.

"금화부인(金華夫人)이 최녀랑(崔女郎)께 아룁니다. 오늘 밤은 바람이 맑고 달도 밝으니 구경이나 하러 갑시다. 이런 기회는 다시 오기 힘드니 좋은 추억이나 남길까 합니다."

무덤 안에서 이렇게 대답하는 소리가 들렸다.

"귀한 손님이 오셔서 내 집에 묵고 계시기 때문에 차마 떠날 수가 없습니다. 하룻밤의 즐거움을 놓치는 것은 그리 대단한 일은 아니지요."

이에 아까 그 여자는 그곳을 떠나 무덤 아래로 돌아가 버렸다.

이생이 이튿날 여관에 도착해 이 일에 대해 물어보니 사정을 알고 있던 한 사람이 말하기를, 그 여자는 박릉(博陵) 최씨의 딸로 강남(江南)의 현위(縣尉)를 지내게 된 아버지를 따라 여기까지 왔다가 죽자 [이곳에다] 묻어주었다고 했다. 이생은 감탄을 하며 술과 음식을 마련해 제사를 지내주고는 떠나갔다. (『선실지』)

李生者, 貞元中, 擧進士, 下第歸潯陽, 途次商洛. 會漢南節使入覲, 爲道騎所迫, 四顧唯蒼山萬重, 不知所適. 時日暮馬劣, 無僕徒. 見荊棘之深, 有殯宮在焉, 生遂投匿其中. 使旣過, 方將前去, 又不知道途之幾何, 乃嘆曰: "吾之寄是, 豈非命哉!" 於是止于殯宮中. 先拜而祝曰: "某家廬山, 下第南歸, 至此爲府公前驅所迫, 旣不得進, 又不得退, 是以來. 魂如有知, 願容一夕之安." 旣而閑望. 時風月澄霽, 雖郊原數里, 皆可洞見, 又有殯宮. 在百步外, 彷彿見一人, 漸近, 乃一女子, 粧飾嚴麗, 短不盡尺. 至殯宮南, 入穴中. 生且聽之, 聞其言曰: "金華夫人奉白崔女郞. 今夕風月好, 可以肆目. 時難再得, 願稍留念." 穴中應曰: "屬有貴客, 寄吾之舍, 吾不忍去. 乖一夕之歡, 不足甚矣." 其人乃去,歸殯宮下.

　生明日至逆旅問之, 有知者, 是博陵崔氏女也, 隨父爲尉江南, 至此而歿, 遂藁葬焉. 生感之, 乃以酒膳致奠而去. (出『宣室志』)

태평광기 권제 340

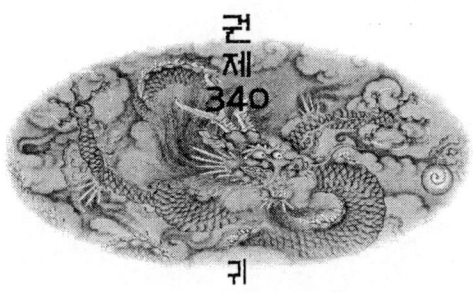

귀 25

1. 한 엄(韓 弇)
2. 노 욱(盧 頊)
3. 이장무(李章武)

340·1(4375)
한 엄(韓弇)

하중절도사(河中節度使) 겸 시중(侍中) 혼감(渾瑊)은 서번(西蕃: 吐蕃)과 맹약을 맺었으나 번융(蕃戎)이 배신하는 바람에 서기를 맡아보던 한엄이 서번에게 살해당했다. 한엄은 평소 역양현위(櫟陽縣尉) 이적(李績)과 친구였다. 이적이 낮에 잠을 자다가 갑자기 꿈을 꾸었는데, 한엄이 산발하고 옷을 늘어뜨린 채 얼굴이 온통 피투성이가 되어 있는 것이었다. 이적은 처음에 그를 알아보지 못했으나 한엄이 자신의 성명을 말하자 이적은 평소처럼 한엄을 위로했다. 한엄이 이적에게 말했다[원문은 '謂弇曰'로 되어 있으나 문맥상 '謂績曰'로 고쳐 번역함].

"지금 나는 독발대사(禿髮大使)를 따라 장하(漳河)를 메우고 있는데, 초췌하고 고달프기가 이루 말할 수 없소. 그래서 틈을 내어 당신을 찾아온 것이오. 헤어진 후에 당신에게 바치려고 시 한 수를 지어놓았소."

한엄은 슬프게 그 시를 읊었다.

> 적국(敵國)의 원수 있건만,
> 나의 억울함을 씻어줄 사람 없네.
> 매번 진롱(秦隴) 가에 올 때마다,
> 떠도는 혼백만 오열하네.

이별할 무렵 한엄이 이적에게 말했다.

"내 오랫동안 굶주리고 목이 말랐으니 당신이 내일 정오에 집 서남쪽에 술·음식·돈·재물을 차려주시오. 당신과 생전의 인연도 여기에서 다한 것 같소."

이적은 그렇게 하겠다고 약속하고 꿈에서 깨어났다. 이적은 날이 밝도록 슬퍼했다. 정오가 되자 이적은 한엄의 말대로 제사를 지내주었다. 갑자기 흑풍이 서쪽에서 불어와 제사상을 맴돌더니 모든 지전과 술과 음식을 휘말아서 날아갔다. 온 마을 사람들이 그것을 보았는데, 그 때는 정원(貞元) 4년(788)이었다. (『하동기』)

河中節度使侍中渾瑊與西蕃會盟, 蕃戎背('背'原作'皆', 據明鈔本改)信, 掌書記韓弇遇害. 弇素與櫟陽尉李績友. 因晝寢, 忽夢弇被髮披衣, 面目盡血. 績初不識, 乃稱姓名, 相勞勉如平生. 謂弇曰: "今從禿髮大使塡漳河, 憔悴困苦不可言. 間來奉詣耳. 別後有一詩奉呈." 悲吟曰: "我有敵國讐, 無人可爲雪. 每至秦隴頭, 遊魂自嗚咽." 臨別, 謂績曰: "吾久飢渴, 君至明日午時, 於宅西南, 爲置酒饌錢物. 亦平生之分盡矣." 績許之, 及覺('覺'字據明鈔本補). 悲愴待旦. 至午時, 如言祭之. 忽有黑風自西來, 旋轉筵上, 飄卷紙錢及酒食皆飛去. 擧邑人觀之, 時貞元四年. (出『河東記』)

340 · 2(4376)
노 옥(盧 頊)

[唐나라] 정원(貞元) 6년(790) 10월에 범양(范陽) 사람 노옥은 전당

(錢塘)에 살고 있었는데, 그의 부인은 홍농(弘農) 양씨(楊氏)였다. 그의 장모 왕씨(王氏)는 일찍이 출가하여 예읍(隸邑: 錢塘의 옛 이름)의 안양사(安養寺)에 있었다. 노욱의 집은 그 절의 북쪽 마을에 있었는데, 집에는 15~16세 되는 소금(小金)이라는 하녀가 있었다. 노욱은 집이 가난하여 군내(郡內) 성곽 서쪽의 방죽[堰]에서 빌어먹었다. 성곽 서쪽 방죽은 노욱의 집에서 수십 보 떨어져 있었는데, 노욱은 매번 소금으로 하여금 그 방죽에 가서 일을 하게 했다. 한번은 어디서 온 지도 모르는 40여 세쯤 되는 한 부인이 푸른 치마에 산발한 채 검은 신을 끌고 곧바로 소금이 있는 곳으로 와서 앉는 것이었다. 그녀는 자신의 성이 주씨(朱氏)이며 항렬이 12번째라고 말하고는 한참 있다가 떠나갔다. 그렇게 며칠이 지나갔다. 그 때 날이 추워서 소금은 불을 피워놓고 쬐고 있었다. 잠시 후 그 부인이 와서 평상 밑의 숯을 보고는 소금에게 화를 내며 말했다.

"숯이 있는데도 왜 연기를 피워서 나를 쐬게 하느냐?"

그 부인이 발로 불을 밟자 불이 곧 꺼졌다. 부인이 손으로 소금을 때리자 소금은 그 자리에서 쓰러지고 말았다. 소금에게는 네댓 살 되어 보이는 동생이 있었는데, 그 옆에서 보고 있다가 크게 놀라 집으로 달려가 그 사실을 알렸다. 집안 사람이 와서 보았더니 그 부인은 사라진 뒤였고, 소금은 잠자는 듯이 멍한 상태였으며 몸이 꽁꽁 묶인 듯이 굳어 있었다. 집안 사람이 무당을 불러 제사를 올렸더니 소금은 몸이 풀리면서 그 일을 자세히 말해주었다.

며칠 후 그 부인이 왔는데 그녀는 이리처럼 생긴 동물을 하나 안고 있었다. 그것은 뾰족한 입에 꼬리가 말려 있었는데, 그 꼬리는 개를 닮

앉고 몸의 무늬는 호랑이 같았다. 부인이 소금에게 말했다.

"어찌 내 고양이를 먹지 않는 것이냐?"

소금이 말했다.

"평소 먹어본 적이 없는데 어찌합니까?"

부인이 다시 소금을 때리자 소금은 또 쓰러졌고, 부인은 불을 차서 꺼버렸다. 동자(童子: 소금의 동생)가 집으로 달려가 이 사실을 알리자 집안 사람이 와서 보았더니 소금은 또 잠자는 듯이 멍한 상태로 있었다. 집안 사람이 또 빌었더니 나았다. 이 때부터 노욱은 소금을 그 방죽으로 보내지 않았다.

며칠 후 노욱은 소금으로 하여금 배를 저어 절에 가서 장모를 모시고 오게 했다. 배가 절 문 밖에 이르렀을 때, 불전(佛殿) 뒤에 탑 하나가 있었는데, 소금은 갑자기 그 탑 아래에 거마가 있고 붉은 색 옷과 자주색 옷을 입은 사람이 매우 많은 것을 보았다. 그녀는 우두커니 서서 살펴보다가 곧 자신의 몸을 억제할 수 없음을 느꼈다. 잠시 후 그 거마가 나오자 좌우 사람들은 모두 놀라 물러났고 소금은 그 자리에 쓰러지고 말았다. 보았더니 자주색 옷을 입은 사람이 말을 채찍질하며 소금에게 누구냐고 묻자 옆에 있던 한 사람이 대답했다. 두 사람은 소금을 들어 계단 위로 부축해 갔는데 몸을 다치지 않게 했다. 자주색 옷을 입은 사람이 말을 멈추고 뒤에 오는 기병에게 재촉하며 말했다.

"빨리 가세. 그렇지 않으면 남의 집 잔치를 썰렁하게 할 것이네."

소금이 옆 사람에게 물었다.

"어디에 가시오?"

그 사람이 말했다.

"대운사(大雲寺) 주지의 집에 가오."

잠시 후 거마가 다 지나가자 소금의 집안 사람이 와서 보았더니, 소금은 섬돌 위에 쓰러져 있었다. 놀랍고도 이상하여 다시 그녀를 태우고 집으로 돌아와 술을 부어 신에게 제사를 드렸더니 소금은 비로소 깨어났다.

그 날 저녁은 동지 전날 밤이라 노욱의 집에서는 한창 제사 음식 담은 그릇을 갖추어 놓았다. 그 부인 귀신이 갑자기 창문 틈으로 번뜩이며 들어가려 했으나 집안에서 왁자지껄하는 바람에 들어가지 못했다. 노생(盧生: 盧頊)은 호박(琥珀) 두 개를 소금의 좌우 팔에 달아놓았다. 밤이 깊어 집안 사람들이 잠들었을 때 부인이 갑자기 몸을 이끌며 왔는데, 소금이 놀라 소리치자 부인이 화를 내며 말했다.

"떡을 만들었으면 왜 내게 먹여주지 않는 것이냐?"

집안 사람들이 놀라 일어나자 소금도 깨어났는데, 왼쪽 팔에 호박 하나가 없어졌다. 갑자기 창 밖에서 누군가 곧 말을 했다.

"너에게 돌려주겠다."

그 사람이 마침내 툭 하며 창으로 던지는 소리가 났는데, 촛불로 비추어보았더니 과연 호박 하나가 있었다. 며칠 후 그것을 살펴보았더니 그것은 비단에 마른 가지를 싸놓은 것이었으며 호박이 아니었다.

동지가 밝아오자 여자 무당이 와서 앉아 그 일에 대한 이야기를 다 끝내기도 전에 그 부인이 왔는데, 소금은 즉시 멍한 상태가 되었다. 여자 무당은 몹시 두려워하며 막 음식을 먹다가 만두 하나를 집어 문지방에 올려놓고 빌었다. 그 때 소금이 웃으며 말했다.

"우습네요, 주십이(朱十二)가 만두를 먹는데 두 손을 땅에 받치고 온 얼굴을 만두에 파묻고 그것을 빨아먹고 있어요."

노생이 옛 거울로 그것을 비추어보았더니 소금은 마침내 울음을 터뜨리며 말했다.

"주십이의 모친은 염관현(鹽官縣)에 계신데, 그 모친은 한 끼의 만두와 배를 빌릴 돈만 구하면 다시는 오지 않을 것입니다."

노생이 그 말대로 하자 그 부인은 마침내 작별하고 떠나갔다. 노생이 그 부인을 위해 돈과 재물을 불사르려고 할 때 이미 부인이 등에 돈을 지고 있는 것을 보았으며, 돈을 다 태우고 나서 그녀가 떠나가자 소금도 제정신을 차렸다.

그 사이 소금의 모친은 이전부터 중풍을 앓고 있어서 말을 할 수 없었다. 그런데 갑자기 부엌에서 '예' 하는 소리를 내더니 곧 방안으로 들어와 소곤소곤 말을 하고는 대문을 나갔다. 한참 후에 옷을 걷어올리고 성큼성큼 들어왔는데, 그 형상은 마치 사람이 말을 타고 있는 듯 했으며, 바로 당(堂)에 이르러 절을 하고는 이렇게 말했다.

"화용(花容)이 문안드립니다."

집안 사람들은 깜짝 놀랐다. 화용은 바로 양씨 집안의 옛 하녀로 죽은 지 10여 년이 되었는데, 말소리와 행동이 화용과 너무 흡사했기에 그녀에게 물었다.

"어떻게 왔느냐?"

화용이 대답했다.

"양랑(楊郎)께서 저를 보내서 왔는데, 아씨[노욱의 부인 양씨를 말함]에게 '헤어진지 오래되었는데 잘 있느냐'라는 말을 전하라고 했습니다. 양랑은 바로 노생의 장인인데, 소금 모자(母子)를 필요로 하여 저를 보내 데려오게 했습니다."

노생은 화용으로 하여금 자신의 뜻을 자세히 전달케 하고 간곡하게 사양하여 소금 모녀를 붙들어놓았다. 화용은 그 말을 듣고 문을 나갔다. 한참 후 화용이 다시 말을 전했다.

"양랑께서 당신이 전한 말을 듣고 분명히 다시는 소금 모녀를 데려가지 않겠다고 하셨으니, 급히 종이로 사람을 만들어 그들을 대신하십시오."

노생은 그 말대로 종이로 사람 모양을 오린 후 그 위에 이름을 적고 불태웠다. 화용이 또 말했다.

"양랑은 안양사 탑 위에서 양이랑(楊二郞)과 함께 쌍륙(雙陸: 주사위를 써서 말이 먼저 상대방의 궁에 들어가는 것을 겨루는 놀이. 판은 12줄로 되어 있음) 놀이를 하고 있습니다."

노생이 또 물었다.

"양이랑은 누구냐?"

화용이 대답했다.

"신인(神人)입니다. 또 목하삼랑(木下三郞)이 있는데 그도 거기에 있습니다."

노생이 또 물었다.

"소금이 이전에 보았던 수레에 탄 사람은 누구냐?"

화용이 말했다.

"그것은 요괴입니다. 그는 본래 동쪽 이웃 오씨(吳氏) 집안의 형수 주씨(朱氏)였는데, 평소 모질고 악독한 행동을 하여 벌을 받아 뱀이 되었습니다. 그 뱀은 지금 천축사(天竺寺) 닥나무 숲 속 구멍에 있는데,

오랜 세월이 흘러 변화에 능통하게 되자 부인의 모습으로 변한 것입니다."

노생이 또 물었다.

"이미 뱀이 되었는데 어떻게 옷을 얻어 입었느냐?"

화용이 대답했다.

"예전에 아무개 집안의 무덤에서 훔친 것입니다."

노생이 또 물었다.

"전에 그 부인이 안고 왔던 것은 무엇이냐?"

화용이 말했다.

"삵입니다."

화용이 작별인사를 하자 노생은 술 한 잔을 부어 그녀에게 마시게 했다. 술을 다 마시고 나자 그녀는 문 앞에 있는 확팔(鑊八)에게 주겠다고 하면서 다시 술 한 잔을 청했다. 노생이 물었다.

"확팔은 누구냐?"

화용이 말했다.

"확팔은 양이랑 밑에 있는 행관(行官: 唐代의 官名으로 사방으로 사신가는 일을 맡았음)입니다."

노생이 또 물었다.

"양이랑이 이렇게 출입할 때 사람이 그를 만나면 모두 화를 입지 않겠느냐?"

화용이 대답했다.

"양이랑 같은 신은 비바람처럼 출입합니다. 그가 허공에서 내려다보면 사람은 마치 개미처럼 보입니다. 목숨을 재촉하는 것은 스스로 화를 부른 것이지 그 사람이 그럴려고 한 것이 아닙니다."

화용은 말을 마치고 떠나갔다. 화용이 문에 이르자 소금의 모친이 비로소 깨어났는데, 깨어난 후 그녀에게 물었으나 아무것도 알지 못했다.

그 후 소금은 밤에 한 노인이 큰 사자를 타고 있는 꿈을 꾸었다. 그 사자는 문수보살(文殊菩薩)이 타던 것 같았으며, 번쩍이는 털을 나부끼며 순식간에 왔기에 똑바로 볼 수가 없었다. 옆에는 곤륜노(崑崙奴) 두 명이 고삐를 잡고 있었다. 노인이 소금에게 말했다.

"네가 귀신에게 시달리고 있다는 말을 듣고 만 리 먼 곳에서 너를 구하러 왔느니라. 너는 지금 재앙을 당할 때이기 때문에 귀신이 너를 데려갈 손님으로 지목한 것이다."

노인이 또 말했다.

"귀신이 요구한 돈을 이미 넘겨주었으니 그도 역시 돈을 받았을 것이다. 하지만 네가 만약 나를 만나지 못했으면 4월에 땅속에 묻혀 죽음을 면치 못할 것이다. 너는 아무 날에 수놓은 불상을 줍지 않았느냐?"

소금이 말했다.

"주웠습니다."

노인이 말했다.

"너는 그 모양을 보고 일곱 개의 불상과 일곱 개의 깃발을 수놓도록 해라."

노인은 말을 끝내고 나서 또 이렇게 말했다.

"여덟 개의 깃발이다. 내가 잘못 말했다. 깃발 여덟 개는 네 개씩 반으로 나누고, 또 머리카락을 조금 잘라 향을 사서 부처님을 공양하면 그 액을 면할 수 있을 것이다."

소금이 말했다.

"가르침대로 받들겠습니다. 그런데 지금 허리와 등이 참을 수 없을 정도로 아프니 자비를 베푸시어 낫게 해주십시오."

노인이 말했다.

"그거야 쉽지."

노인이 즉시 곤륜노를 앞으로 오게 하여 그의 손을 펴게 하고 손바닥에 자신의 손가락을 문질렀더니 검은 칠처럼 손가락에 물이 들었다. 노인은 그것으로 소금의 등에 뜸을 뜰 두 군데를 점찍어주었다. 소금은 비로소 깨어나 그 일을 자세히 말한 다음 즉시 불상과 깃발을 만들었다. 그리고 나서 등을 보았더니 과연 점 두 곳이 있어서 그곳에 뜸을 떴더니 아팠던 등이 즉시 나았다.

노욱은 강직한 뜻을 가지고 있었으므로 그 일을 믿지 않고 또 이렇게 욕했다.

"무슨 성현이 계집종 하나를 구하러 온다더냐? 이는 필시 귀신일 것이다."

그 날 밤에 소금은 또 꿈을 꾸었는데, 노인이 말했다.

"나는 너의 병이 위급함을 애통해하여 구하러 왔는데 너의 어리석은 주인은 오히려 나를 귀신이라고 하는구나. 이젠 나 또한 이 일에 상관하지 않겠다. 너는 4월이 되면 반드시 죽게 된다. 그러나 3월 말에 반드시 항주(杭州)의 경계를 벗어나면 화를 피할 수 있다. 대저 귀신이 관할하는 곳은 주현(州縣)마다 각기 다른데 이는 또한 사람에게 유민(流民)이 있는 것과 같다."

소금이 말했다.

"여항(餘杭)에 있으면 됩니까?"

노인이 말했다.

"여항 역시 항주일 따름이니 무슨 도움이 되겠느냐?"

소금이 또 말했다.

"가흥(嘉興)이면 됩니까?"

노인이 말했다.

"된다."

노인이 또 말했다.

"너는 가흥 누구의 집에 들어가려고 하느냐?"

소금이 대답했다.

"아무개 집안이 저의 친척인데 그곳에 가고자 합니다."

노인이 말했다.

"아무개 집은 상중(喪中)에 있고 너는 지금 귀신을 피하고 있는데, 귀신의 집에 들어가서 무슨 도움이 되겠느냐? 상중에는 제사상이 차려져 있어 귀신이 왕래하므로 그들은 곧 네가 있는 곳을 알게 될 것이다. 너는 경사가 있는 집에 들어가면 될 것이다. 또 출발할 때 네가 좋아하고 아끼던 옷 한 가지를 벗어 몸통 부분은 잘라버리고 옷깃·솔기·옷섶·띠만 남겨두되 나머지는 모두 없애버려라. 그리고 풀을 묶어 사람 형상을 만들고 거기에 옷을 입혀서 집 어두운 곳에 놓아둔 다음 너는 옷을 바꾸어 입고 몰래 떠나거라."

소금이 말했다.

"그렇게 하겠습니다. 성현께서 이전에 저의 등에 뜸을 떠주셨는데 그때는 아픈 것이 금방 나았습니다. 그런데 지금은 여전히 허리가 몹시 아픕니다."

노인이 말했다.

"내가 이전에 너의 허리를 치료하지 않은 것은 너에게 내가 있다는 것을 알려주기 위함이었다. 너는 지금 허리 통증을 없애고자 하느냐?"

노인은 다시 곤륜노의 손바닥에서 먹을 갈아 허리 사이의 한 곳에 점을 찍고는 떠나갔다. 소금이 깨어나서 살펴보니 과연 점찍은 자국이 있었기에 곧 그곳에 뜸을 놓았더니 또 나았다. 그 후 그 주씨 부인 역시 3월이 다 가도록 더 이상 오지 않았다. 소금은 노인의 말대로 몰래 가흥으로 갔으며, 그 후로는 아무 일도 생기지 않았다. (『통유록』)

貞元六年十月, 范陽盧頊家於錢塘, 妻弘農楊氏. 其姑王氏, 早歲出家, 隷邑之安養寺. 頊宅於寺之北里, 有家婢曰小金, 年可十五六. 頊家貧, 假食於郡內郭西堰. 堰去其宅數十步, 每令小金於堰主事. 常有一婦人不知何來, 年可四十餘, 著瑟瑟裙, 蓬髮曳漆履, 直詣小金坐. 自言姓朱, 第十二, 久之而去. 如是數日. 時天寒, 小金爇火以燎. 須臾, 婦人至, 顧見牀下炭, 怒謂小金曰: "有炭而焚煙薰我, 何也?" 擧足踏火, 火卽滅. 以手批小金, 小金絶倒於地. 小金有弟年可四五歲, 在傍大駭, 馳報於家. 家人至, 已失婦人, 而小金瞑然如睡, 其身殭强如束. 命巫人祀之, 釋然, 如是具陳其事.

居數日, 婦人至, 抱一物如狸狀. 而尖觜捲尾, 尾類犬, 身斑似虎. 謂小金曰: "何不食我貓兒?" 小金曰: "素無爲之, 奈何?" 復批之, 小金又倒, 火亦撲滅. 童子奔歸以報, 家人至, 小金復瞑然. 又祝之, 隨而愈. 自此不令之堰.

後數日, 令小金引船於寺迎外姑. 船至寺門外, 寺殿後有一塔, 小金忽見塔下有車馬, 朱紫甚盛. 竚立而觀之, 卽覺身不自制. 須臾, 車馬出, 左右辟易, 小金遂倒. 見一紫衣人策馬, 問小金是何人, 旁有一人對答. 二人舉扶階上, 不令損. 紫衣者駐馬, 促後騎曰:"可速行. 冷落他('落'字原空闕, '他'原作'地', 據明鈔本補改)筵饌."小金問傍人曰:"行何適?"人曰:"過大雲寺主家耳."須臾, 車馬過盡, 其院中人來, 方見小金倒於堦上. 復驚異載歸, 祀酹之而醒.

是夕冬至除夜, 盧家方備粢盛之具. 其婦人鬼候閃於牖戶之間, 以其鬧, 不得入. 盧生以二虎目繫小金左右臂. 夜久, 家人怠寢, 婦人忽曳, 小金驚叫, 婦人怒曰:"作餅子, 何不噉我?"家人驚起, 小金乃醒, 而左臂失一虎目. 忽窗外卽言:"還你."遂擲窗有聲, 燭之果得. 後數日視之, 帛裹乾茄子, 不復虎目矣.

冬至方旦, 有女巫來坐, 話其事未畢, 而婦人來, 小金卽瞑然. 其女巫甚懼, 方食, 遂筴一枚餛飩, 置戶限上, 祝之. 於時小金笑曰:"笑, 朱十二喫餛飩, 以兩手拒地, 合面於餛飩上吸之."盧生以古鏡照之, 小金遂泣, 言:"朱十二母在鹽官縣, 若得一頓餛飩, 及顧船錢, 則不復來."盧生如言, 遂訣別而去. 方欲焚錢財之時, 已見婦人背上負錢, 焚畢而去, 小金遂釋然.

居間者, 小金母先患風疾, 不能言. 忽於廚中應諾, 便入房, 切切然語, 出大門. 良久, 摳衣瀾步而入, 若人騎馬狀, 直至堂而拜曰:"花容起居."其家大驚. 花容卽楊氏家舊婢, 死來十餘年, 語聲行動酷似之, 乃問花容:"何得來?"答曰:"楊郞遣來, 傳語娘子, 別久好在. 楊郞, 盧生舅也, 要小金母子, 故遣取來."盧生具傳, 懇辭以留. 受語而出門. 久之, 復命曰:"楊郞見傳語, 切令不用也, 急作紙人代之."依言剪人, 題其名字, 焚之. 又言:"楊郞在安養寺塔上, 與楊二郞雙陸."又問:"楊二郞是何人?"答曰:"神人耳. 又有木下三郞, 亦在其中."又問:"小金前見車馬何人?"曰:"此是精魅耳. 本是東隣吳家阿嫂朱氏, 平生苦毒, 罰作蛇身. 今在天竺寺楮樹中有穴, 久而能變化通靈, 故化作婦人."又問:"旣是蛇身, 如何得衣裳著?"答曰:"向某家塚中偸來."又問:"前抱來者是何物?"言:"野狸."遂辭去. 卽酌一杯令飮. 飮訖, 更請一杯與門前鑊八. 問:"鑊八是何人?"云:"是楊二郞下行官."又問:"楊二郞出入如此, 人遇之皆禍否?"答曰:"如他楊二郞等神物, 出入如風如雨. 在虛中, 下視人如螻蟻然. 命衰者則自禍耳, 他亦無意焉."言訖而去. 至門方醒, 醒後問之, 皆不知也.

後小金夜夢一老人, 騎大獅子. 獅子如文殊所乘, 毛彩奮迅, 不可視. 旁有二崑崙奴操轡. 老人謂小金曰:"吾聞爾被鬼物纏繞, 故萬里來救. 汝是衰厄之年, 故鬼點爾作客."云:"以取錢應點而已, 渠亦自得錢. 汝若不值我來, 至四月, 當被作土戶, 汝則不免死矣. 汝於某日拾得繡佛子否?"小金曰:"然.""汝看此樣, 繡取七軀佛子, 七口幡子."言訖, 又曰:"作八口. 吾誤言耳. 八口, 一伴四口, 又截頭髮少許, 贖香以供養之, 其厄則除矣."小金曰:"受敎矣. 今苦腰背痛, 不可忍, 慈悲爲除之."老人曰:"易耳."卽令崑崙奴向前, 令展手, 便於手掌摩指, 則如黑漆, 染指上. 便背上點二灸處. 小金方醒, 具說其事, 卽造佛及幡. 視背上, 信有二點處, 遂灸之, 背痛立愈.

盧項秉志剛直, 不信其事, 又罵之曰:"焉有聖賢, 來救一婢? 此必是鬼耳."其夜又夢老人曰:"吾哀爾疾危, 是以來救, 汝愚郞主, 却喚我作鬼魅也. 吾亦不計此事. 汝至四月, 必作土戶. 然至三月末, 當須出杭州界以避之矣. 夫鬼神所部, 州縣各異, 亦猶人有逃戶."小金曰:"於餘杭可乎?"老人曰:"餘杭亦杭州耳, 何益也?"又曰:"嘉興可乎?"曰:"可."老人曰:"汝於嘉興投誰家?"答曰:"某家有親, 欲投之."老人曰:"某家是孝, 汝今避鬼, 還投鬼家, 何益也? 凡孝有靈筵, 神道交通, 他則知汝所在. 汝投吉人家, 則可矣. 又臨發時, 脫汝所愛惜衣一事, 剪去身, 留領縫襟帶, 餘處盡去之. 縛一草人衣之, 著宅之陰闇處, 汝則易衣而潛去也."小金曰:"諾. 聖賢前度灸背, 當時獲愈. 今尙苦腰痛."老人曰:"吾前不除爾腰者, 令爾知有我耳. 汝今欲除之耶?"復於崑崙手掌中硏

黑, 點腰間一處而去. 悟而驗之, 信有點跡, 便炙之, 又差. 其後婦人亦不來矣,
至三月盡. 如言潛之嘉興, 自後無事. (出『通幽錄』)

340·3(4377)
이장무(李章武)

이장무는 자가 비경(飛卿)으로 그의 선조는 중산(中山) 사람이었다.
이장무는 태어날 때부터 영민하고 박식하여 무슨 일에 부딪치던 간에
곧 잘 이해했다. 그는 문학적 재능도 뛰어나 모두 최고의 수준에 이르
렀다. 비록 도를 널리 펼치려는 높은 포부를 품고 깨끗하게 치장하는
것을 싫어했지만 용모는 아름다웠으며, 그에게 다가가면 성정이 온화
함을 느낄 수 있었다. 그는 청하(淸河) 사람 최신(崔信)과 사이가 좋았
는데, 최신 역시 점잖은 선비로서 골동품을 많이 수집하고 있었다. 이
장무는 면밀하고 영민한 사람이었으므로 매번 그를 찾아가 담론을 펼쳤
는데, 모두 현묘한 이치에 통달했고 근본을 파고들었다. 당시 사람들은
그를 진(晉)나라의 장화(張華)에 비유했다.

정원(貞元) 3년(787)에 최신이 화주별가(華州別駕)로 부임하자 이장
무는 장안(長安)에서 그를 찾아갔다. 화주에 도착한 후 며칠이 지나 이
장무는 외출했다가 시내 북쪽 거리에서 용모가 매우 아름다운 한 부인
을 보고 최신을 속여 말했다.

"교외에 있는 친구에게 인사하러 가야겠소."

이장무는 마침내 그 미인의 집에 방을 빌려 살았다. 그 집 주인은 성

이 왕씨(王氏)이고 그 미인은 바로 왕씨의 며느리였다. 그녀는 이장무를 보자 기뻐하여 사통하기에 이르렀다. 한 달이 좀 지날 때까지 이장무는 모두 3만 전 이상의 돈을 썼는데, 이는 그 집 며느리가 이장무에게 쓴 돈의 두 배였다. 이리하여 두 사람은 허물없는 사이가 되었고, 애정은 점점 깊어갔다. 그러나 얼마 안 있어 이장무는 일 때문에 장안으로 돌아가야 한다고 하면서 그녀에게 다정하고 정성스럽게 작별을 고했다. 그리고 이장무는 목을 마주 대고 있는 원앙 무늬가 있는 비단 한 감을 정표로 남겨주면서 시 한 수를 그녀에게 주었다.

원앙 무늬 곱게 놓인 비단,
수천의 실 가닥이 맺혀 있음을 알겠네.
이별 후에도 목을 비비고 싶을 때는,
헤어지기 전을 못 잊어 마음 아파하겠지.

그녀 역시 백옥 가락지 하나를 이장무에게 답례로 주면서 시를 지어 주었다.

가락지 만지면 그리움 떠오르고,
가락지 보면 추억이 새로워지겠지.
가락지 영원토록 손에 지니시어,
돌고 돌아도 변함 없게 하소서.

이장무에게는 양과(楊果)라는 하인이 있었는데, 그 여자는 양과에게도 그동안 부지런히 모셔준 것을 기리는 뜻으로 1천 전의 돈을 주었다. 두 사람이 작별하고 난 후로 8~9년의 세월이 흘렀다. 이장무는 여전히 장안에 살고 있었지만 그녀와 소식을 주고받는 일이 없었다.

정원 11년(795)에 장원종(張元宗)이라는 친구가 하규현(下邦縣)에 살고 있었으므로 이장무는 또 도성에서 그를 만나러 가게 되었다. 그런데 갑자기 그녀와의 좋았던 시절이 생각나 수레를 돌려 위수(渭水)를 건너 그녀를 찾아갔다. 해가 진 다음에야 화주에 도착했는데, 왕씨 댁에서 묵으려고 그 집 문에 이르렀더니 고요하기만 하고 사람의 행적이 없었으며, 단지 밖에 손님용 걸상만 있을 뿐이었다. 이장무는 그 집 사람들이 고향으로 내려갔거나, 혹은 본업을 그만두고 농사를 짓게 되어 잠시 들녘에 나가 있거나, 그렇지 않으면 친지의 초청을 받아 갔다가 아직 돌아오지 않은 것이라고 생각했다. 그래서 그 집 문에 잠시 머물렀다가 따로 다른 집으로 가려고 했다. 그러다가 동쪽 이웃집의 부인을 만나 다가가서 물었더니, 그 부인이 이렇게 말했다.

"왕씨 댁 어른들은 본업을 그만두고 객지로 나갔고, 그 며느리는 죽은 지 이미 2년이 되었습니다."

이장무가 더 상세하게 이야기해달라고 하자 그 부인이 말했다.

"저는 성이 양씨(楊氏)이고 형제들 중 여섯째이며 동쪽 이웃집의 아내가 되었습니다. 그런데 낭군의 성은 무엇입니까?"

이장무가 자세히 말해주었더니 그 부인이 또 말했다.

"예전에 성이 '양'이고 이름이 '과'인 하인을 데리고 있었지요?"

이장무가 말했다.

"그렇습니다."

그 부인은 울면서 이렇게 말했다.

"저는 이 마을에 시집온 지 5년이 되었고 왕씨와 친하게 지냈습니다. 왕씨 댁 며느리가 일찍이 이렇게 말했습니다. '우리 시댁은 마치 여관과 같아서 많은 사람들을 만날 수 있었습니다. 왕래하는 나그네들 가운데 내게 마음이 있었던 사람은 모두 재산을 탕진해가면서 달콤한 말과 굳은 맹세로 내게 다가왔지만 내 마음을 움직이지 못했습니다. 그런데 지난해 이십팔랑(李十八郞: 李章武)이라는 분이 우리 집에 투숙한 일이 있었습니다. 저는 그 분을 처음 본 순간 그만 반하고 말았습니다. 나중에는 마침내 몰래 잠자리에서 모시게 되어 사랑을 듬뿍 받았습니다. 그러나 지금은 그 분과 헤어진 지도 몇 년이 지났습니다. 그 분을 사모하는 마음이 지나쳐 어떤 때는 종일 밥도 먹지 못하고 밤새 잠도 자지 못했습니다. 우리 집 사람들에게 부탁을 할 수도 없었습니다. 그 분과는 또 동쪽 서쪽으로 떨어져 있어서 다시 만나지도 못하겠지요. 만약 그 분이 이곳에 오시거든 모습이나 이름을 물어서 찾아주십시오. 만약 그 분이 틀림없으면 잘 대접해드리고 저의 깊은 뜻을 말씀드려주십시오. 양과라는 하인을 데리고 있는 분이 바로 그 사람입니다.' 그 후 2~3년이 못되어 그 며느리는 병석에 눕고 말았습니다. 죽을 때 다시 저에게 이렇게 부탁했습니다. '저는 본래 미천한 몸으로 외람되이 군자의 두터운 사랑을 받아 마음속으로 늘 감사하게 생각하고 있습니다. 이것이 오래되어 결국 병이 났는데, 치료할 수 없다는 것을 잘 알고 있습니다. 예전에 제가 부탁드린 것을 잘 기억했다가 만일 그 분이 이곳에 오시거든 저승에서 머금은 한과 천고의 끝없는 이별의 쓰라림을 잘 말씀드려주십시오. 그리고 그 분에게 이 집에 머물도록 해주십시오. 꿈속에서나마 영혼을 만나고 싶습니다.'"

이 말을 듣고 이장무는 이웃집 부인에게 부탁해서 왕씨 집의 문을 열고 시종으로 하여금 땔감과 음식물을 사오게 했다.

막 자리를 펴려고 할 때 갑자기 한 부인이 나타나서 빗자루를 들고 방안에서 나와 마당을 쓸었는데, 이웃집 부인조차도 그녀가 누군지 알지 못했다. 이장무가 어디서 왔느냐고 물었더니 이 집에 있는 사람이라고 했다. 그래서 또 다그치며 물었더니 그 여자가 천천히 말했다.

"왕씨 댁의 죽은 며느리가 낭군의 깊은 사랑에 감사하여 만나 뵙고자 합니다. 낭군께서 놀랄까 염려되어 저를 보내어 먼저 알려드리는 것입니다."

이장무는 허락하면서 이렇게 말했다.

"나 장무가 온 이유는 바로 그 일 때문이오. 비록 이승과 저승은 길이 달라 사람들이 모두 꺼리는 바이지만 생각하는 마음이 지극한 것은 진실로 의심할 바 없소."

말이 끝나자 빗자루를 들고 있던 여자가 기뻐하며 돌아갔는데, 그 머뭇거리는 모습이 문에 어리더니 더 이상 보이지 않았다. 이윽고 음식을 갖추어놓고 죽은 여인을 부르며 제사를 지냈다. 그 후 자신도 식사를 끝내고 편안히 잠자리에 들었다.

이경(二更)쯤 되었을 때 침대의 동남쪽에 밝혀놓았던 등불이 갑자기 조금씩 희미해졌는데, 이 같은 일이 두세 번 계속되었다. 이장무는 마음속으로 변괴가 있으리라는 것을 알고 벽 가까이 등불을 옮겨 방안의 동남쪽 구석에 놓아두라고 했다. 잠시 후 방 북쪽 모서리에서 부스럭거리는 소리가 나더니 사람의 형상 같은 것이 나타나 천천히 다가왔다. 대여섯 걸음을 걸어왔을 때 그 모습을 분간할 수 있었다. 그 의복을 보았더니 그 집 주인의 며느리였다. 옛날에 보았을 때와 달라진 것은 없었지만, 행동거지가 조급했고 목소리가 가볍고 맑아졌을 뿐이었다. 이장무는 침대에서 내려와 그녀를 맞아 안으며 손을 잡았는데, 그 애정은 마치 살아있을 때의 즐거움과 다름이 없었다. 그 여자가 말했다.

"저 세상에 간 이래로 친척들까지 모두 잊어버렸지만 당신을 생각하는 마음은 옛날과 다름이 없었습니다."

이장무는 예전보다 훨씬 더 허물없이 그녀를 대했고 그녀 또한 다른 이상한 점이 없었다. 다만 그녀는 몇 번이나 사람을 시켜 샛별 뜨는 것을 살피게 해달라고 청했다. 샛별이 떠오르면 돌아가야 하며 오래 머물 수 없다고 했다. 그리고 매번 즐거운 시간을 보내고 있을 때에도 틈틈이 이웃집 부인 양씨에게 감사의 말을 전해달라고 간청하면서 이렇게 말했다.

"그 사람이 아니었으면 누가 저 세상에 있는 사람의 한을 전달해주었겠습니까?"

오경(五更)이 되어 어떤 사람이 돌아가야 한다고 알려오자 그녀는 울면서 침상에서 내려와 이장무와 어깨를 나란히 하고 문을 나섰다. 그녀는 은하수를 바라보다가 그만 슬픔에 잠겨 흐느껴 울고 말았다. 그녀는 방으로 되돌아 들어가더니 치마끈에서 비단주머니를 풀어 주머니 속에서 물건 하나를 꺼내 이장무에게 주었다. 그 물건의 색은 검푸르고 재질은 단단했으며 옥 같으면서 차가웠는데, 그 모양은 작은 나뭇잎 같았다. 이장무는 그것이 무엇인지 알지 못했다. 그녀가 말했다.

"이것은 '말갈보(靺鞨寶)'라는 것으로 곤륜산(崑崙山)의 현포(玄圃: 崑崙山에 있다고 하는 신선들이 사는 곳)에서 나는 것인데, 그곳에 사는 신선들도 구할 수 없는 것입니다. 제가 요사이 서악(西岳: 華山)에서 옥경부인(玉京夫人: 女神 이름)과 놀았을 때, 이 보물이 여러 보석 귀고리에 붙어 있는 것을 보고 마음에 들어 그것을 줄 수 없냐고 했더니, 옥경부인께서 그것을 제게 빌려주시면서 '동천(洞天: 신선이 사는 세계)에 있는 여러 신선들도 이 보물을 하나 구하기만 하면 모두 영광으로 여긴다네'라고 하셨습니다. 당신은 신선의 도를 받들어 자세히 알고 있기 때문에 이것을 드리는 것입니다. 그러니 늘 이것을 보물로 잘 간직하십시오. 이것은 인간 세상에는 없는 것입니다."

그녀는 마침내 이장무에게 시 한 수를 지어주었다.

> 은하수는 이미 기울었는데,
> 영혼은 더 머무르고자 하네요.
> 낭군이여 다시 한 번 안아주세요,
> 이제는 이 세상 끝날 때까지 이별이군요.

이장무도 백옥으로 만든 비녀 하나를 꺼내 그녀에게 답례하고 아울러 답시(答詩)를 지었다.

> 이제 헤어지면 저승과 이승으로 갈릴 텐데,
> 어찌 기쁜 날을 기약할 수 있을까?
> 이별하고 또 작별하지만,
> 한탄스럽게도 어디로 간단 말인가?

그리고는 서로 붙잡고 울었다. 한참 후에 그녀는 또 다음과 같은 시를 지어 주었다.

> 옛날에 헤어질 때는 나중에 만나리라 생각했지만,
> 이제 이별하면 이 세상 끝날 때까지 만나지 못하겠지요.

새로운 슬픔과 옛 한,
영원히 황천길을 닫으리.

이장무는 다음과 같은 답시를 지었다.

만날 날은 아득해 기약 없으나,
지난 한은 이미 서로 풀었네.
헤어지는 길은 편지 가지 못하니,
어떻게 이 마음을 전할까?

이처럼 간곡하게 이별의 말을 나누고 난 뒤 그녀는 마침내 서북쪽 모퉁이로 갔다. 몇 걸음을 걷다가 또 고개를 돌리며 눈물을 닦고 말했다.
"이랑(李郞: 李章武)께서는 저를 버리지 마시고 저 세상에 있을 이 여인을 생각해주십시오."

그녀는 다시 목이 메어 우두커니 서 있다가 날이 밝으려 하는 것을 보고 급히 모퉁이로 달려가더니 곧 사라지고 말았다. 빈 방안은 어두컴컴했고 쓸쓸한 등불은 절반만 남았을 뿐이었다. 이장무는 짐을 급히 꾸려 곧 하규로 갔다가 장안의 무정보(武定堡)로 돌아가려고 했다. 하규군의 관리들은 장원종과 함께 술을 가지고 와서 이장무에게 송별연을 베풀어주었다. 술자리가 한참 무르익었을 때 이장무는 그녀 생각이 나서 즉흥적으로 다음과 같은 시를 지었다.

물은 서쪽으로 돌아가지 않고 둥근 달도 잠시일 뿐,
옛 성 주변은 사람을 슬픔에 잠기게 하네.
날 밝으면 각기 쓸쓸히 헤어질 텐데,
아는가 서로 만날 날 그 어느 해가 될는지?

시를 다 읊고 나자 이장무는 군의 관리와 헤어졌다. 혼자 몇 리를 걸어가다가 또 그 시를 읊었다. 그런데 갑자기 공중에서 감탄하는 소리가 들렸는데 그 소리는 매우 슬펐다. 다시 귀를 기울여 들어보았더니 바로 왕씨 댁의 며느리였다. 그녀가 말했다.

"저승에도 각기 땅의 구분이 있는데 이제 여기서 헤어지면 다시 만날 날은 없습니다. 당신이 저를 못 잊어하는 것을 알았기에 저승 관리의 꾸중을 무릅쓰고 이렇게 멀리 와서 당신을 송별해드리는 것입니다. 부디 몸조심하십시오."

이장무는 더욱 그녀에게 빠졌다.

그 후 이장무는 장안에 이르러 도우(道友)인 농서(隴西) 사람 이조(李助)에게 그 이야기를 했더니 그도 그러한 정성에 감동하여 다음과 같은 시를 지었다.

> 돌은 저 드넓은 요해(遼海)에 가라앉고,
> 검(劍)은 저 먼 초(楚) 땅의 하늘로 떠나갔네.
> 다시 만날 날 없음을 아니,
> 이별하는 마음 석양에 가득하네.

이장무는 동평(東平: 山東省에 있던 옛 지명)의 승상부(丞相府)에서 일을 보게 되었는데, 그는 한가한 틈을 타서 옥공(玉工)을 불러 그녀에게서 얻은 말갈보를 보여주었다. 옥공은 그것이 무엇인지 알지 못했으므로 감히 조각하지 못했다. 그 후 이장무는 명을 받고 대량(大梁: 옛 성 이름. 河南城 開封 서북쪽에 있었음)에 사신으로 갔을 때 또 옥공을 불러 그것을 보였더니 대강 알고 있었다. 그래서 그 모양에 따라 떡갈

나무 잎사귀 모양으로 조각했다. 그 후 이장무는 명령을 받고 도성에 올라왔을 때에도 매번 그 보물을 품속에 간직했다. 한번은 시장 동쪽 거리에 이르렀을 때 한 호승(胡僧)을 만났는데, 호승은 갑자기 말 앞으로 가까이 와서 절을 하고 말했다.

"당신은 보옥을 품고 계신데 한번 보여주십시오."

이장무는 그를 조용한 곳으로 데리고 가서 그것을 꺼내 보여주었다. 호승은 보옥을 받쳐들고 감상하면서 이렇게 말했다.

"이것은 천상(天上)의 지극한 보배로서 인간 세상에 있는 물건이 아닙니다."

이장무는 그 후 화주를 왕래할 때는 양육낭(楊六娘)을 찾아가 선물을 주곤 했는데, 지금까지도 끊이지 않고 있다. (이경량이 지은 「이장무전」)

李章武, 字飛卿('卿'字原闕, 據明抄本補), 其先中山人. 生而敏博, 遇事便了. 工文學, 皆得極至. 雖弘道自高, 惡爲潔飾, 而容貌閑美, 卽之溫然. 與淸河崔信友善, 信亦雅士, 多聚古物. 以章武精敏, 每訪辨論, 皆洞達玄微, 硏究原本. 時人比之張華.

貞元三年, 崔信任華州別駕, 章武自長安詣之. 數日, 出行, 於市北街見一婦女甚美, 因紿信云:"須州外與親故知聞."遂賃舍於美人之家. 主人姓王, 此則其子婦也. 乃悅而私焉. 居月餘日, 所計用直三萬餘, 子婦所供費倍之. 卽而兩心克諧, 情好彌切. 無何, 章武繫事, 告歸長安, 殷勤叙別. 章武留交頸鴛鴦綺一端, 仍贈詩曰:"鴛鴦綺, 知結幾千絲. 別後尋交頸, 應傷未別時."子婦答白玉指環一, 又贈詩曰:"捻指環相思, 見環重相憶. 願君永持翫, 循環無終極."章有僕楊果者, 子婦齎錢一千以獎其敬事之勤. 旣別, 積八九年. 章武家長安,亦無從與之相聞.

至貞元十一年, 因友人張元宗寓居下邽縣, 章武又自京師與元會. 忽思曩好, 乃廻車涉渭而訪之. 日暝達華州, 將舍於王氏之室, 至其門, 則闃無行跡, 但外有賓榻而已. 章武以爲下里, 或廢業卽農, 暫居郊野, 或親賓邀聚, 未始歸復. 但休止其門, 將別適他舍. 見東隣之婦, 就而訪之, 乃云: "王氏之長老, 皆捨業而出遊, 其子婦歿已再周矣." 又詳與之談, 卽云: "某姓楊, 第六, 爲東隣妻. 復訪郎何姓?"章武具語之, 又云: "曩曾有僎姓楊名果乎?"曰: "有之". 因泣告曰: "某爲里中婦五年, 與王氏相善. 嘗云: '我夫室猶如傳舍, 閱人多矣. 其於往來見調者, 皆殫財窮産, 甘辭厚誓, 未嘗動心. 頃歲有李十八郎, 曾舍於我家. 我初見之, 不覺自失. 後遂私侍枕席, 實蒙歡愛. 今與之別累年矣. 思慕之心, 或竟日不食, 終夜無寢. 我家人故不可託. 復被彼夫東西, 不時會遇. 脫有至者, 願以物色名氏求之. 如不參差, 相託祗奉, 並語深意. 但有僕夫楊果卽是.' 不二三年, 子婦寢疾. 臨死, 復見託曰: '我本寒微, 曾辱君子厚顧, 心常感念. 久以成疾, 自料不治. 曩所奉託, 萬一到此, 願申九泉啣恨, 千古暌離之嘆. 仍乞留止此. 冀神會於髣髴之中.'"章武乃求隣婦爲開門, 命從者市薪芻食物.

方將具絪席, 忽有一婦人持箒出房掃地, 隣婦亦不之識. 章武因訪所從者, 云是舍中人. 又逼而詰之, 卽徐曰: "王家亡婦, 感郎恩情深, 將見會. 恐生怪怖, 故使相聞." 章武許諾, 云: "章武所由來者, 正爲此也. 雖顯晦殊途, 人皆忌憚, 而思念情至, 實所不疑." 言畢, 執箒人欣然而去, 逡巡映門, 卽不復見. 乃具飮饌, 呼祭. 自食飮畢, 安寢.

至二更許, 燈在牀之東南, 忽爾稍暗, 如此再三. 章武心知有變, 因命移燭背墙, 置室東南('南'原作'西', 據明鈔本改)隅. 旋聞室北角悉窣有聲, 如有人形, 冉冉而至. 五六步, 卽可辨其狀. 視衣服, 乃主人子婦也. 與昔見不異, 但擧止浮急, 音調輕淸耳. 章武下牀, 迎擁攜手, 欵若平生之歡. 自云:"在冥錄以來, 都忘親戚, 但思君子之心, 如平昔耳."章武倍與狎暱, 亦無他異. 但數請令人視明星. 若出, 當須還, 不可久住. 每交歡之暇, 卽懇託在隣婦楊氏, 云:"非此人, 誰達幽恨?"

至五更, 有人告可還, 子婦泣下牀, 與章武連臂出門. 仰望天漢, 遂嗚咽悲怨. 却入室, 自於裙帶上解錦囊, 囊中取一物以贈之. 其色紺碧, 質又堅密, 似玉而冷, 狀如小葉. 章武不之識也. 子婦曰:"此所謂靺鞨寶, 出崑崙玄圃中, 彼亦不可得. 妾近於西岳與玉京夫人戲, 見此物在衆寶璫上, 愛而訪之, 夫人遂假以相授, 云:'洞天羣仙每得此一寶, 皆爲光榮.'以郞奉玄道, 有精識, 故以投獻. 常願寶之. 此非人間之有."遂贈詩曰:"河漢已傾斜, 神魂欲超越. 願郞更廻抱, 終天從此訣."章武取白玉寶簪一以酬之, 並答詩曰:"分從幽顯隔, 豈謂有佳期? 寧辭重重別, 所嘆去何之?"因相持泣. 良久, 子婦又贈詩曰:"昔辭懷後會, 今別便終天. 新悲與舊恨, 千古閉窮泉."章武答曰:"後期杳無約, 前恨已相尋. 別路無行信, 何因得寄心?"

款曲叙別訖, 遂却赴西北隅. 行數步, 猶回顧拭淚, 云:"李郞無捨, 念此泉下人."復哽咽佇立, 視天欲明, 急趨至角, 卽不復見. 但空室窅然, 寒燈半滅而已. 章武乃促裝, 却自下邽歸長安武定堡. 下邽郡官與張元宗携酒宴飲. 旣酣, 章武懷念, 因卽事賦詩曰:"水不西歸月暫圓, 令人惆悵古城邊. 蕭條明早分歧路, 知更相逢何歲年?"吟畢, 與郡官別. 獨行數里, 又自諷誦. 忽聞空中有嘆賞, 音調悽惻. 更審聽之, 乃王氏子婦也. 自云:"冥中各有地分, 今於此別, 無日交會. 知郞思眷, 故冒陰司之責, 遠來奉送. 千萬自愛."章武愈惑之.

及至長安, 與道友隴西李助話, 亦感其誠而賦曰:"石沉遼海闊, 劒別楚天長. 會合知無日, 離心滿夕陽."章武旣事東平丞相府, 因閑召玉工視所得靺鞨寶.

工不('不'原作'亦', 據明鈔本改)知, 不敢雕刻. 後奉使大梁, 又召玉工, 粗能辨. 乃因其形, 雕作檞葉象. 奉使上京, 每以此物貯懷中. 至市東街, 偶見一胡僧, 忽近馬叩頭云:"君有寶玉在懷, 乞一見爾."乃引於靜處開視. 僧捧翫移時, 云: "此天上至物, 非人間有也."章武後往來華州, 訪遺楊六娘, 至今不絕. (出李景亮爲作傳)

태평광기

권제 341

귀

26

1. 이 준(李 俊)
2. 이 적(李 赤)
3. 위 포(韋 浦)
4. 정 순(鄭 馴)
5. 위 붕(魏 朋)
6. 도정방택(道政坊宅)
7. 정경라(鄭 瓊 羅)

341 · 1(4378)
이 준(李 俊)

　악주자사(岳州刺史) 이준은 진사(進士) 시험에 응시했으나 연거푸 낙방했다. [당나라] 정원(貞元) 2년(786)에 그의 친구인 국자좨주(國子祭酒) 포길(包佶)이 주고관(主考官)에게 청탁하여 그가 급제할 수 있도록 도와주었다.

　[급제자] 방문(牓文)을 붙이기 하루 전에 주고관은 급제자 명단을 재상에게 알려야 했다[이를 '送堂之牓'이라 했음]. 오경(五更)이 되자마자 이준은 포길을 기다리고자 했는데, 마을 문이 아직 열리지 않았기에 문 옆에 말을 세우고 있었다. 그 옆에 떡 파는 사람이 있었는데 떡에서 김이 모락모락 났다. 다른 군(郡)의 공문 전달하는 사람 같은 어떤 관리가 작은 봇짐을 메고 털모자를 쓴 채 그 옆에 앉아 있었는데, 몹시 떡을 먹고싶어 하는 기색이었다. 그래서 이준이 떡을 사서 그 관리에게 먹으라고 했더니, 그는 매우 기뻐하며 떡 몇 조각을 먹었다. 잠시 후 마을 문이 열리자 사람들이 모두 나갔는데, 그 관리 혼자만 이준의 말 옆에 붙어 있다가 말했다.

　"잠시 시간 좀 내주셨으면 합니다."

　이준이 말에서 내려 그의 말을 듣고자 했더니 그가 말했다.

　"나는 저승의 관리로 진사 급제자 명단을 전달하는 사람이오. 당신은 진사 시험에 응시한 사람이 아니오?"

이준이 말했다.

"그렇소이다."

관리가 말했다.

"주고관이 재상에게 미리 보내는 급제자 방문[送堂之牓]이 여기에 있으니, [당신의 이름이 들어 있는지] 직접 한번 찾아보시오."

그러면서 명단을 꺼내 보여주었다. 이준은 명단에 자신의 이름이 없자 눈물을 흘리면서 말했다.

"글공부에 고심한 지가 20여 년이고 주군(州郡)의 추천으로 진사 시험에 응시한 지도 10년이나 되었는데, 지금 또 [급제자 명단에] 이름이 없으니 결국 이대로 명성을 이루지 못하고 끝나는가 보오!"

관리가 말했다.

"당신이 명성을 이루는 것[구체적으로 進士科에 급제하는 것을 말함]은 10년 후에나 가능한데, 그땐 녹봉과 지위도 대단할 것이오. 하지만 지금 명성을 구하고자 하더라도 어려운 것은 아니오. 다만 본래 얻게 될 녹봉과 지위의 절반이 줄어들고 또한 많은 곤란과 불행을 겪은 후에 겨우 한 군(郡)을 다스리게 될 것이오. 어찌하겠소?"

이준이 말했다.

"구하고자 하는 것이 명성이니 명성을 얻기만 하면 충분하오."

관리가 말했다.

"저승의 담당관리에게 약간의 뇌물을 쓸 수만 있다면, 바로 여기에서 당신과 성이 같은 사람을 골라 그 이름을 바꿀 수 있는데 가능하겠소?"

이준이 물었다.

"얼마면 되겠소?"

관리가 말했다.

"저승 돈으로 3만 관(貫)이오. 이건 내가 당신의 은혜에 감사하여 진심으로 말해주는 것이오. 그 돈은 내가 갖는 것이 아니고 문서 담당관리에게 줄 것이오. 내일 오시(午時)까지만 보내면 될 것이오."

그리고는 또 이준에게 붓을 주며 그에게 직접 [자신의 이름을] 써넣으라고 했다. 명단의 첫머리에 옛 태자소사(太子少師) 이이간(李夷簡)의 이름이 있자, 이준이 그것을 지우려고 했더니 관리가 황급히 말했다.

"안 되오. 이 사람은 녹봉과 지위가 높으므로 함부로 바꿀 수 없소."

다시 그 밑에 '이온(李溫)'의 이름이 있자 관리가 말했다.

"[이 사람은 고쳐도] 괜찮소."

그래서 이준은 '온(溫)'자를 지우고 대신 '준(俊)'자를 써넣었다. 관리는 급히 방문을 말아가지고 떠나면서 말했다.

"약속을 어기지 마시오."

이윽고 이준은 포길을 찾아갔는데, 그때 아직 의관도 차려입지 않고 있던 포길은 이준이 찾아왔다는 말을 듣고는 화를 내며 나와서 말했다.

"나는 주고관과 교분이 두터운지라 내 말 한 마디면 장원은 따논 당상이거늘, 그대는 어찌하여 이렇게 조급해하면서 자꾸만 보채는가? 내가 말을 가볍게 내뱉는 사람인가?"

이준이 재배하며 대답했다.

"저 이준은 명성을 간절히 바라는 자로서, 당신의 은혜를 받는 것이 오늘 이 아침에 결정됩니다. 지금은 재상께 방문을 올리는 새벽이므로 꾸지람을 무릅쓰고 삼가 찾아뵈온 것입니다."

포길은 알았다고는 했지만 여전히 불쾌한 안색이었다. 그래서 이준은 더욱 걱정이 되어 옷을 갈아입고 포길이 나가기를 기다렸다가 그를 뒤쫓아갔는데, 포길은 황성(皇城: 子城. 唐代 정부기관의 소재지로 궁성의 남쪽에 붙어 있었음)의 동북쪽 모퉁이를 지나가다가 방문을 품에 넣고 중서성(中書省)으로 가려는 춘관(春官: 春卿. 禮部의 장관. 唐代에는 禮部에서 진사시험을 주관했음. 여기서는 主考官을 말함)을 만났다. 포길이 춘관에게 인사하며 물었다.

"일전에 부탁드린 일은 잘 되었겠지요?"

춘관이 말했다.

"정말 죄송하게 되었으니 부형(負荊: 스스로 刑杖을 짊어지고 사죄함. 戰國時代 趙國의 廉頗와 藺相如의 고사에서 유래함)으로도 사죄하기에 부족하오. 대권세가의 강요를 받다 보니 당신의 명을 받들기가 어려웠소이다."

포길은 본디 그와 교분이 두텁기 때문에 아무런 어려움이 없을 것이라고 생각하고 있었는데, 갑자기 그런 말을 듣자 화를 내며 말했다.

"계포(季布: 秦末 楚人으로 項羽의 大將. 漢 高祖 劉邦을 여러 번 곤경에 빠뜨렸으며 성실하여 천하에 명성이 높았음. 당시 楚의 민간에 '得黃金百斤, 不如得季布一諾'이라는 말이 있었음)가 천하에 명성이 높았던 것은 한번 약속한 일은 반드시 완수했기 때문이오. 지금 당신은 나를 신용 없는 사람으로 만들었으니, 대개 내가 실권이 없는 한관(閑官)에 있기 때문일 것이오. [당신과 나의] 평생의 교분은 오늘로서 끝장이오!"

포길이 춘관에게 인사도 하지 않고 떠나자, 춘관이 황급히 그를 쫓아가며 말했다.

"권문세가의 강요를 받다 보니 이준을 급제자에 넣을 수 없었소. 나는 혼자서 당신의 깊은 우의만 믿고 격식도 차리지 않은 채 함부로 말했는데, 이렇게 당신의 질책을 받고 보니 차라리 권문세가에게 죄를 짓는 것이 낫겠소이다. 함께 방문을 살펴보면서 다른 사람의 이름을 지우고 대신 이준을 집어넣도록 합시다."

그래서 국자좨주 포길이 방문을 펼친 뒤 이이간의 이름을 보고 그것을 지우려고 했더니, 춘관이 급히 [제지하며] 말했다.

"이 사람은 재상께서 특별히 분부한 자이니 뺄 수 없소."

그리고는 그 밑에 있는 이온의 이름을 가리키며 말했다.

"[이 사람이라면] 괜찮소."

그리하여 마침내 '온'자를 지우고 '준'자를 써넣었다. 방문이 붙고 나서 보았더니, 이준의 이름은 과연 이전에 자신이 지적한 곳에 있었다.

그날 오시에 이준은 여러 진사들을 따라가서 주고관을 배알하는 바람에 [자신이 이전에] 떡을 사주었던 저승 관리와의 약속을 미처 지키지 못했다. 이준은 뒤늦게 저녁에 돌아오다가 길에서 그 관리를 만났는데, 그는 울면서 등을 이준에게 보여주며 말했다.

"당신이 약속을 어기는 바람에 나는 곤장을 맞았소! 문서 담당관리가 날 검거하여 심문하려고 할 때, 내가 다른 사람에게 도와달라고 간청하여 간신히 함께 담당관리를 제지할 수 있었소."

그의 등에는 정말로 심한 곤장 자국이 나 있었다. 이준은 깜짝 놀라 사죄하면서 말했다.

"이제 어쩌면 좋겠소?"

관리가 말했다.

"내일 오시에 돈 5만 민(緡)을 보내면, 조사하여 심문 당하는 화를 면할 수 있소."

이준이 말했다.

"알았소이다."

그때가 되어 이준이 약속한 지전을 태워 보내주었더니, 관리는 더 이상 나타나지 않았다.

그러나 이준은 처음 벼슬길에 오른 후로 심문 받고 강직(降職) 당하는 일이 벼슬길에서 끊이지 않았다. 그런 후에 겨우 악주자사가 되었다가 얼마 되지 않아 죽고 말았다. (『속현괴록』)

岳州刺史李俊擧進士, 連不中第. 貞元二年, 有故人國子祭酒包佶者, 通於主司, 援成之.

榜前一日, 當以名聞執政. 初五更, 俊將候佶, 里門未開, 立馬門側. 傍有賣糕者, 其氣爐爐. 有一吏若外郡之郵檄者, 小囊氈帽, 坐於其側, 頗有欲糕之色. 俊爲買而食之, 客甚喜, 唅數片. 俄而里門開, 衆竟出, 客獨附俊馬曰: "願請間." 俊下聽之, 曰: "某乃冥之吏送進士名者. 君非其徒耶?" 俊曰: "然." 曰: "送堂之牓在此, 可自尋之." 因出視. 俊無名, 垂泣曰: "苦心筆硯, 二十餘年, 偕計者亦十年, 今復無名, 豈終無成乎!" 曰: "君之成名, 在十年之外, 祿位甚盛. 今欲求之, 亦非難. 但於本錄耗牛, 且多屯剝, 纔獲一郡. 如何?" 俊曰: "所求者名, 名得足矣." 客曰: "能行少賂於冥吏, 卽於此, 取其同姓者易其名, 可乎?" 俊問: "幾何可?" 曰: "陰錢三萬貫. 某感恩而以誠告. 其錢非某敢取, 將遺牘吏. 來日午時送可也."復授筆, 使俊自注. 從上有故太子少師李夷簡名, 俊欲揩('揩'原作'指', 據明鈔本改)之, 客遽曰:"不可. 此人祿重, 未易動也."又其下有'李溫'名, 客曰:"可矣."乃揩去'溫'字, 注'俊'字. 客遽卷而行曰:"無違約."

旣而俊詣佶, 佶未冠, 聞俊('俊'原作'佶', 據明鈔本改)來怒, 出曰:"吾與主司分深, 一言狀頭可致, 公何躁甚, 頻見問? 吾其輕言者耶?"俊再拜對曰:"俊懇於名者, 若(明鈔本'若'作'受')恩決此一朝. 今當呈榜之晨, 冒責奉謁."佶唯唯, 色猶不平. 俊愈憂之, 乃變服伺佶出隨之, 經皇城東北隅, 逢春官懷其榜, 將赴中書. 佶揖問曰:"前言遂否?"春官曰:"誠知獲罪, 負荊不足以謝. 然迫於大權, 難副高命."佶自以交分之深, 意謂無阻, 聞之怒曰:"季布所以名重天下者, 能立然諾. 今君移妄於某, 蓋以某官閑也. 平生交契, 今日絶矣!"不揖而行, 春官遽追之曰:"迫於豪權, 留之不得. 竊恃深顧, 外於形骸, 見責如此, 寧得罪於權右耳. 請同尋榜, 揩名塡之."祭酒開榜, 見李公夷簡, 欲揩, 春官急曰:"此人宰相處分, 不可去."指其下李溫曰:"可矣."遂揩去'溫'字, 注'俊'字. 及牓出, 俊名果在已前所指處.

其日午時, 隨衆參謝, 不及赴糕客之約. 追暮將歸, 道逢糕客, 泣示之背曰:"爲君所誤, 得杖矣! 牘吏將擧勘, 某更他祈, 共止之."某背實有重杖者. 俊驚謝之, 且曰:"當如何?"客曰:"來日午時, 送五萬緡, 亦可無追勘之厄."俊曰:"諾."及到時焚之, 遂不復見.

然俊筮仕之後, 追勘貶降, 不絶於道. 纔得岳州刺史, 未幾而終. (出『續玄怪錄』)

341·2(4379)
이 적(李 赤)

[당나라] 정원연간(貞元年間: 785~804)에 오군(吳郡)의 진사(進士) 이적은 조민지(趙敏之)와 함께 민(閩) 지방을 유람했다. 그들은 구주(衢州)의 신안현(信安縣)으로 가다가 현성(縣城)에서 30리 떨어진 곳에 있는 역참의 청사에서 숙박했다. 그런데 한밤중에 갑자기 한 부인이 정원 안으로 들어오자, 이적은 잠결에 벌떡 일어나 계단을 내려가서 그녀에게 정중히 인사했다. 그리고는 한참 있다가 청사로 올라오더니 상자를 열고 종이와 붓을 꺼내 친지에게 보내는 편지 한 통을 썼는데, 그 내용은 이러했다.

"나는 곽씨(郭氏)에 의해 남편으로 선택되었다."

이적은 같은 뜻의 글을 중복해서 쓰고 난 뒤에 그것을 상자 속에 잘 넣어두었다. 그리고는 다시 정원으로 내려가자, 부인이 수건을 꺼내 이적의 목을 졸랐다. 그때 조민지가 달려나가 고함을 치자, 부인은 곧장 수건을 집어들고 달아났다. 이적이 쓴 편지를 살펴보았더니 그가 꿈속에서 쓴 것 같았다.

다음날 두 사람은 다시 함께 길을 떠나 남쪽으로 가서 건중역(建中驛)에 머물렀는데, 대낮에 또 이적이 실종되었다. 조민지가 곧장 황급히 측간으로 가서 보았더니, 이적이 평상에 앉아 있다가 조민지에게 버럭 화를 내며 말했다.

"막 감사의 예를 올리려던 참이었는데 당신 때문에 놀라 산통 깨지고 말았소!"

열흘 뒤에 그들은 민 지방에 도착했는데, 그곳 관료 중에서 이적과 예전부터 교유하던 사람이 연회를 마련하여 함께 술을 마시던 차에 또 이적이 실종되었다. 조민지가 급히 측간에서 이적을 찾아내서 보았더니, 그는 땅바닥에 엎어져 숨이 이미 끊어져 있었다. (『독이지』)

貞元中, 吳郡進士李赤者, 與趙敏之相同遊閩. 行及衢之信安, 去縣三十里, 宿於舘廳. 宵分, 忽有一婦人入庭中, 赤於睡中蹶起下階, 與之揖讓. 良久卽上廳, 開篋取紙筆, 作一書與其親, 云:"某爲郭氏所選爲壻."詞旨重疊, 訖, 乃封於篋中. 復下庭, 婦人抽其巾縊之. 敏之走出大叫, 婦人乃收巾而走. 乃視其書, 赤如夢中所爲.

明日, 又偕行, 南次建中驛, 白晝又失赤. 敏之卽遽往廁, 見赤坐於牀, 大怒敏之曰: "方當禮謝, 爲爾所驚!" 浹日至閩, 屬寮有與赤遊舊者, 設燕飮次, 又失赤. 敏之疾索於廁, 見赤僵仆於地, 氣已絶矣. (出『獨異志』)

341·3(4380)
위 포(韋 浦)

위포는 수주사조(壽州士曹)로 있다가 관리선발에 응시하러 [도성으로] 가는 도중에 문향(閺鄕)의 객사에 이르렀다. 위포가 한창 식사하고 있을 때, 갑자기 한 사람이 다가와 절을 하며 말했다.

"저 귀원창(歸元昶)은 늘 말고삐 잡는 마부 일을 해왔는데, 당신 문하에서 말 사육하는 일꾼이 되고 싶습니다."

위포가 그를 살펴보니, 옷은 매우 더러웠으나 기상과 풍채가 시원하고 빼어나기에 그에게 말했다.

"너는 어디에서 왔느냐?"

그가 대답했다.

"저는 일찍이 빙육랑(馮六郎)의 덕택으로 하중(河中)에서 직분을 맡아 꽤 오랜 세월 동안 있었고 주어진 일도 열심히 했기 때문에 빙육랑의 두터운 신임을 받았습니다. 일전에 강주(絳州)의 헌원사랑(軒轅四郎)이신 빙육랑과 함께 이곳에 와서 변판관(卞判官)에게 요대(腰帶)를 사다달라고 청했을 때, 제가 그 아래에서 찻값이나 술값 좀 달라고 했는데 결국 그 말이 빙육랑에게까지 들어갔습니다. 그런데 빙육랑은 제가 속이는 것이 있다고 생각하여 저를 내쳐서 이곳에 두고 떠났습니다. 저는 비천한 일꾼으로 가진 재물도 거의 없고 [상관이 내려준] 첩지도 없어서 관문을 넘어갈 수 없습니다. 저는 이십이랑(二十二郎: 韋浦)께서 장차 서쪽으로 가려 하신다고 삼가 알고 있는데, 이 기회에 [저도 함께 서쪽으로] 돌아갈 수 있게 된다면 저의 소원이 이루어지는 것입니다. 혹 당신께서 우둔하고 비천한 저를 버리지 않고 마부 일을 맡겨주신다면, 소인과 같은 주제에 또 얼마나 다행이겠습니까!"

위포는 그의 청을 들어주기로 했다.

위포는 식사를 마치고 [귀원창과 함께] 10여 리를 갔는데, 귀원창이 위포의 지시를 잘 받들어 미리 알아서 일 처리를 했기에 위포는 아주 훌륭한 하인을 얻었다고 생각했다. 얼마 후 그들이 찻집에서 쉬고 있을 때, 수십 대의 소 수레가 막 도착하여 [수레 주인이] 멍에를 풀고 소를 놓아 길옆에서 풀을 뜯어먹게 했다. 그때 귀원창이 소 무리 옆을 빨리 지나가면서 손으로 한 소의 다리를 치자, 그 즉시 소가 아파 울면서 앞으로 걸어가지 못했다. 수레 주인은 [귀원창의 행동을] 전혀 보지 못한 채 황급히 수의사를 찾으려 했는데, 그때 귀원창이 수레 주인에게 말했다.

"나는 일찍이 수의사를 지낸 적이 있으므로 당신을 위해 이 소를 치료해드리겠소."

그리고는 곧장 담 밑에서 약간의 흙을 비벼 가루로 만든 뒤 소의 다리 위에 바르고 나서 소를 급히 몰아 수십 걸음 내달리게 했더니, 마침내 소가 이전처럼 나았다. 사람들은 모두 신기해하면서 감탄했다. 수레 주인이 귀원창에게 차 2근으로 보답하자, 귀원창은 즉시 그것을 위포에게 바치며 말했다.

"저처럼 하찮은 종복이 다행스럽게도 당신의 돌봐주심을 받았으니, 보잘것없는 재주로 얻은 것을 바쳐 옛날 미나리 바친 자[獻芹者: 어떤 시골 사람이 미나리를 이 세상에서 제일 맛있는 것이라고 생각하여 동네 부호에게 바쳤는데 그 맛이 형편없었다는 이야기가 『列子』「楊朱」에 나옴. 후에 변변치 않은 것을 드린다는 謙辭로 쓰임]를 본받고자 합니다."

위포는 더욱 그를 좋아하게 되었다.

위포 일행은 [계속 가서] 동관(潼關)에 머물렀다. 그때 객점 주인의 어린 아들이 문 앞에서 놀고 있었는데, 귀원창을 보았더니 그가 손으로 그 아이의 등을 찌르자 아이가 즉시 놀라 기절하더니 한 식경 동안 깨어나지 못했다. 객점 주인이 말했다.

"이런 증상은 악귀에 씌워 생긴 것이다!"

그리고는 급히 이낭(二娘)을 불러 한참만에 그녀가 도착했는데, 이낭은 무당이었다. 이낭은 도착하자마자 비파를 켜서 신을 맞이했는데, 한참 동안 하품과 재채기를 하고 나서 말했다.

"삼랑(三郎)께서 와서 주인에게 말을 전하라고 하십니다. 이는 객귀(客鬼)가 재앙을 일으킨 것인데 내가 이미 그를 체포했다고."

그러면서 그 객귀의 모습과 옷차림을 말했는데 바로 귀원창이었다. 이낭이 또 말했다.

"아들을 향탕(香湯)으로 목욕시키면 그 병이 나을 것이오."

주인이 그 말대로 했더니 아들의 병이 즉시 나았다. 위포는 귀원창이 한 짓을 보았기에 이미 그를 꺼려하고 있었는데, 무당이 그런 말을 하자 귀원창을 불렀으나 그는 오지 않았다.

위포는 다음날 다시 길을 떠나 적수(赤水)의 서쪽에서 머물렀다. 그때 길옆에서 갑자기 귀원창이 나타났는데, 그는 다 떨어진 자주색 적삼을 입은 채 등에 뭔가를 짊어진 것처럼 걸음걸이가 매우 무거웠다. 귀원창이 말했다.

"제가 어찌 감히 부끄럽다고 여기지 않겠습니까? 그래서 금방 이십이랑을 뵈러오지 못했던 것입니다. 저는 객귀입니다. 어제의 일은 감히 다시 말씀드리지 않겠습니다. 저는 이미 화악신군(華嶽神君)에게 벌을 받았습니다. 무당이 말한 삼랑은 바로 금천왕(金天王)입니다. 저는 이 경계에서 한가로이 다닐 수 없게 되었으며, 지독한 곤장형을 받았습니다. 이제야 이십이랑을 뵙게 되었는데, 당신은 도성에 도착하면 틀림없이 이곳의 현령이 되실 것이니 걱정하지 않으셔도 됩니다. 나중에 다시 이곳에서 당신의 돌아오는 수레를 기다리겠습니다."

위포가 말했다.

"네가 이전에 말한 빙육랑 등이 설마 모두 사람은 아니겠지?"

귀원창이 말했다.

"빙육랑은 성명이 빙이(馮夷)며 바로 하백(河伯)인데, 헌원천자(軒轅天子)의 사랑하는 아들입니다. 변판관은 성명이 변화(卞和: 春秋時代 楚나라 사람으로, 荊山에서 璞玉을 구해 楚王에게 바쳤으나 의심을 받아 刖刑을 당했는데, 나중에 박옥을 다듬어보니 진귀한 寶玉이어서 이를 和氏璧이라 했음)며, 바로 옛날에 월형(刖刑: 발꿈치를 자르는 형벌)을 받았던 사람입니다. 그는 보옥을 잘 식별했기 때문에 저승에서 그를 형산옥사판관(荊山玉使判官)으로 삼았습니다. 헌원 집안의 노복이 사소한 일[귀원창이 변판관에게 찻값과 술값을 달라고 한 일]을 눈감아주지 않았기 때문에 저는 곧바로 빙육랑의 눈밖에 나게 되었던 것입니다. 지금 이렇게 곤궁한 처지에 있는 것은 사실 여기에서 비롯된 것입니다."

위포가 말했다.

"빙이의 항렬이 어찌하여 여섯째냐?"

귀원창이 말했다.

"빙이는 수관(水官)인데 [五行의] 수(水)가 수리(數理)로 6에 해당하므로 그렇게 부를 뿐입니다. 본래 황제(黃帝)의 네 아들 중에서 헌원사랑이 바로 그 막내입니다."

위포는 그해에 곽구현령(霍丘縣令)에 제수되어 귀원창의 말대로 되었다. 위포가 관직에 부임하러 그곳[적수의 서쪽]에 이르렀을 때, 비록 아무 것도 보이지는 않았지만 희끄무레하게 뭔가 있는 것 같았다. (『하동기』)

韋浦者, 自壽州士曹赴選, 至閺鄕逆旅. 方就食, 忽有一人前拜曰: "客歸元卹, 常力鞭轡之任, 願備門下廝養卒." 浦視之, 衣甚垢而神彩爽邁, 因謂曰: "爾何從而至?" 對曰: "某早蒙馮六郎, 職在河中, 歲月頗多, 給事亦勤, 甚見親任. 昨六郎·絳州軒轅四郎同至此, 求卜判官買腰帶, 某於其下丐茶酒直, 遂有言語相及. 六郎謂某有所欺, 斥留於此. 某備賤, 復尠資用, 非有符牒, 不能越關禁. 伏知二十二郎將西去, 償因而獲歸, 爲願足矣. 或不棄頑下, 終賜鞭驅, 小人之分, 又何幸焉!" 浦許之.

食畢, 乃行十數里, 承順指顧, 無不先意, 浦極謂得人. 俄而憩於茶肆, 有扁乘數十適至, 方解轅縱牛, 齕草路左. 歸趣過牛羣, 以手批一牛足, 牛卽鳴痛不能前. 主初不之見, 遽將求醫, 歸謂曰: "吾常爲獸醫, 爲爾療此牛." 卽於墻下捻碎土少許, 傅牛脚上, 因疾驅數十步, 牛遂如故. 衆皆興嘆. 其主乃賞('賞'原作'買', 據明鈔本改)茶二斤, 卽進於浦曰: "庸奴幸蒙見諾, 思以薄伎所獲, 倣獻芹者." 浦益憐之.

次於潼關. 主人有稚兒戲於門下, 乃見歸以手捖其背, 稚兒卽驚悶絶, 食頃不寤. 主人曰: "是狀爲中惡!" 疾呼二娘, 久方至, 二娘巫者也. 至則以琵琶迎神, 欠嚏良久, 曰: "三郞至矣, 傳語主人. 此客鬼爲祟, 吾且錄之矣." 言其狀與服色, 眞歸也. 又曰: "若以蘭湯浴之, 此患除矣." 如言而稚兒立愈. 浦見歸所爲, 已惡之. 及巫者有說, 呼則不至矣.

明日又行, 次赤水西. 路傍忽見元卹, 破弊紫衫, 有若負而顧步甚重. 曰: "某不敢以爲羞恥? 便不見二十二郎. 某客鬼也. 昨日之事, 不敢復言. 已見責於華嶽神君. 巫者所云三郞, 卽金天也. 某爲此界, 不果閑行, 受笞至重. 方見二十二郎, 到京當得本處縣令, 無足憂也. 他日亦此佇還車耳."浦云:"爾前所說馮六郎等, 豈皆人也?"歸曰:"馮六郎名夷, 卽河伯, 軒轅天子之愛子也. 卞判官名和, 卽昔刖足者也. 善別寶, 地府以爲荊山玉使判官. 軒轅家奴客, 小事不相容忍, 遽令某失馮六郎意. 今日迯竄, 實此之由."浦曰:"馮何得第六?"曰:"馮水官也, 水成數六耳. 故黃帝四子, 軒轅四郎, 卽其最小者也."浦其年選授霍丘令, 如其言. 及赴官至此, 雖無所覩, 肸饗如有物焉. (出『河東記』)

341·4(4381)
정 순(鄭 馴)

정순은 정원연간(貞元年間: 785~804)에 진사(進士)에 급제하여 문하전의(門下典儀)에 임명되었으며, 항렬은 서른다섯째였다. 그의 장원은 화음현(華陰縣)에서 남쪽으로 5~6리 떨어진 곳에 있었는데, 현 전체에서 가장 좋은 땅이었다. 정순은 형제가 4명이었는데, [나머지 형제의 이름은] 정경(鄭駉)·정기(鄭驥)·정도(鄭騊)였다. 그 중에서 정도와 정순은 진사에 급제하여 당시에 명망이 높았으므로, 현의 대부(大夫)로부터 외지에서 온 선비들까지 그들을 흠모하지 않는 사람이 없었다.

정순은 위교(渭橋)의 급납판관(給納判官) 고숙양(高叔讓)과 안팎으로 교분이 두터웠는데, 때때로 그를 찾아가 도움을 구했다. 한번은 고숙양이 정순을 위해 생선회를 차렸는데, 그날 밤에 정순은 갑자기 토사곽란(吐瀉霍亂)에 걸려 죽었다. 당시는 날씨가 한창 더웠는지라 고숙양은 정순의 집안사람들이 오기를 미처 기다리지 못하고 곧장 관곽(棺槨: 안 관과 겉 관)과 수의를 마련하여 시체를 염했으며, 명기(冥器: 副葬하던 기물. 나중에는 死者를 위해 태우는 종이 기물을 말함)로 노복과 말을 아주 정성껏 준비했다. 그리고 명기 동복의 등에 한 명은 '응아(鷹兒)'라고 적고 다른 한 명은 '골자(鶻子)'라고 적었으며, 명기 말 중에서 푸른 것에는 '살두총(撒豆驄)'이라고 적었다. 10여 일 뒤에 정순의 시체를 운구하여 화음현의 별장으로 돌아갔다.

당시 외지 사람 이도고(李道古)는 반 달 동안 괵천(虢川)을 유람하고 있었는데, 정순이 죽은 사실을 아직 모르고 있었다. 그는 돌아오다가 동관(潼關) 서쪽의 영풍창(永豐倉) 길에 이르렀을 때, 갑자기 북쪽에서 오는 정순과 마주쳤는데 수레와 노복이 아주 성대했다. 그래서 이도고가 말했다.

"헤어진지 열흘밖에 되지 않았는데, 당신의 행차가 어찌 이렇게 성대해졌소?"

정순은 흡족한 기색을 띠며 이도고에게 말했다.

"대부분 위교의 고(高) 어른께서 마련해주신 것이오."

그리고는 즉시 응아와 골자 두 동복을 불러 이대랑(李大郎: 李道古)에게 인사드리게 하자, 이도고가 농담삼아 말했다.

"성명(聖明)한 시대의 문인학사도 매와 송골매를 기르시오?"

정순은 또 자신이 타고 있는 말을 가리키며 말했다.

"내 살두총도 한 번 구경하시오."

이도고가 말했다.

"나는 자못 당신이 부러운데 어떻게 하면 그렇게 될 수 있소?"

정순이 말했다.

"훌륭한 품덕을 열심히 닦기만 하면 그리 되는 것이 뭐 어렵겠소?"

두 사람은 나란히 말을 타고 가서 야호천(野狐泉)에 도착했는데, 이도고가 그곳에 머물러 식사하자고 했으나 정순은 말을 몰아 지나가면서 말했다.

"집이 여기서 지척인데 뭐 하러 굳이 여기서 식사하려 하시오?"

잠시 후 두 사람은 화음현의 악묘(岳廟) 동쪽에 도착했는데, 정순이 이도고에게 읍(揖)하며 말했다.

"나는 여기서 지름길로 해서 돌아가겠소."

이도고가 말했다.

"이대로 함께 현으로 가면 되니 굳이 길을 돌아가지 않았으면 하오."

정순이 말했다.

"나는 집을 떠난 지가 반 달이나 되었기에 빨리 돌아가야 하오."

정순은 한사코 악묘를 지나가려 하지 않았다.

얼마 후 이도고는 현에 도착하여 아전에게 물었다.

"현령과 여러 관리들은 어디에 계시오?"

아전이 말했다.

"방금 전에 정삼십사랑(鄭三十四郎: 鄭馴의 부친)을 위문하러 현 남쪽으로 가셨습니다."

이도고가 말했다.

"무슨 일을 위문한단 말이오?"

아전이 말했다.

"정삼십오랑(鄭三十五郎: 鄭馴)이 이 달 초에 위교에서 죽었는데, 그 영구가 어젯밤에 장원으로 돌아왔답니다."

이도고가 어이없다는 듯이 웃으며 말했다.

"내가 방금 전에 정삼십오랑과 함께 동관에서 오는 길이오."

온 현의 주민과 관리들이 모두 [정순이 죽은 것이] 거짓말이 아니라고 하자, 이도고는 깜짝 놀라면서도 여전히 믿지 않았다. 그래서 즉시 말을 몰아 급히 달려 정씨네 장원으로 갔다. 도중에 이도고는 정씨네 장원에서 돌아오고 있던 현리(縣吏) 최빈(崔頻), 현승(縣丞) 배현(裴懸), 주부(主簿) 노사경(盧士瓊), 현위(縣尉) 장유(莊儒)와 그 동생 장고(莊古), 외지 손님 위납(韋納)·곽존중(郭存中)을 만나 말을 세우고 얘기를 나누었다. 이도고는 그제야 너무 놀라 한참 후에야 말을 할 수 있었으며, 한편으로 자신에게 화가 미칠까봐 걱정했다.

그 후 그곳을 왕래하는 사람들은 도성의 번화한 곳에서 종종 정순을 만나곤 했는데, 정순의 행색과 노복·말 등은 이도고가 보았던 것과 다르지 않았지만 더 이상 말은 하지 않았다. (『하동기』)

鄭馴, 貞元中進士擢第, 調補門下典儀, 第三十五. 莊居在華陰縣南五六里, 爲一縣之勝. 馴兄弟四人, 曰駰, 曰驥, 曰駒. 駒與馴, 有科名時譽, 縣大夫洎邑客無不傾嚮之.

馴與渭橋給納('納'原作'給', 據明鈔本改)判官高叔讓中外相厚, 時往求丐. 高爲設鱠食, 其夜, 暴病霍亂而卒. 時方暑, 不及候其家人, 卽爲具棺槨衾襚歛之, 冥器奴馬, 無不精備. 題冥器童背, 一曰'鷹兒', 一曰'鶻子', 馬有靑色者, 題云'撒豆驄'. 十數日, 柩歸華陰別墅.

時邑客李道古遊號川牛月矣, 未知馴之死也. 回至潼關西永豊倉路, 忽逢馴自北來, 車僕甚盛. 李曰:"別來旬日, 行李何盛耶?"色氣忻然, 謂李曰:"多荷渭橋老高所致."卽呼二童鷹兒・鶻子參李大郞, 戲謂曰:"明時文士, 乃蓄鷹鶻耶?"馴又指所乘馬曰:"兼請看僕撒豆驄."李曰:"僕頗有羨色, 如何?"馴曰:"但勤修令德, 致之何難?"乃相與並轡, 至野狐泉, 李欲留食, 馴以馬策過曰:"去家咫尺, 何必食爲?"有頃, 到華陰岳廟東, 馴揖李曰:"自此逕路歸矣."李曰:"且相隨至縣, 幸不廻路."馴曰:"僕離家半月, 還要早歸."固不肯過岳廟.

須臾, 李至縣, 問吏曰:"令與諸官何在?"曰:"適往縣南慰鄭三十四郞矣."李曰:"慰何事?"吏曰:"鄭三十五郞, 今月初向渭橋亡, 神柩昨夜歸莊耳."李矍然曰:"我適與鄭偕自潼關來."一縣人吏皆曰不虛, 李愕然, 猶未之信. 卽策馬疾馳, 往鄭莊. 中路逢縣吏崔頻, 縣丞裴懸, 主簿盧士瓊, 縣尉莊儒及其弟莊古, 邑客韋納・郭存中, 並自鄭莊回, 立馬叙言. 李乃大驚, 良久方能言, 且憂身之及禍.

後往來者, 往往於京城中鬧處卽逢, 行李僕馬, 不異李之所見, 而不復有言. (出『河東記』)

341・5(4382)
위 붕(魏 朋)

건주자사(建州刺史) 위붕은 임기를 마친 후 남창(南昌)에서 타향살이를 했는데, 그는 본디 시재(詩才)가 없었다. 나중에 그가 병에 걸려 정신이 혼미해졌을 때 마치 어떤 사람이 그를 맞이해 가는 것 같았는데, 그때 그는 갑자기 붓을 찾아 시를 베껴 썼다.

외로운 무덤은 맑은 강에 임해 있어,
매일 해 지는 것을 바라보네.
소나무 그림자는 세찬 바람에 흔들리고,
달빛은 절벽 가로 떨어지네.
예서 고향은 천여 리,
찾아오는 친척도 거의 없네.
저 멀리 구름 낀 산 바라보며,
싸라기눈 같은 눈물만 슬피 흘리네.
한스럽게도 천대(泉臺: 黃泉)의 나그네 되어,
이곳 타향 마을로 돌아왔네.
돈독했던 옛 정을 말하고 싶으니,
이 비천한 몸 버리지 마시오.

시의 뜻은 마치 위붕의 죽은 부인이 그에게 주는 것 같았다. 그로부터 10여 일 후에 위붕도 죽었다. (『현괴록』)

建州刺史魏朋, 辭滿後, 客居南昌, 素無詩思. 後遇病, 迷惑失心, 如有人相引接, 忽索筆抄詩言:"孤憤臨淸江, 每覲白日晚. 松影搖長風, 蟾光落巖甸. 故鄕千里餘, 親戚罕相見. 望望空雲山, 哀哀淚如霰. 恨爲泉臺客, 復此異鄕縣. 願言敦疇昔, 勿以棄疵賤." 詩意如其亡妻以贈朋也. 後十餘日, 朋卒. (出『玄怪錄』)

341·6(4383)
도정방택(道政坊宅)

[당나라] 정원연간(貞元年間: 785~804)에 도정리(道政里)의 네거리

동쪽에 있던 작은 집은 괴이한 일이 날마다 일어났으며, 그 집에 살던 사람은 반드시 흉칙한 재앙을 당했다. 당시 진사(進士) 방차경(房次卿)이 그 집의 서쪽 별채를 빌려 살았는데, 몇 달 동안 아무런 재앙이 일어나지 않자 사람들에게 자랑삼아 말했다.

"이제 내 앞길은 저절로 열리게 될 것이오. 모두들 이 집이 흉가라고 했지만 나 차경에게는 아무런 일도 일어나지 않았소."

이직방(李直方)이 그 말을 듣고 대꾸했다.

"그건 선배(先輩)가 그 집보다 흉칙하기 때문이지요."

사람들이 모두 크게 웃었다.

나중에 동평절도사(東平節度使) 이사고(李師古)가 그 집을 사들여 진주원(進奏院: 唐代 藩鎭이 도성에 설치한 저택으로, 그 우두머리가 이곳에 머물면서 천자를 알현하고 일을 아뢰었음)으로 삼았다. 당시 동평군(東平軍)에서는 동짓날을 축하할 때가 되면, 늘 50~60명이 사냥매와 사냥개를 끌고 왔으며 무장(武將)과 군리(軍吏)들이 짐승을 잡아 요리해서 먹었는데, 모두들 이것을 일상적인 일로 여겼다. 진사 이장무(李章武)는 막 급제했으며 젊은 패기를 자부하고 있었는데, 아침 일찍 태사승(太史丞) 서택(徐澤)을 찾아갔다. 그런데 때마침 서택이 일찍 출타하고 없었기에 이장무는 그 집에서 말을 쉬게 했다. 그날은 동평군의 군사들이 모두 돌아간 뒤였다. 그때 갑자기 당상(堂上)에 등이 구부정하고 검붉은 옷을 입은 어떤 노인이 보였는데, 그 노인은 붉은 눈에 눈물을 흘리면서 계단 앞에서 햇볕을 쬐고 있었다. 서쪽 별채에는 짙은 노란색 치마에 헤진 흰 잠방이를 입은 노모가 대바구니 두 개를 짊어지고 있었는데, 그 바구니에는 죽은 사람의 뼈다귀와 나귀·말 등의 뼈가 가득 담겨 있었다. 또 그 노모는 사람의 갈비뼈 6~7개를 비녀 삼아 머리에 꽂고서 이사하려는 듯이 보였다. 노인이 노모를 불러 말했다.

"사낭자(四娘子)는 어찌하여 이곳에 왔소?"

노모가 대답했다.

"고팔장(高八丈)은 만복을 누리소서!"

그리고는 황급히 말했다.

"잠시 고팔장께 작별을 고하고 이사가려 합니다. 근자에 이 집은 너무 시끄러워서 살려고 해도 도저히 살 수 없습니다."

이장무의 친한 친구가 직접 말하길, 그 집은 본래 흉가였다고 했다. 혹자는 이장무가 친구의 말로 인해 꾸며낸 이야기라고도 한다. (『건손자』)

道政里十字街東, 貞元中, 有小宅, 怪異日見, 人居者必大遭凶禍. 時進士房次卿假西院住, 累月無患, 乃衆誇之云: "僕前程事, 可以自得矣. 咸謂此宅凶, 於次卿無何有." 李直方聞而答曰: "是先輩凶於宅." 人皆大笑.

後爲東平節度李師古買爲進奏院. 是時東平('軍'原作'君', 據明鈔本改)每賀冬正, 常五六十人, 鷹犬隨之, 武將軍吏, 烹炰屠宰, 悉以爲常. 進士李章武初及第, 亦負壯氣, 詰朝, 訪太史丞徐澤. 遇早出, 遂憩馬於其院. 此日東平軍士悉歸. 忽見堂上有個背衣黯緋老人, 目且赤而有淚, 臨階曝陽. 西軒有一衣暗黃裙白褡襠老母, 荷擔二籠, 皆盛亡人碎骸及驢馬等骨. 又揷六七枚人肋骨於其髻爲釵, 似欲移徙. 老人呼曰: "四娘子何爲至此?" 老母應曰: "高八丈萬福!" 遽云: "且辭八丈移去. 近來此宅大躁聒, 求住不得也."

章武知音親說, 此宅本凶. 或云, 章武因此玥粉黛(明鈔本'玥'作'而', '黛'作

'飾')耳. (出『乾𦠿子』)

341 · 7(4384)
정경라(鄭瓊羅)

단문창(段文昌)의 사촌동생 단 아무개는 정원연간(貞元年間: 785~804) 말에 신안현(信安縣)에서 낙양(洛陽)으로 돌아오는 도중에 저물녘에 과주(瓜洲)에 도착하여 배 안에서 묵었다. 그는 깊은 밤에 금(琴)을 연주하고 있었는데, 갑자기 밖에서 탄식하는 소리가 들리자 연주를 멈추었더니 즉시 탄식 소리도 들리지 않았다. 이렇게 서너 번을 하고 난 뒤에야 단 아무개는 기러기발을 풀어놓고 잠자리에 들었다. 그런데 그의 꿈에 20여 살쯤 되어 보이는 어떤 여자가 초췌한 모습에 떨어진 옷을 입고 나타나, 그에게 다가와 절을 하며 말했다.

"소첩은 성이 정(鄭)이고 이름이 경라(瓊羅)이며, 본래 단도현(丹徒縣)에 살았습니다. 부모님께서 일찍 돌아가셔서 홀로 된 올케에 의지했는데, 올케마저 불행히도 죽는 바람에 결국 이모를 찾으러 양자현(楊子縣)으로 갔습니다. 밤에 객점에 도착했을 때, 시장 관리의 아들인 왕유거(王惟擧)가 술기운에 소첩을 강제로 욕보이려 하자, 소첩은 피할 수 없음을 알고 목도리로 목을 매어 자살했습니다. 그래서 시장 관리의 아들은 생선가게의 서쪽 도랑 속에 소첩을 몰래 묻었습니다. 그날 밤에 소첩은 양자현령 석의(石義)의 꿈에 두 번이나 나타나 그 사실을 알렸으나 현령은 결국 사건을 처리해주지 않았습니다. 그래서 소첩이 다시 강에서 원기(寃氣)로 나타났더니, 석의는 오히려 그것을 안개가 아닌 상서로운 조짐이라고 생각한 나머지 그 광경을 그려 조정에 표문(表文)을 올려 아뢰었습니다. 소첩은 40년 동안 원한을 품고 있지만 이를 씻어줄 사람이 없습니다. 소첩의 부모님은 모두 금을 잘 타셨는데, 방금 전에 당신이 타는 금 소리를 들어보니 곡조가 훌륭하고 가락이 조화로워서 저도 모르게 이곳까지 오게 되었습니다."

얼마 후 단 아무개는 낙양 북쪽 하청현(河淸縣)의 온곡(溫谷)에 도착하여 처남 번원칙(樊元則)을 찾아갔는데, 번원칙은 어려서부터 특이한 법술을 지니고 있었다. 그곳에 머문 지 며칠 뒤에 번원칙이 갑자기 단 아무개에게 말했다.

"매형은 어찌하여 여자 귀신 하나를 데리고 다니십니까?"

단 아무개가 그 귀신을 쫓아달라고 부탁하자 번원칙은 등불을 켜고 향을 사르면서 법술을 부렸는데, 잠시 후 등불 뒤에서 쏴쏴 하는 소리가 나자 번원칙이 말했다.

"이것은 귀신이 종이와 붓을 달라는 뜻입니다."

그래서 즉시 종이와 붓을 등불 그림자 속으로 던져주었더니, 잠시 후 종이 한 장이 허공에서 급히 떨어졌다. 등불 앞에서 그것을 살펴보았더니, 종이 가득 글씨가 씌어 있었다. 글씨는 칠언잡시(七言雜詩) 같았는데 그 내용이 몹시 처량하고 한스러웠다. 번원칙은 급히 그것을 베껴쓰게 하면서, 귀신의 글씨는 얼마 가지 못하고 곧 지워져버린다고 했다. 새벽이 되자 종이 위에 그을음이 낀 것 같더니 한 글자도 남아 있지 않았다. 번원칙은 또 술과 안주와 지전을 준비하게 하여 황혼녘에 길에서 그것을 살라주었는데, 그때 바람이 재를 말아 올려 곧장 위로 몇 척까지 치솟더니 [허공에서] 슬피 우는 소리가 들렸다.

　귀신이 지은 시는 모두 262자로 대략 맺힌 원한을 하소연하는 뜻이었다. 그런데 그 말이 매우 이해하기 어렵기 때문에 전체 시를 다 기록하지는 않는다. 그 중에서 28자는 다음과 같다.

　　원통함이 가슴에 쌓여 있지만 말할 수 없고,
　　창자가 마디마디 끊어지지만 어디에 하소연하리오?
　　봄이면 만물이 자라나지만 소첩은 살아날 수 없는데,
　　향혼(香魂: 꽃의 精靈. 여자의 넋을 비유함)조차 만나지 못함이 더욱 한스럽네.

(『유양잡조』)

段文昌從弟某者, 貞元末, 自信安還洛, 暮達瓜洲, 宿於舟中. 夜久彈琴, 忽外有嗟嘆聲, 止息卽無. 如此數四, 乃緩軫還寢. 夢一女年二十餘, 形悴衣敗, 前拜曰:"妾姓鄭名瓊羅, 本居丹徒. 父母早亡, 依於孀嫂, 嫂不幸又沒, 遂來楊子尋姨. 夜至逆旅, 市吏子王惟擧乘醉逼辱, 妾知不免, 因以領巾絞頸自殺. 市吏子乃潛埋於魚行西渠中. 其夕, 再見夢於楊子令石義, 竟不爲理. 復見寃氣於江, 石尙謂非煙之祥, 圖而表奏. 抱恨四十年, 無人爲雪. 妾父母俱善琴, 適聽君琴聲, 奇弄翕響, 不覺來此."

　尋至洛北河淸縣溫谷, 訪內弟樊元則, 少有異術. 居數日, 忽曰:"兄安得一女鬼相隨?"請言遣之, 乃張燈焚香作法, 頃之, 燈後窣窣有聲, 元則曰:"是請紙筆也." 卽投紙筆於燈影中, 少頃, 滿('滿'原作'旅', 據明鈔本改)紙疾落. 燈前視之, 書盈於幅. 書若雜言七字, 辭甚悽恨. 元則遽令錄之, 言鬼書不久輒漫滅. 及曉, 紙上若煤汚, 無復字也. 元則復令具酒脯紙錢, 乘昏焚於道, 有風旋灰,直上數尺, 及聞悲泣聲.

　詩凡二百六十二字, 率叙幽寃之意. 語不甚曉, 詞故不載. 其中二十八字曰: "痛塡心兮不能語, 寸斷腸兮訴何處? 春生萬物妾不生, 更恨香魂不相遇."(出『酉陽雜俎』)

태평광기 권제 342

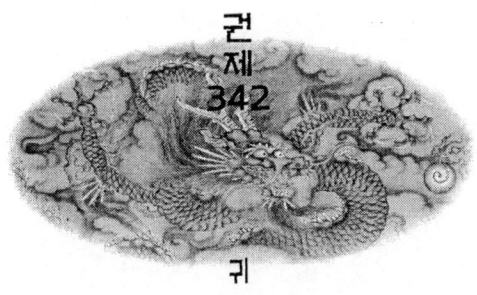

귀 27

1. 독고목(獨孤穆)
2. 화주참군(華州參軍)
3. 조숙아(趙叔牙)
4. 주제천(周濟川)

342 · 1(4385)
독고목(獨孤穆)

당(唐)나라 [德宗] 정원연간(貞元年間: 785~804)에 하남(河南) 사람 독고목은 회남(淮南)에서 객지생활을 하다가 밤에 대의현(大儀縣)에서 투숙하려 했다. 대의현에서 10리 남짓 떨어진 곳에 이르렀을 때, 독고목은 말 탄 하녀 한 명을 보았는데 용모가 자못 아름다웠다. 독고목이 슬쩍 농담을 걸어보니 하녀의 대답에 자못 교양이 있었다. 잠시 뒤에 큰길 북쪽으로 샛길이 나오자 그녀는 그 길을 따라 갔다. 이에 독고목이 얼른 말했다.

"조금 전에 겨우 면식을 터서 결국 당신과 교제할 수 있을 것이라 생각했는데, 어째서 갑자기 나를 버려두고 혼자 가는 것이오?"

하녀가 웃으며 말했다.

"저의 부끄러운 마음은 아무리 말로 표현해도 부족하기만 합니다. 다만 저희 아가씨께서 젊은 나이에 홀로 지내시면서 성품도 매우 엄하고 단정하셔서 쉽사리 응할 수 없을 뿐입니다."

독고목이 아가씨의 성(姓)과 내외친척에 대해서 묻자 하녀가 말했다.

"성은 양씨(楊氏)이고 항렬은 여섯째이십니다."

하녀는 다른 질문에 대해서는 대답하지 않았다. 독고목은 자신도 모르는 사이에 [하녀를 따라] 몇 리를 걸어갔다.

잠시 후 한 곳에 도착했는데, 집 안팎이 아주 엄숙했다. 하녀는 말에서 내려 안으로 들어가더니 한참 뒤에 나와서 손님을 모시고 청사로 들어가면서 말했다.

"빈객의 발길이 끊긴지 이미 몇 년이 되었지만, 아가씨께서는 훌륭한 손님이 오셨으니 거절할 이유가 없다고 하셨습니다. 집이 누추하다고 나무라지는 마세요."

그리고는 촛불을 들고 평상을 놓더니 이불과 요를 깔았다. 잠시 뒤에 또 하녀가 나와서 독고목에게 말했다.

"당신은 혹시 수(隋)나라 장군 독고성(獨孤盛)의 후손이 아니세요?"
독고목이 독고성의 8대손이라고 말하자 하녀가 말했다.

"정말 그렇다면 아가씨와 도련님은 이전부터 알고 지내던 사이이십니다."

독고목이 그 까닭을 묻자 하녀가 말했다.

"저는 미천한 사람으로 그 자세한 사정을 모릅니다. 아가씨께서 곧 나오셔서 직접 말씀드릴 것입니다."

잠시 뒤에 음식이 나왔는데, 온갖 산해진미가 다 차려져 있었다. 독고목이 식사를 마치자 하녀 수십 명이 앞장서 인도하며 말했다.

"현주(縣主: 皇族 여자에 대한 封號. 그 지위는 郡主에 다음 감)께서 오셨습니다."

이윽고 한 여자가 보였는데 13~14살가량의 절세미인이었다. 여자는 무릎을 꿇고 절한 뒤 자리에 앉으면서 독고목에게 말했다.

"적막한 시골에 살고 있는지라 손님이 끊긴지 오래되었는데, 뜻밖에도 당신께서 이곳을 찾아주셨군요. 저희 집안은 당신과 예전부터 친분이 있었지만 감히 하녀에게 말하지 못하게 했습니다. 부디 비웃지 말아주십시오."

독고목이 말했다.

"길 가던 나그네에게 머물 곳과 먹을 것을 준 것도 실로 커다란 은혜인데, 이렇게 현주를 만나 뵙고 지난 이야기까지 듣게 될 줄을 어찌 생각이나 했겠습니까? 또한 저는 평생 낙경(洛京: 洛陽)을 떠나본 적이 없기 때문에 강회(江淮) 지역의 친척은 대부분 모르고 있으니, 모두 말씀해주셨으면 합니다."

현주가 말했다.

"제가 직접 모든 것을 말씀드리려 하지만 혹시나 장자(長者: 德望 있는 사람. 여기서는 獨孤穆을 가리킴)를 놀라게 할까봐 두렵습니다. 소첩은 인간세상을 떠난 지 200년이나 되었으니, 당신이 어떻게 저를 알아보시겠습니까?"

독고목은 그녀가 성이 양씨이고 자칭 현주라고 말하는 것을 들었을 때부터 속으로 의심하고 있었는데, 그 말을 듣고 나서 그녀가 귀신인 것을 알게 되었지만 그래도 두려워하지 않았다. 현주가 말했다.

"당신은 독고장군(獨孤將軍)의 귀한 후손으로 대대로 충신열사의 정기를 물려받았기 때문에 약간의 일을 부탁드리고자 하니, 제가 저승사람이라고 해서 의심하지 마십시오."

독고목이 말했다.

"저의 선조께서 수(隋)나라 때의 장군이셨기 때문에 현주께서는 외람되이 제게도 선조의 기풍이 있을 것이라 생각하시고 제게 일을 부탁하려는 것 같은데, 그것은 제가 평생 가장 듣고 싶었던 말이니 무슨 의심할 것이 있겠습니까?"

현주가 말했다.

"직접 모든 것을 말하려고 하니 슬픔이 북받쳐 오릅니다. 소첩의 부친이신 제왕(齊王)은 수나라 황제의 둘째 아드님이셨습니다. 수나라가 망했을 때 소첩의 부친은 황제와 함께 살해당했습니다. 조정의 대신들과 노장들은 역적에게 투항하지 않은 사람이 없었는데, 오직 당신의 선조이신 독고장군께서만은 힘을 다해 역적에게 대항했습니다. 소첩은 그때 어려서 늘 부친의 좌우에 함께 있었기 때문에 모든 것을 보았습니다. 적군이 궁궐에 들어왔을 때 능욕하려는 자가 있었는데 저를 소첩은 치욕스러워서 그들을 꾸짖다가 결국 살해당했습니다."

그리고는 슬픔을 가누지 못했다. 독고목이 그 당시의 사람들과 대업 연간(大業年間: 605~616) 말의 일에 대해 물었더니, 그 대답의 대부분이 수나라 역사에 부합했다.

한참 뒤에 현주는 술을 가져오게 하여 독고목과 함께 마셨다. 현주는 말하면서 자주 슬픔에 목이 메어 하더니, 다음과 같은 시를 지어 독고목에게 주었다.

    옛날 강도(江都)에 난이 일어났을 때,
    적병들이 대궐 안으로 들어왔네.
    승냥이와 호랑이 같은 적병들은 함부로 사람들을 잡아먹고,
    전쟁은 날마다 마구 벌어졌네.
    역도들이 밖에서 들어와,
    한밤중에 몇 겹의 성문을 열었네.
    선혈이 궁전 여기저기에 배고,
    칼과 창이 궁전의 처마와 기둥에 놓여 있었네.
    오늘에야 비로소 역모에 가담한 이들이,

공경대부였다는 것을 알았네.
　　번뜩이는 흰 칼날이 황옥(黃屋: 안에 누런 비단을 덧대어 만든 황제의 수레 덮개. 여기서는 황제를 가리킴)을 더럽히더니,
　　마침내 나라가 무너지고 말았네.
　　세찬 바람 부니 질긴 풀을 알아보겠고,
　　세상이 어지러워지니 충신을 알아보겠네.
　　슬프구나! 독고공은,
　　죽음 앞에서도 갓끈 단단히 매며 굳은 의지 드러냈네.
　　천지가 이미 혼란에 빠지니,
　　구름과 천둥으로 세상이 편치 않았네.
　　지금 이미 200년의 세월이 흘렀건만,
　　억울한 이내 마음은 아직도 편치 않네.
　　산과 강, 바람과 달은 예전 그대로인데,
　　이 내 무덤은 푸른 안개 끼고 이슬에 젖었네.
　　당신은 조상의 훌륭한 덕을 타고나시어,
　　한창 충신열사의 명성을 드러내고 계시네.
　　당신의 화려한 수레가 한번 찾아주시니,
　　내 집은 영광스럽네.
　　장부가 지조를 세우면,
　　살아서든 죽어서든 그 마음을 느낄 수 있네.
　　만약 의로우신 분께 평생을 맡길 수 있다면,
　　누가 외로이 정절 지키며 수절하리까?

　독고목은 깊이 탄식하면서 반첩여(班婕妤: 漢나라 때 班況의 딸로, 成帝 때 宮中女官을 지냈는데, 文才가 매우 뛰어났음. 婕妤는 女官의 명칭)도 현주를 따라갈 수 없다고 생각했다. 이어서 독고목이 현주에게 평생 어떤 작품을 지었는지 물어보았더니, 현주가 대답했다.

　"소첩은 본래 재주가 없고 그저 옛 시문집 읽기를 좋아했습니다. 일찍이 사씨(謝氏) 집안의 자매[晉代 謝安의 조카 謝道蘊을 말함. 그녀는 총명하고 文才가 뛰어났음]와 포씨(鮑氏)의 여러 딸[南朝 宋나라 때의 시인인 鮑照의 여동생 鮑令暉를 말함]들이 모두 글을 잘 지었는데, 저

는 남몰래 그들을 흠모했습니다. 황제께서도 평소에 문학을 좋아하셨기에 가끔씩 제게 시를 지어보라 하셨습니다. 당시 나라 안에서는 설도형(薛道衡: 字는 玄卿으로, 北朝와 隋代에 활약했던 저명한 시인)의 명성이 높았는데, 소첩은 그의 문장을 볼 때마다 속으로 그를 매우 비웃었습니다. 방금 제가 지은 시는 감정이 마음속에서 일어나기에 그저 사실을 기술했을 뿐이니, 어찌 칭찬받을 만하겠습니까?"

독고목이 말했다.

"현주께서는 시재(詩才)를 하늘로부터 타고나셨으니, 바로 업중칠자(鄴中七子: 建安七子. 東漢 建安年間에 시문으로 유명했던 7명의 문인으로, 孔融·王粲·劉楨·陳琳·阮瑀·徐幹·應瑒을 말함. 이들은 모두 鄴에 살았으므로 鄴中七子라고도 함)와 같은 무리이십니다. 설도형을 어찌 현주께 견줄 만하겠습니까?"

독고목은 마침내 시를 지어 화답했다.

그 옛날 하늘에서 재앙 내리니,
수나라 황실은 면류관 끝에 달려 있는 구슬처럼 위태했네.
쌍궐(雙闕: 皇宮)에 근심걱정 있으니,
구주(九州)에서 전쟁이 잇달아 일어났네.
대궐 문을 나서니 모두 흉악한 소인배들이고,
가는 곳마다 역모가 도사리고 있었네.
태양은 갑자기 저물고,
터진 물줄기는 걷잡을 수 없었네.
망이전(望夷殿: 秦나라 때의 궁전 이름. 秦二世가 이곳에서 趙高에게 살해당함. 여기서는 宇文化及이 隋 煬帝를 살해한 일을 비유하고 있음) 담벼락에는 이미 피가 묻었고,
종묘사직에도 치욕을 남겼네.
온실(溫室: 唐나라 때의 궁전 이름. 처음에는 溫湯宮이라 했다가 溫泉宮

으로 개칭했으며, 玄宗 때 다시 華淸宮으로 개칭했음. 여기서는 隋 황실의 궁전을 비유함)의 병사 겨우 규합되었을 때,
　　궁궐에는 이미 피가 흘러넘치고 있었네.
　　가련하구나! 취소자(吹簫子: 秦 穆公의 딸 弄玉을 말함. 簫史가 백학과 공작새를 정원으로 불러들일 만큼 통소를 잘 불자, 목공은 자신의 딸 농옥을 그의 처로 주고 鳳樓를 지어 함께 살게 했음. 농옥은 소사에게 통소 부는 법을 배웠으며 나중에 함께 신선이 되어 봉황을 타고 승천했음. 여기서는 縣主를 비유함)여,
　　슬피 울며 봉루(鳳樓)에서 내려왔구나.
　　서릿발 같은 칼 쥔 놈에게 핍박당해,
　　옥비녀도 찾지 못하는 신세 되었네.
　　비단 저고리 시녀에게 주고,
　　미녀는 결국 그들의 원수가 되었네.
　　나라가 이미 기울어지니,
　　여생을 돌보지 않겠다고 맹세했네.
　　내 조상은 빼어나신 장군으로,
　　오로지 사직만을 걱정했네.
　　붉은 피는 수놓은 병풍에 뿌려지고,
　　풍만한 몸은 창칼에 찢겨졌네.
　　그때의 궁전 지금 와서 보니 벼와 기장만 무성하니,
　　온종일 종주(宗周: 周 왕실. 여기서는 隋나라 황실을 비유함)를 애도하네.
　　「옥수(玉樹: 玉樹後庭花라는 樂曲. 여기서는 隋 황실이 적막하여 더 이상 옛날의 노래 소리가 들리지 않는다는 뜻임)」는 이미 적막해졌고,
　　이 내 천대(泉臺: 무덤)에는 천만 번의 가을 지나갔네.
　　한 번 나를 돌봐주심에 감동하여,
　　죽음으로 보답하고 싶네.
　　이승과 저승이 만약 막혀 있지 않다면,
　　그 안에서 당신과 사랑의 인연을 맺고 싶네.

　현주는 이 시를 서너 차례 읊으면서 한참 동안 스스로 슬픔을 가누지 못했다.
　잠시 후에 시녀 몇 명이 악기를 들고 왔는데, 그 중 한 사람이 앞으로 나와 현주에게 아뢰었다.

"지난날의 일을 이야기하다가 사람을 슬프게 만들까 걱정입니다. 또한 독랑(獨郞: 獨孤穆)께서 막 오셨는데, 설마 밤새 눈물을 흘리며 그를 대하려는 것은 아니겠지요? 제가 사자(使者)에게 부탁해 내씨(來氏) 댁 아가씨를 모셔와 함께 하도록 하겠습니다."

현주는 그렇게 하라고 하더니 잠시 후 독고목에게 말했다.

"방금 불러오겠다던 사람은 대장군 내호아(來護兒: 隋나라 煬帝의 右驍衛大將軍으로, 양제의 총애를 크게 받았음. 江都의 亂 때 于文化及에게 살해되었음)의 가인(歌人)으로 당시에 함께 살해되어 이 근처에 살고 있습니다."

얼마 후에 내호아의 가인이 왔는데, 자색이 매우 뛰어나고 담소를 잘 했다. 이어서 음악이 울려 퍼지자 모두들 마음껏 술을 마시며 몹시 즐거워했다. 내씨(來氏: 來護兒의 歌人)가 노래 몇 곡을 불렀는데, 독고목은 그 가운데 한 곡만을 기억했다.

평양현(平陽縣: 漢代 平陽公主의 封地. 여기서는 귀한 신분을 비유함)
에서 귀하게 자랐지만,
죽어서는 오랫동안 광릉(廣陵)의 흙먼지 되었네.
뜻밖에 낭군께서 찾아오시니,
황천에 다시 봄이 왔네.

한참 있다가 내씨가 말했다.

"소첩은 현주와 이곳에서 200여 년을 살았는데, 오늘 갑자기 가례(佳禮: 婚禮)를 올리게 될 줄을 어찌 기대나 했겠습니까?"

현주가 말했다.

"저는 본래 독고공께서 충신열사 가문의 사람이니 한 번 만나 뵙고 가슴속에 쌓인 울분을 털어놓으려 했을 뿐입니다. 세상의 먼지처럼 하찮은 제가 어찌 감히 군자를 더럽힐 수 있겠습니까?"

그러자 독고목은 현주가 지은 시의 마지막 구를 읊었다.

> 만약 의로우신 분께 평생을 맡길 수 있다면,
> 누가 외로이 정절 지키며 수절하리까?

현주는 미소를 띠며 말했다.

"당신은 기억력도 참 좋으시군요."

그리하여 독고목은 다음과 같은 노래를 불러 자신의 뜻을 은근히 전했다.

> 화려한 규방에 오랫동안 주인 없으니,
> 비단 소매에 먼지만 앉는구나.
> 내 퉁소 부는 사람의 짝이 되어,
> 함께 봉황 타는 사람 되고 싶네 [秦 穆公의 딸 弄玉이 남편 蕭史와 함께 신선이 되어 봉황을 타고 승천한 고사를 차용한 것임. 앞에 이미 나왔음].

그러자 현주도 노래로 답했다.

> 붉은 수레 타고 큰길로 오시니,
> 푸른 풀 사이로 외로운 무덤이 열리네.
> 양대(陽臺: 옛날 楚나라 襄王이 高唐의 神女를 만나 雲雨의 정을 나눈 곳) 위에서,
> 하릴없이 아침 구름과 저녁 비 바라보는 것 보다 훨씬 낫네.

내씨가 말했다.

"지난날 소황후(蕭皇后: 南朝 梁나라 明帝 蕭巋의 딸로 隋 煬帝의 황

후가 되었음)께서는 현주를 자신의 오빠의 아들인 소정견(蕭正見)에게 짝지어 주려고 하셨는데, 강도의 난이 일어나는 바람에 그 일이 무산되고 말았습니다. 독고씨는 명문귀족이고 충신열사의 가문이니, 지금 서로 짝이 된다면 정말 좋은 배우자가 될 것입니다."

독고목이 현주에게 봉지(封地)가 어디냐고 묻자 현주가 말했다.

"저는 인수(仁壽) 4년(604)에 도성에서 태어났는데, 마침 그때 황제께서 인수궁(仁壽宮: 隋 文帝의 避暑宮. 唐나라 때 九成宮으로 개칭함)에 행차하셔서 제게 수아(壽兒)라는 이름을 지어주셨습니다. 이듬해 태자께서 즉위하신 뒤 저를 청하현주(淸河縣主)로 봉하셨습니다. 또 황제께서 강도궁(江都宮)에 행차하셨다가 저를 임치현주(臨淄縣主)에 봉하셨습니다. 저는 황후의 각별한 사랑을 받아 늘 궁 안에서 지냈습니다."

내씨가 말했다

"밤도 이미 깊었으니, 독고랑(獨孤郎)께서는 먼저 혼례를 올리시는 것이 마땅합니다. 저는 동각(東閣)에서 기다리고 있다가 날이 밝은 뒤에 다시 와서 경하 인사를 올리겠습니다."

그리하여 [신방을 차리자] 하녀들이 신방을 엿보며 장난을 쳤는데, 모두 인간세상의 의식과 똑 같았다.

독고목은 신방에 들어간 뒤에 현주의 숨결이 아주 가늘고 몸이 몹시 차가운 것을 느꼈다. 잠시 뒤에 현주가 울면서 독고목에게 말했다.

"저는 죽은 사람으로 오래 전에 이미 먼지가 되었습니다. 그런데 오늘 다행히도 부인으로서 당신을 모시게 되었으니, 다시 죽는다 해도 제 시신은 썩지 않을 것입니다."

그리고는 다시 내씨를 불러 처음처럼 잔치를 벌이면서 독고목에게 물었다.

"당신은 이제 강도로 가시면 언제 돌아오시나요? 부탁드릴 일이 있는데 괜찮은지요?"

독고목이 말했다.

"죽음도 아랑곳하지 않는데 그밖에 안 될 일이 또 뭐가 있겠소이까?"

현주가 말했다.

"황제께서 이장되신 뒤로 소첩은 줄곧 이곳에서 혼자 지냈습니다. 지금 저는 악왕(惡王: 未詳)의 묘 때문에 곤란을 겪고 있는데, 악왕은 소첩을 자신의 첩으로 맞아들이려 하고 있습니다. 소첩은 제왕 집안의 딸이니, 못된 귀신에게 욕을 당할 수 없습니다. 제가 당신을 만나 뵙고자 한 것도 바로 이 때문이었습니다. 당신은 장차 강남으로 가는 길에 그의 묘를 지나가야 하는데, 소첩 때문에 곤욕을 치르실 게 틀림없습니다. 도사(道士) 왕선교(王善交)는 회남(淮南) 시장에서 부적 써주는 일을 하고 있는데, [그의 부적이면] 귀신을 제압할 수 있을 것입니다. 당신이 그것을 얻기만 한다면 화를 면하실 것입니다."

그리고 또 말했다.

"소첩은 이곳에 살면서부터 줄곧 불안했습니다. 당신이 강남에서 돌아오시는 날에 저를 함께 데리고 가서 낙양(洛陽)의 북망산(北邙山)에 저를 묻어주십시오. 당신과 가까이 지내면서 영원히 의지할 곳이 있게 된다면 그것은 다시 살려주시는 은혜와 같을 것입니다."

독고목은 그렇게 해주겠다고 하면서 말했다.

"당신을 이장하는 것은 바로 우리 집안의 일입니다."

현주는 술기운이 오르자 독고목에게 기대어 노래했다.

이슬 젖은 풀은 무성하고,
무너져 내린 무덤은 아직 옮겨가지 못했네.
내가 이곳에 거한지,
오늘이 몇 년째이던가?
당신의 선조께서,
지난날 은덕을 베풀어주셨네.
삶과 죽음으로 오랫동안 헤어져 있다가,
갑자기 당신이 이곳에 이르렀네.
누가 아름다운 만남이라 했던가?
조금 있으면 이별해야 하는 걸.
당신이 북쪽으로 가길 기다렸다가,
손잡고 함께 돌아가리라.

그리고는 눈물을 흘려 수건을 적셨다. 내씨도 울면서 독고목에게 말했다.

"독고랑께서는 현주의 후의를 저버리지 마세요!"

그러자 독고목이 노래로 답했다.

저곳 유양(維陽: 揚州)은,
하늘 한 쪽 끝에 있네.
말을 타고 유유히 거닐다가,
갑자기 다른 마을에 오게 되었네.
산 사람과 죽은 사람의 정이 통해,
이곳에서 서로 만나게 되었네.
당신은 옛날 은혜에 감사하는데,
말마다 애틋한 정이 담겨 있네.
맑은 강에 계수나무 배[원문은 '桂州'라 되어 있지만 '桂舟'의 誤記로 보임. 이 구절은 揚州의 풍광을 묘사하고 있는데, 桂州는 지금의 廣西省 桂林 지역이므로 지리적으로 맞지 않음] 띄우고,
즐겁게 노닐 수 있네.
하지만 당신 때문에,
오래 머물 겨를이 없네.

현주는 울면서 독고목에게 감사하며 말했다.

"외람되게도 아름다운 선물을 받았으니 영원히 좋은 짝이 될 것입니다."

잠시 뒤에 날이 밝아오자 현주는 눈물을 흘리며 울었고, 독고목도 마주보며 울었다. 독고목은 그 자리에 있던 사람들에게 일일이 작별 인사를 했다.

독고목이 문을 나선 뒤에 뒤돌아보았더니 아무 것도 보이지 않았으며, 땅도 평평할 뿐 무덤같이 생긴 것은 없었다. 독고목은 정신이 흐릿해졌다가 한참 뒤에 안정을 되찾고 나서 버드나무 한 그루를 옮겨 심어 표시해 두었다. 독고목의 집안사람들이 그를 몹시 애타게 찾고 있었지만, 독고목은 갑자기 다시 며칠 뒤에 곧장 회남의 시장으로 갔다. 독고목은 과연 시장에서 왕선교를 만나 마침내 부적 한 장을 얻었다. 독고목이 악왕의 묘에 이르렀을 때 회오리바람이 서너 차례 덮쳤는데, 독고목이 바로 부적을 꺼내 보이자 바람이 그쳤다. 그런 일이 있기 전에 독고목은 귀신의 일을 믿지 않았는데, 현주의 말이 모두 분명한 사실로 드러나자 몹시 놀라하면서 친한 사람들에게 그 이야기를 남몰래 해주었다.

그 해 정월에 독고목은 강남에서 돌아와 그곳을 몇 척까지 파보았는데, 해골 한 구가 나오자 수의로 잘 염해주었다. 독고목은 현주가 죽었을 때 경황이 없어서 틀림없이 장례도 소홀히 했을 것이라고 생각하여, 낙양에 도착한 후 성대하게 의식을 갖추고 직접 축문을 써서 제사지낸 뒤에 안선문(安善門) 밖에 묻었다. 그날 밤 독고목이 혼자 시골의 별장에서 묵고 있을 때 현주가 다시 와서 그에게 말했다.

"저를 이장해주신 은덕은 영원히 잊지 않겠습니다. 저승에 갇혀 있는 사람으로서 이러한 복을 누리지 못한 지 오래되었습니다. 다행히 당신이 저와의 옛 인연을 고맙게도 간직하셨다가 제게 영원한 안식처를 마련해주셨습니다. 도중에 당신을 모시지 못한 것은 당신이 저의 썩고 더러운 몸을 보면 싫어하실까봐 두려웠기 때문이었습니다."

독고목이 현주가 타고 있는 수레와 시종들을 보았더니, 모두 당시에 가장 빛나는 것들이었다. 현주가 그것을 가리키며 말했다.

"이것을 모두 당신께 드리겠습니다. 기묘년(己卯年)에 틀림없이 다시 뵙게 될 것입니다."

그날 밤에 현주는 독고목의 처소에서 자고 이튿날 떠나갔다. 독고목은 현주를 위해 수천 리 떨어진 곳으로 이장해주었고, 다시 그 일을 널리 알렸다. 그리하여 독고목의 친구와 친척들은 모두 그 일에 대해서 알게 되었다. 정원(貞元) 15년(799) 기묘년에 독고목이 새벽에 일어나 장차 문을 나서려는데 갑자기 수레 몇 대가 그의 집으로 오더니 독고목에게 말했다.

"현주의 명을 받들고 왔습니다."

독고목이 말했다.

"드디어 만날 날이 되었구나!"

그 날 밤에 독고목은 갑자기 죽어서 마침내 양씨(楊氏: 縣主)와 함께 묻혔다. (『이문록』)

唐貞元中, 河南獨孤穆者, 客淮南, 夜投大儀縣宿. 未至十里餘, 見一靑衣乘馬, 顏色頗麗. 穆微以詞調之, 靑衣對答甚有風格. 俄有車路北下道('下道'原作

'有導',據明鈔本改)者,引之而去.穆遽謂曰:"向者粗承顔色,謂可以終接周旋,何乃頓相捨乎?"青衣笑曰:"媿耻之意,誠亦不足.但娘子少年獨居,性甚嚴整,難以相許耳."穆因問娘子姓氏及中外親族,青衣曰:"姓楊第六."不答其他.旣而不覺行數里.

俄至一處,門舘甚肅.青衣下馬入,久之乃出,延客就舘曰:"自絶賓客,已數年矣,娘子以上客至,無所爲辭.勿嫌踈漏也."於是秉燭陳榻,衾褥備具.有頃,青衣出謂穆曰:"君非隋將獨孤盛之後乎?"穆乃自陳是盛八代孫,青衣曰:"果如是,娘子與郎君乃有舊."穆詢其故,青衣曰:"某賤人也,不知其由.娘子卽當自出申達."

須臾設食,水陸畢備.食訖,青衣數十人前導曰:"縣主至."見一女,年可十三四,姿色絶代.拜跪訖,就坐,謂穆曰:"莊居寂寞,久絶賓客,不意君子惠顧.然而與君有舊,不敢使婢僕言之.幸勿爲笑."穆曰:"羈旅之人,舘穀是惠,豈意特賜相見,兼許叙故.且穆平生未離京洛,是以江淮親故,多不識之,幸盡言也."縣主曰:"欲自陳叙,竊恐驚動長者.妾離人間,已二百年矣,君亦何從而識?"初穆聞其姓楊,自稱縣主,意已疑之,及聞此言,乃知是鬼,亦無所懼.縣主曰:"以君獨孤將軍之貴裔,世禀忠烈,故欲奉託,勿以幽冥見疑."穆曰:"穆之先祖,爲隋室將軍,縣主必以穆忝有祖風,欲相顧託,乃平生之樂聞也,有何疑焉?"縣主曰:"欲自宣洩,實增悲感.妾父齊王,隋帝第二子.隋室傾覆,妾之君父,同時遇害.大臣宿將,無不從逆,唯君先將軍,力拒逆黨.妾時年幼,常在左右,具見始末.及亂兵入宮,賊黨有欲相逼者,妾因辱罵之,遂爲所害."因悲不自勝.穆因問其當時人物及大業末事,大約多同隋史.

久之,命酒對飲.言多悲咽,爲詩以贈穆曰:"江都昔喪亂,闕下多構兵.豺虎恣吞噬,戈干日縱橫.逆徒自外至,半夜開重城.膏血浸宮殿,刀鎗倚簷楹.今知從逆者, 乃是公與卿. 白刃汚黃屋, 邦家遂因傾. 疾風知勁草, 世亂識忠臣. 哀哀獨孤公, 臨死乃結纓. 天地旣板蕩, 雲雷時未亨. 今者二百載, 幽懷猶未平. 山河風月古, 陵寢露煙靑. 君子乘祖德, 方垂忠烈名. 華軒一會顧, 土室以爲榮. 丈夫立志操, 存沒感其情. 求義若可託, 誰能抱幽貞?" 穆深嗟嘆, 以爲班婕妤所不及也. 因問其平生製作, 對曰: "妾本無才, 但好讀古集. 常見謝家姊妹及鮑氏諸女皆善屬文, 私懷景慕. 帝亦雅好文學, 時時被命. 當時薛道衡名高海內, 妾每見其文, 心頗鄙之. 向者情發於中, 但直叙事耳, 何足稱贊?" 穆曰: "縣主才自天授, 乃鄴中七子之流. 道衡安足比擬?" 穆遂賦詩以答之曰: "皇天昔降禍, 隋室若綴旒. 患難在雙闕, 干戈連九州. 出門皆凶竪, 所向多逆謀. 白日忽然暮, 頹波不可收. 望夷旣結釁, 宗社亦貽羞. 溫室兵始合, 宮闈血已流. 憫哉吹簫子, 悲啼下鳳樓. 霜刃徒見逼, 玉笄不可求. 羅襦遺侍者, 粉黛成仇讐. 邦國已淪覆, 餘生誓不留. 英英將軍祖, 獨以社稷憂. 丹血濺韎韐, 豐肌染戈矛. 今來見禾黍, 盡日悲宗周. 「玉樹」已寂寞, 泉臺千萬秋. 感茲一顧重, 願以死節酬. 幽顯儻不昧, 中焉契綢繆." 縣主吟諷數四, 悲不自堪者久之.

逡巡, 靑衣數人皆持樂器, 而有一人前白縣主曰: "言及舊事, 但恐使人悲感. 且獨郞新至, 豈可終夜啼淚相對乎? 某請充使, 召來家娘子相伴." 縣主許之, 旣而謂穆曰: "此大將軍來護兒歌人, 亦當時遇害, 近在於此." 俄頃卽至, 甚有姿色, 善言笑. 因作樂, 縱飮甚懽. 來氏歌數曲, 穆唯記其一曰: "平陽縣中樹, 久作廣陵塵. 不意阿('阿'原作'何', 據明鈔本改)郞至, 黃泉重見春." 良久曰: "妾與縣主居此二百餘年, 豈期今日忽有佳禮?" 縣主曰: "本以獨孤公忠烈之家, 願一相見, 欲豁幽憤耳. 豈可以塵土之質, 厚誣君子?" 穆因吟縣主詩落句云: "求義若可託, 誰能抱幽貞?" 縣主微笑曰: "亦大强記." 穆因以歌諷之曰: "金閨久無主, 羅袂坐生塵. 願作吹簫伴, 同爲騎鳳人." 縣主亦以歌答曰: "朱軒下長路,青草啓孤墳.猶勝陽臺上,空看朝暮雲."來氏曰:"曩日蕭皇后欲以縣主配后兄子正見,江都之亂,其事遂寢.獨孤冠冕盛族,忠烈之家,今日相對,正爲嘉耦."穆問縣主所封何邑,縣主云:"兒以仁壽四年生於京師,時駕幸仁壽宮,因名壽兒.明年,太子卽位,封淸河縣主.上幸江都宮,徙封臨淄縣主.特爲皇后所愛,常在宮內."來曰:"夜已深矣,獨孤郞宜且成禮.某當奉候於東閣,伺曉拜賀."於是群婢戲謔,皆若人間之儀.

旣入帳內,但覺其氣奄然,其身頗冷.頃之,泣謂穆曰:"殂謝之人,久爲塵灰.幸將奉事巾櫛,死且不朽."於是復召來氏,飮讌如初,因問穆曰:"承君今適江都,何日當回?有以奉託可乎?"穆曰:"死且不顧,其他有何不可乎?"縣主曰:"帝旣改葬,妾獨居此.今爲惡王墓所擾,欲聘妾爲姬.妾以帝王之家,義不爲凶鬼所辱.本願相見,正爲此耳.君將適江南,路出其墓下,以妾之故,必爲其所困.道士王善交書符於淮南市,能制鬼神.君若求之,卽免矣."又曰:"妾居此亦終不安.君江南回日,能挈我俱去,葬我洛陽北坂上.得與君相近,永有依託,生成之惠也."穆皆許諾,曰:"遷葬之禮,乃穆家事矣."酒酣,倚穆而歌曰:"露草芊芊,頹垄未遷.自我居此,於今幾年?與君先祖,疇昔恩波.死生契闊,忽此相過.誰謂佳期?尋當別離.俟君之北,携手同歸."因下淚沾巾.來氏亦泣語穆曰:"獨孤郞勿負縣主厚意!"穆因以歌答曰:"伊彼維陽,在天一方.驅馬悠悠,忽來異鄕.情通幽顯,獲此相見.義感疇昔,言存繾綣.清江桂州,可以遨遊.惟子之故,不遑淹留."縣主泣謝穆曰:"一辱佳貺,永以爲好."須臾,天將明,縣主涕泣,穆亦相對而泣.凡在坐者,穆皆與辭訣.

旣出門,廻顧無所見,地平坦,亦無墳墓之象.穆意怳惚,良久乃定,因徙柳樹一株以誌之.家人索穆頗甚,忽復數日,穆乃入淮南市('市'原作'京',據明鈔本改).果遇王善交於市,遂獲一符.旣至惡王墓下,爲旋風所撲三四,穆因出符示之, 乃止. 先是穆頗不信鬼神之事, 及縣主言, 無不明曉, 穆乃深嘆訝, 亦私爲親者言之.

時年正月, 自江南回, 發其地數尺, 得骸骨一具, 以衣衾斂之. 穆以其死時草草, 葬必有闕, 旣至洛陽, 大具威儀, 親爲祝文以祭之, 葬於安善門外. 其夜, 獨宿於村墅, 縣主復至, 謂穆曰:"遷神之德, 萬古不忘. 幽滯之人, 分不及此者久矣. 幸君惠存舊好, 使我永得安宅. 道途之間, 所不奉見者, 以君見我腐穢, 恐致嫌惡耳." 穆覩其車輿導從, 悉光赫於當時. 縣主亦指之曰:"皆君之賜也. 歲至己卯, 當遂相見." 其夕因宿穆所, 至明乃去. 穆旣爲數千里遷葬, 復倡言其事. 凡穆之故舊親戚無不畢知. 貞元十五年, 歲在己卯, 穆晨起將出, 忽見數車至其家, 謂穆曰:"縣主有命." 穆曰:"相見之期至乎!" 其夕暴亡, 遂合葬於楊氏. (出『異聞錄』)

342・2(4386)
화주참군(華州參軍)

화주(華州)의 유참군(柳參軍)은 명문집안의 아들로, 욕심이 적었으나 어려서 고아가 되었으며 형제도 없었다. 유참군은 벼슬을 그만둔 뒤 장안(長安)에서 한가롭게 지냈다. 삼월 삼짓날에 유참군은 곡강(曲江: 錢唐江)에서 금과 옥으로 장식한 수레 한 대가 얕은 물가에 멈춰서는 것을 보았다. 수레의 뒤 주렴이 천천히 걷히더니 그 사이로 섬섬옥수가 보였는데 마치 누군가에게 연꽃을 따 달라고 손짓하는 것 같았다. 여자는 용모가 매우 빼어났는데, 한참동안 유생(柳生: 柳參軍)을 곁눈질했다. 유생이 곧장 말을 타고 뒤좇아가면서 보았더니 수레가 영숭리(永崇里)로 들어갔다. 유생이 여자의 성을 알아보았더니 최씨(崔氏)였고 모친과 함께 살고 있었으며 경홍(輕紅)이라는 하녀도 데리고 있었다. 유생은 크게 가난하지 않았기 때문에 갖은 방법을 다해 경홍을 매수하려 했지만, 경홍은 끝내 뇌물을 받지 않았다.

다른 날 최씨 딸이 병이 나자 집금오(執金吾)로 있던 외삼촌 왕씨(王氏)가 여동생을 보러 왔다가 또 최씨 딸을 며느리로 달라고 청했다. 최씨 딸은 좋아하지 않았지만, 그 모친은 감히 오빠의 명을 어길 수 없었다. 최씨 딸이 말했다.

"일전에 왔던 유생에게 시집갈 수 있으면 좋겠습니다. 굳이 허락하시지 않으셔서 제가 오라버니에게 시집간다면 아마 끝내 온전하게 살지 못할 것입니다."

딸을 생각하는 마음이 깊었던 최씨 모친은 곧장 천복사(薦福寺)의 승도성원(僧道省院)으로 경홍을 보내 딸의 마음을 유생에게 전하게 했다. 유생이 경홍에게 마음이 끌려 경홍을 좋아하자, 경홍은 버럭 화를 내며 말했다.

"당신의 성품이 이렇게 경박한데, 아가씨께서는 어째서 당신을 이처럼 대하시는지 모르겠어요. 저는 그저 하잘것없는 일개 시녀에 불과한데, 당신은 이런 저 때문에 이전에 좋아했던 사람을 잊어버렸으니, 당신에게 절개를 지키라고 한다면 그것이 어찌 될 법이나 하겠습니까? 저는 당신의 이 일을 아가씨께 고할 작정입니다."

유생이 경홍에게 두 번 절하고 자신의 불민함을 사죄하자 경홍은 그제야 이렇게 말했다.

"마님께서 아가씨를 아끼는 마음이 절절하시고, 지금 아가씨께서 왕씨 집안에 시집가는 것을 좋아하지 않으시기에 마님께서는 몰래 두 분을 결혼시키고자 합니다. 그러니 당신은 이삼일 이내에 혼례에 필요한 물건들을 준비하십시오."

유생은 몹시 기뻐하며 직접 수백 민(緡)의 예물을 준비하여 기한 내에 결혼했다. 닷새 뒤에 유생은 부인과 경홍을 데리고 금성리(金城里)에 가서 살았다.

한달 뒤에 집금오가 영숭리의 동생 집으로 갔더니, 최씨의 모친이 울면서 말했다.

"남편은 죽고 힘없는 모녀가 함께 살고 있다고 조카께서 예를 갖추어 혼례도 치르지 않고 강제로 딸아이를 데리고 갔습니다. 오라버니께서는 어찌하여 조카를 가르치지도 않았습니까?"

집금오는 몹시 화가 난 채로 집으로 돌아와서 그 아들을 수십 대 때렸다. 그리고는 몰래 영을 내려 조카딸을 찾게 했으나 일년이 넘도록 찾지 못했다.

그로부터 얼마 지나지 않아 왕씨[최씨의 모친]가 죽었다. 유생은 부인과 경홍을 데리고 금성에서 와서 왕씨의 장례를 치렀는데, 그 광경을 본 집금오의 아들이 부친에게 사실을 알리자 부친은 유생을 사로잡았다. 유생이 말했다.

"저는 장모 왕씨께 예물을 갖추어 보내고 부인을 맞아들였지, 예를 어겨가며 사사로이 꾀어낸 것이 아닙니다. 이 일은 어른 아이 할 것 없이 집안 사람이라면 모두 잘 알고 있습니다."

왕씨가 이미 죽고 없어 이를 증명할 방법이 없게되자 집금오는 관가에 유생을 고발했다. 관가에서는 왕씨 집안에서 먼저 예물을 보내었으니, 최씨는 왕씨 집안으로 시집가는 것이 마땅하다고 판결 내렸다. 집금오의 아들은 이전부터 외사촌 여동생을 좋아했기 때문에 최씨가 이전에 저질렀던 일에 대해서는 원망하지 않았다. 몇 년이 지나도록 경홍은 자신의 몸을 깨끗하게 보존했다. 또 집금오가 죽은 뒤에 왕생(王生: 집금오의 아들)은 숭의리(崇義里)로 집을 옮겼다. 최씨는 외사촌 오빠 모시는 것을 좋아하지 않았기 때문에 곧바로 경홍을 시켜 유생의 행방을 찾아보게 했는데, 그때 유생은 여전히 금성리에 살고 있었다. 최씨는 다시 경홍을 시켜 유생과 만날 날짜를 약속하는 동시에 정원사에게 뇌물을 주어 퇴비를 집의 담 높이와 같이 쌓게 한 뒤에 경홍과 함께 그곳을 밟고 넘어가 유생에게 갔다. 유생은 이들을 보고 놀라움과 기쁨이 교차했으며, 또 성을 나가지 않고 그저 군현리(群賢里)로 옮겨갔다. 후에 본 남편[집금오의 아들 王生]은 최씨 딸을 찾다가 그녀가 군현리에서 살고 있다는 사실을 알고 다시 관가에 소송을 걸어 그녀를 되찾았다. 최씨에 대한 정이 깊었던 왕생은 최씨가 온갖 말로 놓아줄 것을 청하고 회임했다고 핑계를 대도 최씨를 꾸짖지 않고 다시 받아들였다. 한편 유생은 오랫동안 강릉(江陵)에 유배되었다. 그로부터 2년 뒤에 최씨와 경홍이 차례대로 죽자 왕생은 지극히 예를 갖추어 애통해 하면서 최씨의 장례를 치러주었고, 경홍도 최씨의 무덤 옆에 함께 묻어 주었다.

유생은 강남(江南)에서 한가롭게 지내다가 2월 봄에 많은 꽃이 정원 가득 피어있는 것을 보고는 최씨 생각에 그 모습을 떠올렸지만, 그녀가 살았는지 죽었는지 조차도 알 수 없었다. 그런데 갑자기 급하게 문을 두드리는 소리가 들리더니 느닷없이 경홍이 나타나 화장 상자를 안고 안으로 들어와 이렇게 말하는 것이었다.

"아가씨께서 곧 도착하실 것입니다."

수레 소리 같은 것이 들리더니 최씨가 문안으로 들어올 뿐 다른 것은 보이지 않았다. 유생과 최씨는 서로 그간의 이야기를 나누면서 희비가 교차했다. 유생이 최씨에게 찾아오게 된 까닭을 묻자 최씨가 말했다.

"저는 이미 왕씨(王氏: 王生)와 이별했으니, 지금부터는 당신과 같은 곳에 묻힐 수 있습니다. 사람이 살아서 마음이 한결 같으면 틀림없이 숙원을 이룰 수 있습니다."

그리고는 또 이렇게 말했다.

"저는 어려서부터 음악을 좀 배웠는데, 공후(箜篌)는 자못 뛰어납니다."

유생이 즉시 공후를 사다가 최씨에게 주었더니, 최씨는 아주 절묘하게 연주했다. 그로부터 2년 동안은 평생의 즐거움을 다 누리면서 살았다고 할 수 있다.

얼마 뒤에 왕생이 이전에 부렸던 하인이 유생의 집 문 앞을 지나가다가 경흥을 보고는 어찌된 영문인지 몰라 깜짝 놀라했다. 하인은 그녀와 닮은 사람일 것이라 생각해서 감히 곧장 안으로 들어가 말을 걸지 못하고 이웃 사람들에게 물어보았는데, 누군가가 유배되어 온 유참군이라고 했다. 그 말에 하인은 더욱 이상한 생각이 들어 그들을 살펴보았다. 경흥 역시 그가 왕생 집안의 사람인 것을 알아보고는 유생에게 그 사실을 모두 말하고 숨겨달라고 했다. 왕생의 하인은 곧장 도성으로 돌아가 왕생에게 자신이 본 일을 모두 말해주었다. 그 말을 들은 왕생은 말을 대령시켜 타고서 천리를 달려서 유생의 집에 갔다. 왕생이 유생의 집에 도착해서 그 집안을 몰래 살펴 보았더니, 마침 유생은 처마 아래의 평상에 편안하게 누워있었고 최씨는 막 화장을 하고 있었으며 경홍은 그 옆에서 거울을 들고 있었는데, 최씨는 아직 분과 황색 곤지를 아직 다 바르지 않은 상태였다. 그때 왕생이 문밖에서 고함치자 경홍은 들고 있던 거울을 땅에 떨어뜨렸는데 마치 경쇠를 치는 듯한 소리가 났다. 최씨와 왕생은 어떤 원한도 없었기 때문에 왕생은 곧장 집안으로 들어갔다. [왕생을 보고] 유생은 깜짝 놀랬지만, 그래도 손님의 예로서 왕생을 대했다. 잠시 후 갑자기 최씨가 온데 간데 없이 사라졌다. 유생과 왕생은 조용히 최씨에 대해서 이야기 나누었으나 둘 다 영문을 알 수 없어 서로 쳐다보면서 더욱 기이하다고 생각했다. 그리하여 두 사람이 함께 장안으로 가서 최씨의 무덤을 파서 확인해보았더니 아까 강릉에서처럼 분과 황색 곤지를 막 바른 것 같았고, 옷과 피부 또한 전혀 상한 데가 없었으며 경홍도 그러했다. 유생과 왕생은 함께 맹세한 뒤에 다시 최씨를 땅에 묻었다. 두 사람은 종남산(終南山)으로 들어가 도를 찾아다니면서 더 이상 인간 세상에 돌아오지 않았다. (『건손자』)

華州柳參軍, 名族之子, 寡慾早孤, 無兄弟. 罷官, 於長安閑遊. 上巳日, 曲江見一車子, 飾以金碧, 半立淺水之中. 後簾徐褰, 見摻手如玉, 指畫令摘芙蕖. 女之容色絶代, 斜睨柳生良久. 柳生鞭馬從之, 卽見車子入永崇里. 柳生訪其('訪'原作'知', '其'下有'大'字, 據明鈔本改)姓, 崔氏女, 亦有母, 有靑衣, 字輕紅. 柳生不甚貧, 多方賂輕紅, 竟不之受.

他日, 崔氏女有疾, 其舅執金吾王, 因候其妹, 且告之, 請爲子納焉. 崔氏不樂, 其母不敢違兄之命. 女曰: "願嫁得前時柳生足矣. 必不允某與外兄, 終恐不生全." 其母念女之深, 乃命輕紅於薦福寺僧道省院達意. 柳生爲輕紅所誘, 又悅輕紅, 輕紅大怒曰:"君性正麤, 奈何小娘子如此待於君. 某一微賤, 便忘前好, 欲保歲寒, 其可得乎? 某且以足下事白小娘子." 柳生再拜, 謝不敏然, 始曰:"夫人惜小娘子情切, 今小娘子不樂適王家, 夫人是以偸成婚約. 君可三兩日內就禮事." 柳生極喜, 自備數百千財禮, 期內結婚. 後五日, 柳挈妻與輕紅於金城里居.

及旬月外, 金吾到永崇, 其母王氏泣云:"某夫亡, 子女孤獨('獨'字原空闕, 據明鈔本補), 被姪不待禮會, 强竊女去矣. 兄豈無敎訓之道?" 金吾大怒, 歸笞其子數十. 密令捕訪, 彌年無獲.

無何, 王氏殂. 柳生挈妻與輕紅自金城赴喪, 金吾之子旣見, 遂告父, 父擒柳生. 生云:"某於外姑王氏處納采娶妻, 非越禮私誘也. 家人大小皆熟知之." 王氏旣歿, 無所明, 遂訟於官. 公斷王家先下財禮, 合歸王家. 金吾子常悅慕表妹, 亦不怨前橫也. 經數年, 輕紅竟潔己處焉. 金吾又亡, 移其宅於崇義里. 崔氏不樂事外兄, 乃使輕紅訪柳生所在, 時柳生尙居金城里. 崔氏又使輕紅與柳生爲期, 兼賞看圃堅, 令積糞堆與宅垣齊, 崔氏女遂與輕紅踰之, 同詣柳生. 柳生驚喜, 又不出城, 只遷群賢里. 後本夫終尋崔氏女, 知群賢里住, 復興訟奪之. 王生情深, 崔氏萬途求免, 託以體孕, 又不責而納焉. 柳生長流江陵. 二年, 崔氏女與輕紅相繼而歿, 王生送喪, 哀慟之禮至矣, 輕紅亦葬於崔氏墳側.

柳生江南閑居, 春二月, 繁花滿庭, 追念崔氏女, 凝想形影, 且不知存亡. 忽聞扣門甚急, 俄見輕紅抱粧奩而進, 乃曰:"小娘子且至." 聞似車馬之聲, 比崔氏女入門, 更無他見. 柳生與崔氏女叙契濶, 悲懽之甚. 問其由, 則曰:"某已與王氏訣, 自此可以同穴矣. 人生意專, 必果夙願." 因言曰:"某少習樂, 箜篌中頗有功." 柳生卽時買箜篌, 調弄絶妙. 二年間, 可謂盡平生矣.

無何, 王生舊使蒼頭過柳生之門, 見輕紅, 驚不知其然. 又疑人有相似者, 未敢遽言, 問閭里, 又云流人柳參軍. 彌怪, 更伺之. 輕紅亦知是王生家人, 因具言於柳生, 匿之. 王生蒼頭却還城, 具以其事言於王生. 王生聞之, 命駕千里而來. 旣至柳生家門, 於隙窺之, 正見柳生坦腹於臨軒榻上, 崔氏女新粧, 輕紅捧鏡於其側, 崔氏勻鉛黃未竟. 王生門外極叫, 輕紅鏡墜地, 有聲如磬. 崔氏與王生無憾, 遂入. 柳生驚, 亦待如賓禮. 俄又失崔氏所在. 柳生與王生從容言事, 二人相看不喩, 大異之. 相與造長安, 發崔氏所葬驗之, 卽江陵所施鉛黃如新, 衣服肌肉, 且無損敗, 輕紅亦然. 柳與王相誓, 却葬之. 二人入終南山訪道, 遂不返焉. (出『乾𦠀子』)

342·3(4387)
조숙아(趙叔牙)

[唐나라] 정원(貞元) 14년 무인년(戊寅年: 798) 여름 5월에 가뭄이 들었다. 서주산장(徐州散將) 조숙아는 새 집으로 이사했는데, 밤에 어떤 물체가 창문 밖에서 문풍지를 흔드는 소리가 들렸다. 조숙아가 누구냐고 물어보았더니 그 물체는 스스로 귀신이라 하며 이렇게 말했다.

"저는 오(吳)나라 때의 유득언(劉得言)이라는 사람인데, 제 무덤이 공의 침대 아래에 있어 들고나기가 약간 불편합니다. 성 남쪽 대우산(臺雨山) 아래에 두 그루의 큰 나무가 있는데 그곳에 제 처가 묻혀 있으니, 공께서는 저를 위해 제 관을 그쪽으로 가지고 가서 처의 무덤 동쪽에 묻어주십시오. 그러면 후에 틀림없이 공께 보답하겠습니다."

조숙아가 이튿날 아침에 성을 나가 살펴보았더니 정말 귀신의 말 그대로였다. 그리하여 조숙아는 그 날로 침상 아래를 팠는데, 3척 정도 파들어 갔을 때 유골이 나오자 귀신이 시킨 대로 묻어주었다. 그 날밤 귀신이 와서 감사의 인사를 하며 말했다.

"지금 날이 몹시 가문데, 삼일 안에 비가 내릴 것입니다. 그러니 공께서는 또한 이 사실을 장사(長史)에게 알리십시오."

조숙아는 이튿날 문서를 작성하여 상관에게 올리고, 기우제를 지낼 것을 청하면서 삼일 안에 비가 풍족하게 내릴 것이라고 했다. 절도사(節度使)인 사공(司空) 장건봉(張建封)은 기우제를 올리라고 하면서 그가 필요로 하는 것을 다 대어주었다. 조숙아는 석불산(石佛山)에 제단을 쌓고 기우제를 올렸지만, 삼일이 되도록 비가 내리지 않아 그만 두었다. 그런데 성안으로 기우제를 구경하려고 수 천명의 사람들이 모여들었을 때 마침 이웃 마을에 도적이 들자 장건봉은 조숙아가 속임수를 써서 일을 꾸몄다고 생각해서 만아(晚衙: 관서의 장관이 하루에 두 번 조회를 열었는데 이때 관리들이 일을 보고했음)때 곤장을 쳐서 그를 죽여버렸다. 그런데 날이 어두워지자 큰비가 내렸다. 이에 장건봉은 곧장 조숙아를 위해 제사를 올리게 하고 그의 아들을 산기(散騎)로 삼았다. 당시 사람들은 군주를 섬길 때는 솔직해야 하는데 조숙아는 귀신이 비 올 때를 알려주었다는 사실을 숨겼기 때문에 죽임을 당한 것이라 생각했다. (『상이기』[『집이기』])

貞元十四年戊寅夏五月旱. 徐州散將趙叔牙移入新宅, 夜中, 有物窓外動搖窓紙聲. 問之, 其物自稱是鬼: "吳時劉得言, 窟宅在公牀下, 往來稍難. 公爲我移出, 城南臺雨山下有雙大樹, 是我妻墓, 墓東埋之. 後必相報."叔牙明旦出城, 視之信. 卽日掘牀下, 深三尺, 得骸骨, 如其言葬之. 其夜, 鬼來言謝, 曰: "今時旱, 不出三日有雨. 公且告長史."叔牙至明通狀, 請祈雨, 期三日雨足. 節度使司空張建封許之, 給其所須. 叔牙於石佛山設壇, 至三日, 且無雨, 當截耳. 城中觀者數千人, 時與寇隣, 建封以爲詐妄有謀, 晩衙杖殺之. 昏時大雨. 卽令致祭, 補男爲散騎. 時人以爲事君當誠實, 今趙叔牙隱鬼所報雨至之期, 故自當死耳. (出『祥異記』, 明鈔本作'出『集異記』')

342 · 4(4388)
주제천(周濟川)

주제천은 여남(汝南) 사람으로 양주(揚州)의 서쪽에 별장이 있었다. 주제천의 형제 몇 사람은 모두 학문을 좋아했다. 한번은 어느 날 밤에 공부를 끝낸 뒤에 삼경(三更) 즈음에 각자 침상에 가서 자려던 참이었다. 그때 갑자기 창문 밖에서 딸깍거리는 소리가 한참동안 계속 들렸다. 주제천이 창문 틈으로 몰래 살펴보았더니 백골의 한 어린 아이가 정원의 동서남북을 달리고 있었다. 처음에서 손가락을 깍지 끼더니 잠시 뒤에는 팔을 흔들었다. 딸깍거리는 소리는 바로 뼈마디가 서로 부딪쳐 나는 소리였다. 주제천은 형제들을 불러 함께 그 광경을 지켜보았다. 한참 뒤에 주제천의 동생 주거천(周巨川)이 매서운 목소리로 한번 꾸짖자 아이는 섬돌 위로 뛰어 올랐고, 다시 소리를 지르자 문안으로 들어왔으며, 세 번 째 소리를 치자 곧장 침상 위로 올라오려 했다. 주거천이 더욱 다급해하며 크게 꾸짖자 아이가 말했다.

"엄마 젖 좀 주세요."

주거천이 손바닥으로 아이를 치자 아이는 땅에 떨어졌다가 다시 일어나서 곧장 침상 위로 올라 갔는데, 민첩하게 올라가는 모습이 마치 원숭이와 같았다. 하인들은 그 소리를 듣고는 좋지 않은 일이 일어날까 두려워 칼과 몽둥이를 들고 왔다. 아이가 또 말했다.

"엄마 젖 좀 주세요."

하인들이 몽둥이로 아이를 때렸는데, 몽둥이에 맞자 아이의 뼈마디가 별처럼 흩어졌다가 이내 다시 모이기를 여러 차례 했다. 아이가 또 말했다.

"엄마 젖 좀 주세요."

하인들은 자루에다 아이를 담은 다음 들고 집 밖으로 나갔는데, 멀리 갔을 때도 아이는 여전히 젖을 달라고 했다. 하인들은 성곽 밖 4~5리 떨어진 마른 우물 안에 아이를 던졌다. 다음 날 밤에 아이가 다시 나타났는데, 손에 자루를 들고서 신나게 이리저리 던지며 놀고 있었다. 하인들은 아이를 잡아 이전과 마찬가지로 자루에다 아이를 담은 다음 동아줄로 자루를 묶고 큰돌을 매달아 강에 가라앉혔다. 아이는 돌을 등에 진 채 밖으로 나오려 하면서 자루 안에서 이렇게 말했다.

"전날 밤과 마찬가지로 손님으로 갔을 뿐이다."

다른 날 아이는 다시 왔는데, 왼쪽 손에는 자루를 들고 오른 손에는 끊어진 동아줄을 쥔 채 이전처럼 이리저리 뛰어다니면서 놀았다. 하인들은 미리 큰 나무를 준비해서 속을 파내어 북틀처럼 만든 뒤 아이를 잡아 그 안에 넣었다. 그리고는 커다란 철판으로 그 양끝을 덮고 못을

친 뒤에 자물쇠로 잠그고 큰돌을 매달아 큰 강에 띄어보냈다. 아이는 다시 돌을 지고 얼른 물 밖으로 나오려 하면서 말했다.

"제게 관을 만들어주셔서 감사합니다."

그로부터 아이는 더 이상 나타나지 않았는데, 그때가 바로 정원(貞元) 17년(801)이었다. (『상이기』[『광이기』]) (본래 이 부분에 '「太原部將」'이라는 고사가 한 조 더 있는데, 권346의 두 번째 고사와 반복되어 여기서는 삭제했다)

周濟川, 汝南人, 有別墅在揚州之西. 兄弟數人俱好學. 嘗一夜講授罷, 可三更, 各就榻將寐. 忽聞窓外有格格之聲, 久而不已. 濟川於窓間窺之, 乃一白骨小兒也, 於庭中東西南北趨走. 始則叉手, 俄而擺臂, 格格者, 骨節相磨之聲也. 濟川呼兄弟共覘之. 良久, 其弟巨川厲聲呵之, 一聲小兒跳上堦, 再聲入門, 三聲卽欲上牀. 巨川元呵罵轉急, 小兒曰: "阿母與兒乳." 巨川以掌擊之, 隨掌墮地, 擧卽在牀矣, 騰趨之捷若猿獲. 家人聞之, 意有非, 遂持刀棒而至. 小兒又曰: "阿母與兒乳." 家人以棒擊之, 其中也, 小兒節節解散如星, 而復聚者數四. 又曰: "阿母與兒乳." 家人以布囊盛之, 提出, 遠猶求乳. 出郭四五里, 擲一枯井. 明夜又至, 手擎布囊, 抛擲跳躍自得. 家人輩擁得, 又以布囊, 如前法盛之, 以索括囊, 懸巨石而沉諸河. 欲負趨出, 於囊中仍云: "還同昨夜客耳." 餘日又來, 左手携囊, 右手執斷索, 趨馳戲弄如前. 家人先備大木, 鑿空其中, 如鼓撲, 擁小兒於內. 以大鐵葉, 冒其兩端而釘之, 然後鏁一鐵, 懸巨石, 流之大江. 負欲趨出, 云: "謝以棺槨相送." 自是更不復來, 時貞元十七年. (出『祥異記』, 明鈔本作'出『廣異記』')(原書此處有「太原部將」一條, 與三百四十六卷第二條複, 今刪)

태평광기 권제 343

귀 28

1. 육　교(陸　喬)
2. 여강풍온(廬江馮媼)
3. 두　옥(竇　玉)
4. 이화자(李和子)
5. 이희백(李僖伯)

343·1(4389)
육교(陸 喬)

원화연간(元和年間: 806~820) 초에 진사(進士) 육교는 시가(詩歌)를 좋아해 사람들 사이에 명성이 자자했다. 그의 집은 단양(丹陽)에 있었는데, 그의 거처에는 누대와 못이 있어 당시에 명승지로 꼽혔다. 육교는 집이 부유했고 사람 접대하기를 좋아했는데, 맑은 바람이 불어오고 달이 휘영청 떠있던 어느 날 밤에 누군가가 문을 두드리기에 나가 보았더니, 의관이 의젓하고 용모가 빼어난 한 남자가 서 있었다. 육교가 안으로 모신 후 그와 더불어 담론을 나누어 보았더니, 그 사람은 생각했던 것 이상으로 의론이 매우 명쾌했다. 이에 육교는 그를 매우 존중하게 되었으며, 그에 견줄 만 한 자는 아마 없을 것이라 생각하여 그에게 이름을 물었더니 그가 이렇게 대답했다.

"나는 심약(沈約)이오. 그대가 시를 잘 짓는다는 소리를 듣고 이렇게 찾아오게 되었소."

육교는 깜짝 놀라 일어나며 말했다.

"일개 비천한 선비인 제가 이렇게 어르신의 방문을 받게 되리라고는 생각지도 못했습니다. 조금 더 이곳에 머물러 계시면서 저로 하여금 어르신과 더불어 담소를 나눌 수 있게 해 주시기 바랍니다."

육교가 말을 마치고 [하인에게] 술을 가져오게 했더니 심약이 말했다.

"나는 평생 술을 마시지 않았소. 그대의 뜻을 거절하려는 것은 아니오."

심약이 또 육교에게 말했다.

"나의 친구인 복야(僕射) 범운(范雲)을 그대는 아시오?"

육교가 대답했다.

"제가 일찍이 『양사(梁史)』를 읽어서 범공(范公: 范雲)의 성함은 오래전부터 익히 알고 있었습니다."

그러자 심약이 말했다.

"내 그 친구를 부르려 하오."

육교가 말했다.

"대단한 영광입니다."

심약이 시종에게 명해 범운을 불러오게 하자 잠시 후 범운이 도착했다. 육교가 범운을 자리로 맞이해 들이자 범운이 심약에게 말했다.

"휴문(休文: 沈約의 字)께서 어찌 이곳에 계신가?"

심약이 대답했다.

"내 이곳 주인이 시에 능하고 또 손님 접대하기를 좋아한다는 소리를 듣고 이를 흠모해 달빛 아래를 거닐다 이곳까지 오게 되었네."

그리고는 서로 담소를 나누었다.

한참 있다가 심약이 시종들을 부르더니 이렇게 말했다.

"가서 청상(靑箱)이를 불러 오너라."

잠시 후 한 아이가 왔는데, 나이는 열 몇 살 정도 되어보였고 용모가 매우 수려했다. 심약은 그 아이를 가리키며 육교에게 말했다.

"이 아이는 나의 사랑하는 아들인데, 어려서부터 총명하고 글 읽기를 좋아해 내 끔찍히도 이 아이를 아껴서 이름도 청상이라고 지었소. 내 이 아이에게 나의 학문을 전해주려 했으나 불행히도 나보다 앞서 죽고 말았소. 지금 그대에게 인사를 올리게 하겠소."

그러면서 아들에게 명해 육교에게 절을 올리게 했다. 심약이 또 말했다.

"이 아이 역시 시를 잘 짓는다오. 근래에 나와 복야를 따라 궁궐에 놀러갔을 때 「감구(感舊)」시를 한번 지어보라고 했더니 붓을 들어 그 즉시 시를 완성했는데, 매우 훌륭했소."

[심약은 그러더니 아이가 지은] 시를 읊었다.

> 육대(六代)를 이어온 강산(江川)에서,
> 흥망(興亡)은 몇 백 년 간 반복되었는가.
> 그 옛날 번화했던 곳 지금은 적막하기 짝이 없으니,
> 이 조정도 옛날에는 시끌벅적 했었지.
> 밤에 뜬 저 달 유리같이 맑은 물위에 비추고,
> 봄에 부는 바람은 푸른 하늘에 스치네.
> 시절을 아파하고 옛 생각 하느라,
> 눈물을 흘리며 국문(國門) 앞에 서있네.

육교는 오랫동안 감탄하다가 심약에게 질문했다.

"제가 소명태자(昭明太子)께서 편집한 『문선(文選)』을 보았더니 그 안에 수록되어있는 시들은 모두 음률(音律)의 구속을 받지 않는 소위 '제량체(齊梁體)'라고 하는 것들이었습니다. 당(唐) 나라의 심전기(沈佺期)와 송지문(宋之問) 이래로 비로소 율시(律詩)를 즐겨지었는데, 청상의 시가 지금의 시체(詩體)를 따르고 있는 것은 무슨 까닭입니까?"

심약이 대답했다.

"지금 지었으니 지금의 시체를 따랐을 뿐, 이상해 할 것이 뭐 있겠소?"

범운이 또 심약에게 말했다.

"옛날에 나와 자네가 현휘(玄暉: 謝朓)·언승(彦昇: 任昉) 등과 함께 경릉(竟陵)의 문하에서 노닐 적[齊나라 竟陵王 蕭子良 門下에서 노닐던 8명의 문인들을 일컬어 竟陵八友라 하는데, 蕭衍, 沈約, 謝朓, 王融, 蕭琛, 范雲, 任昉, 陸倕가 그들임]에 밤낮으로 웃고 떠들며 노박(盧博: 樗蒲戲의 일종)을 즐겼건만 그때의 즐거움은 다시 돌이킬 수가 없네. 소공(蕭公: 梁나라 武帝 蕭衍)이 제위를 계승하자 나와 자네는 모두 그분을 보필하는 신하가 되었었지. 비록 지위가 지극히 높고 은총 또한 나날이 두터워갔지만 속으론 늘 근심 걱정뿐이라 옛날의 즐거움이 없었네. 제갈장민(諸葛長民)이 한 '가난하고 미천할 때 부귀를 생각하지만, 부귀해 지면 늘 위기가 도사리고 있다'는 말, 참으로 빈 말이 아니네!"

심약도 한참동안 한숨을 내쉬다가 다시 탄식하며 말했다.

"양(梁) 나라 때부터 지금까지 400년의 세월이 흘렀네. 강산과 풍월(風月)은 변함없는데, 사람만은 옛날의 그 얼굴이 아니니 슬프지 않을 수 있겠나!"

그리고는 범운에게 말했다.

"우리가 채공(蔡公: 蔡興宗)의 영주기실(郢州記室)이 되었을 때 어떤 사람이 꿈에 나타나 내게 이런 말을 해 주었네. '당신은 훗날 분명 재상이 될 것이지만 태사(台司: 三公 등 宰輔大臣)에는 이르지 못할 것이오.' 내가 복야상서령(僕射尙書令)이 되었을 때 논자들은 모두 [내가 태사가 될 것이라고] 생각했으나 나는 끝내 그 자리를 얻지 못했으니, 사람 일이란 운명에 의해 정해지지 않는 것이 없다는 것을 알만도 하네."

날이 이미 새려고 하자 범운이 심약에게 말했다.

"이제 돌아가야 겠네."

그리고는 함께 그곳을 떠나면서 육교에게 말했다.

"이 곳에 난리가 일어날 것이고, 그대는 앞으로 2년을 넘기지 못 할 것이오."

육교는 문밖까지 그들을 전송했는데, 몇 걸음 가지 않아 그들은 이미 모두 사라지고 보이지 않았다. 육교는 이 일을 친구들에게 들려주었다. 그 후 일년 남짓 있다가 이기(李錡)가 반란을 일으켰고, 다시 1년 있다가 육교는 죽었다. (『선실지』)

元和初, 有進士陸喬者, 好爲歌詩, 人頗稱之. 家於丹陽, 所居有臺沼, 號爲勝境. 喬家富而好客, 一夕, 風月晴瑩, 有扣門者, 出視之, 見一丈夫, 衣冠甚偉, 儀狀秀逸. 喬延入, 與生談議朗暢, 出於意表. 喬重之, 以爲人無及者, 因請其名氏, 曰: "我沈約也. 聞君善詩, 故來候耳." 喬驚起曰: "某一賤士, 不意君之見臨也. 願得少留, 以侍談笑." 旣而命酒, 約曰: "吾平生不飮酒. 非阻君也." 又謂喬曰: "吾友人范僕射雲, 子知之乎?" 喬對曰: "某常讀『梁史』, 熟范公之名久矣." 約曰: "吾將邀之." 喬曰: "幸甚." 約乃命侍者邀范僕射, 頃之, 雲至. 喬卽拜延坐, 雲謂約曰: "休文安得而至是耶?" 約曰: "吾慕主人能詩, 且好賓客, 步月至此." 遂相談謔.

久之, 約呼左右曰: "往召靑箱來." 俄有一兒至, 年可十歲餘, 風貌明秀. 約指謂喬曰: "此吾愛子也, 少聰敏, 好讀書, 吾甚憐之, 因以靑箱名焉. 欲使傳吾學也, 不幸先吾逝. 今令謁君." 卽命其子拜喬, 又曰: "此子亦好爲詩. 近從吾與僕射同過臺城, 因命爲「感舊」, 援筆立成, 甚有可觀." 卽諷之曰: "六代舊江川, 興亡幾百年. 繁華今寂寞, 朝市昔諠闐. 夜月琉璃水, 春風卵色天. 傷時與懷古, 垂淚國門前." 喬嘆賞久之, 因問約曰: "某常覽昭明所集之選, 見其編錄詩句, 皆不拘音律, 謂之'齊梁體'. 自唐朝沈佺期·宋之問方好爲律詩, 靑箱之詩, 乃效今體, 何哉?" 約曰: "今日爲之, 而爲今體, 亦何訝乎?"

雲又謂約曰: "昔我與君及玄暉·彥昇俱遊於竟陵之門, 日夕笑語盧博, 此時之懽, 不可追矣. 及蕭公禪代, 吾與君俱爲佐命之臣. 雖位甚崇, 恩愈厚, 而心常憂惕, 無曩日之歡矣. 諸葛長民有言'貧賤常思富貴, 富貴又踐危機', 此言不虛哉!" 約亦吁嗟久之, 又歎曰: "自梁及今, 四百年矣. 江山風月, 不異當時, 但人物潛換耳, 能不悲乎!" 旣而謂雲曰: "吾輩爲蔡公郢州記室, 常夢一人告我曰: '吾君後當至端揆, 然終不及台司.' 及吾爲僕射尙書令, 論者頗以此見許, 而終不得, 乃知人事無非命也." 時夜已分, 雲謂約曰: "可歸矣." 因相與去, 謂喬曰: "此地當有兵起, 不過二歲." 喬送至門, 行未數步, 俱亡所見. 喬話於親友. 後歲餘, 李錡叛, 又一年而喬卒. (出『宣室志』)

343·2(4390)
여강풍온(廬江馮媼)

풍씨 성을 가진 할머니는 본디 여강리(廬江里)에 사는 구두쇠의 아내였는데, 과부가 되어 가난하게 지내면서 자식조차 없자 마을 사람들에게도 내침을 당하게 되었다. 원화(元和) 4년(809)에 회초(淮楚) 일대에 큰 기근이 들자 풍씨 할머니는 서주(舒州)로 구걸하러 떠났다. 그녀는 소를 방목하는 농가를 지나가다가 날이 저물었는데, 비바람마저 만나게 되자 뽕나무 아래로 들어가 쉬었다. 그때 그녀는 갑자기 길가에 등불이 밝게 켜진 인가가 한 채 있는 것을 발견하고는 그곳을 찾아가 하룻밤 묵어가게 해 달라고 부탁하려 했다. 풍씨 할머니가 보니 [집 안에는] 생김새며 차림새 모두가 아름다운 스무 살 남짓 되어 보이는 한 여자가 있었는데, 그 여자는 세 살배기 아이를 데리고 문에 기대서서 슬피 울고 있었다. 또 보니 그 앞에는 한 영감과 할멈이 평상에 기대 앉아 있었는데, 여자가 참담한 표정으로 우물쭈물 말을 하는 것이 마치 빚쟁이에게 추궁당하고 있는 것처럼 보였다. 그 노인들은 풍씨 할머니가 온 것을 보고는 아무 말 없이 떠나갔다. 여자는 울음을 그치고 방안으로 들어가 대접할 음식을 준비하고 잠자리를 마련한 다음 풍씨 할머니를 맞아들여 먹고 쉬어가게 해 주었다. 풍씨 할머니가 여자에게 어찌된 일인가를 물으니 여자는 다시 울며 말했다.

"이 아이의 아버지가 내 남편인데, 내일 다른 여자를 얻으려 합니다."

풍씨 할머니가 말했다.

"아까 두 노인은 누구였소? 당신에게 무얼 내놓으라고 하면서 화를 내는 것이었소?"

여자가 말했다.

"제 시부모님인데, 아들이 다른 여자를 아내로 얻게 되었다면서 나에게 광주리와 칼, 자, 그리고 제사 때 쓰던 옛 물건들을 달라고 해 새 사람에게 주려고 했습니다. 저는 차마 내놓을 수가 없어서 그 야단을 들었던 것입니다."

풍씨 할머니가 말했다.

"당신의 이전 남편은 어디 계시오?"

여자가 말했다.

"나는 회음현령(淮陰縣令) 양천(梁倩)의 딸로 동씨(董氏)에게 시집을 가 7년 동안 두 아들과 딸아이 하나를 두었습니다. 아들들은 아버지를 따라갔고 딸은 바로 이 아이 입니다. 요 앞 읍(邑)에 사는 동강(董江)이라는 사람이 바로 그 사람인데, 지금 찬현승(酇縣丞)으로 있고 그 집안에는 재물이 산더미처럼 쌓여있습니다."

그녀는 말을 하며 목이 메어 차마 말을 잇지 못했는데, 풍씨 할머니는 별다른 이상한 점은 전혀 느끼지 못한데다가 오랫동안 추위와 배고픔에 고생했던 터라 좋은 음식과 따뜻한 잠자리를 대하고는 더 이상 아무 말도 하지 않았다. 여자는 새벽까지 울었다.

풍씨 할머니는 그녀와 헤어진 후 20리 길을 걸어 동성현(桐城縣)에 도착했다. 현의 동쪽에 대궐같은 저택이 있었는데, 휘장을 둘러놓고 어린 양과 기러기[옛날 卿大夫 사이의 相見禮物]를 차려 놓고 있었으며 사람들이 잔뜩 모여 있었다. 그 중 한 사람이 말했다.

"오늘 저녁에 관가(官家)에 혼례가 있습니다."

풍씨 할머니가 그 사람이 누구냐고 물었더니 동강이라고 하는 것이었다. 이에 풍씨 할머니가 말했다.

"동강에게는 아내가 있거늘 어찌 또 아내를 맞이한단 말이오?"

읍 사람들이 말했다.

"동강의 아내와 딸은 죽었소."

풍씨 할머니가 말했다.

"어젯밤에 내가 비를 만나 동씨의 아내 양씨(梁氏) 집에 하룻밤 묵었었는데, 죽었다니 그게 웬 말이오?"

읍 사람들이 풍씨 할머니에게 그 장소를 물어 보니 바로 동씨 아내의 무덤이었고 두 노인의 모습을 물어보았더니 바로 이미 작고한 동강의 부모였다.

동강은 본디 서주(舒州) 사람이었다. 마을 사람들은 모두 그 소식을 들어 알게 되었는데, 그 중 한 사람이 동강에게 이 사실을 고하자 동강은 요망한 말을 한다며 그 사람에게 벌을 내렸고 부하를 시켜 풍씨 할머니를 쫓아내게 했다. 풍씨 할머니가 마을 사람에게 이 사실을 이야기하자 사람들은 모두 탄식을 했다. 그날 저녁, 동강은 결국 혼인을 올렸다.

원화(元和) 6년(811) 여름 5월에 강회종사(江淮從事) 이공좌가 사신으로 파견되어 도성에 들어왔다가 돌아가는 길에 한남(漢南)에 들려 발해(渤海) 고월(高鉞), 천수(天水) 조찬(趙儹), 하남(河南) 우문정(宇文鼎)과 전사(傳舍)에 모여앉아 밤새도록 기이한 이야기를 나누며 각자 듣고 본 것을 펼쳐놓기 시작했는데, 고월이 이 이야기를 자세히 해 주자 이공좌는 그 이야기를 가지고 전(傳)을 지었다. (『이문록』)

馮媼者, 廬江里中嗇夫之婦, 窮寡無子, 爲鄕民賤棄. 元和四年, 淮楚大歉, 媼逐食於舒. 途經牧犢墅, 瞑値風雨, 止於桑下. 忽見路隅一室, 燈燭熒熒, 媼因詣求宿. 見一女子, 年二十餘, 容服美麗, 携三歲兒, 倚門悲泣. 前又見老叟與媼, 據牀而坐, 神氣慘戚, 言語咕囁, 有若徵索財物追逐之狀. 見馮媼至, 叟媼默然捨去. 女久乃止泣, 入戶備餱食, 理牀榻, 邀媼食息焉. 媼問其故, 女復泣曰: "此兒父, 我之夫也, 明日別娶." 媼曰: "向者二老人, 何人也? 於汝何求而發怒?"女曰:"我舅姑也, 今嗣子別娶, 徵我筐筥刀尺祭祀舊物, 以授新人. 我不忍與, 是有斯責."嫗曰:"汝前夫何在?"女曰:"我淮陰令梁倩女, 適董氏七年, 有二男一女. 男皆隨父, 女卽此也. 今前邑中董江, 卽其人也. 江官爲鄭丞, 家累巨産."發言不勝嗚咽, 嫗不之異, 又久困寒餓, 得美食甘寢, 不復言. 女泣至曉.

嫗辭去, 行二十里, 至桐城縣. 縣東有甲第, 張簾帷, 具羔鴈, 人物紛然. 云: "今夕有官家禮事."嫗問其郎, 卽董江也. 嫗曰:"董有妻, 何更娶也?"邑人曰: "董妻及女亡矣."嫗曰:"昨宵我遇雨, 寄宿董妻梁氏舍, 何得言亡?"邑人詢其處, 卽董妻墓也, 詢其二老容貌, 卽董江之先父母也.

董江本舒州人. 里中之人, 皆得詳之, 有告董江者, 董以妖妄罪之, 令部者迫逐嫗去. 嫗言於邑人, 邑人皆爲感嘆. 是夕, 董竟就婚焉.

元和六年, 夏五月, 江淮從事李公佐, 使至京, 回次漢南, 與渤海高鉞·天水趙儹·河南宇文鼎會於傳舍, 宵話徵異, 各盡見聞, 鉞具道其事, 公佐因爲之傳. (出『異聞錄』)

343·3(4391)
두 옥(竇 玉)

진사(進士) 왕승(王勝)과 개이(蓋夷)는 원화연간(元和年間: 806~820)에 동주(同州)에서 [진사 선발에 참여할 수 있도록] 추천을 구했다. 그때 여관이 꽉 차있어서 그들은 하는 수 없이 군(郡)의 공조(功曹)인 왕저(王翥)의 집에 잠시 묵으며 시험 날을 기다리게 되었다. 다른 방에는 이미 손님이 들어있었는데, 정당(正堂)만은 가는 줄로 문이 묶여져 있었다. 창문으로 그 안을 들여다보니 침상 위에 베 이불이 있었고 침상 북쪽에 다 헤진 대바구니가 하나 있을 뿐 그 외에는 다른 아무것도 없었다. 이웃에게 물어보니 이렇게 대답했다.

"처사(處士)이신 삼랑(三郞) 두옥(竇玉)이 사는 곳입니다."

왕승과 개이는 서쪽 사랑채가 너무 좁았기 때문에 이곳에서 그와 함께 묵고 싶었는데, 마침 계집종도 없는 듯하여 참 잘됐다고 여겼다. 저녁이 되자 두처사가 나귀 한 마리를 타고 노복 한 명을 데리고서 술에 취한 채 돌아왔다. 왕승과 개이는 앞으로 나가 인사를 올리며 이렇게 말했다.

"저는 군(郡)의 해시(解試: 唐宋 때에 州府에서 거행하던 시험을 解試라 했고, 이 시험에 합격한 貢生을 도성으로 올려 보내 과거에 참가하도록 해 주는 것을 解送이라 했음)에 참가하기 위해 왔는데, 여관이 너무 시끄러워 이곳에 묵게 되었습니다. 저희가 얻은 방은 서쪽에 있는 행랑채인데, 너무 비좁습니다. 당신께서는 계집종도 없으신데다가 또 속세를 떠나 사시는 분이니 시험이 있는 날까지 같이 좀 묵었으면 합니다."

그러나 두옥은 단호히 거절을 했는데, 그들을 대하는 태도가 매우 거만해 보였다.

두 사람은 밤이 깊어 잠을 자려고 했는데, 어디선가 기이한 향기가 새어나왔다. 두 사람이 깜짝 놀라 자리에서 일어나 [그 향기가 새어나오고 있는 곳을] 찾아보니, 당 가운데에 휘장이 드리워져 있고 그 안에서 사람들이 시끌벅적하게 웃고 떠들고 있는 것이 보였다. 이에 개이와 왕승 두 사람은 그 안으로 불쑥 들어갔다. 그 당 안에는 사면에 휘장이 드리워져 있었는데, 기이한 향내가 코를 찔렀다. 또 화려한 접시마다 진기한 음식들이 담겨져 있었는데, 그 모습은 말로 형용하기조차 어려웠다. 그 안에서는 18~19세쯤 되어 보이는 비할 데 없이 요염한 여자가 두옥과 함께 식사를 하고 있었고, 시녀 10여 명도 모두 단정하고 아름다웠다. 은 화로에서는 차가 막 다려지고 있었다. 앉아있던 사람들은 모두 서쪽 사랑채의 휘장 안으로 들어갔고 시녀들도 다 들어갔다. 그러자 여자가 말했다.

"누구인데 감히 남의 집에 뛰어 들어오느냐?"

두옥은 낯빛이 흙처럼 변한 채 가만히 앉아 아무 말도 하지 않았다. 개이와 왕승은 할 말이 없어 차를 몇 모금 마시고 밖으로 나갔다. 그들이 계단을 내려가자 문을 닫으며 이렇게 말하는 소리가 들렸다.

"이 미친 사람! 왜 저들로 하여금 같이 있게 했습니까? 옛날 사람들이 이웃을 신중히 선택하라 한 말이 어찌 빈 말이겠습니까!"

그러자 두옥은 이곳은 우리들만 머무는 곳이 아니니 다른 손님들이라도 거절할 수는 없으며 저들이 우리를 경멸하는 것을 구지 걱정한다면 설마 달리 묵을 곳이 없겠느냐며 변명을 했다. 그리고는 아까처럼 다시 웃고 즐겼다.

아침이 되어 왕승과 개이가 가서 보니 모든 것이 원래대로 되어 있었다. 두옥은 혼자 베 이불 안에서 잠을 자다가 그제야 막 눈을 부비며 일어났다. 왕승과 개이가 그를 책망해도 그는 아무 대답 하지 않았다. 두 사람이 말했다.

"그대는 낮에는 평민인데 밤에는 귀족들과 만나 어울리니, 요망한 환

술을 부리는 것이 아니라면 어떻게 그런 아름다운 여자를 불러들일 수 있겠소? 사실대로 말하지 않으면 군에 고발하겠소."

두옥이 말했다.

"이건 본디 비밀이긴 하지만 말한다고 해도 큰 탈은 없을 거요. 일전에 내가 막 태원(太原)으로 가 유람을 하려 할 때에, 밤에 냉천(冷泉)을 출발해 효의현(孝義縣)에서 하룻밤 묵었던 일이 있었소. 그런데 날은 저물고 길마저 잃고 말아 밤에 어떤 사람 집에 들어가 묵게 되었소. 집 주인이 누구냐고 묻자 하인이 '분주(汾州) 최사마(崔司馬) 댁'이라고 대답했소. 내가 사람을 시켜 안에 [하룻밤 묵어가기를 원한다고] 고하게 하자 안에서 사람이 나와 '안으로 듭시지요'라고 했소. 최사마라는 사람은 쉰 살 남짓 되어 보였는데, 붉은 비단옷을 입고 있었으며 생김새가 아주 친근감 있었소. 최사마는 내게 조상과 백부, 숙부, 그리고 사촌형제 등에 대해 묻더니 내외종 형제까지 캐물었소. 그리고는 자기의 가문에 대해서도 이야기를 했는데, 듣고 보니 나와는 친척지간으로 내 부친의 내외종 형제였소. 나는 어릴 때부터 이런 형님이 계시다는 얘긴 들은 적이 있었으나 그 분이 어떤 관직을 지냈는지 몰랐던 것이오. 그 분은 나를 따뜻하게 대해주시고 각별한 예와 정을 베풀어 주시면서 사람을 시켜 자신의 처에게 이렇게 알리라고 했소.

'두수재(竇秀才: 竇玉)는 우위장군(右衛將軍)을 지낸 형님의 아드님이니, 내게는 내외종 조카가 되오. 그러니 부인은 숙모뻘이 되는 것이니 이리로 나와 이 사람을 만나보도록 하시오. 이곳저곳 떠돌며 벼슬을 하느라 친척들과 연락이 다 끊겼는데, 이런 여행이 아니었다면 어떻게 서로 만날 수 있었겠소? 어서 이 사람과 만나시오.'

잠시 후에 한 하녀가 와서 말했소.

'삼랑(三郎: 寶玉)께서는 안으로 듭시지요.'

중당 안을 어찌나 화려하게 장식해 놓았던지 마치 왕후의 거처와도 같았고, 접시마다 진귀한 음식들이 담겨져 있었는데, 바다와 뭍에서 나는 온갖 음식들은 다 갖춰져 있었소. 식사를 마치자 내외종 형님이 말했소.

'자네가 오늘 이곳에 온 것은 무얼 위해서인가?'

내가 대답했소.

'해시(解試)에 응시할 자격을 얻기 위함입니다.'

최사마가 또 말했소.

'집은 무슨 군(郡)에 있나?'

나는 이렇게 대답했소.

'나라 안 그 어디에도 집이 없습니다.'

그러자 내외종 형님이 말했소.

'자네는 평생토록 혼자서 목적도 없이 여기저기 떠돌아다니며 헛되이 왔다 갔다 하고 있으니 내게 스물 살이 다 되어가는 딸이[본문에는 '侍女'라 되어있으나 『續玄怪錄』 원문에는 '女'로 되어있으므로 이에 의거해 '딸'로 고쳐 번역함] 한 명 있는데, 자네를 모시게 하면 딱 좋겠네. 그러면 의식에 필요한 돈은 남에게 구걸하지 않아도 될 것인데, 어떠한가?'

내가 일어나 절을 올리며 감사를 하자 부인이 기뻐하며 말했네.

'오늘 밤이 좋겠군요, 마침 술과 음식도 있고. 친척끼리 짝을 맺은 것이니 많은 손님을 초대할 필요가 무엇 있겠습니까? 혼례 준비도 이미

되어 있으니, 그냥 오늘 밤으로 합시다.'

내가 감사를 표하고 다시 앉자 또 음식을 차려왔고, 음식을 다 먹자 나를 서쪽 대청에 쉬게 했소. 목욕물을 준비해주기에 목욕을 마치니 옷과 두건을 주더이다. 또 찬례(贊禮)하는 사람 세 명을 데리고 왔는데, 하나같이 총명한 선비들로, 한 명은 성이 왕(王)이었고 군의 법조(法曹)라고 했으며, 한 명은 성이 배(裵)이고 호조(戶曹)라고 했으며, 다른 한 사람은 성이 위(韋)로 군의 도우(都郵)라고 하더니 서로 읍하고 앉았소. 잠시 후 예여(禮輿: 婚禮 때 사용하는 가마)와 향거(香車: 婚禮 때 사용하는 수레)가 다 갖추어지고 화촉(華燭)이 앞에서 길을 인도하더니 서쪽 대청에서 중문까지 오는 동안 친영(親迎)의 각종 의식이 진행되었소. 또 집을 한 바퀴 빙 돌아 남쪽 문에서 중당으로 들어왔는데, 당 안에는 이미 휘장이 잔뜩 쳐져 있었소. 혼례를 마친 다음 3경(更)이 되었을 때 아내가 내게 말했소.

'여긴 이승이 아니라 저승입니다. 저들이 말한 분주는 저승의 분주이지 이승에서의 분주가 아닙니다. 찬례하던 사람 몇 명도 모두 저승관리입니다. 저는 당신과 오랜 인연이 있어 부부가 되어야 했기에 이렇게 서로 만난 것입니다. 이승과 저승은 길이 서로 달라 이곳에 오래 머물러서는 안 되니 당신은 어서 떠나셔야 합니다.'

내가 말했소.

'사람과 귀신이 서로 다르다면 어떻게 짝이 될 수 있었겠소? 한번 부부가 되었으면 서로 함께 있어야 하거늘, 어찌 하룻밤 만에 이별을 하라고 하시오?'

그러자 아내가 말했소.

'저는 멀리서건 가까이서건 당신을 늘 모실 것입니다. 다만 당신은 산 사람이라 이곳에 오래 머물러서는 안 되니 어서 마차를 준비해 떠나십시오. 제가 늘 당신 상자 안에 비단 100필을 넣어두게 할 것이니, 다 쓰고 나면 다시 찰 것입니다. 당신은 어디를 가시든지 반드시 조용한 곳을 찾아 혼자만 지내십시오. 조금이라도 제 생각을 하시면 제가 즉시 나타날 것입니다. 천리 밖에 있어도 당신과 한시도 떨어지지 않고 함께 다닐 수 있으나 그저 낮에는 헤어져 있다가 밤이 되면 다시 만날 뿐입니다.'

나는 안으로 들어가 작별을 고했소. 그랬더니 최사마가 말했소.

'이승과 저승이 비록 서로 다르기는 하나 사람과 귀신은 다를 바가 없네. 내 딸이 자네를 모시게 된 것은 인연 때문이라네. 그러니 모쪼록 귀신이라고 의심하거나 박하게 대하지 말게나. 이 일을 사람에게 말해서는 안 되는데, 만일 법의 심문을 받게 된다면 말해도 무방하네.'

최사마의 말이 끝나자 나는 비단 100필을 얻어가지고 이별을 하고 떠났소. 그때부터 매일 밤 혼자 지내면서 아내 생각을 하기만 하면 곧 내게로 왔는데, 휘장이나 그릇 등은 모두 그녀가 가져온 것이라오. 이렇게 하길 벌써 5년이나 되었소."

개이와 왕승이 그의 상자를 열어보았더니 그 안에는 과연 비단 100필이 들어있었다. 두옥은 각각 30필을 그들에게 선물하며 비밀에 부쳐줄 것을 당부했다. 말을 마치고 두옥은 갑자기 사라졌는데, 어디로 가버렸는지 알 길이 없었다. (『속현괴록』)

進士王勝·蓋夷, 元和中, 求薦於同州. 時賓舘塡溢, 假郡功曹王翯第, 以俟試. 旣而他室皆有客, 唯正堂, 以小繩繫門. 自牖而窺其內, 獨牀上有褐衾, 牀北有破籠, 此外更無有. 問其隣, 曰:"處士竇三郎玉居也." 二客以西廂爲窄, 思與同居, 甚嘉其無姬僕也. 及暮, 竇處士者, 一驢一僕, 乘醉而來. 夷·勝前謁, 且曰:"勝求解於郡, 以賓舘喧, 故寓於此. 所得西廊, 亦甚窄. 君子旣無姬僕, 又是方外之人, 願略同此室, 以俟郡試." 玉固辭, 接對之色甚傲.

夜深將寢, 忽聞異香. 驚起尋之, 則見堂中垂簾帷, 喧然語笑. 於是夷·勝突入. 其堂中, 屛帷四合, 奇香撲人. 雕盤珍膳, 不可名狀. 有一女, 年可十八九, 妖麗無比, 與竇對食, 侍婢十餘人, 亦皆端妙. 銀爐煮茗方熟. 坐者起入西廂帷中, 侍婢悉入. 曰:"是何兒郎, 突衝人家?" 竇面色如土, 端坐不語. 夷·勝無以致辭, 啜茗而出. 旣下塔, 聞閉戶之聲, 曰:"風狂兒郎! 因何共止? 古人所以卜隣者, 豈虛言哉!" 竇辭以非己所居, 難拒異客, 必慮輕侮, 豈無他宅. 因復懽笑.

及明, 往覘之, 盡復其故. 竇獨偃於褐衾中, 拭目方起. 夷·勝詰之, 不對. 夷·勝曰:"君晝爲布衣, 夜會公族, 苟非妖幻, 何以致麗人? 不言其實, 卽當告郡." 竇曰:"此固秘事, 言亦無妨. 比者玉薄遊太原, 晚發冷泉, 將宿於孝義縣. 陰晦失道, 夜投人莊. 問其主, 其僕曰:'汾州崔司馬莊也.'令人告焉, 出曰:'延入'. 崔司馬年可五十餘, 衣緋, 儀貌可愛. 問竇之先及伯叔昆弟, 詰其中外. 自言其族, 乃玉親, 重其爲表丈也. 玉自幼亦嘗聞此丈人, 但不知其官. 慰問慇懃, 情禮優重, 因令報其妻曰:'竇秀才乃是右衛將軍七兄之子, 是吾之重表姪. 夫人亦是丈母, 可見之. 從宦異方, 親戚離阻, 不因行李, 豈得相逢? 請卽見.'有頃, 一靑衣曰:'屈三郎入.'其中堂陳設之盛, 若王侯之居, 盤饌珍華, 味窮海陸. 旣食, 丈人曰:'君今此遊, 將何所求?'曰:'求擧資耳.'曰:'家在何郡?'曰:'海內無家.'丈人曰:'君生涯如此身落然, 蓬遊無抵, 徒勞往復, 丈人有侍女, 年近長成, 今便合奉事. 衣食之給, 不求於人, 可乎?'玉起拜謝, 夫人喜曰:

'今夕甚佳, 又有牢饌. 親戚中配屬, 何必廣召賓客? 古禮旣具, 便取今夕.'謝訖 復坐, 又進食. 食畢, 憩玉於西廳. 具浴, 浴訖, 授衣巾. 引相者三人來, 皆聰朗 之士, 一姓王, 稱郡法曹, 一姓裴, 稱戶曹, 一姓韋, 稱郡都郵, 相揖而坐. 俄而 禮輿香車皆具, 華燭前引, 自西廳至中門, 展親御之禮. 因又遶莊一周, 自南門 入及中堂, 堂中帷帳已滿. 成禮訖, 初三更, 其妻告玉曰:'此非人間, 乃神道也. 所言汾州, 陰道汾州, 非人間也. 相者數子, 無非冥官. 妾與君宿緣, 合爲夫婦, 故得相遇. 人神路殊, 不可久住, 君宜卽去.'玉曰:'人神旣殊, 安得配屬? 以爲 夫婦, 便合相從, 何爲一夕而別也?'妻曰:'妾身奉君, 固無遠近. 但君生人, 不 合久居於此, 君速命駕. 常令君篋中有絹百疋, 用盡復滿. 所到, 必求靜室獨居. 少以存想, 隨念卽至. 十年(明鈔本'十年'作'千里')之外, 可以同行未間, 晝別宵 會爾.'玉乃入辭. 崔曰:'明晦雖殊, 人神無二. 小女得奉巾櫛, 蓋是宿緣. 勿謂 異類, 遂猜薄之. 亦不可言於人, 公法訊問, 言亦無妨.'言訖, 得絹百疋而別. 自是每夜獨宿, 思之則來, 供帳饌具, 悉其携也. 若此者五年矣."

夷・勝開其篋, 果有絹百疋. 因各贈三十疋, 求其秘之. 言訖遁去, 不知所在 焉. (出『續玄怪錄』)

343・4(4392)
이화자(李和子)

원화연간(元和年間: 806~820) 초에 도성 동쪽 시장거리에 이화자 라는 불량배가 있었는데, 그의 아버지 이름은 이노안(李努眼)이었다. 이화자는 성격이 잔인해서 늘 개나 고양이를 훔쳐 잡아먹었기 때문에 온 거리 사람들의 우환거리였다. 그가 한번은 어깨 위에 매를 올려놓고 거리에 서 있었는데, 자주색 옷 입은 사람 둘이 그를 부르며 이렇게 말했다.

"그대는 이노안의 아들, 이화자가 아니오?"

이화자가 앞으로 나아가 절을 하자 두 사람이 또 말했다.

"볼 일이 있으니 잠시 한적한 데로 가서 이야기를 좀 합시다."

그리고는 몇 걸음 걸어가 사람들이 없는 곳에 멈춰 서더니 두 사람이 말했다.

"저승에서 그대를 불러오라 하니, 어서 갑시다."

이화자는 처음에는 그 말을 들으려하지 않으며 이렇게 말했다.

"당신들은 사람임에 분명한데, 어째서 거짓말을 하시오?"

그러자 그 사람이 말했다.

"나는 귀신이오."

그리고는 가슴을 더듬더니 첩지 하나를 꺼냈는데, 찍혀 있는 글씨가 아직 채 마르지도 않았고, 그 위에는 자기의 이름이 분명하게 적혀있었으며 고양이와 개 460마리가 자기를 고소한 내용이 적혀 있었다. 이화자는 놀랍고 두려운 마음에 [어깨 위에 올려놓았던] 매를 날려버리고 빌며 말했다.

"나는 어차피 죽을 것을 알고 있으니 나를 잠시만 놓아주십시오. 술을 좀 준비하겠습니다."

귀신들은 한사코 사양했으나 말릴 수가 없었다.

그들은 처음 필라사(畢羅四: 소를 넣고 찐 빵인 畢羅를 파는 가게로 추정함)로 들어섰으나 귀신들은 코를 막으며 앞으로 나아가려 하지 않았다. 그래서 이화자는 귀신들을 데리고 두씨(杜氏)가 하는 술집으로 들어갔다. 이화자가 혼자 앉아 읍을 하고 혼자 말을 해대자 사람들은 그가 미쳤거니 했다. 이화자는 술 아홉 사발을 가져오게 한 다음 자기가 세 사발을 마시고 나머지 여섯 사발은 서쪽에 있는 빈 좌석 앞에다가 가져다 놓으며 자기를 죽음에서 면해줄 수 있는 방법을 가르쳐 달라고 했다. 두 귀신은 서로 쳐다보다가 이렇게 말했다.

"우리에게 한번 취할 수 있게끔 은혜를 베풀어 주셨으니 마땅히 방법을 한번 생각해 보겠소이다."

그리고는 자리에서 일어나며 또 말했다.

"잠시 시간을 좀 지체하겠으나 분명 다시 돌아올 것이오."

귀신은 얼마 되지 않아 돌아오더니 이렇게 말했다.

"40만 냥을 준비하시면 그대에게 3년의 수명을 임시로 더 주겠소."

이화자가 그러겠다고 하자 귀신들은 내일 정오까지가 기한이라고 말했다. 이화자가 술값을 지불하고서 보니 [귀신들이 마신] 술은 그대로 남아있었다. 맛을 좀 보았더니 마치 얼음처럼 차가운 것이 이가 다 얼어붙을 지경이었다. 이화자는 급히 집으로 돌아가 약속한 시간에 맞춰 돈을 준비해 태웠는데, 그 순간 두 귀신이 그 돈을 가지고서 떠나가는 것이 보였다. 사흘 뒤에 이화자는 죽고 말았는데, 귀신들이 말하는 3년이란 인간 세상에서의 사흘이었던 것이다. (『유양잡조』)

元和初, 上都東市惡少李和子, 父名努眼. 和子性忍, 常偸狗及猫食之, 爲坊市之患. 常臂鷂立於衢, 見二人紫衣, 呼曰: "爾非李努眼子名和子乎?" 和子卽揖之, 又曰: "有故, 可隙處言也." 因行數步, 止於人外, 言: "冥司追公, 可卽去."和子初不受, 曰:"人也, 何給言?"又曰:"我卽鬼."因探懷中, 出一牒, 印文猶濕, 見其姓名分明, 爲猫犬四百六十頭論訴事. 和子驚懼, 乃棄鷄拜祈之, 曰:"我分死耳, 必爲我暫留. 當具少酒."鬼固辭, 不獲已.

初將入畢羅肆, 鬼掩鼻, 不肯前. 乃延於旗亭杜氏. 揖讓獨言, 人以爲狂也. 遂索酒九碗, 自飮三碗, 六碗虛設於西座, 具求其爲方便以免. 二鬼相顧:"我等受一醉之恩, 須爲作計."因起曰:"姑遲我數刻, 當返."未移時至, 曰:"君辦錢四十萬, 爲君假三年命也."和子許諾, 以翌日及午爲期. 因酬酒直, 酒且返其酒. 嘗之, 味如水矣, 冷復氷齒. 和子遽歸, 如期備酬焚之, 見二鬼挈其錢而去. 及三日, 和子卒, 鬼言三年, 人間三日也. (出『酉陽雜俎』)

343 · 5(4393)
이희백(李僖伯)

농서(隴西)의 이희백은 원화(元和) 9년(814)에 온현(溫縣)에 관리로 임명되었는데, 나에게 이런 말을 해 주었다.

"원화연간(元和年間: 806~820) 초에 관리 선발 전형에 응시했을 때 도성 흥도리(興道里)에 잠시 머문 적이 있었는데, 아침에 숭인리(崇仁里)로 같은 선인(選人: 관리 선발 시험에 응시한 사람)을 방문하러 가고 있었네. 나는 갑자기 흥도동문(興道東門) 북쪽의 하곡현(下曲縣)에서 말 앞에 한 키 작은 부인이 상복을 입고 서 있는 것을 보았다네. 그 부인은 키는 3척 정도 되었으나 음성은 나이 든 부인 같았으며 마치 무슨 불만이라도 있는 듯 계속해서 툴툴거리고 있었지. 그 부인은 이렇게 말했네.

'천번 만번을 참은 끝에 오늘 드디어 이 한판에 모든 걸 앙갚음할 수 있게 되었다. 나는 너를 결코 가만두지 않겠다!'

그리고는 손가락을 몇 번 튕기며 이렇게 말했네.

'정말로 기이하구나! 기이해!'

나는 북이 울린 다음에야 다시 출발하면서 속으로 매우 이상한 일도 다 있다고 생각했으나 감히 물어보지는 못했네. 해질녘에 나는 큰길가에 도착했는데, 말과 수레로 길이 북적거리고 있었고 이 부인이 행인들에게 괴물취급을 당하고 있었으나 그 부인이 어디서 온 사람인지 도무지 알 길이 없었네. 이틀간 그런 일이 계속되자, 사람들이 점차 많아지기 시작했는데, 그 일은 숭인리 북쪽 거리에서만 일어났다네.

그 일이 있고 얼마 있다가 내가 성문(省門)의 동쪽으로 나가 경풍문(景風門)에 이르러 보니, 큰길가에 사람들이 가득 모여 시끌벅적한 것이 마치 동서 양쪽 길모퉁이 있는 무대만큼이나 되었는데, 사람들은 무언가를 빙 에워싸고 있었다네. 그 가운데는 수없이 많은 아이들이 빙 둘러앉아 있었고 키 작은 여자는 아이들 앞으로 나와 얼굴을 천으로 가린 채 두서없이 말을 늘어놓고 있어 여러 아이들의 놀림거리가 되고 있었네. 누군가가 가까이 다가가려 하면 그 여자는 손으로 그 아이를 붙잡았고, 그러면 다가가던 아이는 다시 뒤로 주춤하곤 했지. 한참을 그러다 보니 정오가 되었고 구경꾼은 더욱 몰려들기 시작했네. 키 작은 여자가 막 자리에 앉으려 했을 때 한 아이가 갑자기 앞으로 나와 그 여자 얼굴에 가리고 있던 천을 잡아당긴 바람에 천이 땅에 떨어졌는데, 보았더니 3척 길이의 푸른 대나무에 해골만 앙상하게 걸려있을 뿐이었지. 금오장군(金吾將軍)은 이 일을 상부에 고했네."

(『건손자』)

隴西李僖伯, 元和九年任溫縣, 常爲予說:"元和初, 調選時, 上都興道里假居, 早往崇仁里訪同選人. 忽於興道東門北下曲, 馬前見一短女人, 服孝衣. 約長三尺已來, 言語聲音, 若大婦人, 呾呾似有所尤. 卽云:'千忍萬忍, 終須決一場. 我終不放伊!'彈指數下云:'大奇! 大奇!'僖伯鼓動後出, 心思異之, 亦不敢問. 日旰, 及廣衢, 車馬已鬧, 此婦女爲行路所怪, 不知其由. 如此兩日, 稍稍人多, 只在崇仁北街.

居無何, 僖伯自省門東出, 及景風門, 見廣衢中, 人鬧已萬萬, 如東西隅之戲場大, 圍之. 其間無數小兒環坐, 短女人往('往'原作'准', 據明鈔本改)前, 布幂其首, 言詞轉無次第, 群小兒大共嗤笑. 有人欲近之, 則來拏攫, 小兒又退. 如是日中, 看者轉衆. 短女人方坐, 有一小兒突前, 牽其冪首布, 遂落, 見三尺小靑竹, 掛一觸髏髐然. 金吾以其事上聞."(出『乾𦠆子』)

태평광기

권제 344

귀 29

1. 왕예로(王裔老)
2. 장홍양(張弘讓)
3. 구용(寇鄘)
4. 호연기(呼延冀)
5. 안 봉(安 鳳)
6. 성숙변(成叔弁)
7. 양양선인(襄陽選人)
8. 조 가(祖 價)

344 · 1(4394)
왕예로(王裔老)

　화주(華州) 하규현(下邽縣) 동남쪽 30여 리에 '연년리(延年里)'라는 마을이 있었는데, 그 마을의 서남쪽에는 스님이 살지 않는 옛 절이 있었다. 당(唐)나라 원화(元和) 8년(813)에 한림학사(翰林學士) 백거이(白居易)는 모친상을 당해 하규현에 물러나 살고 있었다. 7월에 '백호(白暭)'라는 오촌형이 화주로부터 백거이를 찾아오다가 그 절 앞을 지나가게 되었다. 절의 문에 이르러 보았더니 누런 비단옷을 입은 10여 명의 젊은 부인과 늙은 부인이 섞여 앉아 불당(佛堂) 아래에 모여 이야기를 하고 있었는데, 그 소리가 문밖에까지 들렸다. 백호는 한참을 걸었으므로 목이 말라 그곳으로 가서 쉬면서 마실 것을 달라고 했다. 그는 그의 시종 소사청(蕭士淸)을 기다렸으나 아직 도착하지 않았기에 말에서 내려 문기둥에 고삐를 매어놓았다. 그런데 고개를 들어보니 그 부인들이 갑자기 보이지 않았다. 백호는 그들이 창문 사이에 숨어 있다고 생각하여 그들을 찾아가 보았으나 보이지 않았다. 백호는 또 그들이 불당 벽 뒤에 숨어있을 것이라고 생각하여 그들을 찾아가 보았지만 또한 보이지 않았다. 그래서 두루 사방을 살펴보았는데, 담 둘레에 틈새라고는 없었다. 백호는 다시 그들이 모여서 이야기하던 곳을 살펴보았는데, 그곳은 먼지만 쌓여있을 뿐 발자국이 없었다. 이 때문에 백호는 그들이 사람이 아님을 알고 두려워하면서 매우 괴이하게 여겼다. 백호는 말에 올라 질풍같이 달려 백거이에게 그 사실을 알렸다. 백거이는 백호가 말한 것을 들었는데, 그 말이 너무 많아 다 기억하지 못했다. 대체로 왕예라는 노인이 여차여차하다고 많은 얘기를 했는데, 그 말의 내용을 살펴보니 마치 그 노인의 잘못을 거론하는 것 같았다.

그 절은 백거이의 집에서 8~9리 떨어져 있었기 때문에 함께 가보기로 했다. 그곳에는 과연 왕예라는 노인이 있었는데, 그는 그 마을 사람이었다. 왕예는 당시 마침 절 동북쪽으로부터 100여 보 떨어진 곳으로 이사하여 담과 지붕을 새로 고치고 마당을 만들고 나무 심는 일을 겨우 마치고 나서 다음날에 들어가 살았다. 왕예는 그 집에 들어간 지 열흘이 못되어 죽었고, 또 그로부터 한 달이 못되어 부인마저 죽었으며, 또 얼마 되지 않아 왕예의 두 아들과 두 며느리 및 손자 하나도 죽었다. 왕명진(王明進)이라고 하는 아들 하나만 남았는데, 그는 너무 두려워 어찌할 바를 몰랐다. 그는 새집이 상서롭지 못하다고 생각하여 집을 철거하고 나무를 베어버린 다음 밤에 이사를 가고 나서야 화를 면했다. (『백거이집』)

華州下邽縣東南三十餘里, 曰延年里, 里西南有故蘭若, 而無僧居. 唐元和八年, 翰林學士白居易丁母憂, 退居下邽縣. 七月, 其從祖兄曰皡, 自華州來訪居易, 途出于蘭若前. 及門, 見婦女十許人, 衣黃綾衣, 少長雜坐, 會語于佛屋下, 聲聞于門. 皡熱行方渴, 將就憩, 且求飮. 望其從者蕭士淸未至, 因下馬, 繫韁于門柱. 擧首, 忽不見. 自意其退藏于窓闥之間, 從之不見. 又意其退藏于屋壁之後, 從之, 又不見. 周視其四旁, 則堵墻環然無隙缺. 覆視其聚談之所, 塵埃罪然, 無足跡. 由是知('知'字原空闕, 據明鈔本補)其非人, 悸然大異之. 上馬疾驅, 來告居易. 且聞其所言, 云云甚多, 不能殫記. 大抵多云王裔老如此, 觀其詞意, 若相與數其過者.

厥所去居易舍八九里, 因同往訪焉. 其地果有王裔者, 卽其里人也. 方徙居於蘭若之東北百餘步, 葺牆屋, 築場藝樹僅畢, 明日而入. 旣入, 不浹旬而裔死, 不越月而妻死, 不踰時而裔之二子二婦及一孫亦死. 止餘一子, 曰明進, 大恐懼, 不知所爲. 意新居不祥, 乃撤屋拔樹, 夜徙去, 遂免. (『白居易集』)

344 · 2(4395)
장홍양(張弘讓)

[唐나라] 원화(元和) 12년(817)에 수주소장(壽州小將) 장홍양은 병마사(兵馬使) 왕섬(王暹)의 딸을 아내로 맞이했다. 회서(淮西) 지방에 군사가 급히 필요하자 영호통(令狐通)이 자사(刺史)가 되었다. 장홍양의 부인은 몇 달 동안 중병을 앓고 있었는데 부인이 무엇을 먹고싶다고 할 때마다 장홍양이 부인에게 갖다 주었으나 나중에는 먹지 않았다. 이렇게 여름부터 가을까지 병세가 좋아졌다 나빠졌다 했지만 장홍양의 마음은 시종 게으르지 않았다.

겨울 10월에 장홍양의 부인이 갑자기 탕면(湯麵)을 먹고싶다고 하자 장홍양은 부인에게 주려고 그 음식을 준비했다. 음식을 아직 다 만들지 못했을 때 마침 군대에서 겨울옷을 지급해주자, 장홍양은 마침내 동료 왕사징(王士徵)의 부인에게 부탁하여 아내를 위해 음식을 마저 다 만들어달라고 하고는 곧 떠나갔다. 왕사징의 부인이 음식을 끓여 침상으로 가서 드리려고 보았더니, 장홍양의 부인은 이마와 코 가운데에서부터 몸이 반으로 나누어져 한 손과 한 다리는 침상에 있었고 검붉은 피가 자리에 흥건하게 흘러있었다. 왕사징의 부인이 놀라 소리치며 군영에 그 사실을 알렸다. 군인들의 부인과 여러 이웃이 와서 모두 그 광경을 보았으며, 서로 어찌된 일인지 물었으나 그 이유를 아는 사람이 없었다. 잠시 후 관리가 그 사실을 통보하고 사람을 시켜 검사하게 했다. 그 날은 또 어둡지도 않았고 두 부인은 평소에 원한도 없었지만 [왕사징의 부인은] 마침내 관리에게 체포되고 말았다.

장홍양이 [그 소식을 듣고] 급히 돌아와 부인의 시신이 있는 곳에 왔더니, 갑자기 공중에서 부인이 슬피 울며 말하는 소리가 들렸다.

"저는 아들을 보러 가자는 시어머니의 부름을 받았습니다. 저는 부득이해서 당신을 오랫동안 귀찮게 해드렸는데, 당신은 끝까지 저를 버리지 않으셨습니다. 어머님께서 당신을 간절히 찾고 계십니다."

이에 앞서 장홍양이 거주하고 있는 군영 뒤의 작은 밭에는 오얏나무 하나가 있었다. 부인이 말했다.

"당신이 지금 빨리 저를 위해 음식을 네 곳에 나누어 오얏나무 밑에 놓아두고 나무 밑에서 애원하시면 저는 반드시 다시 인간세계로 돌아갈 수 있습니다."

장홍양이 그 말에 따라 음식을 차리고 간절히 빌며 절을 했더니 갑자기 공중에서 말하는 소리가 들렸다.

"너의 아내를 돌려보내겠다."

그리고는 곧 왕씨의 말이 들렸다.

"힘을 써서 저를 받으십시오."

장홍양은 그 말대로 받겠다고 했다. 잠시 후 갑자기 반쪽 시체가 가까이 내려오자 장홍양은 그것을 받아 안았다. 그런데 황급히 왕씨가 하는 말이 들렸다.

"빨리 침상 위에 있는 반쪽 시체와 합치십시오."

장홍양이 반쪽 시체를 팔로 꼭 안아서 침상에 도착하자 왕씨의 두 입에서 이렇게 말했다.

"그 갈라진 곳을 잘 맞추어 어긋남이 없도록 하십시오."

장홍양이 힘을 다해 시체를 합쳐서 옛날 모습과 똑같게 해놓았다. 왕씨가 말했다.

"이불로 그것을 잘 덮고 3일 동안 저를 찾지 마십시오."

장홍양은 부인의 가르침대로 했다. 3일 후 부인은 신음소리를 내더니 이렇게 말했다.

"죽을 좀 먹고 싶습니다."

장홍양은 죽을 쑤어 부인의 목에 흘려 넣어 주었는데, 그녀는 한 그릇을 다 먹고 나더니 또 이렇게 말했다.

"아무도 저를 찾지 않도록 하십시오."

7일이 지나자 그녀는 예전처럼 다 나았지만 목에서부터 등뼈 꽁무니 끝까지 칼에 베인 듯한 상처가 있었다. 그리고 앞쪽 이마에서 코, 가슴과 배까지도 마찬가지였다. 1년이 지나자 예전처럼 평상시의 모습을 회복했다. 그 후 부인은 여러 아들을 낳았다. 이 이야기는 친구 방자숙(龐子肅)이 직접 본 일이다. (『건손자』)

元和十二年, 壽州小將張弘讓, 娶兵馬使王暹女. 淮西用兵方急, 令狐通爲刺史. 弘讓妻重疾累月, 每思食, 弘讓與具, 後不食. 如此自夏及秋, 乍進乍退, 弘讓心終不怠.

冬十月, 其妻忽思湯餠, 弘讓與具之. 工未竟, 遇軍中給冬衣, 弘讓遂請同志王士徵妻爲饌, 弘讓乃去. 士徵妻饌熟, 就牀欲進, 忽見弘讓妻, 自額鼻中分半, 一手一股在牀, 流血殷席. 士徵妻驚呼, 告營中. 軍人妻諸隣來, 共觀之, 競問莫知其由. 俄而吏報通, 使人檢視. 其日又非昏暝, 二婦素無嫌怨, 遂爲吏所錄.

弘讓奔歸, 及喪所, 忽聞空中婦悲泣云:"某被大家喚將看兒去. 煩君多時, 某不得已, 君終不見棄. 大家索君懇求耳." 先是弘讓營居後小圃中, 有一李樹. 婦云:"君今速爲某造四分食, 置李樹下, 君則向樹下哀祈, 某必得再履人世也."

弘讓依其言, 陳饌, 懇祈拜之, 忽聞空中云:"還汝新婦." 便聞王氏云:"接我以力." 弘讓如其言接之. 俄覺赫然半屍薄下, 弘讓抱之. 遽聞王氏云:"速合牀上半屍." 比弘讓拳曲持半屍到牀, 王氏聲聲云:"勘其剖處, 無所參差." 弘讓盡力與合之, 令等其舊. 王氏云:"覆之以衾, 無我問三日." 弘讓如其教. 三日後, 聞呻吟, 乃云:"思少饘粥." 弘讓以飮灌其喉, 盡一盃, 又云:"具無相問." 七日則泯如舊, 但自項及脊徹尻, 有痕如刀傷. 前額及鼻, 貫胸腹亦然. 一年, 平復如故. 生數子. 此故友龐子肅親見其事. (『乾腰子』)

344・3(4396)
구 응(寇 廊)

[唐나라] 원화(元和) 12년(817)에 도성 영평리(永平里) 서남쪽 모퉁

이에 작은 집이 하나 있었는데, 그 집에는 다음과 같은 방문(榜文)이 걸려 있었다.

"단지 누구든 살겠다는 사람에게는 이 집의 본래 계약서를 넘겨주고 집 지을 당시의 원가로 주겠다."

대력연간(大曆年間: 766～779)에 안태청(安太淸)이 처음으로 200민(緡)의 돈을 주고 그 집을 샀는데, 나중에 그는 왕씨 할멈에게 그 집을 팔았다. 이렇게 하여 그동안 17명의 주인이 바뀌었으나 그들은 모두 죽고 말았다. 그래서 나한사(羅漢寺)에 보시하자 절에서 그 집을 임대했지만 아무도 감히 들어가 사는 사람이 없었다.

구용이라는 점쟁이가 있었는데, 그는 공경(公卿)의 집을 출입하다가 절을 찾아와 그 집을 사겠다고 하면서 절에 40민의 돈을 보내주었다. 그러자 절에서 매우 기뻐하며 계약서를 그에게 넘겨주었다. 그 집은 본채가 세 칸이었는데 매우 낮았으며, 동쪽과 서쪽의 행랑채는 모두 다섯 칸이었다. 정원의 넓이는 약 3무(畝: 사방 6尺 1步, 100보가 1畝)였고, 느릅나무와 닥나무 수백 그루가 있었다. 문 안에는 높은 가림벽이 있었는데, 그 높이는 8척이고 두께는 1척이었으며 모두 재가 칠해져 있었다. 구용은 또 숭현리(崇賢里)의 법명사(法明寺) 보조(普照) 스님의 불제자였다. 그날 밤 당(堂)을 쓸고 홀로 있으면서 하룻밤을 잤으나 아무 일이 없었다. 달이 밝고 사경(四更)이 되었을 때 비가 약간 내렸는데, 구용은 갑자기 몸이 바짝 긴장되면서 머리털이 갈라지는 듯하더니 마음속이 매우 불안해졌다. 한 사람의 곡소리가 들렸는데 구천(九泉)에서 들려오는 것 같았다. 구용이 몸을 낮추어 들었더니 이번에는 또 공중에서 들리는 것 같았다. 그 소리는 동쪽에서 들렸다가 서쪽에서 들렸다가

하여 일정하지 않았다. 날이 새려고 하자 그 소리는 마침내 멈추었다. 구용은 보조 스님에게 그 사실을 알리며 이렇게 말했다.

"집이 이와 같으니 사람이 살 수 있도록 만들어야 합니다."

구용은 조공(照公: 普照 스님)에게 도량(道場)으로 만들어달라고 했다. 삼경(三更)이 되자 또 곡소리가 들렸다. 만 7일이 되자 구용은 스님들을 모아 재(齋)를 올렸다. 바야흐로 여러 스님들이 식사를 하려고 하는데, 보조 스님이 갑자기 일어나더니 정원에서 뭔가 본 것이 있는 듯 급히 소리를 지르며 쫓아가더니 이렇게 외쳤다.

"이 도적놈이 여러 사람을 죽였구나!"

보조 스님은 정원을 한 바퀴 돌더니 다시 앉아서 이렇게 말했다.

"보았네! 보았어!"

보조 스님은 곧 구용에게 일곱 집에서 석회수를 구해와 더러운 곳을 씻으라고 했다. 잠시 후 구용은 대문의 높은 가림벽으로 가서 석회수를 한 사발 뿌리고 버들가지로 담을 문질렀더니 가림벽 밑이 4척 정도 열리면서 흙이 갑자기 무너져 내렸다. 그 안에 한 여자가 있었는데, 그녀는 푸른 비단치마와 붉은 속바지에 비단 신발을 신고 붉은 저고리를 입고 있었다. 그 옷은 모두 종이를 태운 재였는데, 바람이 불자 재는 모두 정원으로 날아가 버리고 그곳에는 썩은 뼈만 쌓여 있었다. 보조 스님은 곧 대바구니 하나를 만들게 하더니, 또 구용에게 두 세 벌의 여자 옷을 만들어 그 옷을 대바구니에 담아 위수(渭水)의 물가로 가서 묻어주게 했다. 그리고 또 그에게 뒤돌아보지 말고 그녀를 위해 술과 음식을 차려주게 했다. 그 후로는 작든 크든 더 이상 두려운 일이 없었다.

애초에 곽분양(郭汾陽: 汾陽王 郭子儀)에게는 사촌 여동생이 있었는데, 그녀는 영평리 선화사(宣化寺)로 출가했다. 분양왕(汾陽王: 郭汾陽)의 부인이 고모를 찾아뵈러 갔는데 시종이 매우 많았다. 나중에 그녀는 그 집을 사서 왕래하는 사람들이 편히 묵을 곳으로 만들었다. 어떤 사람이 한 말을 들어보면, 곽분양의 부인에게는 행동이 조심스럽지 못한 하녀가 있었는데, 마침내 그 하녀가 보이자 않자 곽분양의 부인이 높은 담을 쌓게 하여 그 집에 그 가림벽이 있게 되었다는 것이다. 또 어떤 사람은 그 하녀가 행동이 조심스럽지 못해서 몰래 빠져나가 놀러 다녔으므로 그녀를 그곳에 생매장했다고도 한다. (『건손자』)

元和十二年, 上都永平里西南隅, 有一小宅, 懸牓云:"但有人敢居, 卽傳元契奉贈, 及奉其初價." 大曆年, 安太淸始用二百千買得, 後賣與王姁. 傳受凡十七主, 皆喪長. 布施與羅漢寺, 寺家貰之, 悉無人敢入.

有日者寇鄘, 出入于公卿門, 詣寺求買, 因送四十千與寺家. 寺家極喜, 乃傳契付之. 有堂屋三間, 甚庫, 東西廂共五間. 地約三畝, 楡楮數百株. 門有崇屛, 高八尺, 基厚一尺, 皆炭灰泥焉. 鄘又與崇賢里法明寺僧普照爲門徒. 其夜, 掃堂獨止, 一宿無事. 月明, 至四更, 微雨, 鄘忽身體拘急, 毛髮如磔, 心恐不安. 聞一人哭聲, 如出九泉. 乃卑聽之, 又若在中天. 其乍東乍西, 無所定. 欲至曙, 聲遂絶. 鄘乃告照曰:"宅旣如此, 應可居焉."命照公與作道場. 至三更, 又聞哭聲. 滿七日, 鄘乃作齋設僧. 方欲衆僧行食次, 照忽起, 于庭如有所見, 遽厲聲逐之, 喝云:"這賊殺如許人!" 遶庭一轉, 復坐曰:"見矣! 見矣!" 遂命鄘求七家粉水解穢. 俄至門崇屛, 洒水一盃, 以柳枝撲焉, 屛之下四尺開, 土忽頹圯. 中有一女人, 衣靑羅裙・紅袴・錦履・緋衫子. 其衣皆是紙灰, 風拂, 盡飛于庭, 卽枯骨籍焉. 乃命織一竹籠子, 又命鄘作三兩事女衣盛之, 送葬渭水之沙洲. 仍命勿回頭, 亦與設酒饌. 自後小大更無恐懼.

　初郭汾陽有堂妹, 出家永平里宣化寺. 汾陽王夫人之頂謁其姑, 從人頗多. 後買此宅, 往來安置. 或聞有靑衣不謹, 遂失靑衣, 夫人令高築崇屛, 此宅因有是焉. 亦云, 靑衣不謹, 洩漏遊處, 由是生葬此地焉. (『乾臊子』)

344·4(4397)
호연기(呼延冀)

　함화연간(咸和年間: '咸和'는 '元和'의 오기로 보임. 806~820)에 호연기는 충주사호(忠州司戶)에 제수되어 그의 부인을 데리고 부임지로 갔다. 사수(泗水)에 이르러 호연기는 도적을 만나 가지고 있던 재물을 다 털리고 알몸만 남았다. 호연기는 마침내 부인과 함께 길 옆 인가를 찾아갔다. 잠시 후 한 노인을 만났는데, 노인이 어찌된 일인지 묻자 호연기는 사실대로 말해주었다. 그 노인이 말했다.

　"남쪽으로 몇 리를 가면 우리 집이 나오는데, 우리 집 식구와 함께 잠시 묵어도 괜찮습니다."

　호연기는 이에 노인과 함께 그 집으로 갔다. 숲 속에 들어서자 큰 집이 한 채 나왔는데, 노인은 한 방 안에 [호연기와 그의 부인을] 편히 있게 한 다음 음식을 차리고 옷을 주었다. 밤이 깊어지자 노인은 직접 호연기에게 와서 이야기를 나누었다. 노인이 다시 술과 안주를 차려놓고 말했다.

　"우리 집에는 노모 한 분만 계십니다. 당신이 만약 부인을 데리고 갈 수 없다면 부인을 여기에 머물도록 했다가 당신이 임지에 도착한 후 다시 데리러 와도 좋습니다. 내 보아하니 당신은 가난하여 부인을 데리고 가기가 좀처럼 쉽지 않을 것 같습니다."

호연기는 한참 생각하다가 마침내 노인에게 감사하며 이렇게 말했다.

"어르신께서 이토록 저를 불쌍히 여겨주시니 아내를 어르신의 집에 맡기겠습니다. 저의 아내는 본래 벼슬아치 집안 출신이라 노래도 잘하고 글재주도 약간 있습니다. 그러나 술을 좋아하여 자못 분방하니 제가 이곳에 남겨두고 간 후에 어르신께서 저의 아내를 잘 단속해주셨으면 합니다."

노인이 말했다.

"걱정 마시고 임지로 빨리 가십시오."

이튿날 호연기는 부인을 남겨두고 떠나가게 되었는데, 헤어질 때 부인이 호연기의 손을 잡고 말했다.

"저는 본래 당신과 함께 멀리 산천을 건너 부관(簿官: 장부를 관리하는 관리[司戶參軍]를 말함)으로 부임하기로 되어 있었는데, 이제 기약도 없이 또 저를 이곳에 남겨두는군요. 당신이 만약 저를 데리러 오지 않으면 저는 꼭 달아날 것이며, 그러면 반드시 저를 받아줄 사람이 있을 것입니다."

부인은 울며 호연기와 헤어졌다.

호연기는 임지에 도착하자 곧 멀리 부인을 데려올 일을 계획했다. 그런데 어느날 갑자기 편지 한 통이 와서 받아보니 부인의 편지였다. 그 편지에는 이렇게 적혀 있었다.

"소첩이 지금 이 편지를 적어 저의 마음을 전달하니 천천히 읽어보십시오. 소첩은 본래 가기(歌妓)의 딸로 어려서 궁중에 들어가 청아한 노랫소리와 훌륭한 춤으로 칭찬을 받았지만, 본래 부인이 갖추어야 할 품덕과 몸가짐을 갖추지 못했습니다. 궁중에 명을 내려 액정(掖庭: 궁녀가 거처하는 궁전)에서 궁녀를 선발할 때 소첩은 풀려나 돌아가게 되었습니다. 그 때 당신은 한창 젊고 술에 빠져 있었으며 시에도 뛰어난데다 저의 이웃에 있었습니다. 소첩은 얽매이지 않는 성격이었고 당신도 자유분방한 성격이었습니다. 당신은 소첩을 당신의 아내가 될 수 없다고 생각지 않으시고 곧 예를 갖추어 소첩을 아내로 맞이했습니다. 소첩이 당신과 짝이 되자 여러 이웃에서 모두 재자(才子)와 가인(佳人)이라 불렀습니다. 소첩은 매번 우리가 함께 꽃 사이를 걷고 달빛 아래에서 마주 대하며 홍루(紅樓)에서 농담하며 놀고 아름다운 안방에서 맹세하던 때를 떠올립니다. 그런데 뜻하지 않게 오늘과 같은 일이 생기고 말았습니다. 슬픕니다! 당신은 어찌 부부간의 도의를 저버렸습니까? 당신은 소첩을 헌신짝처럼 버려 거친 들녘에 남겨둔 채 소첩의 외로움은 생각지도 않으셨습니다. 당신이 임지로 간 후부터 소첩의 눈물은 그칠 날이 없었습니다. 야속한 정을 생각하면 소첩이 또 어떻게 깨끗하게 정절을 지킬 수 있겠습니까? 노인의 집에 젊은 아들이 하나 있는데, 그는 소첩을 몹시 흠모했습니다. 소첩은 벌써 그 사람에게 시집갔기에 당신에게 이 사실을 알리는 것입니다."

호연기는 편지를 읽다가 던져버리고 분노를 이기지 못해 벼슬을 그만두고 사수로 갔다. 호연기는 본래 그 노인과 부인을 만나면 모두 죽이려고 했는데, 아무리 찾아도 찾을 수 없었다. 거기에는 다만 큰 무덤이 하나 있었으며, 그 주위에는 숲이 빽빽이 들어서 있었다. 호연기가 그 무덤을 파헤쳐 보았더니 그의 부인은 이미 죽어 무덤 속에 있었다. 호연기는 부인의 시체를 꺼내 제사를 지낸 다음 다른 곳에 묻어주고 떠나갔다. (『소상록』)

咸和中, 呼延冀者, 授忠州司戶, 攜其妻之官. 至泗水, 遇盜, 盡奪其財物, 乃至踝衫. 冀遂與其妻於路傍訪人煙. 俄逢一翁, 問其故, 冀告之. 老翁曰: "南行之數里, 卽我家, 可與家屬暫宿也." 冀乃與老翁同至其家.

入林中, 得一大宅, 老翁安存于一室內, 設食遺衣. 至深夜, 親就冀談話. 復具酒殽, 曰: "我家唯有老母. 君若未能攜妻去, 欲且留之, 伺到官再來迎, 亦可. 我見君貧, 必不易相攜也." 冀思之良久, 遂謝而言曰: "丈人旣憫我如是, 我卽以心素託丈人. 我妻本出官人也, 能歌, 仍薄有文藝. 然好酒, 多放蕩, 留之後, 幸丈人拘束之." 老翁曰: "無憂, 但自赴官."

明日, 冀乃留妻而去, 臨別, 妻執冀手而言曰: "我本與爾遠涉川陸, 赴一簿官, 今不期又留我于此. 君若不來迎我, 我必奔出, 必有納我之人也." 泣淚而別.

冀到官, 方謀遠迎其妻. 忽一日, 有達一書者, 受之, 是其妻書也. 其書曰: "妾今自裁此書, 以達心緒, 唯君少覽焉. 妾本歌妓之女也, 幼入宮禁, 以淸歌妙舞爲稱, 固無婦德婦容. 及宮中有命, 掖庭選人, 妾得放歸焉. 是時也, 君方年少, 酒狂詩逸, 在妾之隣. 妾旣不拘, 君亦放蕩. 君不以妾不可奉蘋蘩, 遽以禮娶妾. 妾旣與君匹偶, 諸隣皆謂之才子佳人. 每念花間同步, 月下相對, 紅樓戱謔, 錦闈言誓. 卽不期今日之事也. 悲夫! 一何義絶? 君以妾身, 棄之如屣, 留于荒郊, 不念孤獨. 自君之官, 淚流莫遏. 思量薄情, 妾又奚守貞潔哉? 老父家有一少年子, 深慕妾. 妾已歸之矣, 君其知之."

冀覽書擲書, 不勝憤怒, 遂抛官至泗水. 本欲見老翁及其妻, 皆殺之, 訪尋不得. 但見一大塚, 林木森然. 冀毁其塚, 見其妻已死在塚中. 乃取尸祭, 別葬之而去. (『瀟湘錄』)

344 · 5(4398)
안 봉(安 鳳)

안봉은 수춘현(壽春縣) 사람으로 젊어서 마을의 서간(徐侃)과 사이가 좋았는데 그들은 모두 재학이 있었다. 그들은 본래 함께 장안(長安)에 가서 벼슬할 것을 약속했었다. 서간은 성품이 지극히 효성스러워 그 모친과 헤어질 때 모친이 울음을 그치지 않은 것을 보고 차마 떠나지 못했다.

안봉은 장안에 이르러 10년이 되도록 성공하지 못하자 부끄러워 돌아갈 수 없었다. 안봉은 그 후에 갑자기 서간을 만나 그의 손을 잡고 그간의 이야기를 털어놓았다. 이야기가 고향의 일에 미치자 그들은 기쁨과 슬픔을 가누지 못했다. 객사에서 함께 묵은 지 며칠만에 갑자기 서간이 안봉에게 말했다.

"나는 고향을 떠난 지 1년이 되었다네. 우리 모친이 반드시 나를 그리워하고 계실 터이니 나는 고향으로 돌아가야 하네. 자네도 고향을 떠난 지 오래되었으니 같이 돌아가지 않겠는가?"

안봉이 말했다.

"나는 본래 농사짓는 데 힘쓰지 않고 이름 있는 벼슬을 하는 데 뜻을 두었네. 지금 고향을 멀리 떠나 장안에서 봉록을 구하고 있지만 나를 알아주는 공경(公卿) 한 사람도 없네. 10년 동안 떠돌아다녔는데 대장부의 기개로 무슨 면목으로 돌아가 고향 사람을 만나볼 수 있겠는가?"

안봉은 울면서 서간에게 말했다.

"자네는 돌아가 부모님을 편안히 모시게. 나는 맹세코 성공하지 못하면 돌아가지 않겠네."

서간은 안봉에게 다음과 같은 시를 남겨주었다.

> 그대는 장안에 있은 지 오래되었건만,
> 부끄럽다고 고향에 돌아가지 않네.
> 나는 장안을 이별하고 떠나가면,
> 정성을 다해 부모님을 모시리.
> 자네와의 이별의 한은 생각지도 못했는데,
> 저승에서도 자넬 잊기 어렵네.

안봉 역시 서간과 이별하며 다음과 같은 시를 지어주었다.

> 한 번 고향 땅을 떠난 후로,
> 10년 동안 함진(咸秦: 원래는 秦의 도성 咸陽이지만 唐代에는 長安을 가리키는 말로 쓰였음)에 있었네.
> 눈물이 다해 변화(卞和: 春秋時代 楚나라 사람. 그는 楚山에서 璞玉을 얻어 寶玉이라고 하면서 왕에게 두 번이나 바쳤으나 그 때마다 가짜라고 하여 발이 잘리는 형을 당한 다음 초산 아래에서 피눈물이 나도록 울었음)처럼 피눈물이 났지만,
> 친구 한 사람 만나지 못했네.
> 이제 옛 친구 이별하고 나니,
> 여기서 떠도는 나 자신이 부끄럽네.
> 이별의 정을 시로 읊으며,
> 삼베옷으로 흐르는 눈물만 닦네.

이별의 눈물 흘리며 각자 헤어지니,
내년 봄에나 다시 만나려나.

안봉은 여전히 장안에서 객지생활을 했다. 안봉은 밤에 갑자기 꿈을 꾸었는데, 서간이 편지 한 통을 맡기면서 수춘현에 전달해달라고 하는 것이었다. 그 편지의 첫머리에는 장안에서 다시 만나 회포를 풀었던 일을 적어놓았다. 서간의 모친은 안봉의 편지를 받고 울면서 편지를 가지고 온 사람에게 이렇게 말했다.

"서간은 죽은 지 벌써 3년이 되었다오."

편지를 전달했던 사람이 다시 장안으로 가서 안봉에게 그 사실을 알리자 안봉은 눈물을 흘리며 이렇게 탄식했다.

"내 오늘에야 비로소 서간의 이별시 안에 있는 '저승에서도 자넬 잊기 어렵네[泉下亦難忘]'라는 구절의 뜻을 알겠구나!"

(『소상록』)

安鳳, 壽春人, 少與鄕里徐侃友善, 俱有才學. 本約同遊宦長安. 侃性純孝, 別其母時, 見母泣涕不止, 乃不忍離.

鳳至長安, 十年不達, 恥不歸. 後忽逢侃, 攜手敍潤別. 話鄕里之事, 悲喜俱不自勝. 同寓旅舍數日, 忽侃謂鳳曰: "我離鄕一載. 我母必念我, 我當歸. 君離鄕亦久, 能同歸乎?" 鳳曰: "我本不勤耕鑿, 而志切於名宦. 今日遠離鄕國, 索米於長安, 無一公卿知. 十年之漂蕩, 大丈夫之氣槪, 焉能以面目回見故鄕之人也?" 因泣謂侃曰: "君自當寧親. 我誓不達不歸矣!" 侃留詩曰: "君寄長安久, 恥不還故鄕. 我別長安去, 切在慰高堂. 不意與離恨, 泉下亦難忘." 鳳亦以詩贈別曰: "一自離鄕國, 十年在咸秦. 泣盡卞和血, 不逢一故人. 今日舊友別, 羞此漂泊身. 離情吟詩處, 麻衣掩淚頻. 淚別各分袂, 且及來年春."

鳳猶客長安. 因夜夢侃, 遂寄一書達壽春. 首敍長安再相見, 話幽抱之事. 侃母得鳳書, 泣謂附書之人曰:"侃死已三年矣." 却至長安, 告鳳, 鳳垂泣歎曰:"我今日始悟侃別詩中'泉下亦難忘'之句!"(『瀟湘錄』)

344 · 6(4399)
성숙변(成叔弁)

원화(元和) 13년(818)에 강릉(江陵)의 편호(編戶: 호적에 편입된 평민을 말함) 성숙변에게는 17살 된 흥낭(興娘)이라는 딸이 있었다. 갑자기 중매쟁이가 성숙변의 집을 찾아와서 말했다.

"전씨(田氏) 집안에 총각이 있는데 혼인을 맺고자 문밖에 와 있습니다."

성숙변은 부인을 불러 함께 그를 엿보았는데, 생김새가 자못 마음에 들지 않아 곧 사양하며 말했다.

"흥낭은 나이도 어리고 시집 보낼 혼수비용과 물품도 아직 마련하지 못했습니다."

문밖에서 그 말을 듣고있던 전씨 총각이 즉시 달려 들어와 말했다.

"제가 장인 장모를 뵙고자 합니다."

그러나 성숙변은 돌아보지도 않고 급히 부인과 함께 그곳을 피해버렸다. 전씨 총각이 말했다.

"나 전사랑(田四郎)은 천상(天上)의 향랑(香郎)인데 당신 딸을 얻지 못할 것 같습니까?"

전씨 총각이 웃으면서 소리를 한 번 지르자 곧 두 사람이 공중에서 내려와 이렇게 말했다.

"무슨 일로 우리를 불렀소?"

전씨가 말했다.

"성씨 집안에서 딸 하나가 있는 것을 보고 내가 지금 혼사를 의논하고 있는 중인데 신부 쪽에서는 한사코 안된다고 하오. 두 분은 어떻게 하면 좋겠소?"

그 두 사람이 말했다.

"그들이 본래 몰라서 그런 것이니 어찌 안될 게 있겠소? 내가 말해보도록 허락해주시오. 아가씨의 혼령이 이미 당신을 따르고 있고 당신을 깊이 흠모하고 있소. 보통 백성이 이를 어떻게 알겠소? 그러니 그들을 너무 탓하지 마시오."

말을 마치자 홍낭이 방안에서 크게 소리쳐 울며 말했다.

"나를 전사랑에게 시집보내주세요!"

성숙변은 전사랑이 사람이 아님을 깨닫고 곧 계단을 내려와 사죄하며 말했다.

"가난한 집에서 키운 딸인지라 볼품이 없지만 사랑(四郞: 田四郞)께서 마음에 들어하시니 어찌 감히 명을 따르지 않겠습니까? 잠깐 앉아서 중매쟁이와 의논하시고 너무 서둘지 마십시오."

네 사람은 서로 쳐다보고 크게 웃으며 말했다.

"됐다!"

성숙변은 곧 사람을 시켜 시장에 가서 과실을 사오게 하여 차와 떡을 준비해놓고 당(堂)으로 가서 발을 쳐놓고 앉았다. 중매쟁이가 말했다.
"전씨 집안에서는 아직 흡족하게 생각하고 있지 않는데 사랑은 너무 서두르고 있습니다. 지금 세 분은 모두 시인이시니 연구(聯句) 한 편씩을 지은 후에 혼사(婚事)를 정하도록 합시다."
여러 사람들은 모두 크게 웃고 즐거워하며 말했다.
"할멈은 그저 중매만 서주면 됐지 달리 연구로 논할 일이 뭐 있소?"
중매쟁이가 한사코 청하자 전씨 총각이 한참 있다가 이렇게 읊조렸다.

한 점 붉은 치마[미인을 비유함] 푸른 산에서 나오니,
구름 고요한 가을 하늘에 달빛만 밝네.

전씨는 성숙변에게 그것을 이어 지으라고 청했으나 성숙변은 평소 글을 알지 못해 한사코 사양했다. 오가며 서너 차례 실랑이를 벌이다가 한 식경(食頃)쯤 되자 갑자기 당상(堂上)에서 어떤 사람이 이렇게 말하는 소리가 들렸다.
"왜 '천조(天曹)의 사자들은 부질없이 고개만 돌리는데, 어찌 다른 비천한 구족(九族)을 따르지 않는가?'라고 말하지 않느냐?"
말이 끝나자 중매쟁이와 세 사람은 배를 움켜잡고 크게 웃으며 말했다.
"방금 귀신의 말을 했으니 이제 어떻게 하시겠습니까?"
네 사람은 일시에 달려나가더니 다시는 돌아오지 않았다. 그 딸은 마치 술에 취한 사람처럼 엉뚱한 말을 하다가 네 사람이 떠나간 후에야 마침내 정신을 차렸다. (『하동기』)

元和十三年, 江陵編戶成叔弁有女曰興娘, 年十七. 忽有媒氏詣門云:"有田家郎君, 願結姻媛, 見在門." 叔弁召其妻共窺之, 人質頗不愜, 卽辭曰:"興娘年小, 未辦資裝." 門外聞之, 卽趨入曰:"擬(明鈔本無'擬'字)田郞衆丈人丈母." 叔弁不顧, 遽與妻避之. 田奴曰:"田四郞上界香郞, 索爾女不得耶?" 卽笑一聲, 便有二人自空而下, 曰:"相呼何事?" 田曰:"成家見有一女, 某今商量, 確然不可. 二郞以爲何如?" 二人曰:"彼固不知, 安有不可? 幸容言議. 況小郞娘子魂識, 已隨足下, 慕足下深矣. 黎庶('庶'字原空闕, 據明鈔本補)何知? 不用苦怪." 言訖, 而興娘大叫于房中曰:"嫁與田四郞去!" 叔弁旣覺非人, 卽下階辭曰:"貧家養女, 不喜觀矚, 四郞意旨, 敢不從命? 但且坐, 與媒氏商量, 無太匆匆也." 四人相顧大笑曰:"定矣!"

叔弁卽令市果實('實'字原空闕, 據明鈔本補), 備茶餅, 就堂垂簾而坐. 媒氏曰:"田家意不美滿, 四郞亦太匆匆. 今三郞君總是詞人, 請聯句一篇然後定." 衆皆大笑樂曰:"老嫗但作媒, 何必議他聯句事?" 媒氏固請, 田郞良久乃吟曰:"一點紅裳出翠微, 秋天雲靜月離離." 田請叔弁繼之, 叔弁素不知書, 固辭. 往復再四, 食頃, 忽聞堂上有人語曰:"何不云'天曹使者徒回首, 何不從他九族卑?'" 言訖, 媒與三人絶倒大笑曰:"向道魔語, 今欲何如?" 四人一時趨出, 不復更來. 其女若醉人狂言, 四人去後, 亦遂醒矣. (『河東記』)

344·7(4400)
양양선인(襄陽選人)

우적(于頔)이 양양(襄陽)을 진수하고 있을 때였다. 선인(選人: 관리

선발 후보자) 유(劉) 아무개가 도성으로 들어와 20여 세 되는 한 거인(擧人: 鄕試에 합격한 사람)을 만났는데, 그 거인은 말이 또랑또랑했다. 두 사람은 몇 리를 같이 걸어갔는데 뜻이 잘 맞아 함께 풀밭에 앉았다. 유 아무개에게 술이 있었으므로 두 사람은 같이 몇 잔을 마셨다. 날이 저물자 거인은 갈림길을 가리키며 말했다.

"우리 집이 여기에서 겨우 몇 리 떨어져 있는데 가실 수 있겠소?"

유 아무개가 약속된 일정이 있다고 하면서 사양하자, 거인이 다음과 같은 시를 지었다.

> 냇물 졸졸 흘러 미나리 싹 길게 자라고,
> 해가 서쪽으로 지니 나그네가 집으로 돌아오네.
> 황량한 마을엔 찬밥 지어줄 사람 없고,
> 무덤만 하릴없이 팥배나무 꽃만 대하고 있네.

다음날 유 아무개는 양양으로 돌아왔다가 그 거인을 찾아갔으나 그곳에는 무덤만 남아있을 뿐이었다. (『유양잡조』)

于頔鎭襄陽時. 選人劉某入京, 逢一擧人, 年二十許, 言語明朗. 同行數里, 意甚相得, 因藉草. 劉有酒, 傾數盃. 日暮, 擧人指歧逕曰: "某弊止從此數里, 能左顧乎?" 劉辭以程期, 擧人因賦詩曰: "流水涓涓長芹芽, 織烏雙飛客還家. 荒村無人作寒食, 殯宮空對棠梨花." 至明, 劉歸襄陽州, 因往尋訪擧人, 惟有殯宮存焉. (『酉陽雜俎』)

344 · 8(4401)
조 가(祖 價)

　　진사(進士) 조가는 조영(祖詠)의 후손이다. 그는 과거시험에 낙제한 후 상산(商山: 네 명의 백발노인[東園公·夏黃公·甪里先生·綺里季. 이들은 나중에 모두 漢 惠帝의 스승이 되었음]이 秦나라 말에 전란을 피해 은거했다는 陝西省에 있는 산)에서 노닐었는데, 여행길이 몹시 곤궁했다. 저녁에 한 쓸쓸한 역참(驛站)에 도착했는데, 그곳에서 반 리쯤 떨어진 곳에 왔을 때 스님이 살지 않는 빈 절이 있기에 조가는 노복과 함께 거기에 들어가 하룻밤을 잤다. 가을달이 휘영청 밝기에 조가는 홀로 달을 감상하며 이리저리 거닐었다. 그때 갑자기 불전(佛殿) 뒤에서 한 사람이 나오더니 조가에게 읍하고 함께 앉아 웃으며 경사(經史)를 담론했는데, 그는 간간이 직접 시를 읊조리기도 했다. 조가가 차를 달여 그에게 대접할 때까지도 그는 홀로 계속 읊조리고 있었다. 그 사람이 또 말했다.

　　"무릇 사람은 시를 지어 회포를 풀어놓거나 사물을 읊는데, 만약 섬세하지 못하거나 정확하지 못하면 사람을 감동시킬 수 없소. 오늘밤에 우연히 당신을 만났는데, 나중에 다시 만나기 어려우니 두세 편의 시를 지어 내 마음을 털어놓겠소."

　　그 사람은 마침내 다음과 같은 시를 읊조렸다.

　　　　집은 역참 북쪽 길에 있고,
　　　　사방 백 리에는 이웃 하나 없네.
　　　　오가며 물을 사람 없고,

산가(山家)의 봄은 적적하기만 하네.

그 사람은 또 다음과 같은 시를 읊었다.

남쪽 산등성의 밤에 쏴 하는 바람소리,
푸른 솔과 흰 버들에서 불어 오네.
집안 사람이 응당 꿈을 꾸리니,
멀리 떠난 객은 이미 애간장이 닳았다네.

그 사람은 또 이렇게 시를 읊었다.

흰 풀은 차가운 길 속에 있고,
여기저기 솟은 산은 밝은 달 속에 있네.
오늘밤 쓸쓸히 다 읊고 나면,
쓸쓸한 등불을 그대와 함께 하리라.

그 사람은 시를 다 읊고 나서 재삼 그것을 읊조렸다. 밤이 한참 깊어서야 그 사람은 마침내 읍하고 물러갔다. 다음날 조가가 이웃사람에게 물었더니 이렇게 말했다.

"이곳 앞뒤 몇 리에는 인가는 전혀 없고 다만 객사한 서생이 있는데, 그는 불전(佛殿) 뒤 남쪽 언덕 위에 묻혀 있습니다."

조가는 그 시를 생각해보고 난 후에야 그 사람이 귀신이었음을 알았다. 조가는 글을 지어 그를 조문하고 떠나갔다. (『회창해이록』)

進士祖價, 詠之孫也. 落第後, 嘗遊商山中, 行李危困. 夕至一孤驛, 去驛半里已來, 有一空佛寺, 無僧居, 價與僕夫投之而宿. 秋月甚明, 價獨翫月, 來去而行. 忽有一人, 自寺殿後出, 揖價共坐, 語笑說經史, 時時自吟. 價烹茶待之,此人獨吟不已. 又云:"夫人爲詩, 述懷諷物, 若不精不切, 卽不能動人. 今夕偶相遇, 後會難期, 輒賦三兩篇, 以述懷也."遂朗吟云:"家住驛北路, 百里無四鄰. 往來不相問, 寂寂山家春."又吟:"南岡夜蕭蕭, 靑松與白楊. 家人應有夢, 遠客已無腸."又吟:"白草寒路裏, 亂山明月中. 是夕苦吟罷, 寒燭與君同."詩訖, 再三吟之. 夜久, 遂揖而退. 至明日, 問鄰人, 云:"此前後數里, 並無人居, 但有書生客死者, 葬在佛殿後南岡上."價度其詩, 乃知是鬼. 爲文弔之而去. (『會昌解頤錄』)

태평광기 권제 345

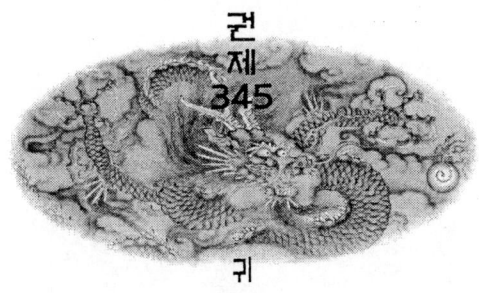

귀 30

1. 곽승하(郭承嘏)
2. 장 유(張 庾)
3. 유방현(劉方玄)
4. 광택방민(光宅坊民)
5. 회서장군(淮西軍將)
6. 곽 저(郭 翥)
7. 배통원(裴通遠)
8. 정 소(鄭 紹)
9. 맹 씨(孟 氏)

345 · 1(4402)
곽승하(郭承嘏)

곽승하는 일찍이 법서첩(法書帖) 한 권을 애지중지하여 늘 몸에 지니고 다녔다. 그는 과거에 응시하여 잡문시(雜文試: 唐代 科擧科目 가운데 하나로, 進士는 먼저 雜文 2편을 시험 보아 文律에 통과하면 策文을 시험 보았음)를 치렀는데, 답안을 다 작성하고 났으나 저녁이 되려면 아직 일렀으므로 상자 속에 잘 넣어두었다. 그런데 답안을 제출할 때 잘못하여 애지중지하던 서첩을 제출하고 말았다. 그리고는 거처로 돌아와 등롱(燈籠) 아래에서 서첩을 꺼내 읽어보려고 했는데, [제출했어야 할] 정식 답안이 상자 속에 그대로 들어 있었다. 곽승하는 어찌할 방법이 없어서 과장(科場) 문밖에서 왔다갔다하고 있다가 한 늙은 관리를 만났는데, 그 관리가 그에게 시험 본 일에 대해 물어보자 그는 사실대로 자세히 말해주었다. 관리가 말했다.

"내가 그것을 바꿔다 줄 수 있소. 하지만 나는 집이 가난하고 흥도리(興道里)에 살고 있는데, 만약 내가 바꿔다 준다면 3만 전으로 보답해 주었으면 하오."

곽승하는 그리 하겠다고 허락했다.

얼마 후 관리는 정식 답안을 가지고 과장으로 들어갔다가 서첩을 가지고 나와서 곽승하에게 주었다. 다음날 곽승하는 친인리(親仁里)로 돌아와 직접 약속한 돈을 가지고 흥도리를 찾아갔다. 한참을 수소문한 끝에 그 관리의 하인이 나오자, 곽승하가 관리의 성씨를 물어 확인했더니 하인이 대답했다.

"주인어른께서 돌아가신 지 사흘이 되었지만 집이 가난하여 장례 치를 상구(喪具)를 아직 마련하지 못하고 있습니다."

[그 말을 듣고] 곽승하는 한참 동안 놀라 탄식하고 나서야 비로소 과장에서 만난 사람이 바로 귀신이었음을 알게 되었다. 곽승하는 결국 돈을 그 집에 주었다. (『상서담록』)

郭承嘏, 嘗寶惜法書一卷, 每攜隨身. 初應擧, 就雜文試, 寫('寫'原作'駕', 據明鈔本改)畢, 夜猶早, 緘置篋中. 及納試而誤納所寶書帖. 却歸鋪, 于燭籠下取書帖觀覽, 則程試宛在篋中. 計無所出, 來往于棘闈門外, 見一老吏, 詢其試事, 具以實告. 吏曰: "某能換之. 然某家貧, 居興道里, 倘換得, 願以錢三萬見酬." 承嘏許之.

逡巡, 齎程試入, 而書帖出, 授承嘏. 明日歸親仁里, 自以錢送詣興道里. 疑問久之, 吏家人出, 以姓氏質之, 對曰: "主父死三日, 力貧, 未辦周身之具." 承嘏驚歎久之, 方知棘闈所見, 乃鬼也. 遂以錢贈其家. (出『尚書談錄』)

345・2(4403)
장 유(張 庾)

[당나라] 원화(元和) 13년(818)에 장유는 진사(進士) 시험에 응시하

러 와서 장안(長安) 승도리(昇道里)의 남쪽 거리에 머물렀다. 그 해 11월 8일 밤에 노복이 다른 곳에서 자는 바람에 장유 혼자 달빛 아래에 있었는데, 갑자기 이상한 향기가 정원 가득 풍겨왔다. 장유가 한창 놀라워하고 있을 때, 잠시 후 신발 소리가 점점 가깝게 들려왔다. 장유가 신발을 끌고 나가 그 소리를 들어보았더니, 이윽고 18~19세쯤 되어 보이고 비할 데 없이 아름다운 하녀 몇 명이 문을 밀치고 들어와 말했다.

"달빛 아래를 거닐며 멋진 경치를 찾으려면 꼭 낙유원(樂遊原: 滻水·滈水·泡水의 사이에 있는 들판으로, 長安城 부근에 있으며 경치가 매우 아름다움. 漢 宣帝가 曲江池 북쪽에 사당을 세우고 '樂遊'라고 불렀다 함)까지 갈 필요는 없고, 그저 이 정원에 있는 작은 누대의 등나무 장소면 되겠다."

그리고는 7~8명의 젊은 여자를 인도하여 들어왔는데, 그녀들은 모두 용모가 빼어나게 아름답고 의복과 치장이 화려하여 정말 부귀한 집안의 사람들 같았다.

장유는 당(堂) 안으로 달려가 몸을 피한 뒤 발을 내리고 그녀들을 바라보았다. 여자들은 천천히 걸어와 곧장 등나무 아래로 가더니 잠시 후 평상을 배치해놓았는데, 아로새긴 쟁반과 옥 술단지, 그리고 술잔과 술국자 등이 모두 진기한 물건이었다. 8명의 여자가 빙 둘러앉자, 10명의 하녀가 악기를 들었고, 2명이 박판(拍板: 나무나 대조각 등을 한꺼번에 여러 개 쥐고 박자를 치는 도구)을 들고 섰으며, 10명이 좌우에서 시립(侍立)했다. 관·현악기를 막 연주하려고 할 때, 좌중의 한 사람이 말했다.

"이 집 주인에게 알리지도 않고 음악을 연주한다면 무례하지 않겠어요? 주인도 학문하는 선비인 이상 초대해서 함께 즐기는 것이 좋겠어요."

그리고는 하녀 한 명에게 명하여 이렇게 말을 전하게 했다.

"우리 자매들이 달빛 아래를 거닐다가 우연히 귀댁에 들어와 술과 음식을 차려놓고 악기를 연주하면서 스스로 즐기고자 하는데, 수재(秀才: 張庾)께서 잠시 나와 [이 자리의] 주인이 되 주지 않으시렵니까? 밤이 깊었는지라 수재께서 이미 관대(冠帶)를 벗었으리라 생각되니, 그냥 비단 두건을 쓴 채로 오시더라도 이 격식 차리지 않는 자유스런 분위기에 어울릴 듯합니다."

장유는 하녀가 분부 받는 것을 듣고는 그녀가 오는 것을 꺼려하여 이내 문을 잠그고 거절했다.

하녀가 문을 두드렸으나 장유는 대답하지 않았다. 하녀가 문을 밀쳐 보았으나 열리지 않자 급히 달려가 보고했더니, 좌중의 한 여자가 말했다.

"우리들이 함께 즐기는 데에 다른 사람이 감히 끼여들어서는 안되지요. 그렇지만 우리들이 이미 그의 집으로 들어왔으니, 우리가 부르지 않더라도 그가 마땅히 우리를 뵈러 나와야지요. 그가 문을 걸어 잠근 것은 우리들을 만나는 것이 부끄러운 게지요. 불렀는데도 오지 않는데 무얼 하러 다시 부르겠어요?"

이윽고 한 사람은 술단지를 들고 한 사람은 주령(酒令) 감독[糺司: 酒令을 할 때 규정을 어긴 자에게 벌주를 내리는 사람)을 맡았다. 술잔이 차례대로 돌자 악기가 함께 연주되었는데, 안주는 향기롭고 진기했으며 음악은 맑고 고왔다. 장유가 헤아려보니, 이곳 승도리의 남쪽 거리는 온통 무덤이어서 사람이 전혀 살지 않는 곳이었으므로 이렇게 생각했다.

"이들이 마을 안에서 나왔다면 마을 문은 이미 닫혔을 것이다. [그러니 마을에서 왔을 리가 없다.] 이들은 여우 요괴가 아니면 바로 귀신일 것이다. 지금은 내가 아직 이들에게 홀리지 않아서 쫓아낼 수 있지만, 잠시 후 홀리게 된다면 어떻게 스스로 정신을 차릴 수 있겠는가?"

그리하여 장유는 평상 받침돌을 몰래 집어든 뒤 천천히 문을 열고 냅다 뛰쳐나가 연회석을 향해 던졌는데, 돌이 연회석상의 쟁반에 명중하자 여자들은 분분히 흩어져 달아났다. 장유는 뒤쫓아가서 술잔 하나를 빼앗아 옷에 매어놓았다. 날이 밝은 뒤에 보았더니 그것은 다름 아닌 흰 뿔잔이었는데, 뭐라 이름할 수 없을 정도로 진기한 것이었다. 정원에 퍼진 향기는 며칠 동안 가시지 않았다.

장유는 그 술잔을 궤짝 속에 잘 보관하고서 친지나 친구들이 찾아오면 보여주지 않은 적이 없었는데, 결국 그것이 어디에서 나온 것인지 가려낼 수 있는 사람이 없었다. 10여 일 뒤에 장유는 누차 그 술잔을 돌려가면서 살펴보다가 그만 땅에 떨어뜨렸는데, 마침내 술잔이 더 이상 보이지 않았다. 장유는 이듬해에 좋은 성적으로 진사에 급제했다. (『속현괴록』)

張庚擧進士, 元和十三年, 居長安昇道里南街. 十一月八日夜, 僕夫他宿, 獨庚在月下, 忽聞異香滿院. 方驚之, 俄聞履聲漸近. 庚屣履聽之, 數青衣年十八九, 豔美無敵, 推門而入, 曰: "步月逐勝, 不必樂遊原, 只此院小臺藤架可矣." 遂引少女七八人, 容色皆艷絶, 服飾華麗, 宛若豪貴家人.

庚走避堂中, 垂簾望之. 諸女徐行, 直詣藤下, 須臾, 陳設牀榻, 雕盤玉樽盃杓, 皆奇物. 八人環坐, 靑衣執樂者十人, 執拍板立者二人, 左右侍立者十人. 絲管方動, 坐上一人曰:"不告主人, 遂欲張樂, 得無慢乎? 旣是衣冠, 邀來同歡可也."因命一靑衣傳語曰:"娣妹步月, 偶入貴院, 酒食絲竹, 輒以自樂, 秀才能暫出爲主否? 夜深, 計已脫冠, 紗巾而來, 可稱疎野."庚聞靑衣受命, 畏其來也, 乃閉門拒之.

靑衣扣門, 庚不應. 推不可開, 遽走復命, 一女曰:"吾輩同歡, 人不敢預. 旣入其門, 不召亦合來謁. 閉門塞戶, 羞見吾徒. 呼旣不來, 何須更召?"於是一人執樽, 一人糺司. 酒旣巡行, 絲竹合奏, 殽饌芳珍, 音曲淸亮.

庚度此坊南街, 盡是墟墓, 絶無人住, 謂:"從坊中出, 則坊門已閉. 若非妖狐, 乃是鬼物. 今吾尙未惑, 可以逐之, 少頃見迷, 何能自悟?"於是潛取搘牀石, 徐開門突出, 望席('席'原作'塵', 據明鈔本補)而擊, 正中臺盤, 紛然而散. 庚逐之, 奪得一盞, 以衣繫之. 及明視之, 乃一白角盞, 奇不可名. 院中香氣, 數日不歇.

盞鏁於櫃中, 親朋來者, 莫不傳視, 竟不能辨其所自. 後十餘日, 轉觀數次, 忽墮地, 遂不復見. 庚明年, 進士上第. (出『續玄怪錄』)

345 · 3(4404)
유방현(劉方玄)

은사(隱士) 유방현은 한남(漢南)에서 파릉(巴陵)으로 갔다가 밤에 강 언덕의 옛 역관(驛館)에 투숙했다. 역관의 청사 서쪽에는 대나무 울타리로 담이 쳐져 있었고, [그 너머에는] 늘 자물쇠가 채워져 있는 청사 하나가 또 있었는데, 사람들이 이렇게 말했다.

"그곳은 괴물이 많아서 손님들을 불안하게 만들기 때문에 이미 10년 동안 열지 않고 있소이다."

그곳 중간에 있는 청사는 회랑이 무너져 내린 것을 파릉군 태수가 말끔히 수리하여 매우 새롭고 깨끗했지만 감히 들어가려는 사람이 없었다.

그러나 유방현은 그러한 사실을 전혀 알지 못했다. 이경(二更) 후 달빛이 뜰에 가득하고 강산이 맑고 고요한 중에, [난데없이] 울타리 서쪽에서 부인들이 웃고 말하는 소리가 들려왔는데 그다지 분명하지는 않았다. 그 중에서 목소리가 약간 묵직하고 진(秦: 지금의 陝西省 일대) 지방 말을 하는 어떤 늙은 하녀가 이렇게 말했다.

"옛날에 아랑(阿郞: 늙은 하녀의 주인)께서 폄직(貶職)당하셨을 때, 늘 이 늙은이로 하여금 편면과(偏面騧: 머리에 반점이 한쪽으로 쏠려 있고 주둥이가 검은 누런 말)를 타고 아형랑(阿荊郞: 주인의 아들)을 안고 있게 하셨지. 그런데 아형랑은 응석받이여서 가만히 앉아 있으려 하지 않고 왼쪽으로 오른쪽으로 버둥대다가 결국 이 늙은이의 왼쪽 팔목을 부러뜨리고 말았지. 그래서 지금도 날이 궂으려 하면 팔목이 쑤시고 아프다. 지금 또 팔목이 쑤시니 내일은 틀림없이 비가 올 게야. 지금 아형랑은 높은 벼슬을 하고 있는데 이 늙은이가 있는 지도 모를 게야."

또 [그녀의 말에] 대답하는 소리가 들려왔다. 잠시 후 어떤 사람이 노래를 불렀는데, 노래 소리가 맑고 가늘어서 마치 끊임없이 뽑아져 나오는 실 같았다. 다시 시를 읊었는데, 그 소리가 애절하여 마치 쓰라린 슬픔과 눈물을 머금고 있는 내용 같았지만 그 시구를 분명히 알아들을 수는 없었다. 한참 후에 늙은 하녀가 또 말했다.

"예전에 아형랑은 '파릇파릇한 물가의 풀[靑靑河畔草: 다음 인용구절과 함께 漢代 樂府 「飮馬長城窟行」의 한 구절]'이란 구절을 애송했는데, 오늘은 또 '끊임없이 먼길을 생각하네[綿綿思遠道]'라고 할 만하다."

사경(四更)이 되고서야 말소리가 들리지 않았다.

다음날 아침에 과연 큰비가 내렸다. 유방현이 역관의 관리를 불러 물어보았더니 관리가 말했다.

"이곳 서쪽 청사는 텅 비어서 사람이 없습니다."

그러면서 빈객이 감히 그곳에 들어가지 않는 이유를 말해주었다. 유방현이 서쪽 원문(院門)을 열게 하여 살펴보았더니, 시든 풀과 푸른 이끼가 계단을 덮었고 서쪽으로 산림과 이어져 있었는데 인적이 전혀 없었다. 그 청사를 열고 보니 청사는 새롭고 깨끗했는데, 아무 것도 없었고 오직 전면 동쪽 기둥 위에 먹빛이 아주 선명한 시 한 수만 적혀 있었다. 그 시는 다음과 같았다.

> 부모님께서 날 푸른 단풍나무[靑楓: 단풍나무는 서리를 맞기 전에 푸른 색을 띠는데 옛 사람들은 이 靑楓에 鬼魂이 깃들여 있다고 여겼음] 아래로 보내셨는데,
> 푸른 단풍잎 몇 번이나 떨어졌는지 기억나질 않네.
> 예전에 손수 수놓았던 옷 위의 꽃,
> 이젠 썩은 재 되어 입을 수 없네.

그 말을 살펴보니 바로 귀신의 시였다. 역관의 관리가 말했다.

"이 청사가 지어진 이후로 이곳에 머문 사람은 아무도 없었으며, 또한 이전에도 이런 시가 적혀 있던 곳이 없었습니다."

유방현은 그제야 어젯밤에 왔던 사람이 써놓은 것임을 알았다. 유방현은 다시 이 일을 가지고 사람들에게 물어보았으나 끝내 아는 사람이 없었다. (『박이기』)

山人劉方玄自漢南抵巴陵, 夜宿江岸古館. 廳西有巴籬隔之, 又有一廳, 常局鏁, 云: "多怪物, 使客不安, 已十年不開矣." 中間爲廳, 廊崩摧, 郡守完葺, 至新淨, 而無人敢入.

方玄都不知之. 二更後, 月色滿庭, 江山淸寂, 唯聞籬西有婦人言語笑詠之聲, 不甚辨. 惟一老靑衣語稍重而秦音者, 言曰: "往年阿郎貶官時, 常令老身騎偏面騾, 抱阿荊郎. 阿荊郎嬌, 不肯穩坐, 或偏于左, 或偏于右, 墜損老身左髀. 至今天欲陰, 則酸疼焉. 今又發矣, 明日必天雨. 如今阿荊郎官高也, 不知有老身無." 復聞相應答者. 俄而有歌者, 歌音淸細, 若曳縷之不絶. 復吟詩, 吟聲切切, 如含酸和淚之詞, 不可辨其文. 久而老靑衣又曰: "昔日阿荊郎, 愛念'靑靑河畔草', 今日亦可謂'綿綿思遠道'也." 僅四更, 方不聞.

明旦, 果大雨. 呼館吏訊之, 吏云: "此西廳空無人." 方敍賓客不敢入之由. 方玄因令開院視之, 則秋草蒼苔沒階, 西則連山林, 無人跡也. 啓其廳, 廳則新淨, 了無所有, 唯前間東柱上有詩一首, 墨色甚新. 其詞曰: "爺娘送我靑楓根, 不記靑楓幾廻落. 當時手刺衣上花, 今日爲灰不堪著." 視其言, 則鬼之詩也. 館吏云: "此廳成來, 不曾有人居, 亦先無此題詩處." 乃知夜來人也. 復以此訪於人, 終不能知之. (出『博異記』)

345 · 4(4405)
광택방민(光宅坊民)

[당나라] 원화연간(元和年間: 806~820)에 광택방의 어떤 주민이 있었는데, 그 성명은 잊어버렸다. 그 집에는 병자가 있었는데, 병세가 심해지자 스님을 모셔와 불경을 염송하면서 처자식들이 병자를 둘러싸고 간호했다. 그러던 어느 날 저녁에 집 식구들이 언뜻 보니 어떤 사람이 문으로 들어오는 것 같기에 놀라서 쫓았더니, 그 사람이 항아리 속으로 뛰어 들어갔다. 그래서 집 식구들이 뜨거운 물을 끼얹었더니 자루 하나가 나왔는데, 그것은 아마도 저승에서 [산 사람의] 숨을 담아 가는 자루 같았다. 그때 갑자기 공중에서 말소리가 들렸는데, 아주 애절하게 그 자루를 돌려달라고 하면서 이렇게 말했다.

"내가 장차 다른 사람을 잡아가서 병자를 대신하겠습니다."

그래서 집 식구들이 그 자루를 공중에 던져서 돌려주었더니, 병자가 즉시 나았다. (『유양잡조』)

元和中, 光宅坊民失姓名. 其家有病者, 將困, 迎僧持念, 妻兒環守之. 一夕, 衆髣髴見一人入戶, 衆遂驚逐, 乃投於甕間. 其家以湯沃之, 得一袋, 蓋鬼間取氣袋也. 忽聽空中有聲, 求其袋, 甚哀切, 且言: "我將別取人以代病者." 其家因擲還之, 病者卽愈. (出『酉陽雜俎』)

345 · 5(4406)
회서군장(淮西軍將)

[당나라] 원화연간(元和年間: 806~820) 말에 회서의 어떤 군장이 변주(汴州)에 사신으로 가서 역관(驛館)에 머물렀다. 밤이 깊어져서 막 곤히 잠들려 하는데 갑자기 어떤 물체가 자신을 누르고 있다는 느낌이 들었다. 군장은 본디 건장했기에 깜짝 놀라 일어나서 그 물체와 힘을 겨루었는데, 마침내 그 물체가 도망치는 틈을 타서 군장은 그 물체의 수중에 있던 가죽 자루를 빼앗았다. 귀신이 어둠 속에서 [자루를 돌려달라고] 몹시 간절하게 애원하자, 군장이 귀신에게 말했다.

"네가 나에게 이 물건의 이름을 말해주면 틀림없이 돌려주겠다."

귀신이 한참 있다가 말했다.

"그건 [산 사람의] 숨을 담는 자루입니다."

그래서 군장이 벽돌을 들어 [귀신을 향해] 던졌더니, 귀신의 말소리가 끊어졌다. 그 자루는 몇 되 정도 담을 수 있는 크기에 진홍색이었고 우사(藕絲: 蓮絲. 연 뿌리에서 뽑은 실)로 짠 것 같았는데, 햇빛 아래에서 들고 다녀도 그림자가 생기지 않았다. (『유양잡조』)

元和末, 有淮西軍將, 使於汴州, 止驛中. 夜久, 眠將熟, 忽覺一物壓己. 軍將素健, 驚起, 與之角力, 其物遂退, 因奪得手中革囊. 鬼闇中哀祈甚苦, 軍將謂曰: "汝語我物名, 我當相還." 鬼良久曰: "此蓄氣袋耳." 軍將乃擧甓擊之, 語遂絶. 其囊可盛數升, 絳色, 如藕絲, 携於日中無影. (出『酉陽雜俎』)

곽 저(郭 翥)

[당나라] 원화연간(元和年間: 806~820)에 곽저라는 사람은 일찍이 악주(鄂州) 무창현위(武昌縣尉)를 지냈다. 그는 패국(沛國)의 유집겸(劉執謙)과 친밀한 사이였는데, 두 사람은 서로 이렇게 말했다.

"저승과 이승이 서로 통할 수 없는 것을 늘 안타까워하고 있으니, 먼저 죽는 사람이 반드시 찾아와서 [저승의 사정을] 알려주기로 약속하세."

나중에 유집겸이 죽은 지 몇 달 뒤에 곽저는 화음(華陰)에 살고 있었다. 어느 날 저녁에 곽저가 혼자 있을 때, 누군가가 문밖에서 탄식하다가 한참 뒤에 이렇게 말했다.

"곽군(郭君: 郭翥)은 별탈 없다고 들었네만."

곽저는 그 목소리를 듣고 유집겸임을 알고는 말했다.

"얼굴 한 번 보세."

그 사람이 말했다.

"촛불을 치워주면 그대와 얘기하겠네."

곽저는 즉시 촛불을 치우고 그의 소매를 잡아끌고 들어와 함께 평상에 앉았다. 두 사람은 지난 일을 하나하나 얘기했으며, [이승에서 지은 선악에 따라] 저승에서 받는 화복(禍福)이 너무 분명하여 속일 수 없다는 말도 했다. 밤이 깊어진 뒤에 곽저는 갑자기 주위에서 심한 악취가 나는 것을 느꼈는데, 잠시 후에는 도저히 참을 수가 없었다. 그래서 곽저가 곧장 손으로 그 사람을 어루만져보았더니, 몸집이 굉장히 커서 유집겸과는 달랐다. 근력이 셌던 곽저는 그가 다른 괴물임을 알아차리고 그의 소매를 붙잡아 몸으로 그를 눌러 꼼짝 못하게 해놓고는 코를 막고 그 자리에 누웠다. 얼마 후 그가 가겠다고 말하자, 곽저는 함께 얘기하는 척하면서 새벽까지 그를 붙잡아두었다. 그러자 그 사람은 더욱 다급하게 떠나겠다고 청하면서 말했다.

"장차 날이 새려 하니, 날 보내주지 않으면 화가 자네에게 미칠 것이네."

그러나 곽저는 대꾸하지 않았다. 잠시 후 그 사람의 말소리가 들리지 않았다.

이윽고 날이 밝은 뒤에 보았더니, 그 사람은 키가 7척도 넘는 호인(胡人)으로 죽은지 며칠 된 것 같았다. 당시는 한창 더운 때라서 악취 때문에 접근할 수 없었다. 곽저는 즉시 [그 시체를] 교외에 내다버리라고 명했는데, 그때 갑자기 마을 사람 몇 명이 멀리서 이를 보고 급히 와서 살펴본 뒤 놀라며 말했다.

"정말 우리 형님입니다! 죽은 지 며칠 되었는데 어젯밤에 홀연히 어디론가 사라졌습니다."

그리고는 시체를 가지고 돌아갔다. (『선실지』)

元和間, 有郭翥者, 常爲鄂州武昌尉. 與沛國劉執謙友善, 二人每相語: "常恨幽顯不得通, 約先沒者, 當來告."

後執謙卒數月, 翥居華陰. 一夕獨處, 戶外嗟吁, 久而言曰: "聞郭君無恙." 翥聆其音, 知執謙也, 曰: "可一面也." 曰: "請去燭, 當與子談耳." 翥卽徹燭, 引其袂而入, 與同榻. 話舊歷歷然, 又言冥途('途'原作'話', 據明鈔本改)罪福甚明, 不可欺. 夜旣分, 翥忽覺有穢氣發于左右, 須臾不可受. 卽以手而捫之, 其軀甚大, 不類執謙. 翥有膂力, 知爲他怪, 因攬其袂, 以身加之, 牢不可動, 掩鼻而臥. 旣而告去, 翥佯與語, 留之將曉. 求去愈急, 曰: "將曙矣, 不遣我, 禍且及子." 翥不答. 頃之, 遂不聞語.

俄天曉, 見一胡人, 長七尺餘, 如卒數日者. 時當暑, 穢不可近. 卽命棄去郊外, 忽有里人數輩望見, 疾來視之, 驚曰: "果吾兄也! 亡數日矣, 昨夜忽失所在." 乃取屍而去. (出『宣室志』)

345·7(4408)
배통원(裴通遠)

당(唐)나라 헌종(憲宗)이 경릉(景陵)에 안장될 때, 도성의 남녀들이 모두 구경하러 갔다. 전(前) 집주사마(集州司馬) 배통원의 집이 숭현리(崇賢里)에 있었는데, 그의 부인과 딸들도 수레를 타고 나가 통화문(通化門)에서 구경했다. 돌아갈 때가 되어 날이 저물자 말을 빨리 몰아 평강북가(平康北街)에 이르렀을 때, 어떤 백발 노파가 뛰어서 수레 뒤를 따라왔는데 기력이 거의 쇠진한 상태였다. 다시 천문가(天門街)에 이르렀을 때 야고(夜鼓: 밤 시간을 알리는 북)가 울리자 수레를 더욱 빨리 달렸는데 노파도 허겁지겁 따라왔다. 수레에는 늙은 하녀가 4명의 소녀를 데리고 있었는데, 그 중에서 노파가 급히 달려오는 것을 불쌍히 여긴 사람이 노파에게 사는 곳을 물었더니, 노파가 대답했다.

"숭현리요!"

그러자 그 사람이 곧장 노파에게 말했다.

"우리도 노파와 같은 마을에 살고 있으니, 함께 타고 마을 문까지 가겠소?"

노파는 황송해하면서 [수레에 탔으며] 숭현리에 도착한 뒤 거듭 고맙다는 말을 했다. 노파는 수레에서 내릴 때 작은 비단 주머니 하나를 두고 갔는데, 여자들이 함께 그것을 열어보았더니 그 안에 비단으로 만든 망자의 면의(面衣: 죽은 사람의 얼굴에 덮는 천) 4개가 들어 있었다. 여자들은 소스라치게 놀라 그것을 길에 버렸다. 그 후 열흘도 안 되어 4명의 소녀가 차례대로 죽었다. (『집이기』)

唐憲宗葬景陵, 都城人士畢至. 前集州司馬裴通遠家在崇賢里, 妻女輩亦以車輿縱觀於通化門. 及歸日晚, 馳馬驟, 至平康北街, 有白頭嫗步走, 隨車而來, 氣力殆盡. 至天門街, 夜鼓時動, 車馬轉速, 嫗亦忙遽. 車中有老青衣從四小女, 其中有哀其奔迫者, 問其所居, 對曰: "崇賢!" 卽謂曰: "與嫗同里, 可同載至里門耶?" 嫗荷媿, 及至, 則申重辭謝. 將下車, 遺一小錦囊, 諸女共開之, 中有白羅, 製爲逝者面衣四焉. 諸女驚駭, 棄於路. 不旬日, 四女相次而卒. (出『集異記』)

345 · 8(4409)
정 소(鄭 紹)

상인 정소는 상처(喪妻)한 뒤에 막 새장가를 들려던 참이었다. 한번은 그가 화음현(華陰縣)을 지나가다가 객점에 머물렀는데, 화산(華山)의 수려한 산수를 좋아하여 이내 객점에서 남쪽으로 길을 떠났다. 몇 리쯤 갔을 때, 갑자기 어떤 하녀가 나타나 정소에게 말했다.

"어떤 분이 저에게 [당신을 뵙고 싶다는] 뜻을 전하라 하셨는데, 잠시 당신을 모셔오길 바라신 답니다."

정소가 말했다.

"그 분이 뉘신가?"

하녀가 말했다.

"남쪽 저택에 사는 황상서(皇尙書)의 따남이십니다. 방금 전에 저택 안의 누대에 올라갔다가 당신을 멀리서 보고는 [뵙고 싶다는] 뜻을 전하라 하셨습니다."

정소가 말했다.

"아가씨는 아직 시집가지 않으셨느냐? 어찌하여 이런 곳에 머문단 말이냐?"

하녀가 말했다.

"아가씨는 지금 스스로 훌륭한 배필을 찾고 계시기 때문에 이곳에 머무시는 것입니다."

그리하여 정소는 아가씨를 찾아갔다. 잠시 후 한 커다란 저택에 도착하자 또 시녀 몇 명이 나오더니 정소에게 들어오라고 하여 관사(館舍)로 모셨다. 얼마 후 용모가 대단히 아름답고 갓 계년(笄年: 여자가 笄禮를 올릴 나이. 즉 15살을 말함)이 된 것으로 보이는 한 여자가 나왔으며, 그녀를 따르는 하녀 10여 명도 모두 수놓은 비단옷을 입고 있었다. 서로 인사를 나눈 뒤에 그녀가 정소에게 말했다.

"이렇게 이미 만난 이상 당연히 겉치레는 벗어버리고 조용히 얘기를 나누었으면 합니다."

정소는 그저 예! 예! 하면서 그녀를 따라갔다. 다시 한 문으로 들어가서 보았더니, 주렴(珠簾)과 은 병풍이 찬란히 빛나며 서로 비추고 있었는데, 규방 안에는 덩그러니 그녀 혼자 뿐이었다. 그래서 정소가 여자에게 물었다.

"여기는 어느 황상서의 집이오? 어찌하여 이처럼 외롭게 지내고 있소? 부모님은 어디에 계시오? 남편 되실 분은 누구요? 내 비록 아가씨의 후의로 초대를 받긴 했지만 이런 의문점들을 풀어주었으면 하오."

여자가 말했다.

"소첩은 옛 황공(皇公)의 막내딸입니다. 어려서 양친을 여의었는데, 도성 생활에 염증을 느꼈기 때문에 이 집에서 살고 있습니다. 지금 스스로 남편감을 찾고 있었는데, 뜻밖에 당신처럼 훌륭하신 분이 은혜롭게도 왕림해주셨습니다. 이미 바라던 바에 흡족하니 이처럼 기쁜 일이 어디 있겠습니까?"

여자는 곧 정소에게 평상으로 오르게 했다. 자리를 잡고 앉자 술과 안주가 차려나오고 가기(歌妓)들이 나와 음악을 연주했다. 어느덧 저녁 무렵이 되자 여자가 금 술잔 하나를 꺼내 술을 따라 정소에게 바치며 말했다.

"소첩은 훌륭한 남편을 찾은 지 이미 3년이 되었습니다. 지금 이미 당신 같은 군자를 만났으니 어찌 즐겁지 않겠습니까? 소첩은 비록 당신께 어울리지 않을까 부끄럽긴 하지만, 감히 금 술잔으로 합근례(合巹禮: 혼례 때 부부가 함께 交杯酒를 마시는 禮)를 올려 당신의 부인이 되길 청하고자 하는데 괜찮겠습니까?"

정소가 말했다.

"나는 그저 일개 상인으로 대부분 남북을 돌아다니면서 이득만 추구하는데, 어찌 감히 고관(高官) 집안의 식구가 될 수 있겠소? 그러나 이미 당신의 호의를 받은 것을 삼가 영광으로 여기고 있소. 다만 훗날 당신 가문에 누를 끼치게 될까 걱정할 뿐이오."

여자는 다시 금 술잔을 정소에게 바치고 스스로 쟁(箏)을 타서 그에게 보냈다. 정소가 그 처량하고 구슬픈 곡조를 듣고 마음에 감동되어, 이내 교배주(交配酒)를 마시며 배필이 되겠다고 맹세하자, 여자가 웃으며 일어났다. 그때는 밤이 이미 깊었는데, 좌우의 시녀들이 붉은 초롱으로 앞을 인도하여 혼례를 올렸다. 새벽이 되자 여자는 다시 전각(前閣)에 좋은 술과 맛있는 음식을 준비하여 정소와 함께 취하도록 즐겼다.

그렇게 한 달쯤 지난 뒤에 정소가 말했다.

"나는 잠시 출타하여 남북의 재화를 모아 정리해야겠소."

여자가 말했다.

"원앙이 이제 막 짝을 이루었는데, 한 달만에 다시 헤어진단 말은 들어보지 못했습니다."

정소는 차마 떠나지 못했다. 그 후 또 한 달쯤 지난 뒤에 정소가 다시 여자에게 말했다.

"나는 본디 상인인지라 강호를 떠다니고 육로를 돌아다니는 것이 대개 일상적인 일이오. 비록 당신의 사랑을 깊이 받고는 있지만, 이렇게 오랫동안 장사하러 나가지 않는다면 이 또한 내 마음에 즐거운 바가 아니오. 이 일로 인해 원망하지 않기를 바라니, 내 틀림없이 약속한 기일에 돌아오리다."

여자는 정소의 말이 간절했으므로 결국 [그가 떠나는 것을] 허락했다. 여자는 마침내 집 정원에서 전별연을 벌여 정소를 전송했고, 정소는 짐을 꾸려 길에 올랐다.

이듬해 봄에 정소가 다시 그곳에 갔더니, 붉은 꽃에 푸른 대나무와 푸른 산에 맑은 시냇물만 보일 뿐 인적이라고는 전혀 없었다. 정소는 목놓아 울고 다음날 돌아갔다. (『소상록』)

商人鄭紹者, 喪妻後, 方欲再娶. 行經華陰, 止于逆旅, 因悅華山之秀峭, 乃自店南行. 可數里, 忽見靑衣謂紹曰: "有人令傳意, 欲暫邀('邀'原作'命', 據明鈔本改)君." 紹曰: "何人也?" 靑衣曰: "南宅皇尙書女也. 適於宅內登臺, 望見君, 遂令致意." 紹曰: "女未適人耶? 何以止於此?" 靑衣曰: "女郞方自求佳壻, 故止此."

紹詣之. 俄及一大宅, 又有侍婢數人出, 命紹入, 延之于館舍. 逡巡, 有一女子出, 容質殊麗, 年可初笄, 從婢十餘, 並衣錦繡. 旣相見, 謂紹曰: "旣遂披覿, 當去形迹, 冀稍從容." 紹唯唯隨之. 復入一門, 見珠箔銀屛, 煥爛相照, 閨閫之內, 塊然無侶. 紹乃問女: "是何皇尙書家? 何得孤居如是耶? 尊親焉在? 嘉耦爲誰? 雖荷寵招, 幸祛疑抱." 女曰: "妾故皇公之幼女也. 少喪二親, 厭居城郭, 故止此宅. 方求自適, 不意('意'原作'偶', 據明鈔本改)良人惠然辱顧. 旣愜所願, 何樂如之?"

女乃命紹升榻. 坐定, 具酒殽, 出妓樂. 不覺向夕, 女引一金罍獻紹曰: "妾求佳壻, 已三年矣. 今旣遇君子, 寧無自得? 妾雖慙不稱, 敢以金罍合졸, 願求奉

箕帚, 可乎?"紹曰:"余一商耳, 多遊南北, 惟利是求, 豈敢與簪纓家爲眷屬也? 然遭逢顧遇, 謹以爲榮. 但恐異日爲門下之辱."女乃再獻金甖, 自彈箏以送之. 紹聞曲音淒楚, 感動於心, 乃飮之交獻, 誓爲伉儷, 女笑而起. 時夜已久, 左右侍婢, 以紅燭籠前導成禮. 到曙, 女復于前閣, 備芳醑美饌, 與紹歡醉.

經月餘, 紹曰:"我當暫出, 以緝理南北貨財."女郞曰:"鴛鴦配對, 未聞經月而便相離也."紹不忍. 後又經月餘, 紹復言之曰:"我本商人也, 泛江湖, 涉道途, 蓋是常也. 雖深承戀戀, 然若久不出行, 亦吾心之所不樂者. 願勿以此爲嫌, 當如期而至."女以紹言切, 乃許之. 遂於家園張祖席, 以送紹, 乃橐囊就路.

至明年春, 紹復至此, 但見紅花翠竹, 流水靑山, 杳無人迹. 紹乃號慟, 經日而返. (出『瀟湘錄』)

345 · 9(4410)
맹 씨(孟 氏)

유양(維揚) 사람 만정(萬貞)은 대상인으로, 대부분 외지에 있으면서 재물과 보화를 교역하여 장사를 했다. 그의 부인 맹씨는 예전에 수춘현(壽春縣)의 기녀였는데, 용모가 아름답고 가무에 뛰어났으며 글을 약간 알아 문재(文才)도 다소 있었다. 하루는 맹씨가 혼자 집 정원을 노닐면서 사방을 둘러보며 이런 시를 읊조렸다.

가련하게도 이 좋은 봄날에,
여전히 혼자 외롭게 노니네.
이유 없는 두 줄기 눈물,
오래도록 꽃 마주한 채 흘리네.

맹씨는 시를 읊고 나서 눈물을 주르륵 흘렸다.

그때 갑자기 용모가 매우 수려한 한 젊은이가 담을 넘어 들어오더니 웃으면서 맹씨에게 말했다.

"어찌하여 그리 고통스럽게 시를 읊으시오?"

맹씨가 깜짝 놀라며 말했다.

"당신은 뉘 댁 자제이십니까? 어찌하여 난데없이 이곳에 와서 함부로 말씀을 하시는지요?"

젊은이가 말했다.

"나는 성격이 활달하여 자신의 행동을 단속하지 않으며, 그저 큰소리로 노래부르고 실컷 취하길 좋아하오. 방금 전에 당신이 시 읊는 소리를 듣고 나도 모르게 마음에 기쁨이 느껴졌기에 담을 넘어 온 것이오. 만약 내가 꽃 아래에서 당신과 한 번 만나 좋은 얘기를 나눌 수 있도록 허락해준다면, 나도 멋진 노래로 보답해드릴 수 있소."

맹씨가 말했다.

"시를 읊고 싶으세요?"

젊은이가 말했다.

"부질없는 인생은 잠시 머물다 가는 손님과 같으니 젊은 날이 그 얼마나 되겠소? 한창 고운 무성한 꽃도 금새 누런 잎 되어 떨어지는 법이오. 인간 세상의 한이 어찌 천 가지 뿐이겠소! 그러니 어찌 잠시 잠깐 동안의 기쁨을 즐기는 것만 하겠소?"

맹씨가 말했다.

"소첩에게는 만정이라는 남편이 있는데 집을 떠난 지 이미 몇 년이 지났지요. 한스러운 건 이 아름다운 경치를 마주 대할 때 남편이 멀리 타향에 있다는 것이지요. 어찌 단지 봄 향초만 한탄하겠어요? 진실로 긴 이별에 마음 아픈 것이지요. 그래서 스스로 변변찮은 시구를 읊조리며 울적한 정회를 풀어보려고 했는데, 뜻밖에도 당신이 우리 집으로 들어왔으니 대체 무슨 연고입니까?"

젊은이가 말했다.

"나는 아까 당신의 시 읊는 고운 소리를 들었고 지금은 당신의 아름다운 얼굴을 보았으니, 죽더라도 목숨까지 내놓을 판인데 몇 마디 야단쯤이야 무슨 방해가 되겠소?"

그러자 맹씨는 즉시 종이를 가져오게 하여 이어서 시를 지었다.

> 뉘 댁 젊은이일까?
> [그를 보고] 마음속으로 몰래 내 자신을 속인다네.
> 끝내 안 된다고 말하지 못하지만,
> 된다 하면 남편이 알까 걱정이라네.

젊은이는 그 시를 받고 나서 곧장 이렇게 화답했다.

> 신녀(神女: 전설상의 仙女 杜蘭香을 말함. 東晉 때 杜蘭香이 張碩과 사랑에 빠졌다가 나중에 장석을 得仙시켰다고 함)는 장석(張碩)을 얻었고,
> 문군(文君: 西漢 때 부호 卓王孫의 딸. 젊어서 과부가 되어 친정에 있을 때 司馬相如와 눈이 맞아 함께 도망쳐 부부가 되었음)은 장경(長卿: 司馬相如의 字)을 만났네.
> 만날 때 두 마음 서로 하나 되니,
> 다정한 이 위로하기에 충분하네.

이때부터 맹씨는 마침내 그 젊은이와 사통하여 그를 데리고 자기 집으로 돌아갔다. 이렇게 1년이 지난 뒤에 맹씨의 남편이 외지에서 돌아

오자, 맹씨가 걱정하면서 울었더니 젊은이가 말했다.

"이러지 마시오! 나는 본디 우리의 만남이 오래 가지 못하리란 것을 알고 있었소."

젊은이는 말을 마친 뒤 몸을 솟구쳐 떠났는데 금세 사라져버렸다. 결국 그 젊은이가 어떤 요괴였는지는 알 수 없었다. (『소상록』)

維揚萬貞者, 大商也, 多在於外, 運易財寶, 以爲商. 其妻孟氏者, 先壽春之妓人也, 美容質, 能歌舞, 薄知書, 稍有詞藻. 孟氏獨遊於家園, 四望而乃吟曰: "可惜春時節, 依然獨自遊. 無端兩行淚, 長秪對花流." 吟詩罷, 泣下數行.

忽有一少年, 容貌甚秀美, 踰垣而入, 笑謂孟氏曰: "何吟之大苦耶?" 孟氏大驚曰: "君誰家子? 何得遽至於此, 而復輕言之也?" 少年曰: "我性落魄, 不自拘檢, 唯愛高歌大醉. 適聞吟咏之聲, 不覺喜動于心, 所以踰垣而至. 苟能容我於花下一接良談, 而我亦或可以彊攀淸調也." 孟氏曰: "欲吟詩耶?" 少年曰: "浮生如寄, 年少幾何? 繁花正姸, 黃葉又墜. 人間之恨, 何啻千端! 豈如且偸頃刻之歡也?" 孟氏曰: "妾有良人萬貞者, 去家已數載矣. 所恨當茲麗景, 遠在他方. 豈惟悵嘆芳菲? 固是傷嗟契濶. 所以自吟拙句, 蓋道幽懷, 不虞君之涉吾地也, 何故?" 少年曰: "我向聞雅咏, 今覩麗容, 固死命猶拚, 且責言何害?" 孟氏卽命牋, 續賦詩曰: "誰家少年兒? 心中暗自欺. 不道終不可, 可卽恐郞知." 少年得詩, 乃報之曰: "神女得張碩, 文君遇長卿. 逢時兩相得, 聊足慰多情."

自是孟氏遂私之, 挈歸已舍. 凡踰年, 而夫自外至, 孟氏憂且泣, 少年曰: "勿爾! 吾固知其不久也." 言訖, 騰身而去, 頃之方沒. 竟不知其何怪也. (出『瀟湘錄』)

태평광기

권제 346

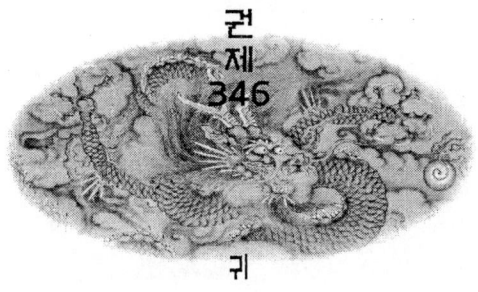

귀 31

1. 이속방민(利俗坊民)
2. 태원부장(太原部將)
3. 성 공 규(成 公 逵)
4. 송서사자(送書使者)
5. 장 하(臧 夏)
6. 답 가 귀(踏 歌 鬼)
7. 노 연(盧 燕)
8. 이 상(李 湘)
9. 마 진(馬 震)
10. 유 유 청(劉 惟 淸)
11. 동 관(董 觀)
12. 전 방 의(錢 方 義)

346 · 1(4411)
이속방민(利俗坊民)

[唐나라] 장경연간(長慶年間: 821~824) 초에 낙양(洛陽)의 이속방(利俗坊)에 사는 한 백성이 수레 몇 대를 끌고 장차 장하문(長夏門)을 나서려 할 때였다. 자루를 등에 짊어진 어떤 사람이 수레에 자루를 실어줄 것을 부탁하며 함부로 열어보지 말라고 경고한 뒤 이속방으로 돌아갔다. 그 사람이 이속방으로 들어가자마자 곡소리가 들렸다. 이에 자루를 부탁 받은 백성이 그것을 열어 보았더니 자루 입구가 튼튼한 줄로 단단하게 묶여 있었다. 그 안에 마치 소의 태반처럼 생긴 물건과 검정 새끼줄 몇 척(尺) 들어있었다. 백성은 깜짝 놀라 얼른 그것들을 주워 담아 자루에 넣고 원래대로 묶어두었다. 잠시 뒤에 그 사람이 돌아와서 말했다.

"내가 발이 아파서 그러는데 당신의 수레에 앉아 쉬면서 함께 몇 리를 가도 괜찮겠소?"

백성은 그가 보통 사람이 아님을 알고 그렇게 하라고 했다. 그 사람은 수레에 올라탄 뒤 자루를 보더니 언짢아하면서 백성을 보며 말했다.

"당신은 어찌하여 약속을 지키지 않았소?"

백성이 잘못했다고 사과하자 그 사람이 말했다.

"나는 사람이 아니오. 저승에서 내게 사람 오백 명을 잡아오라고 해서 나는 인간 세상에서 섬주(陝州), 괵주(虢州), 진주(晉州), 강주(絳州)를 거쳐서 이곳까지 오게 된 것이오. 사람들 중에 충(蟲)이 많아서 겨우 25명 밖에 잡지 못했기 때문에 나는 지금 서주(徐州)와 사주(泗州) 두 곳으로 가야하오."

그리고는 또 말했다.

"당신은 내가 말한 충(蟲)이란 말의 뜻을 알고 있으시오? 적창(赤瘡)을 앓는 자를 '충'이라 한다오."

수레가 한 2리 갔을 때 그 사람은 갈 곳이 있어 더 이상 머무를 수 없다면서 작별인사를 했다.

"당신은 장수할 것이니 걱정하지 않아도 되오."

그리고는 갑자기 자루를 메고 수레에서 내리더니 어디론가 사라졌다. 그 해 여름 여러 주(州)의 사람들이 대부분 적창을 앓았으며, 그 가운데에는 죽은 자도 있었다. (『선실지』)

長慶初, 洛陽利俗坊, 有民行車數兩, 將出長夏門. 有一人負布囊, 求寄囊于車中, 且戒勿妄開, 因返入利俗坊. 纔入, 有哭聲. 受寄者因發囊視之, 其口結以生綆. 內有一物, 其狀如牛胞, 及黑繩長數尺. 民驚, 遽斂結之. 有頃, 其人亦復, 曰: "我足痛, 欲憩君車中, 行數里, 可乎?" 民知其異, 乃許之. 其人登車, 覽囊不悅, 顧謂民曰: "君何無信?" 民謝之, 又曰: "我非人. 冥司俾予錄五百人, 明歷陝·虢·晉·絳, 及至此. 人多蟲, 唯得二十五人耳, 今須往徐·泗." 又曰: "君曉予言蟲乎? 患赤瘡卽蟲耳." 車行二里, 遂辭有程, 不可久留: "君有壽, 不復憂矣." 忽負囊下車, 失所在. 其年夏, 諸州人多患赤瘡, 亦有死者. (出『宣室志』)

346 · 2(4412)
태원부장(太原部將)

[唐나라] 장경연간(長慶年間: 821~824)에 배도(裵度)가 북부류수(北部留守)로 있을 때 그의 부장(部將) 가운데 조씨(趙氏) 성을 가진 자가 매우 심하게 열병을 앓고 있었다. 그의 아들이 집에서 약을 다리려고 약을 솥 안에 넣고 불을 지폈다. 그때 조씨는 누런 옷 입은 사람이 문에서 들어와 약 솥 옆에 멈춰 서는 것을 보았다. 그 사람은 주머니 하나를 손에 들고 있었는데, 주머니 안에는 보리 가루 모양의 흰색 약가루가 들어 있었다. 그 사람은 잠시 뒤에 약가루를 솥 안에 넣고 떠나갔다. 조씨가 아들에게 그 이야기를 했더니, 아들이 말했다.

"혹시 귀신이 아닐까요? 이는 아무래도 아버님의 병을 위중하게 만들려는 것 같습니다."

아들은 그 약을 꺼내 버렸다. 조씨는 조금 전에 왔던 누런 옷 입은 사람이 다시 와서 솥 안에 약가루를 넣는 것을 보고는 질색하면서 아들에게 다시 그 약을 꺼내 버리게 했다. 하루 뒤에 조씨가 낮잠을 자고 있을 때 아들이 다시 약을 달였는데, 약이 다 다려지자 조씨도 깨어났기에 아들은 약을 올려 아버지에게 마시게 했다. 그로부터 며칠 뒤에 정말 조씨는 죽고 말았다. (『선실지』)

長慶中, 裵度爲北部留守, 有部將趙姓者, 病熱且甚. 其子煮藥于室, 旣置藥于鼎中, 搆火. 趙見一黃衣人, 自門來, 止于藥鼎傍. 挈一囊, 囊中有藥屑, 其色潔白, 如麥粉狀. 已而致屑于鼎中而去. 趙告其子, 子曰: "豈非鬼乎? 是欲重吾父之疾也." 遂去藥. 趙見向者黃衣人再至, 又致藥屑䀜中, 趙惡之, 亦命棄去. 復一日晝寢, 其子又煮藥, 藥熟而趙寤, 遂進以飮之. 後數日, 果卒. (出『宣室志』)

346 · 3(4413)
성공규(成公逵)

이안(李顔)이 북도(北都: 太原)를 진수할 때 그 휘하에 성소의(成少儀)라는 부장(部將)이 있었는데, 성소의에게는 성공규(成公逵)라는 아들이 있었다. 성공규가 한번은 꿈을 꾸었는데, 흰색 옷 입은 사람이 이렇게 말하는 것이었다.

"저승에서 제게 당신을 데려오라고 하셨소."

성공규가 이를 거절하자 저승사자가 말했다.

"저승관리께서 제게 용띠 사람 한 명을 데리고 오라고 했는데, 당신이 용띠이니 어떻게 벗어날 수 있겠소?"

성공규는 저승사자를 속여 말했다.

"나는 용띠도 아닌데, 당신은 어찌하여 나를 무고하려 하시오?"

사자는 완강한 태도를 약간 누그러뜨리면서 성공규를 보더니 이렇게 말했다.

"내 지금은 당신은 놓아두고 돌아가겠으나, 틀림없이 용띠 사람을 잡으러 다시 올 것이오."

성공규는 깜짝 놀란 채로 꿈에서 깨어나 아버지 성소의에게 꿈속의 일을 말해주었다. 성소의는 십여 명의 군졸을 데리고 있었는데, 이들은 늘 그 문하에서 지냈다. 이튿날 한 군졸이 아무런 병도 없이 죽었다. 성소의가 그 나이를 알아보았더니, 군졸의 부친이 말했다.

"용띠입니다."

정말 성공규가 꾼 꿈 그대로 된 것이었다. (『선실지』)

李公顔居守北都時, 有部將成少儀者, 其子曰公逵. 常夢一白衣人曰: "地府命令我召汝." 逵拒之, 使者曰: "冥官遣召一屬龍人, 汝旣屬龍, 何以逃之?" 公逵紿曰: "某非屬龍者, 君何爲見誣?" 使者稍解, 顧曰: "今捨汝歸, 當更召屬龍者." 公逵驚寤, 且以其夢白於少儀. 少儀有卒十餘人, 常在其門下. 至明日, 一卒無疾而卒. 少儀因訊其年, 其父曰: "屬龍." 果公逵之所夢也. (出『宣室志』)

346 · 4(4414)
송서사자(送書使者)

예전에 문서를 전달하는 한 사자가 난릉방(蘭陵坊)의 서문을 나서다가 도사 한 명을 보았는데, 신장이 2장(丈) 조금 넘었고 긴 수염에 높은 관을 쓰고 있었다. 그는 하녀 두 명을 데리고 있었는데, 하녀들은 머리를 틀어 올리고 있었으며 키는 1장 남짓 되었다. 여자들은 각자 커다란 독 두 개씩을 머리에 이고 있었는데, 독 안에는 수십 명의 아이들이 울거나 웃고 있었으며 둘 셋씩 짝을 지어 장난을 치며 즐거워하고 있었다. 도사는 문서를 전달하는 사자를 보고 난 뒤에 머리를 틀어 올린 사람을 돌아보며 말했다.

"어흠!"

그러자 머리를 틀어 올린 사람이 이렇게 대꾸했다.

"으음!"

그러자 독 안에 있던 아이들도 일제히 이렇게 소리쳤다.

"히히!"

그들은 일시에 북쪽으로 갔는데, 어디로 갔는지 알 수 없었다. (『하동기』)

昔有送書使者, 出蘭陵坊西門, 見一道士, 身長二丈餘, 長鬐危冠. 領二靑裙, 羊(明鈔本'羊'作'髻', 下同)髻, 亦長丈餘. 各擔二大甕, 甕中數十小兒, 啼者笑者, 兩兩三三, 自相戲樂. 旣見使者, 道士廻顧羊髻曰: "庵庵!" 羊髻應曰: "納納!" 甕中小兒齊聲曰: "嘶嘶!" 一時北走, 不知所之. (出『河東記』)

346 · 5(4415)
장 하(臧 夏)

상도(上都: 長安) 안읍방(安邑坊) 네거리 동쪽에 육씨(陸氏)의 집이 있었는데, 집 모양이 구식이고 초라해서 사람들은 늘 그 집을 흉가로 여겼다. 후에 진사(進士) 장하가 그 집을 세내어 살았는데, 한번은 그의 형 장함(臧咸)과 함께 낮잠을 잤다. 장하는 악몽에 시달리다가 한참 뒤에 겨우 깨어나서 이렇게 말했다.

"막 잠들었을 때 녹색 치마에 붉은 소매가 달린 옷을 입은 여자가 동쪽 거리에서 내려오고 있는 것을 보았습니다. 그녀는 몸이 가냘프고 허리가 가는 것이 마치 안개 속에 쌓인 꽃 같았습니다. 그녀는 눈물을 거두며 '저의 한 서린 시구를 들어주셨으면 합니다'라고 말했습니다."
그 시구는 다음과 같았다.

> 점을 쳐서 삼협(三峽)에 나온 날,
> 가을 풍랑 심하기도 하구나.
> 밤새 강릉(江陵)에 비 내리니,
> 상심하여「목란가(木蘭歌)」를 부르네.

(『하동기』)

上都安邑坊十字街東, 有陸氏宅, 製度古醜, 人常謂凶宅. 後有進士臧夏僦居其中, 與其兄咸嘗晝寢. 忽夢魘, 良久方寤, 曰:"始見一女人, 綠裙紅袖, 自東街而下. 弱質纖腰, 如霧濛花. 收泣而云:'聽妾一篇幽恨之句.'"其辭曰:"卜得上峽日, 秋天風浪多. 江陵一夜雨, 腸斷「木蘭歌」." (出『河東記』)

346·6(4416)
답가귀(踏歌鬼)

[당나라] 장경연간(長慶年間: 821~824)에 어떤 사람이 하중(河中)의 순성(舜城) 북쪽에 있는 관작루(鸛鵲樓) 아래에서 귀신 두 명을 보았

다. 그들은 각각 키가 3장(丈) 정도 되었으며 푸른 적삼에 흰색 바지를 입고 있었는데, 어깨를 나란히 하고 발을 구르며 이렇게 노래했다.

황하의 물은 흘러 혼탁하기만 하고,
산꼭대기에는 메밀과 보리가 심겨져 있네.
원숭이 두 마리 집안으로 들어왔다가,
동쪽 집 아주머니에게 회초리 백 대 맞았네.

이렇게 노래하고는 모두 사라졌다. (『하동기』)

長慶中, 有人於河中舜城北('城北'原作'成死', 據明鈔本改)鸛鵲樓下見二鬼. 各長三丈許, 青衫白袴, 連臂踏歌曰:"河水流溷溷, 山頭種蕎麥. 兩箇胡孫門底來, 東家阿嫂決一百." 言畢而沒. (出『河東記』)

346 · 7(4417)
노 연(盧 燕)

[唐나라] 장경(長慶) 4년(824) 겨울에 진사(進士) 노연은 신창리(新昌里)에서 살고 있었다. 노연이 새벽에 집을 나서 마을의 북쪽 거리를 걷고 있을 때 홰나무 그림자가 짙게 드리워져 있었고, 새벽달도 여전히 빛나고 있었다. 그때 노연은 한 부인을 보았는데 키가 3장(丈) 정도 되었으며 온통 검은 옷을 입고 있었다. 부인은 크기가 1장 남짓 되어 보이는 양처럼 생긴 무엇인가를 몰고 서 있었는데, 동쪽에서 서쪽으로 가고

있었다. 노연은 두렵고 놀라운 마음에 곧장 달아나려 했다. 그러자 부인이 이렇게 소리쳤다.

"노오(盧五: 盧燕), 다른 사람을 만나거든 쓸데없는 소리 마시오."
노연은 그것이 대체 어떤 괴물인지 끝내 알 수 없었다. (『하동기』)

長慶四年冬, 進士盧燕, 新昌里居. 晨出坊北街, 槐影扶疎, 殘月猶在. 見一婦人, 長三丈許, 衣服盡黑. 驅一物, 狀若羝羊, 亦高丈許, 自東之西. 燕惶駭却走. 婦人呼曰: "盧五, 見人莫多言." 竟不知是何物也. (出 『河東記』)

346 · 8(4418)
이 상(李 湘)

노종사(盧從史)는 좌복야(左僕射)의 신분으로 택로절도사(澤潞節度使)가 되었는데, 진주(鎭州)의 왕승종(王承宗)과 공모하여 모반을 일으켰다는 이유로 환주(驩州)로 좌천되었다가 강주(康州)에서 사약을 받고 자결했다. [唐나라] 보력원년(寶曆元年: 825)에 몽주자사(蒙州刺史) 이상은 몽주를 떠나 도성으로 돌아오는 길이었다. 그는 스스로 바다 귀퉁이나 지키는 하잘 것 없는 군수(郡守)이고 조정에 친한 사람이 없기 때문에 도성에 도착한다 해도 망망대해에 떠 있는 조각배 신세가 될 것이라 생각했다. 이상은 단계현(端溪縣)에 앞날을 잘 내다보는 여자 무당이 있다는 소문을 듣고 배를 묶어 놓은 뒤 그녀를 [배 위로] 불렀다. 그러자 여자 무당이 말했다.

"저는 귀신을 볼 줄 아는 사람인데, 일단 제가 본 귀신은 모두 부를 수 있습니다. 그러나 귀신에도 두 부류가 있어서, 복과 덕이 있는 귀신은 기상이 빼어나고 마음이 맑아 종종 사람들과 직접 이야기를 나누지만 비천한 귀신은 기품이 보잘 것 없고 신색이 초췌해서 저를 빌려 말합니다. 당신이 어떤 귀신을 만날지는 제가 알 수 있는 바가 아닙니다."

이상이 말했다.

"어떻게 하면 귀신을 만나 [내 앞날에 대해] 물어볼 수 있겠소?"

여자무당이 말했다.

"대청 앞의 오동나무 아래에 자주색 옷을 입고 금인(金印)을 한 사람이 있는데, 자칭 택로절도사 노복야(盧僕射)라고 하니 절을 하고 청해 보십시오."

이상은 곧장 관복을 입고 손에 홀을 든 채 나무를 향해 절을 했다. 그러자 여자무당이 말했다.

"복야께서 이미 답배하셨습니다."

이상이 인사를 하고 계단에 올라서자 공중에서 누군가 이렇게 말했다.

"나 노종사는 이 대청에서 죽었는데, 활에게 쫓기고 있어 지금까지 꺼림칙하오. 사군(使君: 刺史의 존칭)의 침상 위에 있는 활을 치워줬으면 하오."

이상은 활을 치우라고 명했다.

그때 역참 대청의 섬돌 위에는 평상이 하나뿐이었는데, 이상은 그만 노종사의 관직이 자신보다 높다는 사실을 잊어버리고 그 자리에 앉으면서 물으려 했다. 그러자 여자무당이 말했다.

"복야께서 [당신보다] 관직이 높은데, 당신은 어찌하여 그를 모셔 이 자리에 앉게 하지 않고 그를 보통 관리 대하듯 하려 하십니까? 복야께서 크게 노하여 떠나가셨습니다. 당신이 급히 따라가서 사죄의 절을 하면 어쩌면 다시 돌아오실 지도 모르겠습니다."

이상은 기어서 계단을 내려가 무당에게 노종사가 가는 곳을 물으면서 한 걸음 옮길 때마다 한번 씩 절했는데, 거의 수십 보를 걸었을 때 공중에서 이런 소리가 들려왔다.

"공의 관직은 내 군대의 비장(裨將)도 되지 않는데, 어떻게 나를 앞에 두고 그 자리에 앉을 수 있단 말이오?"

이상이 재삼 사과하자 무당이 말했다.

"복야께서 돌아오셨습니다."

그리하여 이상은 두 손을 맞잡고 공손하게 읍하면서 갔다. 이상이 계단 앞에 이르자 무당이 말했다.

"복야께서 계단에 오르셨습니다."

이상이 따로 평상을 마련하고 자리를 깔며 복야에게 앉으시라고 하자, 무당이 말했다.

"복야께서 자리에 앉으셨습니다."

이상이 자리를 잡고 앉자 공중에서 이렇게 말했다.

"사군께서는 무엇을 묻고자 하시오?"

이상이 대답했다.

"저는 먼 곳에서 벼슬하다가 조정으로 돌아오는 길에 복야의 신통한 조화와 앞날의 일을 내다보는 능력을 삼가 알게 되었습니다. 부디 한 말씀해주시어 저의 궁달을 알려주십시오."

그러자 공중에서 이렇게 말했다.

"당신을 이끌어줄 사람이 많기 때문에 도성에 도착한지 한 달 정도면 틀림없이 오주자사(梧州刺史)가 될 것이오."

이상이 또 뭐라 물었지만, 복야는 더 이상 대답하지 않았다. 그래서 이상이 물었다.

"복야께서는 인간 세상을 떠나신 지 오래되었는데, 어찌하여 다시 환생하여 인간 세상으로 돌아오지 않고 그렇게 오랫동안 적막하게 살고 계십니까?"

복야가 말했다.

"아! 이 무슨 말이오! 인간 세상은 고통스럽고 온갖 근심이 마음을 휘감고 있으며, 모든 사람들이 등불 앞의 나방처럼 다투어 명리를 추구하고 있소. 또한 근심이 지나치면 머리가 희어지고, 정신이 황폐하면 몸도 쇠하기 마련이오. 한 촌(寸) 밖에 되지 않는 마음에서 만 장(丈)이나 되는 시름이 생겨나고, 서로 질시하고 시기하는 것이 마치 사나운 짐승과 같소. 내 이미 그것을 털어 버리고 인간세상을 바라보니 마치 끓는 불 속과 같은데, 어찌 다시 몸을 낮추어 그곳에 드러눕겠소? 또한 삶과 죽음에 근거해서 보아도 인간세상과 저승은 다르지 않고, 신선이 되고 되지 않는 것도 인간 세상의 그것과 다를 바 없소. 내 이미 연형술(鍊形術)을 터득했는데, 그것은 무형(無形)의 상태로부터 몸을 단련시켜 3척(尺)의 형태로 변해서 하늘로 올라가고 땅으로 들어갈 수도 있으며, 구름을 타고 학을 타고 천만번 조화를 부리며 불가한 것이 없소. 내 몸에서 둥글지 않는 것은 세 치 혀뿐이기 때문에 나는 자유자재로 날아다닐 수 있고 이승과 저승도 마음대로 출입할 수도 있다오. 만승지국(萬乘之

國)의 주인이라 해도 나를 따라올 수 없는데, 하물며 보통 사람이야 말해 무엇하겠소?"

이상이 말했다.

"연형술에 대해서 들어볼 수 있겠습니까?"

복야가 말했다.

"사군께서 들어서는 아니되오."

이상이 오주자사 이후의 일에 대해서 물었으나, 복야는 끝내 아무런 말도 하지 않고 떠나갔다. 이상이 도성에 도착한 뒤 기이한 재물을 가지고 사람들에게 도움을 청했더니 여러 사람이 도와 주었다. 이상은 도성에 도착하지 한 달도 채 안되어 오주자사에 임명되었다가 결국 오주에서 죽었다. 이것이 바로 노복야가 더 이상 이상의 뒷일에 대해서 말하지 않은 이유였던가? (『속현괴록』)

盧從史以左僕射爲澤潞節度使, 坐與鎭州王承宗通謀, 貶驩州, 賜死於康州. 寶曆元年, 蒙州刺史李湘, 去郡歸闕. 自以海隅郡守, 無臺閣之親, 一旦造上國, 若滄海泛扁舟者. 聞端溪縣女巫者, 知未來之事, 維舟召焉. 巫曰: "某乃見鬼者也, 見之皆可召. 然鬼有二等, 有福德者, 精神俊爽, 往往自與人言, 貧賤者, 氣劣神悴, 假某以言事. 盡在所遇, 非某能知也." 湘曰: "安得鬼而問之?" 曰: "廳前楸樹下, 有一人衣紫佩金者, 自稱澤潞盧僕射, 可拜而請之." 湘乃公服執簡, 向樹而拜. 女巫曰: "僕射已答拜." 湘遂揖上階, 空中曰: "從史死於此廳, 爲弓弦所迫, 今尙惡之. 使君牀上弓, 幸除去之." 湘命去焉.

時驛廳副階上, 唯有一榻, 湘偶忘其貴, 將坐問之, 女巫曰: "僕射官高, 何不延坐, 乃將吏視之? 僕射大怒, 去矣. 急隨拜謝, 或肯却來." 湘匍匐下階, 問其所向, 一步一拜, 凡數十步, 空中曰:"公之官, 未敵吾軍一裨將, 奈何對我而自坐?"湘再三辭謝, 巫曰:"僕射回矣."於是拱揖而行. 及階, 巫曰:"僕射上矣." 別置榻, 設裀褥以延之, 巫曰:"坐矣."湘乃坐, 空中曰:"使君何所問?"對曰: "湘遠官歸朝, 伏知僕射神通造化, 識達未然. 乞賜一言, 示其榮悴."空中曰: "大有人接引, 到城一月, 當刺梧州."湘又問, 不復言. 湘因問曰:"僕射去人寰久矣, 何不還生人中, 而久處冥寞?"曰:"吁! 是何言哉! 人世勞苦, 萬愁纏心, 盡如燈蛾, 爭撲名利. 愁勝而髮白, 神敗而體羸. 方寸之間, 波瀾萬丈, 相妬相賊, 猛如豪獸. 吾已免離, 下視湯火, 豈復低身而臥其間乎? 且夫據其生死, 明晦未殊, 學仙成敗, 則無所異. 吾已得鍊形之術也, 其術自無形而鍊成三尺之形, 則上天入地, 乘雲駕鶴, 千變萬化, 無不可也. 吾之形所未圓者, 三寸耳, 飛行自在, 出幽入明, 亦可也. 萬乘之主不及吾, 況平民乎?"湘曰:"鍊形之道, 可得聞乎?"曰:"非使君所宜聞也."復問梧州之後, 終不言, 乃去. 湘至京, 以奇貨求助, 助者數人. 未一月, 拜梧州刺史, 竟終于梧州. 盧所以不復言其後事也歟? (出『續玄怪錄』)

346 · 9(4419)
마 진(馬 震)

부풍(扶風) 사람 마진은 장안(長安) 평강방(平康坊)에서 살고 있었다. 어느 대낮에 문 두드리는 소리가 들리기에 나가서 보았더니 당나귀를 빌려주는 한 아이가 이렇게 말하는 것이었다.

"방금 한 부인이 동시(東市)에서부터 제 나귀를 빌려 타고 이곳에 와서 이 집 안으로 들어갔는데, 아직 그 값을 받지 못했습니다."

그 집에서는 사실 아무도 들어온 사람이 없었지만, 아이에게 돈을 주어 돌려보냈다. 며칠 뒤에 다시 문 두드리는 소리가 나기에 나가서 보았더니 또 그 아이가 돈을 요구하는 것이었다. 이런 일이 앞뒤로 여러 차례 생기자 마진은 약간 이상한 생각이 들었다. 그래서 문 좌우에 사람을 두어 날마다 지키고 서 있게 했다. 그 날 과연 한 부인이 동쪽에서 나귀를 타고 왔는데, 점점 가까이 다가오기에 보았더니 그녀는 다름 아닌 이미 죽은 지 11년이나 되는 마진의 모친이었다. 마진은 모친을 남산(南山)에 묻었는데, 그 옷차림이 바로 장사지낼 때 입혔던 옷이었다. 마진이 깜짝 놀라 고함을 지르며 급히 달려나가 보니, 모친은 이미 말에서 내렸는데, 사람에게 발각되자 미처 사라질 겨를도 없었다. 마진이 쫓아가자 마진의 모친은 가림벽을 돌면서 달아났다. 잠시 뒤에 상황이 더욱 급해지자 마친의 모친은 마구간으로 들어가 뒷담에 몸을 숨기고 서 있었다. 마생(馬生: 馬震)이 계속해서 그 모친을 불렀지만, 모친은 끝내 꼼짝도 하지 않았다. 마생이 모친의 옷자락을 잡아끌자 모친은 갑자기 넘어졌는데, 다름 아닌 백골이었다. 옷차림새는 단정했고, 몸도 훼손된 곳이 없이 모두 그대로였다. 그런데 마생이 자세히 그 몸을 살펴보았더니 붉은 실처럼 생긴 동맥이 뼈 사이를 통과하고 있었다. 마생은 통곡하면서 모친의 유골을 잘 추스려 들고 남산으로 가서 그 무덤을 살펴보았으나 예나 다름없었다. 이에 무덤을 파고 관을 열어보았더니 관속이 텅 비어 있었다. 마생은 결국 다른 장지를 점쳐서 모친을 이장했지만 모친이 왜 집으로 돌아왔는지 그 까닭을 끝내 알아내지는 못했다. (『속현괴록』)

扶風馬震, 居長安平康坊. 正晝, 聞扣門, 往看, 見一貰驢小兒云:"適有一夫人, 自東市貰某驢, 至此入宅, 未還貰價."其家實無人來, 且付錢遣之. 經數日, 又聞扣門, 亦又如此. 前後數四, 疑其有異. 乃置人於門左右, 日日候之. 是日, 果有一婦人, 從東乘驢來, 漸近識之, 乃是震母, 亡十一年矣. 葬于南山, 其衣服尙是葬時者. 震驚號奔出, 已見下驢, 被人覺, 不暇隱滅. 震逐之, 環屛而走. 旣而窮迫, 入馬廐中, 匿身後墻而立. 馬生連呼, 竟不動. 遂牽其裾, 卒然而倒, 乃白骨耳. 衣服儼然, 而體骨其足. 細視之, 有赤脈如紅綫, 貫穿骨間. 馬生號哭, 擧扶易之, 往南山, 驗其墳域如故. 發視, 棺中已空矣. 馬生遂別卜, 遷窆之, 而竟不究其理. (出『續玄怪錄』)

346 · 10(4420)
유유청(劉惟淸)

평음(平陰)의 북파관(北把關)은 남쪽으로 병산(並山)의 물가를 마주하고 있으며 공터가 100리나 펼쳐져 있어 거주하는 사람이 없었다. 또한 지세가 험했기 때문에 군사(軍師)들은 먼저 이 땅을 점령하면 이긴다고 생각했다. 북파관은 오늘날까지도 날이 흐리고 해가 저물면 종종 귀신들이 나타난다. [唐나라] 장경(長慶) 3년(823) 봄에 평로절도사(平盧節度使) 설평(薛萍)이 아문장(衙門將) 유유청을 동평현(東平縣)에 사신으로 보냈는데, 유유청은 동평현으로 가는 길에 북파관을 지나게 되었다. 그때 마침 날이 저물었는데, 갑자기 들판 저 멀리로 많은 휘장과 군영, 깃발과 사람 및 말이 보였고, 연기는 더욱 멀리서 피어오르고 있있다. 유유청은 젊어서부터 군에서 생활했기 때문에 그 부대를 계산해 보았더니 족히 5~6만은 될 듯했다. 그러나 유유청은 그들이 누구인지 몰랐기 때문에 속으로 몹시 두려워했다. 잠시 뒤에 짐수레와 북과 뿔피리, 그리고 부대가 분분히 움직였는데, 어떤 사람은 노래를 부르고 어떤 사람들은 이야기를 하면서 아주 떠들썩하게 앞다투어 나아갔다. 유유청은 고삐를 늦추고 그 무리 속에서 빠져 나왔다. 그런데 갑자기 상복 입은 사람이 맨발로 유유청에게 다가와서는 말고삐를 잡고 말을 빼앗으려 했다. 유유청이 그와 싸우다가 말에게 채찍을 가하며 길을 벗어나려 하자 그 사람은 더욱 다급하게 말을 붙잡았다. 유유청은 근력이 있었기 때문에 손에 쥐고 있던 쇠 채찍으로 계속해서 그 사람의 등을 쳤다. 상복 입은 사람은 그다지 심하게 대항하지 않더니 한참 뒤에 유유청과 말을 그냥두고 떠나갔다. 유유청이 다시 가던 길에 올라 보았더니 조금 전에 보았던 군대는 이미 지나가고 없었다.

유유청은 한밤중에 겨우 앞 역참에 도착했는데, 같은 반열의 장군 혼교(渾鈞)가 활주(滑州)에 사자로 갔다가 돌아오는 길에 이 역참에서 묵고 있었다. 혼교는 유유청이 역참에 왔다는 소리를 듣고 마중 나갔는데, 유유청은 아무 것도 모른 채 얼이 빠져 있었다. 사람들이 그를 부축해서 안으로 데리고 들어가 빙 둘러서서 보았더니 그는 한참 뒤에 깨어나서야 방금 자기가 겪은 일에 대해서 이야기했다. 유유청은 그로부터 이삼일도 안되어 동평현에 도착해서 역참에 머물렀으나 다른 사람들에게는 그 이야기를 하지 않았다.

그 일이 있기 전에 동평현에 황보개(皇甫喈)라는 술사(術士)가 있었다. 그는 벼슬을 하지 못해 실의에 빠져 살아갔는데, 그 차림새가 남루

하여 많은 사람들이 그를 업신여겼다. 하루는 유유청이 밖에 나가 노닐고 있는데, 길에서 그를 본 황보개가 유유청을 멀리서 가리키며 말했다.

"유압아(劉押衙)"

유유청은 그 사람이 예전에 만났던 상복 입은 사람인 것을 미처 알아보지 못했다. 그러자 황보개가 말했다.

"내 본디 다른 사람이 당신 말을 빼앗아갈까 걱정스러워 당신의 말을 끌어 길에서 벗어나게 해 주었거늘, 어찌하여 철 채찍으로 내게 고통을 주셨소? 내가 철 갑옷을 입고 있었으니 망정이지, 그렇지 않았더라도 어찌 쉽게 그대의 완력과 단단한 채찍을 감당할 수 있었겠소."

황보개는 웃으면서 떠나갔다. 유유청은 황보개를 쫓아가면서 사죄하고 장차 어찌된 일인지 알아보려 했지만, 황보개는 사람들 사이로 뛰어 들어가서는 더 이상 보이지 않았다. 그로부터 4년 뒤에 이동첩(李同捷)이 창경(滄景)에서 반란을 일으키자 당시 천하의 병사들이 모두 평음에서 적지로 들어갔는데, 혹시 저승의 병사들이 먼저 토벌했던 것이 아니겠는가? (『이문록』 [『집이기』])

平陰北把關, 南禦並山濱濟, 空闊百里, 無人居. 地勢險阻, 用兵者, 先據此爲勝. 迄今天陰日暮, 鬼怪往往而出. 長慶三年春, 平盧節度使薛苹遣衙門將劉惟淸使于東平, 途出於此. 時日已落, 忽於野次, 遙見幕幄營伍, 旌旗人馬甚衆, 煙火極遠. 惟淸少在戎旅, 計其部分, 可五六萬人也. 惟淸不知, 甚駭之. 俄有輜重鼓角, 部隊紛紜, 或歌或語, 誼然競進. 惟淸乃綏轡出於其中. 忽有衣縗者徒行叩惟淸, 將奪馬. 惟淸與之力爭, 因躍馬絶道, 而縗者執之愈急. 惟淸有臂力, 以所執鐵鞭連筆其背. 綾者不甚拒, 良久捨去. 惟淸復路, 則向之軍旅已過矣.

夜闌, 方及前驛, 會同列將渾釗, 自滑使還, 亦館於此. 聞惟淸至, 迎之, 則惟淸冥然無所知. 衆扶持環視, 久之乃寤, 遂話此事. 不二三日, 至東平, 旣就館, 亦不爲他人道.

先是東平有術士皇甫啗者. 落魄不仕, 衣屬藍縷, 衆甚鄙之. 一日, 惟淸出遊, 啗於途中遙指曰:"劉押衙."惟淸素衣('素'下明鈔本無'衣'字)未識, 因與相款('款'原作'疑', 據明鈔本改). 啗曰:"本恐他人取馬, 故牽公避道, 奈何却以鐵鞭相苦? 賴我金鎧在身, 不邇, 巨力堅策, 豈易當哉."笑而竟去. 惟淸從人辭謝, 將問其故, 啗躍入稠人中, 不可復見. 後四年, 李同捷反於滄景, 時天下兵皆由平陰以入賊境, 豈陰兵先致討歟? (出『異聞錄』, 明鈔本作'出『集異記』')

346・11(4421)
동 관(董 觀)

동관은 태원(太原) 사람으로 음양술(陰陽術)과 점후술(占候術: 天象의 변화를 보고 人事나 吉凶을 예언하는 방법)에 뛰어났다. 당(唐)나라 원화연간(元和年間: 806~820)에 동관은 친하게 지내던 영습(靈習) 스님과 함께 오초(吳楚) 지역을 돌아다녔다. 그런데 영습 스님이 여행 도중 죽는 바람에 동관도 병주(幷州)로 돌아왔다.

보력연간(寶曆年間: 825~827)에 동관은 분주(汾州)와 경주(涇州) 지역을 돌아다니다가 이양군(泥陽郡)에 가서 용흥사(龍興寺)에 머물렀다. 용흥사는 불당이 크고 화려했으며 불경이 수천 권이나 있었기에 동관은 그곳에 머물면서 불경을 다 읽고 난 뒤에 집으로 돌아가려고 했다. 그 일이 있기 전에 사원의 동쪽 처마 아래의 북쪽 방이 빈 채로 자물쇠로 잠겨져 있었다. 동관이 그곳에 머물기를 청하자, 스님은 안 된다고 하면서 이렇게 말했다.

"이 방에 묵은 사람은 대부분 병이 걸리거나 그렇지 않으면 죽어 나갔습니다. 또한 이 방 안에는 요괴가 많이 있습니다."

동관은 젊고 자신의 담력을 믿고 있었기 때문에 이렇게 말했다.

"그래도 저는 그곳에 머물렀으면 합니다."

그리하여 동관은 결국 그 방에 머물렀다. 십여 일 뒤에 동관이 밤에 잠들었을 때 갑자기 호인(胡人) 열 몇 명이 악기와 술을 들고 와서 마치 옆에 아무도 없는 듯 노래하고 웃고 떠들었다. 여러 날 동안 이런 일이 벌어지자 동관은 두려움에 떨긴 했지만, 스님들에게는 그 사실을 말하지 않았다.

어느 날 불경을 다 읽고 난 뒤 마침 날이 어두워지자 동관은 몹시 피곤함을 느껴 문을 닫고 잠을 청했다. 잠이 푹 들지 않았을 때 갑자기 영습 스님이 나타나 평상 앞에서 자신에게 이렇게 말했다.

"사형(師兄), 그만 갑시다."

그 말에 깜짝 놀란 동관은 화를 내며 말했다.

"사형은 귀신이면서 어찌하여 이곳에 오셨소?"

영습 스님이 웃으면서 말했다.

"그대의 운수가 다했기 때문에 내가 그대를 기다리고 있었소."

그리고는 동관의 소매를 끌며 평상을 떠났다. 동관이 뒤돌아보았더니 자신의 육신은 마치 잠에 푹 빠진 듯 아직도 평상에 쓰러져 있었다. 이에 동관은 탄식하며 말했다.

"아! 내 집은 이곳에서 멀리 떨어져 있고 부모님께서도 아직 살아 계신데, 내가 이곳에서 죽으면 누가 내 시신을 거두어 줄까?"

영습 스님이 말했다.

"그대는 어찌하여 그런 말실수를 하며 또 근심은 왜 그리 깊으시오? 무릇 사람이 사람인 까닭은 능히 그 수족을 움직일 수 있고 잘 보고 들을 수 있기 때문이나 이것은 사람의 정신이 그렇게 한 것이지 수족과 이목이 스스로 그렇게 하는 것은 아니오. 영혼이 육신을 떠나면 이를 일러 죽음[死]이라 하는데, 사람이 죽으면 수족을 움직일 수도 없고 보고 듣는 것도 할 수 없으니, 6척(尺)의 육신이 있다 한들 또 어디에 쓸 데가 있겠소? 그대는 진실로 이점을 잘 유념해야 하오."

동관은 영습 스님에게 고맙다고 말하면서 또 이렇게 물었다.

"불교에 '혼백이 몸을 떠나는 사람[陰去身]'이 있다고 들어왔는데, 어떤 사람을 두고 하는 말이오?"

영습 스님이 말했다

"나와 그대처럼 아직 환생하지 않은 사람을 두고 하는 말이오."

그리하여 두 사람은 마침내 함께 길을 갔다. 그들이 가는 곳마다 문이 단단하게 잠겨져 있었지만 조금도 방해를 받지 않고 그들은 이양성을 나가 서쪽으로 갔다. 그곳에는 붉고 푸른 풀들이 빽빽하게 나 있었는데, 마치 모포와 같았다. 십 리 남짓 걸어갔을 때 그 폭이 몇 척(尺) 되지 않는 물이 서남쪽으로 흘러가고 있었다. 무슨 물줄기냐고 동관이 영습 스님에게 묻자, 영습 스님이 말했다.

"이것이 바로 속세에서 말하는 내하(奈河)라는 강인데, 그 물줄기는 지옥에서 흘러나오고 있소!"

동관이 그 물을 보았더니 모두 핏물로, 비리고 역한 냄새가 나 다가갈 수가 없었다. 또 그 기슭 위로 수백 개의 갓과 허리띠, 저고리와 바지가 보이자 영습 스님이 말했다.

"이것은 죽은 사람들의 옷으로, 이곳이 바로 저승으로 들어가는 길이오."

또 물의 서쪽에 두 채의 성이 보였는데, 남북으로 서로 1리 남짓 떨어져 있었다. 그 사이는 풀과 나무로 뒤덮여 있었고, 집이 서로 잇닿아 있었다. 영습 스님이 동관에게 말했다.

"나는 그대와 함께 저곳으로 가야 하는데, 그대는 남쪽 성의 서씨(徐氏) 집안의 둘째 아들로 태어날 것이고, 나는 북쪽 성의 후씨(侯氏)의 맏아들로 태어날 것이오. 10년 뒤에 나는 그대와 다시 만나 출가하여 불교에 귀의할 것이오."

동관이 말했다.

"나는 사람이 죽으면 틀림없이 저승관리에게 잡혀가 장부에 기록된 내용에 따라 죄를 받기도 하고 복을 받기도 하는데, 만약 살아생전 큰 죄를 짓지 않았으면 다시 인간 세상에 태어난다고 들었소. 그런데 지금 나는 죽은 지 하루도 지나지 않아 어떻게 다시 인간 세상에 태어날 수 있단 말이오?"

영습 스님이 말했다.

"그렇지 않소이다. 저승도 인간 세상과 다를 바 없소. 도리에 어긋나는 일을 행하지 않았다면 어찌 그 형벌이 몸이 미칠 수 있겠소!"

영습 스님은 말을 다하고 나서 곧장 옷을 걷고 내하를 뛰어 건너갔다. 동관이 막 기슭을 붙잡고 내하를 내려가려 했을 때 갑자기 1장(丈) 너비로 강물이 쫙 갈라지자 그는 두려워서 정신이 아찔했다. 그때 갑자기 누군가가 동관을 잡아끄는 사람이 있기에 돌아보았더니 온 몸은 털로 뒤덮여 있고, 그 생김새는 사자 같았지만 그 모습은 영락없는 사람이었다. 한참 뒤에 그 사람이 동관에게 말했다.

"선사는 어디로 가시오?"

동관이 말했다.

"저 남쪽 성으로 가는 길입니다."

그 사람이 말했다.

"내 그대에게 『대장경(大藏經)』 읽을 것을 명하노니, 얼른 돌아가시오. 여기 오랫동안 머물러서는 안 되오."

그리고는 동관의 팔을 잡고 급히 동쪽 이양군성을 향해 갔다. 이양군성을 향해 몇 리도 채 가지 못했을 때 조금 전에 동관을 불러 세웠던 사람과 같은 모습을 한 또 다른 사람이 크게 소리치는 것이 보였다.

"장부가 없어지려 하니, 얼른 데리고 가야 합니다."

잠시 뒤에 동관이 절에 도착해보니, 마침 동이 트고 있었다. 동관은 그곳에서 자신이 머물던 방을 보았는데, 스님 수십 명이 문을 에워싸고 있었고 자신은 여전히 침상 위에 놓여 있었다. 두 사람이 동관을 문안으로 들이밀자 갑자기 위에서 물이 그의 몸에 떨어졌다. 동관이 깨어나자 스님들이 말했다.

"시주가 죽은 지 이미 하루가 지났소이다."

그리하여 동관은 자신이 겪었던 일을 스님에게 말해주었다.

그로부터 며칠 뒤에 동관은 불당에서 토우상 두 개가 부처의 좌우에 시립하고 있는 것을 보았는데, 이전에 자신이 보았던 그 사람들이었다. 그리하여 동관은 절에 남아서 정심을 다해 불경 읽을 것을 결심한 뒤 추위와 더위가 와도 조금도 게으름을 피지 않고 불경을 읽었다. 그렇게 몇 년이 흐른 뒤에 집으로 돌아오니, 그때가 바로 보력 2년(826) 5월 15일이었다. 회창연간(會昌年間: 841~846)에 천하의 불사를 모두 없애라는 조칙이 내려와 동관도 쫓겨났다. 동관은 후에 장안(長安)에 와서 공경들의 집을 드나들며 점후술로 앞날을 이야기해주었는데, 종종 맞아 떨어졌다. 동관은 일찍이 기주(沂州)의 임기현위(臨沂縣尉)를 지냈는데, 내가 도성에 있을 때 동관에게서 그 일을 직접 들었다. (『선실지』)

董觀, 太原人, 善陰陽占候之術. 唐元和中, 與僧靈習善, 偕適吳楚間. 習道卒, 觀亦歸幷州.

寶曆中, 觀遊汾涇, 至泥('泥'字原空闕, 據明鈔本補)陽郡, 會于龍興寺. 堂宇宏麗, 有經數千百編, 觀遂留止, 期盡閱乃還. 先是院之東廡北室, 空而扃鐍. 觀因請居, 寺僧不可, 曰: "居是室者, 多病或死. 且多妖異." 觀少年恃氣力, 曰: "某願得之." 遂居焉. 旬餘夜寐, 輒有胡人十數, 挈樂持酒來, 歌笑其中, 若無人. 如是數夕, 觀雖懼, 尙不言于寺僧.

一日經罷, 時已曛黑, 觀怠甚, 閉室而寢. 未熟, 忽見靈習在榻前, 謂觀曰: "師, 行矣." 觀驚且恚曰: "師鬼也, 何爲而至?" 習笑曰: "子運窮數盡, 故我得以候子." 卽率觀袂去榻. 觀回視, 見其身尙偃, 如寢熟. 乃歎曰: "嗟乎! 我家遠, 父母尙在, 今死此, 誰蔽吾屍耶?" 習曰: "何子之言失而憂之深乎? 夫所以爲人者, 以其能運手足, 善視聽而已, 此精魂扶之使然, 非自然也. 精魂離身故曰死, 是以手足不能爲, 視聽不能施, 雖六尺之軀, 尙安用乎? 子寧足念." 觀謝之, 因問習: "常聞我教中有(明鈔本'中有'作'有中')陰去身者, 誰爲耶?" 習曰: "吾與子謂死而未更生也." 遂相與行. 其所向, 雖關鍵甚嚴, 輒不礙, 於是出泥陽城西去. 其地多草, 茸密紅碧('碧'原作'密', 據明鈔本改), 如毳毯狀. 行十餘里, 一水廣不數尺, 流而西南. 觀問習, 習曰: "此俗所謂奈河, 其源出於地府耶!" 觀卽視其水, 皆血, 而腥穢不可近. 又見岸上有冠帶裸褔凡數百, 習曰: "此逝者之衣, 由此趨冥道耳." 又望水西有二城, 南北可一里餘. 草樹蒙蔽, 廬舍駢接. 習與觀曰: "與子俱往彼, 君生南城徐氏, 爲次子, 我生北城侯氏, 爲長子. 生十年, 當重與君捨家歸佛氏." 觀曰: "吾聞人死當爲冥官追捕, 案籍罪福, 苟平生事行無大過, 然後更生人間. 今我死未盡夕, 遽能如是耶?" 曰: "不然. 冥途與世人無異. 脫不爲不道, 寧桎梏可及身哉!" 言已, 習卽牽衣躍而過. 觀方攀岸將下, 水豁然而開, 廣丈餘, 觀驚眙惶惑. 忽有牽觀者, 觀回視一人, 盡體皆毛, 狀若獅子, 其貌卽人也. 良久謂觀曰: "師何往?" 曰: "往此南城耳." 其人曰: "吾命汝閱『大藏經』, 宜疾還. 不可久留." 遂持觀臂, 急東西指郡城而歸. 未至數里又見一人, 狀如前召觀者, 大呼曰: "可持去, 將無籍." 頃之, 逐至寺, 時天以曙. 見所居室有僧數十, 擁其門, 視已身在榻. 二人排觀入門, 忽有水自上沃其體. 遂寤, 寺僧曰: "觀卒一夕矣." 於是具以事語僧.

後數日, 于佛宇中見二土偶像, 爲左右侍, 乃觀前所見者. 觀因誓心精思, 留閱藏經, 雖寒暑無少墮. 凡數年而歸, 時寶曆二年五月十五也. 會昌中, 詔除天下佛寺, 觀亦斥去. 後至長安, 以占候游公卿門, 言事往往而中. 常爲沂州臨沂縣尉, 余在京師, 聞其事于觀也. (出『宣室志』)

346 · 12(4422)
전방의(錢方義)

　전중시어사(殿中侍御史) 전방의는 옛 화주자사(華州刺史) 겸 예부상서(禮部尙書) 전휘(錢徽)의 아들이다. 보력연간(寶曆年間: 825~827) 초에 전방의는 장락리(長樂里)의 집에 혼자 살고 있었다. 전방의가 밤에 뒷간에 갔을 때 그의 하인들은 머리를 풀어 헤치고 푸른 옷 입은 사람이 갑자기 나타나 몇 척(尺) 떨어진 거리에서 전방의를 향해 다가가는 것을 보았다. 전방의는 처음에는 두려워서 달아나려 했지만, 다시 귀신이 찾아온 것이라면 달아난들 무슨 보탬이 있을까 싶어 가까스로 이렇게 말했다.
　"그대는 곽등(郭登)이 아니시오?"
　그 사람이 말했다.
　"그렇습니다."
　전방의가 말했다.
　"그대와 나는 길이 다르니 만날 필요가 무어 있겠소? 일찍이 당신을 본 사람은 하나같이 죽었다는 소리를 들었는데, 설마하니 내가 죽을 때가 되어 나타난 것이오? 나는 집이 화주(華州)에 있고, 불문에 귀의한 누이도 이곳에 있소. 갑자기 당신의 손에 죽어야 한다면 내 목숨은 감히 아까워하지 않겠으나, 다만 동생으로서의 정을 다 표현하지 못했으니 내게 관용을 베풀어 얼굴이라도 마주하고 작별인사를 나누게 해주겠소?"
　머리를 헤쳐 푼 사람이 다시 말했다.

"저는 다른 사람에게 해를 끼치지 않았을 뿐만 아니라 나타날 때도 한계가 있습니다. 나를 본 사람들은 정기(正氣)가 부족해서 스스로 횡사한 것이지 내가 죽인 것이 아닙니다. 그러나 내 걱정거리가 있어 다른 사람에게 부탁하고자 해도 이 때문에 오랫동안 감히 나타나지 못했습니다. 복록(福祿)이 끝이 없고 정기가 충만한 귀인만은 저를 보아도 아무 탈이 없습니다. 그래서 감히 그대 앞에 나타나 이렇게 청하는 것입니다."

전방의가 말했다.

"무엇을 바라시오?"

귀신이 대답했다.

"저는 오랫동안 지금의 직책을 맡으면서 많은 공로를 쌓아 전임가게 되었는데, 박복한 탓에 반드시 사람의 도움이 있어야 합니다. 귀인께서는 저를 위해 금 글씨로 『금강경(金剛經)』 한 권을 써서 부처님에 대한 저의 마음을 드러내주십시오. 다 쓴 『금강경』을 제게 보내주시면 제가 관직에 나아갈 때 조금이나마 승진할 것입니다. 그렇게 해주시면 틀림없이 후에 이에 대한 보답을 해드릴 것입니다. 감히 헛말은 하지 않겠습니다."

전방의가 말했다.

"그렇게 해주겠소."

머리를 풀어헤친 사람이 또 말했다.

"제가 음기로 양기를 침범했으니, 귀인께서 비록 복록이 끝이 없고 정기가 강하셔서 병을 앓지는 않겠지만 그래도 약간의 불편은 있으실 것입니다. 급히 생서각(生犀角)과 생대모(生玳瑁)를 복용하시고 사향

(麝香)으로 코를 막으셔야만 고생하지 않을 것입니다."

전방의는 뒷간에서 중당(中堂)으로 돌아왔는데 숨이 막혀 곧 쓰러질 것 같아 급히 사향 등을 복용하고 코를 막았더니 아무 일 없었다. 또한 같은 마을에 부친의 문하생인 왕직방(王直方)이란 이가 살고 있었는데, 그는 오랫동안 강령(江嶺)에서 종사(從事)를 지냈다. 전방의는 급히 그에게 서신을 보내어 생서각을 구해 달라고 한 다음 복용했더니 한참 만에 비로소 안정을 되찾았다. 이튿날 아침 전방의는 불경 쓰는 이를 뽑아 금 글씨로『금강경』3권을 쓰게 하면서 속히 완성하라고 했다.『금강경』을 다 쓰고 난 뒤에 스님께 공양을 올리고 그것을 곽등에게 보내 주었다.

한달 여 뒤에 전방의가 동주의 별장으로 돌아와 말에서 내려 한창 쉬고 있을 때였다. 악저(鄂渚)에서 살고 있는 배씨(裴氏) 노인이 헤어진 지 10년 만에 갑자기 문에서 들어와서 곧장 전방의가 있는 계단으로 왔기에 전방의는 곧장 그에게 인사를 했다. 노인이 말했다.

"손님이 오셨으니 잠시 나가보시지요."

그러면서 앞으로 걸어 나가자 전방의도 노인을 따라 갔는데, 노인은 문 앞에서 온데간데없이 사라지고 자색 도포를 입고 상아 홀을 든 사람과 도종(導從: 옛날 제왕이나 귀족들이 외출할 때 그 앞과 뒤에서 따르던 시종을 가리킴), 그리고 붉은 색과 자주 색 옷을 입은 관리 수십 명이 전방의의 문밖에서 기다리고 서 있었다. 자색 도포 입은 사람을 살펴보았더니 그는 다름 아닌 곽등이었다. 그는 홀을 거두고 앞으로 나와 인사하며 말했다.

"제가 승진하는데는『금강경』한 권이면 족했는데, 인자하신 귀인께서 특별히 세 권을 주셨기에 지금 그 공덕이 매우 커져서 몇 등급 더 승진하게 되었습니다. 이처럼 직위가 높아지고 작위가 귀해진 것은 모두 귀인의 힘입니다. 제가 비록 급작스레 승진하기는 했지만, 제 부엌은 옛날 그대로입니다. 이전에 그 일을 하고 있을 때는 실제 어물전에서 장사하는 사람과 마찬가지였습니다. 그러나 지금 다른 관직을 맡게 되어 다시 먹을 것을 찾다가 보니 비로소 이전의 고통이 거의 감당할 수 없을 정도였음을 지금 알게 되었습니다. 귀인께서 제 처지를 살피시어 다시 『금강경』 일곱 번을 염송해주신다면 바로 부엌을 바꿀 수 있습니다. 그렇게 해주신다면 평생 귀인께서 베풀어주신 덕을 가슴속에 새기면서 잠시라도 잊지 않겠습니다."

전방의가 말했다.

"그렇게 해 주겠소."

그리고 나서 전방의가 그 노인이 어디 있냐고 물었더니 이렇게 대답했다.

"그 어르신께서는 강하(江夏)에서 병들어 누워있는데, 오늘 저녁에 큰 곤욕을 치를 것입니다. 저승에서 사람을 찾을 때는 친척이 데려오지 않으면 스스로 찾아올 수 없기에 방금 저를 데리고 이곳에 왔다가 먼저 돌아갔던 것입니다."

또 말했다.

"측간 귀신은 매월 6일 관례에 따라 출행(出行)하는데, 이날 저를 만나는 사람들은 반드시 재앙을 당하기 마련입니다. 저를 본 사람 가운데 바로 죽는 이가 있는가 하면 병에 걸리는 사람도 있습니다. 일전에 팔좌(八座: 六尙書와 左右僕射)가 60일 동안 병을 앓았는데, 아마도 제가 출행을 마치고 장차 돌아오는 길에 언뜻 제 얼굴을 반쯤 보았기 때문입니다. 친척 가운데 서로 소식을 전해 반드시 그 날 하루만은 외출을 피하라고 하십시오."

또 말했다.

"저승의 벼슬아치들은 대개 박복한 사람들이 많고, 음식을 얻어먹을 데가 없어 늘 굶주려 있습니다. 귀인께서는 식사하실 때마다 밥을 떼어 모든 귀신들에게 널리 제사를 지내주십시오. 부디 이 마음을 잊지 않으신다면 여러 귀신들이 은연중에 당신을 위해 힘을 써주고 틀림없이 재난에서 구해줄 것입니다."

전방의가 말했다.

"이승과 저승은 길이 달라 우연히 그대를 만났을 뿐인데, 그대를 한 번 볼 때마다 며칠 동안 편치 않았소. 혹시 내게 하고 싶은 말이 있으면 꿈에 나타나서 해주시면 합니다. 『금강경』을 염송(念誦)해달라는 청은 날이 밝으면 해주겠소."

곽등은 알겠다고 하면서 떠나갔다.

날이 밝은 뒤 전방의는 수행스님들을 불러 『금강경』을 49번 염송하게 하고 날이 밝자 곽등을 위해 복을 빌어 주라고 했다. 『금강경』 염송이 끝나자 곽등이 꿈에 나타나 말했다.

"본래 7번 청했는데, 일곱 번 하고 그것의 여섯 배를 더 해주셨기에 그 공이 배가되어 천상의 식당에서 식사할 수 있게 되었습니다. 만약 그대에게 곤란이 생기면 틀림없이 제가 먼저 와서 알려드리겠습니다. 그렇지 않으면 괜히 와서 그대를 괴롭히지 않겠습니다. 여러 귀신들에게 제사를 지내달라는 청은 잊지 말고 꼭 기억하십시오."

(『속현괴록』)

殿中侍御史錢方義, 故華州刺史禮部尙書徽之子. 寶曆初, 獨居長樂第. 夜如厠, 僮僕從者, 忽見蓬頭靑衣數尺來逼. 方義初懼, 欲走, 又以鬼神之來, 走亦何益, 乃强謂曰: "君非郭登耶?" 曰: "然." 曰: "與君殊路, 何必相見? 常聞人若見君, 莫不致死, 豈方義命當死而見耶? 方義家居華州, 女兄衣佛者亦在此. 一旦溘死君手, 命不敢惜, 顧人弟之情不足, 能相容面辭乎?" 蓬頭者復曰: "登非害人, 出亦有限. 人之見者, 正氣不勝, 自致夭橫, 非登殺之. 然有心曲, 欲以託人, 以此('此'原作'死', 據明鈔本改)久不敢出. 惟貴人福祿無疆, 正氣充溢, 見亦無患. 故敢出相求耳." 方義曰: "何求?" 對曰: "登久任此職, 積効當遷, 但以福薄, 須人助. 貴人能爲寫金字『金剛經』一卷, 一心表白. 廻付與登, 卽登之職, 遂乃小轉. 必有後報. 不敢虛言." 方義曰: "諾." 蓬頭者又曰: "登以陰氣侵陽, 貴人雖福力正强, 不成疾病, 亦當有少不安. 宜急服生犀角·生玳瑁, 麝香塞鼻則無苦." 方義至中堂, 悶絶欲倒, 遽服麝香等幷塞鼻, 則無苦. 父門人王直方者, 居同里, 久於江嶺從事. 飛書求得生犀角, 又服之, 良久方定. 明旦, 選經工, 令寫金字『金剛經』三卷, 令早畢功. 功畢飯僧, 廻付郭登.

後月餘, 歸同州別墅, 下馬方憩. 丈人有姓裴者, 家寄鄂渚('渚'原作'注', 據明鈔本改), 別已十年, 忽自門入, 徑至方義階下, 方義遂遽拜之. 丈人曰: "有客, 且出門." 遂前行, 方義從之, 及門失之矣, 見一紫袍象笏, 導從緋紫吏數十人, 俟於門外. 俛視其貌, 乃郭登也. 歛笏前拜曰: "弊職當遷, 只消『金剛經』一卷, 貴人仁念, 特致三卷, 今功德極多, 超轉數等. 職位崇重, 爵位貴豪, 無非貴人之力. 雖職已驟遷, 其廚仍舊. 頃者當任, 實如鮑肆之人. 今旣別司, 復求就食, 方知前苦, 殆不可堪. 貴人量察, 更爲轉『金剛經』七遍, 卽改廚矣. 終身銘德, 何時敢忘." 方義曰: "諾." 因問丈人安在, 曰: "賢丈江夏寢疾, 今夕方困. 神道求人, 非其親導, 不可自已, 適詣先歸耳." 又曰: "厠神每月六日例當出巡, 此日人逢, 必致災難. 人見卽死, 見人卽病. 前者八座抱病六旬, 蓋言登巡畢將歸, 瞥見牛面耳. 親戚之中, 遞宜相戒避之也." 又曰: "幽冥吏人, 薄福者衆, 無所得食, 率常受餓. 必能食推食, 泛祭一切鬼神. 此心不忘, 咸見斯衆暗中陳力, 必救災厄." 方義曰: "晦明路殊, 偶得相遇, 每一奉見, 數日不平. 意欲所言, 幸於夢寐. 轉經之請, 天曙爲期." 唯唯而去.

及明, 因召行敬僧念金剛經四十九遍, 及明祝付與郭登. 功畢, 夢曰: "本請一七, 數又六之, 累計其功, 食天廚矣. 貴人有難, 當先奉白. 不爾, 不來黷也. 泛祭之請, 記無忘焉." (出『續玄怪錄』)

태평광기 권제347 귀 32

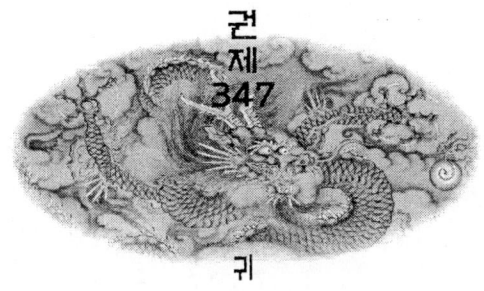

1. 오임생(吳任生)
2. 오 도(鄔   燾)
3. 증계형(曾季衡)
4. 조 합(趙   合)
5. 위안지(韋安之)
6. 이좌문(李佐文)
7. 호 은(胡   憖)

347 · 1(4423)
오임생(吳任生)

오군(吳郡)에 사는 임생이라는 사람은 귀신을 잘 보았다. 그는 동정산(洞庭山)에 여막을 짓고 살았는데, 모습이 마치 어린아이 같아서 오초(吳楚) 지방 사람들은 그의 나이가 도대체 몇이나 되었는지 알 길이 없었다. 보력연간(寶曆年間: 825~826)에 전임 곤산현위(崑山縣尉) 양(楊) 아무개의 아들은 오군에서 타향살이를 하고 있었는데, 어느 날 서너 명의 친구들과 어울려 배를 타고 호구사(虎丘寺)를 유람했다. 그때 배 안에는 임생도 있었는데, 귀신 이야기로 화제가 미치자 양생(楊生)이 말했다.

"사람과 귀신은 서로 발자취가 다르니, 귀신이란 절대로 볼 수가 없는 것이오."

그러자 임생이 웃으며 말했다.

"귀신은 매우 많은데 그저 사람들이 알아보지 못할 뿐이오. 그러나 나만은 알아볼 수 있소."

그러더니 임생은 검푸른 옷을 입고 어린 아이를 안은 채 물가를 걸어가고 있는 한 부인을 돌아다보며 손가락으로 가리키면서 이렇게 말했다.

"저 여자는 바로 귀신이고, 저 여자가 안고 있는 것은 갓난아기의 산

영혼이오."

양생이 말했다.

"그렇다면 저 여자가 귀신인지 어떻게 구별해 낼 수 있단 말이오?"
임생이 말했다.

"그대는 그저 내가 저 여자와 이야기를 나누는 것만 보고 계시오."
그러더니 큰 소리로 이렇게 소리쳤다.

"너는 귀신이지! 산 사람의 자식을 훔쳤느냐?"

그 부인은 그 소리를 듣더니 깜짝 놀라 두려워하며 급히 돌아가 버렸는데, 채 열 걸음도 못 가 이미 사라지고 보이지 않았다. 양생은 탄식하며 기이해 하다가 저녁이 되어서야 돌아왔다.

성곽에서 몇 리 떨어진 곳에 이르렀을 때 물가에 한 인가가 있었는데, 잔치를 벌여놓고 있었고 한 여자 무당이 그 옆에서 북을 치고 춤을 추면서 신에게 제사를 올리고 있었다. 양생과 임생이 함께 가서 물어보니 무당이 대답했다.

"오늘 이 마을 사람의 어떤 아기가 갑자기 죽었다가 지금 다시 살아났습니다. 그래서 이렇게 잔치를 벌여놓고 신께 감사를 올리고 있는 것이지요."

그러면서 아기를 꺼내 오게 해 보여주었는데, 보았더니 정말로 아까 그 부인이 안고 가던 바로 그 아기였다. 여러 객들은 모두 놀라 감탄을 했고, 임생에게 감사를 사과를 하며 이렇게 말했다.

"선생께서는 진정한 도술사입니다. [선생의 경지는] 제가 알 수 있는 것이 아닙니다."

(『선실지』)

吳郡任生者, 善視鬼. 廬於洞庭山, 貌常若童兒, 吳楚之俗, 莫能究其甲子. 寶曆中, 有前崑山尉楊氏子, 僑居吳郡, 常一日, 里中三數輩, 相與泛舟, 俱遊虎丘寺. 時任生在舟中, 且語及鬼神事, 楊生曰:"人鬼殊迹, 故鬼卒不可見矣." 任生笑曰:"鬼甚多, 人不能識耳. 我獨識之."然顧一婦人, 衣靑衣, 擁豎兒, 步於岸, 生指語曰:"此鬼也, 其擁者乃嬰兒之('之'原作'也', 據明鈔本改)生魂耳." 楊曰:"然則何以辨其鬼耶?"生曰:"君第觀我與語."卽厲聲呼曰:"爾鬼也! 竊生人之子乎?"其婦人聞而驚懼, 遂疾廻去, 步未十數, 遽亡見矣. 楊生且歎且異, 及晚還.

去郭數里, 岸傍一家, 陳筵席, 有女巫, 鼓舞於其左, 乃醮神也. 楊生與任生俱問之, 巫曰:"今日里中人有嬰兒暴卒, 今則寤矣. 故設筵以謝."遂命出嬰兒以視, 則眞婦人所擁者. 諸客驚歎之, 謝任生曰:"先生眞道術者. 吾不得而知也."(出『宣室志』)

347·2(4424)
오 도(鄔 濤)

오도는 여남(汝南) 사람으로 분전(墳典: 上古時代의 三皇五帝에 관한 典籍)에 정통했고 도술을 좋아했다. 그는 여행을 하다가 무주(婺州) 오현(義烏縣)의 관사에 머물렀다. [그곳에서] 한달 남짓 머물렀을 때 갑자기 한 여자가 시녀 둘을 데리고 밤에 그의 처소로 왔는데, 시녀 한 명이 들어와 이렇게 아뢰었다.

"이 분은 왕(王)씨 댁 작은 아씨님이신데, 오늘 밤 도련님을 찾아뵈러 내려오셨습니다."

오도는 왕씨댁 아씨가 절세미인인 것을 보고는 귀한 집안 딸일 것이라 생각하여 감히 대답을 하지 못하고 있었다. 그러자 왕씨가 웃으며 말했다.

"수재(秀才: 鄔濤)께서 주색(酒色) 따위에 관심이 없으시니 제가 어떻게 모시면 좋을까요?"

오도는 일어나 절을 하면서 이렇게 말했다.

"저는 일개 비루한 선비에 지나지 않으니, 감히 그런 것들을 바랄 수가 없습니다."

그러자 왕씨는 시녀들에게 명해 오도의 침실에 필요한 기물(器物)들을 마련해 놓게 하고는 은촉(銀燭)을 밝혀놓았다. 또 술과 안주를 마련해 몇 번을 주거니 받거니 한 다음, 왕씨가 일어나 오도에게 말했다.

"소첩은 어려서 고아가 되어 의지할 곳이 없습니다. 오늘 밤 당신을 잠자리에서 모시고 싶은데, 어떠하신지요?"

오도가 겸손한 말로 사양했다가 이내 허락하자 둘은 깊은 정을 나누게 되었다. 왕씨는 새벽이 되면 떠나가 저녁이 되면 다시 왔는데, 이러기를 몇 달간 계속했다.

오도가 알고 지내던 도사 양경소(楊景霄)는 의오현 관사로 오도를 찾아왔다가 오도의 안색이 이상한 것을 보고 이렇게 말했다.

"공(公: 鄔濤)께서는 요귀에게 홀렸소이다. 요귀를 끊어버려야지 안 그러면 공께서 죽게 될 것이오."

오도가 그 말을 듣고 깜짝 놀라 사실대로 양경소에게 말 해주었더니 양경소가 말했다.

"그 여자는 바로 귀신이오."

그리고는 오도에게 부적 두개를 적어주면서 하나는 의대(衣帶) 속에 넣어두고 다른 하나는 문 위에 올려두라고 하며 이렇게 말했다.

"그 귀신이 오면 분명 원망 섞인 말을 할 것인데, 절대로 그 귀신과 이야기를 해서는 안 되오."

오도는 양경소가 시킨 방법대로 했다. 여자는 밤이 되자 오도에게로 왔다가 문 위에 붙여놓은 부적을 보고는 크게 욕을 하고 떠나가면서 이렇게 말했다.

"내일 속히 이것을 없애라. 그렇게 않으면 화가 생길 것이다."

오도가 다음날 양경소를 찾아가 [간밤의 일을] 자세히 말해주었더니 양경소가 말했다.

"오늘 밤에 [귀신이] 또 오거든 내가 준 주수(呪水: 신에게 바치는 물)를 뿌리시오. 그러면 필시 없어질 것이오."

오도는 주수를 받아가지고 돌아왔다. 밤이 되자 여자는 다시 나타나 매우 슬퍼하며 화를 냈다. 오도가 양경소에게서 받아온 주문 걸린 물을 뿌리자 그 다음부터 여자는 나타나지 않았다. (『집이기』)

鄔濤者, 汝南人, 精習墳典, 好道術. 旅泊婺州義烏縣館. 月餘, 忽有一女子, 侍二婢夜至, 一婢進曰: "此王氏小娘子也, 今夕顧降於君子." 濤視之, 乃絶色也, 謂是豪貴之女, 不敢答. 王氏笑曰: "秀才不以酒色於懷, 妾何以奉託?" 濤乃起拜曰: "凡陋之士, 非敢是望." 王氏令侍婢施服翫於濤寢室, 炳以銀燭. 又備酒食, 飮數巡, 王氏起謂濤曰: "妾少孤無託. 今願事君子枕席, 將爲可乎?" 濤遜辭而許, 恩意款洽. 而王氏曉去夕至, 如此數月.

濤所知道士楊景霄至舘訪之, 見濤色有異, 曰:"公爲鬼魅所惑. 宜斷之, 不然死矣."濤聞之驚, 以其事具告, 景霄曰:"此乃鬼也."乃與符二道, 一施衣帶, 一置門上, 曰:"此鬼來, 當有怨恨, 愼勿與語."濤依法受之. 女子是夕至, 見符門上, 大罵而去, 曰:"來日速除之. 不然生禍."濤明日訪景霄, 具言之, 景霄曰:"今夜再來, 可以吾呪水洒之. 此必絶矣."濤持水歸. 至夜, 女子復至, 悲恚之甚. 濤乃以景霄呪水洒之, 於是遂絶. (出『集異記』)

347 · 3(4425)
증계형(曾季衡)

대화(大和) 4년(830) 봄에 감주방어사(監州防禦使) 증효안(曾孝安)의 손자 증계형은 사택(使宅)의 서쪽 건물에 살고 있었는데, 집은 매우 크고 아름다웠으나 증계형 혼자만이 그 곳에 살 뿐이었다. 한 하인이 증계형에게 이렇게 알려주었다.

"옛날에 왕사군(王使君)의 따님께서 이곳에서 갑자기 돌아가셨는데, 그 돌아가신 따님은 절세미인이셨지요. 가끔 대낮에도 그 따님의 혼령이 이곳에 나타나곤 하니까 도련님께서는 조심하십시오."

증계형은 젊은 나이의 호색한(好色漢)이었기에 그 영험함을 한번 보고 싶었을 뿐, 귀신과 사람사이의 거리는 아무것도 아니라 생각했다. 그는 자주 좋은 향을 사르고 속세의 사람들을 멀리 하면서 한적한 곳을 거닐며 깊은 생각에 골똘히 빠지곤 했다. 어느 날 포시(哺時: 申時. 오후 4시 무렵)에 어린 계집종 한 명이 앞으로 나오더니 읍을 하며 이렇게 말했다.

"왕(王)씨 댁 작은아가씨가 저를 보내 아가씨의 깊은 뜻을 전달하고 오라 하시면서 직접 도련님을 만나 뵙고 싶다고 하셨습니다."

계집종은 말을 마치자 갑자기 사라졌는데, 잠시 후 기이한 향내가 옷깃으로 스며들자 증계형은 의대를 갖추고서 여자를 기다렸다. 잠시 후 아까 그 계집종이 한 여자를 데리고 왔는데, 신선에게서나 볼 수 있을 듯한 모습이었다. 증계형이 읍을 하고서 성씨를 묻자 여자가 대답했다.

"저는 왕씨이고 자(字)는 여진(麗眞)입니다. 아버님께서 지금은 중진(重鎭: 군사상 요충지)에 계신데, 예전에 아버님이 이 성(城)을 다스리실 때에 아버님을 따라와 이 방에서 기거했습니다. 그러나 얼마 후 곧 죽고 말았지요. 당신께서 이 깊고 어두운 곳 생각을 해 주시고 그 마음이 지하 깊은 곳에 있는 저를 움직여 주신데 감동받아 이승과 저승의 거리를 뛰어넘어 영혼의 만남을 갖고 싶다는 생각을 품게 되었습니다. 제가 이곳에 와 있은 지는 이미 오래 되었으나 좋은 날 좋은 때를 만나지 못하고 있다가 오늘에서야 마음에 맞는 날을 만나게 되었으니, 모쪼록 당신의 사랑을 받을 수 있기를 바랍니다."

증계형은 그녀를 잡아두고 함께 은밀한 시간을 나누었다. 얼마 간 시간이 흘러 떠날 때가 되자 여자는 증계형의 손을 잡으며 말했다.

"내일 그 시간에 다시 만나기로 하지요. 그러나 절대 이 일을 사람들에게 이야기해서는 안 됩니다."

그러더니 여종들과 함께 어디론가 사라졌다. 그로부터 매일 포시가 되면 그녀는 반드시 증계형에게로 왔는데, 그렇게 하기를 60여일이 가까워 오도록 증계형은 아무런 의심조차 하지 않았다.

한번은 할아버지 휘하(麾下)의 한 장교(將校)와 함께 미인에 대해 이야기를 하다가 증계형은 그만 실수로 [왕씨 이야기를] 해버리고 말았다. 장교는 놀랍고도 두려웠으나 그 말이 사실인지 아닌지 확인해보고 싶어서 이렇게 말했다.

"도련님께서 그 때가 되거든 벽을 한번 두들겨 주십시오. 그러면 제가 두세 명과 함께 몰래 와서 엿보겠습니다."

그러나 증계형은 끝내 벽을 두드릴 수가 없었다. 그날, 여자는 증계형을 보자마자 참담한 얼굴을 하더니 흐느끼는 목소리로 증계형의 손을 잡으며 이렇게 말했다.

"어찌하여 약속을 어기고 다른 사람에게 이야기를 하셨습니까? 이제부터는 당신과 함께 더 이상 웃고 즐길 수가 없게 되었습니다."

증계형은 부끄럽기도 하고 후회스럽기도 하여 아무 대구도 하지 못하고 있었다. 그러자 여자가 또 말했다.

"이건 아마도 당신의 잘못이 아니라 정해진 운명이 다했기 때문일 것입니다."

여자는 그리고 증계형에게 시 한 수를 남겼는데, 그 시는 다음과 같다.

> 오원(五原)에서 헤어진 후로 오(吳)땅과 월(越)땅처럼 아득히 갈라지니,
> 제비와 꾀꼬리가 헤어졌다고 꽃도 풀도 다 시들겠네.
> 당신은 젊었으니 가는 곳마다 아름다운 봄경치일 테지만,
> 나는 북망산에서 하릴없이 맑은 가을 달만 원망하겠네.

증계형은 원래 시를 잘 짓지 못했는데, 아무 것도 답례할 길이 없자

억지로 다음과 같은 시 한 수를 지었다.

> 향부자초 푸르니 기러기는 돌아가려 하고,
> 고운 볼에 흐르는 눈물 이별의 길목에 뿌리네.
> 구름같은 귀밑머리 날리며 떠나가니 향기마저 사라지고,
> 붉은 나무 가지위에서 우짖는 꾀꼬리 근심스럽게 바라보네!

여자는 저고리 띠에서 금실로 주름지게 수놓은 꽃무늬 작은 합을 풀고 또 쌍봉(雙鳳)을 새겨 넣은 취옥(翠玉) 머리 장식을 뽑아 증계형에게 주면서 이렇게 말했다.

"훗날 이것들을 보면서 저를 생각하시고, 저승으로 우리가 서로 막혀 있다고는 생각하지 마세요."

증계형은 책 상자 속을 뒤져 금 실로 꽃을 수놓은 작은 여의(如意) 하나를 발견하고는 그것을 여자에게 주며 이렇게 말했다.

"이 물건은 비록 진귀한 것은 아니나 그 이름이 여의인 것이 귀한 것이니, 오래도록 당신의 섬섬옥수에 지니고 계셨으면 하오."

증계형이 또 말했다.

"지금 헤어지면 언제 다시 만나게 되오?"

여자가 말했다.

"한 갑자(甲子)가 다 돌기 전에는 다시 만날 기약이 없습니다."

여자는 말을 마치더니 흐느껴 울다 사라졌다.

증계형은 그날부터 자나 깨나 그녀 생각만 하다가 몸이 몹시 병들고 야위어갔다. 증계형의 선배인 왕회(王回)가 자신의 방술을 펼쳐 약석(藥石)으로 그를 치료하자 그는 며칠 만에 완쾌되었다. 증계형이 오원

의 바느질하는 부인을 찾아가 물어보았더니 그 부인이 이렇게 말해주었다.

"왕사군님의 따님은 병도 없이 이 집에서 죽었습니다. 지금은 이미 북망산에다 묻어주었는데, 흐린 날이면 그 혼령이 이곳을 떠돌곤 해 많은 사람들이 보았다고 합니다."

그래서 여자는 시에서 '나는 북망산에서 하릴 없이 맑은 가을 달을 원망하네'라고 읊었던 것이었다. (『전기』)

大和四年春, 監州防禦使曾孝安有孫曰季衡, 居使宅西偏院, 室屋壯麗, 而季衡獨處之. 有僕夫告曰: "昔王使君女暴終於此, 乃國色也. 晝日其魂或見於此, 郎君愼之." 季衡少年好色, 願覩其靈異, 終不以人鬼爲間. 頻注名香, 頗疎凡俗, 步遊閑處, 恍然凝思. 一日晡時, 有雙鬟前揖曰: "王家小娘子遣某傳達厚意, 欲面拜郎君." 言訖, 瞥然而沒, 俄頃, 有異香襲衣, 季衡乃束帶伺之. 見向雙鬟, 引一女而至, 乃神仙中人也. 季衡揖之, 問其姓氏, 曰: "某姓王氏, 字麗貞. 父今爲重鎭, 昔侍從大人牧此城, 據此室. 無何物故, 感君思深杳冥, 情激幽壤, 所以不問存沒, 頗思神會. 其來久矣, 但非吉日良時, 今方契願, 幸垂留意." 季衡留之款會. 移時乃去, 握季衡手曰: "翌日此時再會. 愼勿泄於人." 遂與侍婢俱不見. 自此每及晡一至, 近六十餘日, 季衡不疑.

因與大父麾下將校, 說及艶麗, 誤言之. 將校驚懼, 欲實('欲實'原作'然', 據明鈔本改)其事, 曰: "郎君將及此時, 願一扣壁. 某當與二三輩潛窺焉." 季衡亦終不能扣壁. 是日, 女郎一見季衡, 容聲慘怛, 語聲嘶咽, 握季衡手曰: "何爲負約而洩於人? 自此不可更接歡笑矣." 季衡慚悔, 無詞以應. 女曰: "殆非君之過, 亦冥數盡耳." 乃留詩曰: "五原分袂眞吳越, 燕拆鶯離芳草竭. 年少煙花處處春,北邙空恨淸秋月.”季衡不能詩, 恥無以酬, 乃强爲一篇曰:“莎草靑靑鴈欲歸, 玉腮珠淚洒臨歧. 雲鬟飄去香風盡, 愁見鸎啼紅樹枝.”女遂於襦帶, 解魘金結花合子, 又抽翠玉雙鳳翹一隻, 贈季衡曰:“望異日覩物思人, 無以幽冥爲隔.”季衡搜書篋中, 得小金縷花如意, 酬之, 季衡曰:“此物雖非珍異, 但貴其名如意, 願長在玉手操持耳.”又曰:“此別何時更會?”女曰:“非一甲子, 無相見期.”言訖, 嗚咽而沒.

季衡自此寢寐求思, 形體羸瘵. 故舊丈人王回, 推其方術, 療以藥石, 數日方愈. 乃詢五原紉針婦人, 曰:“王使君之愛女, 不疾而終於此院. 今已歸葬北邙山, 或陰晦而魂遊於此, 人多見之.”則女詩云'北邙空恨淸秋月'也. (出『傳奇』)

347·4(4426)
조합(趙合)

진사(進士) 조합은 용모는 온화했으나 기상이 곧았고 행동 또한 의협심이 매우 강했다. 대화연간(大和年間: 827~835) 초에 그는 오원(五原)을 유람하다가 사막을 지나게 되었는데, 경물을 보고는 슬픔에 겨워 탄식하다가 술을 마시기 시작했다. 그와 하인은 모두 술에 취해버렸고, 결국에는 사막에서 잠을 자게 되었다. 한밤중이 되자 조합은 술에서 반쯤 깨어났는데, 밝게 빛나는 달빛 아래 사막 저편에서 여자의 슬피 읊조리는 소리가 들려왔다.

구름 같던 귀밑머리 다 사라지고 사막에는 쑥대 풀만 듬성듬성,

뼈 묻힌 외진 황야에는 의지할 곳조차 없네.
기르던 말도 더 이상 울지 않는 이 사막엔 달빛이 희고,
외로운 넋만 하릴없이 남쪽으로 날아가는 기러기를 쫓네.

조합은 일어나 [그 소리가 나는 곳을] 찾아가보았더니 과연 열다섯 살도 안 되어 보이는 매우 아름다운 한 여자가 거기 있었는데, 그 여자는 조합에게 이렇게 말을 했다.

"저는 성이 이(李)씨로 봉천(奉天)에 살고 있었습니다. 낙원(洛源) 절도사(節度使)에게 시집 간 언니를 찾아가던 중에 길에서 당강(黨羌: 黨項羌. 즉 소수 민족인 羌族의 일파)들에게 사로잡히고 말았는데, 이곳에 이르렀을 때 그들이 저를 때려죽이고는 머리장식을 빼앗아 가버렸습니다. 후에 길 가던 사람들이 저를 불쌍히 여겨 모래 속에 묻어주었는데, 그 일이 있은 지 이미 3년이 되었습니다. 저는 당신께서 의협심이 강하다는 것을 알고 있으니, 만일 저의 유골을 봉천성 남쪽에 있는 제 고향 소리촌(小李村)으로 가지고 가 주신다면, 반드시 보답을 해 드리겠습니다."

조합은 그러겠다고 약속을 했다. 조합이 유골이 묻혀있는 곳을 가리켜 달라고 하자 여자는 감격하여 눈물을 흘리며 알려주었다. 이에 조합은 여자의 유골을 잘 수습해 보따리 안에 넣었다.

새벽이 되었을 때 갑자기 자주색 옷을 입은 장부(丈夫)가 말을 타고 오더니 조합에게 읍을 하며 이렇게 말했다.

"나는 그대가 인자하고 의로우며 믿음직하고 청렴하다는 것을 잘 알고 있소. 여자가 기도를 했더니 당신의 감응을 받았다 했소. 나는 상서(尙書) 이문열(李文悅)로, 원화(元和) 13년(818)에 오원을 진수하고 있

었소. 우리는 그때 견융(犬戎: 여기서는 吐藩을 가리킴)의 30만 대군에 의해 성지(城池)의 네 모퉁이를 에워싸였는데, 그들의 병사는 각각 10여 리 밖까지 두텁게 우릴 에워싸고 있었소. 연발 화살이 빗발처럼 쏟아지고 공중에 걸린 사다리가 구름에 닿을 듯 했으며, 성벽을 뚫고 성지(城池)를 터뜨리면서 밤낮으로 공격을 해왔소. 성 안에서 문짝을 등에 지고 물을 긷던 사람들은 등 위의 문짝에 화살이 고슴도치처럼 꽂혔소. 그때에 성을 지키던 병사는 겨우 3천 명이었으나 그들은 주민들을 잘 격려해 부녀자와 노인, 아이들까지 추위와 배고픔도 잊은 채 흙을 짊어지고 성벽에 서 있었소. 견융은 성의 북쪽에 높이가 10장(丈)이나 되는 독각루(獨脚樓)를 만들어 성 안의 크고 작은 동태를 빠짐없이 관찰했소. 내가 기이한 계책을 내어 그 누각을 명중시켜 그 즉시 부수어 버리자 강족 추장은 크게 놀라 신공(神功)이라고 생각했소. 나는 또 성 안의 사람들에게 이렇게 말했소. '절대 지붕을 뜯어 땔감으로 삼지 말라. 내가 너희들을 위해 땔감을 마련해 주겠다.' 나는 그리고는 성 아래에다 땔감을 쌓아놓고 사람들로 하여금 건져 올려가서 쓰도록 했소. 달빛이 어둑어둑하던 어느 날, 성의 네 모퉁이에서 많은 사람들이 움직이며 이렇게 이야기하는 소리를 들었소. '밤에 성을 공격한다.' 이에 성 안의 사람들은 모두 두려움에 떨며 감히 잠시라도 안심하지 못했소. 그래서 내가 이렇게 말했소. '그렇지 않을 것이다.' 내가 몰래 쇠사슬에 등불을 매달아 아래로 내려 보내 비추어 보았더니, 적들이 괜히 소와 양을 몰고 다니며 성 안 사람들을 겁주고 있는 것이었소. [이 사실을 안] 병사들은 조금 안심을 했소. 또 서북쪽 모퉁이가 공격당해 10여 장이나 무너져 내렸는데, 날이 어두워오자 호인(胡人)들은 크게 기뻐하며 술을 퍼 마시고 광분하여 노래를 부르며 이렇게 말했소. '내일 새벽이 되거든 쳐들어가자.' 나는 마노(馬弩: 기마병이 사용하는 가볍고 편리한 활) 500개를 준비해놓고는 가죽으로 담장을 쳐 [밖에서 보이지 않게] 가려놓았소. 저녁 동안에 나는 여러 사람들을 동원해 몰래 성을 쌓게 하고는 소리를 내지 말라고 한 다음 물을 가져다 부었소. 때는 몹시 추웠던지라 그 다음 날 얼음이 단단히 얼어 성이 마치 은처럼 투명하게 빛이 났고 밖에서는 공격해 들어올 방도가 없게 되었소. 또 강족 추장은 찬보(贊普: 吐藩 왕의 호칭. 당시 吐藩의 풍속에서는 强者를 '贊'이라 하고 丈夫를 '普'라 불렀음)가 내려준 대장(大將)의 깃발을 꽂아 오화영(五花營: 靑·黃·赤·黑·白 다섯 가지 색깔의 깃발을 꽂아 둔 군영으로 서북쪽 소수민족의 군대에서 주로 사용함) 안에 세워두었는데, 내가 밤에 성벽을 뚫고나가 그것을 마치 날아가듯 빼앗아 오자 모든 강족들은 소리쳐 울며 이전에 포로로 잡아간 사람들을 모두 돌려줄 것을 맹세하고 깃발을 찾아갔소. 먼저 부녀자들과 어린 여자들 백여 명이 풀려나 자신들의 집으로 모두 무사히 돌아간 후에야 나는 그 깃발을 던져 그들에게 돌려주었소. 그때 분녕(邠寧)·경원(涇原) 두 곳의 지원병 2만 명이 적들과의 경계 지역까지 왔으나 두려워하며 앞으로 더 이상 진격하지 못하고 있어서 우리는 그들과 37일간 서로 대치했소. 그때 강족 추장이 멀리서 절을 하며 이렇게 말했소. '이 성 안에는 신장(神將)이 있어서 나는 지금 감히 그분을 능멸할 수 없다.' 그러더니 무기를 거두어 떠나버렸소. 그래서 우리들은 하룻밤도 채 지나 않아 유주(宥州)에 도착했고, 한나절 만에 그들의 성을 함락시킬 수 있었소. 그때 늙은이 젊은이 합쳐 3만 명을 포로로 잡아왔으니, 이런 득실로 볼 때 나의 이 성에 대한 공은 적지 않다고 할 수 있소. 그러나 당시의 재상(宰相: 皇甫鎛)은 나로 하여금 [절도사의] 부절(符節)과 도끼를 가지고 이 성을 나가지 못하게 하고 쓸데없이 초선(貂蟬: 武將의 冠盔 위의 장식물. 貂蟬을 내리는 것 역시 戰功에 대한 포상의 일종임)을 더해주었을 뿐이오. 내가 듣건대, 종릉(鍾陵)의 위부인(韋夫人)(韋丹을 말한다. 이 일은 杜牧이 지은 「故江西觀察使武陽公韋公遺愛碑」에 보이는데, '韋夫人'은 '韋大夫'의 잘못으로 여겨진다)이 옛날에 제방을 쌓아 물이 범람하는 것을 막자, 30년이 지나도록 그곳 백성들과 염찰사(廉察使) 주공(周公: 鍾陵營의 지방관. 이름은 미상)은 그의 공로를 깊이 새기며 상주문을 올려 높이 덕정비(德政碑)를 세웠다고 하오. 만약 내가 성벽을 견고히 지켜내지 못했더라면 성 안의 사람들은 모두가 강족의 미천한 노비신세가 되었을 터, 오늘날의 자손들이 어찌 있을 수 있었겠소? 나는 그대가 [의로운] 마음을 지니고 있다는 것을 알고 있으니, 청컨대 백성들에게 고하고 주(州)의 높으신 분들께 알리어 나를 위해 덕정비 하나만 세워주게 하면 난 그것으로 족하오."

그 사람은 말을 마치더니 길게 읍하고서 물러갔다. 조합은 그의 부탁을 받고 오원으로 가 그곳 백성들과 자사(刺史)에게 그 이야기를 했으나 모두 요망한 말이라며 들으려하지를 않자 한탄을 하며 돌아왔다.

사막에 이르렀을 때 조합은 다시 이전의 그 신인(神人: 李文悅)을 만났는데, 신인은 조합에게 감사를 하며 이렇게 말했다.

"그대가 나를 위해 말을 해 주었건만 오원의 백성들은 모두 무지하기 짝이 없고 자사는 현명하지 못하오. 그 성에 곧 불로 인한 재앙이 일어날 것인데, 내 본디 저승 관부에 사정을 해 보려 했으나 내가 [부탁했던] 오원의 일이 잘 되지 않아 그럴 맘이 없어졌소. 재앙은 앞으로 30일도 채 되기 전에 미칠 것이오."

그 사람은 말을 마치고 사라졌는데, 그가 말한 날이 되자 과연 불이 났다. 오원성의 사람들 중 만 명이 굶어 죽었고 노인과 젊은 사람이 서로 잡아먹는 일까지 생겼다.

조합은 여자의 유골을 가지고 봉천으로 돌아간 다음 소리촌을 찾아가 그녀를 잘 묻어주었다. 다음 날 길가에서 조합은 이전의 그 여자를 만났는데, 여자는 다가와 감사를 올리며 이렇게 말했다

"당신의 의로움에 감사드립니다. 저의 할아버지는 정원연간(貞元年間: 785~805)에 득도(得道)를 하신 분이신데, 『연참동계(演參同契: 道經 중의 하나)』와 『속혼원경(續混元經: 道經의 하나. 두 권 모두 鍊丹術에 대한 내용을 적고 있음)』 두 책을 지으셨습니다. 당신께서 이 두 권을 깊이 연구하신다면 용호단(龍虎丹)은 하루도 걸리지 않아 만들 수 있으실 것입니다."

조합이 그것을 받고 보니 여자는 이미 사라지고 없었다. 이에 조합은 과거를 포기하고 도가의 현묘한 도리를 탐구하기 시작했는데, 소실산(少室山)에 살면서 연단(鍊丹)한 지 1년 만에 기왓장 조각을 금은보화로 바꿀 수 있게 되었고, 2년 만에 죽은 사람을 다시 살려낼 수 있었으며, 3년 뒤에는 연단을 하여 속세를 초월한 신선이 될 수 있었다. 지금도 가끔 그를 숭령(嵩嶺)에서 보았다는 사람이 있다. (『전기』)

進士趙合, 貌溫氣直, 行義甚高. 大和初, 遊五原, 路經沙磧, 覩物悲歎, 遂飮酒. 與僕使並醉('醉'字原空闕, 據明鈔本補), 因寢於沙磧. 中宵半醒, 月色皎然,聞沙中有女子悲吟曰:"雲鬟消盡轉蓬稀,埋骨窮荒無所依.牧馬不嘶沙月白,孤魂空逐鴈南飛."合遂起而訪焉,果有一女子,年猶未笄,色絕代,語合曰:"某姓李氏,居於奉天.有姊嫁洛源鎮帥,因往省焉,道遭黨羌所虜,至此搵殺,劫其首飾而去.後爲路人所悲,掩於沙內,經今三載.知君頗有義心,儻能爲歸骨於奉天城南小李村,卽某家枌楡耳,當有奉報."合許之.請示其掩骼處,女子感泣告之.合遂收其骨,包於橐中.

伺旦,俄有紫衣丈夫,躍騎而至,揖合曰:"知子仁而義,信而廉.女子啓祈,尚有感激.我李文悅尚書也,元和十三年,曾守五原.爲犬戎三十萬圍逼城池之四隅,兵各厚十數里.連弩洒雨,飛梯排雲,穿壁決濠,晝夜攻擊.城中負戶而汲者,矢如蝟毛.當其時,禦捍之兵,纔三千,激厲其居人,婦女老幼負土而立者,不知寒餒.犬戎於城北造獨脚樓,高數十丈,城中巨細,咸得窺之.某遂設奇計,定中其樓立碎,羌酋愕然,以爲神功.又語城中人曰:'愼勿拆屋燒.吾且爲汝取薪.'積於城下,許人鉤上.又太陰稍晦,卽聞城之四隅,多有人物行動,聲言云:'夜攻城耳.'城中懍慄,不敢暫安.某曰:'不然.'潛以鐵索下燭而照之,乃空驅牛羊行脅其城.兵士稍安.又西北隅被攻,摧十餘丈,將遇昏晦,群胡大喜,縱酒狂歌,云:'候明晨而入.'某以馬弩五百張而擬之,遂下皮牆障之.一夕,併工暗築,不使有聲,滌之以水.時寒,來日冰堅,城之塋如銀,不可攻擊.又羌酋建大將之旗,乃贊普所賜,立之於五花營內,某夜穿壁而奪之如飛,衆羌號泣,誓請還前擄掠之人,而贖其旗.縱('縱'原作'釣',據明鈔本改)其長幼婦女百餘人,得其盡歸,然後擲旗而還之.時邠·涇救兵二萬人臨其境,股慄不進,如此相持三十七日.羌酋乃遙拜曰:'此城內有神將,吾今不敢欺.'遂卷甲而去.不信宿,達宥州,一晝而攻破其城.老少三萬人,盡遭擄去,以此利害,則余之功及斯城不細.但當時時相,使余不得仗節出此城,空加一貂蟬耳.余聞鍾陵韋夫人(指韋丹. 事見杜牧撰「故江西觀察使武陽公韋公遺愛碑」, '韋夫人'疑是'韋大夫'之訛)舊築一隄, 將防水潦, 後三十年, 尙有百姓及廉問周公, 感其功而奏立德政碑峩然. 若余當守壁不堅, 城中之人, 盡爲羌胡之賤隷, 豈存今日子孫乎? 知子有心, 請白其百姓, 諷其州尊, 與立德政碑足矣."言訖, 長揖而退. 合旣受敎, 就五原, 以語百姓及刺史, 俱以爲妖, 不聽, 惆悵而返.

至沙中, 又逢昔日神人, 謝合曰:"君爲言, 五原無知之俗, 刺史不明. 此城當有火災, 方與祈求幽府, 吾言於五原之事不諧, 此意亦息. 其禍不三旬而及矣."言訖而沒, 果如期災生. 五原城饉死萬人, 老幼相食.

合挈女骸骨至奉天, 訪得小李村而葬之. 明日道側, 合遇昔日之女子來謝而言曰:"感君之義. 吾大父乃貞元得道之士, 有『演參同契』・『續混元經』. 子能窮之, 龍虎之丹, 不日而成矣."合受之, 女子已沒. 合遂捨擧, 究其玄微, 居於少室, 燒之一年, 皆使瓦礫爲金寶, 二年, 能起斃者, 三年, 餌之能度世. 今時有人遇之於嵩嶺耳. (出『傳奇』)

347・5(4427)
위안지(韋安之)

위안지는 하양(河陽) 사람인데, 양적(陽翟)에 도착하여 소실산(少室山)으로 스승을 찾으러 가려하고 있었다. 그는 등봉(登封)에 이르렀을 때 한 사람을 만나게 되어 어디로 가느냐고 물었더니 그 사람이 대답했다.

"나는 성은 장(張)이고 이름은 도(道)입니다. 집은 금향(金鄕)에 있는데, 소실산으로 가 글공부를 좀 할까 합니다."

위안지 역시 통성명을 했다. 둘은 뜻하는 바가 같았기에 서로 형제가 되기로 약속을 했는데, 위안지의 나이가 더 많았으므로 형이 되었다.

둘은 같이 소실산으로 들어가 이잠(李潛)을 스승으로 섬겼다. 1년이 지나자 장도는 학문에 두루 정통하게 되어 학생들 중의 으뜸이 되었다. 하루는 장도가 위안지에게 이렇게 말했다.

"형님의 학업은 아직도 완성되지 않았습니다. 앞으로도 5년이 지나야 비로소 공명(功名)을 이루실 수 있으신데, 관직은 현좌(縣佐)에 지나지 않을 것입니다."

위안지는 깜짝 놀라 말했다.

"동생이 그걸 어찌 아는가?"

장도가 말했다.

"저는 사람이 아니라 저승의 관리입니다. 태악(泰嶽)의 주인께서 저를 중용하고자 하셨으나 저의 학식과 재주가 아직 부족하다 여기시고 1년 동안 인간 세상에 내려가 배우고 오도록 시간을 주셨던 것입니다. 올해로 그 기한이 다 되었고 학업도 조금은 이루었기에 이제 당신과 헤어져 떠나가려 합니다. 부디 다른 사람에게는 말하지 말아 주십시오."

장도는 말을 마치고 스승을 찾아가 이별을 고했다. 위안지는 장도를 산 아래까지 배웅했는데, 눈물을 흘리며 이별을 하자 장도가 말했다.

"당신이 공명을 이룬 다음에 위급한 일이 생기거든 저의 이름을 부르십시오. 제가 분명 구해드릴 것입니다."

위안지는 5년 후에 과거에 응시했는데, 그 해에 급제해 항주(杭州) 오잠현위(於潛縣尉)에 제수되었다가 주(州)에 의해 관서의 물품을 조달하러 파견되어 나갔다. 그가 장차 하음(河陰)에 도착하려 했을 때 기택

포(淇澤浦)에 당도했는데, 거기서 그만 회수(淮水)의 도적떼들에 의해 약탈을 당하고 말았다. 이에 위안지가 경건한 마음으로 장도의 이름을 불렀더니 잠시 후 갑자기 천둥과 함께 폭우가 쏟아져 도적떼들이 모두 물에 빠져 죽고 말았다. 위안지는 용흥현승(龍興縣丞)으로 있다가 죽었다. (『영이록』)

韋安之者, 河陽人, 時至陽翟, 擬往少室尋師. 至登封, 逢一人, 問欲何往, 曰:"吾姓張名道. 家金鄕, 欲往少室山讀書."安之亦通姓字. 所往一志, 乃約爲兄弟, 安之年長, 爲兄.

同入少室, 師李潛. 經一年, 張道博學精通, 爲學流之首. 一日, 語安之曰:"兄事業全未. 從今去五載, 方成名, 官亦不過縣佐."安之驚異曰:"弟何以知之?"道曰:"余非人, 乃冥司主典也. 泰嶽主者欲重用, 爲以才識尙寡, 給一年假, 於人間學. 今年限已滿, 功業稍成, 將辭君去. 愼勿洩於人."言訖, 辭其師. 安之送道下山, 涕泣而別, 道曰:"君成名之後, 有急, 當呼道. 必可救矣."

安之五年乃赴擧, 其年擢第, 授杭州於潛縣尉, 被州遣部物('物'字原闕, 據明鈔本補). 將抵河陰, 至淇澤浦, 爲淮盜來劫. 安之遂虔啓於道, 俄而雷雨暴至, 群盜皆溺. 安之爲龍興縣丞卒. (出『靈異錄』)

347 · 6(4428)
이좌문(李佐文)

남양(南陽) 임단현(臨湍縣)의 북쪽 경계에 비서랑(秘書郎) 원측(袁

測)과 양양연(襄陽椽) 왕견(王汧)의 별장이 있었다. [唐나라 文宗] 대화(大和) 6년(832)에 이좌문이라는 객이 그 두 별장에서 기식(寄食)하며 지냈는데, 그는 금(琴)과 장기 등에 능해서 원측과 왕견의 총애를 받았다. 이좌문이 하루는 저물녘에 원측의 별장으로 가서 머물려고 길을 나섰는데, 하인은 이불보따리를 안고 먼저 떠났다. 그런데 그가 채 1~2리도 못 갔을 때 음산한 바람이 갑자기 불어오더니, 차가운 먼지가 어둡게 깔리면서 순식간에 한밤중처럼 어두컴컴해졌다. 그는 변변찮은 말을 타고 혼자 가다가 길을 잃고 아주 멀리까지 갔다. 삼경(三更) 쯤되자 컴컴하던 하늘이 조금 개이기 시작했는데, 몇 리 밖에서 저 멀리 불빛이 보였다.

이좌문이 불빛을 향하여 가보았더니 들판 한가운데에 외딴 집이 한 채 있었는데, 집은 매우 낮고 비좁았으며 그 안에서 한 시골 노인이 짚신을 삼고 있었다. 이좌문이 겸손한 말로 [하룻밤 묵어가게 해 달라고] 부탁하자 노인은 한참 만에 그를 방안으로 데리고 들어가더니 이렇게 말했다.

"이곳은 승냥이와 이리가 많으니 손님은 말을 먼 곳에 매어놓아서는 안 되오."

그래서 이좌문은 말을 처마 아래로 옮겨 매어놓고 불 가까이로 가서 쉬었다. 노인이 말했다.

"손님은 본래 어디를 가려다가 이곳까지 오게 되었소?"

이좌문이 알려주자 노인은 어처구니없다는 듯이 웃으며 말했다.

"여기서 원씨 댁 별장까지는 너무 멀리 떨어져 있으니, 반드시 동이 틀 때까지 기다렸다가 남쪽으로 돌아가는 것이 좋을 게요."

노인의 자리 뒤쪽으로 대쑥으로 짠 가리개 아래에서 때때로 어린애의 울음소리가 매우 애절하게 들렸는데, 우는 소리가 날 때마다 노인은 이렇게 말했다.

"애야, 그만하려무나. 일이 이미 이렇게 된 이상 슬피 운다고 어쩔 수 있겠느냐?"

그러나 얼마 있다 아이가 다시 울자, 노인은 방금 했던 말로 아이를 달랬다. 이좌문은 영문을 알 수 없어서 노인에게 물었으나 노인은 머뭇거리다가 다른 이야기를 했다. 그러자 이좌문이 말했다.

"아이가 추워서 괴로워하고 있는데 왜 불 가까이로 데려오지 않으시오?"

이좌문이 서너 차례 그렇게 말하자 그제야 노인은 아이를 데리고 화롯가로 왔는데, 보았더니 8~9살쯤 되어 보이는 시골 여자아이였다. 그 아이는 손님을 보고도 전혀 부끄러워하거나 놀라지 않고 그저 무언가로 재를 이리저리 헤치기만 했는데, 그 모습이 마치 깊은 한이라도 품고 있는 듯이 보였다. 그러다 아이가 갑자기 원망하며 크게 소리치며 울자, 노인은 또 아까 했던 말로 아이를 달랬다. 이좌문은 [무슨 일인지] 물어보았으나 끝내 그 사정을 알아낼 수 없었다. 잠시 후 날이 밝자 노인은 멀리 동남쪽에 있는 커다란 나무를 가리키며 말했다.

"저기가 원씨 댁 별장인데 여기서 10리 쯤 떨어져 있소."

이좌문이 말에 올라 사방을 둘러보니 넓고 황량한 허허벌판에 인적이라곤 찾아볼 수 없고 오직 시골 노인의 집 한 채만 있을 뿐이었다.

이좌문은 3~4리쯤 갔을 때 한 시골 부인과 마주쳤는데, 그 부인은 손에 술 한 병을 들고 지전(紙錢)까지 가지고 있었다. 부인은 이좌문을 보고 말했다.

"여기는 커다란 늪지여서 길에 지나다니는 사람이라곤 없는데, 손님은 이 새벽에 어디에서 오는 길입니까?"

이좌문이 간밤의 일을 자세히 말해주자 부인은 가슴을 치고 목 놓아 울며 말했다.

"사람과 귀신이 길에서 만나리라고 누가 생각이나 했겠는가!"

이좌문이 자세히 캐물으니 부인이 말했다.

"손님이 간밤에 묵으셨다고 말한 그 집은 바로 내 죽은 남편의 무덤입니다. 저는 원씨 댁 별장에서 7년째 종살이를 해왔는데, 작년 봄에 남편이 갑자기 병들어 죽더니 이튿날 막 7살 난 딸도 죽고 말았습니다. 저는 가난하고 힘도 없어서 애비와 자식을 함께 묻어주었습니다. 저는 예법을 지키며 과부로 지냈으나 관가에서 세금을 면제해주지 않았습니다. 이렇게 외롭고 가난하며 의지할 곳조차 없는 신세가 되어 결국 개가하기로 마음먹었습니다. 오늘 저녁에 다른 집으로 시집가게 되었기에 지금 이렇게 남편과 딸아이의 무덤을 찾아와 영영 이별을 고하고자 한 것입니다."

이좌문이 그 부인과 함께 어젯밤에 묵었던 집에 가 보았더니 그 곳은 다름 아닌 무덤이었다. 이좌문은 남긴 발자취를 차례대로 더듬어 분명하게 되짚어 갈 수 있었다. 부인은 통곡하면서 눈물을 줄줄 흘렸다. 부인은 그 일로 인해 생업을 버리고 임단현의 절에서 머리를 깎고 비구니가 되었으며, 평생 힘써 수도할 것을 맹세했다. 그 부인은 성이 왕씨(王氏)인데, 개성(開成) 4년(839)에 그녀를 보았다는 객이 있다. (『집이기』)

南陽臨湍縣北界, 祕書郎袁測・襄陽掾王沂皆立('立'原作'止', 據明鈔本改) 別業. 大和六年, 客有李佐文者, 旅食二莊, 佐文琴碁之流, 頗爲袁・王之所愛. 佐文一日向暮, 將止袁莊, 僕夫抱衾前去. 不一二里, 陰風驟起, 寒埃昏晦, 俄而夜黑. 劣乘獨行, 迷誤甚遠. 約三更, 晦稍息, 數里之外, 遙見火燭.

佐文向明而至, 至則野中逈室, 卑狹頗甚, 中有田叟, 織芒屩. 佐文遜辭請託, 久之, 方延入戶, 叟云: "此多豺狼, 客馬不宜遠繫." 佐文因移簷下, 迫火而憩. 叟曰: "客本何詣而來此?" 佐文告之, 叟哂曰: "此去袁莊, 乖於極矣, 然必俟曉, 方可南歸." 而叟之坐後, 緯蕭障下, 時聞稚兒啼號甚痛, 每發聲, 叟卽曰: "兒可止. 事已如此, 悲哭奈何?" 俄則復啼, 叟輒以前語解之. 佐文不諭, 從而詰之, 叟則低回他說. 佐文因曰: "孩幼苦寒, 何不攜之近火?" 如此數四, 叟則攜致就爐, 乃八九歲村女子耳. 見客初無羞駭, 但以物畫灰, 若抱沈恨. 忽而怨咽驚號, 叟則又以前語解之. 佐文問之, 終不得其情. 須臾平曉, 叟卽遙指東南喬木曰: "彼袁莊也, 去此十里而近." 佐文上馬四顧, 乃窮荒大野, 曾無人迹, 獨田叟一室耳.

行三數里, 逢村婦, 攜酒一壺, 紙錢副焉. 見佐文曰: "此是巨澤, 道無人, 客凌晨何自來也?" 佐文具白其事, 婦乃附膺長號曰: "孰爲人鬼之遇途耶!" 佐文細詢之, 其婦曰: "若客云去夜所寄宿之室, 則我亡夫之殯闈耳. 我備居袁莊七年矣, 前春, 夫暴疾而卒, 翌日, 始齔之女又亡. 貧窮無力, 父子同瘞焉. 守制煢居, 官不免稅. 孤窮無託, 遂意再行. 今夕將適他門, 故來夫女之瘞告訣耳." 佐文則與同往, 比至昨暮之室, 乃殯宮也. 歷歷蹤由, 分明可復. 婦乃號慟, 淚如縗縻. 因棄生業, 剪髮于臨湍佛寺, 役力誓死焉. 其婦姓王, 開成四年, 客有見者. (出『集異記』)

347 · 7(4429)
호 은(胡 憖)

안정(安定)의 호은은 하동군(河東郡)에 살면서 문장으로 이름을 날렸다. 대화(大和) 7년(833) 봄에 그는 진사과(進士科)에 급제했는데, 그때는 가속(賈餗)이 예부시랑(禮部侍郎)으로 있었다. 2년 후에 문종황제(文宗皇帝)는 가속을 상국(相國)으로 발탁했다. 그해 겨울 10월에 도성에 난이 일어나자 가속과 재상 왕애(王涯) 이하의 사람들은 모두 도망을 가 버렸고 황제는 조서를 내려 급히 그들을 체포해 오도록 했다. 당시 중귀인(中貴人) 구사량(仇士良)은 좌금군(左禁軍)을 이끌고 있으면서 부장(部將)에게 명해 병사를 이끌고 가 [가속 등의] 종적을 끝까지 쫓게 했다. 그러자 부장이 구사량에게 이렇게 말했다.

"호은이 가속의 은혜를 입었으니, [가속은] 지금 분명 호은의 집에 숨어있을 것입니다. 날랜 병사 500명을 제게 주시면 호은의 거처를 에워싸고 가속을 잡아오겠습니다."

구사량이 부장의 청을 받아들이자 부장은 병사를 이끌고 호은의 집으로 가 어서 밖으로 나오라고 하며 엄한 목소리로 말했다.

"가속이 그대 집에 있으니 그대는 어서 나오시오. 그렇지 않으면 가속과 같은 벌을 받게 될 것이오."

호은은 도리로써 저들을 설득시킬 수 있는 형세가 아님을 짐작하고 격한 말로 저항했다. 부장은 노하여 호은을 붙잡아 구사량에게 데려갔고, 결국에는 군영 문밖에서 죽여버렸다.

이때 호은의 동생 호상(胡湘)은 하동군에 있었는데, 그날 호상과 가족들은 어떤 목 없는 사람이 피 자국이 남아있는 녹색 옷을 입고 있는 것을 보았다. 그 사람은 문을 통해 들어오더니 마당까지 걸어왔다. 호상이 몹시 화를 내며 집안 식구를 시켜 쫓아버리게 했더니 그 목 없는 사람은 갑자기 사라졌다. 그 후 사흘 뒤에 호은이 죽었다는 소식이 도착했다. (『선실지』)

安定胡澄, 家于河東郡, 以文學知名. 大和七年春登進士第, 時賈餗爲禮部侍郎. 後二年, 文宗皇帝擢餗相國事. 是歲冬十月, 京兆亂, 餗與宰臣涯('涯'原作'澄', 據明鈔本改)已下, 俱遯去, 有詔捕甚急. 時中貴人仇士良, 護左禁軍, 命部將執兵以窮其跡. 部將謂士良曰: "胡澄受賈餗恩, 今當匿在澄所. 願驍健士五百, 環其居以取之." 士良可其請, 於是部將擁兵至澄門, 召澄出, 厲聲曰: "賈餗在君家, 君宜立出. 不然, 與餗同罪." 澄度其勢不可以理屈, 抗辭拒之. 部將怒, 執澄詣士良, 戮于轅門之外.

時澄弟湘在河東郡, 是日, 湘及家人, 見一人無首, 衣綠衣, 衣有血濡之迹. 自門而入, 步至庭. 湘大怒(明鈔本'怒'作'恐'), 命家人逐之, 遽不見. 後三日, 而澄之凶聞至. (出『宣室志』)

태평광기 권제 348

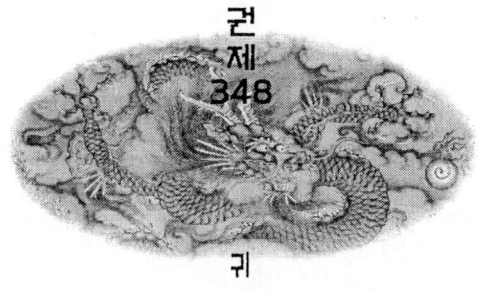

귀 33

1. 신신옹(辛神邕)
2. 당연사(唐燕士)
3. 곽 심(郭 郴)
4. 이전질(李全質)
5. 심공례(沈恭禮)
6. 우 생(牛 生)
7. 위제휴(韋齊休)

348·1(4430)
신신옹(辛神邕)

평로종사어사(平盧從事御史) 신신옹은 [唐나라 文宗] 태화(太和) 5년(831) 겨울에 전 백수현위(白水縣尉)에서 도성으로 전임되었다. 당시 유만금(劉萬金)이라는 품팔이꾼이 있었는데, 그는 신신옹의 하인인 자근(自勤)과 함께 같은 방에서 지냈다. 자근은 몇 달 동안 병을 앓다가 곧 죽을 때가 되었다. 하루는 유만금이 다른 곳으로 나가고 자근은 평상에 누워있었다. 그때 갑자기 소매가 넓은 자주색 옷에 높은 관을 쓰고 생김새가 비쩍 말랐으며 큰 코에 긴 수염을 한 사람이 문밖에서 들어오는 것이었다. 그 사람은 평상 앞으로 와서 자근에게 말했다.

"그대가 억지로라도 일어나면 병에 곧 차도가 있을 것이오."

그리고는 자근을 부축하여 벽을 등지고 앉혔다. 이전부터 그 방의 동쪽 벽 아래에 식탁이 있었는데, 거기에는 여러 가지 그릇이 벌려져 있었다. 자주색 옷을 입은 사람이 소매 속을 더듬어 물건 하나를 집어냈는데, 그 모양은 볍씨 같았고 색은 파랬다. 그는 10여 알갱이를 그 그릇 속에 담고 자근에게 말했다.

"나는 인간 세상의 사람이 아니오. 지금 명을 받들어 유만금을 데리러 왔는데 유만금은 이것을 먹고 죽을 것이오. 그러니 그대는 유만금이 이것을 먹을 때 내가 한 말을 발설하지 마시오. 그렇지 않으면 그대에게 화가 미칠 것이오."

그 사람은 말을 마치고 떠나갔다.

그 날 유만금이 돌아왔는데, 그는 얼굴이 벌개진 채 숨을 헐떡이며 이렇게 말했다.

"내 뱃속이 비고 몸에 열이 나는데 아마도 거의 고치지 못할 것 같소."

유만금은 그 그릇이 있는 곳으로 가서 그 알갱이들을 먹었다. 유만금이 다 먹고 나자 자근은 병이 나았고 유만금은 마침내 죽고 말았다. (『선실지』)

平盧從事御史辛神邕, 太和五年冬, 以前白水尉調集於京師. 時有傭者劉萬金, 與家僮自勤, 同室而居. 自勤病數月, 將死. 一日, 萬金他出, 自勤偃於榻. 忽有一人, 紫衣危冠廣袂, 貌枯形瘠, 巨準修髥, 自門而入. 至榻前, 謂自勤曰: "汝强起, 疾當間矣." 於是扶自勤負壁而坐. 先是室之東垣下, 有食案, 列數器. 紫衣人探袖中, 出一掬物, 狀若稻實而色靑. 卽以十餘粒置食器中, 謂自勤曰: "吾非人間人. 今奉命召萬金, 萬金當食而死. 食爾勿泄吾語. 不然, 則禍及矣." 言訖遂去.

是日, 萬金歸, 臉赤而喘, 且曰: "我以腹虛熱上, 殆不可治." 卽就其器而食. 食且盡, 自勤疾愈, 萬金果卒. (出『宣室志』)

348 · 2(4431)
당연사(唐燕士)

 진창(晉昌) 사람 당연사는 글읽기를 좋아했으며 구화산(九華山)에 은거했다. 하루는 날이 저물어 비가 왔다가 개자 그는 달빛 아래를 거닐며 산으로 올라갔다. 밤이 깊어지자 이리떼가 길을 막고 있어서 돌아올 수가 없었다. 그는 몹시 두려워 깊은 숲 속에 몸을 숨겼다.
 잠시 후 흰옷을 입고 비단 두건을 쓴 사람이 나타났는데, 용모가 뛰어나고 나이는 50에 가까웠으며 산골 물을 따라 오고 있었다. 그 사람은 태연하게 시를 읊조리면서 걷다가 한참동안 우두커니 서 있더니 이내 다음과 같은 시를 읊었다.

> 산골 물소리 졸졸졸 끊임없이 흐르고,
> 시내 위 밭이랑 아득히 들꽃이 피었네.
> 만물은 저절로 갔다 저절로 돌아오지만 사람은 돌아오지 않으니,
> 오래도록 오직 빈 산의 달만 마주하고 있네.

 당연사는 늘 칠언시를 잘 지어 당시 사람들에게 칭찬을 받았다. 그는 그 시를 듣고 경탄하여 그 사람과 더불어 말하려고 했으나 그곳에 이르기도 전에 그 사람은 이미 사라지고 없었다.
 이튿날 당연사는 돌아와 그 사람의 생김새를 대면서 마을 사람에게 물었더니 그를 아는 사람이 이렇게 말했다.
 "그 사람은 오씨(吳氏) 집안 사람으로, 진사시험에 합격했고 시를 잘 지었소. 그런데 이미 죽은 지 몇 년이 되었소."

(『선실지』)

晉昌唐燕士, 好讀書, 隱于九華山. 常日晩, 天雨霽, 燕士步月上山. 夜旣深, 有羣狼擁其道, 不得歸. 懼旣甚, 遂匿於深林中.

俄有白衣丈夫, 戴紗巾, 貌孤俊, 年近五十, 循澗而來. 吟步自若, 佇立且久, 乃吟曰: "澗水潺潺聲不絕, 溪壟茫茫野花發. 自去自來人不歸, 長時唯對空山月." 燕士常好爲七言詩, 頗稱于時人. 聞此驚歎, 將與之言, 未及而沒.

明日, 燕士歸, 以貌問里人, 有識者曰: "是吳氏子, 擧進士, 善爲詩. 卒數年矣." (出『宣室志』)

348·3(4432)
곽 심(郭 郴)

　곽심(郭郴: 원문에는 '郭潯'으로 되어 있으나 오자가 분명하므로 고침)은 역양현위(櫟陽縣尉)를 그만두고 오랫동안 다른 관직을 임명받지 못한 채 도성에서 매우 가난하게 살았다. 한번은 희미한 소리가 나면서 두 물체가 나타났는데, 모습은 원숭이 같았고 푸른 옷을 입고 있었다. 그것은 곽심이 출입할 때나 자고 일어날 때나 쫓아다니지 않은 적이 없었다. 곽심이 누군가를 찾을 마음을 먹으면 그것은 기필코 곽심을 따라갔다. 찾아가는 곳마다 가시나무로 막혀있는 것 같았기에 친구들은 그를 보면 모두 원수 대하듯했다. 어떨 때는 도술로 그것을 누르기도 하고 어떨 때는 숲 속으로 피해보기도 했으나, 수년 동안 결국 그것이 따라오는 것을 막을 수 없었다.

어느 날 저녁 [그 두 물체가] 갑자기 와서 작별을 고하며 이렇게 말했다.

"우리는 당신의 액운을 틈타 당신과 떨어지지 않은지 오래되었으나 이제 날이 밝으면 떠나 다시는 오지 않을 것이오."

곽심은 그것이 떠나가게 되자 기뻐하며 어디로 가느냐고 물었더니 그것이 이렇게 말했다.

"세상에는 우리와 같은 것이 매우 많지만 사람이 보지 못할 뿐이오. 이제 가는 곳은 바로 승업방(勝業坊)에 사는 부자 왕씨(王氏)의 집인데, 장차 그리로 가서 그의 재산을 다 쓰게 만들 것이오."

곽심이 말했다.

"그 사람은 모아놓은 재물이 차고 넘치는데 어떻게 갑자기 다 쓰게 한단 말이냐?"

그것이 말했다.

"내가 미리 안품자(安品子)에게 계책을 세워놓았소."

날이 밝아 북소리가 갑자기 울리자 그것은 마침내 어디론가 사라졌다.

곽심이 일어나 세수하고 빗질을 했더니 곧 근심과 괴로움이 사라지며 속이 후련해짐을 느꼈다. 그래서 시험 삼아 친구를 찾아갔더니 태도를 고치며 서로 맞아주지 않은 사람이 없었다. 열흘이 못되어 곽심은 재상을 뵙고 이러한 사실을 고한 뒤 마침내 통사사인(通事舍人)에 제수되었다. 곽심에게는 장생(張生)이라는 사촌동생이 있었는데, 그는 금오위좌(金吾衛佐)를 맡고 있었으며 교유하는 사람은 모두 호협(豪俠)이었다. 장생은 젊어서 기이한 것을 좋아했는데, 곽심의 말을 듣고 믿지 않았다. 장생은 승업방의 왕씨가 좌군(左軍) 소속이라는 것을 알고서 그 때부터 늘 그 집에 가서 염탐했다.

왕씨는 성품이 근검절약하여 여태껏 과분하게 돈을 쓴 적이 없었다. 그는 집에 악기(樂妓)를 두고 있었는데, 용모 단정하고 고운 사람이 아주 많았다. 겉으로 고운 옷을 차려입고 얼굴을 꾸민 사람들이라도 쉽게 그의 마음을 바꾸지는 못했다. 하루는 왕씨가 친구들과 명가곡(鳴珂曲)을 지나가는데 어떤 부인이 단장하고 문 입구에 서 있는 것이었다. 왕생(王生: 王氏)은 말을 멈추고 잠시 머무르더니 희색을 띠면서 같이 온 친구들을 불러 술을 차려놓고 즐겼는데, 장생도 거기에 끼었다. 장생이 물었더니 거기는 바로 안품자의 집이라고 했다. 안품자는 노래를 잘했는데, 그 날 노래 몇 곡을 부르자 왕생은 아낌없이 돈과 비단을 그녀에게 주었다. 그 광경을 보고 있던 많은 사람들은 왕생의 돈 씀씀이가 큰 것을 보고 모두 놀라워했다. 그 때부터 왕생은 수레에 재물을 싣고 날마다 안품자의 집으로 날랐다. 그러자 몇 년이 지나지 않아 왕생은 마침내 지극히 가난한 처지가 되고 말았다. (『극담록』)

郭滂罷櫟陽縣尉, 久不得調, 窮居京華, 困甚. 胖饗間, 常有二物, 如猿玃, 衣青碧. 出入寢興, 無不相逐. 凡欲擧意求索, 必與鄯俱往. 所造詣, 如礙枳棘, 親友見之, 俱若鼺隙. 或厭之以符術, 或避之於山林, 數年竟莫能絶.

一夕, 忽來告別, 云: "某等承君厄運, 不相別者久, 今則候曉而行, 無復至矣." 鄯旣喜其去, 遂問所詣, 云: "世路如某者甚多, 但人不見耳. 今之所詣, 乃勝業坊富人王氏, 將往散之." 鄯曰: "彼之聚斂豐盈, 何以遽散?" 云: "先得計于安品子矣."曉鼓忽鳴, 遂失所在.

郭旣興盥櫛, 便覺愁憒開豁. 試詣親友, 無不改觀相接. 未旬, 見宰相面白, 遂除通事舍人. 郭有表弟張生者, 爲金吾衛佐, 交游皆豪俠. 少年好奇, 聞之, 未信之也. 知勝業王氏隷左軍, 自是常往伺之.

王氏性儉約, 所費未常過分. 家有妓樂, 端麗者至多. 外之袨服治容, 造次莫廻其意. 一日, 與賓朋過鳴珂曲, 有婦人靚粧立于門首. 王生駐馬遲留, 喜動顔色, 因召同列者, 置酒爲歡, 張生預焉. 訪之, 卽安品子之弟也. 品子善歌, 是日歌數曲, 王生悉以金綵贈之. 衆皆訝其廣費. 自此興輦資貨, 日輸其門. 未經數年, 遂至貧匱耳. (出『劇談錄』)

348 · 4(4433)
이전질(李全質)

농서(隴西)사람 이전질은 젊어서 기주(沂州)에 살았다. 그는 어느 날 대대적으로 축국(蹴踘)을 하고자 했는데, 먼동이 틀 무렵 기주성 성문 동쪽 뜰 앞에서 언뜻 잠이 들어버렸다. 그런데 갑자기 자주색 옷을 입은 사람이 머리에 둥근 삿갓을 쓰고 곧바로 그의 앞으로 와서 말했다.

"명을 받아 당신을 잡으러 왔소."

이전질이 말했다.

"누가 나를 잡아간단 말이오?"

자주색 옷을 입은 사람이 말했다.

"내가 잡아가는 것이 아니라 다른 사람이 명을 받아 잡아갈 것이오."

잠시 후 녹색 옷을 입은 사람이 와서 말했다.

"명을 받아 당신을 잡으러 왔소."

그 말이 너무나 갑자기 나왔으므로 그 기세를 막을 수 없었다. 이전질이 말했다.

"당신이 필요로 하는 것이 있지 않소?"

녹색 옷을 입은 사람이 말했다.

"명을 받아 당신을 잡으러 왔을 뿐인데 어찌 감히 필요로 하는 것을 말하겠소?"

자주색 옷을 입은 사람이 녹색 옷을 입은 사람에게 말했다.

"잡아갈 필요 없겠소."

자주색 옷을 입은 사람이 손으로 [녹색 옷을 입은 사람에게] 성문을 가리키며 나가게 하고 그 틈을 타 이전질에게 말했다.

"방금 필요한 것이 있냐고 물었는데, 어찌 대답하지 않을 수 있겠소?"

이전질이 말했다.

"필요한 것이 무엇이오?"

자주색 옷을 입은 사람이 말했다.

"서패대(犀佩帶: 무소 뿔을 박아 장식한 腰帶) 한 가지일 뿐이오."

이전질이 말했다.

"알겠소."

말을 마치자 자주색 옷을 입은 사람은 온데간데없이 사라졌다. 주인이 축국할 시각을 알려오자 이전질은 마침내 서패대를 그려놓게 했다. 날이 저물자 이전질은 술과 안주를 차리고 또 지전과 서패대를 갖추어

놓고 성문 밖에서 태웠다.

  그날 밤 이전질이 막 잠이 들었을 때 머리에 둥근 삿갓을 쓰고 자주색 옷을 입은 사람이 나타나 절하며 감사의 말을 했다.

  "당신이 주신 서패대를 받고 고맙기 그지없지만 무어라 보답할 것이 없소. 그런데 당신은 평생토록 수액(水厄)이 있소. 하지만 위급하고 곤경에 처하게 되면 내가 반드시 오겠소."

  태화연간(太和年間: 827~835) 초에 이르러 홍수가 났는데, 이전질은 그 때 이미 천평군(天平軍)의 비장(裨將: 副將) 겸 감찰(監察)로 있었다. 긴급한 임무가 있어 이전질은 중도(中都: 蒲州)에서 양군성(梁郡城)으로 가게 되었는데, 서쪽 백헐교(百歇橋)로 20리쯤 갔더니 물은 깊고 얼음은 얇았다. 이전질은 평소 그곳을 알지 못했으나 갈 길이 멀고 명령이 급했으므로 잠시도 머무를 수가 없었다. 따라가던 사람들은 모두 안색이 창백하여 말고삐에 의지하고 천명에 맡긴 채 걸어갔다. 막 몇 십 걸음을 갔을 때 어떤 사람이 뒤에서 오며 큰소리로 말했다.

  "그리로 지나가지 말고 이리로 오시오! 내가 지름길을 알고 있는데 이 길은 안전하여 바로 가로질러갈 수 있소."

  이전질은 그 사람의 말을 듣고 말고삐를 돌려 그를 따라갔다. 3리를 채 가지도 않았을 때 진창에 다다랐으나 약간의 막힘도 없이 맨땅에 도달할 수 있었다. 이전질이 재물로 그 사람에게 사례하자 그 사람은 한사코 거절하며 받지 않았지만 이전질이 기어이 주자 이렇게 답했다.

  "만약 나를 의지하고 왔다면 혹 사양하지 않았겠지만 지금은 내가 가는 길을 따라오기만 했으니 내가 무슨 고생한 것이 있겠소?"

  그 사람이 끝내 받으려 하지 않자 이전질은 재물이 적다고 생각하여 더 주려고 했다. 그래서 잠시 후 [재물을 가지고] 다시 돌아와 보니 그 사람은 사라지고 없었다. 이전질이 그 사람에 대해 곰곰히 생각해보니 자주색 옷을 입고 둥근 삿갓을 썼으니 혹시 예전에 성문에 있던 그 사람이 아니었겠는가?

개성연간(開成年間: 836~840) 초에 이전질은 사명을 띠고 관(關: 潼關)으로 들어왔다가 돌아갈 때 수안현(壽安縣)에 묵었다. 밤은 아직 새지 않고 사정은 급박한데다 그 때 날은 또 어두컴컴했다. 그는 할 수 없이 여관을 나와 몇 리를 갔는데 큰비를 만나서 다시 돌아갈 수도 없었다. 잠시 후 말 옆에 한 사람이 나타나자 이전질은 그에게 물었다.

"누구시오?"

그 사람이 대답했다.

"문서를 전달하는 사람이오."

이전질이 다시 말 앞으로 몇 걸음 다가갔으나 바로 앞도 볼 수 없었다. 그 사람은 매번 앞길에 있는 사물로 이전질을 인도해 주었는데, 어떤 때는 '나무'라고 하고, 어떤 때는 '말뚝'이라고 하고, 어떤 때는 '비탈'이라고 하고, 어떤 때는 '언덕배기'라고 하고, 어떤 때는 '막다른 길'이라고 하여, 그 때마다 이전질은 여러 가지 재앙을 면할 수 있었다. 한참 지나서 삼천역(三泉驛)에 이르러 쉬려고 말에서 막 내리자마자 문서 전달하는 사람을 찾아가 사례하려고 했으나 그 사람은 이미 보이지 않았다. 따라오던 사람에게 그 사람의 모습과 차림새를 물었더니 자주색 옷을 입고 머리에 삿갓을 썼다고 하는 것으로 보아 또 예전에 성문에 있던 그 사람이 아니었겠는가?

회창연간(會昌年間: 841~846) 임술년(壬戌年: 842)에 제음현(濟陰

縣)에 큰비가 내렸을 때 곡신자(谷神子)와 이전질은 함께 배를 타게 되었다. 곡신자는 이전질이 어찌해서 물을 그렇게 두려워하는지 의아해하며 그 이유를 묻자 이전질은 그간의 일을 말해주었다. 그리고 또 이렇게 말했다.

"나는 본래 물을 두려워하지 않았는데 자주색 옷을 입은 사람이 자주 영험함을 보였기 때문에 갈수록 더욱 두려워하게 된 것이오."

(『전이기』)

隴西李全質, 少在沂州. 嘗一日欲大蹴踘, 昧爽之交, 假寐于沂州城橫門東庭前. 忽有一衣紫衣首戴圓笠直造其前, 曰:"奉追." 全質曰:"何人相追?" 紫衣人曰:"非某之追, 別有人來奉追也." 須臾, 一綠衣人來, 曰:"奉追." 其言忽遽, 勢不可遏. 全質曰:"公莫有所須否?" 綠衣人曰:"奉命令追, 敢言其所須?" 紫衣人謂綠衣人曰:"不用追." 以手麾出橫門, 紫衣人承間謂全質曰:"適蒙問所須, 豈不能終諾乎?" 全質曰:"所須何物?" 答曰:"犀佩帶一條耳." 全質曰:"唯." 言畢失所在. 主者報蹴踘, 遂令畫犀帶. 日晚, 具酒脯, 並紙錢佩帶, 于橫門外焚之.

是夜, 全質纔寐, 即見戴圓笠紫衣人來拜謝曰:"蒙賜佩帶, 慙愧之至, 無以奉答. 然公平生水厄. 但危困處, 某則必至焉."

洎太和歲初大水, 全質已爲天平軍裨將, 兼監察. 有切務, 自中都抵梁郡城, 西走百歇橋二十里, 水深而氷薄. 素不諳委, 程命峻速, 片時不可駐. 行從等面如死灰, 信轡委命而行. 纔三數十步, 有一人後來, 大呼之曰:"勿過彼而來此! 吾知其徑, 安而且捷." 全質荷之, 反轡而從焉. 纔不三里, 止泥濘, 而曾無寸尺之阻, 得達本土. 以財物酬其人, 人固讓不取, 固與之, 答曰:"若仗我而來, 則或不讓, 今因我而行, 亦何所苦(明鈔本'苦'作'助焉')?" 終不肯受, 全質意其鮮焉, 乃益('益'原作'緩', 據明鈔本改)之. 須臾復來, 已失所在. 却思其人, 衣紫衣, 戴圓笠, 豈非橫門之人歟?

開成初, 銜命入關, 廻宿壽安縣. 夜未央而情迫, 時復昏晦. 不得已而出逆旅, 三數里而大雨, 回亦不可. 須臾, 馬旁見一人, 全質詰之: "誰歟?" 對曰: "郵牒者." 更於馬前行, 寸步不可覩. 其人每以其前路物導之, 或曰樹, 或曰椿, 或曰險, 或曰培塿, 或曰窮, 全質皆得免咎. 久而至三泉驛, 憩焉, 纔下馬, 訪郵牒者欲酬之, 已不見矣. 問從者, 形狀衣服, 固紫衣而首戴笠, 復非橫門之人歟?

會昌壬戌歲, 濟陰大水, 谷神子與全質同舟. 訝全質何懼水之甚, 詢其由, 全質乃語此. 又云: "本性無懼水, 紫衣屢有應, 故兢慄之轉切也."(出『傳異記』)

348 · 5(4434)
심공례(沈恭禮)

문향현(閺鄕縣) 주부(主簿) 심공례는 태화연간(太和年間: 827~835)에 호성현위(湖城縣尉)를 대신 맡고 있었다. 문향현을 떠나던 날 그는 병이 약간 났다. 날이 저물어서야 그는 호성현에 도착하여 당 앞에 누웠다. 그런데 갑자기 어떤 사람이 침상을 몇 바퀴 돌기에 심공례는 그가 자기를 따라오던 아전 뇌충순(雷忠順)이라고 생각하여 그에게 물었더니 이렇게 대답했다.

"저는 뇌충순이 아니라 이충의(李忠義)입니다."

심공례가 물었다.

"어떻게 이곳에 왔느냐?"

이충의가 대답했다.

"저는 본래 강회(江淮) 사람으로 가난하고 배가 고파 남에게 품팔이를 했고, 지난달에 이 현으로 왔다가 여관에서 죽었습니다. 그러나 너무 춥고 배가 고파 이제 당신에게 와서 한 끼 식사와 작은 모자를 빌리려고 하는데 되겠습니까?"

심공례가 허락하고 이렇게 말했다.

"내가 어디에서 그것을 너에게 주면 되겠느냐?"

이충의가 대답했다.

"내일 저녁 역관(驛館)에 있는 관리 장조(張朝)를 보내서 가져오게 하겠습니다."

말을 마치고 이충의는 당 서쪽 기둥에 서 있었다. 심공례가 일어나 앉자 이충의가 나아가 말했다.

"당신은 갓 이곳에 오셨는데 다른 일이 생길 때마다 와서 당신을 도와드리겠습니다."

심공례가 말했다.

"좋다."

이충의가 마침내 말했다.

"이 관청은 사람이 살면서 대부분이 평안하지 못했습니다. 잠시 후면 나이 17~18세 된 한 여자가 올 것인데 그녀는 억지로 당신을 뵈려고 할 것입니다. 그녀의 이름은 밀타승(蜜陀僧)입니다. 당신은 삼가 그녀와 말을 해서는 안됩니다. 그녀는 혹 이곳 현윤(縣尹)의 집안 사람이라고 둘러대기도 하고 혹 사방 이웃을 빌어 갖다 붙이기도 하니 쉽사리 말을 주고받아서는 안됩니다. 만약 말을 하면 그 요물에게 홀리게 될 것입니다."

이충의가 말을 마치고 서쪽 기둥에 서서 자리를 아직 잡지 못하고 있을 때 당 동쪽에서 과연 한 여자가 나타났는데, 높이 쪽진 머리에 귀밑머리를 드리웠고 살갗에 윤기가 있었으며 미소를 머금고 눈동자를 굴리면서 심공례에게 말했다.

"가을 침실은 적막하고 쓸쓸한데 귀뚜라미는 달 밝은 밤에 우네요. 밤은 더욱 깊어가는데 바람 일어나니 오동잎이 섬돌에 떨어지는군요. 어찌하여 죄지은 사람처럼 이처럼 갇혀 산단 말입니까?"

심공례는 꼼짝하지 않았다. 그녀가 또 말했다.

"진주자리 침상은 반이 비었는데 밝은 달은 침실에 가득하네요. 좋은 술을 마시지 않으면 젊은이라 부르기에 부족하지요."

심공례는 또 거들떠보지 않았다. 그녀가 또 읊어 말했다.

"황제(黃帝)가 하늘로 올라갈 때 정호(鼎湖: 黃帝가 용을 타고 승천한 자리)가 원래 여기 있었지요. 72옥녀는 변하여 황금 영지가 되었지요."

심공례가 또 거들떠보지 않자 그녀는 주저하면서 떠나갔다.

이충의가 또 나아와 말했다.

"이 요물이 이미 떠나갔으나 잠시 후에는 동쪽 행랑 아래에서 경씨(敬氏) 집 과부(寡婦)와 왕씨(王氏) 집 형수가 나타날 것입니다. 그들은 비록 감히 밀타승과는 같지 않지만 또한 그들과도 말을 해서는 안됩니다."

잠시 후 과연 한 여랑(女郞: 남자 못지 않은 기개나 재주를 가진 여자)이 동쪽 처마 밑에서 나타났는데, 그녀는 흰 옷을 입고 흰 비녀를 꽂았으며 손으로 걸친 옷을 가지런히 하고 고개를 돌려 명령하듯 말했다.

"왕씨네 형수는 어째서 나오지 않는가?"

갑자기 한 여자가 붉은 치마를 끌며 나타났는데, 그녀는 자주색 소매에 은색 어깨걸이를 하고 와서 달빛 어린 정원을 몇 바퀴 돌다가 동쪽 처마 아래로 가서 섰다.

이충의가 또 나아와 말했다.

"이 두 요물이 이미 떠나갔으니 편히 주무셔도 됩니다. 잠시 후에 설사 다른 요물이 와서 유혹한다 해도 두려워할 것은 못됩니다."

이충의가 작별하고 떠나가자 심공례가 그를 막으며 말했다.

"나를 위해서 좀더 머물러 있다가 요괴가 다 없어진 후에 떠나가게."

이충의는 그렇게 하겠다고 했다.

사경(四更)이 되자 한 요물이 나타났는데, 키는 2장 남짓했고 손에 서너 개의 뼈를 가지고 마치 공 던지기 놀이[躍丸: 跳丸·弄丸이라고도 함]를 하고 있는 것 같았다. 요물이 점점 관청 처마 가까이 오자 이충의가 심공례에게 말했다.

"베개로 그것을 치십시오."

심공례가 그 말이 떨어지기 무섭게 베개로 내리치자 퍽 하며 요물의 손에 맞아 쥐고 있던 뼈가 땅에 떨어졌다. 요물이 몸을 굽혀 뼈를 줍는 사이에 이충의가 뛰어내려 몽동이로 마구 때렸더니 그것은 문밖으로 나가버렸다. 심공례는 계속하여 이충의를 불렀으나 이충의는 더 이상 나타나지 않았으며, 날은 이미 밝아오고 있었다.

심공례는 시종들에게 그 이야기를 자세히 말해주고 마침내 음식을 준비하고 모자를 사오게 했다. 그리고 아전 장조를 불러 그것에 대해서 물었더니 장조가 말했다.

"저는 본래 무당입니다. 근자에 저는 음식을 빌어먹고 아전이 되었으며, 막 객사한 객귀가 이충의라는 것도 잘 알고 있습니다."

심공례는 곧 장조에게 모자와 밥 등을 건네주고 떠나갔다. 그날 밤 꿈에 이충의가 감사의 인사를 하며 말했다.

"밀타승을 대대적으로 잘 방비해야 합니다. 그것은 또 2~3년 동안 당신을 괴롭힐 것입니다."

이충의는 말을 마치고 떠나갔다.

심공례는 두 달 동안 호성현에 있었는데, 밤마다 밀타승이 왔지만 끝내 감히 대꾸하지 않았다. 심공례는 나중에 문향으로 돌아왔는데, 밀타승이 격일 밤마다 왔으나 결국은 해를 끼치지 못했다. 반 년 후에는 3일 밤마다 혹은 5일 밤마다 찾아오다가 1년 남짓 뒤에는 바야흐로 점차 오는 횟수가 줄어들었다. 어떤 스님이 심공례에게 고기와 매운 음식을 끊게 하자 그 후에는 밀타승이 더 이상 오지 않았다. (『박이지』)

閿鄕縣主簿沈恭禮, 太和中, 攝湖城尉. 離閿鄕日, 小疾. 暮至湖城, 堂前臥. 忽有人繞牀數匝, 意謂從行廳吏雷忠順, 恭禮問之, 對曰: "非雷忠順, 李忠義也." 問曰: "何得來此?" 對曰: "某本江淮人, 因飢寒傭於人, 前月至此縣, 卒于逆旅. 然飢寒甚, 今投君, 祈一食, 兼丐一小帽, 可乎?" 恭禮許之, 曰: "遣我何處送與汝?" 對曰: "來暮, 遣驛中廳子張朝來取." 語畢, 立于堂之西楹. 恭禮起坐.忠義進曰:"君初止此,更有事,輒敢裨補."恭禮曰:"可."遂言:"此廳人居多不安.少間,有一女子,年可十七八,強來參謁.名曰'蜜陀僧'.君愼不可與之言.或託是縣尹家人,或假四隣爲附,輒不可交言.言則中此物矣."

忠義語畢,却立西楹未定,堂東果有一女子,峩鬟垂鬢,肌膚悅澤,微笑轉盼,謂恭禮曰:"秋室寂寥,蛩啼夜月.更深風動,梧葉墮階.如何罪責(明鈔本'罪責'作'自責'),羇囚如此耶?"恭禮不動.又曰:"珍簟牀空,明月滿室.不飮美酒,虛稱少年."恭禮又不顧.又吟曰:"黃帝上天時,鼎湖元在茲.七十二玉女,化作黃金芝."恭禮又不顧,逡巡而去.

忠義又進曰:"此物已去,少間,東廊下有敬寡婦·王家阿嫂.雖不敢同蜜陀僧,然亦不得與語."少頃,果有一女郎,自東廡下,衣白衣,簪白簪,手整披袍,回命曰:"王家阿嫂,何不出來?"俄然有曳紅裙,紫袖銀帔而來,步庭月數匝,却立于東廡下.

忠義又進曰:"此兩物已去,可高枕矣.少間,縱有他媚來,亦不足畏也."忠義辭去,恭禮止之:"爲我更駐,候怪物盡卽去."忠義應唯.

而四更已,有一物,長二丈餘,手持三數髑髏,若躍丸者,漸近廳簷,忠義謂恭禮曰:"可以枕擊之."應聲而擊,瀑然而中手,墮下髑髏.俯身掇之,忠義跳下,以棒亂毆,出門而去.恭禮連呼忠義,不復見,而東方已明.

與從者具語之,遂令具食及市帽子.召廳子張朝詰之,曰:"某本巫人也.近者假食爲廳吏,具知有新客死客鬼李忠義."恭禮便付帽子及盤飧等去.其夜,夢李忠義辭謝曰:"蜜陀僧大須防備.猶二三年奉擾耳."言畢而去.

恭禮兩月在湖城,夜夜蜜陀僧來,終不敢對.後卽歸閺鄉,卽隔夜而至,然終亦不能爲患.半年('年'原作'夜',據明鈔本改)後,或三夜五夜一來,一年餘,方漸稀.有僧令斷肉及葷辛,此後更不復來矣.(出『博異志』)

348 · 6(4435)
우 생(牛 生)

 우생이 하동(河東)에서 과거를 보러 가다가 화주(華州)에 이르렀는데, 화주에서 다시 30리 떨어진 한 객점에서 묵었다. 그 날은 눈이 심하게 내려 우생은 주인에게 탕병(湯餠: 湯麵)을 만들어달라고 했다. 날이 저물었을 때 어떤 가난한 사람이 남루한 옷을 입고 와서 그 객점에 머물렀다. 우생은 그를 보고 딱하게 생각하여 그에게 함께 식사하자고 했다. 그 사람이 말했다.

 "저는 가난하여 돈을 낼 수가 없습니다. 오늘 아침부터 허기진 채로 이미 100여 리를 걸었습니다."

 그 사람은 마침내 네다섯 그릇을 먹더니 바로 침상 앞의 땅 위에 누워 잤는데 코 고는 소리가 소 같았다.

 오경(五更)이 되자 그 사람은 우생이 자는 침상 앞으로 가서 이렇게 말했다.

 "잠시 문 밖으로 나가시지요. 몇 가지 요긴한 일을 말씀드릴 게 있습니다."

 그러면서 밖으로 나오라고 재촉하더니 이렇게 말했다.

 "저는 사람이 아니라 저승사자입니다. 어제 밤 한 끼 식사에 너무 감사하여 이제 약간이나마 보답을 하고자 합니다. 그러니 공은 종이 세 폭과 붓과 벼루를 갖다 주십시오."

 우생이 그것들을 갖다 주었더니 그 사람은 우생에게 멀리 서 있으라고 하고는 자신은 나무 밑에 앉아 소매 속에서 책 한 권을 꺼내 훑어보앉다. 그는 몇 장을 보고 나서 곧 두 줄을 썼는데, 이와 같이 세 차례나 하고서야 끝냈다. 그 사람은 종이를 달라고 하여 그것을 봉하고는 '제일봉(第一封)', '제이봉(第二封)', '제삼봉(第三封)'이라고 적었다. 그리고는 우생에게 말했다.

"공께서 만약 재난과 액운을 만나 그 화를 면치 못할 것 같으면 즉시 분향하고 차례로 이것을 열어보십시오. 그러나 혹 그 재난을 면할 수 있을 것 같으면 열어보아서는 안 됩니다."

그 사람은 말을 마치고 몇 걸음 걷더니 어디론가 사라져 보이지 않았다. 우생은 그것을 문서 보관함 속에 넣어두었으나 그 말을 그다지 믿지는 않았다.

우생은 도성[長安]에 이르러 객호방(客戶坊)에 머물렀는데 먹을 것도 다 떨어져 배가 몹시 고팠다. 그런데 문득 그 글이 생각나 일부러 '제일봉'을 열어보았더니 이렇게 씌어 있었다.

"보리사(菩提寺) 문 앞에 앉아 있으면 된다."

객호방에서 보리사까지는 30여 리나 되었다. 배도 고픈데다 눈비까지 내려 나귀를 타고 갔는데, 진시(辰時: 오전 8시 전후)에 출발해서 북소리가 막 끊어질 때에야 절 문 앞에 도착했다. 미처 자리잡고 앉지도 못했을 때 한 스님이 절 안에서 나와 우생을 꾸짖으며 말했다.

"눈비가 이렇게 내리는데 그대는 뭐 하는 사람이기에 이곳에 왔소? 만약 얼어 죽기라도 한다면 누를 끼치지 않겠소?"

우생이 말했다.

"저는 과거 보러 가는 사람인데 여기에 이르고 보니 마침 밤이 되었기에 잠시 절 문 앞을 빌려 하룻밤을 묵고 내일 떠나려고 했을 뿐입니다."

스님이 말했다.

"수재(秀才)인 줄 몰랐소이다. 그대는 빈도의 절에서 머물러도 좋습니다."

우생이 절 안으로 들어가자 스님은 불을 때어 음식을 차려 주었다. 함께 오랫동안 이야기하다가 스님이 말했다.

"종친이신 진양장관(晉陽長官)은 수재와 촌수가 어떻게 되시오?"

우생이 말했다.

"그 분은 저의 숙부이십니다."

이에 스님이 진양장관의 편지를 꺼내 우생에게 식별하게 했더니 모두 틀림이 없었다. 스님이 기뻐하며 말했다.

"진양장관께서 일찍이 돈 3천 관(貫: 1관은 천 냥)을 여기에 맡겨두셨는데, 소식이 끊겨 지금까지 가지러 오지 않으셨소. 나도 이제 늙어서 어느 날 아침에 갑자기 죽을지 몰라 이것을 부탁할 사람이 없었는데, 이제 이것을 모두 당신에게 넘겨주겠소."

우생은 먼저 돈 1천 관으로 집을 사고 마차를 마련했으며 하인과 첩을 들여 마침내 부자가 되었다.

또 한번은 우생이 공명을 구하다가 길을 찾지 못하자 다시 '제이봉'을 열어보았더니 이렇게 씌어 있었다.

"서쪽 시장 음식점 장가루(張家樓) 위에 앉아 있어라."

우생이 그 말대로 장씨를 찾아가 홀로 한 방에 머물러 발을 내리고 앉아 있었다. 그러자 젊은 사람 몇 명이 누각으로 올라왔는데, 그 가운데 흰 적삼을 입은 사람이 자리에 앉자 그 중 누군가 갑자기 이렇게 말했다.

"나는 본래 5백 관 밖에 없는데 부탁을 해서 7백 관까지는 마련할 수 있으나 그 이상은 힘이 미치지 못하오."

한 사람이 또 말했다.

"진사 급제하는 데 1천 관인들 무엇이 아깝겠소?"

우생은 그들이 돈을 주고 급제하려는 것임을 알았다. 우생은 방에서 나와 그들에게 읍했는데, 흰 적삼 입은 젊은이는 바로 과거 시험관의 아들이었다. 우생이 말했다.

"제가 돈 1천 관을 낭군께 드리고 따로 2백 관은 여러분들의 음식값으로 드리겠으니 번거롭게 다른 얘기하실 필요 없습니다."

그 젊은이는 그것을 받아들였다. 우생은 과연 우등으로 급제하여 대성(臺省: 上書省)의 관직을 역임하고 나중에는 하중절도부사(河中節度副使)가 되었다. 1년 후에 우생은 병이 심해지자 마침내 '제삼봉'을 열어보니 이렇게 씌어 있었다.

"집안 일을 잘 처리하라."

이에 우생은 목욕하고 유서를 다 쓰자마자 마침내 죽고 말았다. (『회창해이록』)

牛生自河東赴擧, 行至華州, 去三十里, 宿一村店. 其日, 雪甚, 令主人造湯餠. 昏時, 有一人窮寒, 衣服藍縷, 亦來投店. 牛生見而念之, 要與同食. 此人曰: "某窮寒, 不辦得錢. 今朝已空腹行百餘里矣." 遂食四五碗, 便臥於牀前地上, 其聲如牛.

至五更, 此人至牛生牀前曰: "請公略至門外. 有事要言之." 連催出門, 曰:

"某非人, 冥使耳. 深愧昨夜一餐, 今有少相報. 公爲置三幅紙及筆硯來." 牛生與之, 此人令牛生遠立, 自坐樹下, 袖中出一卷書, 牒(明鈔本'牒'作'檢')之. 看數張, 卽書兩行, 如此三度訖. 求紙封之, 書云第一封, 第二封, 第三封. 謂牛生曰: "公若遇災難危篤不可免者, 卽焚香以次開之視. 若或可免, 卽不須開." 言訖, 行數步, 不見矣. 牛生緘置書囊中, 不甚信也.

及至京, 止客戶坊, 飢貧甚, 絶食. 忽憶此書, 故開第一封, 題云: "可於菩提寺門前坐." 自客戶坊至菩提寺, 可三十餘里. 飢困, 且雨雪, 乘驢而往, 自辰至鼓聲欲絶方至寺門. 坐未定, 有一僧自寺內出, 叱牛生曰: "雨雪如此, 君爲何人而至此? 若凍死, 豈不見累耶?" 牛生曰: "某是擧人, 至此値夜, 略借寺門前一宿, 明日自去耳." 僧曰: "不知是秀才. 可止貧道院也."

旣入, 僧仍爲設火具食. 會語久之, 曰: "賢宗晉陽長官, 與秀才遠近?" 牛生曰: "是叔父也." 僧乃取晉陽手書, 令識之, 皆不謬. 僧喜曰: "晉陽常寄錢三千貫文在此, 絶不復來取. 某年老, 一朝溘至, 便無所付, 今盡以相與." 牛生先取將錢千貫, 買宅, 置車馬, 納僕妾, 遂爲富人.

又以求名失路, 復開第二封書, 題云: "西市食店張家樓上坐." 牛生如言, 詣張氏, 獨止於一室, 下簾而坐. 有數人少年上樓來, 中有一人白衫, 坐定, 忽曰: "某本只有五百千, 令請添至七百千, 此外卽力不及也." 一人又曰: "進士及第, 何惜千緡?" 牛生知其貨及第矣. 及出揖之, 白衫少年卽主司之子. 生曰: "某以千貫奉郎君, 別有二百千, 奉諸公酒食之費, 不煩他議也." 少年許之. 果登上第, 歷任臺省, 後爲河中節度副使. 經一年, 疾困, 遂開第三封, 題云: "可處置家事." 乃沐浴, 修遺書, 纔訖而遂終焉. (出『會昌解頤錄』)

348·7(4436)
위제휴(韋齊休)

위제휴는 진사(進士)에 급제한 후 여러 벼슬을 거쳐 원외랑(員外郞)에 이르렀고, 절서단련사(浙西團練使) 왕번(王璠)의 부사(副使)를 지냈으며, [唐나라 文宗] 태화(太和) 8년(834)에 윤주(潤州)의 관사에서 죽었다. 삼경(三更)이 지나서 장차 소렴(小殮)을 하려고 할 때 위제휴가 갑자기 서쪽 벽 아래에서 큰 소리로 말했다.

"부인에게 말하는데 울지 마시오. 내 마땅히 분부하리다."

그 아내는 깜짝 놀라 땅에 넘어진 후 깨어나지 못했다. 위제휴가 수의 밑에서 큰소리로 말했다.

"부인은 지금 귀신의 아내가 되었는데, 귀신의 말을 듣고 갑자기 놀라 두려워하는 것이오?"

아내가 즉시 일어나서 말했다.

"[귀신의 말을] 두려워하는 것이 아닙니다. 다만 당신과 갑자기 이승과 저승으로 갈리어 함께 있지 못해 외롭고 두려워 의지할 데가 없어서 그랬습니다. 그런데 뜻밖에 혼령에 지각이 생겨 갑자기 말을 통하고 보니 저도 모르게 혼절하고 말았습니다. 지금 진실로 명철한 가르침을 기다리고 있는데 어찌 감히 어김이 있겠습니까?"

위제휴가 말했다.

"삶과 죽음의 기약은 하늘에 달려있고 부부의 도리는 인륜에서 중요한 것이오. 나와 당신은 정분이 매우 깊으므로 다음 생에서도 서로 떨어져 있지 않을 것이오. 지금 아직 나의 시신이 있으니 당신의 흉금을 풀기에 충분할 것이오. 집안의 대소사는 또한 마땅히 의논해야 할 것이오. 그리고 쓸데없이 자식들을 슬피 울게 해서는 안되오. 그것은 나로 하여금 저 세상에서 처자식을 더욱 걱정하게 하는 일이오. 밤새 있었던 모든 일은 모두 열심히 해서 한 가지라도 빠지고 잘못된 것이 없으므로 내가 기뻐할 만하오."

아내가 말했다.

"무슨 일이요?"

위제휴가 말했다.

"어제 호주(湖州)에 있는 유칠(庾七)이 하인을 살 돈을 부쳐왔는데, 급히 서두르는 바람에 신경 써서 안배하지 못했소. 이제 한 푼도 부족하지 않으니 족히 위로가 되는구려."

한참이 지나서야 위제휴는 말을 마쳤다. 위씨 집안 사람들은 각자 상사(喪事)를 처리하기 시작했다.

날이 막 밝자 다시 위제휴가 부르는 소리가 들렸다.

"내가 방금 장청(張淸)의 집에 갔더니 요 근래에 세 칸 짜리 초당(草堂)을 지어놓았더군. 집은 이미 충분하니 번거로이 다른 사람을 수고롭게 하여 더 이상 안장할 곳을 빌릴 필요 없다."

그날 저녁 장청은 꿈속에 있는 듯했는데 갑자기 위제휴가 나타나서 이렇게 말했다.

"나는 어제 이미 죽었는데, 미리 당신을 시켜 묘자리로 쓸 3무(畝)의 땅을 사놓았으니 속히 안배하고 준비하시오."

장청은 하나 하나 분명하게 그 명대로 따랐다. [장청이 시신을 운구하여 도성으로] 돌아올 때가 되자 위제휴는 자신이 직접 발인할 날짜를 잡았다. 사람을 부리는 것도 평상시와 다름없이 했으며, 노복들이 몰래 도둑질할 때는 그 때마다 적발하여 즉시 매질했다.

도성에 도착하자 장청은 곧 관을 묘자리로 운구하여 계획에 따라 일을 마쳤다. 10여 일이 지난 후 어느 날 거의 삼경쯤에 갑자기 위제휴가 그의 하인을 불러 말했다.

"속히 일어나 당 앞으로 가서 알려라. 소삼랑(蕭三郎)이 나를 보러 올 것이니라. 즉시 음식을 차려 예법에 따라 잘 환대하되 그가 너무 서두르지 않도록 해라."

두 사람이 말하는 것을 분명히 들을 수 있었다. 소삼랑은 바로 직방랑중(職方郎中) 소철(蕭徹)이다. 소철은 그날 흥화리(興化里)에서 죽었으므로 저녁에 위제휴를 보러 온 것이었다. 잠시 후 소철이 탄식하는 소리가 들렸다.

"삶과 죽음의 이치를 나로서는 감히 원망스럽게 생각하지 않는다. 그러나 이상한 일이 내게 며칠 전에 있었다. 그래서 소릉(少陵)에 있는 별장에 가서 우연히 시 한 수를 지었는데, 지금 생각해보니 그것은 바로 살아서 귀신의 시를 지은 꼴이었어."

그리고는 다음과 같은 시를 읊조렸다.

> 들판 시냇물 동쪽에 새로 띠 집을 지었는데,
> 소나무 가래나무 그림자 어우러져 슬픈 바람이 감도네.
> 인간의 세월은 흐르는 물과 같은데,
> 무슨 일로 이 길을 자주 다니는가?

위제휴 역시 슬퍼하며 말했다.

"그대의 이 시는 아마도 스스로를 예언한 것인 듯하오. 나는 생전에 외람되이 과거에 합격한 명예가 있었는데 이는 대강 사람들에게 알려졌소. 내가 죽은 지 얼마 되지 않았을 때 한 무명의 소귀(小鬼)가 내게 시 한 편을 주었는데 보았더니 아주 형편없었소. 그런데 그 시를 자세히 생각해보니 나는 이미 그 시 속의 쓸쓸한 지경에 떨어지고 말았소."

위제휴는 곧 다음과 같은 시를 읊조렸다.

> 산골 물은 졸졸졸 끊임없이 흐르고,
> 향긋한 풀밭에 끊임없이 들꽃 피었네.
> 만물은 저절로 갔다가 저절로 오지만 사람들은 알지 못하고,
> 황혼녘에 그저 푸른 산의 달만 있구나.

소철 역시 그 시를 읊고 부러워하며 말했다.

"위사공(韋四公: 韋齊休)은 죽은 지 이미 오래되었는데 아직도 그 일을 달갑지 않게 여기고 있군요. 나는 금방 온 사람인데다 갑자기 대산(岱山: 泰山의 다른 이름. 岱宗山이라고도 함)을 노니는 혼이 되었으니 어찌 머물러 있을 수 있겠소?"

그리고는 바로 작별을 고하고 떠나갔다.

또 며칠 후 정오에 위제휴가 하인을 불러 말했다.

"배이십일랑(裴二十一郎)이 위로하러 올 것이니 음식을 갖추어 놓으면 내가 직접 맞이하러 나갈 것이다."

그날에 과연 배씨 형제가 왔다. 배씨 형제는 계하문(啓夏門) 밖에 이르자 몸이 고달프고 정신이 놀란데다가 또 평소에 그 일에 대해 들었기 때문에 결국 감히 조문하러 가지 못하고 돌아가 버렸다. 배씨는 바로 장안현령(長安縣令) 배관(裴觀)으로 위제휴의 손위 처남이었다. 그의

노복이나 자제들은 걸핏하면 위제휴에게 벌을 받고 야단을 맞았기 때문에 그 두려움을 견디지 못했다. 그것은 지금까지도 그치지 않으니 도대체 어찌된 영문인지 알 수 없다. (『하동기』)

韋齊休, 擢進士第, 累官至員外郎, 爲王璠浙西團練副使, 太和八年, 卒于潤州之官舍.

三更後, 將小斂, 忽於西壁下大聲曰: "傳語娘子, 且止哭. 當有處分." 其妻大驚, 仆地不蘇. 齊休于衾下厲聲曰: "娘子今爲鬼妻, 聞鬼語, 忽驚悸耶?" 妻卽起曰: "非爲畏悸. 但不合與君遽隔幽明, 孤惶無所依怙. 不意神識有知, 忽通言語, 不覺悟絶. 誠俟明敎, 豈敢有違?" 齊休曰: "死生之期, 涉於眞宰, 夫婦之道, 重在人倫. 某與娘子, 情義至深, 他生亦未相捨. 今某屍骸且在, 足寬襟抱. 家事大小, 且須商量. 不可空爲兒女悲泣. 使某幽冥間更憂妻孥也. 夜來諸事, 並自勞心, 總無失脫, 可助僕喜." 妻曰: "何也?" 齊休曰: "昨日湖州庚七寄買口錢, 蒼遑之際, 不免專心部署. 今則一文不欠, 亦足爲慰." 良久語絶. 卽各營喪事.

纔曙, 復聞呼: "適到張淸家, 近造得三間草堂. 前屋舍自足, 不煩勞他人, 更借下處矣." 其夕, 張淸似夢中, 忽見齊休曰: "我昨日已死, 先令買塋三畝地, 可速支關布置." 一一分明, 張淸悉依其命. 及將歸, 自擇發日. 呼喚一如常時, 婢僕將有私竊, 無不發摘, 隨事捶撻.

及至京, 便之塋所, 張淸準擬皆畢. 十數日, 向三更, 忽呼其下曰: "速起, 報堂前. 蕭三郎來相看. 可隨事具食, 款待如法, 妨他忙也." 二人語, 歷歷可聽. 蕭三郎者, 卽職方郎中蕭徹. 是日卒於興化里, 其夕邃來. 俄聞蕭呼嘆曰: "死生之理, 僕不敢恨. 但可異者, 僕數日前. 因至少陵別墅, 偶題一首詩, 今思之, 乃是生作鬼詩." 因吟曰: "新搆茅齋野澗東, 松楸交影足悲風. 人間歲月如流水, 何事頻行此路中?" 齊休亦悲咤曰: "足下此詩, 蓋是自識. 僕生前忝有科名, 粗亦爲人所知. 死未數日, 便有一無名小鬼贈一篇, 殊爲著鈍. 然雖細思之, 已是落他蕪境." 乃詠曰: "澗水濺濺流不絶, 芳草綿綿野花發. 自去自來人不知, 黃昏惟有靑山月." 蕭亦歎羨之曰: "韋四公死已多時, 猶不甘此事. 僕乃適來人也, 遽爲遊岱之魂, 何以堪處?" 卽聞相別而去.

又數日, 亭午間, 呼曰: "裴二十一郎來慰, 可具食, 我自迎去." 其日, 裴氏昆季果來. 至啓夏門外, 瘁然神聳, 又素聞其事, 遂不敢行弔而回. 裴卽長安縣令, 名觀, 齊休之妻兄也. 其部曲子弟, 動卽罪責, 不堪其懼. 及今未已, 不知竟如之何. (出『河東記』)

태평광기

권제 349

귀 34

1. 방   척(房   陟)
2. 왕   초(王   超)
3. 단   하(段   何)
4. 위·포생기(韋·鮑生妓)
5. 양   경(梁   璟)
6. 최 어 사(崔 御 史)
7. 조   당(曹   唐)

349 · 1(4437)
방 척(房 陟)

 방척이 청하현위(淸河縣尉)에 임명되었는데, 그의 부인은 형양(滎陽) 정씨(鄭氏)로 용모가 아름다웠다. 당시 마을에 있던 한 노파가 장차 선사(禪師)를 찾아뵈려고 했는데, 절에 도착하기 전에 도중에 황량한 들판 사이를 가고 있을 때, 흰옷 입은 어떤 부인이 우거진 가시덤불 속을 걸어가면서 몹시 슬피 우는 것을 보았다. 그 부인은 수십 걸음 떨어진 곳에서 한 흙더미 주위를 돌고 있었는데, 마치 무언가를 만들고 있는 모습처럼 보였다. 노파는 이상하다고 생각하여 가서 물어보려고 했는데, 노파가 점점 다가가면 부인은 즉시 멀어지고 노파가 돌아오면 부인은 다시 그 자리에 있었다. 이렇게 하기를 서너 차례 했다. 노파는 그 부인이 사람이 아니라고 생각했다. 때마침 날이 어두워졌으므로 노파는 그 부인을 그냥 두고 떠났다.
 노파는 선사가 계신 곳에 도착하여 자기가 본 일을 말하면서 아울러 그 부인의 모습과 의복을 자세히 얘기해주었다. 선사도 그 일을 이상히 여겨 집 벽에 그 일을 기록해놓았다. 한 달 남짓 지난 어느 날 방척의 부인이 갑자기 죽었는데, 과연 이전에 흰옷 입은 부인이 울며 맴돌던 흙더미 사이에 그녀를 묻었으며, 그녀의 용모와 의복은 노파가 이전에 보았던 그 부인과 똑 같았다. (『통유록』)

房陟任淸河縣尉, 妻滎陽鄭氏, 有容色. 時村中有一老嫗, 將詣謁禪師, 未至, 而中路荒野間, 見一白衣婦人, 于蓁棘中行, 哭極哀. 繞一丘阜, 數十步間, 若見經營之狀者. 嫗怪而往問, 及漸逼, 婦人卽遠, 嫗適廻, 而婦人復故處. 如是數四. 嫗度非人. 天昏黑, 遂捨之.

及至禪師處, 說所見, 兼述婦人形狀衣服. 禪師異之, 因書記屋壁. 後月餘日, 房陟妻暴亡, 果葬于前所哭繞丘阜間, 而容貌衣服, 一如老嫗前見者. (出『通幽錄』)

349 · 2(4438)
왕 초(王 超)

[당나라] 태화(太[大]和) 5년(831)에 복주(復州)의 의원 왕초는 침술에 뛰어나서 [그의 침을 맞은] 병자 중에 낫지 않는 사람이 없었다. 그는 죽었다가 하룻밤 뒤에 다시 살아나 다음과 같이 말했다.

"마치 꿈을 꾸듯 어느 곳에 도착했는데, 그곳의 성벽과 대각(臺閣)은 왕의 거처 같았다. 그곳에 누워 있던 어떤 사람이 날 앞으로 불러들여 진맥하게 했는데, 그의 오른 팔목에 술잔 만한 크기의 종기가 있었다. 그 사람이 나에게 치료하라고 하자, 나는 즉시 침을 놓아 한 되 남짓한 고름을 빼냈다. 그 사람은 누런 옷 입은 관리를 돌아보며 '[이 사람을] 데리고 가서 '필(畢)'을 구경시켜드려라'고 말했다. 나는 관리를 따라 한 문으로 들어갔는데, 그 문에는 '필원(畢院)'이라 씌어 있었다. 그곳 뜰에는 수천 개의 사람 눈이 산처럼 쌓여 있었는데, 자세히 들여다보았더니 그 눈들이 번갈아 끔벅일 때마다 밝아졌다 어두워졌다 했다. 누런 옷 입은 관리가 '이것이 바로 '필'이오'라고 했다. 잠시 후 용모가 아주 훌륭하게 생긴 두 사람이 좌우로 나누어 서더니 커다란 부채를 부쳐 쌓여 있는 눈에 바람을 보냈는데, 부채질을 하자마자 어떤 눈은 날아가기도 하고 어떤 눈은 사람처럼 달려가기도 하면서 순식간에 모두 사라졌다. 내가 그 까닭을 물었더니, 누런 옷 입은 관리는 '무릇 생명이 있는 것 중에서 먼저 죽은 것을 '필'이라 하오'라고 대답했다."

왕초는 이렇게 말하는 사이에 갑자기 살아났던 것이다. (『유양잡조』)

太和五年, 復州醫人王超, 善用針, 病無不差. 死經宿而蘇, 言:"如夢至一處, 城壁臺閣, 如王者居. 見一人臥, 召前脈視, 右髀有腫, 大如杯. 令超治之, 卽爲針出膿升餘. 顧黃衣吏曰:'可領視'畢'也.'超隨入一門, 門署曰'畢院'. 庭中有人眼數千, 聚成山, 視內迭瞬明滅. 黃衣曰:'此卽'畢'也.'俄有二人, 形甚奇偉, 分處左右, 鼓巨箑, 吹激聚眼, 扇而起, 或飛, 或走爲人者, 頃刻而盡. 超訪其故, 黃衣曰:'有生之類, 先死爲'畢'.'"言次忽活. (出『酉陽雜俎』)

349 · 3(4439)
단 하(段 何)

진사(進士) 단하는 객호리(客戶里)에서 집을 세 들어 살고 있었다. [당나라] 태화(太[大]和) 8년(384) 여름에 단하는 한 달 넘게 병들어 누워 있었다. 단하는 그 후 약간 차도가 있자, 어느 날 낮에 애써 머리

감고 빗질한 뒤 안석에 기대어 앉아 있었다. 그때 갑자기 어떤 장부가 단하의 집 벽 틈에서 나왔는데, 그는 아래옷만 입고 웃옷은 입지 않은 채로 휘파람 불며 단하 앞에 거만하게 서서 단하를 물끄러미 쳐다보며 말했다.

"이처럼 병들어 있는데 어찌하여 부인을 얻어 병을 간호하게 하지 않는 것이오? 갑자기 이렇게 병들어 죽는다면 어떡하려고 그러오?"

단하는 그가 귀신인 것을 알고 말했다.

"나는 빈한(貧寒)한 거자(擧子: 鄕試에 합격한 자)로서 결혼에는 뜻이 없소."

그 사람이 말했다.

"내가 당신을 위해 중매쟁이가 되겠소. 지금 어떤 집의 여자가 있는데, 용모와 품덕이 볼 만하고 내외 친척이 모두 현달(顯達)한 사람들이며 인척들도 아주 많소. 또한 본디 재산과 시종도 넉넉하니 지참금 준비로 당신을 번거롭게 하지는 않을 것이오."

단하가 말했다.

"나는 아직 명성을 이루지 못한 처지이니 그럴 뜻이 전혀 없소."

그 사람이 또 말했다.

"정식 혼례를 갖추지 않아도 되니, 지금 당장 당신을 위해 그녀를 데려 오겠소."

그 사람은 마침내 문을 나갔다.

그 사람이 잠시 후 다시 와서 말했다.

"왔소이다."

얼마 후 네 사람이 금과 옥으로 장식한 가마를 메고 왔다. 또 하녀

두 명이 따라왔는데, 한 명은 운계(雲髻: 구름 모양으로 풍성하게 빗어 올린 머리 형태) 머리를 했고 다른 한 명은 반계(半髻: 半翻髻. 머리 중앙으로 높이 빗어 올려 한 쪽으로 쏠리게 한 머리 형태) 머리를 했으며 모두 빼어난 미인이었다. 또 하인 두 명이 화장 상자와 옷 궤짝을 들고 있었다. 그들은 곧장 계단 앞에 가마를 내려놓았다. 중매 선 사람은 그녀를 데리고 침실로 들어가서 휘장을 내려 문을 가린 뒤, 다시 단하 앞으로 다가가서 말했다.

"이런 훌륭한 양갓집 여자를 모셔왔는데도 당신은 전혀 예의를 차리지 않으니 무슨 못마땅한 것이라도 있는 게 아니오?"

단하는 그가 싫은 데다가 피곤하기까지 했으므로 곧장 베개를 베고 누워 돌아보지도 않았다. 중매 선 사람이 또 말했다.

"설령 그녀를 받아줄 마음이 없다 하더라도 그저 시험 삼아 한 번만 쳐다보시오."

그 사람은 이렇게 재삼 권유했지만 단하는 끝내 대꾸하지 않았다.

한 식경쯤 지난 뒤에 중매 선 사람은 다시 그녀를 데리고 문을 나갔는데, 가마 안에 있던 그 여자는 붉은 편지지에 시를 한 수 적어서 단하의 책상 위에 놓아두고 떠났다. 그 시는 다음과 같았다.

 악광(樂廣: 晉代의 名士로 王衍과 함께 淸談과 風流로 이름 높았음. 여기서는 段何를 비유함)은 몇 해 지나도록 병들어 야위었지만,
 고운 아가씨는 재물 따지지 않고 몸을 의탁하려 했네.
 나긋하고 아리따운 미인은 어디로 돌아갈 거나?
 붉은 옥 밭의 푸른 누대에서 슬퍼하고만 있네.

그녀의 필적은 부드럽고 고왔으며, 성명도 없이 종이 끝에 단지 '아

(我)'한 글자만 써놓았다. 단하는 그로부터 병세가 날로 호전되었다. (『하동기』)

進士段何賃居客戶里. 太和八年夏, 臥疾逾月. 小愈, 晝日因力櫛沐, 憑几而坐. 忽有一丈夫, 自所居壁縫中出, 裳而不衣, 嘯傲立于何前, 熟顧何曰:"疾病若此, 胡不娶一妻, 俾侍疾? 忽爾病卒, 則如之何?"何知其鬼物矣, 曰:"某擧子貧寒, 無意婚娶."其人曰:"請與君作媒氏. 今有人家女子, 容德可觀, 中外淸顯, 姻屬甚廣. 自有資從, 不煩君財聘."何曰:"未成名, 終無此意."其人又曰:"不以禮, 亦可矣, 今便與君迎來."其人遂出門.

須臾復來, 曰:"至矣."俄有四人, 負金璧輿. 從二靑衣, 一雲髻, 一丫髻, 皆絶色. 二蒼頭, 持裝奩衣篋. 直置輿於階前. 媒者又引入閤中, 垂幃掩戶, 復至何前曰:"迎他良家子來, 都不爲禮, 無乃不可乎?"何惡之, 兼以困憊, 就枕不顧. 媒又曰:"縱無意收採, 第試一觀."如是說諭再三, 何終不應.

食頃, 媒者復引出門, 輿中者乃以紅箋題詩一篇, 置何案上而去. 其詩云:"樂廣淸羸經幾年, 姹娘相託不論錢. 輕盈妙質歸何處? 惆悵碧樓紅玉田."其書跡柔媚, 亦無姓名, 紙末唯書一'我'字. 何自此疾病日退. (出『河東記』)

349·4(4440)
위·포생기(韋·鮑生妓)

주당(酒黨) 포생은 집이 부유하여 많은 가기(歌妓)를 두고 있었다. [당나라] 개성연간(開成年間: 836~840) 초에 그는 역양현(歷陽縣)으로 가는 도중에 정산사(定山寺)에 머물러 있다가, 과거에 낙방하고 동쪽으로 돌아가는 사촌동생 위생을 만나 함께 연못 정자에서 쉬었다. 포생이 차린 술을 마시고 주흥이 한창 올랐을 때, 위생이 포생에게 말했다.

"형님의 가기들은 어디에 있습니까? 설마 데리고 오지 않은 것은 아니겠지요?"

포생이 말했다.

"다행히 각자 별 탈은 없지만, 유양(維揚: 揚州)에서 지체하는 동안 말 몇 마리가 연달아 죽는 바람에 뒤 수레를 끌 말이 부족하여 가기들을 모두 데리고 오지는 못했네. 오직 몽란(夢蘭)과 소천(小倩)만 함께 왔으니 지금 불러서 주흥을 돋우도록 하세."

잠시 후 양 갈래로 머리를 쪽진 여자 두 명이 호금(胡琴)과 방향(方響: 옛날 타악기의 일종. 16장의 얇은 장방형 철편을 두 줄로 매달아 작은 구리 망치로 쳐서 연주함)을 안고 오더니 위생과 포생 옆에 앉아서 호금을 타고 방향을 쳤는데, 그 맑은 소리가 계곡에 울려 퍼졌다. 주연이 끝날 무렵에 포생이 위생에게 말했다.

"동생은 성을 나가 유람하면서 좋은 말을 얻었는가?"

위생이 대답했다.

"저는 초봄에 변방을 유람했는데, 부방(鄜坊: 鄜州와 坊州)에서 오연(烏延: 涇州와 延州. 涇州의 옛 이름이 烏氏임)을 거쳐 평하(平夏)에 도착하여 영무(靈武)에서 머물다가 돌아왔습니다. 그때 그곳 부락의 준마 몇 필을 얻었는데, 용 같은 생김새에 봉황 같은 목, 사슴 같은 다리에 오리 같은 가슴, 커다란 눈에 날렵한 발굽, 평평한 등골에 조밀한 갈비를 한 말들이 모두 있습니다."

포생은 손뼉을 치며 몹시 기뻐하면서 술잔을 내려놓고 등불을 가져오게 하여 간이 우리 앞에서 말 몇 필을 구경했는데, 방금 전에 위생이 자랑한 것과 비교해보니 십중팔구까지는 아니었다. 위생이 포생에게 농담 삼아 말했다.

"사람하고 바꿀 수 있다면 마음대로 가장 좋은 것을 고르세요!"

포생은 말을 갖고 싶은 마음이 자못 간절했기에 은밀히 사현(四絃)이라는 가기를 보내면서 그녀에게 옷을 갈아입고 한껏 단장하게 했다. 잠시 후 사현이 도착하자, 포생은 그녀에게 술잔을 들어 위생에게 권하라고 하면서 그를 위해 노래 한 곡을 불러주라고 했다.

> 흰 이슬은 뜰 섬돌 적시고,
> 밝은 달은 앞 추녀 비추네.
> 이러한 때에 자못 한이 남아 있으니,
> 그리움만 머금고 홀로 말하지 못하네.

사현은 또 노래를 불러 포생에게 술을 권했다.

> 연꽃 이슬에 바람 부니 잠시도 둥글게 맺히기 어렵고,
> 인생에는 진실로 짧은 인연만 있네.
> 오늘밤 삼경 서쪽 누대 위의 달만,
> 슬피 울며 헤어진 사람의 끊어진 현(絃)을 비추네.

이에 위생은 마부를 불러 '자질발(紫叱撥)'이라는 준마를 끌고 오게 하여 포생에게 주었다. 포생은 마음에 흡족하지 못하여 서로 손익을 따지면서 분분히 두서없는 말을 했다.

그때 자주색 의관을 착용한 어떤 사람 두 명이 아주 많은 시종을 거

느리고 연못 정자 서쪽에서 계단으로 올라왔다. 포생과 위생은 성사(星使: 황제가 파견한 사신. 고대의 천문가들은 하늘의 八星이 사신의 持節을 주관하여 사방에 위엄을 펼친다고 생각했기 때문에 그렇게 불렀음)가 빈번히 왕래하는 길목에 정산사가 있으므로 대신(大臣)이 밤에 도착한 것이라고 생각하여, 곧 두렵고 당황해하면서 방으로 들어가 문을 닫고 그들을 엿보았다. 그러나 어지럽게 흩어져 있던 술잔과 쟁반은 미처 수습할 겨를이 없었다. 그때 자주색 옷 입은 사람이 자리에 앉아 서로 돌아보고 웃으며 말했다.

"이곳이 바로 방금 전에 들었던 첩을 말과 바꾼 주연 자리로군!"

그리고는 술을 가져오라 명하여 대작했다. 그 중 한 사람은 수염이 굉장히 길고 신체가 매우 건장했는데, 술잔을 들고 달을 바라보면서 한참 동안 나지막이 읊조리다가 말했다.

"그대의 저명한 부(賦: 謝莊의「月賦」를 말함)에서 '은하수는 동쪽 하늘가에 비껴 있고, 태양은 이미 남쪽으로 이동했네[北陸南躔: '陸'은 黃道, '躔'은 日月星辰이 하늘을 운행하는 度數. 즉 가을과 겨울에 태양의 운행방위가 남쪽으로 치우쳐 있음을 말함]. 허연 이슬은 허공을 뿌옇게 가리고, 흰 달빛은 하늘에서 흘러내리네'란 구절은 가히 공전절후(空前絶後)라 할 만하오."

다른 사람이 대답했다[원문은 '對月'이라 되어 있지만 문맥상 '對曰'의 誤記로 보임]:

"'바람은 땅 끝을 개이게 하고, 구름은 하늘 끝에서 거두어졌네. 동정(洞庭湖)에 막 물결 일렁이니, 나뭇잎이 떨어지기 시작하네'란 구절은 거의 칭찬하지 않는군요."

수염 긴 사람이 말했다.

"요 몇 년 이래로 나는 장안(長安)에 있으면서 낙유왕(樂遊王)께서 이끌어주신 덕분에 남궁(南宮: 禮部. 唐代 후기에 進士試를 주관했음)에 들어가 도당(都堂)에서 유공간(劉公幹: 劉楨. 漢末 建安七子 가운데 하나)·포명원(鮑明遠: 鮑照. 南朝 宋의 저명한 시인)과 함께 수재(秀才)들의 시험을 감독했소. 그때 나는 사문(司文: 考卷 심사를 주관하는 관리)의 방으로 몰래 들어가 촛불 밑에서 문장에 뛰어난 사람들의 작품을 살펴보았는데, 대우(對偶)는 자못 정교하지만 부(賦)에는 봉요(蜂腰: 四聲八病說 가운데 하나로 全句가 모두 仄聲이고 가운데 한 자만 平聲인 경우)와 학슬(鶴膝: 四聲八病說 가운데 하나로 全句가 모두 平聲이고 가운데 한 자만 仄聲인 경우)의 병폐가 있고, 시(詩)에는 중두(重頭: 시의 첫머리를 중복하는 경우)와 중미(重尾: 시의 끝머리를 중복하는 경우)의 병폐가 있었소. 예를 들어 그대의 작품에서 '동정호[洞庭]'와 '나뭇잎[木葉]'의 대구는 잘못된 것이고, 소인의 졸열한 부(賦: 江淹의 「恨賦」를 말함)의 '자대(紫臺: 紫宮. 紫微宮. 제왕의 궁궐을 말함)는 꽤 멀고, 연산(燕山)은 끝이 없네. 싸늘한 바람 갑자기 일어나니, 흰 태양이 서산으로 숨네'란 구절에서 '꽤 멀고[稍遠]'와 '갑자기 일어나니[忽起]'의 성운(聲韻)은 규율에 맞지 않아 삭제되었으니, 이 또한 이상한 일이 아니오?"

다른 사람이 수염 긴 사람에게 말했다.

"내가 듣건대, 옛날의 제후들은 각 지방에서 학문과 덕행이 뛰어난 인재를 천자에게 천거했다고 하는데, 이는 현자를 존중하고 선을 권면하기 위한 것이었소. 그래서 가장 먼저 인재를 천거한 제후를 '호덕(好

德: 덕을 좋아하는 사람)'이라 부르고, 다음으로 천거한 제후를 '존현(遵賢: 현자를 존중하는 사람)'이라 부르며, 그 다음으로 천거한 제후는 '유공(有功: 공이 있는 사람)'이라 부르면서, 구석(九錫: 황제가 大臣에게 특별한 예우로 하사하는 기물로 車馬·衣服·樂器·朱戶·納陛·虎賁·弓矢·鐵鉞·秬鬯을 말함)을 내려주었소. 인재를 천거하지 않은 제후에게 내리는 가장 가벼운 벌은 '출작(黜爵: 작위를 빼앗는 것)'이고, 그 다음 벌은 '출지(黜地: 封地를 빼앗는 것)'이며, 가장 무거운 벌은 '출작지(黜爵地: 작위와 봉지를 모두 빼앗는 것)'이었소. 대저 옛날에는 인재를 구하는 것이 이와 같았는데도, 인재를 찾고자 하는 산이 높지 않고 숲이 깊지 않아서 오히려 빼놓은 사람이 있을까 여전히 걱정했소. 그래서 매년 늦봄이면 부고(府庫)를 열어 돈과 비단을 꺼내들고 천하를 주유하면서 예를 갖추어 인재를 초빙했소. 그러나 그때라고 해서 유가(儒家)와 묵가(墨家)의 무리가 어찌 모두 출사(出仕)했겠소? 또 지모(智謀)를 지닌 선비가 어찌 모두 천거되었겠소? 또 산천에 은거하는 현자 중에 어찌 빠진 사람이 없었겠소? 해와 달이 [높이 떠서 세상을] 비추지만 어찌 그 빛이 모든 곳에 이르겠소? 천자가 인재를 찾는 것이 이와 같고 제후가 인재를 천거하는 것이 또 이와 같으며 예를 갖추어 인재를 초빙하는 것이 또 이와 같았지만, 여전히 바위 계곡에 은거하면서 뜻을 얻지 못해 답답해한 사람이 분명 있었을 것이오. 내가 듣건대, 오늘날 인재를 찾아 초빙하는 예법이 결핍되었다고 하는데, 이는 바로 인재를 천거하는 도가 무너졌다는 말이오. 그래서 능력 있는 사람과 못난 사람이 같은 길을 걸어가고, 재주 있는 사람과 재주 없는 사람이 한데 섞여 흘러가고 있소. 바위 동굴에서 은거하는 사람은 어려서부터 경전을 연구했지만 이제 백발이 되었고, 가슴속에 [治國의] 책략을 지니고 있는 사람도 젊어서부터 학문에 힘썼지만 이제 이가 빠지는 나이에 이르렀소. 비록 매년 향리에서 주부(州府)에 인재를 추천하면 주부에서는 그들을 조정의 담당관리에게 천거하는데, 담당관리는 그들에게 시부(詩賦)로 시험을 치르게 하면서 봉요와 학슬 같은 규정을 들어 법도에 맞지 않는다 하고 성운의 청탁(淸濁)을 따져 성률(聲律)에 맞지 않는다 하오. 그러니 비록 주공(周孔: 周公과 孔子)과 같은 성현이나 반마(班馬: 班固와 司馬遷)와 같은 대문장가라 할지라도 그러한 규정에 따라 짓지 않는다면 급제하여 현달할 방법이 없소. 그대는 제왕의 왕도(王道)와 패도(覇道)의 이치와 국가의 흥망과 치란(治亂)의 근본을 혹 들어보았소? 지금 그대는 어찌하여 오늘날 문장의 사소한 기교를 찬양하면서 옛날 문장의 커다란 본체를 무너뜨리는 것이오? 하물며 나는 밝은 달을 읊은 긴 노래의 명수인데, 어찌 문구를 깎고 다듬는 것에 구속받을 수 있겠소? 지금 진주 같은 이슬이 너무 맑고 가을 달이 대낮처럼 밝으니, 때때로 시를 읊조리고 간간이 술잔을 기울이면서 붓을 들어 연구(聯句)를 짓되, 지금의 부 짓는 규정에 맞춰 한 편을 지어 이 긴 밤을 즐겨보지 않겠소?"

다른 사람이 말했다.

"무엇을 제목으로 삼겠소?"

수염 긴 사람이 말했다.

"'첩환마(妾換馬: 첩을 말과 바꾸다)'로 제목을 삼고, 거기다가 '사피경성, 구기준족(捨彼傾城, 求其駿足: 저 경국지색을 버리고 그 준마를 구하다. 唐代 律賦는 韻까지 의미가 통해야 했음)'으로 운을 삼읍시다."

그리고는 좌우 시종에게 뜰 앞에서 파초 잎 한 장을 꺾어 오라 하고 책 보따리를 열어 붓을 꺼내 들고서 각자 한 운씩 짓기로 했다. 수염 긴 사람이 먼저 읊었다.

저 고운 사람이여,
옥처럼 영롱하구나.
이 훌륭한 말이여,
준마라는 명성을 지녔구나.
태양과 경주할 만한 준마를 얻고자 하니,
경국지색의 미인인들 어찌 아까우랴?
향기 따스한 깊은 규방에선,
복숭아꽃 같은 얼굴 영원히 버렸지만,
바람 맑은 드넓은 들녘에선,
옥수(玉水) 뿜어내는 말 푸레질 소리 사랑스럽네.

이어서 희일(希逸: 謝莊의 字. 南朝 宋의 저명한 辭賦家로 「月賦」를 지음)이 읊었다.

본디 여자는 그 미모로 자랑하고,
말은 그 품덕으로 칭송 받네.
각자 자기 좋아하는 바를 따르니,
진실로 어느 것을 구하든 얻지 못하겠는가?
[미인이] 길게 꿇어앉아 이별하니,
그 자태 금비녀보다 빛나며,
[준마를] 옆에 끌고 오니,
그 광채 옥 굴레에서 반짝이네.

이어서 문통(文通: 江淹의 字. 南朝 宋·齊·梁의 저명한 시인으로, 「恨賦」와 「別賦」를 지음)이 읊었다.

[미인은] 걸어와 정원 섬돌에 이르고,
[준마는] 끌려와 집 섬돌 위뜰에 당도하네.
[미인은] 새로운 사랑 바라지만,
내 짝 아닐까 근심하고,
[준마는] 옛 주인 그리워하지만,
남에게 빌려줘 타게 할까 의심하네.
준마의 푸른 갈기에서 향기 흩날리니,
마음속에선 미인의 귀밑머리 이미 잊어버렸고,
준마의 붉은 턱에서 땀 흘러내리니,
사랑스럽기가 미인의 엉긴 기름 같은 살결과 다름없네.

다시 희일이 읊었다.

일에는 성쇠(盛衰)가 있고,
쓰임에는 취사(取捨)가 있음을 알겠네.
[미녀 찾는 사람은] 희대(稀代)의 용모가 드물기 때문이고,
[준마 찾는 사람은] 발군(拔群)의 준족이 귀하기 때문이네.
미인 사랑하던 은의(恩義) 이미 다하니,
다른 사람에게 넘겨주었고,
안장에 앉을 힘 아직 남았으니,
여전히 달리길 바라네.

문통이 네 운을 다 짓고 나자 파초 잎에 더 이상 쓸 곳이 남아있지 않았다.

그때 위생이 책 상자를 열고 붉은 편지지를 꺼내 처마 아래에서 무릎 꿇고 바쳤더니, 두 사람이 깜짝 놀라며 말했다.

"저승과 이승은 길이 다른데 그대는 어떻게 이렇게 우리에게 가까이 왔는가? 그러나 그대는 나중에 관직을 얻지 못하면 우리들과 만날 수 없네."

그러면서 위생에게 말했다.

"훗날 문병(文柄)을 주관하게 되면[主考官이 된다는 뜻], 인재의 우열을 비교할 때 문장의 사소한 기교 따위는 중시하지 말게."

두 사람은 말을 마친 뒤 10여 보를 걸어갔는데, 순식간에 어디로 갔는지 알 수 없었다. (『찬이기』)

酒徒鮑生, 家富畜妓. 開成初, 行歷陽道中, 止定山寺, 遇外弟韋生下第東歸, 同憩水閣. 鮑置酒, 酒酣, 韋謂鮑曰:"樂妓數輩焉在? 得不有攜者乎?"鮑生曰:"幸各無恙, 然(原本'然'上有'挈'字, 據明鈔本刪)滯維揚日, 連斃數駟, 後乘旣闕, 不果悉從. 唯與夢蘭·小倩俱, 今亦可以佐歡矣."頃之, 二雙鬟抱胡琴·方響而至, 遂坐韋生·鮑生之右, 摐絲擊金, 響亮溪谷. 酒闌, 鮑謂韋曰:"出城得良馬乎?"對曰:"予春初塞遊, 自邠坊歷烏延, 抵平夏, 止靈武而廻. 部落駔駿獲數疋, 龍形鳳頸, 鹿脛梟膺, 眼大足輕, 脊平肋密者, 皆有之."鮑撫掌大悅, 乃停杯命燭, 閱馬於輕檻前數匹, 與向來誇誕, 十未盡其八九. 韋戱鮑曰:"能以人換, 任選殊尤!"鮑欲馬之意頗切, 密遣四絃, 更衣盛粧. 頃之乃至, 命捧酒勸韋生, 歌一曲以送之云:"白露濕庭砌, 皓月臨前軒. 此時頗留恨, 含思獨無言."又歌送鮑生酒云:"風颭荷珠難暫圓, 多生信有短因緣. 西樓今夜三更月, 還照離人泣斷絃."韋乃召御者, 牽'紫叱撥'以酬之. 鮑意未滿, 往復之說, 紊然無章.

有紫衣冠者二人, 導從甚衆, 自水閣之西, 升階而來. 鮑·韋以寺當星使交馳之路, 疑大寮夜至, 乃恐悚入室, 闔戶以窺之. 而盃盤狼籍, 不暇收拾. 時紫衣卽席, 相顧笑曰:"此卽向來聞妾換馬之筵!"因命酒對飮. 一人鬚髥甚長, 質貌甚偉, 持盃望月, 沉吟久之, 曰:"足下盛賦云'斜漢左界, 北陸南躔. 白露暧空, 素月流天', 可得光前絶後矣." 對月: "殊不見賞'風霽地表, 雲斂天末. 洞庭始波, 木葉微脫'." 長鬚云: "數年來在長安, 蒙樂遊王引至南宮, 入都堂, 與劉公幹・鮑明遠看試秀才. 予竊入司文之室, 於燭下窺能者制作, 見屬對頗切, 而賦有蜂腰・鶴膝之病, 詩有重頭・重尾之犯. 若如足下'洞庭'・'木葉'之對, 爲紕繆矣, 小子拙賦云'紫臺稍遠, 燕山無極. 涼風忽起, 白日西匿', 則'稍遠'・'忽起'之聲, 俱遭黜退矣, 不亦異哉!" 謂長鬚曰: "吾聞古之諸侯, 貢士于天子, 尊賢勸善者也. 故一適謂之'好德', 再適謂之'遵賢', 三適謂之'有功', 乃加九錫. 不貢士, 一'黜爵', 再'黜地', 三'黜爵地'. 夫古之求士也如此, 猶恐搜山之不高, 索林之不深, 尙有遺漏者. 乃每歲季春, 開府庫, 出幣帛, 周天下而禮聘之. 當是時, 儒墨之徒, 豈盡出矣? 智謀之士, 豈盡擧矣? 山林川澤, 豈無遺矣? 日月照臨, 豈得盡其所矣? 天子求之旣如此, 諸侯貢之又如此, 聘禮復如此, 尙有栖栖于巖谷, 鬱鬱不得志者. 吾聞今之求聘之禮缺, 是貢擧之道隳矣. 賢不肖同途焉, 才不才汩汩焉. 隱巖穴者, 自童髦窮經, 至於白首焉, 懷方策者, 自壯歲力學, 訖于沒齒. 雖每歲鄕里薦之于州府, 州府貢之于有司, 有司考之詩賦, 蜂腰・鶴膝, 謂不中度, 彈聲韻之淸濁, 謂不中('中'字原闕, 據明鈔本補)律. 雖有周孔之賢聖, 班馬之文章, 不由此製作, 靡得而達矣. 然皇王帝霸之道, 興亡理亂之體, 其可聞乎? 今足下何乃贊揚今之小巧, 而隳張古之大體? 況予乃愬皓月長歌之手, 豈能拘('拘'原作'歡', 據明鈔本改)于雕文刻句者哉? 今珠露旣淸, 桂月如晝, 吟咏時發, 盃觴間行, 能援筆聯句, 賦今之體調一章, 以樂長夜否?" 曰: "何以爲題?" 長鬚云: "便以'妾換馬'爲題, 仍以'捨彼傾城, 求其駿足'爲韻."

命左右折庭前芭蕉一片, 啓書囊, 抽毫以操之, 各占一韻. 長鬚者唱云: "彼佳人兮, 如瓊之英. 此良馬兮, 負駿之名. 將有求于逐日, 故何惜于傾城? 香暖深閨, 永厭桃花之色. 風淸廣陌, 曾憐噴玉之聲." 希逸曰: "原夫人以矜其容,馬乃稱其德. 旣各從其所好, 諒何求而不克? 長跪而別, 姿容休耀其金釧. 右牽而來, 光彩頓生于玉勒." 文通曰: "步及庭砌, 効當軒墀. 望新恩, 懼('懼'原作'俱', 據明鈔本改)非吾偶也. 戀舊主, 疑借人乘之. 香散綠駿, 意已忘于鬢髮. 汗流紅頷, 愛無異於凝脂." 希逸曰: "是知事有興廢, 用有取捨. 彼以絶代之容爲鮮矣, 此以軼群之足爲貴者. 買笑之恩旣盡, 有類卜之. 據鞍之力尙存, 猶希進也." 文通賦四韻訖, 芭蕉盡.

韋生發篋取紅箋, 跪獻於廡下, 二公大驚曰: "幽顯路殊, 何見逼之若是? 然吾子非後有爵祿, 不可與鄙夫相遇." 謂生曰: "異日主文柄, 較量俊秀輕重, 無以小巧爲意也." 言訖, 二公行十餘步間, 忽不知其所在矣. (出『纂異記』)

349·5(4441)
양경(梁璟)

양경이란 사람은 [당나라] 개성연간(開成年間: 836~840)에 장차 효렴과(孝廉科: 唐代 科擧科目 가운데 하나)에 응시하려고 장사(長沙)로부터 도성으로 가던 도중에 상산(商山)에 이르러 역관(驛館)에서 묵었다. 그때는 8월 15일 저녁으로 비가 막 개인 뒤여서 바람 맑고 달 밝은 날이었는데, 양경은 자려고 누웠으나 잠이 오지 않았다.

한밤중에 홀연히 장부 3명이 나타났는데, 그들은 모양이 아주 오래된 옷과 모자를 쓰고 모두 진주로 장식한 푸른 옷을 입고서 천천히 걸어오더니, 정원에 이르러 시를 읊고 달빛을 감상했으며, 시종도 몇 명 있었다. 양경은 마음속으로 그들이 귀신이라고 생각했지만, 평소에 담력이 있었기 때문에 계단을 내려가 그들에게 인사했다. 세 장부도 두려워하는 기색이 없었으며, 자신들을 각자 소중랑(蕭中郞)·왕보병(王步兵)·제갈장사(諸葛長史)라고 했다. 그들은 즉시 정원에 자리를 마련하라고 명하여 앉으면서 말했다.

"이 좋은 밤에 여기에서 당신을 만나리라고는 생각지도 못했소이다!"

그러면서 시동을 불러 말했다.

"옥산(玉山)은 가서 술을 가져오너라."

술이 도착하자 자리에 둘러앉아 번갈아 술을 따랐다. 조금 있다가 왕보병이 말했다.

"이렇게 좋은 경치를 만났고 게다가 훌륭한 손님까지 이 자리에 있으니 시가 없으면 안되지요."

그리고는 연구(聯句)의 제목을 내어 '가을 물건[秋物]'에 대해 읊자고 했다. 왕보병이 맨 처음으로 읊었다.

가을 달은 거울같이 둥글고,

소중랑이 이어서 읊었다.

가을 바람은 칼처럼 날카롭네.

양경이 이어서 읊었다.

가을 구름은 솜보다 가볍고,

다음으로 제갈장사의 차례였는데, 그가 한참 동안 묵묵히 있자 두 사람이 재촉하며 말했다.

"서툴어도 되니 빨리 좀 지으시오."[당시에 "詩貴巧遲, 不貴拙速"이란 말이 있었음]

제갈장사는 깊이 생각하며 한 식경쯤 지난 뒤에야 비로소 읊었다.

　가을 풀은 털같이 가느네.

두 사람은 크게 웃으며 말했다.

"서툴긴 서툰데 뭘 그리 꾸물대는 것이오?"

제갈장사가 말했다.

"이건 소중랑의 잘못이니, 벽운(僻韻) 때문에 나의 민첩한 시재(詩才)가 막혔던 것이오."

잠시 후 소중랑이 또 말했다.

"이렇게 좋은 모임에 주흥을 도울 사람이 없으면 안되지요."

그리고는 옥산에게 명하여 혜낭(慧娘)을 불러오게 했다. 옥산이 가고 나서 잠시 후에 어떤 한 미인이 고운 옷을 입고 문에서 걸어오더니 웃으면서 좌객에게 절했다. 제갈장사가 여랑(女郞: 慧娘)을 놀리며 말했다.

"너는 소중랑이 불러서 왔을 뿐이니 나와 무슨 상관 있겠니?"

미인이 말했다.

"제가 여러분들을 위해서 오지 않은 것을 어떻게 아셨어요?"

왕보병이 말했다.

"스스로 해명하고 싶다면 노래를 불러서 제갈장사께 술을 권하는 것보다 좋은 게 없겠다."

혜낭이 일어나 말했다.

"그럼 「봉루(鳳樓)」라는 곡을 부르고 싶습니다."

그리고는 즉시 노래를 불렀는데, 그 해맑은 소리가 원망하는 듯 사모하는 듯하여 양경은 그 노래를 듣고 피곤함을 잊었다. 혜낭이 한참만에 노래를 끝내자, 소중랑이 또 노래를 불렀으며 노래를 끝내고는 말했다.

"산빛이 점점 밝아 오니 다시 연구 한 편을 지어서 [이 밤의] 즐거움을 만끽했으면 하오."

그리고는 곧장 읊었다.

　산의 나무는 높이 그림자 드리우고,

왕보병이 이어서 읊었다.

　산의 꽃은 고요히 향기 풍기네.

그리고는 제갈장사를 가리키며 말했다.

"이전의 연구에서 벽운을 쓴 것은 분명 소중랑의 잘못이었소. 이제 [압운하지 않아도 되는] 다음 구를 이어 읊음으로써 민첩한 시재를 보여주었으면 하오."

제갈장사가 그 말이 떨어지자마자 읊었다.

　산의 하늘은 아득히 역력하고,

그러자 온 좌중이 크게 웃으며 말했다.

"늦게 짓는 것이 빨리 짓는 것만 못하고 게다가 서툴기까지 하니, 민첩한 시재란 이런 것이오?"

제갈장사는 몹시 불쾌한 기색을 지었다. 다음으로 양경이 읊었다.

산의 물은 급히 세차게 흐르네.

소중랑은 시구를 두루 칭찬하고 나서 양경에게 물었다.
"당신은 진사(進士) 시험에 응시하려는 사람이 아니오?"
양경이 말했다.
"장차 효렴과에 응시하려 합니다."
소중랑이 웃으며 말했다.
"효렴 응시생이 시 짓는 것을 어찌 알겠소?"

양경이 노하여 소리치고 제갈장사도 소매를 털고 일어나는 바람에 좌중의 사람들이 놀라 흩어지더니 금세 어디론가 사라져버렸으며, 술잔과 쟁반도 보이지 않았다.

양경은 그때부터 병이 들어 정신이 혼미해졌는데, 종종 소중랑과 왕보병이 찾아오는 꿈을 꾸고 마음속으로 몹시 꺼림칙해했다. 나중에 장안(長安)으로 가서 술사(術士) 이생(李生)을 만나 귀신 쫓는 부적을 몸에 지녔더니 마침내 그들이 꿈에 나타나지 않았다. (『선실지』)

有梁璟者, 開成中, 自長沙將擧孝廉, 途次商山, 舍于館亭中. 時八月十五夕, 天雨新霽, 風月高朗, 璟偃而不寐.
至夜半, 忽見三丈夫, 衣冠甚古, 皆被珠綠, 徐步而來, 至庭中, 且吟且賞,從者數人. 璟心知其鬼也, 然素有膽氣, 因降階揖之. 三人亦無懼色, 自稱蕭中郎・王步兵・諸葛長史. 卽命席坐於庭中, 曰: "不意良夜遇君於此!" 因呼其童曰: "玉山取酒." 酒至, 環席遞酌. 已而王步兵曰: "值此好風月, 況佳賓在席, 不可無詩也." 因擧題聯句, 以詠'秋月'(明鈔本・陳校本'月'作'物'). 步兵卽首爲之曰: "秋月圓如鏡." 蕭中郎曰: "秋風利似刀." 璟曰: "秋雲輕比絮." 次至諸葛長史, 嘿然久之, 二人促曰: "幸以拙速爲事." 長史沈吟, 又食頃, 乃曰: "秋草細同毛." 二人皆大笑曰: "拙則拙矣, 何乃遲乎?" 長史曰: "此中郎過耳, 爲僻韻而滯捷才." 旣而中郎又曰: "良會不可無酒佐." 命玉山召慧娘來. 玉山去, 頃之, 有一美人, 鮮衣, 自門步來, 笑而拜坐客. 諸葛長史戲謂女郎曰: "自赴中郎召耳, 與吾何事?" 美人曰: "安知不爲衆人來?" 步兵曰: "欲自明, 無如歌以送長史酒." 慧娘起曰: "願歌「鳳樓」之曲." 卽歌之, 淸吟怨慕, 璟聽之忘倦. 久而歌闋, 中郎又歌, 曲旣終曰: "山光漸明, 願更綴一篇, 以盡歡也." 卽曰: "山樹高高影." 步兵曰: "山花寂寂香." 因指長史曰: "向者僻韻, 信中郎過. 分願續此, 以觀捷才耳." 長史應曰: "山天遙歷歷." 一坐大笑: "遲不如速, 而且拙, 捷才如是耶?" 長史色不能平. 次至璟曰: "山水急湯湯." 中郎泛言賞之, 乃問璟曰: "君非擧進士者乎?" 璟曰: "將擧孝廉科." 中郎笑曰: "孝廉安知爲詩哉?" 璟因怒叱之, 長史亦奮袂而起, 坐客驚散, 遂失所在, 而盃盤亦亡見矣.

璟自是被疾恍惚, 往往夢中郎・步兵來, 心甚惡之. 後至長安, 遇術士李生辟鬼符佩之, 遂絶也. (出『宣室志』)

349·6(4442)
최어사(崔御史)

광릉(廣陵)에 있는 어떤 관사(官舍)는 그 넓이가 수백 보(步)에 달했고 건물이 크고 화려했다. 마을에 전해지는 말에 따르면, 그 저택은 귀신이 차지하고 있어서 그곳에 사는 사람은 하룻밤 만에 갑자기 죽는다고 했다. 그래서 몇 년 동안 자물쇠가 채워져 있었다. 최(崔) 아무개라는 한 어사(御史)가 광릉에서 직분을 맡게 되었는데, 그는 부임한 뒤 그 저택의 문을 열면서 말했다.

"요괴는 함부로 날뛰지 말아라! 내가 새로 이곳에 살게 되었으니 어찌 재앙을 부릴 수 있겠느냐?"

그리고는 즉시 염찰사(廉察使)에게 보고하고 그 저택에 거주했다.

그날 밤은 가랑비가 내렸는데, 최어사는 노복들을 모두 다른 방에서 지내라고 명한 뒤 혼자 방안에서 잠을 잤다. 그러다가 두려움에 놀라 깨어보니 옷이 흠뻑 젖어 있었다. 즉시 일어나서 보았더니 자신의 침상이 뜰 안에 있는 것이었다. 그래서 다시 [침상을 방안으로 옮겨놓고] 잠을 잤는데, 채 한 식경도 되지 않아 침상이 또 뜰로 옮겨가 있었다. 이렇게 하기를 세 번이나 했다. 그래서 최어사가 말했다.

"나는 이 세상에 귀신이 없다고 생각했는데 이제 보니 정말로 있구나!"

그리고는 즉시 잠홀(簪笏: 禮服의 冠에 꽂는 비녀와 홀)을 갖추고 시종에게 술을 땅에 붓게 하고서 빌었다.

"나는 이곳에 살았던 많은 사람들이 갑자기 죽었다고 들었소. 그런데 사람과 귀신은 길이 다르므로 각자 자신의 거처에 안주해야 마땅하거늘 어찌하여 산 사람을 해친단 말이오? 만일 귀신이 모습을 드러내거나 말소리가 들린다면, 이는 맺혀 있는 원한을 장차 하소연하려 하거나 혹은 장차 한 끼 밥으로 제사지내주길 청하고자 하기 때문에 사람들에게 나타나는 것이오. 하지만 [그럴 경우] 사람들은 스스로 놀라 두려움에 떨다 죽으니, 이는 진실로 신령이 해친 것이 아니오. 나는 매우 우둔하고 게다가 두려움도 없소. 만약 진정으로 하소연할 것이 있다면 솔직하게 나에게 말하시오. 내가 그대의 부탁을 들어줄 수만 있다면 뜨거운 물과 불도 피하지 않겠소."

이렇게 술을 붓고 세 차례 빌었더니, 잠시 후 공중에서 어떤 말소리가 들려왔다.

"당신은 사람이고 나는 귀신입니다. 귀신이 사람을 간섭하는 것은 진실로 부당한 일이지만, 장차 제 마음속 깊은 진실만을 삼가 말씀드리고자 합니다."

최어사가 말했다.

"말해보시오."

귀신이 말했다.

"저는 여자입니다. 저희 자매 세 명은 모두 계년(笄年: 여자가 笄禮를 올릴 나이, 즉 15세를 말함)도 되기 전에 죽었는데, 부모님께서 군성(郡城)의 북쪽에 저희들을 묻은 지 오래되었습니다. 그 후로 부공(府公)께서 그곳에 성지(城池)를 만들고 성채를 세웠는데, 인부들이 저희 묘지 안의 나무를 모조리 베어버리고 또 저희들을 이 집의 동북쪽 모퉁이로 이장하는 바람에, 떠도는 혼이 편히 지내지 못하고 의탁할 곳이 없게 되었습니다. 그런데 뜻밖에도 오늘밤 다행히 현명하신 군자를 만났기 때문에 저는 그 원한을 말씀드릴 수 있게 되었습니다. 만약 당신께서 어진 마음을 베풀어 우릴 위해 관을 마련하여 야외에 묻어주신다면, 진정 크나큰 은혜이겠습니다."

귀신은 말을 마치고는 눈물을 흘리며 오열하다가 또 말했다.

"저는 이곳에 10년 동안 있었습니다. 전후로 이 집에 살았던 사람들에게 모두 그 일을 하소연하려고 했지만, 모두들 스스로 놀라 두려움에 떨다 죽고 말았습니다. 저는 아녀자로 사람을 해친 것이 아닙니다."

최어사가 말했다.

"내가 방금 전에 한 말이 바로 그런 뜻이오. 비록 그러하지만 어찌하여 나에게 모습을 드러내지 않는 것이오?"

귀신이 말했다.

"저는 귀신이니 어찌 감히 어둠 속의 모습을 당신께 보여드리겠습니까? 당신께서 제 청을 들어주겠다고 이미 허락하셨으니, 비록 저승에 있더라도 당연히 당신의 은혜에 감사드릴 것입니다. 어찌 헛된 일이겠습니까!"

귀신은 말을 마친 뒤 마침내 떠나겠다고 고했다.

다음날 최어사는 인부들을 불러 집의 동북쪽 모퉁이를 파게 했는데, 과연 마른 해골이 나오자 선지사(禪智寺)의 빈땅에 묻어주었다. 마을 사람들은 모두 제사를 지내고 그 무덤을 '삼녀분(三女墳)'이라 불렀다. 이로부터 그 저택은 마침내 편안해졌다. (『선실지』)

廣陵有官舍, 地步數百, 制置宏麗. 里中傳其中爲鬼所宅, 故居之者, 一夕則暴死. 鐍閉累年矣. 有御史崔某, 職於廣陵, 至, 開門曰:"妖不自作! 我新居之, 豈能爲災耶?"卽白廉使而居焉.

是夕微雨, 崔君命僕者盡居他室, 而獨寢于堂中. 惕然而寤, 衣盡沾濕. 卽起, 見已之臥榻在庭中. 却寢, 未食頃, 其榻又遷于庭. 如是者三. 崔曰:"我謂天下無鬼, 今則果有矣!"卽具簪笏, 命酒沃而祝曰:"吾聞居此者多暴死. 且人神殊道, 當自安其居, 豈害生人耶? 雖苟以形見以聲聞者, 是其負冤鬱而將有訴者, 或將求一飯以祭者, 則見于人. 而人自驚悸而死, 固非神靈害之也. 吾甚愚, 且無畏憚. 若眞有所訴, 直爲我言. 可以副汝託, 雖湯火不避."沃而祝者三, 俄聞空中有言曰:"君人也, 我鬼也. 誠不當以鬼干人, 直將以深誠奉告."崔曰:"但言之."鬼曰:"我女子也. 女弟兄三人, 俱未笄而歿, 父母葬我于郡城之北久矣. 其後府公于此峻城池, 搆城屋, 工人伐我封內樹且盡, 又徙我於此堂之東北隅, 羈魂不寧, 無所棲託. 不期今夕, 幸遇明君子, 故我得以語其冤. 儻君以仁心, 爲我棺而葬于野, 眞恩之大者矣."已而涕泣嗚咽, 又曰:"我在此十年矣. 前後所居者, 皆欲訴其事, 自是居人驚悸而死. 某兒女子, 非有害于人也."崔曰:"吾前言固如是矣. 雖然, 如何不見我耶?"鬼曰:"某鬼也, 豈敢以幽晦之質而見君乎? 旣諾我之請, 雖處冥昧中, 亦當感君子恩. 豈可徒然而已!"言訖, 遂告去.

明日, 召工人, 于堂東北隅發之, 果得枯骸, 葬於禪智寺隙地. 里人皆祭之, 謂之'三女墳'. 自是其宅遂安. (出『宣室志』)

349 · 7(4443)
조 당(曹 唐)

 진사(進士) 응시생 조당은 시를 잘 지어 당시에 이름이 알려졌지만, 오랫동안 과거에 낙방하여 늘 강릉(江陵)에 있는 어떤 절의 연못 정자에서 객지생활을 했다. 그곳은 경치가 매우 고즈넉하고 아름다웠기에 조당은 늘 연못에 나가 경치를 감상하면서 시를 짓다가 두 구절을 완성했다.

> 물밑에 하늘 있고 봄은 적막하기만 한데,
> 인간세상엔 길은 없고 달빛만 아득하네.

 조당은 이렇게 얼마 동안 읊조리면서 이전에 지은 시들이 모두 이 두 구절에 미치지 못한다고 스스로 생각했다.
 하루는 조당이 돌아와 연못 정자 위에 앉아서 한창 즐겁게 시를 읊고 있을 때, 난데없이 흰옷을 입고 용모가 매우 우아한 부인 두 명이 나타나 천천히 걸어오면서 시를 읊었는데, 그 시는 다름 아닌 조당이 전에 지었던 두 구절이었다. 조당은 그 시를 지은 지 하루가 넘지 않아서 분명 사람들 중에 아는 자가 없을 텐데 그녀들이 어떻게 이렇게 빨리 알고 있을까 하고 스스로 생각했다. 그래서 가까이 다가가서 캐물었으나 두 부인은 대답하지 않고 떠나갔는데, 채 10여 걸음도 못 가서 사라져 버렸다. 조당은 괴이한 일도 다 있다고 의심했다.
 조당은 평소 절의 스님 법주(法舟)와 친하게 지냈기에 그 일을 법주 스님에게 말했더니, 법주 스님이 놀라며 말했다.

"이틀 전에 어떤 젊은이가 날 찾아와 푸른색 종이를 품속에서 꺼내 그 시를 나에게 보여주었소. 그래서 그렇지 않아도 지금 막 그 일을 말하려던 참이었소."

그리고는 그 시를 조당에게 보여주자 조당은 망연자실했다. 며칠 뒤에 조당은 절에서 죽었다. (『영괴집』)

進士曹唐, 以能詩, 名聞當世, 久擧不第, 常寓居江陵佛寺中亭沼. 境甚幽勝, 每自臨翫賦詩, 得兩句曰:"水底有天春漠漠, 人間無路月茫茫."吟之未久, 自以爲常製皆不及此作.

一日, 還坐亭沼上, 方用怡詠, 忽見二婦人, 衣素衣, 貌甚閑冶, 徐步而吟, 則唐前所作之二句也. 唐自以製未翌日, 人固未有知者, 何遽而得之. 因迫而訊之, 不應而去, 未十餘步間, 不見矣. 唐方甚疑怪.

唐素與寺僧法舟善, 因言於舟, 舟驚曰:"兩日前, 有一少年見訪, 懷一碧牋, 示我此詩. 適方欲言之."乃出示唐, 頗惘然. 數日後, 唐卒於佛舍中. (出『靈怪集』)

태평광기 권제350 귀 35

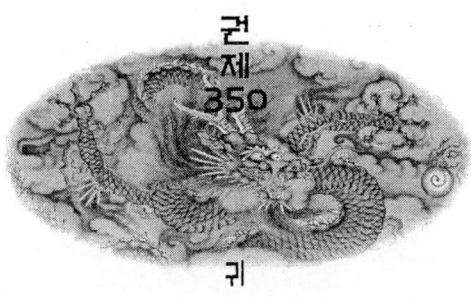

1. 허 생(許 生)
2. 안 준(顔 濬)
3. 학유량(郝惟諒)
4. 부량장령(浮梁張令)
5. 구양민(歐陽敏)
6. 봉천현민(奉天縣民)

350 · 1(4444)
허 생(許 生)

[唐나라] 회창원년(會昌元年: 841) 봄에 효렴(孝廉) 허생은 과거에서 떨어져 동쪽으로 돌아오는 길에 수안현(壽安縣)에 이르자 장차 감천점(甘泉店)에서 묵을 작정이었다. 허생은 감당관(甘棠館) 서쪽에서 1리 남짓 떨어진 곳에 이르렀을 때 흰색 옷 입은 한 노인을 만났는데, 청총마(靑驄馬)를 타고 서쪽에서 왔으며 시종들도 매우 많았다. 노인은 기분 좋게 술에 취한 얼굴로 소리 높여 다음과 같이 시를 읊었다.

봄풀은 무성하게 피어있고 봄물은 푸르기만 하고,
야당화(野棠花) 활짝 피어 꽃잎 휘날리네.
수령궁(繡嶺宮: 驪山 위의 華淸宮) 앞의 백발노인,
여전히 「개원태평곡(開元太平曲)」을 부르고 있네.

허생이 말을 몰아 노인 앞으로 달려가서 그 이름을 물어보았지만 노인은 미소만 띤 채 아무런 대답도 하지 않고 다시 시 한편을 읊었다.

세상이 싫어 달아난 사람이,
어찌 그 이름을 대겠소.
삼락(三樂: 사람으로 태어나는 것이 一樂이고, 그 중에서도 남자로 태어나는 것이 二樂이며, 90세까지 사는 것이 三樂이라고 함)에 대해서 들어본 적이 있소?

 그저 길옆에서 어찌된 상황인지 살펴보시오.

허생은 그가 귀신인 것을 알고 더 이상은 묻지 않고 그저 그 뒤를 따라 걸어갔다. 2~3리 정도 걸어갔을 때 이미 날이 어둑어둑해졌다. 분옥천(噴玉泉) 표지판의 서쪽에 이르렀을 때 노인이 웃으면서 허생에게 말했다.

"내가 듣건대 서너 명의 군자들이 오늘 옛날에 노닐던 곳을 찾아 이 분옥천에 온다고 합니다. 나는 어제 이미 그들에게 초청을 받아 여기서부터 남쪽으로 가야하지만, 그대는 나와 함께 갈 수 없습니다."

허생이 한사코 따라가기를 청하자 노인은 아무런 대꾸도 하지 않고 그대로 가버렸다. 이에 허생은 말을 몰아 노인의 뒤를 좇아갔다.

감당관에서 1리 남짓 떨어진 곳에 이르렀을 때 허생은 거마와 시종들이 길을 가득 메우고 서 있는 것을 보고는 얼른 말을 몰아갔다. 허생은 감천정(甘泉亭)에 도착한 뒤 얼른 말에서 내려 가시덤불 아래 엎드린 채 숨죽이고 그들의 행동을 살펴보았다. 남자 네 명이 보였는데, 한 사람은 젊고 기상이 드높고 의기양양해 보였으며, 다른 한 사람은 키가 작고 왜소하면서도 뜻이 크고 기품이 있어 보였다. 또 한 사람은 키가 크고 얼굴에 수염이 적었으며, 나머지 한 사람은 몸이 아주 마르고 말이 빠르며 눈빛이 아주 예리해 보였다. 이들 네 사람은 모두 금인(金印)과 자수(紫綬)를 차고 분옥천의 북쪽 물가에 앉아 있었다. 흰색 옷 입은 노인이 오자 사람들이 말했다.

"옥천(玉川: 盧仝)은 어찌 이리 늦게 오셨소?"

노인이 말했다.

"방금 석묵간(石墨澗)을 따라 오면서 경치를 감상하다가 감당관 정자에서 말을 풀어놓고 잠시 쉬었습니다. 그때 그곳 서쪽 기둥에서 우연히 시인이 적어 놓은 시 한 수를 보고는 잠시 지체하며 시를 읊느라 어느새 시간이 길어졌습니다."

맨 윗자리에 앉은 사람이 말했다.

"도대체 어떤 시이기에 선생으로 하여금 이토록 칭찬하게 만든 것이오?"

노인이 말했다.

"이 시는 여기에 계시는 한 두 분을 위해 적어놓은 시제(詩題) 같은데, 단지 그 이름을 밝혀 놓지 않았습니다. 제가 그 시를 아끼는 것은 시 전체에 깊은 뜻이 담겨 있기 때문입니다."

그리고는 이렇게 말했다.

> 뜬 구름 쓸쓸하고 햇볕 뿌옇게 빛날 때
> 장군이 죄지었다는 오명에 이내 마음 시리고 아프구나.
> 대낮에 가까운 친척 없어 그저 문지기 부르니,
> 흰옷 입은 문생(門生)만이 눈물을 삼키고 있네.
> 장군의 가인(佳人)들은 전궁(塡宮: 唐代에 궁중에 掖庭이 있었는데, 주로 도성의 관리들이 重罪를 지었을 때 그 妻子가 掖庭에 들어가 잡일을 맡아보았는데, 이를 塡宮이라 함)되어 몰래 눈물 흘리고,
> 마구간의 말들은 주인이 바뀌자 계속 울어대네.
> 슬프게도 온 천하의 넓고 넓은 땅이 모두 한(漢)나라의 영토 되어,
> 이 내 몸 전횡(田橫: 秦나라 말에 전횡은 스스로 齊王이 되었는데, 한나라가 천하를 차지하고 난 뒤에 그 무리 500명을 이끌고 海島로 들어갔다가 漢高祖의 부름을 받고 낙양에 이르렀을 때 자살했고, 그 무리 500명도 함께 따라죽었음. 여기서는 억울하게 죽은 장군을 가리키는 말로 사용되었음)을 위해 울어줄 땅 없네.

좌중에 있던 사람들은 그 시를 듣고 나더니 모두 소매로 얼굴을 가리

는데, 마치 통곡이라도 하려는 듯 했다. 기상이 높고 의기양양해 보이는 사람이 말했다.

"제가 그 시를 지은 사람을 알 것 같은데, 이수(伊水)가에서 내게 음식을 주고 옷을 벗어주었던 선비가 아닐까요?"

한참 뒤에 흰 옷 입은 노인이 술잔을 돌리라고 했다. 술이 여러 차례 돌았는데도 좌중에 있던 사람들이 계속해서 흐느껴 울자 흰 옷 입은 노인이 말했다.

"옛날에 놀던 곳에 다시 왔는데도 재미난 일이 없으니, 각자 시라도 지어 음악이 주는 즐거움을 대신합시다."

그리고는 하인에게 명해 붓과 벼루를 가져오게 하더니 곧장 「분옥천에서 옛 나들이를 떠올리며 마음 속의 정회를 써내다[噴玉泉感舊游書懷]」라는 시제를 내고는 각자 칠언장구(七言長句)를 짓게 했다. 흰옷 입은 노인이 먼저 시를 읊었다.

> 나무와 물빛은 해질 무렵 더욱 밝고,
> 예전에 왔던 곳 다시 둘러보니 그때의 일 더욱 또렷하게 떠오르네.
> 이전에 달구경하던 정자에는 쥐가 드나들고 가시덤불 무성하고,
> 풀은 꽃동산을 뒤덮고 무덤은 평평해졌네.
> 이 내 몸은 황천에 빠져 여전히 깨어나지 못하고 있는데,
> 이내 죄상은 청간(靑簡: 역사서)에 적혀있으니, 도대체 무슨 죄명인가?
> 이내 마음 아프게도 계곡의 물은 동쪽으로 흘러가면서,
> 여전히 지난날의 차가운 물소리를 뿜어내고 있네.

기상이 높고 의기양양해 보이는 젊은 사람이 다음과 같이 시를 지었다.

> 새 울고 꾀꼬리 지저귀니 생각 끝없이 일어나고,

살아생전의 영화는 일장춘몽이로세.
이고(李固: 漢나라 順帝 때의 太尉였는데, 權臣들에게 모함당해 억울하게 죽었음)의 억울함은 좀먹은 죽간에 숨어있고,
등유(鄧攸: 晉나라때 石勒이 난을 일으키자 조카를 데리고 달아났음)에게는 가풍을 이어나갈 자식이 없네.
고아한 문장은 흐르는 물에 전했고,
음악소리는 풀숲의 작은 벌레에게 부탁했네.
봄날의 달빛은 사람의 일이 바뀌었음을 모르고,
한가로이 밝은 빛 드리워 연못 비추고 있네.

키가 작고 왜소하지만 뜻이 있고 기품이 있어 보이는 사람은 다음과 같이 시를 지었다.

복숭아와 자두나무 아래에 난 지름길은 황량하기만 한데,
옛 사람을 찾아와서 새 사람 찾으니 이내 마음 더욱 아프네.
누군가 옷과 이불로 이고를 염해주었다고는 하지만,
끝내 표문을 올려 왕장(王章: 王鳳. 漢나라 成帝때 외척으로 모함을 당해 죽었음)의 억울함을 씻어주는 이 없네.
떠도는 혼이지만 서리와 찬바람 더욱 차갑게 느껴지고,
썩은 뼈는 월계수 향기에 하릴없이 놀랜다네.
천작(天爵)이 끝내 인작(人爵)에 의해 잘못되었으니,
누가 소리쳐 이를 푸른 하늘에 물어볼 수 있단 말인가?

아주 마르고 눈빛이 예리한 사람은 다음과 같이 시를 지었다.

떨어지는 꽃은 말이 없고 풀은 무성하게 나 있건만,
구름 그림자와 산 빛은 모두 지난날과 마찬가지이네.
무너진 집터에는 땅강아지가 득실거리고,
연못의 물은 옛 산의 샘물 끌어들이네.
청운(靑雲: 高官大爵으로 여기서는 人爵을 말함)은 스스로 이루었지만

천작에는 부끄럽고,
　백발이 되어 한 곳으로 돌아가서 옛 성현들 생각나네.
　슬프구나! 숲 속에 뜬 달이여,
　일찍이 홀로 독서인들의 자리 비춘 적도 있었거늘.

키가 크고 얼굴에 수염이 없는 사람은 다음과 같이 시를 지었다.

　새로운 가시길 옛 집에 생겨나기에,
　다시 고거(高車: 高官大爵들이 타는 높은 수레) 불러 세워 함께 술 한잔 마셨네.
　차가운 뼈에는 새로운 이슬비 아직 젖지 않고,
　봄바람은 꺾어진 난초 살려내지 못하네.
　나의 충성스런 마음이 뜻밖에 무덤 속에 묻힐 줄이야!
　종일토록 햇볕이 내 무덤 비추기를 바랐네.
　지난 날 금곡(金谷: 金谷園)에서 만난 소중한 친구들,
　함께 황천에 와서 외로운 혼 달래며 이야기 나누네.

　시를 다 짓고 나서 네 사람은 각자 시를 읊고 외더니 여러 차례 대성통곡했는데, 그 소리가 바위 계곡에 울려 퍼졌다. 잠시 뒤에 기이한 새와 올빼미도 함께 따라서 울었으며, 여우와 이리들도 잇달아 소리내어 울었다. 잠시 뒤에 말몰이꾼이 동쪽에서 왔는데, 딸랑거리는 방울소리가 그 자리에 울려 퍼졌다. 그러자 네 사람은 각자 하인에게 말을 준비하라고 하면서 몹시 허둥거렸다. 네 사람은 참담한 표정을 짓고 말도 하지 않은 채 그저 얼굴을 가리고 울면서 말안장에 올라타더니 마치 안개처럼 정원에서 사라졌다. 그리하여 허생이 가시덤불에서 나와 가던 길을 찾아보았더니 [자신이 타고 왔던] 말은 계곡 곁에서 풀을 뜯어먹고 있었고, [자신을 따라왔던] 절름발이 시동은 길옆에서 달게 잠을 자고 있었다. 동이 트지 않았을 때 허생은 감천점에 도착했다. 감천점의

할멈이 어찌하여 이 밤에 왔냐고 묻자 허생은 자신이 보았던 모든 사실을 할멈에게 말해주었다. 그러자 할멈이 말했다.

"어제 밤 삼경(三更)에 어떤 사람이 술병을 들고 말을 타고 와서는 내게 술을 사갔는데, 혹시 그들이 아닌지 모르겠소?"

그리고는 궤짝을 열고 보았더니 어제 받은 돈이 모두 지전(紙錢)이었다. (『찬이록』)

會昌元年春, 孝廉許生, 下第東歸, 次壽安, 將宿于甘泉店. 甘棠館西一里已來, 逢白衣叟, 躍青驄, 自西而來, 徒從極盛. 醺顔怡怡, 朗吟云: "春草萋萋春水綠, 野棠開盡飄香玉. 繡嶺宮前鶴髮人, 猶唱「開元太平曲」." 生策馬前進, 問其姓名, 叟微笑不答, 又吟一篇云: "厭世逃名者, 誰能答姓名? 曾聞三樂否? 看取路傍情." 生知其鬼物矣, 遂不復問, 但繼後而行. 凡二三里, 日已暮矣. 至噴玉泉牌堠之西, 叟笑謂生曰: "吾聞三四君子, 今日追舊遊于此泉. 吾咋已被召, 自此南去, 吾子不可連騎也." 生固請從, 叟不對而去. 生縱轡以隨之.

去甘棠一里餘, 見車馬導從, 塡隘路歧, 生麾蓋而進. 旣至泉亭, 乃下馬, 伏('伏'原作'狀', 據明鈔本改)于叢棘之下, 屛氣以窺之. 見四丈夫, 有少年神貌揚揚者, 有短小器宇落落者, 有長大少髭髥者, 有淸瘦言語及瞻視疾速者. 皆金紫, 坐於泉之北磯. 叟旣至, 曰: "玉川來何遲?" 叟曰: "適傍石墨澗尋賞, 憩馬甘棠館亭. 于西楹偶見詩人題一章, 駐而吟諷, 不覺良久." 座首者曰: "是何篇什, 得先生賞歎之若是?" 叟曰: "此詩有似爲席中一二公有其題, 而晦其姓名. 憐其終章皆有意思. 乃曰: '浮雲淒慘日微明, 沈痛將軍負罪名. 白晝叫閽無近戚, 縞衣飮氣只門生. 佳人暗泣塡宮淚, 廐馬連嘶換主聲. 六合茫茫悲漢土, 此身無處哭田橫." 座中聞之, 皆以襟袖擁面, 如欲慟哭. 神貌揚揚者云: "我知作詩人矣, 得非伊水之上, 受我推食脫衣之士乎?"

久之, 白衣叟命飛盃. 凡數巡巡, 而座中歆歔未已, 白衣叟曰:"再經舊遊, 無以自適, 宜賦篇詠, 以代管絃."命左右取筆硯, 乃出題云「噴玉泉感舊遊書懷」, 各七言長句. 白衣叟倡云:"樹色川光向晩晴, 舊曾遊處事分明. 鼠穿月榭荊榛合, 草掩花園畦壠平. 迹陷黃沙仍未寤, 罪標靑簡竟何名? 傷心谷口東流水, 猶噴當時寒玉聲." 少年神貌揚揚者詩云:"鳥啼鶯語思何窮, 一世榮華一夢中. 李固有寃藏蠹簡, 鄧攸無子續淸風. 文章高韻傳流水, 絲管遺音託草蟲. 春月不知人事改, 閑垂光彩照涔宮." 短小器宇落落者詩云:"桃蹊李徑盡荒涼, 訪舊尋新益自傷. 雖有衣衾藏李固, 終無表疏雪王章. 羈魂尚覺霜風冷, 朽骨徒驚月桂香. 天爵竟爲人爵慁, 誰能高叫問蒼蒼?" 淸瘦及瞻視疾速者詩云:"落花寂寂草綿綿, 雲影山光盡宛然. 壞室基摧新石鼠, 濚宮水引故山泉. 靑雲自致慙天爵, 白首同歸感昔賢. 惆悵林間中夜月, 孤光曾照讀書筵." 長大少鬢髥者詩云:"新荊棘路舊衡門, 又駐高車會一樽. 寒骨未沾新雨露, 春風不長敗蘭蓀. 丹誠豈分埋幽壤! 白日終希照覆盆. 珍重昔年金谷友, 共來泉際話孤魂." 詩成, 各自吟諷, 長號數四, 響動巖谷. 逡巡, 怪鳥鴟梟, 相率啾喞, 大狐老狸, 次第鳴叫. 頃之, 驟脚自東而來, 金鐸之聲, 振于坐中. 各命僕馬, 頗甚草草. 慘無言語, 掩泣攀鞍, 若煙霧狀, 自庭而散. 生于是出叢棘, 尋舊路, 匹馬齕草于澗側, 蹇童羙寢于路隅. 未明, 達甘泉店. 店媼詰冒夜, 生具以對媼. 媼曰:"昨夜三更, 走馬挈壺, 就我買酒, 得非此耶?" 開櫃視, 皆紙錢也. (出『纂異錄』)

안 준(顔 濬)

(원래 목차만 있고 본문이 없는데, 명초본에 근거하여 보충했음)

[唐나라] 회창연간(會昌年間: 841~846)에 진사(進士) 응시생 안준은 과거에 낙방하여 광릉(廣陵)을 돌아다니다가 결국 건업(建業)으로 가서 작은 배를 빌려 타고 백사진(白沙鎭)으로 갔다. 같은 배에 스무 살쯤 된 시녀 한 명이 타고 있었는데, 고풍스런 옷차림에 말씨 또한 우아하고 아름다웠다. 안준이 읍하면서 그 성을 묻자 시녀가 대답했다.

"이름은 유방(幼芳)이고 성은 조씨(趙氏)입니다."

안준이 어디 가는 길이냐고 묻자 시녀가 대답했다.

"저도 건업으로 가는 중입니다."

안준은 몹시 기뻐하면서 배가 멈춰 쉴 때마다 곧장 술과 과일을 사와서 그녀와 함께 즐겁게 마셨다. 대화 중에 조유방이 진(陳)나라와 수(隋)나라 때의 일을 많이 이야기하자 안준은 자못 이상한 생각이 들어 곧장 정색을 하고 옷깃을 바로 잡고는 더 이상 대꾸하지 않았다. 백사진에 도착한 뒤로 두 사람은 각자 배를 옮겨 탔는데, 그때 시녀가 안준에게 다음과 같이 감사 인사를 했다.

"며칠 동안 당신의 깊은 보살핌을 받았지만, 제가 비천하고 보잘 것 없어서 당신을 충분히 즐겁게 해드리지 못했습니다. 그렇지만 당신에게 보답할 수 있는 일이 한 가지가 있습니다. 당신은 반드시 중원절(中元節: 음력 칠월 보름)에 와관각(瓦官閣)으로 놀러오십시오. 그때 제가 당신을 위해 신선처럼 아름다운 사람 한 명을 만나게 해드릴 것입니다.

게다가 당신의 풍모와 재주 역시 그녀의 짝이 될만합니다. 이 약속을 어기지 마시기 바랍니다. 그때 저도 그곳에서 당신을 기다리고 있겠습니다."

말을 다하고는 안준과 시녀는 각자 배를 타고 떠나갔다.

안준은 시녀의 말을 가슴에 새겨두었다가 중원절에 와관각으로 놀러 갔는데, 놀러온 남녀들로 꽉 차 있었다. 와관각에 올라가서 보았더니 정말 그곳에 어떤 미녀가 계집종 두 명을 데리고 서 있었는데, 계집종들은 양쪽으로 머리를 둥글게 땋고 있었으며 자태가 매우 뛰어났다. 미인은 난간에 기대어 혼자 말하면서 한참동안 탄식하다가 안준이 계속해서 쳐다보자 약간 놀라하더니 이렇게 말했다.

"유방의 말이 거짓이 아니구나."

미인은 계집종을 시켜 안준에게 다음 말을 전해왔다.

"서쪽 복도에 혜감(惠鑒)의 도려원(闍黎院: 闍黎는 모범이 되는 禪師를 말하고, 闍黎院은 그가 머무는 선방을 말함) 있는데, 그는 옛날 저희 집의 문도(門徒)였습니다. 당신이 그곳에 가시면 유방 또한 그곳에 가 있을 것입니다."

안준은 몹시 기뻐하면서 미인의 뒤를 따라 갔는데, 과연 자신과 같은 배에 탔던 그 시녀가 나와서 미소를 지어 보였다. 그리하여 안준은 미인과 인사를 나누고 종일토록 이야기를 나누었다. 스님이 그들에게 차와 과일을 들여보내 주었다. 날이 저물자 미녀가 안준에게 말했다.

"오늘 우연히 와관각에 오른 것은 안타깝게도 많은 힘을 들여 지은 이 고각(高閣: 瓦官閣)이 머지 않아 헐린다기에 마음이 아파 작별 인사하기 위함인데, 운 좋게 당신을 만나 기쁨을 나눌 수 있게 되었습니다.

저의 집은 청계(淸溪)에 있는데, 소나무가 자못 많고 달빛이 밝습니다. 집안에 다른 사람이라곤 없으니 오늘 저녁에 꼭 저희 집에 들러주십시오. 제가 앞서 가 있을 테니 당신은 유방과 함께 뒤따라 오십시오."

안준이 그렇게 하겠다고 대답하자 미녀는 수레를 타고 떠나갔다.

밤이 되자 조유방은 안준을 데리고 갔는데, 몇 리 정도 걸어서 그곳에 도착했다. 하녀 여러 명이 등불을 들고 나와 그들을 데리고 내실로 들어갔는데, 안준과 조유방이 함께 둘러앉자 미녀가 말했다.

"공씨(孔氏) 아가씨와 저는 이웃지간입니다."

그리고는 사람을 보내 공씨 아가씨를 청하며 말했다.

"오늘밤에 우연히 훌륭하신 손님께서 찾아오셨으니, 함께 술잔을 기울이며 마음 속 시름을 풀었으면 합니다."

잠시 뒤에 공씨 아가씨가 오자 미녀는 곧장 그녀를 안으로 맞아 들였는데, 그들 역시 [조유방과 마찬가지로] 주로 진나라 때의 일을 이야기했다. 안준은 자리에서 일어나 이렇게 말했다.

"부인들의 성씨와 항렬을 알 수 없으니, 의심만 자꾸 쌓입니다."

그러자 미인이 대답했다.

"저는 진나라의 장귀비(張貴妃)이고 저 사람은 공귀빈(孔貴嬪)인데, 살아생전에 외람되게도 후주(后主)의 사랑을 받아 다른 빈들보다 훨씬 총애를 입었습니다. 그런데 불행하게도 나라가 망하는 바람에 양광(楊廣: 隋나라 煬帝)에게 살해되었습니다. 그 도적놈은 아주 어질지를 못했습니다. 유선(劉禪: 三國시대 蜀漢의 마지막 군주)과 손호(孫皓: 삼국시대 吳나라의 마지막 군주)에게도 어찌 빈들이 없었겠습니까? [그러나 그들의 빈들이 모두 살해되었다는 소리를 들어보지 못했습니다.] 오직 그 자만이 그와 같은 잔인한 행동을 저질렀고, 마찬가지로 한 나라를 망하게 했습니다. 우리 후주께서는 진실로 풍류를 아시는 분이라 시와 술로 기쁨을 좇고 금(琴)과 술로 즐거움을 취했을 따름입니다. 그렇지만 양광은 이와 달리 서쪽으로는 장성(長城)을 쌓고 동쪽으로는 요해(遼海)를 정벌하느라 천하의 남자들의 원성을 사고 여자를 과부로 만들었으며 아비를 홀아비로 만들고 자식을 고아로 만들었습니다. 양광은 광릉에서 길이 막혀 한 필부의 손에 죽임을 당했는데, 이 역시 하늘에서 살피시고 저를 위해 원수를 갚아주신 것입니다!"

공귀빈이 말했다.

"그런 말은 하지 마십시오. 이 자리에 그 이야기를 듣고 싶어하지 않는 사람이 있습니다."

미인은 크게 웃으면서 말했다.

"깜빡 잊고 있었군요."

안준이 말했다.

"누가 그 이야기를 듣고 싶어하지 않습니까?"

조유방이 말했다.

"저는 본래 강령공(江令公: 江總)의 애첩이었는데, 후에 귀비의 시녀가 되었습니다. 나라가 망한 뒤에 저는 수나라 궁궐의 궁녀가 되었는데, 양제(煬帝)가 강도(江都: 楊洲)에 행차했을 때 그의 음식 시중을 들었습니다. 화급(化及: 宇文化及)의 병사들이 난입했을 때 저는 몸으로 황제를 보호하다가 살해당했습니다. 소후(蕭后: 煬帝의 皇后 蕭氏)는 제가 군주를 위해 충성을 다한 것을 어여삐 여겨 저를 양제와 함께 묻어주게 했습니다. 후에 양제가 뇌당(雷塘) 가로 이장되어 갈 때 저는 따라가지 못하고 마침 이곳에 와 귀비를 알현하게 되었습니다."

공귀빈이 말했다.

"앞서 말한 것은 모두 쓸데없는 소리이니, 술을 가져와 지난날의 즐거움을 이어나가는 것만 못합니다."

그리고는 마침내 하녀에게 악기를 가져와 타게 하면서 한참동안 술을 실컷 마셨다. 장귀비가 다음과 같은 시 한 수를 지었다.

    가을 풀 가득한 황폐한 누대에 귀뚜라미 소리 들리고,
    백양나무 소리 그치자 구슬픈 바람도 줄어들었네.
    일찍이 채색 비단에다 시 지어 찢으면서 강총을 업신여겼는데,
    기각(綺閣: 結綺閣으로, 張貴妃가 살던 곳)에는 먼지만 쌓여 있고 「옥수(玉樹:「玉樹後庭花」의 줄인 말로, 陳 後主가 지은 노래로 후궁들이 이를 불렀음)」소리는 사라지고 없네.

그러자 이번에는 공귀빈이 시를 지어 말했다.

    구름까지 닿을 듯한 보배로 지은 누각은 망선각(望仙閣)이라 불리고,
    아름다운 오색구름이 망선각을 둘러싸고 하늘을 향해 있네.
    청계에는 아직도 예전의 그 달 그대로 있어,
    밤마다 경화꽃 봉오리 피어 있는 잔치자리 비추고 있네.

조유방은 다음과 같이 시를 지었다.

    흰 달빛이 처음 둥근 달되었을 때 스스로 미인임을 원망했는데,
    그때의 화려함과 농염함은 끝내 어찌되었는가?
    두 나라는 오직 장강의 물줄기만을 남겼으니,
    장강의 물줄기는 옛사람들을 따라 함께 흘러가면서 파도 일으키네.

안준과 다음과 같이 화답했다.

　　피리소리 밝게 울려 퍼지는 가운데 시를 읊으면서 원망하는 장려화(張
麗華: 張貴妃),
　　창가에 비스듬히 앉아 가을 강과 찬 달빛 바라보네.
　　진후주의 제전객(題箋客: 陳後主는 궁녀들 가운데 문필이 뛰어난 사람
을 선발하여 女學士로 삼고, 그들로 하여금 연회장에서 狎客과 함께 시를
지어 彩箋에 써서 화답하게 했음)이 아니었음을 부끄러워했는데,
　　임춘각(臨春閣)에서 꽃 같은 미인 만났네.

갑자기 문 두드리는 소리가 들리더니 이렇게 알려왔다.

"강수용(江脩容), 하첩여(何婕妤), 원소의(袁昭儀)가 귀비를 알현하러 오셨습니다."

그들이 말했다.

"오늘 저녁에 훌륭하신 손님과 은밀한 만남을 가진다는 이야기를 듣고 이 성대한 잔치를 차마 보지 않을 수 없었습니다."

그들은 모두 옷을 곱게 차려 입고 반짝이는 귀고리를 차고 안으로 들어와 앉았다. 그들은 네 편의 시를 보더니 그것을 받쳐들고 울면서 말했다.

"오늘 저녁에 뜻밖에 다시 삼각(三閣: 南朝 陳後主의 세운 臨春閣·結綺閣·望仙閣을 말함)의 모임을 가지시고, 또 새로운 손님과 함께 시를 지으셨군요."

잠시 뒤에 닭 울음소리가 들리자 공귀빈 등은 모두 일어나 각자 인사를 하고 떠나갔다. 안준과 장귀비는 잠자리에 들었다가 날이 밝을 무렵 일어났다. 귀비는 안준에게 벽진서잠(辟塵犀簪: 무소뿔 가운데 아주 귀

한 것은 먼지도 떨쳐 낼 수 있었는데, 바로 그것으로 만든 비녀를 말함) 하나를 주면서 말했다.

"다른 날 이 물건을 보시면서 저를 생각해주십시오. 어제 밤에는 손님이 너무 많아 즐거움을 다 누리지 못했습니다. 다른 날 다시 한번 만나겠지만 반드시 유부(幽府: 저승세계)에 간절히 부탁해야만 합니다."

두 사람은 흐느껴 울면서 헤어졌다.

안준은 이튿날 마치 무엇인가를 잃어버린 사람처럼 멍했다. 안준은 이틀 뒤에 다시 이전에 미인을 만났던 곳을 찾아가 보았는데, 그곳은 다름 아닌 청계 부근이었으며, 그저 소나무와 회나무가 우거진 무덤만이 있었다. 안준이 다른 사람에게 물어보았더니 그곳은 바로 진나라 때의 궁녀의 묘였다. 안준은 몹시 슬퍼하면서 돌아왔다. 그로부터 몇 개월 뒤에 와관각은 절이 없어지는 바람에 함께 헐리게 되었다. 훗날 안준은 광릉에 갔다가 오공대(吳公臺)에 있는 수나라 양제의 옛 능을 찾아갔는데, 정말 그곳에 궁녀 조유방의 무덤이 있었다. 그리하여 안준은 술 한잔을 올려 제사지내 주었다. (『전기』)

(原有目無文, 據明鈔本補)

會昌中, 進士顔濬, 下第遊廣陵, 遂之建業, 賃小舟, 抵白沙. 同載有靑衣, 年二十許, 服飾古朴, 言詞淸麗. 濬揖之, 問其姓氏, 對曰: "幼芳姓趙." 問其所適, 曰: "亦之建業." 濬甚喜, 每維舟, 卽買酒果, 與之宴飮. 多說陳・隋間事, 濬頗異之, 卽正色斂衽不對. 抵白沙, 各遷舟航, 靑衣乃謝濬曰: "數日承君深顧, 某陋拙, 不足奉歡笑. 然亦有一事, 可以奉酬. 中元必遊瓦官閣. 此時當爲君會一神仙中人. 況君風儀才調, 亦甚相稱. 望不蹂此約. 至時, 某候于彼." 言訖, 各登舟而去.

 濬誌其言, 中元日, 來遊瓦官閣, 士女闐咽. 及登閣, 果有美人, 從二女僕, 皆雙環而有媚態. 美人倚欄獨語, 悲歎久之, 濬注視不已, 美人亦訝之, 又曰: "幼芳之言不繆矣." 使雙鬟傳語曰: "西廊有惠鑒闍黎院, 則某舊門徒. 君可至是, 幼芳亦在彼." 濬甚喜, 躡其蹤而去, 果見同舟靑衣, 出而微笑. 濬遂與美人敍寒暄, 言語竟日. 僧進茶果. 至暮, 謂濬曰: "今日偶此登覽, 爲惜高閣, 病茲用功, 不久毁除, 故來一別, 幸接歡笑. 某家在淸溪, 頗多松月. 室無他人, 今夕必相過. 某前往, 可與幼芳後來." 濬然之, 遂乘軒而去.

 及夜, 幼芳引濬前行, 可數里而至. 有靑衣數輩, 秉獨迎之, 遂延至內室, 與幼芳環坐, 曰: "孔家娘子相隣." 使邀之曰: "今夕偶有佳賓相訪, 願同傾觴, 以解煩憤." 少頃而至, 遂延入, 亦多說陳朝故事. 濬因起白曰: "不審夫人復何姓第, 頗貯疑訝." 答曰: "某卽陳朝張貴妃, 彼卽孔貴嬪, 居世之時, 謬當後主采顧, 寵幸之禮, 有過嬪嬙. 不幸國亡, 爲楊廣所殺. 然此賊不仁可甚. 于劉禪·孫皓, 豈無嬪御? 獨有斯人, 行此寃暴, 且一種亡國. 我後主實卽風流, 詩酒追歡, 琴樽取樂而已. 不似楊廣, 西築長城, 東征遼海, 使天下男寃女曠, 父寡子孤. 途窮廣陵, 死于匹夫之手, 亦上天降鑒, 爲我報讎耳!" 孔貴嬪曰: "莫出此言. 在坐有人不欲." 美人大笑曰: "渾忘却." 濬曰: "何人不欲斯言耶?" 幼芳曰: "某本江令公家嬖者, 後爲貴妃侍兒. 國亡之後, 爲隋宮御女, 煬帝江都, 爲侍湯膳者. 及化及亂兵入, 某以身蔽帝, 遂爲所害. 蕭后憐某盡忠于主, 因使殉葬. 後改葬於雷塘側, 不得從焉, 時至此謁貴妃耳." 孔貴嬪曰: "前說盡是閑事, 不如命酒, 略延曩日之歡耳." 遂命雙鬟持樂器, 洽飮久之. 貴妃題詩一章曰: "秋草荒臺響夜蛩, 白楊聲盡滅悲風. 綵牋曾擘欹江摠, 綺閣塵淸「玉樹」空." 孔貴嬪曰: "寶閣排雲稱望仙, 五雲高艶擁朝天. 淸溪猶有當時月, 夜照瓊花綻綺筵."

幼芳曰:"皓魄初圓恨翠娥, 繁華濃艷竟如何? 兩朝唯有長江水, 依舊行人逝作波." 潘亦和曰:"蕭管淸吟怨麗華, 秋江寒月倚窗斜. 慙非後主題牋客, 得見臨春閣上花." 俄聞叩門曰:"江脩容・何婕妤・袁昭儀來謁貴妃." 曰:"竊聞今夕佳賓幽會, 不免輒窺盛筵." 俱艷其衣裾, 明其瑠珮而入坐. 及見四篇, 捧而泣曰:"今夕不意再逢三閣之會, 又與新狎客題詩也." 頃之, 聞鷄鳴, 孔貴嬪等俱起, 各辭而去. 潘與貴妃就寢, 欲曙而起. 貴妃贈辟塵犀簪一枚, 曰:"異日覩物思人. 昨宵値客多, 未盡歡情. 別日更當一小會, 然須諮祈幽府." 嗚咽而別.

潘翌日懵然, 若有所失. 信宿, 更尋囊日地, 則近淸溪, 松檜丘墟. 詢之于人, 乃陳朝宮人墓. 潘慘惻而返. 數月, 閣因寺廢而毀. 後至廣陵, 訪得吳公臺煬帝舊陵, 果有宮人趙幼芳墓. 因以酒奠之. (出『傳奇』)

350・3(4446)
학유량(郝惟諒)

형주(荊州)의 백성 학유량은 성격이 다소 거칠고 경솔했으며 사사로운 일로 다른 사람들과 잘 다투었다. [唐나라] 회창(會昌) 2년(842) 한식날에 그는 친구들과 함께 교외에 놀러가서 축국(蹴鞠)과 씨름을 하다가 술에 취해 무덤 사이에서 잠들었다. 학유량은 한밤중에 겨우 깨어났다. 학유량은 장차 집으로 돌아올 때 길 옆에서 매우 낮고 초라해 보이는 인가 하나를 보았는데, 마침 불이 밝혀져 있었지만 아주 어두웠다. 학유량은 그 집으로 가서 물 한잔을 달라고 했다. 그러자 그 집에서 한 여자가 나왔는데, 용모는 초췌했으나 옷차림새는 아주 깨끗했으며, 한창 불빛을 쳐다보며 바느질을 하던 중이었다. 여자는 학유량을 집안으로 모시더니 한참 뒤에 이렇게 말했다.

"저는 당신이 담력이 있다는 것을 알고 있기에 이렇게 감히 제 사정을 부탁드리고자 합니다. 저는 본래 진(秦) 땅 사람으로, 성은 장씨(張氏)이며 부(府)의 아문(衙門) 건아(健兒: 변경지역에서 수자리를 서는 것으로, 唐 中期 이후에는 健兒의 가족들도 함께 변경지역에 오게 하여 땅과 집을 주어 살게 했음) 이자환(李自歡)에게 시집왔습니다. 이자환은 태화연간(太[大]和年間: 827~835)에 변경지역에 수자리 서러 갔다가 돌아오지 않았고 저는 돌림병에 걸려 죽었습니다. 저에게는 다른 친척도 없어 이웃 사람이 저를 이곳에 묻었는데, 이미 12년이 넘도록 한 번도 이장할 기회가 없었습니다. 무릇 죽은 사람 가운데 그 뼈와 살이 아직 땅으로 돌아가지 못한 자는 그 영혼도 저승에 기록되지 않습니다. 제가 비록 마치 꿈을 꾸는 듯 술에 취한 듯 이리저리 헤매고 있지만, 당신이 만약 저의 유골을 황천으로 돌아가게 하여 제 영혼이 쉴 곳을 만들어 주신다면 제 소원이 다 이루어지는 것입니다."

학유량이 말했다.

"저는 집안이 가난하여 또한 당신을 이장할 만한 힘이 없는데, 어떻게 하면 좋겠습니까?"

여자가 말했다.

"제가 비록 귀신이기는 하지만 바느질은 그만 두지 않았습니다. 저는 이곳에 있는 동안 호씨(胡氏)를 위해 품팔이를 하면서 비웃을 만든 지 몇 년이나 되었습니다. 그리하여 그간 모은 재산만 해도 13만냥은 되니 장례비용으로 쓰고도 남을 것입니다."

학유량은 그렇게 해주겠다고 대답하고 집으로 돌아왔다.

날이 밝은 뒤 학유량이 호씨를 찾아가 알아보았더니 그 여자의 말과 일치했다. 이에 학유량이 그 일을 모두 말해주고 호씨와 함께 곧장 무덤으로 가서 파고 보았더니 관에 돈이 흩어져 있었는데, 헤아려 보았더니 여자의 말과 꼭 같았다. 호씨와 학유량은 여자를 애도하면서도 이상한 일도 다 있다고 생각했다. 또 동료들에게 돈을 거둬 20만냥의 돈을 만들어서 성대하게 장례식을 치른 뒤에 녹정원(鹿頂原)에 묻어주었다. 그 날 밤에 여자는 호씨와 학유량의 꿈에 나타났다. (『유양잡조』)

荊州之民郝惟諒, 性矗率, 勇於私鬪. 會昌二年寒食日, 與其徒遊于郊外, 蹴踘角力, 醉臥冢間. 宵分始寤. 將歸, 道左見一人家, 室絶卑陋, 雖張燈而頗昏暗. 遂詣乞漿. 有一婦人, 容色慘悴, 服裝雅素, 方向燈紉縫. 延郝, 良久謂郝曰:"知君有膽氣, 故敢情託. 妾本秦人, 姓張氏, 嫁與府衙健兒李自歡. 自歡太和中, 戍邊不返, 妾遘疫而歿. 別無親戚, 爲隣里殯于此處, 已逾一紀, 遷葬無因. 凡死者肌骨未復于土, 魂神不爲陰司所籍. 雖散恍惚, 如夢如醉, 君能使妾遺骸得歸泉壤, 精爽有託, 斯願畢矣."郝曰:"某生業素薄, 力且不辦, 如何?"婦人云:"某雖爲鬼, 不廢女工. 自安此, 常造雨衣, 與胡氏傭作, 凡數年矣. 所聚十三萬, 葬備有餘也."郝許諾而歸.

遲明, 訪之胡氏, 物色皆符. 乃具以告, 卽與偕往殯所, 毁瘞視之, 散錢培櫬, 數如其言. 胡氏與郝, 哀而異之. 復率錢于同輩, 合二十萬, 盛其凶儀, 瘞于鹿頂原. 其夕, 見夢于胡·郝. (出『酉陽雜俎』)

350 · 4(4447)
부량장령(浮梁張令)

  부량현(浮梁縣)의 장현령(張縣令)은 가업이 강회(江淮) 일대에게 널리 퍼져있었고, 쌓아 놓은 금붙이와 곡식만 해도 셀 수 없을 정도로 많았다. 장현령은 임기가 끝나고 도성으로 갈 때 가는 곳마다 늘 한 역참씩 앞서 산해진미를 다 갖추어 음식을 준비하게 했다. 장현령이 화음(華陰)에 도착하자 하인은 장막을 펼쳐놓고 술상을 차렸다. 요리사가 양고기를 구우며 한창 익히고 있을 때 한 누런 적삼 입은 사람이 음식상 앞에 자리를 잡고 앉았다. 하인이 [얼른 물러나라고] 계속해서 소리를 질렀지만 노인의 기세는 꺾이지 않았다. 객점 할멈이 말했다.

  "지금 오방(五坊: 唐代에 황제가 사냥에 쓸 매와 개를 기르던 곳으로, 五坊은 鵰坊·鶻坊·鷂坊·鷹坊·狗坊을 말함)의 익라(弋羅: 五坊에서 일하는 관리들이 권세를 믿고 함부로 행패를 부렸기 때문에 그들을 낮추어 弋羅라 불렀음)들이 관내를 휘젓고 다니면서 행패를 부리고 있는데, 아마도 그 무리인 듯 싶으니 그와 다투어서는 안 됩니다."

  하인이 막 그들의 우두머리를 찾아 꾸짖으려 하고 있을 때 장현령이 도착했다. 하인이 누런 적삼 입은 사람의 일을 장현령에게 고하자 장현령이 말했다.

  "그를 꾸짖지 마라."

  그리고는 누런 적삼 입은 사람을 불러 이렇게 물었다.

  "어디에서 오는 길이오?"

  누런 적삼 입은 사람은 그저 예! 예! 할 따름이었다. 장현령은 급히 술을 데워오라고 했는데, 술이 오자 커다란 금 술잔에 따르게 하여 누런 적삼 입은 사람에게 마시게 했다. 누런 적삼 입은 사람은 뭐라 감사의 말은 하지 않았지만 다소 부끄러워하는 듯 했다. 누런 적삼 입은 사람이 술을 다 마시고 나서 구운 양고기만을 바라보며 눈을 떼지 못하자 장현령은 직접 양고기를 떼 주면서 그에게 먹으라고 했다. 누런 적삼 입은 사람은 양다리를 하나 다 먹고도 전혀 배부른 기색이 없었다. 이에 현령은 다시 음식 상자 안에서 고기를 말아 넣은 전병 열 네댓 개를 주어 먹게 했다. 누런 적삼 입은 사람은 술을 두 말 조금 넘게 마시고 흥이 나자 장현령에게 말했다.

"40년 전에 일찍이 동쪽 객점에서 한번 취하도록 마시고 나서 오늘에 이르렀습니다."

장현령이 몹시 놀라면서 성명을 가르쳐 달라고 간절하게 물었더니, 누런 적삼 입은 사람이 대답했다.

"나는 사람이 아니라 관중(關中)에서 죽은 사람의 명부를 보내는 일을 맡아보고 있는 저승관리입니다."

장현령이 깜짝 놀라며 그 일에 대해서 묻자 누런 적삼 입은 사람이 말했다.

"태산(太山)에서 사람의 혼을 불러들인 뒤 죽은 사람의 명부를 여러 산에 보내는데, 제게 그 명부를 전하게 한 것입니다."

장현령이 말했다.

"제가 한번 보아도 되겠습니까?"

누런 적삼 입은 사람이 말했다.

"보는데 무슨 해가 있겠습니까?"

그리고는 가죽 주머니를 풀고 두루마리 하나를 꺼내 보여주었는데 그 첫머리에 이렇게 적혀 있었다.

"태산의 주인이 금천부(金天府)에 보내는 편지."

그 다음 줄에는 다음과 같이 적혀 있었다.

"재물을 탐내고 살육을 좋아하며 이익을 보면 의리를 잊는 사람 전임 부량현령 장 아무개."

장아무개는 다름 아닌 장군(張君: 張縣令) 자신이었다. 장현령은 자신의 이름을 보고 사자에게 이렇게 빌었다.

"사람의 수명은 모두 정해져 있으니, 어찌 감히 죽는 것을 아까워하겠습니까? 단지 제가 지금 한창 벼슬을 하고 있어 죽을 준비가 되어 있지 않고, 그 방대한 가업을 맡길 사람을 아직 정하지 못했으니, 제 목숨을 연장할 무슨 방법이 없겠습니까? 제가 방금 주머니 안의 돈을 계산해보았더니 모두 수십만 냥이 조금 더 되던데, 이 모두를 당신께 드리고자 합니다."

그러자 사자[누런 입 입은 사람]가 말했다.

"한끼 식사의 은혜를 진실로 보답해야 하지만, 백만 냥의 돈을 받는다 한들 제게 무슨 소용이 있겠습니까? 지금 유강(劉綱)이라는 선관(仙官)이 연화봉(蓮花峯)에 유배와 살고 있는데, 기어서 곧장 그를 찾아가 [하늘에 올릴] 상주문 하나를 써달라고 애걸해야만 합니다. 이 방법 말고는 다른 계책이 없습니다. 어제 저는 금천왕(金天王)이 남악신(南嶽神)과 박희(博戱)를 두다가 져서 이십 만냥의 돈을 빚져 지금 몹시 독촉을 받고 있다고 들었습니다. 그대가 악묘(嶽廟)에 가서 많은 돈을 주겠다고 하면 금천왕은 틀림없이 선관에게 힘을 쓸 것입니다. 만약 금천왕의 힘으로도 안 되면 그대는 얼른 연화봉으로 내려가는 길을 찾아야 합니다. 그렇지 않으면 길에는 가시덤불이 빽빽이 쌓여있고, 계곡이 길을 막고 있어서 선관에게 갈 수 없을 것입니다."

그리하여 장현령은 희생을 가지고 얼른 악묘로 가서 천만 냥을 내놓겠다고 약속하고 난 뒤에 곧장 연화봉으로 갔다. 그가 오솔길을 따라 수십 리 정도 걸어서 연화봉 아래에 이른 다음 동남쪽으로 돌아갔더니 초가집이 한 채가 보였다. 장현령이 보았더니 한 도사가 안석에 기대어 앉아 있다가 장현령에게 물었다.

"뼈와 살이 썩고 살점이 혼백이 곧 나갈 사람이 어찌 이곳에 왔단 말인가?"

장현령이 말했다.

"물시계가 다하여 종이 울리고 이슬이 순식간에 마르듯이 저는 목숨이 경각에 달려 있는 사람습니다. 삼가 듣건대 선관께서 사람의 영혼을 썩은 뼈에 다시 넣을 수 있고, 마른 해골에 사람의 살점을 자라게 할 수 있다고 했습니다. 선관께서 이미 생명을 살려내길 좋아하는 마음을 가지고 계시니 어찌 상주문 한편 쓰는 힘을 아끼시겠습니까?"

도사가 말했다.

"나는 이전에 수(隋)나라 권신을 위해 상주문을 썼다가 이 연화봉에 유배되었다. 네가 내게 무슨 덕을 베풀었다고 나를 곤경에 빠뜨려 이 차가운 산을 지키는 노인으로 만들 작정이더냐?"

장현령이 진심으로 더욱 간절하게 빌자 선관의 얼굴에 노기가 더해 갔다. 잠시 뒤에 한 사자가 편지 한 통을 들고 왔는데, 다름 아닌 금천왕의 서찰이었다. 선관은 금천왕의 서찰을 읽은 뒤에 웃으면서 말했다.

"청탁이 이미 들어왔으니, 거절하기가 어렵구나."

그리고는 사자를 불러 돌아가 보고하게 하면서 말했다.

"또 상제께 꾸중을 듣지는 않겠지?"

선관은 곧장 옥상자를 열고 상주문 한 장을 쓰고 나더니 향을 사르고 절하면서 상주문을 보냈다. 잠시 뒤에 천부(天符)가 내려왔는데, 그 위에 '철(徹: 漢나라 武帝의 서명)'이라 적혀 있었다. 선관이 다시 향을 사르고 두 번 절한 뒤에 천부를 열어 보았더니 다음과 같이 적혀 있었다.

"장 아무개는 조상을 져버리고 명예와 작위를 훔쳤으며, 예법을 돌보지 않고 구차하게 관리의 영화를 훔쳤다. 또한 장아무개는 비루하게 재물을 모았고, 다른 사람을 속이며 진실이라곤 없었다. 사방 100리를 다스리는 벼슬도 이미 외람되고, 천대의 수레에 실은 만한 재산도 모두 구차하게 얻은 것이다. 조사를 통해 현령의 죄가 모두 사실로 드러나서 지금 그의 남은 목숨을 거두어들일 작정인데, 어찌하여 상주문을 올려 그의 목숨을 연장해 주라고 하느냐? 그러나 위기에 놓인 사람을 구해주고 물에 빠진 사람을 건져주는 것이 큰 도를 닦은 이들이 숭상하는 바이고, 형벌을 면해주고 죄를 용서해주는 것이 현문(玄門: 道敎)에서 따르는 법칙이다. 그와 같은 사람 한 명을 용서해주어 내 교의를 크게 드러내고자 하니, 그가 개과천선하여 새로운 길을 가기를 바랄 뿐이다. 여기 더 살고 싶어하는 자에게는 정상을 참작하여 5년을 연장해줄 것이나 상주문을 올린 자는 그 죄를 면할 수 없다."

선관은 천부를 다 읽고 나서 현령에게 이렇게 말했다.

"대개 세상 사람들은 모두 100살까지는 살 수 있다. 그런데 사람들은 희로애락의 감정으로 인해 본심을 잃었고, 사랑과 증오, 그리고 욕심으로 인해 삶의 뿌리를 베어버렸다. 또한 사람들은 자신의 재능을 드러내고 다른 사람의 장점을 가리며, 겨우 한 촌 밖에 되지 않는 마음을 자주 뒤집어서 수만 번씩 변하는데, 이렇게 하면 정신이 피곤해져서 타고난 원기를 보존할 수 없게 된다. 이것은 맑은 샘물에 다섯 가지 맛을 섞어 놓고 그 본래의 맛을 잃지 않게 하려는 것과 같으니, 어찌 그것이 가능하겠느냐? 얼른 집으로 돌아가되, 내 가르침을 잊지 말아라."

장현령이 감사의 절을 하고 나서 머리를 들어보니 선관은 이미 사라지고 없었다. 장현령은 다시 가던 길을 찾아갔는데, 길이 약간 평평해졌음을 느꼈다. 장현령이 10리 남짓 걸어갔을 때 누런 적삼 입은 관리가 앞으로 와 장현령을 맞이하며 축하해주었다. 그러자 장현령이 말했다.

"장차 그대에게 보답하고 싶으니, 그대의 함자라도 알고 싶습니다."

그러자 누런 적삼 입은 관리가 말했다.

"나는 성이 종씨(鍾氏)로 생전에 선성현(宣城縣)의 파발꾼이었습니다. 화음(華陰) 땅에서 죽은 뒤 저승에 끌려가서도 천부 전하는 일을 맡아보고 있는데, 고달프기는 예전과 마찬가지입니다."

장현령이 말했다.

"어떻게 하면 그대가 이 일의 고통에서 벗어날[원문은 '勉'이라 되어 있으나, 문맥상 '免'의 誤記로 보임] 수 있습니까?"

그러자 누런 적삼 입은 사람이 말했다.

"그저 금천왕에게 사례금을 줄 때 저[원문은 '子'로 되어 있으나, 문맥상 '予'의 誤記로 보임]를 문지기로 삼고 싶다고만 하시면 제가 배부르게 제삿밥을 먹을 수 있을 것입니다. 천부를 보낼 시간이 이미 반나

절이 지났으니, 더 이상 지체해서는 안 됩니다."

누런 적삼 입은 사람은 장현령과 헤어져서 사당 남쪽에 있는 뽕나무 숲으로 들어가더니 몇 걸음만에 사라졌다.

그 날 저녁 장현령은 화음 땅에 머문 뒤에 동쪽으로 돌아가겠다고 마음먹었다. 장현령이 금천왕에게 줄 사례금을 계산해보았더니 모두 2만 냥이 넘었다. 그리하여 장현령은 그 하인에게 이렇게 말했다.

"2만냥이면 내가 300리[十舍: 30리를 一舍라고 함] 가는 동안 노자돈으로도 충분하다. 상제로부터 복을 받았는데, 내가 어찌 사사로이 흙 인형을 찾아가 감사인사를 할 필요가 있겠는가?"

이튿날 아침 장현령은 동쪽으로 가서 언사현(偃師縣)에 도착했다. 장현령이 그곳 현의 관사에서 쉬고 있을 때 누런 적삼 입은 이전의 그 관리가 나타나 문서를 들고 문을 밀치고 안으로 들어와 이렇게 꾸짖었다.

"어찌 이처럼 사람을 속이시오? 지금 그 화가 미쳤소이다. 당신이 삼봉(三峰: 蓮花峰·玉女峰·松檜峰을 말하는데, 여기서는 華山神을 가리킴)의 바람을 이루어주기로 해놓고 약속을 지키지 않는 바람에 나로 하여금 한끼 식사의 은혜도 갚지 못하게 만들었소. 내 마음이 마치 벌레에 쏘인 것처럼 답답하오."

누런 적삼 입은 사람은 말을 다하고는 사라졌다. 곧바로 장현령은 병에 걸려 처와 자식에게 유서를 썼는데, 다 쓰기도 전에 죽었다. (『찬이기』)

浮梁張令, 家業蔓延江淮間, 累金積粟, 不可勝計. 秩滿, 如京師, 常先一程致頓, 海陸珍美畢具. 至華陰, 僕夫施幄幕, 陳樽罍. 庖人炙羊方熟, 有黃衫者,據盤而坐. 僕夫連叱, 神色不撓. 店媼曰:"今五坊弋羅之輩, 橫行關內, 此其流也, 不可與競."僕夫方欲求其帥以責之, 而張令至. 具以黃衫者告, 張令曰:"勿叱."召黃衫者問曰:"來自何方?"黃衫但唯唯耳. 促煖酒, 酒至, 令以大金鍾飲之. 雖不謝, 似有愧色. 飲訖, 顧炙羊, 著目不移, 令自割以勸之. 一足盡, 未有飽色. 令又以盤中餕十四五啖之, 凡飲二斗餘, 酒酣, 謂令曰:"四十年前, 曾于東店得一醉飽, 以至今日."令甚訝, 乃勤懇問姓氏, 對曰:"某非人也, 蓋直送關中死籍之吏耳."令驚問其由, 曰:"太山召人魂, 將死之籍付諸嶽, 俾某部(明鈔本'某部'作'其捕')送耳."令曰:"可得一觀呼?"曰:"便窺亦無患?"於是解革囊, 出一軸, 其首云:"太山主者牒金天府."其第二行云:"貪財好殺, 見利忘義人, 前浮梁縣令張某."卽張君也. 令見名, 乞告使者曰:"修短有限, 誰敢惜死, 但某方强仕, 不爲死備, 家業浩大, 未有所付, 何術得延其期? 某囊橐中, 計所直不下數十萬, 盡可以獻於執事."使者曰:"一飯之恩, 誠宜報答, 百萬之貺, 某何用焉? 今有仙官劉綱, 謫在蓮花峯, 足下宜匍匐徑往, 哀訴奏章. 捨此則無計矣. 某昨聞金天王與南嶽博戲不勝, 輸二十萬, 甚被逼逐. 足下可詣嶽廟, 厚數以許之, 必能施力于仙官. 縱力不及, 亦得路於蓮花峯下. 不爾, 荊榛蒙密, 川谷阻絶, 無能往者."

令于是齎牲牢, 馳詣嶽廟, 以千萬許之, 然後直詣蓮花峯. 得幽徑, 凡數十里, 至峯下, 轉東南, 有一茅堂. 見道士隱几而坐, 問令曰:"腐骨穢肉, 魂亡神耗者, 安得來此?"令曰:"鐘鳴漏盡, 露晞頃刻. 竊聞仙官, 能復精魂于朽骨, 致肌肉于枯骸. 旣有好生之心, 豈惜奏章之力?"道士曰:"吾('吾'原作'君', 據明鈔本改)頃爲隋朝權臣, 一奏遂謫居此峯. 爾何德於予, 欲陷吾爲寒山之叟乎?"令衷祈愈切, 仙官神色甚怒. 俄有使者, 齎一函而至, 則金天王之書札也. 仙官覽書, 笑曰:"關節旣到, 難爲不應."召使者反報, 曰:"莫又爲上帝譴責否?"乃啓玉函, 書一通, 焚香再拜以遣之. 凡食頃, 天符('符'原作'府', 據明鈔本改)乃降, 其上署'徹'字. 仙官復焚香再拜以啓之, 云: "張某棄背祖宗, 竊假名位, 不顧禮法, 苟竊官榮. 而又鄙僻多藏, 詭詐無實. 百里之任, 已是叨居, 千乘之富, 今因苟得. 令按罪已實, 待戮餘魂, 何爲奏章, 求延厥命? 但以扶危拯溺者, 大道所尙, 紓刑宥過者, 玄門是宗. 狗爾一眄, 我('我'原作'俄', 據明鈔本改)全弘化, 希其悛惡, 庶乃自新. 貪生者量延五年, 奏章者不能無('無'原作'書', 據明鈔本改)罪." 仙官覽畢, 謂令曰: "大凡世人之壽, 皆可致百歲. 而以喜怒哀樂, 汨沒心源, 愛惡嗜欲, 伐生之根. 而又揚己之能, 掩彼之長, 顚倒方寸, 頃刻萬變, 神倦思怠, 難全天和. 如彼淡泉, 汨於五味, 欲致不壞, 其可得乎? 勉導歸途, 無墮吾敎." 令拜辭, 擧首已失所在. 復尋舊路, 稍覺平易. 行十餘里, 黃衫吏迎前而賀. 令曰: "將欲奉報, 願知姓字." 吏曰: "吾姓鍾, 生爲宣城縣脚力. 亡于華陰, 遂爲幽冥所錄, 遞符之役, 勞苦如舊." 令曰: "何以勉執事之困?" 曰: "但酹金天王願, 曰請置子爲閽人, 則吾飽神盤子矣. 天符已違半日, 難更淹留." 便與執事別, 入廟南柘林三五步而沒.

是夕, 張令駐車華陰, 決東歸. 計酬金天王願, 所費數逾二萬. 乃語其僕曰: "二萬可以贍吾十舍之資糧矣. 安可受祉于上帝, 而私謁於土偶人乎?" 明旦, 遂東至偃師. 止于縣館, 見黃衫舊吏, 齎牒排闥而進, 叱張令曰: "何虛妄之若是? 今禍至矣. 由爾償三峯之願不果, 俾吾答一飯之恩無始終. 悒悒之懷, 如痛毒螫." 言訖, 失所在. 頃刻, 張令有疾, 留書遺妻子, 未訖而終. (出『纂異記』)

350 · 5(4448)
구양민(歐陽敏)

　섬주(陝州) 동쪽 30리에는 본래 여관이라곤 없었다. 길손 가운데 혹시 날이 저물어서 이곳에 도착한 사람이 있으면 누군가가 멀리서 마중을 나와 아주 편안하게 쉬어가게 해주었는데, 새벽에 다시 길을 나설 때면 종종 사람이 죽어나가는 경우도 있다. 양주(楊州)의 길손 구양민이 밤이 되어 이곳에 도착하자 그 귀신은 곧바로 노인으로 변해 그를 데리고 여관으로 갔다. 한밤중에 노인은 구양민을 찾아와 고향이 어디인지 물으면서 술과 고기를 가져와 그를 대접했다. 구양민이 조용히 노인과 함께 저승의 일에 대해서 이야기하자 노인은 몹시 놀라하는 기색이었다. 구양민은 이상한 생각이 들어 노인에게 이렇게 물었다.
　"귀신이 사람에게 해를 끼칠 수 있습니까? 아니면 사람이 귀신에게 해를 끼칠 수 있습니까?"
　그러자 노인이 말했다.
　"귀신의 일은 인간 세상의 사람이 알 수 없는데, 사람이 어떻게 귀신을 해칠 수 있겠습니까? 귀신은 아무런 까닭 없이 사람을 해치려고 하지 않는 법입니다. 혹 사람을 해치는 귀신이 있다면 아마도 그것은 요귀(妖鬼)일 것이니, 인간 세상의 도적과 같습니다. 만약 요귀가 사람을 해쳐서 그 사실이 신명에게 알려진다면 그는 틀림없이 용서받지 못하는데, 이것은 도적이 법을 어기는 것과 다를 바 없습니다."
　노인의 얼굴에 수심하는 기색이 역력하자 구양민은 이를 몹시 이상하게 여기면서 노인에게 이렇게 말했다.

"제가 만약 요귀가 있는 곳을 알고 있다면 틀림없이 신명에게 그 사실을 알려 요귀를 모두 없애버리게 하겠습니다."

그 말에 노인은 자신도 모르게 일어나서 절을 하고 머리를 조아리며 말했다.

"나는 사나운 귀신인데, 새벽이 되면 당신이 나를 놓아줄 것 같지 않아 지금 이렇게 용서를 비는 것입니다."

그리고는 책 한 권을 구양민에게 바치면서 말했다.

"이 책을 보면 제왕들의 역수(曆數)를 미리 알 수 있으니, 부디 잘 보존하십시오."

구양민은 그 책을 받았다. 날이 밝은 뒤 구양민은 아무런 인사도 없이 그곳을 떠났는데, 뒤돌아보았더니 무너져 내린 무덤 하나가 있을 뿐이었다. 그 책은 모두 전서(篆書)로 쓰여져 있었기 때문에 후에 구양민은 다른 사람에게 그것을 번역해달라고 해서 세상에 전했다. (『소상록』)

陝州東三十里, 本無旅舍. 行客或薄暮至此, 卽有人遠迎安泊, 及曉前進, 往往有死者. 楊州客歐陽敏, 侵夜至, 其鬼卽爲一老叟, 迎歸舍. 夜半後, 叟詣客問鄕地, 便以酒炙延待. 客從容言及陰隲之事, 叟甚有驚怍之色. 客問怪之, 乃問曰: "鬼神能侵害人乎? 人能害鬼乎?" 叟曰: "鬼神之事, 人不知, 何能害之? 鬼神必不肯無故侵害人也. 或侵害人者, 恐是妖鬼也, 猶人間之賊盜耳. 若妖鬼之害人, 偶聞于明神, 必不容, 亦不異賊盜之抵憲法也." 叟復深有憂色, 客怪之甚, 遂謂叟曰: "我若知妖鬼之所處, 必訴於尊神, 令盡剪除." 叟不覺起拜, 叩頭而言曰: "我强鬼也, 慮至曉, 君子不容, 今幸望哀恕." 仍獻一卷書與客曰:

"此書預知帝王曆數, 保惜保惜!" 客受之. 至曙, 不辭而出, 回顧乃一壞墳耳. 其書是篆字, 後客託人譯之, 傳于世. (出『瀟湘錄』)

350・6(4449)
봉천현민(奉天縣民)

[唐나라] 회창(會昌) 5년(845)에 봉천현 국성촌(國盛村)에 유씨(劉氏) 성을 가진 한 백성이 살고 있었는데 미치광이 병을 앓고 있었다. 그는 미쳐서 발작할 때면 미쳐 우물이나 구덩이도 피하지 못하고 이리저리 마구 돌아다녔다. 집에서는 그를 위해 액막이 주문을 하는 후공민(候公敏)을 불러다가 병을 치료했다. 후공민이 도착하자마자 유씨는 갑자기 일어나서 이렇게 말했다.

"내 잠시 나가보아야 하니, 당신의 치료를 받을 겨를이 없습니다."

유씨는 땔나무 다발을 지고 밭으로 가서 소매를 걷어 올리며 땔나무 다발을 옮겼는데, 그 모습이 마치 무엇인가를 때리는 것 같았다. 유씨는 한참 뒤에 집으로 돌아와 웃으면서 말했다.

"내 병이 이미 다 나았습니다. 방금 내가 귀신의 머리를 쳐서 떨어뜨려서 밭에 묻었습니다."

형제와 주문 외는 사람은 여전히 그가 미쳤다고 생각하면서 그와 함께 밭으로 가서 살펴보았다. 유씨가 땅을 파자 해골 한 구가 나왔는데, 붉은 머리카락 십여 가닥이 머리에 나 있었다. 그로부터 유씨의 병은 나았다. (『유양잡조』)

會昌五年, 奉天縣國盛村民姓劉者, 病狂. 發時亂走, 不避井湮. 其家爲迎禁呪人候公敏治之. 公敏纔至, 劉忽起曰: "我暫出, 不假爾治." 因杖薪擔至田中, 袒而運擔, 狀若擊物. 良久而返, 笑曰: "我病已矣. 適打一鬼頭落, 埋於田中." 兄弟及呪者, 猶以爲狂, 遂同往驗焉. 劉掘出一髑髏, 戴赤髮十餘莖. 其病竟愈. (出『酉陽雜俎』)

태평광기 14

Translation ⓒ 2004 by 김장환・이민숙 外
ⓒ HAKGOBANG Press Inc., 2004, Printed in Korea.

발행인/하운근
발행처/學古房
교정・편집/박분이

첫 번째 찍은 날/2004. 3. 20.
첫 번째 펴낸 날/2004. 3. 30.

등록번호/제8-134호
서울시 은평구 대조동 213-5 우편번호 122-030
대표(02)353-9907 편집부(02)356-9903 팩시밀리(02)386-8308

ISBN 89-87635-76-7 04820

http://www.hakgobang.co.kr
E-mail: hakgobang@chollian.net

값: 27,000원

파본은 교환해 드립니다.